Kim Ritter
Jenseits der Monosexualität

Die Reihe »Angewandte Sexualwissenschaft« sucht den Dialog: Sie ist interdisziplinär angelegt und zielt insbesondere auf die Verbindung von Theorie und Praxis. Vertreter_innen aus wissenschaftlichen Institutionen und aus Praxisprojekten wie Beratungsstellen und Selbstorganisationen kommen auf Augenhöhe miteinander ins Gespräch. Auf diese Weise sollen die bisher oft langwierigen Transferprozesse verringert werden, durch die praktische Erfahrungen erst spät in wissenschaftlichen Institutionen Eingang finden. Gleichzeitig kann die Wissenschaft so zur Fundierung und Kontextualisierung neuer Konzepte beitragen.

Der Reihe liegt ein positives Verständnis von Sexualität zugrunde. Der Fokus liegt auf der Frage, wie ein selbstbestimmter und wertschätzender Umgang mit Geschlecht und Sexualität in der Gesellschaft gefördert werden kann. Sexualität wird dabei in ihrer Eingebundenheit in gesellschaftliche Zusammenhänge betrachtet: In der modernen bürgerlichen Gesellschaft ist sie ein Lebensbereich, in dem sich Geschlechter-, Klassen- und rassistische Verhältnisse sowie weltanschauliche Vorgaben – oft konflikthaft – verschränken. Zugleich erfolgen hier Aushandlungen über die offene und Vielfalt akzeptierende Fortentwicklung der Gesellschaft.

BAND 23
ANGEWANDTE SEXUALWISSENSCHAFT
Herausgegeben von Ulrike Busch, Harald Stumpe,
Heinz-Jürgen Voß und Konrad Weller
Institut für Angewandte Sexualwissenschaft
an der Hochschule Merseburg

Kim Ritter

Jenseits der Monosexualität

Selbstetikettierung und Anerkennungskonflikte bisexueller Menschen

Psychosozial-Verlag

Zugl.: Berlin, Technische Universität, Diss., 2019 u. d. T
*Jenseits der Monosexualität. Über die Bedeutung von Selbstetikettierung,
Anerkennungskonflikten und Vergemeinschaftung
in den Biographien bisexueller Menschen*

Bibliografische Information der Deutschen Nationalbibliothek
Die Deutsche Nationalbibliothek verzeichnet diese Publikation
in der Deutschen Nationalbibliografie; detaillierte bibliografische Daten
sind im Internet über http://dnb.d-nb.de abrufbar.

Originalausgabe
© 2020 Psychosozial-Verlag, Gießen
E-Mail: info@psychosozial-verlag.de
www.psychosozial-verlag.de
Alle Rechte vorbehalten. Kein Teil des Werkes darf in irgendeiner Form
(durch Fotografie, Mikrofilm oder andere Verfahren)
ohne schriftliche Genehmigung des Verlages reproduziert
oder unter Verwendung elektronischer Systeme
verarbeitet, vervielfältigt oder verbreitet werden.
Umschlagabbildung: Hilma af Klint, 1915, *The Swan No. 12, Group IX/SUW No. 12*
Umschlaggestaltung und Innenlayout nach Entwürfen von Hanspeter Ludwig, Wetzlar
Satz: SatzHerstellung Verlagsdienstleistungen Heike Amthor, Fernwald
ISBN 978-3-8379-2945-4 (Print)
ISBN 978-3-8379-7682-3 (E-Book-PDF)
ISSN 2367-2420

Inhalt

Danksagung		9
1	**Einleitung**	11
1.1	Forschungslage	13
1.2	Forschungsfragen	16
1.3	Methodik	18
1.4	Aufbau der Arbeit	20
2	**Zur biografischen Struktur sexuellen Handelns**	23
2.1	Die neue Gestaltbarkeit von Sexualität in der Biografie	24
2.2	Modelle biografischer Strukturierung von Sexualität	30
2.2.1	Sexualität als alltägliche und »wissensbasierte Interaktion«	30
2.2.2	Das Modell sexueller Prägung in der frühen Kindheit	32
2.2.3	Das Modell sexueller Lernprozesse in Kindheit und Jugend	35
2.2.4	Das Modell sexuellen Skriptings in der gesamten Biografie	41
2.3	Zusammenfassung	45
3	**Bisexualität aus historischer, theoretischer und empirischer Perspektive**	49
3.1	Historische Einordnung	50
3.1.1	Bisexualität als Ursprung	51
3.1.2	Bisexualität als Verhaltensweise	58
3.1.3	Bisexualität als Etikett	60
3.2	Theoretische Modelle	67
3.2.1	Die Kritik der binären Ordnung des Sexuellen	68
3.2.2	Institutionalisierte Monosexualität	72
3.3	Empirische Erkenntnisse	80
3.3.1	Wie viele Bisexuelle gibt es?	80
3.3.2	Bisexualität im Lebenslauf	84

4	**Methodologischer und methodischer Zugang**	**89**
4.1	Eine biografische Analyse von Bisexualität	89
4.2	Sexuelles Skripting in biografischer Gestalt	93
4.3	Methodisches Vorgehen	96
4.3.1	Kontaktaufnahme	96
4.3.2	Erstes Sample	98
4.3.3	Durchführung der Interviews	99
4.3.4	Auswertung der Interviews	101
4.3.5	Teilnehmende Beobachtung und Triangulation	105
4.3.6	Darstellung der Ergebnisse	106
5	**Falldarstellungen und Typenbildung**	**109**
5.1	Falldarstellung – Torsten Nowak	110
5.1.1	Interviewkontext und Interaktionsverlauf	110
5.1.2	Das thematische Feld der erzählten Lebensgeschichte	111
5.1.3	Lebensgeschichte	113
5.1.4	Biografischer Verlaufstypus: Selbstetikettierung als Übernahme	163
5.2	Falldarstellung – Tanja Weber	167
5.2.1	Interviewkontext und Interaktionsverlauf	168
5.2.2	Das thematische Feld der erzählten Lebensgeschichte	170
5.2.3	Lebensgeschichte	173
5.2.4	Biografischer Verlaufstypus: Selbstetikettierung als Anpassung	202
5.3	Falldarstellung – Manfred Schäfer	206
5.3.1	Interviewkontext und Interaktionsverlauf	207
5.3.2	Das thematische Feld der erzählten Lebensgeschichte	209
5.3.3	Lebensgeschichte	211
5.3.4	Biografischer Verlaufstypus: Selbstetikettierung als Aneignung	242
5.4	Falldarstellungen Birgit Müller und Susanne Albers	245
5.4.1	Birgit Müller	246
5.4.1.1	Interviewkontext und Interaktionsverlauf	246
5.4.1.2	Das Thematische Feld der erzählten Lebensgeschichte	250
5.4.1.3	Lebensgeschichte	254
5.4.2	Susanne Albers	279
5.4.2.1	Interviewkontext und Interaktionsverlauf	280
5.4.2.2	Das thematische Feld der erzählten Lebensgeschichte	282
5.4.2.3	Lebensgeschichte	284
5.4.3	Biografischer Verlaufstypus: Selbstetikettierung als Überbrückung	331

5.5	Falldarstellung – Ein bundesweites Treffen Bisexueller	336
5.5.1	Das Treffen als eine Form der Vergemeinschaftung?	339
5.5.2	Das Treffen als eine Form der »posttraditionalen Gemeinschaft«?	344
5.5.3	Praktiken der Vergemeinschaftung auf dem Treffen	349
5.5.4	Zusammenfassung: Eine emotionale Sinnprovinz im sexuellen Alltag	359

6 Diskussion der Ergebnisse — 363

6.1	Bisexualität als soziales Etikett der Selbstbeschreibung im biografischen Verlauf	364
6.1.1	Die Verfügbarkeit von Bisexualität als soziales Etikett	364
6.1.2	Zusammenfassende Diskussion der biografischen Verlaufstypologie	368
6.1.3	Tabellarische Übersicht typischer biografischer Verläufe der Annahme von Bisexualität als soziales Etikett	375
6.2	**Typische Anerkennungskonflikte im biografischen Verlauf**	376
6.2.1	Aktualisierung, Verstetigung und Verstärkung von Anerkennungskonflikten	379
6.2.2	Anerkennungskonflikte in Beziehungen der Zuwendung und Fürsorge	382
6.2.3	Anerkennungskonflikte in Rechtsbeziehungen	389
6.2.4	Anerkennungskonflikte im Berufsleben	391
6.2.5	Strategien in Anerkennungskonflikten	393
6.2.6	Tabellarische Übersicht typischer Anerkennungskonflikte im biografischen Verlauf	397
6.3	**Verbindung der Fallebenen Biografie und Gemeinschaft**	399
6.3.1	Vergemeinschaftung und Verläufe der Überbrückung	400
6.3.2	Vergemeinschaftung und biografische Distanzierung	402
6.3.3	Vergemeinschaftung und biografische Segmentierung	403
6.3.4	Die Tendenz zur Idealisierung von Bisexualität auf beiden Fallebenen	406
6.3.5	Tabellarische Übersicht der Verbindungen zwischen den Fallebenen Gemeinschaft und Biografie	407
6.4	**Weitere fallübergreifende Ergebnisse**	407

7 Schlussfolgerungen — 413

7.1	Die Ergebnisse im Kontext einer gesellschaftspolitischen Debatte um das Recht auf sexuelle Gesundheit	414
7.2	Ausblick	421

Literatur — 425

Anhang: Transkriptionsregeln — 441

Danksagung

Es gibt den Ausspruch, Schreiben sei ein einsames Geschäft. Das stimmt nur zum Teil. Meine Forschungsarbeit ist in Beziehungen zu Menschen entstanden, die mich unterstützt haben. Die Bereitschaft der *Interviewpartner_innen* ihre Lebensgeschichte zu teilen und die großzügige Einladung des Vereins *BiNe – Bisexuelles Netzwerk e.V.* auf eines ihrer Treffen haben mein Vorhaben erst möglich gemacht. *Martina Löw* betreute die Studie mit unermüdlichem Engagement und begeisterte mich durch ihre Fähigkeit einen hohen theoretischen Anspruch mit spielerischer Neugier zu verbinden. *Gabriele Rosenthal* und die *Teilnehmenden* der von ihr organisierten Forschungswerkstätten am Methodenzentrum der Universität Göttingen haben mir gezeigt, wie bereichernd rekonstruktive Fallarbeit im Team ist. Als Teil des Forschungsprojektes »Die soziale Ordnung des Sexuellen – Rekonstruktion der erzählten Lebensgeschichte von Bisexuellen« am Institut für Soziologie der Technischen Universität Darmstadt wurde die Arbeit von der *Deutschen Forschungsgemeinschaft* materiell gefördert. *Heinz-Jürgen Voß* und das *Team des Psychosozial-Verlags* sorgten für eine reibungslose Veröffentlichung. Mit scharfsinnigen inhaltlichen Rückmeldungen und einem wunderbaren Pragmatismus begleitete mich *Ulrike Schilling* durch alle Phasen der Erstellung dieser Arbeit. Ungezählte Hunderunden und große Klarheit im Feedback habe ich *Lucia Jungbluth* zu verdanken. *Elke Schilling* leistete über viele heiße Sommertage hinweg hervorragende Korrekturarbeit. Trotz akutem Zeitmangel waren *Ute Zillig, Bella Strey, Judith Knoche, Micha Schmidt* und *Stefke Moldt* ohne Zögern bereit mir umfassendes Feedback zu meinen Ergebnissen zu geben und diese in Form zu bringen. *Karin Bähr* hat dafür gesorgt, dass ich nicht den Boden unter den Füßen verliere. Materielle Unterstützung bekam ich von *Klaus Ritter, Barbara Ritter, Horst Klostermann, Hans-Dieter* und *Ilse Knüttel*. Die Klugheit *Sandra Klau-*

erts und die Aufenthalte in ihrem wunderschönen Garten haben mich ungemein gestärkt.

Ich danke allen Beteiligten von Herzen für ihren Beitrag zur Fertigstellung der vorliegenden Arbeit.

Bremen im Juli 2019

1 Einleitung

Für viele Menschen ist eine geschlechterübergreifende sexuelle Ausrichtung – häufig als Bisexualität bezeichnet – ein selbstverständlicher, alltäglicher und dauerhafter Bestandteil ihres Lebens. Zum Beispiel erzählt die Mitte der 1970er Jahre geborene *Helene Peters*, wie sie in dieser Arbeit genannt wird, in einem biografischen Interview:

> »solange ich mir meiner Sexualität bewusst bin, weiß ich dass ich bisexuell bin, <<mhmh>> also, Bravozeit, da hingen Michael Jackson genauso wie Janet Jackson <<ja>> und ich weiß nich auf wen ich mir öfters einen runtergeholt hab <<mhmh>> ((lacht)) ((zieht laut Luft ein)) äh: (1) war schon immer so« (HP, 85/11–15).[1]

Die in dieser Interviewpassage zum Ausdruck kommende Lebenswirklichkeit bisexueller Menschen findet in der sozialwissenschaftlichen Forschung in der Regel wenig Beachtung. Wenn Sexualität untersucht wird, dominieren monosexuelle Kategorisierungen. Das heißt, es erfolgt eine alternativlose Einteilung von Menschen in lediglich zwei verfügbare Gruppen: diejenigen, die nur gleichgeschlechtlich, und diejenigen, die nur gegengeschlechtlich begehren. Eine eigenständige Berücksichtigung eines geschlechterübergreifenden Begehrens ist in diesem monosexuellen Modell von Sexualität nicht möglich. Dabei sprechen alle verfügbaren Daten dafür, dass ein dauerhaftes geschlechterübergreifendes Begehren in etwa genauso verbreitet ist wie eine gleichgeschlechtliche sexuelle Ausrichtung (vgl.

---

1 Die Wiedergabe der Interviews erfolgt möglichst nahe an der hörbaren Gestalt. Die genauen Regeln der Transkription werden im Anhang erläutert. Zitiert werden die Interviews durch die Angabe der Initialien; die erste Zahl markiert die Seite im Transkript, die Zahlen nach dem Schrägstrich die Zeilen im Transkript.

Bode & Heßling, 2015, S. 118; Dekker & Matthiesen, 2015). Einschränkend muss erwähnt werden, dass sich diese Daten lediglich auf Jugendliche, junge Erwachsene und Studierende beziehen. In einer repräsentativen Untersuchung zur Jugendsexualität geben unter den 21- bis 25-Jährigen etwa zwei Prozent der männlichen Befragten – eine geschlechtliche Zuordnung jenseits der Zweigeschlechtlichkeit war in dieser Studie nicht möglich – an, beide Geschlechter gleichermaßen als sexuell anziehend zu empfinden. Bei den Frauen sind es sechs Prozent. Dem gegenüber steht ein Anteil von fünf Prozent der Männer und drei Prozent der Frauen, die berichten, nur gleichgeschlechtlich zu begehren. Jeweils ein Prozent gibt an, nicht genau zu wissen, ob sie Männer, Frauen oder Menschen beiderlei Geschlechts als sexuell anziehend empfinden. Obwohl es an belastbaren Daten über eine entsprechende Verteilung in anderen Altersklassen fehlt, lässt sich festhalten, dass ein signifikanter Teil der Gesellschaftsmitglieder die Erfahrung eines dauerhaften geschlechterübergreifenden Begehrens teilt. Allerdings fehlt es an empirisch fundiertem Wissen über die Lebenswirklichkeiten, die mit dieser Erfahrung verbunden sind. An dieser Stelle setzt das Forschungsinteresse der vorliegenden Studie an. Es werden anhand biografischer Selbstzeugnisse die lebensgeschichtlichen Verläufe von Menschen rekonstruiert, die sich als bisexuell bezeichnen. Ergänzend gibt eine teilnehmende Beobachtung auf einem bundesweiten Treffen Bisexueller Einblick in überregionale soziale Strukturen, die Bisexuelle selbst gestalten. Ausgehend von der Perspektive des alltäglichen Erlebens werden die sozialen Aushandlungsprozesse beleuchtet, die in den analysierten Lebensgeschichten und auf dem besuchten Treffen Bedeutungen von Bisexualität hervorbringen, festigen oder verschieben. Dabei vertrete ich einen methodologischen Ansatz, der die Entwicklung einer gesamten Lebensgeschichte in den Blick nimmt. Das heißt, in den Rekonstruktionen der Lebensgeschichten der interviewten Personen beschränke ich mich weder auf eine bestimmte Lebensphase noch auf den sozialen Bereich des Sexuellen. In meiner Arbeit unterbreite ich damit den Vorschlag zu einer Öffnung der Perspektiven auf menschliche Sexualität als etwas, dessen Bedeutung sich in sozialen Verhältnissen konstituiert, wobei sich diese Entwicklung über die gesamte Lebensgeschichte hinweg vollzieht und eng mit anderen Bereichen des Lebens verbunden ist. Indem ich in dieser Weise die alltäglichen Bedeutungen von Bisexualität analysiere, möchte ich einen Beitrag dazu leisten, die Lücke der jüngsten Sexualitäts- und Geschlechterforschung zu schließen, die sich mit Blick auf die Forschungslage ergibt.

1.1 Forschungslage

In den letzten 20 Jahren sind im sozialwissenschaftlichen Bereich nur wenige empirische Arbeiten entstanden, die sich mit der Lebenswirklichkeit bisexueller Menschen in der deutschen Gesellschaft beschäftigen. Besonders auffällig ist dieser Befund in Bezug auf die explizit heteronormativitätskritische Geschlechterforschung, die sich seit den 1990er Jahren etablierte (vgl. Butler, 1991). Bettina Fritzsche spricht in diesem Zusammenhang von einem Diskurs, der Bisexualität als Platzhalter behandelt, ohne sich theoretisch oder empirisch eingehender mit ihr zu beschäftigen (vgl. Fritzsche, 2007, S. 124; dazu auch Monro, 2015, S. 44).

Die wenigen empirisch gehaltvollen Beiträge, die geschlechterübergreifendes Begehren als eine eigenständige Kategorie berücksichtigen oder sogar in den Mittelpunkt stellen, sind aus anderen sozialwissenschaftlichen Bereichen gekommen, wie der empirischen Sexualforschung, Medienwissenschaft oder kritischen Psychologie (vgl. Dekker & Matthiesen, 2015; Herrmann, 2002; Münder, 2004). Erst in den letzten Jahren lässt sich ein deutlicher Trend in der sozialwissenschaftlichen Forschung beobachten, Bisexualität wieder stärker in den Fokus zu rücken. Sie wird in einigen groß angelegten repräsentativen Umfragen als eine eigenständige Kategorie sexueller Anziehung berücksichtigt (vgl. Agentur der Europäischen Union für Grundrechte, 2014; Bode & Heßling, 2015; Dekker & Matthiesen, 2015) und es sind Arbeiten entstanden, die sich vor allem mit den Diskriminierungserfahrungen beschäftigen, die Bisexuelle im Alltag, in der Schule oder am Arbeitsplatz machen (vgl. Agentur der Europäischen Union für Grundrechte, 2014; Bachmann & Lähnemann, 2014; Frohn & Meinhold, 2016).

Meine Arbeit leistet einen Beitrag zu dieser im Entstehen begriffenen sozialwissenschaftlichen Diskussion und bringt dabei drei Aspekte ein, die bislang nicht umfassend berücksichtigt wurden. Der aktuelle Schwerpunkt der Forschung liegt auf Diskriminierungserfahrungen bisexueller Menschen. Eine Perspektive, die Kerstin Münder in einer Studie über die lebensgeschichtlichen Erfahrungen bisexueller Frauen als problemzentriert kritisiert hat (vgl. Münder, 2004, S. 11). Diskriminierungserfahrungen spielen auch in den von mir analysierten Interviews eine wichtige Rolle. Allerdings bezieht meine Arbeit das alltägliche Erleben und Handeln der Interviewten jenseits der Betroffenheit von Diskriminierung ein. Damit gelingt es, die Handlungsspielräume sichtbar zu machen, die sich in den bestehenden gesellschaftlichen Verhältnissen ergeben und von den Interviewten genutzt werden, um ihr Leben zu gestalten.

Zweitens ermöglicht mein offener Zugang, die soziale Komplexität menschlicher Sexualität sichtbar zu machen, die mit der Trias von Hetero-, Homo- und manchmal Bisexualität nur unzureichend abgebildet wird. Die kritische Sexualforschung hat schon lange Zeit darauf hingewiesen, wie problematisch eine Gruppierung von Menschen entlang dieser Kategorien ist (vgl. Kinsey et al., 1948, S. 639; Klein, 1993, S. 16). Was ist überhaupt die Grundlage einer solchen Kategorisierung? Geht es um die sexuellen Fantasien eines Menschen? Sollte gemessen werden, was jemanden sexuell erregt? Oder ist das sexuelle Handeln der wichtigste Aspekt? Inwiefern sollten die romantischen Neigungen mit einbezogen werden, die häufig eng mit dem Sexuellen verbunden sind? Und welche Rolle spielt es, wie sich jemand selbst bezeichnet? Diese Fragen lassen sich noch weitertreiben, wenn berücksichtigt wird, dass die meisten Modelle sexueller Ausrichtung – in jedem Fall aber die Kategorien Homo-, Hetero- und Bisexualität – untrennbar mit einem hierarchischen Zweigeschlechtermodell verbunden sind, das selbst ein Ergebnis sozialer Spaltung ist (vgl. Jackson, 1999, S. 138). Fragen wie diese haben mich dazu geführt, bewusst von Menschen, die sich als bisexuell bezeichnen, zu sprechen, wenn ich mich auf die Interviewten beziehe. Dies tue ich nicht, weil ich die Bisexualität dieser Menschen bezweifle, sondern um deutlich zu machen, dass diese Selbstbezeichnung keinen unmittelbaren Rückschluss auf das alltägliche sexuelle Handeln oder die Beziehungsgestaltung der Interviewten zulässt. Inwiefern diese Dimensionen mit der Selbstbezeichnung verbunden sind, ist eine empirische Frage. An anderen Stellen spreche ich aus demselben Grund von einer geschlechterübergreifenden sexuellen Ausrichtung. Damit mache ich deutlich, dass eine solche Ausrichtung nicht mit einer Selbstbezeichnung als bisexuell einhergehen muss. Zudem berücksichtigt diese Begrifflichkeit die empirische Realität von Begehrensweisen jenseits der Zweigeschlechtlichkeit. Der Vorteil meines offenen und rekonstruktiven Ansatzes ist, dass er diese soziale Komplexität, die menschliche Sexualität im Allgemeinen und nicht nur Bisexualität charakterisiert, nicht auf die Erstellung eines Fragenkataloges reduzieren muss, sondern sie in ihrer alltäglichen Bedeutsamkeit nachvollziehbar machen kann.

Drittens eröffnet eine Analyse der Lebensgeschichten von Menschen, die sich als bisexuell bezeichnen, einen zeitlichen Horizont, der in der gegenwärtigen Debatte fehlt. Es wird damit möglich soziale Prozesse zu analysieren, in denen Bedeutungen von Bisexualität in der Lebensgeschichte hervorgebracht, gefestigt oder verändert werden (vgl. dazu auch Kemler, Löw & Ritter, 2012). Der Gewinn einer temporalen Analyse von Sexualität im Allgemeinen und Bisexualität im Besonderen, wurde in der US-amerikanischen Sexualforschung früh hervorgehoben. Schon Alfred Kinsey und sein Team haben darauf hingewiesen, dass es notwendig sei, die gesamte sexuelle Geschichte eines Menschen zu erheben (vgl. Kinsey et al., 1948, S. 662) und auch Fritz Klein – ein Sexualforscher, der sich intensiv mit dem Thema Bisexualität beschäftigt hat – gab seinem Modell sexueller Orientierung eine zeitliche Dimension, in der immer die Vergangenheit, Gegenwart und erwünschte Zukunft berücksichtigt werden sollten (Klein, 1993, S. 16). Diese temporale Dimension menschlicher Sexualität rücke ich in meiner Arbeit in den Vordergrund.

Durch den analytischen Fokus auf die genannten drei Aspekte – die Orientierung am alltäglichen Erleben und Handeln, dies auch jenseits von Diskriminierungserfahrungen, sowie eine Berücksichtigung der Komplexität und zeitlichen Struktur menschlicher Sexualität – soll meine Arbeit nicht nur zu einer sozialwissenschaftlichen, sondern auch zu einer gesellschaftspolitischen Debatte beitragen. Die Weltgesundheitsorganisation (WHO) strebt gegenwärtig an, ein neues Rechtsverständnis von sexueller Gesundheit zu verankern (vgl. World Health Organisation, 2016). Dabei soll mithilfe eines Aktionsplans ein positives Rechtsverständnis sexueller Gesundheit etabliert werden, das dieses als »das Recht eines jeden Menschen auf das für ihn erreichbare Höchstmaß an Gesundheit – einen Zustand völligen körperlichen, seelischen und sozialen Wohlbefindens« (World Health Organisation, 2016, S. 7) – definiert. Um jedem Menschen dieses Recht einzuräumen, soll ein Ansatz verfolgt werden, der die gesamte Biografie in den Blick nimmt. Die Ansprüche bisexueller Menschen werden explizit genannt und sollen berücksichtigt werden (vgl. ebd., S. 14). Dabei fordert die WHO, Maßnahmen auf Basis der am besten »verfügbaren Evidenz« (ebd., S. 7) zu entwickeln, um das Recht auf sexuelle Gesundheit aller Menschen zu gewährleisten. In der Bearbeitung meiner Forschungsfragen, die ich im Folgenden ausformuliere, möchte ich diese empirische »Evidenz« erweitern und damit eine Grundlage schaffen, über das Thema der Wahrung von Rechten Bisexueller auf sexuelle Gesundheit in den Dialog treten zu können.

1.2 Forschungsfragen

Entsprechend einer Theoriebildung, die sich am Forschungsgegenstand orientiert (vgl. Glaser & Strauss, 1971, 1993), habe ich meine Forschungsfragen erst während der Durchführung der Interviews, ausgehend von Erfahrungen in der teilnehmenden Beobachtung und im Rahmen der Auswertung, konkretisiert. Ich veranschauliche sie anhand exemplarischer Interviewsequenzen.

Ein Interviewpartner erzählte mir: »in meiner Jugend hatte ich kein Wort für das was ich eigentlich bin« (HL, 5/4–5). Auch in vielen anderen Interviews wurde die Erfahrung des Fehlens eines stimmigen Begriffes, um das eigene sexuelle Begehren und Handeln zu beschreiben, bemängelt. Dieser Mangel an verfügbaren sozialen Etiketten für Bisexualität wurde schon Mitte der 1990er Jahre von Francis Hüsers und Almut König festgestellt (vgl. Hüsers & König, 1995, S. 97). Da sich die meisten Interviewten in der Gegenwart als bisexuell bezeichneten – und damit Bisexualität als ein soziales Etikett der Selbstbeschreibung übernommen hatten – begann ich mich für den lebensgeschichtlichen Prozess zu interessieren, der dazu führte, sich selbst als bisexuell zu bezeichnen. Ich fragte mich, wie sich diese Selbstbezeichnung über verschiedene Lebensphasen hinweg entwickelt. Dabei begreife ich Bisexualität in diesem Zusammenhang, ausgehend von dem soziologischen »labelling approach« (Esser, 2002, S. 194), als ein soziales Etikett. Es handelt sich um eine durch soziale Aushandlungsprozesse hervorgebrachte Bedeutung von Bisexualität, die im Alltagswissen verankert ist und damit auf einem geteilten Verständnis beruht. Ein Etikett ist dabei ein Ergebnis von Fremd- und Selbstzuschreibung und kann die zu etikettierende Person stigmatisieren, muss dies aber nicht. Die (Selbst-)Etikettierung einer Verhaltensweise kann hilfreich sein, denn sie ermöglicht es, Empfindungen, Gefühle und Handlungsweisen einzuordnen, zu benennen und mitzuteilen oder eine Gruppenzugehörigkeit herzustellen. Meine erste Forschungsfrage, die ich auf der Basis der durchgeführten Rekonstruktionen beantworten möchte, ist aus diesem Grund folgende: *Wie gestaltet sich der lebensgeschichtliche Prozess der Annahme von Bisexualität als ein soziales Etikett der Selbstbeschreibung?*

Meine zweite Forschungsfrage entwickelte sich aufgrund wiederkehrender Berichte über spezifische Konflikte in Zusammenhang mit Bisexualität, die sich nicht allein mit negativen Einstellungen gegenüber gleichgeschlechtlichen Lebensweisen erklären ließen. Beispielhaft dafür ist eine Sequenz aus dem Interview mit *Tanja Weber*. Sie hat Sexualität und Beziehungen über viele Jahre nur mit Frauen gelebt und berichtet in der Passage davon, wie sie reagiert, als sie beginnt, sich wieder nach Sexualität und Beziehungen mit Männern zu sehnen.

> »Ich hatte echt das Gefühl jetzt hab ich zum dritten Mal ne Pubertät <<ja>> ((lachend)) /oh nee dachte ich jetzt echt nicht schon wieder\ <<ja>> also, es waren, irgendwie wieder dieses ja, wer bin ich denn eigentlich was will ich denn <<hm>> wer wird mich denn wollen, mit meiner Geschichte, also diesen blöden Spruch besser bi als nie hatte ich natürlich auch sofort im Kopf <<ja>> und dachte äh, ja pfh (5)« (TW, 32/27–31).

Diese Passage macht deutlich, wie das Erleben eines geschlechterübergreifenden Begehrens das bisherige Selbstverständnis, die entwickelten Routinen und aufgebauten Sicherheiten infrage stellen kann. Diese lebensgeschichtliche Phase der Verunsicherung ist für Tanja Weber durch Sorgen geprägt, inwiefern eine bisexuelle Beziehungsbiografie von anderen Menschen akzeptiert wird. Dabei ist in diesem Fall Bisexualität als ein soziales Etikett zwar verfügbar, doch nur in Form einer diskreditierenden Fremdbeschreibung, die nur schwerlich in eine stimmige Selbstbeschreibung verwandelt werden kann. Passagen wie diese warfen für mich die Frage auf, welche Anerkennungskonflikte im Zusammenhang mit Bisexualität die untersuchten Lebensgeschichten beeinflussen. Ich arbeite dabei bewusst mit dem Begriff der Anerkennung, da er es möglich macht, Erlebnisse von Anerkennung und Missachtung als Teil von institutionalisierten sozialen Beziehungen zu verstehen (vgl. Fraser, 1997, S. 280; Honneth, 2003, S. 162). Meine zweite Forschungsfrage lautet daher: *Welche für Bisexualität spezifischen Anerkennungskonflikte spielen in den untersuchten Biografien eine Rolle und wie gestalten sich die Strategien im Umgang mit diesen Anerkennungskonflikten?*

Eine überraschende Entdeckung führte mich zu meiner dritten Forschungsfrage. Es stellte sich heraus, dass viele der Interviewten in selbstorganisierten Gruppen Bisexueller aktiv waren. Sie hoben die große Bedeutung hervor, die dieses Engagement für sie habe. In ihrem Interview schildert *Susanne Albers*, wie sie Anfang der 1990er Jahre die für sie lebensverändernde Entdeckung einer solchen Gruppe auf einer Demonstration zum Christopher Street Day[2] macht:

---

2 Beim Christopher Street Day handelt es sich um eine Demonstration für die Emanzipation und Gleichberechtigung queerer Menschen. Sie findet jährlich statt und erinnert

> »Wir haben uns zuerst die Parade angeschaut und da habe ich diese Bi-Gruppe gesehen <<Ja>> und war wirklich, völlig hin und weg dass die nen Stand hatten weil ich dachte so Boah« (SuA, 71/9–11).

Besonders die Bedeutung von regelmäßig stattfindenden bundesweiten offenen Treffen für Bisexuelle wurde in vielen der Interviews hervorgehoben. Dabei handelte es sich zum Zeitpunkt der Erhebung um das einzige regelmäßig stattfindende, offene bundesweite Treffen Bisexueller. Diese Erkenntnis im Feld führte mich dazu, die durchgeführten Interviews um eine teilnehmende Beobachtung zu ergänzen, die ich in Absprache mit dem Organisationsteam, auf einem viertägigen bundesweiten Treffen Bisexueller durchführte. Ziel war es dabei, die Struktur dieser Form der Vergemeinschaftung zu verstehen und darüber nachzudenken, welche Verbindungen sich mit den untersuchten Biografien ergeben. Im Forschungsprozess entwickelte sich in dieser Weise als dritte Frage: *Wie lassen sich auf Grundlage der teilnehmenden Beobachtung die Strukturen dieser bundesweiten Treffen beschreiben und in welchem Zusammenhang könnten diese mit den untersuchten lebensgeschichtlichen Verläufen stehen?*

1.3 Methodik

Mein Forschungsvorhaben entstand im Rahmen des Forschungsprojektes »Die soziale Ordnung des Sexuellen – Rekonstruktion der erzählten Lebensgeschichte von Bisexuellen«, in dem ich als wissenschaftliche Mitarbeiterin tätig war (vgl. dazu auch Kemler et al., 2012, 2015; Ritter, 2014, 2019). Das Projekt wurde von der deutschen Forschungsgemeinschaft gefördert, durch Prof^{in}. Dr^{in}. Martina Löw geleitet und am Institut für Soziologie der Technischen Universität Darmstadt durchgeführt. Meine Kollegin und ich führten im Jahr 2011 31 biografisch-narrative Interviews mit Menschen durch, die sich auf unsere Interviewanfrage gemeldet hatten. Diese Interviews wurden

---

an den militanten Widerstand gegen Polizeiübergriffe im Jahr 1969 rund um die Bar »Stonewall Inn«, in der Christopher Street in New York/USA. In Deutschland fand eine explizit als »CSD« bezeichnete Demonstration das erste Mal im Jahr 1979 in Bremen statt (vgl. Gammerl, 2010, S. 10).

in Memos[3] festgehalten, zum Teil transkribiert und hinsichtlich der Namen, Orte, genauen Geburtsdaten und weiterer Aspekte anonymisiert. Zudem ergriff ich die Möglichkeit, an einem viertägigen bundesweiten Treffen Bisexueller teilzunehmen und diese Teilnahme zu protokollieren. Diese Daten bilden die Basis meiner Studie. Im Mittelpunkt steht dabei die Darstellung der Ergebnisse von fünf biografischen Fallrekonstruktionen, die ich zur detaillierten Auswertung ausgewählt habe. Ich beziehe mich in der Arbeit ebenfalls auf Daten aus dem gesamten Sample und zitiere aus Interviews, die nicht Eingang in das engere Sample gefunden haben.

Entsprechend eines entdeckungslogischen und rekonstruktiven Vorgehens (Rosenthal, 2008) wurden ausgewählte biografische Interviews und die Protokolle der teilnehmenden Beobachtung erst in Bezug auf die den Fällen eigenen Strukturen und Relevanzen nach den Prinzipien einer Fallrekonstruktion (vgl. Rosenthal, 1995) analysiert. Meine im Feld entwickelten Forschungsfragen habe ich erst in einem zweiten Schritt in den Vordergrund gerückt, indem ich sie für eine vergleichende Diskussion der in der Auswertung gewonnenen Ergebnisse nutzte. Dieses Vorgehen macht es möglich, alltagsweltliche Bedeutungen von Bisexualität aus der Perspektive Bisexueller nachvollziehbar zu machen, die – wie hinsichtlich der Forschungslage deutlich wurde – in der sozialwissenschaftlichen Diskussion um Sexualität bislang kaum Beachtung fanden. Es wird dabei bewusst und aus Prinzip die gesamte Lebensgeschichte in den Blick genommen. Dabei geht es um ein besseres Verständnis davon, mit welchen lebensgeschichtlichen Erlebnissen Bisexualität verknüpft ist, welche Bedeutung ihr in der Biografie zukommt und wie über sie gesprochen werden kann. Es könnte prinzipiell jede andere Form menschlicher Sexualität untersucht werden. Das Paradigma, in dem ich mich bewege, weicht deutlich von Ansätzen ab, die lediglich von der heterosexuellen Norm abweichenden Sexualitäten eine biografische Struktur unterstellen und sich auf die Suche nach Gründen für diese Abweichung machen. Ich begreife, wie ich oben ausgeführt habe, jegliche menschliche Sexualität als biografisch strukturiert und nehme Lebenserzählungen von Menschen, die sich als bisexuell bezeichnen, zum Ausgangspunkt, um zu verstehen, wie in sozialen Aushandlungsprozessen spezifische Bedeutungen von Bisexualität hervorgebracht werden.

---

3 Memos sind Notizen, die direkt nach dem Interview angefertigt werden. Sie enthalten alle bekannten Rahmendaten, alle Beobachtungen rund um das Interview, eine Zusammenfassung des Interviews und erste Überlegungen zum Fall.

1.4 Aufbau der Arbeit

Für mein Vorhaben bedarf es eines Verständnisses von menschlicher Sexualität, das ihre alltägliche Dimension als »wissensbasierte Interaktion« (Löw, 2008, S. 198) und ihre temporale Gestalt einbezieht. In der gegenwärtigen sozialwissenschaftlichen Diskussion über Sexualität in Deutschland dominieren diskurstheoretische Ansätze, die dem alltäglichen Erleben und Handeln keinen eigenständigen Platz einräumen. Und in den Fällen, in denen Sexualität in den Sozialwissenschaften biografisch gedacht wird, werden häufig bestimmte biografische Phasen betont, die als besonders prägend betrachtet werden, wie etwa die frühe Kindheit. Die Bedeutung anderer lebensgeschichtlicher Phasen und die prinzipielle Wandelbarkeit der Bedeutung von Sexualität im gesamten Lebenslauf werden in der Regel vernachlässigt. Als Gegenentwurf dazu entwickele ich in *Kapitel 2* meiner Arbeit, auf der Grundlage des von William Simon und John Gagnon vorgeschlagenen Modells sexuellen Skriptings (vgl. Gagnon & Simon, 1973), ein Verständnis von Sexualität, das alltägliches sexuelles Handeln als eigenständige Dimension anerkennt und sie als etwas beschreibt, das sich über die gesamte Lebensgeschichte hinweg entwickelt.

Nach dieser theoretischen Grundlegung beleuchte ich in *Kapitel 3* meinen Forschungsgegenstand Bisexualität aus drei Perspektiven: historisch, theoretisch und empirisch. Ich zeichne die historischen Entwicklungen nach, die das gegenwärtige Bild von Bisexualität prägen und stelle dabei fest, dass sich ihre Existenz als ein soziales Etikett der Selbstbeschreibung erst in den letzten Jahrzehnten gefestigt hat (Kap. 3.1). Anschließend skizziere ich theoretische Modelle von Bisexualität, die sozialwissenschaftlich relevant sind (Kap. 3.2). Ich halte dabei fest, dass Ansätze bestimmend sind, die Bisexualität für eine Kritik der binären Ordnung des Sexuellen nutzbar machen wollen. Dabei wird Bisexualität häufig als etwas Außeralltägliches dargestellt, während die Ebene des alltäglichen Erlebens und Handelns Bisexueller aus dem Blick gerät. Ein weiterer Bereich der Theoriebildung besteht in der Suche nach Erklärungen für die spezifischen Diskriminierungserfahrungen, die Bisexuelle machen. Die Befunde, die ich an dieser Stelle zusammentrage, sprechen dafür, dass unter den gegebenen gesellschaftlichen Verhältnissen von einer institutionalisierten Monosexualität gesprochen werden kann, in der einer geschlechterübergreifenden Sexualität kein gleichberechtigter sozialer Status zugebilligt wird. Am Ende dieses Kapitels widme ich mich empirischen Erkenntnissen über Bisexualität jenseits der wenigen Arbeiten, die sich auf die deutsche Gesellschaft beziehen (Kap. 3.3). Wird die internationale wissenschaftliche Diskussion einbezogen – vor allem in Bezug auf die Vereinigten Staaten – lässt sich feststellen, dass einige empirische Arbeiten vorliegen, die sich mit Bisexualität im Lebenslauf beschäftigen und sich für mein Vorhaben nutzbar machen lassen.

Meine methodologischen Leitvorstellungen und das konkrete Vorgehen in der Durchführung der Studie erläutere ich in *Kapitel 4* der Arbeit. Dabei begründe ich, weshalb meine Arbeit von den alltäglichen Bedeutungsweisen von Bisexualität ausgeht, anstatt mit zuvor konstruierten Fragenkatalogen zu arbeiten, und kläre mein – auf dem Ansatz von Gabriele Rosenthal beruhendes – Verständnis von Biografie als einer gesellschaftlichen Form, die sich im Wechselspiel von Erleben, Erinnern und Erzählen herausbildet (vgl. Rosenthal, 1995). Zudem erörtere ich, wie sich das in *Kapitel 2* ausgeführte Modell sexuellen Skriptings, mit einem biografietheoretischen Ansatz produktiv verbinden lässt.

Den Kern meiner Arbeit bildet *Kapitel 5*, in dem ich die Ergebnisse von fünf biografischen Fallrekonstruktionen und einer teilnehmenden Beobachtung vorstelle. Dabei ergibt sich ein großes Spektrum an biografischen Bedeutungen von Bisexualität. In der Lebensgeschichte von *Torsten Nowak* erweist sie sich als etwas, das von Anfang an selbstverständlicher Teil sexuellen Handelns ist, jedoch Anerkennungskonflikte auslöst, die die gesamte Biografie prägen (Kap. 5.1). Dagegen erlebt *Tanja Weber* Bisexualität als etwas, das als Irritation in ihr Leben tritt und eine intensive Phase biografischen Wandels auslöst (Kap. 5.2). Sie kann mit einem mühevollen Prozess der Integration verbunden sein, der einen großen Teil der Lebensgeschichte umfasst, wie die Lebensgeschichte von *Manfred Schäfer* zeigt (Kap. 5.3). Oder sie initiiert einen Umbruch in der Biografie, der diese in zwei voneinander unabhängige Teile spaltet. Dabei ist es interessant, dass dieser Umbruch sowohl als ohnmächtig erlitten erlebt werden kann wie im Fall von *Birgit Müller* (Kap. 5.4.1) oder als etwas, das selbst gestaltet wird, wie es sich im Leben von *Susanne Albers* darbietet (Kap. 5.4.2). An die Darstellung der Ergebnisse der jeweiligen Fallrekonstruktionen anschließend erfolgt eine Typenbildung hinsichtlich der Forschungsfrage nach dem biografischen Prozess der Annahme von Bisexualität als ein Etikett der Selbstbeschreibung und eine Zusammenfassung des rekonstruierten Falles sowie von dem Typus zuzuordnenden Fällen aus dem gesamten Sample der Erhebung. Im letzten Teil dieses Kapitels gehe ich auf die Erkenntnisse aus meiner teilnehmenden Beobachtung ein, die ich auf einem bundesweiten Treffen Bisexueller durchgeführt habe (Kap. 5.5). Dabei machte ich die überraschende Entdeckung, dass dieses Treffen eine Form der Vergemeinschaftung darstellt, die seinen Strukturen nach kein Teil der Alltagswelt sein möchte, sondern als außeralltägliches Event konzipiert ist. Deshalb beschreibe ich das Treffen als eine emotionale Sinnprovinz jenseits der alltäglichen Welt.

In *Kapitel 6* diskutiere ich die Ergebnisse der Auswertung entlang der drei im Feld entwickelten Forschungsfragen nach der biografischen Bedeutung von Selbstetikettierung, Anerkennungskonflikten und bundesweiten bisexuellen Zusammenhängen. Dabei diskutiere ich die gebildete Verlaufstypologie der Annahme von Bisexualität als soziales Etikett, die wesentliche soziale Bedingungen dieses Prozesses sichtbar werden lässt (Kap. 6.1). Aufgrund ihrer fall- und typenübergreifenden Relevanz arbeite ich, unabhängig von der vorgeschlagenen Typologie, Anerkennungskonflikte in den Biografien heraus, die sich als für Bisexualität spezifisch erweisen (Kap. 6.2). Den Abschluss der Diskussion der Ergebnisse bilden Überlegungen zu den Verbindungen zwischen den Fallebenen des von mir besuchten bundesweiten Treffens und der analysierten Lebensgeschichten (Kap. 6.3). Darüber hinaus werden fallübergreifende Ergebnisse festgehalten, die jenseits der formulierten Forschungsfragen gewonnen werden konnten (Kap. 6.4).

Schlussfolgernd erörtere ich in *Kapitel 7*, welchen Beitrag die Ergebnisse für die gegenwärtige gesellschaftspolitische Debatte über ein Recht auf sexuelle Gesundheit leisten können. Zudem diskutiere ich die Grenzen der Reichweite meiner Studie und zeige weiterführende Forschungsmöglichkeiten auf.

2 Zur biografischen Struktur sexuellen Handelns

Die alltagsweltliche und biografische Dimension von Sexualität lässt sich anhand eines Zitates aus einem der durchgeführten lebensgeschichtlichen Interviews illustrieren. In diesem erzählt Susanne Albers (vgl. Kap. 5.4.2) davon, wie sich ihr Verständnis von intimem und sexuellem Handeln wandelt, als sie beginnt sich in bisexuellen Zusammenhängen zu engagieren:

> »das schien mir davor immer so ne gesellschaftlich vermittelt so ne klare Abfolge von, ne von so ein Schritt folgt dem nächsten und beim einen Treffen küsst man sich beim nächsten Treffen hält man dann verliebt Händchen und beim dritten kuschelt man sich aufs Bett und beim vierten wird's intim und beim- spätestens beim fünften dann landet man in der Kiste spätestens und da war das mit denen eben nicht so Da konnte man jederzeit jeden Schritt wieder zurücknehmen und das fand ich total klasse« (SuA, 17–18/31–3).

Susanne Albers erklärt, dass sie im Laufe ihres Lebens einen bestimmten Ablauf erlernt hat, wie eine heterosexuelle Interaktion, die auf intimes Handeln abzielt, abzulaufen habe. Die Sexualforscher William Simon und John Gagnon bezeichnen einen solchen gesellschaftlich verankerten sexuellen Handlungsablauf als sexuelles Skript (vgl. Gagnon & Simon, 2000). In der Interviewpassage wird deutlich, dass solche alltäglichen Skripts für intimes und sexuelles Handeln in die Biografie eingebunden sind. Einerseits wurden diese im Laufe des Lebens »gesellschaftlich vermittelt«, wie Susanne Albers ausführt; andererseits zeigt sich in dem Zitat, dass diese gesellschaftlich vermittelten Abläufe nicht nur passiv internalisiert, sondern im Verlauf der Biografie abgewandelt werden können. Ziel dieses Kapitels ist es, ein soziologisch fundiertes Verständnis von Sexualität zu gewinnen, das diese biografische Strukturierung alltäglichen sexuellen Handelns einbeziehen kann.

Dafür werde ich in einem ersten Schritt auf die biografische Gestaltbarkeit der Sexualität eingehen, die in der Erzählung von Susanne Albers zum Ausdruck kommt, und sie in einen breiteren gesellschaftlichen Kontext einordnen. Im Text spricht die Biografin[4] davon, dass sie in bisexuellen Zusammenhängen die befreiende Erfahrung macht, »jederzeit jeden Schritt wieder zurücknehmen« zu können. Der Soziologe Anthony Giddens hat die These aufgestellt, dass solche erweiterten Gestaltungsmöglichkeiten von Sexualität in den letzten Jahrzehnten in einem Maße zugenommen haben, dass von einem grundsätzlichen gesellschaftlichen Wandel gesprochen werden kann. Um diese neue Gestaltbarkeit von Sexualität in der Biografie zu beschreiben, hat er den Begriff der »modellierbaren Sexualität« (Giddens, 1993, S. 10) vorgeschlagen, den ich im ersten Abschnitt des Kapitels diskutiere. Diese Diskussion soll dabei helfen, einen gesellschaftlichen Kontext zu skizzieren, in dem die im Anschluss zu erörternden Modelle biografischer Strukturierung stehen. Ferner wird ein Einblick in den gesamtgesellschaftlichen Entwicklungsprozess möglich, als dessen Teil sich die weiter unten ausführlich besprochenen (vgl. Kap. 5.1–5.4.3) rekonstruierten Biografien entfaltet haben. An diese Diskussion anschließend verlasse ich diese allgemeinere gesellschaftstheoretische Ebene und skizziere anhand von Modellen der Verbindung von Sexualität und Lebensgeschichte ein biografietheoretisches Verständnis von alltäglichem sexuellen Handeln.

2.1 Die neue Gestaltbarkeit von Sexualität in der Biografie

Es gibt gute Argumente dafür, von einem Formwandel der menschlichen Sexualität in der späten Moderne[5] zu sprechen (vgl. Giddens, 1993;

---

4 Der Begriff der Biografin – anstatt von Autobiografin – soll mein Verständnis von Biografie als einer gesellschaftlichen Konstruktion unterstreichen (vgl. Rosenthal, 1997a, S. 425 und Kap. 4.2).
5 Ich verwende den Begriff »späte Moderne«, um eine – bewusst unscharfe – zeitliche, regionale und theoretische Einordnung vorzunehmen. Unter Modernisierung verstehe ich eine Phase gesellschaftlichen Strukturwandels, der sich seit Mitte des 18. Jahrhunderts in Europa endgültig durchsetzte und in der Soziologie unter den Begriffen »Differenzierung und Integration« (Elias, 1997, S. 10) oder funktionale Differenzierung diskutiert wird (vgl. Fischer-Rosenthal, 2000, S. 59). Ein zentrales Ergebnis dieses Prozesses ist das Erscheinen von Individuum und Gesellschaft als getrennte Figuren (Elias, 1997, S. 66;

Schmidt, 2000, 2005; Sigusch, 2000, 2005; Beck & Beck-Gernsheim, 1990; vgl. dazu auch Löw, 2009). Laut Anthony Giddens vollzieht sich seit der zweiten Hälfte des 20. Jahrhunderts ein revolutionärer Wandel menschlicher Sexualität (vgl. Giddens, 1993). Damit bezieht er sich auf einen Zeitraum, in dem sich die in dieser Arbeit besprochenen Biografien abspielen. Die Interviewten sind Ende der 1940er Jahre (Manfred Schäfer, Kap. 5.3), in den 1960er Jahren (Torsten Nowak, Kap. 5.1, und Birgit Müller, Kap. 5.4.1) und den 1970er Jahren (Tanja Weber, Kap. 5.2, und Susanne Albers, Kap. 5.4.2) geboren. Der Wandel, der sich in dieser Zeit vollzieht, beruht nach Giddens vor allem darauf, dass immer mehr Frauen die Mittel zur Verfügung standen, Sexualität und Fortpflanzung zu trennen.

»Für Frauen – und in gewissem Maße auch für Männer – wurde Sexualität beeinflußbar, sie konnte nun unterschiedliche Formen annehmen und wurde zu einem potentiellen ›Eigentum‹ des Individuums. Sexualität entwickelte sich als eine fortschreitende Differenzierung des Sex – weg von den bloßen Anforderungen der Fortpflanzung. Dieser Ablösungsprozess ist heute zu einem Abschluß gelangt. Nun, da die Empfängnis ebenso künstlich herbeigeführt wie künstlich verhindert werden kann, ist die Sexualität vollständig autonom geworden« (Giddens, 1993, S. 38).

Giddens nennt diese neu entstandene Sexualform »modellierbare Sexualität« (ebd., S. 10). Durch die von ihm beschriebene Entwicklung wird ein Bereich, der zuvor nur begrenzt beeinflussbar war, durch das Handeln einzelner Menschen innerhalb ihrer Lebensspanne gestaltbar (vgl. ebd., S. 45). Die Folgen dieser Entwicklung sind laut Giddens nicht auf den sozialen Bereich der Sexualität beschränkt, sondern Teil einer umfassenderen gesellschaftlichen Veränderung, in der das Geschlechterverhältnis sich zugunsten einer größeren Autonomie von Frauen verändere, Liebesbeziehungen gerechter und demokratischer gelebt werden könnten und Heterosexualität langsam ihre privilegierte Stellung verliere und dabei zu einer gleich-

---

vgl. auch Fischer-Rosenthal, 2000, S. 58). Mit dem Begriff der späten Moderne verweise ich auf die soziologischen Diskussionen darüber, ob sich seit den 1950er Jahren in den westlichen Industriestaaten erneut ein grundlegender Strukturwandel der Gesellschaft abspielt (vgl. z. B. Fischer-Rosenthal, 2000), und mache deutlich, dass ich diese Frage für nicht entschieden halte.

berechtigten Sexualform unter vielen anderen werde. Angestoßen wurde diese Entwicklung nach Giddens durch die erfolgreichen Emanzipationsbestrebungen sozialer Bewegungen wie der Frauen- oder der Homosexuellenbewegung. Sie sei zugleich Bestandteil eines Strukturwandels größeren Umfangs, nämlich der Ausbreitung »institutioneller Reflexivität« (ebd.) in der späten Moderne. Nach Giddens sind es nicht mehr die Institutionen, die einseitig den Rahmen menschlichen Handels bestimmen, sondern dieser Rahmen kann nun durch menschliches Handeln unmittelbar beeinflusst werden.

Um Giddens' These einer neuen Gestaltbarkeit von Sexualität in der späten Moderne für mein Vorhaben nutzbar zu machen, möchte ich die Frage diskutieren, ob sie empirisch und theoretisch haltbar ist. Für seine These spricht die sich verändernde Sexualpolitik in Deutschland seit den 1960er Jahren. Diese Veränderung zeichnet sich vor allem in den Rechtsbeziehungen ab. Seit dem Jahr 1972 hatten Schwangere in Ostdeutschland das Recht, innerhalb der ersten zwölf Wochen eine Schwangerschaft abzubrechen (vgl. GBl. I, 5/1972, S. 89f.). In Westdeutschland blieb ein Abbruch, bei Erfüllung von Indikation und Fristen, seit dem Jahr 1976 straffrei (vgl. Otto, 2011, S. 58). Einschränkend muss festgehalten werden, dass die liberalere ostdeutsche Gesetzgebung nach dem Jahr 1990 keinen Eingang in die gesamtdeutsche Gesetzgebung fand und ein Schwangerschaftsabbruch in § 218 des Strafgesetzbuches (StGB) weiter prinzipiell als Straftatbestand geführt wird.

Nicht nur im Bereich der reproduktiven Rechte, sondern auch im Sexualstrafrecht ergaben sich zentrale Veränderungen, wie die Abschaffung von § 175 StGB im Jahr 1994 (vgl. Dworek, 2012), der bis zu diesem Zeitpunkt gleichgeschlechtlich liebende Männer diskriminierte. Die Abschaffung der Straffreiheit von Vergewaltigung in der Ehe im Jahr 1997 durch die Veränderungen von § 177 StGB stellt einen weiteren sexualpolitischen Meilenstein dar (vgl. Müting, 2010, S. 187f.).

Eine sukzessive Erweiterung der Handlungsspielräume im Bereich des intimen Handelns lässt sich auch innerhalb von Paarbeziehungen feststellen. Bei diesen handelt es sich um eine der wichtigsten Institutionen der gesellschaftlichen Organisation von Reproduktion und Sexualität. Es ist in den letzten Jahrzehnten für Frauen leichter geworden, eine unerwünschte Beziehung zu beenden. Grundlage dafür war eine Liberalisierung des Scheidungsrechtes, die gesellschaftliche Legitimierung von Trennung und Scheidung sowie eine größere ökonomische Unabhängigkeit von Frauen (vgl. Burkart, 2018, S. 189). Eine erst kürzlich vollzogene Entwicklung ist, dass die Rechtsform der Ehe seit dem Jahr 2017 allen Paaren, unabhängig von ihrem Geschlecht, offensteht (vgl. § 1353 Absatz 1 Satz 1 Bürgerliches Gesetzbuch [BGB]).

Es lassen sich, trotz der zahlreichen Hinweise, die Giddens' These stärken, dennoch Einwände gegen den Befund einer sich ausweitenden »Modellierbarkeit« von Sexualität erheben. Der von ihm beschriebene Wandel kann als ein eng begrenztes, regionales Phänomen betrachtet werden. Global gesehen hat lediglich eine Minderheit von Frauen den nötigen Zugang zu einem kostenlosen Gesundheitssystem, die Macht sexuelle und reproduktive Rechte durchzusetzen und die Verfügung über effektive technische Mittel zur Verhütung. Zudem ergeben sich einige grundsätzliche Probleme innerhalb seiner Argumentation. Sie beruht auf der impliziten Annahme, die moderne Verknüpfung von Sexualität und Fortpflanzung, ihre Einbettung in geschlechterhierarchische heterosexuelle Beziehungsmodelle und die Definition von Sexualität als phallische Sexualität sei ein biologischer Effekt, der erst durch die technischen Entwicklungen der späten Moderne entschärft würde. Demgegenüber hat die Geschlechterforschung herausgearbeitet, dass es sich bei der Verknüpfung von Sexualität mit einem patriarchalen Regime der Fortpflanzung um eine gesellschaftlich hervorgebrachte Institution handelt, die es Männern ermöglichte, sich die Kontrolle über die Sexualität und Arbeitskraft von Frauen zu sichern (vgl. u. a. Rich, 1989; Wittig, 1992 [1976]). Es lässt sich Giddens somit entgegnen, dass es vor den technischen Entwicklungen seit den 1950er Jahren für die Reproduktion zwar eine biologisch notwendige Verknüpfung eines genitalen Kontaktes zwischen zwei Fortpflanzungstypen gab, aber keineswegs die Notwendigkeit bestand, aus diesem Kontakt ein patriarchales Modell der Zweigeschlechtlichkeit abzuleiten. Daher lässt sich die Frage aufwerfen, warum eine technisch realisierbare Trennung von genetischer Rekombination in der Fortpflanzung und sexuellem Handeln ein etabliertes Herrschaftsverhältnis beenden sollte, wie es Giddens hofft. Durch die Einordnung in sein lineares Modernisierungsmodell vollzieht er eine problematische Gegenüberstellung zwischen der vermeintlich biologischen Ordnung des Sexuellen in der Moderne und ihrer vermeintlich technisch-reflexiven Gestalt in der späten Moderne. Dabei überschätzt er meines Erachtens die technischen Möglichkeiten und unterschätzt die Einbindung von Sexualität in vergeschlechtlichte Herrschaftsverhältnisse.

Die Frauen- und Geschlechterforschung hat gezeigt, dass hierarchische Zweigeschlechtlichkeit und institutionalisierte Heterosexualität zwar gesellschaftlich hervorgebracht werden, den Menschen aber nicht mehr als Ergebnis ihres Handelns und ihrer Verabredungen erscheinen, sondern als Teil menschlicher Natur (vgl. Bührmann & Mehlmann, 2008; Jackson, 1999; Löw, 2009, S. 438f.). Ihr Beitrag war es, Sexualität als Teil eines Herrschaftsverhältnisses – bzw. kulturell hervorgebrachten Machtverhältnisses (vgl. Butler, 1991; Fuss, 1991; Sedgwick, 1990)[6] – zu beschreiben, das auf der Ausbeutung von Frauen durch Männer beruht (vgl. Rich, 1989; vgl. Wittig, 1992). Mit Blick auf die Kategorie Geschlecht, die untrennbar mit dem sozialen Bereich der Sexualität verbunden ist, hat die Geschlechterforschung festgestellt, dass es – ganz im Sinne Giddens – in den letzten Jahrzehnten zu einer Flexibilisierung von Geschlechterrollen gekommen ist, wobei die institutionalisierten Geschlechterverhältnisse stabil geblieben sind (vgl. Wetterer, 2005; Krüger & Born, 2000; explizit zum Thema Heteronormativität Hänsch, 2003, S. 235). Was das für Entscheidungsprozesse in der Lebensgeschichte heißt, lässt sich anhand einer Passage aus dem Interview mit Birgit Müller (vgl. Kap. 5.4.1) darstellen, die über die vergeschlechtlichte Arbeitsverteilung spricht, die sich mit ihrem Mann einstellt, nachdem sie ein Kind bekommen hat:

> »mir ham, obwohl mir uns eigentlich äh so scho, gewünscht hätten uns ä Arbe- äh so Arbeit und Familie äh bisschen mehr aufzuteilen dadurch dass ich in mein Beruf nicht arbeiten **konn**te, oder **woll**te, war halt so, ham=er halt wirklich ganz starke Rollenteilung gehabt, also ich war wirklich voll für die Kinder <<hmhm>> ähm, äh verantwortlich und mein Mann wenig, mit wenig Zeit für die Familie und auch für sich« (BM, 5/11–14).

Es wird in diesem Zitat eine Situation beschrieben, in der Geschlechterrollen in der Beziehung prinzipiell verhandelt werden können, etwa in der

---

6 Es existieren hier Differenzen zwischen eher soziologisch bzw. materialistisch und eher kulturwissenschaftlich bzw. diskursiv argumentierenden Positionen (vgl. Jackson & Scott, 2010, S. 77). Für soziologisch anschlussfähiger halte ich einen Ansatz, der Geschlecht nicht allein als binären kulturellen Code analysiert, sondern als Naturalisierung einer alle gesellschaftlichen Bereiche durchziehenden sozialen Spaltung begreift, welche die Geschlechtskategorien hervorbringt und zugleich die Ungleichheit zwischen ihnen legitimiert. Männer erhalten in dieser Weise Kontrolle über die produktive, reproduktive und emotionale Arbeit von Frauen.

Frage, wer sich um die Kinder kümmert. Das Ende der Selbstverständlichkeit dieser vergeschlechtlichten Arbeitsteilung ändert nichts daran, dass sie sich aufgrund institutionalisierter Geschlechterverhältnisse gegen den erklärten Willen des Paares einstellt. Da der soziale Bereich des Sexuellen aufs Engste mit der Kategorie Geschlecht und der Vergemeinschaftung in Zweier- oder Mehrfachbeziehungen verbunden ist, wirft diese Erkenntnis fundamentale Fragen hinsichtlich des Ausmaßes der Gestaltbarkeit von Sexualität in der Biografie auf. Diese Gestaltbarkeit kann offensichtlich weiterhin an institutionelle Grenzen stoßen, die auf sozialen Verhältnissen beruhen, die innerhalb eines Menschenlebens nicht ohne Weiteres verändert werden können. Es handelt sich um soziale Verhältnisse, die wir zwar »ver- aber nicht wegwünschen« (Berger & Luckmann, 2004, S. 1) können.

Neben den Argumenten, die für einen grundsätzlichen Formwandel des Sexuellen in Richtung einer modellierbaren Sexualität sprechen, und solchen, die diesen Formwandel infrage stellen, existieren Stimmen, die eine dritte Position vertreten. Sie akzeptieren die These einer zunehmend modellierbaren Sexualität, werfen aber die Frage auf, ob daraus notwendigerweise eine emanzipatorische Entwicklung abzuleiten sei. Als Beispiele werden dabei die Durchsetzung einer neuen gesellschaftlichen Norm der sexuellen Fitness (vgl. Schmidt 2000, S. 277), des Zwangs zur sexuellen Perfektion (vgl. Jackson & Scott, 2010, S. 97) und einer zunehmenden Medikalisierung der Sexualität (vgl. ebd.) genannt, durch die Leistungsprinzip und Leistungsdruck in den sozialen Bereich des Sexuellen Einzug halten würden.

Hinsichtlich der Frage nach der neuen Gestaltbarkeit von Sexualität in der Biografie bietet sich damit ein Bild widerstreitender Tendenzen. Aus diesem Grund ist es sinnvoll, die fortschrittsoptimistische und lineare Vorstellung einer modellierbaren Sexualität, die zu immer größeren Handlungsspielräumen in der Biografie führt, zu ersetzen. Besser eignet sich das Modell eines neuen Spannungsfeldes, in dem sich Biografien entwickeln. Dieses Spannungsfeld bildet sich zwischen den erweiterten Möglichkeiten der Gestaltbarkeit von Sexualität, ihrer institutionellen Begrenzung und den sich in diesem Kontext herausbildenden neuen Normierungen des Sexuellen.

Nach dieser gesellschaftsdiagnostischen Einordnung gehe ich im Folgenden der Frage nach, wie konkrete Modelle der biografischen Strukturierung alltäglichen sexuellen Handelns aussehen könnten.

2.2 Modelle biografischer Strukturierung von Sexualität

Für mein Vorhaben bedarf es eines Verständnisses von Sexualität als ein alltägliches Handeln, das dieses als etwas gesellschaftlich Hervorgebrachtes fassbar macht, ohne ihm jeden Gestaltungsspielraum abzusprechen. Um ein solches Verständnis zu entwickeln, konzentriere ich mich zuerst auf die Ebene des alltäglichen Handelns, die im zeitgenössischen sexualsoziologischen Diskurs in Deutschland wenig Berücksichtigung findet. Um die Ebene des alltäglichen Handelns wieder stärker in den Vordergrund zu rücken, greife ich den Begriff von Sexualität als »wissensbasierter Interaktion« (Löw, 2008, S. 198) auf, den Martina Löw vorgeschlagen hat.

2.2.1 Sexualität als alltägliche und »wissensbasierte Interaktion«

Löw unterscheidet zwischen vier bestimmenden Strömungen der zeitgenössischen Sexualsoziologie in Deutschland (vgl. Löw, 2009). Neben den oben diskutierten *modernisierungstheoretischen Arbeiten* finden sich *diskurstheoretische Ansätze*, die sich auf Michel Foucaults Überlegungen zu Sexualität als »besonders dichter Durchgangspunkt für Machtbeziehungen« (Foucault, 1983, S. 103; vgl. Bührmann & Mehlmann, 2008) beziehen, sowie das an diesen Machtbegriff anknüpfende *heteronormativitätskritische Modell* Judith Butlers (vgl. Butler, 1991; Hartmann et. al. 2007, S. 136), die ich beide gegenwärtig für am weitesten verbreitet halte. Darüber hinaus existiert ein *systemtheoretischer Zugang* zu Sexualität als Intimkommunikation (Lewandowski, 2004). Eher selten wird Sexualität in der deutschen Soziologie als *alltägliche Interaktion* untersucht, obwohl im britischen und US-amerikanischen Kontext eine Tradition der Theoriebildung in dieser Richtung besteht (vgl. Gagnon & Simon, 1973, 2000; Plummer, 1975; Simon, 1996). Ein Grund, der für diese Leerstelle in der deutschsprachigen Diskussion angeführt werden kann, ist laut Rüdiger Lautmann, dass Max Weber, und damit einer der wichtigsten Vertreter der soziologischen Klassik in Deutschland, Sexualität bewusst nicht in seine Handlungstheorie einbezieht, da der »Geschlechtstrieb« (Weber, 1973, S. 433) eine »ganz sinnfremde, Konstellation von Faktizitäten« (Weber, 1973, S. 433) darstelle (vgl. dazu Lautmann, 2002, S. 28f.).

Die seltene Thematisierung von Sexualität als eine Form alltäglichen Handelns führt zu Lücken in der gegenwärtigen soziologischen Debatte um Sexualität. Dem diskurstheoretischen Strang ist es zwar zu verdanken, dass die Auswirkungen der Neuorganisation von wissenschaftlichen Diskursen in den Disziplinen der Medizin und Psychiatrie seit dem 19. Jahrhundert analysiert wurden. In dieser Analyse gelang es, Sexualität als etwas zu verstehen, das von gesellschaftlichen Diskursen hervorgebracht wird und nicht Teil einer, vermeintlich von der Gesellschaft unterdrückten, menschlichen Natur ist (vgl. Foucault, 1983, S. 103f.). In dieser Forschungsrichtung werden häufig akademisches Wissen und staatliches Handeln fokussiert, während alltägliches Handeln ausgeblendet bleibt. Auf theoretischer Ebene besteht die Gefahr einer kausalen Koppelung von Diskursformationen mit den alltäglichen Handlungen der Menschen, ihren Körpern und Wissensbeständen, die nur noch als Effekte von Diskursen erscheinen. Eine solche Tendenz lässt sich innerhalb von Judith Butlers Modell, »daß das Subjekt Folgeerscheinung bestimmter regelgeleiteter Diskurse ist« (Butler, 1991, S. 216) nachweisen. Sexuelles Handeln, gleich unter welchen Vorzeichen, erscheint hier vor allem als Effekt der heterosexuell und hierarchisch organisierten Zweigeschlechterordnung und gerät als eigenständiger sozialer Bereich aus dem Blick. Während Foucault und Butler Sexualität konsequent als Effekt von Diskursen analysieren und die Vorstellung einer biologischen Fundierung von Sexualität als Ideologie betrachten, baut ein großer Teil der explizit soziologischen Theoriebildung weiterhin auf der Vorstellung auf, Sexualität sei eine biologische Anlage, die je nach gesellschaftlicher Situation unterschiedlich begrenzt, gelenkt oder geformt werde (vgl. Löw, 2009, S. 435).

Um sexuelles Handeln weder auf einen diskursiven Effekt zu reduzieren noch als biologisch gesteuert zu naturalisieren, schlägt Martina Löw den Begriff der »wissensbasierte[n] Interaktion« (Löw, 2008, S. 198) vor. Da ich mit Lebensgeschichten arbeite, die auf Narrativen, alltäglichen Wissensbeständen und der reflexiven Organisation von Erlebnissen beruhen, halte ich diesen Begriff zum Zweck einer Analyse von Interviews mit Menschen, die sich als bisexuell bezeichnen, für besonders anschlussfähig. Er beruft sich auf eine Theorietradition einer Soziologie der Sexualität, die sich in den 1970er Jahren in den USA und Großbritannien herausgebildet hat (vgl. Gagnon & Simon, 1973; Plummer, 1975). In seiner Arbeit über die Stigmatisierung von Homosexuellen hat Kenneth Plummer in den 1970er Jahren ein Modell menschlicher Sexualität entwickelt, das diese nicht als biologisch geformt oder durch Normierungsprozesse bestimmt betrachtet (vgl. Plummer, 1975, S. 49). In seinem Ansatz bezieht er sich auf die wissenssoziologischen Arbeiten von Peter Berger und Thomas Luckmann (vgl. Plummer, 1975, S. 49; Berger & Luckmann, 2004 [1966]), die Gesellschaft als einen wechselseitigen Prozess von Externalisierung – Menschen gestalten ihre Welt –, Objektivierung – diese Welt tritt den Menschen als ein Gegenstand gegenüber – und Internalisierung – Menschen werden durch die Welt gestaltet – verstehen. Plummer überträgt dieses Modell auf die menschliche Sexualität. Er betrachtet diese als etwas, das entsteht, indem sich das sexuelle biologische Potenzial des Menschen, gesellschaftliche Institutionen und alltägliches Handeln miteinander verschränken (vgl. Plummer, 1975, S. 56). Für meine Arbeit bedarf es der Klärung, wie sich dieser Prozess in der Lebensgeschichte eines Menschen darstellt. Eines der klassischen Modelle in diesem Bereich ist Sigmund Freuds psychodynamisches Modell der sexuellen Entwicklung des Menschen, auf das ich zuerst eingehe.

2.2.2 Das Modell sexueller Prägung in der frühen Kindheit

Freud ist es zu verdanken, menschliche Sexualität als Teil eines lebensgeschichtlichen Prozesses und damit erklärungsbedürftiges Phänomen beschrieben zu haben. Sein Modell der Sexualität bildet nicht nur für die psychoanalytische, sondern auch für die soziologische Debatte um Sexualität einen wichtigen Bezugspunkt – oder wie William Simon und John Gagnon es ironisch formulieren: Freud bildet eine Art Über-Ich der Sexualforschung, es bleibe einem nicht viel übrig, als ihm zu folgen oder gegen es zu rebellieren (vgl. Gagnon & Simon, 1973, S. 9). Ich versuche mich in meiner Arbeit in einer Kombination aus Rebellion und Akzeptanz.

In seinen *Drei Abhandlungen zur Sexualtheorie* beginnt Freud mit der Untersuchung von »Abweichungen« (Freud, 1977, S. 13) von der sexuellen Norm seiner Zeit. Er untersucht die »Inversion«, wie er Homosexualität bezeichnet, und die sogenannten Perversionen; darunter fielen zu seiner Zeit die meisten sexuellen Praktiken, die nicht potenziell zur Fortpflanzung führen könnten, ausgenommen das Küssen[7]. Die Originalität Freuds besteht in den Schlüssen, die er aus diesen Betrachtungen zieht:

---

[7] Küssen, genau genommen eine zärtliche gegenseitige Berührung mit den Schleimhäuten des Eingangs des Verdauungstrakt, galt zu Freuds Zeiten als akzeptables Handeln. Dagegen wurde die Berührung der Genitalien mit dem Mund als pervers empfunden

> »Im Sinne der Psychoanalyse ist also auch das ausschließliche sexuelle Interesse des Mannes für das Weib ein der Aufklärung bedürftiges Problem und keine Selbstverständlichkeit, der eine im Grunde chemische Anziehung zu unterlegen ist« (Freud, 1977, S. 21f.).

Er verweist damit darauf, dass menschliche Sexualität – besser gesagt männliche Sexualität – in allen ihren Facetten nicht durch biologische Anlagen definiert ist, sondern eine jeweils spezifische gesellschaftliche, familiale und psychodynamische Geschichte hat (vgl. Butler, 1991, S. 102f.). Nach Freud gibt es keine biologische Erklärung dafür, dass genitale Heterosexualität die einzig legitime Sexualform sein soll. Seinem Verständnis nach kommen wir zwar mit einem sexuellen Potenzial zur Welt, das Freud Libido nennt (vgl. Freud, 1977, S. 13), dieses hat aber zum Zeitpunkt der Geburt weder eine konkrete Form noch ein genaues Ziel. Sie ist weder heterosexuell, noch homosexuell, noch bisexuell[8], sondern »polymorphpervers« (ebd., S. 64). Erst Stück für Stück bilden sich konkrete körperliche Zonen heraus, die sexuell aufgeladen werden. Freud prägt für diese Bereiche den bis heute gebräuchlichen Begriff der »erogenen Zonen« (ebd., S. 56). Diese zunehmend autonomen Zonen des Sexuellen bilden sich in der psychoanalytischen Vorstellung in enger Anlehnung an existenzielle Körperfunktionen heraus, wie die Nahrungsaufnahme, die Ausscheidung oder das Lutschen. Schon im Kleinkindalter durchläuft die Libido nach Freud daher eine Formung durch Gebote und Verbote, etwa in Hinblick auf die Ausscheidungen. Freud stellt sich vor, dass die Libido in dieser Weise durch kulturell errichtete »Dämme« (ebd., S. 52) zunehmend in festgelegte Bahnen gelenkt wird. Diese »Dämme« bestehen vor allem aus kulturell konstruierten Gefühlen wie Ekel, Scham und später, auf diesen Gefühlen aufbauend, aus moralischen Vorstellungen (vgl. ebd., S. 52). Diese Dämme sollen Stück für Stück dafür sorgen, dass jedes Kind die, nach Freud, drei wesentlichen sexuellen Gebote in den westlich-bürgerlichen Gesellschaften verinnerlicht: das Primat der heterosexuellen genitalen Praxis, die Polarität und Hierarchie der Geschlechter (vgl. ebd., S. 88) und das Inzesttabu (vgl. ebd., S. 94; Wrede, 2000, S. 27f.). Das Primat der

---

und war mit Ekel besetzt. Diesen Umstand beschrieb Freud in autoethnografischer Manier als ein Paradebeispiel für gesellschaftliche Hervorbringung der Grenzen zwischen Normalität und Perversion (vgl. Freud, 1977, S. 28).

8 Zu Freuds Begriff von Bisexualität vgl. Kapitel 3.1.1.

heterosexuellen genitalen Praxis und die Polarität der Geschlechter bilden sich, der Argumentation von Freud folgend, in einem wechselseitigen Prozess heraus. So betont Freud zum Beispiel, dass es bei der Masturbation zwischen den Geschlechtern zunächst keinen Unterschied gibt, was ihn zu einer entlarvenden Äußerung über die Sexualität von Mädchen führt: »Mit Rücksicht auf die autoerotischen und masturbatorischen Sexualäußerungen könnte man den Satz aufstellen, die Sexualität der kleinen Mädchen habe durchaus männlichen Charakter« (Freud, 1977, S. 88).

Bei aller Einsicht in die soziale Formung der Libido ist sie für Freud ein genetisch männliches Prinzip, in dem Weiblichkeit nur als Mangel Platz hat, obwohl seine empirischen Erkenntnisse dieser Annahme widersprechen.[9]

> »Will man das Weibwerden des kleinen Mädchens verstehen, so muß man die weiteren Schicksale dieser Klitoriserregarkeit verfolgen. Die Pubertät, welche dem Knaben jenen großen Vorstoß der Libido bringt, kennzeichnet sich für das Mädchen durch eine neuerliche Verdrängungswelle, von der gerade die Klitorissexualität betroffen wird. Es ist ein Stück männlichen Sexuallebens, was dabei der Verdrängung verfällt« (ebd., S. 90).

Diese Konstruktion der Libido als männliches Prinzip hat schwerwiegende Folgen für Freuds Theoriebildung. Weibliche Sexualität wird dadurch inexistent. Eine Frau zu werden heißt im Rahmen von Freuds Entwicklungsmodell, die von ihm als männlich markierten Anteile und damit eine autonome und aktive Sexualität zu verdrängen. Mit Blick auf die erogenen Zonen vollzieht sich dieser Prozess durch das Ersetzen der Klitoris (bzw. der gesamten Vulva), als zuvor bestimmende erogene Zone, durch die Vagina (ebd., S. 67), also einen weniger empfindsamen Bereich des Körpers, der für die reproduktive Sexualität wichtig ist. Diese Analyse ist zweischneidig: Präzise und detailliert beschreibt sie die Durchsetzung männlicher Herrschaft, indem der erigierte Penis zum Phallus gemacht wird, der nun – im wahrsten Sinne des Wortes – allein für Sexualität steht. Zugleich erklärt Freud diese Entwicklung aus den Körperformen und betrachtet sie als Voraussetzung für kulturelle Entwicklung. Diese Überführung eines gesellschaftlichen Herrschaftsverhältnisses in eine Frage der Anatomie hat schon Simone de Beauvoir zu der spitzen Bemerkung verleitet: »Der

---

9 In anderen Textstellen stellt Freud heraus, wie wichtig Eichel und Klitoris als erogene Zone sind – und nicht etwa Penis und Vagina (vgl. Freud, 1977, S. 89).

Knabe ist nicht etwa spontan stolz auf sein indolentes kleines Glied; dieses Gefühl wird ihm erst über die Haltung seiner Umgebung vermittelt« (Beauvoir, 2003, S. 338; vgl. zu einer Kritik auch Butler, 1991).

Freud ist es damit zu verdanken, menschlicher Sexualität eine Geschichte gegeben zu haben. Allerdings erzählt er diese als eine Geschichte, die idealerweise nur einen Ausgang hat: die genitale Heterosexualität. Das von ihm gewonnene Modell der sexuellen Entwicklung des Menschen im Lebenslauf erstarrt sogleich wieder zu einem ahistorischen Prinzip der genetisch männlichen Libido, die in der frühen Kindheit eine gesellschaftliche Prägung erfährt. Trotz dieser Grenzen in Freuds Modell lassen sich wichtige Annahmen für ein Verständnis der biografischen Strukturierung von Sexualität übernehmen. Sexualität zeigt sich als untrennbar mit dem lebensgeschichtlichen Verlauf verbunden und wird wesentlich durch Erlebnisse mit signifikanten Anderen gestaltet, wobei Freud vor allem die durch diese ausgedrückten Gebote und Verbote hervorhebt. Für meinen Anspruch der Klärung einer biografischen Strukturierung des Sexuellen bedarf es eines Modells, das über die Vorstellung frühkindlicher Prägung des Sexuellen hinausgeht, das bis in die Gegenwart in akademischen und nicht akademischen Diskursen über Sexualität verbreitet ist.

2.2.3 Das Modell sexueller Lernprozesse in Kindheit und Jugend

Einen Vorschlag, die Erkenntnisse Freuds soziologisch zu nutzen, machen die US-amerikanischen Sexualforscher William Simon und John Gagnon (vgl. Gagnon & Simon, 1973; 2000; Simon, 1996). In ihrer kritischen Auseinandersetzung mit seinem Modell verwerfen sie den Begriff der Libido und die mit ihm einhergehende Gegenüberstellung von sexueller Natur und Gesellschaft. Ähnlich wie Foucault etwas später kritisieren sie die Vorstellung einer Unterdrückung der Sexualität durch die Gesellschaft (vgl. Gagnon & Simon, 1973, S. 59). Allerdings ziehen sie andere Konsequenzen aus dieser Kritik. Foucault betrachtet die diskursive Polarisierung von freier sexueller Natur und repressiver Gesellschaft als Grundlage der Herausbildung eines neuen Macht-Wissen-Komplexes des Sexualitätsdispositives in der Moderne (vgl. Foucault, 1976). Dagegen wollen Simon und Gagnon Sexualität weder als eine unterdrückte Natur des Menschen verstanden wissen noch als Trägerin eines machtvollen Diskurses deuten. Sie stelle eine spezifische Form des Alltagshandelns dar, das in seiner übergreifenden Bedeutung häufig überschätzt werde (vgl. Gagnon & Simon, 1973, S. 17). Als Konsequenz radikalisieren sie den – schon bei Freud angelegten – Gedanken, dass Sexualität im Lebenslauf erlernt werden muss: »The very experience of sexual excitement that seems to orginate from hidden internal sources is in fact a learned process and it is only our insistence of the myth of naturalness that hides these social components from us« (ebd., S. 9).

Die Konzeption von sexueller Erregung als Ergebnis eines »learned process« kann als eine direkte Kritik an Freuds Modell von Libido und frühkindlicher gesellschaftlicher Prägung der Sexualität verstanden werden. Simon und Gagnon argumentieren, Freud habe sexuelle Begriffe aus der Welt der Erwachsenen auf kindliches Verhalten übertragen, dieses Verhalten damit unangemessen sexualisiert und auf dieser Grundlage den Begriff der Libido als ahistorischen Ursprung des Sexuellen konstruiert. Sie stellen dagegen die These auf, dass wir nicht als sexuelle Wesen auf die Welt kommen, sondern erst sexuelle Wesen werden – und das nicht schon in der frühen Kindheit, sondern erst im Laufe der Adoleszenz. Diese fassen sie als einen Entwicklungsprozess auf, in dem Menschen lernen, bestimmte biologische Kapazitäten und Verhaltensweisen in eine symbolische Ordnung zu bringen, die gesellschaftlich als Sexualität definiert wird (vgl. Gagnon & Simon, 1973, S. 14). Ein Beispiel dafür sei der Orgasmus. Mit Simon und Gagnon lässt sich das Erleben eines Orgasmus als etwas verstehen, das für sich genommen nicht mit Bedeutung versehen ist. Das Erlebnis muss erst mit einem Sinn versehen werden, der es in einen sexuellen Kontext setzt und erklärlich macht. Und nicht nur die Deutung körperlicher Vorgänge und Erlebnisse müssen nach Simon und Gagnon erlernt werden, sondern auch die unterschiedlichen Handlungsweisen, mit denen ein Orgasmus allein oder gemeinsam herbeigeführt werden kann (vgl. ebd., S. 107).

Simon und Gagnon geben in ihrem Modell dem biografischen Verlauf des Prozesses sexuellen Lernens einen grundlegend anderen Ablauf als Freud. Die Phase der Kindheit stellt für sie nicht das Zentrum der sexuellen Entwicklung dar. Frühkindliche Erfahrungen von Lust und Unlust, Wohlbefinden und Unbehagen, Nähe und Einsamkeit, Liebe und Gleichgültigkeit bilden eine Grundlage für den sich später intensivierenden Prozess des sexuellen Lernens, können im Modell von Simon und Gagnon aber nicht als sexuell bezeichnet werden (vgl. ebd., S. 27). Zudem halten sie dem Freud'schen Modell entgegen, dass die Polarisierung und Hierarchisierung der Geschlechter, in den Geschlechtsklassen Männer und Frauen, nicht als

Ergebnis der sexuellen Entwicklung zu betrachten sei, sondern dieser, als soziale Entscheidung bei der Geburt, vorausgehe (vgl. ebd., S. 29; zu den Problemen eines solchen Ansatzes vgl. auch Butler, 1991, S. 25f.). Durch die Privilegierung von Geschlecht vor Sexualität gelingt es ihnen, den oben dargestellten Biologismus Freuds zu überwinden.

Als bestimmend für die Jahre zwischen dem Spracherwerb und der Adoleszenz betrachten Simon und Gagnon die großen Unterschiede in der Gestaltung von sexuellen Lernprozessen und nicht sexuellen Lernprozessen durch Erwachsene. Am Beispiel des Umgangs mit einem Herd erläutern sie, wie nicht sexuelles Lernen zunächst zum Schutz der Kinder mit strikten Verboten vorgeht. Diese Verbote werden im Laufe der Entwicklung der Potenziale des Kindes gelockert und es wird begonnen, Kompetenzen zu vermitteln, wie zum Beispiel das Kochen am Herd (vgl. Gagnon & Simon, 1973, S. 32). Im Bereich der Sexualität würde sexuelles Verhalten von Kindern und Jugendlichen dagegen in der Regel entweder mit Verboten, Tabuisierung oder Ignoranz behandelt. Eine Erlaubnis oder Förderung finde in diesem Bereich nicht statt. Bezogen auf viele der in den durchgeführten Interviews mitgeteilten Erlebnisse lässt sich diese von Simon und Gagnon festgestellte Praxis des »mis- and non-labeling« (ebd., S. 32) von Handlungen, die von den Bindungspersonen als sexuell wahrgenommen werden, bestätigen. Exemplarisch dafür kann eine Erzählung von Birgit Müller zitiert werden, die Anfang der 1960er Jahre geboren wurde (vgl. Kap. 5.4.1):

> »äh eine Situation weiß ich noch, ah da war ich, war ich noch nicht so alt, vielleicht elf oder <<ja>> zwölf, wo ich eben entdeckt habe, äh so in der Badewanne, wenn ich da den Brauseschlauch auf meine Scheide richte dass das einfach angenehme Gefühle gibt <<ja>> also überhaupt sich da anzufassen s war überhaupt gar kein Gedanke <<ja>> aber meine Mutter ist da eben grade reingekommen <<hmhm>> und hat nur gesagt äh, Birgit, du machst mir große Sorgen, also das war nur diese eine Bemerkung <<hmhm, ja>> aber das hat scho, also das hat alles gesagt« (BM, 32/10–16).

In dieser Situation vermittelt die Mutter ihrer Tochter, es sei etwas Falsches und Besorgniserregendes den Brauseschlauch auf die Vulva zu richten, weil es sich angenehm anfühlt. Dabei bewertet die Mutter nicht allein das Verhalten ihrer Tochter als unerwünscht, sondern thematisiert eine die ganze Person betreffende Sorge. Diese biografische Erfahrung Birgit Müllers kann als eine typische Form der Verknüpfung von einem Verhalten, das von Erwachsenen als sexuell etikettiert wird, mit Gefühlen der Schuld betrachtet werden. Solche Besonderheiten sexueller Lernprozesse im biografischen Verlauf führen laut Simon und Gagnon dazu, dass der soziale Bereich des Sexuellen weniger sprachlich erlernt und strukturiert wird, oder wie die Biografin dies ausdrückt: »also das hat alles gesagt«. Sexualität wird dabei mit Gefühlen von Scham und Schuld besetzt: »learning how to manage sexuality constitutes learning how to manage guilt« (Gagnon & Simon, 1973, S. 42).

Die Adoleszenz ist für die Autoren eine der wichtigsten biografischen Phasen sexuellen Lernens in der westlichen Moderne. Die in dieser Zeit stattfindenden körperlichen Veränderungen – darunter häufig als wichtige Ereignisse die erste Monatsblutung und der erste Samenerguss – betrachten sie jedoch nicht als Ausgangspunkt des Verlaufs dieser Phase. Initiiert und strukturiert wird sie durch die gesellschaftlichen Deutungen dieser körperlichen Veränderungen und Ereignisse (vgl. ebd., S. 46). Simon und Gagnon folgend wird an Jugendliche zunehmend die Anforderung herangetragen, ein sexuell handlungsfähiges Subjekt zu werden und ein stabiles sexuelles Selbst zu entwickeln. Auffallend ist dabei die Privatisierung und Individualisierung dieser Übergangsphase in den westlichen Industriegesellschaften. In diesen existieren keine etablierten Übergangsriten, die den Eintritt in die Welt der sexuellen Handlungen markieren und in denen Wissen vermittelt wird, zumindest spätestens seit die Hochzeit ihren Charakter als notwendige gesellschaftliche Legitimation für heterosexuelle Interaktionen in großen Teilen der Gesellschaft verloren hat (vgl. Simon, 1996, S. 74f.). Einen Grund dafür sieht Simon – mit Verweis auf Elias' Begriff der Zivilisation – in der zunehmenden Festigung und Differenzierung von Affektkontrollen in der westlichen Moderne, die dazu geführt habe, dass Sexualität im Alltag in der Regel eine räumliche Absonderung notwendig mache (vgl. ebd., S. 71; vgl. auch Elias, 1997, S. 13). Dadurch kommen Jugendliche nach ihrer Kindheit erneut in eine paradoxe Situation: An sie wird mit dem Eintritt in die Adoleszenz die soziale Erwartung herangetragen, sexuell kompetent zu werden, der Erwerb dieser Kompetenz ist jedoch ihre private Angelegenheit. Einen Grund für die geringe Institutionalisierung sexueller Bildung, die dazu führt, dass Jugendliche wenige gesellschaftliche Angebote bekommen, sich strukturiert über Sexualität auszutauschen, sieht Martina Löw in der immer noch im Alltagswissen verbreiteten Annahme einer triebbasierten Sexualität, die nicht erlernt werden könne oder müsse:

> »Die Jugendlichen bleiben mit ihren Ängsten und ersten Erfahrungen weitgehend allein. Sie fühlen sich zu Recht über sexuelle Interaktionen unzureichend informiert. Nicht nur das Bildungssystem fühlt sich für sexuelle Bildung nicht zuständig, auch das System familiärer Erziehung wirkt nur teilweise, geschlechtsspezifisch und zu spät in die ersten Erfahrungen intimer Beziehungen hinein« (Löw, 2008, S. 203).

Die von Löw erwähnte geschlechtsspezifische Erziehung spielt auch in der Argumentation von Simon und Gagnon eine wichtige Rolle. Sie führen aus, wie sich aufgrund geschlechtsspezifischer Rollenzuschreibungen die Formen sexuellen Lernens in der Adoleszenz stark zu unterscheiden beginnen. Dabei wird die Freud'sche Vorstellung verworfen, dass Frauen die aktiven und als männlich markierten Anteile ihrer Sexualität verdrängen würden (vgl. Gagnon & Simon, 1973, S. 59). Frauen würden Sexualität nicht verdrängen, sondern konsequent entmutigt, eine autonome und aktive Sexualität zu erlernen. Eine solche Praxis der konsequenten Entmutigung habe ich oben exemplarisch anhand der Interviewsequenz dargestellt, in der die Mutter Sorgen äußert, weil die Tochter sich selbst befriedigt. Statt eines Prozesses sexuellen Lernens durchlaufen Frauen nach Simon und Gagnon ein Genderrollen-Training, das sie auf ihre Zukunft als Ehefrau und Mutter vorbereitet. Ein Beispiel dafür sei die verbreitete Reduktion der Bedeutung der ersten Monatsblutung auf die Möglichkeit, schwanger zu werden, anstatt sie als einen Verweis auf die Möglichkeit der Entwicklung einer autonomen Sexualität zu sehen. Dagegen werde der erste Samenerguss vor allem sexuell gedeutet und weniger auf die Fähigkeit zur Reproduktion bezogen (vgl. ebd., S. 61f.). Ein weiterer Ausdruck der Geschlechterdifferenzierung in der Adoleszenz sei die geringere Verbreitung der Masturbation unter Frauen. Masturbation sehen Simon und Gagnon als eine ideale Möglichkeit zu lernen, ein kompetentes sexuelles Selbst in der westlichen Gesellschaft zu werden:

> »At the core of this behaviour for many males, however, is the development of the capacity to link sociocultural elements to sexual activity. In part, masturbation offers the male (and some females) a series of alternative sexual selves. Secret masturbation which others are not to observe is the first analog of the secret sexual self, a self that requires a private dimension for sexual expression« (Gagnon & Simon, 1973, S. 64).

Allerdings lassen sich in Bezug auf die Geschlechtsspezifik sexuellen Lernens in der Adoleszenz Hinweise auf einen deutlichen Wandel in den letzten Jahrzehnten nachweisen. Dieser zeigt sich daran, dass in den 1990er Jahren 60 Prozent der jungen Frauen masturbierten, während Studien für die 1950er Jahre diesen Anteil auf ca. 20 Prozent schätzen (vgl. Schmidt, 2005, S. 115). Heute haben Frauen in der Regel früher den ersten gegengeschlechtlichen Koitus als Männer, während es Anfang des letzten Jahrhunderts umgekehrt war (vgl. Schmidt, 2005). Zudem zeichnet sich eine »Romantisierung männlicher Sexualität« (ebd., S. 110) ab, wie der Sexualwissenschaftler Gunter Schmidt ausführt. Die ersten heterosexuellen Interaktionen von Männern spielen sich mittlerweile vor allem im Rahmen seriell monogamer Beziehungen ab. Eine weitere Differenz zu den 1960er und auch den 1970er Jahren ist die größere Verbreitung von sexuellem Wissen und Bildern, die Jugendlichen zur Verfügung stehen. Schmidt spricht in diesem Zusammenhang von einem heterosexuellen »overscripting« (ebd., S. 117), mit dem Jugendliche konfrontiert seien. Dieses stelle andere Anforderungen an diese als an die von »underscripting« betroffenen Jugendlichen, die in den 1950er Jahren aufgewachsen seien. Nicht allein in der Jugendsexualität, auch in Bezug auf die von Löw erwähnten Programme zur sexuellen Bildung, zeichnet sich gegenwärtig eine Veränderung ab. Das zeigt zum Beispiel der in der Einleitung zitierte Aktionsplan der Weltgesundheitsorganisation zum Recht auf sexuelle Gesundheit (vgl. World Health Organisation, 2016). Dazu gehören ebenfalls die vermehrte Publikation von Konzepten zur sexuellen Bildung und zum Schutz von Kindern vor sexuellen Übergriffen in Kindertagesstätten, die in vielen Einrichtungen auch umgesetzt werden (vgl. z. B. Maywald, 2016, S. 51f.). Es bleibt abzuwarten, welche Auswirkungen diese Veränderungen im wissenschaftlichen, fachlichen und alltäglichen Diskurs haben werden. Dabei muss angemerkt werden, dass der hier skizzierte Wandel die zwischen den 1940er und 1970er Jahren geborenen Interviewten, deren Biografien im Mittelpunkt dieser Arbeit stehen, nicht vollumfänglich betrifft, da sie ihre Kindheit und Adoleszenz vorwiegend früher erlebten.

Obwohl das von Simon und Gagnon vorgeschlagene Modell sexuellen Lernens in Kindheit und Jugend eine gute Basis für ein Verständnis der biografischen Strukturierung alltäglichen sexuellen Handelns darstellt, lässt es wichtige Fragen offen. Diese offenen Fragen lassen sich unter Verweis auf die zu Beginn des Kapitels eingeführte Sequenz ausformulieren, in der Susanne Albers davon erzählt, dass ihr bestimmte sexuelle Abläufe vertraut waren, da sie ihr »gesellschaftlich vermittelt« (SuA, 17/31–32) wurden, sie dann aber einen neuen sozialen Kontext kennenlernt, in dem sich ihr neue Handlungsvarianten erschließen, wie etwa »jederzeit jeden Schritt wieder zurücknehmen« (SuA, 18/2) zu können. Diese Erfahrung macht sie nicht in der Adoleszenz, sondern mit Mitte zwanzig. Um diese biografische Situation einzuordnen, bedarf es nicht nur eines Verständnisses davon, wie sexuelles Lernen in Kindheit und Jugend organisiert ist, sondern auch dessen, wie sich darauf aufbauend ein Prozess entfaltet, der Veränderungen zulässt und nicht mit der Adoleszenz endet. Um diesen Prozess beschreiben zu können, schlagen Simon und Gagnon ein dynamisches Modell sexuellen Skriptings vor, das sich in der gesamten Lebensgeschichte vollzieht.

2.2.4 Das Modell sexuellen Skriptings in der gesamten Biografie

Ausgehend von den in Jugend und Kindheit durchlaufenen Lernvorgängen entwickelt sich alltägliches sexuelles Handeln zu einem dynamischen Prozess, der in der gesamten Biografie von Bedeutung ist (vgl. zu diesem Thema auch Scheuermann 2002, S. 205; Plummer 1975, S. 57; Jackson & Scott 2010, S. 124; Kemler et al., 2012). Um diesen Prozess beschreiben zu können, schlagen Simon und Gagnon die Ebenen der kulturellen Szenarien, des interpersonalen Skriptings und des intrapsychischen Skriptings vor, die analytisch getrennt werden können, aber faktisch verschränkt operieren (vgl. Gagnon & Simon, 1973, S. 19, 2000; Simon, 1996, S. 40).

Simon beschreibt *kulturelle Szenarien* als »the instructional guides that exist at the level of collective life« (Simon, 1996, S. 40). Sie lassen sich als das institutionelle Arrangement verstehen, in dem alltägliches sexuelles Handeln entworfen wird. Ein solches institutionalisiertes Arrangement wird im eingeführten Fallbeispiel von Susanne Albers beschrieben, wenn sie von den ihr bislang bekannten Abläufen auf Intimität abzielenden Handelns berichtet: »das schien mir davor immer so ne gesellschaftlich vermittelt so ne klare Abfolge von, ne von so ein Schritt folgt dem nächsten« (SuA, 17/31–32). Diese in Routinen institutionalisierte »Abfolge«, die linear-fortschreitend angeordnet ist, stellt in diesem Fall ein kulturelles Szenario dar. In der zitierten Sequenz erzählt sie, wie sie von einem in ein anderes kulturelles Szenario wechselt, von dem sie sagt: »da war das mit denen eben nicht so« (SuA, 18/1–2). Als Institutionen, die Martina Löw als »dauerhaft in Routinen reproduzierte

Gebilde« (Löw, 2000, S. 163) bezeichnet, sind kulturelle Szenarien nicht ohne Weiteres veränderbar.

Wird die Ebene der kulturellen Szenarien an die mich interessierende Frage nach der biografischen Strukturierung alltäglichen sexuellen Handelns gebunden, lässt sich anhand des Fallbeispiels von Susanne Albers zeigen, dass es in einer pluralen Gesellschaft unter bestimmten Bedingungen möglich ist, innerhalb der Lebensgeschichte gezielt kulturelle Szenarien sexuellen Handelns zu wechseln. Dabei muss beachtet werden, dass das gezielte Herbeiführen eines Wechsels des kulturellen Szenarios nicht beliebig geschehen kann, sondern sich anbietender Gelegenheitsstrukturen (vgl. Eisinger, 1973, S. 25) bedarf. Neben der Möglichkeit des gezielten Wechsels eines kulturellen Szenarios muss bedacht werden, dass kulturelle Szenarios an biografische Phasen gebunden sein können. Das Durchlaufen einer biografischen Statuspassage (vgl. Rosenthal, 1995, S. 141), wie der Wechsel von der Ausbildung in den Beruf, ein Ortswechsel, die Geburt eines Kindes oder die Entwicklung körperlicher Beeinträchtigungen, kann dazu führen, dass sich das kulturelle Szenario, in das alltägliche sexuelle Handlungen bislang eingebunden waren, wandelt. In Bezug auf die gesamte Biografie besteht somit eine Quelle der Dynamik alltäglichen sexuellen Handelns in der Möglichkeit herbeigeführter oder sich ergebender Wechsel der kulturellen Szenarien im biografischen Verlauf.

Bei der zweiten Ebene handelt es sich um *interpersonale Skripte* »as the organization of mutually shared conventions that allow two or more actors to participate in a complex act involving mutual dependence« (Gagnon & Simon, 1973, S. 20). Interpersonale Skripte machen es folglich möglich, in der sexuellen Interaktion mit Anderen den Handlungsablauf zu gestalten. Im Fallbeispiel zeigen sich die möglichen interpersonellen Skripte im bislang bekannten heterosexuellen Szenario der Anbahnung einer intimen Beziehung als wenig flexibel. Das hat nicht nur Nachteile, denn es ergibt sich zum Beispiel eine größere Handlungssicherheit der Partizipierenden, jedoch um den Preis der Aufgabe von Gestaltungsmöglichkeiten. Eine Änderung des Ablaufs ist nicht ohne Weiteres möglich und würde den gesamten Handlungsablauf infrage stellen. Die interpersonellen sexuellen Skripte in bisexuellen Zusammenhängen beschreibt Susanne Albers als wesentlich flexibler, da sie nicht linear organisiert sind. Der Beschreibung im Interview nach sind die Aushandlungsmöglichkeiten des Fortgangs der Interaktion differenzierter. Der Vorteil der größeren Gestaltungsmacht ist mit der Herausforderung verbunden, diese Aushandlungen zu organisieren und eine gewisse Unsicherheit hinsichtlich des weiteren Ablaufs zu akzeptieren.

Interpersonale Skripte können als biografisch erworbene Wissensbestände verstanden werden, die ein Set an gesellschaftlich geteilten Gesten, Routinen, Handlungsweisen und Sprachregelungen enthalten (vgl. Gagnon & Simon, 1973, S. 21). Es geht dabei um Rezeptwissen, das sinnvolle sexuelle Interaktionen erst möglich macht. Aus diesem Grund wäre eine andere mögliche Bezeichnung für interpersonelle Skripte sexuelle Kompetenz, da es ihre Aufgabe ist, für die »Befähigung zur Bewältigung unterschiedlicher Anforderungssituationen« (Pfadenhauer, 2010, S. 150) zu sorgen. Interpersonale Skripte haben damit die Rolle einer Übersetzung zwischen Wissen und Handeln. Meinem Verständnis nach sind interpersonelle Skripte – im Gegensatz zu kulturellen Szenarien – relativ einfach zu beeinflussen und damit prinzipiell über den gesamten biografischen Verlauf hinweg veränderbar. Dies ist zum Beispiel über die Erweiterung des sexuellen Wissensschatzes oder die Erprobung neuer sexueller Handlungsweisen möglich. Ob eine solche gezielte Einflussnahme gelingt und neues Wissen oder alternative Handlungsweisen tatsächlich in interaktiv anwendbare sexuelle Skripte verwandelt werden können, ist nicht garantiert.

Das *intrapsychische Skripting* hat in Simon und Gagnons Modell eine interessante Rolle der Vermittlung. Es hilft, körperliche Ereignisse in einen sozialen Bedeutungszusammenhang zu setzen: »In this way, meaning is attributed to the interior of the body by many of the same rules as it is to an exterior experience, depending on a vocabulary of motives that makes the biological into an meaningful psychological experience« (Gagnon & Simon, 1973, S. 21).

Ich würde an dieser Stelle von einer sinnhaften sozialen Erfahrung anstatt – wie im Zitat – von einer psychologischen Erfahrung sprechen. Der Begriff des intrapsychischen Skriptings hilft zu verstehen, dass körperliches Erleben wie sexuelle Erregung oder ein Orgasmus, das eine Existenz unabhängig vom eigenen Wollen hat, untrennbar mit sozialen Bedeutungen verbunden ist. Allerdings weicht mein Verständnis an dieser Stelle von dem radikalen Konstruktivismus ab, der in den Formulierungen von Simon und Gagnon anklingt, wenn sie davon sprechen, dass dem Körperinneren Bedeutung zugeschrieben würde. Meinem Verständnis nach konstituiert sich sexuelles Erleben – wie jedes andere Erlebnis – in einem wechselseitigen Prozess. Gabriele Rosenthal fasst diesen wechselseitigen Prozess in ihren grundlagentheoretisch-phänomenologischen Überlegungen folgendermaßen zusammen: »Nicht nur der Wahrnehmungsakt produziert die Organisation des sich Darbietenden, sondern auch das sich der Wahrnehmung Darbietende gibt eine Strukturiertheit vor« (Rosenthal, 1995, S. 21). Diese Überlegung lässt sich auf das Beispiel des Erlebens eines Orgasmus übertragen. Dieses Erlebnis konstituiert sich sowohl in einem Handlungszusammenhang und Akt der Wahrnehmung, die ihn in einen sozialen Kontext einordnen, als auch durch den biologischen Prozess, der eine eigenständige Ordnung mit sich bringt. Diese beiden »Seiten« des Prozesses beeinflussen sich gegenseitig, sind aber nicht kausal miteinander verbunden (vgl. Fischer-Rosenthal, 1999, S. 33).

Das intrapsychische Skripting stellt also eine in der Lebensgeschichte entwickelte Instanz der Vermittlung dar, welche die Einbindung körperlichen Erlebens in soziale Sinnzusammenhänge zu organisieren hilft. Dieser Prozess der Vermittlung kann – aufgrund der nicht vorhandenen kausalen Verknüpfung – zu einer biografischen Dynamik, aber auch zu biografischen Konflikten beitragen. Im Fallbeispiel aus dem Interview mit Susanne Albers entwickelt sich eine Dynamik aus der Erfahrung, dass ein als körperlich lustvoll erlebtes sexuelles und intimes Handeln in den ihr bisher bekannten kulturellen Szenarien erschwert ist. Der Durchlauf eines biografischen Wandels, der durch den Zugang zu einem neuen sexuellen kulturellen Szenario ausgelöst wird, schafft einen leichteren Zugang zum Erleben körperlicher Lust. Die Ebene des intrapsychischen Skriptings kann aber auch selbst zum Ausgangspunkt eines biografischen Wandels werden, wie ein – schon in der Einleitung eingebrachtes – Zitat aus dem Interview mit Tanja Weber zeigt:

> »Ich hatte echt das Gefühl jetzt hab ich zum dritten Mal ne Pubertät <<ja>> ((lachend)) /oh nee dachte ich jetzt echt nicht schon wieder\ <<ja>> also, es waren, irgendwie wieder dieses ja, wer bin ich denn eigentlich was will ich denn« (TW, 32/27–29).

Die hier beschriebenen Gefühle werden ausgelöst, als Tanja Weber beginnt, sich wieder sexuell und romantisch zu Männern hingezogen zu fühlen. Zuvor hatte sie jahrelang nur mit Frauen Beziehungen geführt. In diesem Fall löst das körperliche Erleben eines Begehrens eine Unsicherheit im Selbstverständnis, aber auch innerhalb der etablierten Handlungsroutinen aus. Mit dem Begriff des intrapsychischen Skriptings wird es möglich, den sich im Leben von Tanja Weber vollziehenden Wandel als einen Prozess der Vermittlung zwischen körperlichem Erleben und dessen sozialer Einbindung zu beschreiben, der weder durch die ihm zugrunde liegenden biologischen Vorgänge noch durch den sozialen Kontext, in dem er stattfindet, determiniert ist.

Die von Simon und Gagnon unterschiedenen Ebenen kultureller Szenarien, interpersoneller und intrapsychischer Skripte ermöglichen es, deutlich zu machen, dass alltägliches sexuelles Handeln nicht allein durch sexuelle Lernprozesse in Jugend und Kindheit strukturiert wird. Es ist nicht durch die Vergangenheit determiniert, sondern entwickelt sich in der Lebensgeschichte weiter, eingebunden in einen dynamischen Prozess, in dem sich die Ebenen der kulturellen Szenarien, interpersonellen und intrapsychischen Skripte miteinander verschränken (vgl. dazu auch Jackson & Scott, 2010, S. 124).

2.3 Zusammenfassung

Ziel dieses Kapitels war es, ein soziologisch fundiertes Verständnis von Sexualität zu gewinnen, das die biografische Struktur alltäglichen sexuellen Handelns berücksichtigt. Zu diesem Zweck habe ich anhand von Giddens These des Entstehens einer modellierbaren Sexualität zuerst die Frage diskutiert, inwiefern sich in den letzten Jahrzehnten die sexuellen Gestaltungsmöglichkeiten im sozialen Bereich des Sexuellen im biografischen Verlauf erweitert haben. Dabei wurde die fortschrittsoptimistische Vorstellung einer linearen Ausweitung der Handlungsmöglichkeiten durch das Bild eines neuen Spannungsfeldes ersetzt, in dem Biografien sich entwickeln. Dieses Spannungsfeld bildet sich zwischen den erweiterten Möglichkeiten der Gestaltbarkeit von Sexualität, ihrer weiterhin bestehenden institutionellen Begrenzung und den sich in diesem Kontext herausbildenden neuen Normierungen des Sexuellen.

Nach dieser gesellschaftsdiagnostischen Einordnung habe ich Modelle der biografischen Strukturierung von Sexualität als ein alltägliches Handeln diskutiert. Zuerst wurde dabei festgestellt, dass in der gegenwärtigen deutschsprachigen sexualsoziologischen Debatte diskurstheoretische Ansätze dominieren, die sexuellem Alltagshandeln in der Regel keine eigenständige Rolle zusprechen. Um sexuelles Handeln weder auf einen diskursiven Effekt zu reduzieren noch als biologisch gesteuert zu naturalisieren, habe ich den Vorschlag aufgenommen, Sexualität als eine alltägliche »wissensbasierte Interaktion« (Löw, 2008, S. 198) aufzufassen.

Im Folgenden habe ich herausgestellt, dass eine Möglichkeit, die biografische Struktur von Sexualität als eine wissensbasierte Interaktion erklärlich zu machen, darin besteht, auf Sigmund Freuds psychodynamisches Modell der sexuellen Entwicklung zurückzugreifen. In diesem zeigt sich Sexualität als untrennbar mit dem biografischen Verlauf verbunden und wesentlich durch die Interaktion mit signifikanten Anderen geprägt. Das von Freud gewonnene Modell der sexuellen Entwicklung des Menschen im Lebenslauf erstarrt zu einem ahistorischen Verlauf. Der Grund dafür ist sein Entwurf der Libido als ein genetisch männliches Prinzip und seine Fixierung auf die frühe Kindheit.

Diese Probleme vermeidet das von John Gagnon und William Simon vorgeschlagene Modell sexuellen Lernens in Kindheit und Jugend. Es zeichnet einen soziologisch adäquaten biografischen Verlauf des sexuellen Lernprozesses nach. Menschen kommen ihrem Verständnis nach nicht mit einer angeborenen Libido zur Welt, sondern werden erst über einen bis zum Ende der Adoleszenz andauernden gesellschaftlichen Lernprozess zu einem sexuellen Wesen. In diesem Lernprozess wird die sexuelle Bedeutung bestimmter biologischer Abläufe und sozialer Interaktionen erst vermittelt. In ihrem Modell steht damit die Phase der frühen Kindheit nicht mehr im Mittelpunkt. Erlebnisse in der frühen Kindheit bilden zwar eine Grundlage für den später im Leben einsetzenden Prozess sexuellen Lernens, sind aber kein Teil der sexuellen Entwicklung.

Die von Simon und Gagnon vorgeschlagene Unterscheidung zwischen nicht sexuellen Lernprozessen – die von Kommunikation und einer altersgerechten Vermittlung von Kompetenzen geprägt sind – und sexuellen Lernprozessen – die von einer falschen oder fehlenden Etikettierung und der Abwesenheit der Vermittlung von altersgerechten Kompetenzen geprägt sind – zeigt ein Verständnis von der Besonderheit sexuellen Lernens im biografischen Verlauf. Dadurch klärt sich die häufige Besetzung von sexuellem Handeln mit Scham oder Schuldgefühlen. Die erweiterte Perspektive auf die Adoleszenz verdeutlicht, wie diese durch einen gesellschaftlichen Anspruch bestimmt ist, zu einem sexuellen Wesen zu werden, ohne dass die dafür nötigen Kompetenzen in einer strukturierten Weise vermittelt würden.

Ihr Modell überwindet den Freud'schen Biologismus in Bezug auf die Kategorie Geschlecht, indem die geschlechtliche Entwicklung nicht als Folge der sexuellen Entwicklung entlang von Körperformen betrachtet wird. Die soziale Unterscheidung zwischen zwei Geschlechtskategorien geht in ihrem Ansatz der sexuellen Entwicklung voraus. Die Verbindung einer aktiven und autonomen Sexualität mit Männlichkeit und einer passiven und auf Männer bezogenen Sexualität mit Weiblichkeit wird in ihrem Modell als eine Folge dieser sozialen Spaltung gesehen und die aus ihr resultierende vergeschlechtlichte Gestaltung sexuellen Lernens sichtbar gemacht.

Der Rückgriff auf die von Simon und Gagnon unterschiedenen Ebenen kultureller Szenarien, interpersoneller und intrapsychischer Skripte ermöglichte es mir, deutlich zu machen, dass alltägliches sexuelles Handeln nicht allein durch sexuelle Lernprozesse in Jugend und Kindheit determiniert ist, sondern sich in der Lebensgeschichte weiter entwickelt. Kulturelle Szenarien wurden dabei als institutionelle Arrangements verstanden, in denen alltägliches sexuelles Handeln entworfen wird. Sie sind nicht ohne Weiteres veränderbar und können dennoch einen Ausgangspunkt für biografischen Wandel darstellen – zum Beispiel wenn kulturelle Szenarien im biografischen Verlauf gewechselt werden oder biografische Statuspassagen ein neues kulturelles Szenario eröffnen. Interpersonelle Skripte wurden als biografisch erworbene Wissensbestände aufgefasst, die ein Set an gesellschaftlich geteilten Gesten, Routinen, Handlungsweisen und Sprachregelungen enthalten. Als Übersetzer zwischen Wissen und Handeln stellten sie sich als prinzipiell beeinflussbar dar und bieten damit Gestaltungsspielräume in der Biografie. Das intrapsychische Skripting wurde als eine in der Lebensgeschichte entwickelte Instanz der Vermittlung beschrieben, welche die Einbindung körperlichen Erlebens in soziale Sinnzusammenhänge zu organisieren hilft. Die Ebene des intrapsychischen Skripting hilft zu verstehen, wie sich biografischer Wandel als ein Prozess der Vermittlung zwischen körperlichen Abläufen und deren sozialer Einbindung entwickeln kann, ohne dass dieser Prozess durch die mit ihm verbundenen biologischen Vorgänge oder durch den sozialen Kontext, in dem er stattfindet, determiniert wird.

Nach diesen grundlegenden Überlegungen zur biografischen Strukturierung von Sexualität stelle ich nun meinen Forschungsgegenstand Bisexualität in den Mittelpunkt und ordne ihn historisch, theoretisch und empirisch ein.

3 Bisexualität aus historischer, theoretischer und empirischer Perspektive

Dieses Kapitel verfolgt drei Anliegen. Erstens geht es mir darum, die historische Entwicklung zu skizzieren, die dem zeitgenössischen gesellschaftlichen Bild von Bisexualität zugrunde liegt. Zweitens möchte ich festhalten, welche sozialwissenschaftlich relevanten theoretischen Modelle es in Bezug auf Bisexualität gibt, und der Frage nachgehen, inwiefern diese für mein Vorhaben einer Rekonstruktion alltäglichen Erlebens und Handelns Bisexueller nutzbar gemacht werden können. Und drittens möchte ich mich den Ergebnissen von empirischen Arbeiten über Bisexualität im internationalen Forschungsdiskurs widmen.

Bevor ich mit der historischen Herleitung beginne, gebe ich einen kurzen Überblick über den Forschungsstand, der diesem Kapitel zugrunde liegt. In der Einleitung habe ich schon ausgeführt, dass in den letzten zwanzig Jahren nur wenige sozialwissenschaftliche Arbeiten entstanden sind, die sich empirisch mit Bisexualität beschäftigen. Für die Erarbeitung dieses Kapitels habe ich den Fokus geweitet und beziehe ältere Arbeiten und solche jenseits der empirischen Sozialforschung mit ein. Dabei lässt sich mit Blick auf die deutschsprachige Literatur festhalten, dass Bisexualität im ausgehenden 19. und beginnenden 20. Jahrhundert in den Debatten der entstehenden Sexualwissenschaften und Psychoanalyse in Deutschland ein zentrales Thema darstellte (vgl. dazu Gooß, 1995; Altendorf, 1993; Angelides, 2001). Dagegen findet sie seit den 1950er Jahren in Deutschland wenig Beachtung. Die zunehmende Selbstorganisation Bisexueller seit den 1990er Jahren (vgl. Kap. 3.1.3) war sicher ein Anstoß für das Entstehen einiger Publikationen in der ersten Hälfte der 1990er Jahre (vgl. Altendorf, 1993; Feldhorst, 1993; Gindorf & Haeberle, 1994; Gooß, 1995; Hüsers & König, 1995). Als selbstverständlicher Teil sozialwissenschaftlicher Forschung hat sich das Thema nicht etablieren können, kam es doch in der Folge nur zu vereinzelten Veröffentlichungen (vgl. Fritzsche, 2007; Herrmann, 2002; Klesse, 2007; Münder,

2004). Die von einigen unserer Interviewpartner_innen[10] ausgesprochene Kritik einer mangelnden Sichtbarkeit von Bisexualität lässt sich daher auch mit Blick auf die Sozialwissenschaften aussprechen. Um eine solide Grundlage zu gewinnen, habe ich daher in großem Umfang sozialwissenschaftliche Literatur aus Großbritannien und den USA einbezogen, wo eine wesentlich lebendigere akademische Debatte existiert (vgl. Monro, 2015; Rodríguez Rust, 2000). Auffallend ist, dass Bisexualität – in Deutschland, Großbritannien und den USA – in der sich seit den 1990er Jahren etablierenden explizit heteronormativitätskritischen Forschung (vgl. Butler, 1991) erst in den letzten Jahren mehr Beachtung erfährt (vgl. Alexander & Anderlini-D'Onofrio, 2012). Bettina Fritzsche sieht vor diesem Hintergrund die Gefahr, dass spezifische Erfahrungen von Bisexuellen aus den Blick geraten (vgl. Fritzsche, 2007, S. 125), wenn Heteronormativität nur als binäre Achse von Heterosexualität und ihrer Abweichung entworfen wird. Diese Gefahr einer Marginalisierung bisexueller Erfahrungen in der queeren Dekonstruktion wird auch in der US-amerikanischen und britischen Literatur diskutiert (vgl. Burrill, 2002, S. 98; Angelides, 2001, S. 168; Du Plessis, 1996, S. 35; Isgro, 2006, S. 170; Monro, 2015, S. 44). Überspitzt lässt sich sagen, dass Bisexualität als Gegenstand für die sich herausbildenden Homosexualitätsstudien, wie auch für manche Teile der homosexuellen Bewegung (vgl. Altendorf, 1993, S. 104), als zu queer empfunden wurde, während sie in Teilen der queeren und heteronormativitätskritischen Forschung und Bewegung als unpolitisch und nicht queer genug galt, da Bisexualität als eine Kategorie empfunden wurde, die zu sehr dem zweigeschlechtlichen Denken verbunden sei (vgl. Du Plessis, 1996, S. 35).

Diese prekäre Position von bisexuellen Menschen und der Kategorie Bisexualität im sozialen Bereich des Sexuellen kann historisch hergeleitet werden.

3.1 Historische Einordnung

Mit Blick auf die Arbeiten, die Bisexualität geschichtlich einordnen (vgl. Altendorf, 1993; Angelides, 2001; Gagnon et al., 1994; Gooß, 1995; Haeberle,

---

[10] Der Unterstrich, als Gender-Gap bekannt, findet in dieser Arbeit Verwendung, um Frauen, Männer und Menschen, die sich jenseits der Zweigeschlechtlichkeit verorten, sprachlich darzustellen (vgl. Gleichstellungsbeauftrage der Universität zu Köln, 2015, S. 9; Hermann, 2003).

1994) lassen sich – in Bezug auf Westeuropa – drei historische Phasen ausmachen, in denen sich jeweils neue Bedeutungen von Bisexualität herausgebildet haben (vgl. Coleman, 1994; Gagnon et al., 1994; Haeberle, 1994). In der entstehenden Sexualwissenschaft und Psychoanalyse seit den 1850er Jahren galt Bisexualität vor allem als Ursprung der geschlechtlichen und sexuellen Entwicklung des Menschen. Als weitverbreitete sexuelle Verhaltensweise stand sie mit den zu ihrer Zeit revolutionären und gesellschaftlich breit rezipierten Erkenntnissen der in den 1950er Jahren erscheinenden Kinsey-Reporte im Mittelpunkt. Erst seit den 1970er Jahren wurde Bisexualität zunehmend als ein Etikett verwendet, um das eigene Begehren zu beschreiben. Es entwickelten sich in Anlehnung und Abgrenzung zur homosexuellen Befreiungsbewegung bisexuelle Selbstorganisationen, die ihre Anliegen formulierten und deren Organisationen in Deutschland bis heute fortbestehen.

In meiner historischen Einordnung werfe ich lediglich Schlaglichter auf einige wichtigen Phasen der westeuropäischen und nordamerikanischen Geschichte der Bisexualität. Aus internationaler Perspektive ist die Geschichte der Entstehung der westlichen Kategorien Homo-, Hetero-, Bi- und auch Trans- und Intersexualität eine partikulare Entwicklung, die nicht verallgemeinert werden kann. Eine Generalisierung würde bedeuten, andere verbreitete Formen der gesellschaftlichen Konstruktion von Sexualität und Geschlecht unsichtbar zu machen (vgl. Monro, 2015, S. 2). Neben der globalen Perspektive ergeben sich in meiner Darstellung historische Lücken wie etwa die Frage nach dem Umgang mit Bisexuellen in den Sexualpolitiken des Nationalsozialismus (vgl. Sigusch, 2008, S. 372). Auch wenn eine solche Einordnung eine umfassende historische Rekonstruktion nicht ersetzen kann, ermöglichte sie mir in der empirischen Auswertung eine differenziertere Hypothesenbildung darüber, welche Erfahrungen, Bedeutungen, Rollen und Diskurse den von uns Interviewten im Zusammenhang mit Bisexualität zur Verfügung stehen, auf welche Geschichte diese verweisen und wie sie im gesellschaftlichen Diskurs verankert sind.

3.1.1 Bisexualität als Ursprung

Die alleinige Bedeutung des Begriffs Bisexualität – als Begehren von Männern und Frauen – hat sich erst in den letzten Jahrzehnten durchgesetzt. Das berichtet auch ein Interviewpartner, der in den 1970er Jahren aufwuchs:

»in meiner Jugend hatte ich kein Wort für das was ich eigentlich bin <<ja>> das Wort bisexuell hatte eine völlig andere Bedeutung <<hmhm>> es bedeutete zweigeschlechtlich <<ja>> zwitterich <<hmhm>> also das war in den siebziger Jahren noch, hatte es überhaupt nicht diese Bedeutung die es heute hat« (HL, 5/4–7).

Der Begriff beschrieb zunächst vor allem die Vorstellung, dass der menschliche Embryo zu gleichen Teilen männliche und weibliche Anlagen habe, aber auch – wie in der Interviewsequenz – das Vorkommen der biologischen Merkmale beider Geschlechter in einem Menschen und erst später die psychische Kapazität beide Geschlechter zu begehren (vgl. Angelides, 2001). Die anderen Bedeutungen haben sich mittlerweile unter anderem auf die Kategorien Intersexualität und Transsexualität bzw. später Transgender verteilt (vgl. Alexander & Yescavage, 2012; Monro, 2015, S. 48). In diesem Abschnitt beziehe ich mich zuerst auf Bisexualität als Begehren und Verhalten, was zunächst nicht als Bisexualität, sondern mit dem Begriff psychischer Hermaphroditismus beschrieben wurde (vgl. Ellis & Symonds, 1887, S. 73; Krafft-Ebing, 1898). In diesem Begriff drückt sich aus, wie eng Geschlecht und Sexualität zu dieser Zeit aneinander gekoppelt wurden.

Die Entstehung des Begriffs der Bisexualität wird in der Literatur übereinstimmend mit der Entstehung der modernen Sexualwissenschaften in den westlichen Industriestaaten des 19. Jahrhunderts in Zusammenhang gebracht (vgl. Altendorf, 1993; Angelides, 2001; Coleman, 1994; Gagnon et al., 1994; Gooß, 1995; Haeberle, 1994; Rodríguez Rust, 2002). Am prägnantesten hat Foucault herausgearbeitet, wie sich im 19. Jahrhundert ein neuer Diskurs um Sexualität bildet, der den Bereich des intimen Handelns nach wissenschaftlichen Kriterien organisiert und ordnet (vgl. Foucault, 1983, S. 106). In ihrer Arbeit über Diskurse um Bisexualität betrachtet Marion Altendorf die Etablierung des Begriffes Sexualität im 19. Jahrhundert als Ergebnis einer neuen wissenschaftlichen Deutungsmacht im Diskurs um intimes Handeln (vgl. Altendorf, 1993, S. 23). Dabei werde eine neue wissenschaftliche Sprache für Menschen und Handlungen entwickelt, welche die vermeintlich alltäglich-schmutzigen Begriffe ablösen soll.[11]

---

11 Die Mühen der entstehenden Sexualwissenschaft, sich vom Makel des Anrüchigen zu befreien, zeigt sich zum Beispiel daran, dass Krafft-Ebing in der Einleitung zu seiner *Psychopathia Sexualis* betont, er habe bewusst einen lateinischen Titel bevorzugt, um damit

Bisexualität ist im 19. Jahrhundert eine dieser neuen wissenschaftlichen Wortschöpfungen.

Im Ergebnis dieser Entwicklung wurden gleichgeschlechtliche sexuelle Handlungen – aber auch alle sexuelle Handlungen, die nicht ohne Weiteres mit reproduktiven Zwecken verknüpft werden konnten – nicht allein als sündig, unmoralisch oder kriminelle Handlung betrachtet. Sie galten als Ergebnis der Veranlagung der gesamten Person und als Abweichung von einer biologisch gedachten Männlichkeit oder Weiblichkeit (vgl. Haeberle, 1994, S. 2; Gagnon et al., 1994). Exemplarisch dafür ist die Aussage Magnus Hirschfelds – einer der (bis heute) bekanntesten Sexualwissenschaftler und Streiter für die Rechte von Homosexuellen seiner Zeit: »Der homosexuelle Mensch darf nicht alleine in seiner Sexualität, er muss in seiner gesamten Individualität aufgefasst und erforscht werden« (Hirschfeld, 1899, S. 4). Insofern besteht Übereinstimmung mit den Ergebnissen der Studien von Foucault und Weeks: »Der Sodomit war ein Gestrauchelter, der Homosexuelle ist eine Spezies« (Foucault, 1983, S. 47; dazu auch Gagnon et al., 1994, S. 69; Weeks, 1977).

Ulrich Gooß zeichnet diese Entwicklung in Hinblick auf Bisexuelle nach (vgl. Gooß, 1995). Ähnlich wie dies Foucault und Weeks für die Homosexualität herausarbeiten, sieht er die frühe Sexualwissenschaft als diskursive Bildnerin der neuen Figur der Bisexuellen: »Vom sich schärfenden Blick des Forschers wie des psychiatrischen Klinikers wurden die Bisexuellen gleichsam hervorgezwungen« (ebd., S. 15). Begründet liegt dies in dem schon benannten Blickwechsel von der geächteten und/oder kriminalisierten Handlung zum gesamten Menschen. Auch zuvor wurden Männer – sexuelle Handlungen unter Frauen wurden auf dem Gebiet Deutschlands nicht strafrechtlich verfolgt – befragt, um sie des Tatbestandes der »widernatürlichen Unzucht«[12] zu überführen (vgl. § 145 Strafgesetzbuch für die Preußischen Staaten [PStGB] aus dem Jahr 1851 in Preußen und ab dem Jahr 1871 § 175 im Reichsstrafgesetzbuch [RstGB] des Deutschen Reiches). Aber im

---

einzig und allein ein wissenschaftlich geschultes Interesse zu wecken (vgl. Krafft-Ebing, 1898). Ebenso achtet Havelock Ellis darauf, niemals von analen sexuellen Vergnügungen auf Englisch zu schreiben, sondern wechselt in die lateinische Sprache der Medizin: »immisio penis in anum« (Ellis & Symonds, 1887, S. 49; vgl. dazu auch Weeks, 1985, S. 73f.).

12 Die Gesetzgebung hinsichtlich homosexueller Handlungen entwickelte sich im 19. Jahrhundert nicht widerspruchsfrei und linear. Der in vielen Gebieten des späteren Deutschen Reiches gültige »Code Civil« bzw. »Code Napoléon« sah keine Kriminalisierung homosexueller Handlungen vor (vgl. Honecker, 1995, S. 226).

Mittelpunkt stand vor allem die körperliche Untersuchung, etwa auf eine Weitung des Anus als Indiz für Analverkehr (vgl. Gooß, 1995, S. 16). Als Menschen jeden Geschlechts[13] – denen eine von der heterosexuellen Norm abweichende Sexualität unterstellt wurde – zunehmend der Psychiatrie zugewiesen wurden, geriet ihre gesamte Lebens- und Sexualgeschichte in den Blick. Damit wurden auch sexuelle Handlungen sichtbar, die sich nicht entlang des simplen Schemas von heterosexueller Normalität und homosexuellen Abweichungen einordnen ließen. Abweichender Sexualität wurde neben einer biologischen also auch eine biografische Struktur unterstellt.[14]

Sexualität zu nutzen, um zwischen Menschengruppen zu unterscheiden, war kein Alleinstellungsmerkmal der Psychiatrie oder der entstehenden Sexualwissenschaften. Es entwickelte sich eine wechselseitige Dynamik zwischen Forschenden und Beforschten (vgl. Weeks, 1985, S. 92). Um dies zu illustrieren, möchte ich an dieser Stelle exemplarisch auf die Position des Aktivisten und Juristen Karl Heinrich Ulrichs eingehen, der sich auch mit dem Thema Bisexualität beschäftigte. In den 1860er Jahren engagierte sich dieser vehement gegen den sich durchsetzenden Trend zur erneuten Kriminalisierung der Liebe zwischen Männern und forderte Gleichberechtigung (vgl. Ulrichs & Numantius, 1864; Gooß, 1995, S. 9; Haeberle, 1994, S. 5). Sein politisches Manifest »Forschungen über das Räthsel der mannmännlichen Liebe« ist eines der frühesten Dokumente eines modernen Outings als bewusster politischer Akt mit »offenem Visier« (Ulrichs & Numantius, 1864, S. XII). Seine – zunächst auf Männer und Intersexuelle beschränkte – politische Strategie war die Polarisierung zwischen zwei Menschentypen: der Mehrheit der frauenliebenden Männer, die er – nach einem Mythos Platons (vgl. Ulrichs & Numantius, 1864) Dioninge nennt – und der entrechteten Minderheit der männerliebenden Männer und Intersexuellen, die

---

13 Eines der ersten dokumentierten Opfer der Psychiatrisierung von gleichgeschlechtlich Liebenden – unter dem Begriff der »conträren Sexualempfindung« – war eine frauenliebende Frau, die Anzüge als Kleidung bevorzugte. Sie wurde 1864 in die »Irren-Abteilung« (Westphal, 1869, S. 73) der Berliner Charité verbracht und von dem Psychiater Carl Westphal »behandelt«. Frl. N. leide »angeblich seit ihrem achten Jahre an einer Wuth, Frauen zu lieben und mit ihnen ausser [sic] Scherzen und Küssen Onanie zu treiben« (ebd., S. 73).

14 Dass die Folgen ambivalent sind, zeigt sich daran, dass ein biografischer Zugang zur Sexualität eine Voraussetzung dafür war, dass Freud eben diese Methode zur Hilfe nahm, um die biografische Konstruktion von Heterosexualität in den Blick zu nehmen (vgl. Kap. 2.2.2).

er als Urninge bezeichnet: »Was **euch Dioningen** geschlechtlich angeboren ist, kann für männerliebende Zwitter und für uns Urninge nicht maßgebend sein« (Ulrichs & Numantius, 1864, S. 7; Hervorh. i. O.). Die These der angeborenen Differenz zwischen den beiden Menschentypen macht Ulrichs zur Grundlage seiner Forderung nach gesellschaftlicher Anerkennung. Damit kreiert er einen bis heute verbreiteten Anerkennungsdiskurs Homosexueller. Zudem formuliert er eine in den folgenden Jahren bestimmende Theorie geschlechtlicher und sexueller Entwicklung. Alle Menschen würden sich aus einem »embryologischen Urzwitter« (Ulrichs, 1868, S. 17) entwickeln. In welcher Kombination und zu welchem Anteil diese Anlagen einem Menschen mitgegeben würden, sei individuell unterschiedlich (vgl. ebd.; 1899, S. 68; Gooß, 1995, S. 11). Männer, die Männer lieben, seien zwar mit einem männlichen Körper geboren, jedoch mit einer weiblichen Seele ausgestattet.[15] Analog formulierte er dies auch für Frauen, die Frauen lieben: Sie seien Urninginnen mit einer männlichen Seele (vgl. Ulrichs, 1868, S. 6). Auch Menschen, die Männer und Frauen begehren – heute als Bisexuelle bezeichnet –, versuchte er in sein Schema einzufügen: Sie nennt er Uranodioninge und Uranodioginnen (vgl. ebd., S. 18). Alles in allem schlägt er vor, von sieben Geschlechtskategorien auszugehen: Männer, Frauen, Urninge, Urninginnen, Uranodioninge und Uranodioninginnen und Zwittern. Aber die Urandioning_innen bleiben ihm, zumindest wenn sie beide Geschlechter lieben und begehren, »räthselhaft« (ebd., S. 21). Sie wollen nicht recht in die von ihm vorgeschlagene Typisierung für jedes sexuelle Begehren passen. Das liegt daran, dass Ulrichs Forderungen zwar radikal sind, aber letztlich auf den modernen Grundannahmen hierarchischer Zweigeschlechtlichkeit und den damit einhergehenden Bemühungen beruhen, sexuelles Verhalten als einen unveränderlichen biologischen Bestandteil jedes Menschen zu betrachten. Die Existenz der »Uranodioning_innen« ist eine logische Konsequenz dieser Ordnung, sie sind jedoch zugleich »theoretische Störenfriede« (Gagnon et al., 1994, S. 71; Haeberle, 1994, S. 33), da sie die klaren Grenzen der neuen Ordnung durch ihre Existenz in Zweifel ziehen.

Arbeiten, die sich genauer mit der Rolle von Bisexualität in den frühen Sexualwissenschaften auseinandersetzten (vgl. Altendorf, 1993; Angelides,

---

15 Hierbei handelt es sich um eine Argumentation, die sich auch heute noch in alltäglichen Beschreibungen von Transsexualität als einem Konflikt zwischen Seele und Körper wiederfindet.

2001; Gooß, 1995), zeigen, dass Bisexualität nicht auf einen Effekt der sexualwissenschaftlichen und politischen Konstruktion von Homosexuellen als Gruppe reduziert werden kann. Denn die von Ulrichs formulierte These der »konstitutionellen Bisexualität« (Gooß, 1995, S. 20) aller Menschen, die sein Ordnungsschema des Sexuellen begründet, wurde in der Sexualwissenschaft breit zur Kenntnis genommen und ihrem Korpus einverleibt (vgl. z. B. Krafft-Ebing, 1898, S. 216). Tatsächlich findet sich diese Annahme quer über die theoretisch unterschiedlich angelegten sexualwissenschaftlichen Arbeiten bis hin zur Psychoanalyse (vgl. Ellis & Symonds, 1887, S. 132; Freud, 1977 [1905], S. 19, 21f.; Krafft-Ebing, 1898, S. 220). Bisexualität wird zu einem wichtigen Ursprungsmythos der Entwicklung von Sexualität und Geschlecht in der Moderne. Sie liefert einen Ausgangspunkt der evolutionär und linear angelegten Modelle von Geschlecht und Sexualität, wie Steven Angelides ausführt:

> »For it was in the evolutionary process of becoming (hu)man that one was to transcend the physical and psychical animal ancestry of primordial bisexuality. In the Darwinian chain of being, this was an upward movement out of the domain of nature and into that of culture; an evolutionary progression from sexual ambiguity to sexual distinction. Only the prototypical Western bourgeois male, however, had successfully completed this transition from (bisexual) *nature* to (sexual differentiated) *culture*, divesting himself of his animal heritage« (Angelides, 2001, S. 33f., Hervorh., i.O.).

Er betrachtet das moderne evolutionäre Modell des Sexuellen mit Bisexualität als Ort des Ursprungs als eine ideologische Antwort auf eine Krise der weißen[16] bürgerlichen Männlichkeit im späten 19. Jahrhundert. In einer

---

16 Angelides formuliert die These, dass die Konzeption von Bisexualität als Ursprung nicht nur ein lineares geschlechtlich-sexuelles Entwicklungsmodell ermöglichte, sondern ebenfalls eine Grundlage neuer Legitimationsweisen von Rassismus bildete (vgl. Angelides, 2001, S. 41; vgl. auch Monro, 2015, S. 12). Die Entwicklung moderner rassistischer Ideologien aus Bisexualitätstheorien herleiten zu wollen, halte ich für eine Überbewertung ihrer Bedeutung, aber es ergeben sich tatsächlich auffallende Überschneidungen. Klassische Sexualwissenschaftler wie Ellis, Hirschfeld oder Krafft-Ebing waren – trotz erheblicher theoretischer Differenzen – von der Notwendigkeit der Anwendung eugenischer Maßnahmen überzeugt (vgl. Sigusch, 2008, S. 387; Ellis, 1912; Krafft-Ebing, 1898, S. 278). Magnus Hirschfeld – meist unkritisch als Galionsfigur der frühen Homosexuellenbewegung vereinnahmt (etwa in der nach ihm benannten Bundesstiftung) – argu-

Situation gesellschaftlicher Umwälzung – Durchsetzung des industriellen Kapitalismus, Verstädterung, Emanzipationsbewegungen von Frauen und Arbeiter_innen – bedurfte es einer neuen Begründung gesellschaftlicher Herrschaft (vgl. Angelides, 2001, S. 35f.).[17]
Diese Analyse lässt sich auf das Modell sexueller Entwicklung, das Freud vorschlägt, übertragen (vgl. auch Kap. 2.2.1):

> »Der Psychoanalyse erscheint vielmehr die Unabhängigkeit der Objektwahl vom Geschlecht des Objektes, die gleich freie Verfügung über männliche und weibliche Objekte, wie sie im Kindesalter, in primitiven Zuständen und früh-historischen Zeiten zu beobachten ist, als das Ursprüngliche, aus dem sich durch Einschränkung nach der einen oder der anderen Seite ›der normale‹ wie der ›Inversionstypus‹ entwickeln« (Freud, 1977, S. 22).

Der Abstand zu einer bisexuellen sexuellen Objektwahl ist für Freud der Maßstab der Zivilisation, ein Zustand, den nur Hetero- und Homosexuelle erlangen (vgl. Ritter, 2014, S. 202; Angelides, 2006, S. 138; Du Plessis, 1996). Die Geschlechterdifferenzierung von der (männlich angelegten) Ein- zur Zweigeschlechtlichkeit (vgl. Kap. 2.2.2) und eine geschlechtlich eindeutige Objektbesetzung ist in diesem Modell die notwendige Voraussetzung, um eine psychische Entwicklung zu einem erwachsenen und westlich zivilisierten Individuum zu vollziehen (vgl. auch Rapoport, 2012).

Erst in den 1950er Jahren bildete sich in den Sexualwissenschaften ein neuer Diskursstrang, der grundsätzlich mit der Vorstellung brach, der soziale Bereich des Sexuellen bestehe aus klar voneinander unterscheidbaren Menschengruppen. Dies ermöglichte eine neue Perspektive auf Bisexualität als ein recht weitverbreitetes Verhalten.

---

mentiert rassistisch, wenn er Homosexualität als eine Form der natürlichen Selektion bezeichnet, da diese die Fortpflanzung ausschließe und damit eine Weitergabe von Genen an die kommenden Generationen verhindere (vgl. Altendorf, 1993, S. 49).

17 Übereinstimmend mit Angelides' Annahmen ist seit Mitte der 1970er Jahre in der Geschlechterforschung die These der »Polarisierung der Geschlechtscharaktere« (Hausen, 1976) im 19. Jahrhundert als Teil des Prozesses der Durchsetzung des industriellen Kapitalismus formuliert worden. Präziser wurde diese ideologische Polarisierung hier mit der neuen materiellen Trennung zwischen den nun allein Frauen zugewiesenen Bereichen des Privaten, der Familie und der Reproduktion und den Männern offen stehenden Bereichen der Öffentlichkeit, des Berufslebens und der Produktion verknüpft.

3.1.2 Bisexualität als Verhaltensweise

Die 1950er Jahren in Westdeutschland waren geprägt von sexuellem Konservativismus in der Politik und der Tabuisierung des Themas Sexualität in der Kultur (vgl. Schmidt, 2005, S. 151f.). Das zeigt sich unter anderem an der Aufrechterhaltung von § 175 StGB in seiner nationalsozialistischen Fassung und der sexistischen Familienpolitik der Adenauer-Ära. Im ähnlich konservativen Klima der USA behaupteten Alfred Kinsey und seine Kolleg_innen in ihrer breit angelegten Studie über das sexuelle Verhalten der US-Amerikaner: 28 Prozent der von ihm und seinen Mitarbeiter_innen befragten Frauen würden zumindest eine gleichgeschlechtliche sexuelle Erfahrung in ihrem Leben machen (vgl. Kinsey et al., 1953, S. 488) und 37 Prozent der Männer hätten nach ihrer Adoleszenz mindestens eine sexuelle Erfahrung mit einem Mann gemacht und 50 Prozent hätten in ihrem Leben schon einmal sexuell auf einen Mann reagiert (vgl. Kinsey et al., 1953, S. 474). Die Behauptung, Sex würde in den USA in der Regel als Vaginalverkehr mit reproduktiven Zielen in der heterosexuellen Ehe stattfinden, erwies sich als empirisch nicht haltbar. Die Wirkung der Verbreitung dieser Erkenntnisse kann als »kathartisch« (Gooß, 1995, S. 75) bezeichnet werden, brach sie doch mit der stillschweigenden Annahme einer sehr großen Anzahl von Menschen, sie allein würden sich nicht an die Regeln der genitalen und fortpflanzungsorientierten Heterosexualität halten (vgl. Plummer, 1975, S. 50). Dazu gehört eine neue Sichtbarkeit der großen Verbreitung von geschlechterübergreifenden sexuellen Reaktionen und Verhaltensweisen und der Veränderbarkeit sexueller Vorlieben im Laufe des Lebens.

Diese Provokation der Sexualmoral erregte ein Interesse, das weit über den akademischen Diskurs hinausging. Kinsey konnte mit seinen Vorträgen im Jahr 1948 Sportstadien füllen (vgl. Sigusch, 2008, S. 398) und die Ergebnisse seiner Studien hatten einen entscheidenden Einfluss auf den Diskurs in Westdeutschland, der sich auch auf die Soziologie erstreckte (vgl. ebd., S. 398).

Ihre Daten führten die Autor_innen der Studie zu der These, dass die gesellschaftliche Einteilung von Menschen danach, welches Geschlecht sie begehren, wissenschaftlich nicht haltbar sei.

»Males do not represent two discrete populations, heterosexual and homosexual. The world is not to be divided into sheep and goats. Not all things are black nor all things white. It is a fundamental of taxonomy that nature rarely deals with discrete categories. Only the human mind invents categories and tries to force facts into separated pigeon-holes. The living world is a continuum in each and every one of its aspects. The sooner we learn this concerning human sexual behavior the sooner we shall reach a sound understanding of the realities of sex« (Kinsey et al., 1948, S. 639).[18]

Das Modell eines Kontinuums des sexuellen Verhaltens von Menschen (vgl. auch Kap. 3.3.1) stellt eine biologisch begründete und empirisch belegte Kritik einer unangemessenen sozialen Gruppenkonstruktion mit den Kategorien Homo- und Heterosexualität dar. Biologisch ergibt sich ein Bild der Vielfalt sexuellen Verhaltens. Dass Menschen sich dennoch im Laufe ihres Lebens sexuell auf eine Geschlechterkategorie festlegten, sahen die Autor_innen dagegen in »sozialem Druck« begründet: »social pressures which tend to [direct] an individual into an exclusive pattern of one or the other sort« (Kinsey et al., 1953, S. 450). Indem sie die große Bandbreite sexuellen Verhaltens von Menschen lapidar als Effekt natürlicher Vielfalt betrachten, verzichten sie auf Erklärungs- oder Entwicklungsmodelle sexuellen Verhaltens, wie sie sexualwissenschaftlichen, politischen und psychoanalytischen Ansätzen zugrunde liegen (vgl. Monro, 2015, S. 14 und Kap. 3.1.1). Damit handelt es sich um eine radikale Kritik der Grundannahme der institutionalisierten Heterosexualität der USA der 1950er Jahre, die die wissenschaftliche Basis der Suche nach den biologischen und biografischen Gründen für von der genitalen Heterosexualität abweichendem Verhalten infrage stellt (vgl. Altendorf, 1993, S. 72; Gagnon et al., 1994, S. 72; Gooß, 1995, S. 75; Haeberle, 1994, S. 17).

Einerseits lieferten die Erkenntnisse der Kinsey-Studien damit wichtige Argumente, Sexualität nicht nach polaren und linearen Ordnungsmustern zu organisieren (vgl. Altendorf, 1993, S. 74). Andererseits lässt sich einwenden, dass das Schema der einfachen Gegenüberstellung einer biologischen sexuellen Vielfalt und des sozialen Drucks, der dieses einschränke, keine Antwort darauf liefert, in welcher Weise die biologischen menschlichen Kapazitäten des Menschen sozial organisiert werden (vgl. Gagnon et al., 1994, S. 74 und Kap. 2). Dies zeigt sich auch daran, dass die in der Studie formulierte Annahme der natürlichen Vielfalt des Menschen nicht auf die Ka-

---

18 Diese hier in Bezug auf Männer formulierte These wird ebenfalls in einer Folgestudie aufgestellt, in der Frauen befragt wurden (vgl. Kinsey et al., 1953, S. 469).

tegorie Geschlecht bezogen wird, obwohl in dieser Hinsicht genauso gute Argumente vorliegen (vgl. Gagnon et al., 1994, S. 74; Voß, 2010).

3.1.3 Bisexualität als Etikett

Selten wird die späte Moderne genau datiert (vgl. Kap. 2.1), aber in Bezug auf die soziale Organisation der Sexualität in Westdeutschland lässt sich seit den 1960er Jahren ein deutlicher Wandel beobachten, eine Zeit in der die meisten unserer Interviewpartner_innen aufgewachsen sind (vgl. Kap. 4.4.2). Das zeigt sich rechtlich in der Entschärfung des bi- und homosexuellenfeindlichen § 175 StGB im Jahr 1969 (vgl. Dworek, 2012). Als Motoren dieser Entwicklung sieht Gunter Schmidt soziale Bewegungen – vor allem die Studierenden-, Homosexuellen- und Frauenbewegung – und kapitalistische Modernisierungsprozesse, die eine strikte Sexualmoral überflüssig und Sexualität zunehmend zu einem Konsumgut machten (vgl. Schmidt, 2005, 158). Dabei verbreitete sich das Alltagswissen um Sexualität immens: Sprechen über Sexualität und Verhütung wurden zunehmend leichter. Diese Entwicklung prägten Pionier_innen der Sexualaufklärung in Deutschland, wie Oswalt Kolle – selbst bisexuell (vgl. Sigusch, 2011, S. 115) – und Beate Uhse (vgl. Schmidt, 2005, 159). Es ging bei dieser Entwicklung jedoch nicht um eine Befreiung der Sexualität, sondern um eine grundlegende Veränderung ihrer sozialen Organisation (vgl. Kap. 2.1).

In diesem gesellschaftlichen Kontext beginnen sich seit den 1970er Jahren in Westeuropa und den USA Menschen, die mehr als ein Geschlecht begehren, als bisexuell zu bezeichnen und manche beginnen, diese Bezeichnung zu nutzen, um sich zu vernetzen und politisch zu organisieren.[19] Diese Entwicklung ist nicht auf diese Regionen beschränkt; so hat sich zum Beispiel in Kolumbien seit dem Jahr 2006 eine aktive politische Selbstorganisation Bisexueller herausgebildet (vgl. Monro, 2015, S. 158). Eine politische Selbstorganisation findet in Deutschland seit den 1980er Jahren statt (vgl. Hüsers & König, 1995, S. 138; Ritter, 2014, S. 203) – ein Umstand, der unmittelbaren Einfluss auf die Biografien mancher Interviewpartner hat, wie die Lebensgeschichte von Susanne Albers zeigt, die

---

19 Bisexuell lebende Menschen waren selbstverständlich schon zuvor Teil sozialer Bewegungen, aber sie organisierten sich seltener unter diesem Begriff selbst (vgl. Alexander & Anderlini-D'Onofrio, 2012, S. 2).

Ende der 1990er Jahre das erste Mal eine organisierte Gruppe von Bisexuellen auf dem CSD sieht und begeistert ist:

> »Wir haben uns zuerst die Parade angeschaut und da habe ich diese Bi-Gruppe gesehen <<Ja>> und war wirklich, völlig hin und weg dass die nen Stand hatten weil ich dachte so Boah« (SuA, 71/9–11).

Ein weiteres wichtiges Datum war in diesem Zusammenhang die Gründung eines bundesweiten Netzwerkes im Jahr 1992 in Form des Vereines BiNe – Bisexuelles Netzwerk e.V. (vgl. Bisexuelles Netzwerk, o. J.) –, das bis heute existiert und aus dessen Umfeld einige der Interviewpartner_innen, die an unserer Studie teilgenommen haben, gekommen sind.

Dass sich Bisexualität als Selbstbezeichnung und Form der Selbstorganisation etablieren konnte, wird je nach Analyse als Ergebnis der Individualisierung und Pluralisierung der Gesellschaft in der späten Moderne (vgl. Hüsers & König, 1995), Teil der Restrukturierungen des postfordistischen Konsumkapitalismus (vgl. Storr, 1999, S. 320; Nathanson, 2002), Effekt eines »Neo-Essenzialismus« (vgl. Gagnon et al. 1994, S. 75; Schmidt 2005, S. 138) oder der ausschließenden Praxen innerhalb schwul-lesbischer Zusammenhänge (vgl. Callis, 2009) betrachtet.

In Anlehnung an die These Anthony Giddens', dass sich Ende des 20. Jahrhunderts eine modellierbare Sexualität herausbildet (vgl. Kap. 2.1), die kaum mehr an ihre Fortpflanzungsfunktion gebunden ist, betrachten Francis Hüsers und Almuth König die Verbreitung einer Selbstbezeichnung als bisexuell als Effekt der gesellschaftlichen Pluralisierung und Individualisierung, die das Geschlechterverhältnis und Beziehungsmodelle erfassen (vgl. Hüsers & König, 1995, S. 86). Sowohl bisexuelle Beziehungen als auch die Selbstbezeichnung Bisexualität hätten unter diesen Bedingungen viel mehr Möglichkeiten sich zu entfalten (vgl. ebd., S. 89). Im Gegensatz zu vielen anderen Arbeiten erwähnen Hüsers und König die Ambivalenz der neuen gesellschaftlichen Spielräume, die auch neue Formen der Isolation, Verunsicherung und des Wahlzwanges hervorrufen würden (vgl. ebd., S. 90). Insofern warnen sie davor, Bisexualität zu idealisieren oder ihre Bedeutung überzubewerten. Sie sei lediglich eine Ausdrucksform des sexuellen Wandels der letzten Jahrzehnte. Auffällig sei das Fehlen eines allgemein verfügbaren sozialen Etiketts von Bisexualität (vgl. ebd., S. 97) – ein Thema, das ich in der Darstellung der Ergebnisse der Fallrekonstruktionen (vgl. Kap. 5) und der Diskussion dieser Ergebnisse (vgl. Kap. 6.1) ausführen werde.

Merl Storr stellt die These auf, dass die Entstehung von Bisexualität als Identitätskategorie sich in enger Verknüpfung mit einer Neuordnung des Kapitalismus seit den 1970er Jahren herausgebildet hat (vgl. Storr, 1999). Diese versuche eine Krise der Produktion über Deregulierung und die Schaffung neuer Absatzmärkte zu überwinden, wovon ebenfalls der soziale Bereich des Sexuellen betroffen sei. Vor diesem Hintergrund kritisiert Storr die verbreitete Annahme, Bisexualität sei eine Verhaltensweise, Selbstbeschreibung oder ein theoretischer Ausgangspunkt, der sich im Gegensatz zum kapitalistischen System befinde (vgl Storr, 1999, S. 318; Eadie, 1999):

> »Indeed I would argue further that the demands of current bisexual theory and politics – for visibility, for open-endedness or indeterminacy, for the end of categorization – accord with a logic or discourse not of political freedom, but of consumer freedom« (vgl. Storr, 1999, S. 319).

Die Argumentation von Storr bewegt sich dabei – wie sie auch selbst schreibt – vor allem auf einer theoretischen Ebene und lässt sich nicht ohne Weiteres auf die Alltagserfahrung von Bisexuellen im Kapitalismus übertragen. Bestimmte Formen der Bisexualität sind Teil der sexuellen Konsumwelt der späten Moderne geworden. Typisch hierfür ist vor allem die sexualisierte Darstellung bisexueller Frauen in der Pornografie und zunehmend in Alltagsinszenierungen (vgl. Monro, 2015, S. 120; Fahs, 2012). Diese werden vor allem für ein männliches Publikum inszeniert. Dabei handelt es sich um ein vergeschlechtlichtes Phänomen, was sich darin zeigt, dass bisexuelle Männer in diesen Darstellungen unsichtbar bleiben (vgl. Monro, 2015, S. 132). Diese Kommodifizierung bestimmter Formen von Bisexualität lässt nicht den Schluss zu, dass Bisexualität als eine alltägliche Lebensform besonders anschlussfähig an eine kapitalistische Verwertungslogik ist. Studien über die Erfahrungen von Bisexuellen am Arbeitsplatz zeigen, dass diese sich an ihrem Arbeitsplatz seltener outen als ihre homosexuellen Kolleg_innen und Diskriminierungserfahrungen unter ihnen sehr verbreitet sind (vgl. Agentur der Europäischen Union für Grundrechte, 2014; Monro, 2015, S. 118, 112). Es ist daher sinnvoll, die Erfahrungen, die Bisexuelle im Alltag machen, nicht mit der warenförmigen Erscheinung von Bisexualität gleichzusetzen.

Die sich verändernde ökonomische Situation in Westeuropa hält Nathanson für eine Voraussetzung für das Verständnis der Herausbildung einer bisexuellen Bewegung (vgl. Nathanson, 2002). Anhand der

Analyse der Konflikte zwischen bisexuellen und lesbischen Gruppen im US-amerikanischen Northhampton[20] zwischen 1989 und 1993 arbeitet sie heraus, dass die lokale lesbische Community unter starken ökonomischen Druck geraten war und viele ihrer Organisationen schließen mussten (vgl. Nathanson, 2002, S. 147; vgl. zu dem Thema auch Hemmings, 2002, S. 90). Der Anspruch Bisexueller auf Anerkennung und einen Platz innerhalb der Community wurde in dieser prekären Situation von vielen Lesben als Bedrohung der Räume, Organisationen und Politiken angesehen, die sie sich in einer homosexuellenfeindlichen Gesellschaft aufgebaut hatten. Im Gegensatz zu Storr betrachtet Nathanson die kapitalistische Modernisierung eher als Kontext der Formierung von Bisexuellen als Gruppe:

> »I would like to suggest that we view this as an incident in which a rapidly changing environment pitted two marginalized groups against each other. A shifting sexual politics which promoted sexual diversity and tolerance over lesbian feminism; a rapidly emerging bisexual movement that, for bisexuals, was a second Stonewall; an economic recession and conservative political climate that saw an end to lesbian collectives, businesses, and space« (Nathanson, 2002, S. 156).

Wie Storr betont April Callis die große Bedeutung der homosexuellen Bewegung nach Stonewall und der sich in der Folge entwickelnden schwulen und lesbischen Szenen für die politische Selbstorganisation Bisexueller: »Thus, the ›reverse discourse‹ utilized by bisexual politics would have been based in the rhetoric of gay and lesbian politics, rather than in science« (Callis, 2009, S. 225).

Sie argumentiert, dass Schwule und Lesben die pathologisierenden medizinischen Konzepte der Sexualwissenschaft (vgl. 3.1.1) für sich nutzbar machen und aneignen konnten, während Bisexuellen diese Strategie nicht offen stand. Kritisch betrachten Gagnon und Kolleg_innen wie auch Schmidt die Herausbildung einer bisexuellen Identität als Effekt eines Neo-Essenzialismus, der an die biologischen Sexualitätskonzepte

---

20 Aufgrund fehlender Arbeiten in Deutschland beziehe ich – wie eingangs erwähnt – Analysen aus England und den USA ein. Diese Arbeiten können Hypothesen für die empirische Auswertung liefern. Eine direkte Übertragung der Ergebnisse auf den deutschen Kontext ist nicht möglich.

der frühen Sexualwissenschaften erinnere (vgl. Gagnon et al., 1994, S. 75; Schmidt, 2005, S. 147).

Einer der wichtigsten historischen Wendepunkte für die jüngste Geschichte der Bisexualität ist die Verbreitung des sexuell übertragbaren Humanen Immundefizienz-Virus (HIV) in den 1980er Jahren und der gesellschaftliche Umgang mit dieser Krise. Viele Bisexuelle waren Opfer des Virus und verloren Freund_innen und Angehörige, wie auch einer unserer Interviewpartner berichtet (vgl. Kap. 5.3):

> »Ja, um die beiden [zwei Freunde, die an AIDS gestorben sind] ((weint)) trauer ich bis heute (19) die Zeit also diese ganzen (2) achtziger Jahre also ich sag jetzt mal so von 1984 bis (2) etwa 1994 so knapp zehn Jahre, das waren für mich eigentlich die schlimmsten zehn Jahre die ich in meinem Leben überhaupt erlebt hab ich hab ja- ich sag das ja auch heute noch das war wie Krieg« (MS, 40–41/49–10).

Bisexuelle waren nicht allein durch die verheerenden Auswirkungen des Virus betroffen, sondern wurden zudem in einer vorher unbekannten Art und Weise stigmatisiert. Bisexuelles Verhalten wurde als ein »Transmissionsriemen« (Sigusch, 2011, S. 115) zwischen einer vermeintlich heilen heterosexuellen und einer mit Krankheit assoziierten homosexuellen Welt betrachtet (vgl. Ault, 1994, S. 118; Garber, 1995, S. 27; Gooß, 1995, S. 115; Hüsers & König, 1995, S. 90; Isgro, 2006, S. 162; Ochs, 1996, S. 227; Rodríguez Rust, 2000, S. 335; Herrmann, 2002, S. 11; Gagnon et al., 1994, S. 88). Anstatt sich Gedanken über die Versorgung der Erkrankten und ihrer Angehörigen zu machen oder sexuelle Aufklärung zu betreiben, wurden insbesondere nicht geoutete Männer, die Sex mit Männern haben[21], als eine »unsichtbare Bedrohung« imaginiert: »The stereotype of the cheating bisexual husband, ›unwilling or unable to control his dangerous double love life‹, becomes a natural and inevitable scapegoat for the transmisson of AIDS to an ›innocent‹ an unsuspecting population« (Garber, 1995, S. 94). Diese Tendenz lässt sich ebenso in epidemiologischen Studien, die seit dem Jahrtausendwechsel erschienen sind, nachweisen (vgl. Levin et al., 2009; Siegel, Schrimshaw, Lekas &

---

[21] »Männer, die Sex mit Männern haben« (MSM) ist ein etablierter Terminus, der sexuelles Handeln in den Mittelpunkt stellt und deutlich macht, dass aus diesem nicht notwendig eine bestimmte Selbstbezeichnung, etwa als homo- oder auch bisexuell, folgt.

Parsons, 2008; Zule, Bobashev, Wechsberg, Costenbader & Coomes, 2009).

Dagegen hebt Paula Rodríguez Rust positive Seiten in der neuen negativen Sichtbarkeit von Bisexuellen hervor: Bisexualität wird in Studien zunehmend als eigenständige Kategorie benannt und untersucht und nicht mehr homosexuellem Verhalten untergeordnet (vgl. Rodríguez Rust, 2000, S. 403). Dieser Argumentation lässt sich entgegenhalten, dass viele frühe Studien mit stigmatisierenden Gruppenkonstruktionen und essenzialistischen Modellen arbeiten. Sie unterscheiden weder angemessen zwischen Bisexualität als Verhaltens- und Identitätskategorie noch reflektieren sie, dass Bisexualität eine große Vielfalt von sexuellen Verhaltensweisen umfasst (vgl. Gagnon et al., 1994, S. 88f.).

Durch ein breites Wissen um den HI-Virus, Verhütungspraktiken und neue Medikamente, die in Westeuropa und den USA verfügbar sind, ist Bisexualität dort nur noch selten Gegenstand moralischer Panik in Bezug auf HIV. Seit den 2000er Jahren entwickeln sich stattdessen immer wieder Diskursstränge, welche die Existenz von Bisexualität in Zweifel ziehen (vgl. zu diesem Diskurs auch Kap. 3.2.2 weiter unten). Neu aufgegriffen wurde dieses Thema in dem Artikel »Straight, Gay oder Lying? Bisexuality Revisited« (vgl. Carey, 2005), der im Jahr 2005 in der New York Times veröffentlicht wurde:

> »Some people are attracted to women; some are attracted to men. And some, if Sigmund Freud, Dr. Alfred Kinsey and millions of self-described bisexuals are to be believed, are drawn to both sexes. But a new study casts doubt on whether true bisexuality exists, at least in men« (Carey, 2005).

Diese Veröffentlichung wurde auch von manchen unserer Interviewpartner_innen – kritisch – wahrgenommen. Es handelt sich dabei um die massenmediale Verarbeitung einer sexualwissenschaftlichen Studie (vgl. Rieger et al., 2005; siehe auch Bailey, 2009; Ritter, 2014, S. 199). Bei der Versuchsanordnung wurden 101 Männern nach ihrer sexuellen Orientierung und ihrem sexuellen Verhalten gefragt. Anschließend wurden sie an einen Penis-Plethysmografen[22] angeschlossen. Dieser sollte die Schwellung

---

22 Hierbei handelt es sich um eine Technik, die nicht nur im wissenschaftlichen Bereich genutzt wird. In Tschechien wurde sie zeitweise im Rahmen von Asylgesuchen verwendet, wenn Personen eine Verfolgung aufgrund von Homosexualität geltend machen

ihres Penis messen. Den Probanden der Studie wurden dann Videos mit ausschließlich homosexuellen, ausschließlich heterosexuellen sexuellen Handlungen und ein Tierfilm vorgespielt. Das Ergebnis der Studie war, dass sich bei den Männern, die sich als bisexuell bezeichneten, der Druck innerhalb ihrer Schwellkörper nicht bei beiderlei Filmmaterial erhöhte, sondern vorwiegend bei den explizit homosexuellen Szenen. Die Folgerung der Studie ist: Es existiere kein nachweisbares Muster bisexueller Erregung bei Männern (vgl. Bailey, 2009, S. 52). Dabei wird die Existenz von Bisexualität als Verhalten und Identifikation explizit nicht infrage gestellt. Diese falsche mediale Übersetzung der Ergebnisse zeigt, wie – auf der Basis vermeintlich »handfester« Messdaten – auch in den 2000er Jahren Bisexualität eine reale Existenz im Alltag abgesprochen wird. Abgesehen von der medialen Übersetzung ist das Vorgehen der Studie kritikwürdig (vgl. National Gay and Lesbian Task Force, 2005). Sie setzt sexuelle Orientierung mit einer sehr ungenauen Messung der Reaktion von penilen Schwellkörpern auf pornografisches Material gleich und reduziert sie damit auf ein phallozentrisches Reiz-Reaktionsschema.

Für das Anliegen meiner Arbeit lässt sich auf der Grundlage dieser historischen Einordnung erstens festhalten, dass Bisexualität in der entstehenden Sexualwissenschaft und Psychoanalyse des 19. Jahrhunderts als Ursprung der geschlechtlichen und sexuellen Entwicklung konzipiert wurde. Dagegen galt Homosexualität zwar nicht als eine gleichberechtigte Möglichkeit der Wahl, ihre Existenz als eine dauerhafte sexuelle Ausrichtung stand außer Zweifel. Im »Ursprungsmodell« von Bisexualität wurde Bisexualität dagegen abgesprochen, überhaupt als eine erwachsene und dauerhafte sexuelle Ausrichtung zu existieren. Dieser historische Hintergrund ist eine wichtige Voraussetzung, um zeitgenössische Bilder von Bisexualität – welche den Interviewten in ihrem Leben begegnen – besser nachvollziehen zu können. Dazu gehören, wie ich weiter unten noch ausführlich darlege (vgl. Kap. 3.2.2), Zuschreibung von Unreife, Verantwortungslosigkeit und Maßlosigkeit. Als ein zweiter zentraler Aspekt lässt sich festhalten, dass Bisexualität erst seit den 1970er Jahren beginnt, ein soziales Etikett der Selbstbeschreibung zu werden. Diese Entwicklung vollzieht sich im Rahmen gesellschaftlicher Prozesse der sexuellen Liberalisierung und der

---

wollten (vgl. Spijkerboer & Jansen, 2011, S. 59). Es wird davon ausgegangen, dass dieses Verfahren, nach Protesten, seit dem Jahr 2009 in der Europäischen Union nicht mehr eingesetzt wird.

erhöhten Selbstorganisation von Homo- und später auch Bisexuellen unter diesem Label. Von einer linearen Entwicklung hin zu einer Etablierung von Bisexualität als ein gleichberechtigtes soziales Etikett für eine Beschreibung einer dauerhaften sexuellen Ausrichtung lässt sich dabei nicht sprechen. Auch nach den 2000er Jahren gibt es einen gesellschaftlichen Diskurs, der Bisexualität den sozialen Status als eine sexuelle Ausrichtung und legitime Selbstbezeichnung abspricht.

3.2 Theoretische Modelle

Nachdem ich drei historische Phasen vorgestellt habe, in denen sich neue Bedeutungen von Bisexualität herausgebildet haben, diskutiere ich im Folgenden theoretische Modelle von Bisexualität, die in den letzten Jahrzehnten vorgestellt wurden.

Dabei lassen sich auf der einen Seite Arbeiten hervorheben, die sich der Kritik der binären Ordnung des Sexuellen widmen. Hier dominieren Ansätze, die Bisexualität als eine epistemologisch kritische Position betrachten, die sich der binären Schließung von Diskursen um Geschlecht und Sexualität widersetzt (vgl. Altendorf, 1993; Angelides, 2001; Bower et al., 2002; Burrill, 2002; Callis, 2009; Daumer, 1992; Fritzsche, 2007; Garber, 1995; Gurevich et al., 2012; Whitney, 2002). In der Minderheit sind Studien, die Bisexualität als alltäglichen Bestandteil des sozialen Bereichs des Sexuellen auffassen (Du Plessis, 1996; Eadie, 1999; Hemmings, 2002).

Auf der anderen Seite existiert ein Bereich der Theoriebildung rund um das Thema Bisexualität, in dem es darum geht, die spezifischen Diskriminierungserfahrungen Bisexueller sichtbar zu machen und zu erklären, wie negative Einstellungen gegenüber Bisexuellen zustande kommen. Die Befunde dieser Arbeiten machen es möglich, von einer institutionalisierten Monosexualität zu sprechen, in der einer geschlechterübergreifenden Sexualität kein gleichberechtigter sozialer Status zugesprochen wird. Um die besonderen Erfahrungen von Bisexuellen – sowohl in der Mehrheitsgesellschaft als auch in der schwul-lesbischen Szene (vgl. Ault, 1994; Bower et al., 2002) zu benennen, wurde in Anlehnung an den Begriff der Homophobie Biphobie als Analysekategorie vorgeschlagen (vgl. Udis-Kessler, 1990; Ochs, 1996; Garber, 1995; Klesse, 2007). Andere analysieren den sozialen Bereich des Sexuellen in westlichen Gesellschaften als eine strukturell monosexuelle Ordnung (vgl. Schmidt, 2005), die auf einem gesellschaftlichen Vertrag zwischen den etablierten Gruppen der Homo- und Heterosexuellen beruhe, Bisexualität nicht als eine anerkannte Kategorie akademischen und alltäglichen Wissens zuzulassen (vgl. Yoshino, 2000). Ich gehe im Folgenden nacheinander auf beide der hier skizzierten Stränge der Theoriebildung ein.

3.2.1 Die Kritik der binären Ordnung des Sexuellen

Seit den 1990er Jahren wird die These aufgestellt, die Kategorie Bisexualität sei ein besonders guter Ausgangspunkt, um eine Kritik der Unterteilung der spätmodernen Welt des Sexuellen in Hetero- und Homosexuelle und Männer und Frauen zu ermöglichen.

Eine frühe und in Deutschland einflussreiche Studie wurde von der Psychoanalytikerin Charlotte Wolff vorgelegt, die vor den deutschen Nationalsozialist_innen nach England geflohen war (vgl. Wolff, 1979). Sie hebt in der Tradition Freuds das bisexuelle Potenzial jedes Menschen hervor und stellt damit sein Entwicklungsmodell auf den Kopf. Freud betrachtete das Entwicklungsziel einer ausschließlich genitalen Heterosexualität und die mit ihr einhergehende Sublimierung von Sexualität als Voraussetzung kultureller Entwicklung (vgl. Freud, 2015 und Kap. 3.1.1). Wolff sieht in der Anerkennung und Förderung des bisexuellen Potenzials aller Menschen die Möglichkeit gesellschaftlicher Emanzipation.[23] Ihre Studie war ein wichtiger Bezugspunkt für die sich seit den 1980er Jahren entwickelnde Selbstorganisation bisexueller Menschen in Deutschland (vgl. Altendorf, 1993, S. 120; Hüsers & König, 1995, S. 138).

Auch Elisabeth Daumer lehnt es ab, Bisexualität auf eine dritte Kategorie sexuellen Begehrens zu reduzieren (vgl. Daumer, 1992, S. 91), und sieht in ihr das Potenzial der Kritik der binären Ordnung des Sexuellen. Sie hinterfragt empirische Sexualitätsmodelle, wie sie in der Folge der Skala von Kinsey entwickelt wurden (vgl. Kap. 3.1.2 und 3.3.1), den sie

---

23 Ein Modell von Bisexualität als emanzipatorische Entwicklungsmöglichkeit für das Individuum und die Gesellschaft ist angesichts der lange vorherrschenden Bi- und Homosexuellenfeindlichkeit in der psychoanalytischen Theorie und psychoanalytischen Vereinigungen nicht selbstverständlich. Erst im Jahr 1991 verabschiedete die Amerikanische Psychoanalytische Vereinigung eine Antidiskriminierungsklausel, die unter anderem den – zuvor praktizierten – Ausschluss bi- und homosexueller Menschen von der Ausbildung als Psychoanalytiker_in untersagte (vgl. Auchincloss & Vaughan, 2001).

an dieser Stelle nicht explizit erwähnt. Ihrer Meinung nach sollte es nicht darum gehen, sexuelles Verhalten von Menschen auf noch so differenzierten Skalen messbar zu machen – Skalen, die erst durch die naturalisierten Pole Mann und Frau sowie homo- und heterosexuell, möglich werden. Sie plädiert dafür, die Mehrdeutigkeit von Bisexualität aufrechtzuerhalten. In dieser Mehrdeutigkeit zeige sie sich »as an epistemological as well as ethical vantage point from which we can examine and deconstruct bipolar framework of gender and sexuality« (Daumer, 1992, S. 98). Ähnlich argumentiert Marion Altendorf: »Bisexuelles Empfinden bietet sich m. E. tatsächlich dazu an, bzw. ist eine gute Voraussetzung dafür, das dichotome Denkschema aufzubrechen« (Altendorf, 1993, S. 12). Für sie heißt das, im Nachdenken über Sexualität eine Vielschichtigkeit wiederzugewinnen, die sie nicht auf ein binäres Entweder-oder-Schema reduziert, sie nicht mit Wenn-dann-Kausalitäten zu erklären versucht oder ihr ein lineares Schema gibt (vgl. ebd.).[24] Eine der prominentesten Vertreterinnen dieser These ist Marjorie Garber:

> »If bisexuality is in fact, as I suspect it to be, not just another sexual orientation but rather a sexuality that undoes sexual orientation as a category, a sexualtity that threatens and challenges the easy binarieties of straight and gay, queer and ›het‹, and even, through its biological and physiological meanings, the gender categories of male and female, then the search of the meaning of the word ›bisexual‹ offers a different kind of lesson. Rather than naming an invisible, undernoticed minority now finding its place in the sun, ›bisexual‹ turns out to be, like bisexuals themselves, everywhere and nowhere« (Garber, 1995, S. 65f.; vgl. zu einer ähnlichen Argumentation Burrill, 2002; Bower et al., 2002; Whitney, 2002; Wolff, 1979).

Sie betrachtet Bisexualität als eine Art kategoriale Durchlauferhitzerin, die die starren Ordnungsmuster der spätmodernen Sexualitätsordnung an ihren Schmelzpunkt bringen könne. Garber schlägt daher vor, Bisexualität als narrative Struktur aufzufassen: »Bisexuality, as I have suggested, is not an ›identity‹ (or a figure or a trope) but a narrative, a story« (Garber, 1995, S. 87; vgl. auch Rodríguez Rust, 2009). Garbers Argument, dass Bi-

---

24 Allerdings bleibt sie in ihrer Einschätzung ambivalent, wenn sie an anderer Stelle hervorhebt, dass Bisexualität theoretisch als »Bindeglied zwischen binärer Schematisierung/Norm und beobachtbarer Vielfalt« fungiert (Altendorf, 1993, S. 133).

sexualität im Gegensatz zu Homosexualität nicht einfach abbildbar ist und sie daher notwendigerweise auf die temporale und biografische Dimension des Sexuellen verweist, ist überzeugend: »One of the purposes of studying bisexuality is not to get people to ›admit‹ they ›are‹ bisexual, but rather to restore to them and the people they have loved the full, complex, and often contradictory stories of their lives« (Garber, 1995).

Auch in meiner Arbeit vertrete ich den Standpunkt, dass eine Anerkennung der Komplexität und Wandelbarkeit von Sexualität die Voraussetzung dafür ist, sexuellen Handlungsweisen, die sich nicht an Geschlechtergrenzen halten, einen angemessenen Platz im wissenschaftlichen und gesellschaftlichen Diskurs zu ermöglichen. Garbers Schlussfolgerung, dass Bisexualität selbst ein Narrativ darstelle und sich daher strukturell von anderen sexuellen Verhaltensweisen unterscheide, ist jedoch nicht nachvollziehbar. Sie verklärt mit dieser Argumentation Bisexualität zu einer authentischeren Sexualität, während sie die Komplexität monosexueller Lebensweisen unterschätzt. Aus ähnlichen Gründen kritisiert Bettina Fritzsche Ansätze – wie Garbers –, die Bisexualität eine besonders fortschrittliche und kritische Position zuschreiben. Sie macht stattdessen den Vorschlag, die Ambivalenz zum theoretischen Kern von Bisexualität zu erklären und sie als »Bestandteil und zugleich Überschuss« (Fritzsche, 2007, S. 127) der sexuellen Ordnung zu betrachten. Ihre Folgerung, Bisexualität als ein »Irrlicht« zu begreifen, wird dem von ihr formulierten theoretischen Anspruch nicht gerecht. Das zeigt: Auch Arbeiten, die die Positionierung von Bisexualität als eine Kategorie, die per se außerhalb oder quer zur sexuellen Ordnung steht, als problematisch betrachten, heben immer wieder ihr subversives Potenzial hervor (vgl. Fritzsche, 2007; Hemmings, 2002; Kemler et al., 2012). Die Behauptung, Bisexualität könne – theoretisch oder im Sinne einer alltäglichen Praxis – die moderne Sexualitätsordnung auflösen, erinnert tatsächlich stark an eine dekonstruktivistische Wendung der im historischen Überblick diskutierten Vorstellung, Bisexualität stelle einen konturlosen Ursprung der geschlechtlichen und sexuellen Entwicklung des Menschen dar (vgl. Kap. 3.1.1).

Eine Möglichkeit, Bisexualität nicht nur als theoretischen Begriff der Dekonstruktion, sondern als Teil der spezifischen Erfahrung von Menschen zu bestimmen, entwickelt Clare Hemmings (vgl. Hemmings, 2002, S. 21). Sie macht den interessanten Vorschlag, über Bisexualität in räumlicher Anordnung nachzudenken:

> »I contend that if we consider bisexual meaning in spatial terms, it becomes clear that bisexuality is not only a location between heterosexuality and homosexuality, binary genders or sexes, but also resides at the heart of lesbian community, between lesbian and gay communities, and in parallel with transsexuality within queer feminist terrain« (Hemmings, 2002, S. 196).

Anstatt Bisexualität in ein »everywhere and nowhere« (Garber, 1995, S. 65) aufzulösen, geht es mit Hemmings also darum zu fragen, wie sich Bisexualität räumlich realisiert. Sie kritisiert damit die Vorstellung, dass Bisexualität räumlich notwendigerweise außerhalb der sexuellen Ordnung oder zwischen den Polen »Heterosexualität« und »Homosexualität« angeordnet wird (vgl. auch Lingel, 2012).

Dieser Kritik schließe ich mich mit meiner Arbeit an. Angesichts der Dominanz der Arbeiten, die das kritische Potenzial von Bisexualität hervorheben, die binäre Ordnung des Sexuellen zu unterlaufen, besteht die Gefahr das alltägliche Erleben Bisexueller zu exotisieren und zu marginalisieren. Entsprechend dem Ansatz von Hemmings, die eine konkrete Verortung von Bisexualität vornimmt, zielt meine Arbeit auf das alltägliche Erleben und Handeln bisexueller Menschen im biografischen Verlauf (vgl. Kap. 4). Mein Ausgangspunkt ist dabei eine pragmatische und empirisch basierte Bestimmung von Bisexualität, die diese nicht mit Bedeutungsweisen und kritischem Potenzial überfrachtet. Das heißt, es geht mir weniger um die Frage, inwiefern Bisexualität die herrschende sexuelle Ordnung bestätigt, unterläuft oder überschreitet, sondern darum, wie ihre Bedeutung unter den gegebenen gesellschaftlichen Bedingungen biografisch hergestellt und organisiert wird. Ich orientiere mich dabei an einem Verständnis von Sexualität als etwas, das im Lebensverlauf erlernt und biografisch strukturiert wird (vgl. Kap. 2), und folge damit einer pragmatischen Bestimmung von Bisexualität, die Joe Eadie vorschlägt: »[...] it is simply one way amongst many of learning what it is and is not erotic, what such feelings mean, and the culturally sanctioned forms in which they may be expressed« (Eadie, 1999, S. 8; vgl. zu dem Thema auch Lingel, 2012).

Nach diesem Überblick über Arbeiten, die ausgehend von Bisexualität eine Kritik der binären Ordnung des Sexuellen formulieren, widme ich mich nun einem zweiten Bereich der Theoriebildung: Studien, die versuchen, spezifische Diskriminierungserfahrungen Bisexueller sichtbar und erklärlich zu machen.

3.2.2 Institutionalisierte Monosexualität

Als die zwei wichtigsten Erkenntnisse der Arbeiten, die sich mit Feindlichkeit gegenüber Bisexuellen beschäftigen, lassen sich festhalten: Bisexuelle sind nicht unbedingt weniger von Homosexuellenfeindlichkeit betroffen als Homosexuelle und die negativen Erfahrungen, die Menschen machen, die geschlechterübergreifend begehren, verkehren und lieben, lassen sich nicht allein mit dem Begriff der Homophobie beschreiben oder erklären.

Robyn Ochs spricht von einer doppelten Diskriminierung von Bisexuellen (vgl. Ochs, 1996). Bisexuelle seien gleichermaßen von Homophobie wie von Biphobie betroffen und Biphobie gehe sowohl von Hetero- als auch von Homosexuellen aus. Polemisch wirft sie angesichts der verbreiteten Behauptung der geringeren Betroffenheit die Frage auf, ob Bisexuelle etwa nur zur Hälfte beschimpft, verprügelt oder entlassen würden, wenn sie von Homophobie betroffen seien; oder ob Bisexuelle sich durch den Verweis auf ihre Bisexualität vor homophoben Angriffen schützen könnten (vgl. Ochs, 1996, S. 222). Diese Zuspitzung hilft, das gängige Bild zu ersetzen, Bisexuelle seien zum Teil homo- und zu einem anderen Teil heterosexuell und könnten sich im Zweifel in einen heterosexuellen Schutzraum zurückziehen. Zudem verdeutlicht sie damit, dass die Lebensrealität von Bisexuellen sich nicht automatisch in einem »Zwischenraum« abspielt – eine Annahme, die Clare Hemmings in ihrer Arbeit widerlegt hat (vgl. Hemmings, 2002 und Kap. 3.2.1).

Der Anteil von Bisexuellen, die im Alltag, in der Schule und im Beruf, Diskriminierungen erleben, ist den verfügbaren empirischen Daten nach weiterhin hoch. In einer europaweit durchgeführten Umfrage gaben 47 Prozent der bisexuellen Frauen und 36 Prozent der bisexuellen Männer[25] an, in den letzten zwölf Monaten vor der Erhebung Diskriminierungen aufgrund ihrer sexuellen Orientierung erlebt zu haben (vgl. Agentur der Europäischen Union für Grundrechte, 2014, S. 16). 46 Prozent der bisexuellen Frauen und 73 Prozent der Männer gaben an, ihre sexuelle Ausrichtung in der Schule verheimlicht oder verschwiegen zu haben (vgl. ebd., S. 21). Bei der Arbeitssuche fühlten sich in den letzten zwölf Monaten vor der Befragung 16 Prozent der Frauen und 20 Prozent der Männer aufgrund ihrer bisexuellen Ausrichtung benachteiligt (vgl. ebd., S. 18).

---

25 Transgeschlechtliche und nicht-binäre Geschlechtsidentitäten wurden bei dieser Fragestellung nicht gesondert erhoben.

Eine weitere Arbeit hat sich auf der Basis von qualitativen Interviews mit der Arbeitssituation von bisexuellen Beschäftigten in Deutschland befasst (vgl. Frohn & Meinhold, 2016). Es stellt sich dabei heraus, dass Bisexuelle an ihrer Arbeitsstelle sowohl mit negativen Einstellungen gegenüber gleichgeschlechtlichen Lebensweisen als auch mit spezifischen Vorurteilen gegenüber Bisexualität konfrontiert sind. Zu diesen Vorurteilen gehört die mangelnde Anerkennung von Bisexualität als eine dauerhafte und gleichberechtigte sexuelle Ausrichtung, die Sexualisierung von Bisexualität und die verbreitete Unterstellung, Bisexuelle seien weniger treu. Eine nicht repräsentative Online-Befragung stellte fest, dass bisexuelle Männer – die Studie hat nur Männer befragt – seltener von Diskriminierungserfahrungen berichten als schwule Männer. Allerdings wird hervorgehoben, dass bisexuelle Männer sowohl in der heterosexuellen Mehrheitsgesellschaft als auch in der schwulen Community negative Erfahrungen machen (vgl. Bachmann & Lähnemann, 2014, S. 7f.).

Um negative Einstellungen gegenüber Bisexuellen zu bezeichnen und zu erklären, hat sich in der englischsprachigen Literatur der – von Ochs verwendete – Begriff der Biphobie durchgesetzt (vgl. Ochs, 1996; Kessler, 1991; Barker et al., 2012; Eady, Dobinson & Ross, 2011; Garber, 1995, S. 39; Klesse, 2007; Rodríguez Rust, 2000, S. 412f.). Aus soziologischer Perspektive halte ich den Begriff der Phobie für begrenzt, da er die psychisch-physische Reaktion von Einzelpersonen in den Mittelpunkt stellt und nicht die soziale Organisation, die Diskriminierung und Angriffe gegen Bisexuelle fördert und sie in eine Außenseiterposition bringt (zu einer entsprechenden Kritik am Begriff Homophobie vgl. Herek, 2009, S. 65). Alternativ wird der Begriff des Monosexismus oder der Monosexualität vorgeschlagen (vgl. Bower et al., 2002, S. 26). Der Begriff des Monosexismus ist meines Erachtens zu eng mit dem des Sexismus verbunden, während Monosexualität für mich eine deskriptive Kategorie für eine sexuelle Ausrichtung oder ein sexuelles Verhalten darstellt und nicht im unmittelbaren Zusammenhang mit negativen Einstellungen gegenüber Bisexuellen oder Bisexualität steht. In meiner Arbeit verwende ich den Begriff der Biphobie, wenn es um negative Einstellungen gegenüber Bisexuellen oder Bisexualität geht. Dagegen schlage ich den Begriff der institutionalisierten Monosexualität vor, um eine sexuelle Ordnung zu charakterisieren, die auf einer in Routinen verfestigten Einteilung von Menschen in die Gruppen der Homo- und Heterosexuellen beruht und damit Bisexualität als eine dritte und prekäre Kategorie hervorbringt. Bislang hat sich innerhalb Deutschlands keiner der genannten Begriffe durchgesetzt, weder im alltäglichen Sprachgebrauch noch im akademischen Kontext. Das hat zur Folge, dass die spezifischen Diskriminierungserfahrungen von Bisexuellen nur unzureichend erkannt, benannt und analysiert werden können.

Ein Effekt der institutionalisierten Monosexualität der Gesellschaft ist die Unsichtbarkeit und Verleugnung von Bisexualität (vgl. Ochs, 1996, S. 224; Yoshino, 2000), wie es sich in der am Anfang des Kapitels zitierten Interviewsequenz ausdrückt: »in meiner Jugend hatte ich kein Wort für das was ich eigentlich bin« (HL, 5/4–5). Damit fehlt nicht nur das passende Wort für das eigene Erleben und Handeln, sondern die Möglichkeit, die eigenen Erfahrungen als von Anderen geteilte zu erleben und sie in einen gesellschaftlich legitimen Sinnzusammenhang einzubetten.

Wird Bisexualität sichtbar, folgen häufig spezifische Erfahrungen der Stigmatisierung. Das zeigt sich in unseren Interviews in der Schilderung einer Szene, in der die Mutter eines Interviewpartners (vgl. Kap. 5.3) diesen mit einer Frau beim Sex überrascht:

»[B:] Dich mit ner FRAU im Bett anzutreffen, und dann noch in dieser Situation, das **kann** doch nich wahr sein, ich denke du bist schwul? ich sag na ja es hat sich 'n bisschen in den letzten Jahren getan (2) nein sacht se, sacht se zu meinem Vater [Name] **kannst** du mir sagen, von **wem** der **das** hat?, du **bist** doch **Ferkel!** ((lacht))
I: ((lacht))
B: Was musst du Männer **und** Frauen haben dann kannst du dich doch auch für irgendwas entscheiden ich sach genau das iss es, das kann ich nicht <<mhm, ja>> (2) nich also das das war auch sone Situation aber, da wurde dann danach da nich mehr drüber gesprochen und mein **Vater**, der war total happy der hat **genau** ge- ent- entgegen- entgegen gesetzt, hat er hat er mich gefragt sag mal hast du dann auch mal vor irgendwie ne Frau zu heiraten oder so ich sag na ja du wenn sich das mal ergibt dann ja« (MS, 33/31–46).

Während die Mutter von ihrem Sohn eine Entscheidung erwartet und das Ausbleiben dieser als »schmutziges« Verhalten betrachtet, hat der Vater Hoffnung auf eine heterosexuelle Zukunft seines Sohnes: Sowohl Stigmatisierung als auch Unsichtbarkeit finden sich in der Sequenz wieder. Die Stigmatisierung von Bisexualität lässt sich anhand der zahlreichen negativen Bilder, die häufig mit ihr assoziiert werden, nachweisen: Neben der oben schon angeführten (vgl. Kap. 3.1.3) Projektion heterosexueller Ängste auf Bisexuelle als vermeintliche Überträger des HI-Virus sind dies vor allem Promiskuität, Maß- und Zügellosigkeit und Unentschlossenheit (vgl. Ault, 1994, S. 117f.; Bower et al., 2002, S. 35; Garber, 1995, S. 84f.; Klesse, 2007, S. 299; 2016). Garber stellt die Hypothese auf, dass Bisexuelle Ablehnung hervorrufen, da sie das puritanische Ideal der Mäßigung verletzen (vgl. Garber, 1995, S. 39; vgl. auch Kessler, 1991; Whitney, 2002). Dazu gehört als Kehrseite, dass Bisexuelle häufig sexualisiert und exotisiert werden – eine Form der Biphobie, die im besonderen Maße bisexuelle Frauen betrifft, die häufig die Erfahrung machen, als sexuell verfügbar objektiviert zu werden (vgl. Klesse, 2007, S. 294; vgl. auch Bower et al., 2002, S. 38). Christian Klesse analysiert dies als eine Form sexistischer Disziplinierung von Frauen, die den Anspruch auf eine autonome und aktive Sexualität erheben. Bisexualität zeigt sich daher als ein geschlechtsspezifisch variables Phänomen. Dies zeigt Breanne Fahs Studie auf der Basis von Interviews mit Frauen, die in alltäglichen Settings Bisexualität für ein vorwiegend männliches Publikum inszenieren (vgl. Fahs, 2012). Ihre These ist, dass von Frauen eine fluide und bisexuelle Sexualität geradezu eingefordert würde, solange diese dem männlichen Blick und Begehren dienlich sei.

Alle diese Stereotype lassen sich gut mit der oben ausführlich rezipierten These von Angelides in Einklang bringen (vgl. Angelides, 2001 und Kap. 3.1.1): Bisexualität wird als präzivilisatorischer Zustand imaginiert, in dem die gesellschaftlichen Regeln und Sicherheiten nicht gelten. Durch diese Anordnung stabilisiert sie die strukturell krisenhafte herrschende Sexualordnung, solange sie der Vergangenheit angehört oder höchstens auf die Zukunft verweist (vgl. Angelides, 2001, S. 17, 70, 130). Als Gegenwart kann sie als Bedrohung der Sexualitäts- und Geschlechterordnung wahrgenommen werden, als Auftauchen des sorgsam separierten Fremden im Eigenen.

Bisexualität wird nicht nur von Heterosexuellen unsichtbar gemacht, verleugnet und mit einem Stigma belegt, sondern auch in homosexuellen Zusammenhängen lässt sich Bisexuellenfeindlichkeit nachweisen (vgl. Welzer-Lang, 2008). Eine Interviewpartnerin berichtet von ihren wiederkehrenden Erfahrungen auf lesbischen Partys:

> »ich nenn das immer den Weißen-Hai-Effekt, mhm ((hustet)) (1) du kokmmst da längs und, vor dich- vor dir teilt sich wirklich äh (2) mmm die Meute also es iss ja äh (3) oder ich werd' dann von irgend- werd' von meinen

llll-lesbischen Freundinnen mitgenommen und irgendeine andere fragt mich dann im Laufe des Abends iss **immer** eine mit dabei und wie gefällt's dir bei uns« (HP, 88/18–24).

Die Haltung gegenüber bisexuellen Frauen in lesbischen Zusammenhängen ist vor allem im US-amerikanischen und britischen Kontext untersucht worden, allein Altendorf weist auf verbreiteten Monosexismus in lesbischen Zusammenhängen in Deutschland hin (vgl. Altendorf, 1993, S. 100; Ault, 1994; Bower et al., 2002; Hemmings, 2002; Klesse, 2007, S. 302; Nathanson, 2002). Die Sequenz aus dem Interview ermöglicht, die Hypothese aufzustellen, dass sich einige der Ergebnisse aus den USA und England auf den deutschen Kontext und – da es sich durchweg um ältere Studien handelt – auf die Gegenwart übertragen lassen.

Amber Ault spricht – auf der Basis der Analyse von narrativen Interviews mit lesbischen Feministinnen – von Techniken der Unterdrückung, Einverleibung, Marginalisierung und Delegitimierung von bisexuellen Frauen innerhalb des lesbischen Feminismus (vgl. Ault, 1994, S. 111; siehe auch Hemmings, 2002, S. 72). Aufgrund der Analyse, Männer als die herrschende Klasse zu betrachten und damit Beziehungen zu Männern als ein notwendiges Unterdrückungsverhältnis, wurde bisexuellen Frauen im wahrsten Sinne des Wortes unterstellt, mit dem Klassenfeind das Bett zu teilen (vgl. Altendorf, 1993, S. 100). Bisexuellen Frauen wurde daher persönliche und politische Unzuverlässigkeit unterstellt. Dabei würden sie an heterosexuellen Privilegien teilhaben und zugleich die Ressourcen der lesbischen Szene ausnutzen. Sie werden bisweilen sogar als Quelle der politischen und viralen Verunreinigung betrachtet, die sich in der Unterstellung ausdrückte, HIV in die lesbische Szene zu bringen (vgl. Ault, 1994, S. 118). Ault betrachtet diese Markierung von bisexuellen Frauen als Fremdkörper als eine phallozentrische Praxis lesbisch-feministischer Zusammenhänge. Bisexuellen Frauen werde ihre Autonomie abgesprochen und sie würden allein über ihre Beziehungen zu Männern definiert. Jo Bower, Dawn Atkins und Maria Gurevich (vgl. Bower et al., 2002, S. 42) beschreiben auf der Basis von Interviews mit bisexuellen Frauen die Versuche dieser, als Lesben wahrgenommen zu werden und ihre Bisexualität zu verstecken. Diese Praktiken seien mit der belastenden Gefahr verbunden, entdeckt zu werden und sich selbst als nicht authentisch zu erleben. Ähnlich wie Ault betrachten sie die Ablehnung bisexueller Frauen als eine Reproduktion von Herrschaftsmechanismen in einem alternativen Diskurs, betonen aber die materielle Notwendigkeit von Homosexuellen, sich zu organisieren und von Heterosexuellen abzugrenzen (vgl. Bower et al., 2002, S. 47). Jessica Nathanson betrachtet die politischen Kämpfe um Bisexualität – etwas anders gelagert – als eine Art Stellvertreterinnen-Kampf zweier marginalisierter Gruppen in einer Phase, in der von Lesben erkämpfte und aufgebaute Räume unter ökonomischen Druck geraten seien (vgl. Nathanson, 2002).

Der oben schon zitierte Manfred Schäfer berichtet von Bisexuellenfeindlichkeit in schwulen Zusammenhängen. Er entscheidet sich unter anderem deshalb dafür, eine gewisse Zeit »rein schwul« (MS, 4/8) zu leben, um »Zwistigkeiten mit diesen schwulen Männern« (MS, 4/9) aus dem Weg zu gehen. Es wird in Hinblick auf die USA die These formuliert, Erfahrungen wie die von Manfred Schäfer resultierten aus einem Konflikt zwischen einem bisexuellen Lebensstil und »ethnischen« und damit essenzialistischen Modellen von Homosexualität:

> »Bisexuality challenges given notions of how sexual communities or so-called sexual ›minorities‹ are formed. This challenge is especially important in the United States, since bisexuality runs counter to received notions about sexual identity as something in which the subject has no choice« (Du Plessis, 1996, S. 41).

Unsere Studie liefert Hinweise darauf, dass ein solcher Konflikt auch in Deutschland eine Rolle spielt, was auch im Rahmen anderer Studien bestätigt wird (vgl. Bachmann & Lähnemann, 2014, S. 7).

Wie eingangs erwähnt wurde das Thema Bisexualität auch in den sich seit den 1990er Jahren herausbildenden queeren Zusammenhängen und in ihrem Kontext entstandenen akademischen Arbeiten marginalisiert (vgl. Angelides, 2001, S. 188; Monro, 2015, S. 44). Ein Grund dafür war die Annahme, bei Bisexualität handele es sich um einen altmodischen und unpolitischen Begriff, da er auf einem kritisierten Zweigeschlechtermodell aufbaue (vgl. Du Plessis, 1996, S. 35).

Der Befund der Marginalisierung von Bisexualität in hetero- und homosexuellen Zusammenhängen führen Kenji Yoshino – der sich auf die USA bezieht – und Gunter Schmidt – der sich auf Deutschland bezieht – zu der These, dass die monosexuelle Norm zu den Grundpfeilern der spätmodernen Sexualordnung gezählt werden kann (vgl. Schmidt, 2005, 138; Yoshino, 2000).

Yoshino spricht von einem »epistemic contract of bisexual erasure« (Yoshino, 2000, S. 362), der dazu führe, dass die Kategorie der Bisexualität (und die der Asexualität) systematisch aus dem gesellschaftlichen Wissen ausgelöscht werde. Das häufig angeführte Argument, die mangelnde Sichtbarkeit von Bisexuellen resultiere aus ihrer geringen Zahl, lässt er nicht gelten. Bisexualität sei – wenn sie als ein mehr als nebensächliches Begehren für beide Geschlechter definiert werde – genauso oder sogar weiter verbreitet als Homosexualität.[26] Daher nimmt er an, dass Homosexuelle und Heterosexuelle – trotz ihrer Interessengegensätze – ein stillschweigendes Einverständnis eingegangen seien, Bisexualität keinen legitimen Platz im gesellschaftlichen Wissensbestand einzuräumen. Dies geschehe, um gemeinsame Interessen der beiden Gruppen durchzusetzen: Sexuelle Orientierung soll als eine binäre und eindeutige Kategorie gesellschaftlicher Gruppenbildung aufrechterhalten werden, Geschlecht der dominante Bezugspunkt dieser Unterteilung bleiben und Monogamie als die hegemoniale Beziehungsform aufrechterhalten werden (vgl. Yoshino, 2000, S. 362). Dabei seien die Interessen der beiden Gruppen der Monosexuellen aufgrund des Machtverhältnisses, in dem sie stehen, nicht einheitlich: Heterosexuelle hätten das Ziel, ihren privilegierten Platz in der sexuellen Ordnung zu verteidigen, während Homosexuelle die erreichten Ziele der Anerkennung sichern wollten, indem sie Homosexualität als eine deutlich abgegrenzte, stabile und unveränderliche Eigenschaft einer Minderheit definierten. Da Bisexualität die Grundprinzipien dieses Status quo infrage stelle, werde sie konsequent epistemisch ausradiert.

Der Sexualforscher Gunter Schmidt geht einen Schritt weiter und behauptet: »Das Gebot der Monosexualität ist die Megaregel unserer sexuellen Ordnung, das Gebot der Heterosexualität dieser nachgeordnet« (Schmidt, 2005, S. 139). Wie Yoshino betrachtet er die Gruppen der Hetero- und Homosexuellen als Verbündete im Interesse der Aufrechterhaltung dieser Ordnung. In seiner Analyse der monosexuellen Ordnung verweist Schmidt auf Karl Heinrich Ulrichs – auf den ich oben eingegangen bin (vgl. Kap. 3.1.1) – als ein Beispiel dafür, dass sowohl die heterosexuell dominierte Psychiatrie und Medizin als auch die homosexuelle Bewegung dazu beigetragen haben, Kategorien wie »sexuelle

---

26 Diese These lässt sich auf Basis der für die deutsche Bevölkerung vorliegenden Datensätze wiederholen (vgl. Kap. 3.3.1).

Orientierung« zu schaffen und als unveränderbaren Teil eines Menschen zu definieren: »Die monosexuelle Ordnung verankert Ursprung und Bedeutung der sexuellen Orientierung fest ins Innere des Individuums, in seine Biographie, seinen Charakter oder seine Biologie« (vgl. Schmidt, 2005, S. 140).

Modelle wie das Yoshinos und Schmidts lassen sich kritisch hinterfragen. Die Konzeption einer gezielten Interessenpolitik von Homo- und Heterosexuellen gegen Bisexuelle und Bisexualität würde ich durch das Konzept einer institutionalisierten Monosexualität ersetzen. Damit meine ich, dass die Durchsetzung von Monosexualität auf einer Verankerung in gesellschaftlichen Routinen beruht und nicht allein in Machtkämpfen herbeigeführt wird. Schmidt lässt sich seine Verklärung einer monosexuellen Ordnung zum spätmodernen Hauptwiderspruch des sozialen Bereichs des Sexuellen vorhalten. Dabei ignoriert er die weiterhin relevanten Institutionen der Heterosexualität und Zweigeschlechtlichkeit, ohne die eine monosexuelle Ordnung undenkbar wäre (vgl. Kap. 2). In dieser Hinsicht sind intersektionale Analysen von Bisexualität überzeugender, die sie als Knotenpunkt in einem Netz von Macht- und Herrschaftsverhältnissen betrachten (vgl. Monro, 2015, S. 58, 82). Weitere Kritiken finden sich in der Forschungsdiskussion, in der thematisiert wird, dass eine Unterscheidung zwischen Monosexuellen und Bisexuellen zu undifferenziert sei (vgl. Hemmings, 2002, S. 29), Bisexuelle nicht allein als Opfer der Sexualitätsordnung dargestellt werden könnten (vgl. Fritzsche, 2007, S. 120) und die Gefahr bestehe, Feindlichkeit von Bisexuellen gegenüber anderen Gruppen zu vernachlässigen (vgl. Eadie, 1999, S. 10).

Trotz dieser Kritikpunkte lässt sich festhalten, dass es genug Befunde gibt, um von einer institutionalisierten Monosexualität zu sprechen. Modelle wie die Schmidts und Yoshinos sind in dieser Hinsicht hilfreich, um zu verstehen, dass diese institutionalisierte Monosexualität auf gesellschaftlichen Gruppenkonstruktionen beruht, die unvereinbare Interessengegensätze und strukturelle Ungleichheiten hervorbringen. Das heißt nicht, Bisexuelle nur als »Verlierer« der spätmodernen Sexualordnung zu betrachten oder als einheitliche oder besonders emanzipierte Gruppe (vgl. z. B. Monro, 2015, S. 78 zur Verbreitung von Rassismus in bisexuellen Zusammenhängen). Es geht lediglich darum, Monosexualität als eine in Routinen verankerte Institution konsequent einzubeziehen und zu verstehen, dass sie eine relevante Achse der gesellschaftlichen Spaltung und Hierarchisierung in gesellschaftlichen Machtkämpfen bildet.

3.3 Empirische Erkenntnisse

Dieses Kapitel abschließend widme ich mich – ausführlicher als in der Einleitung – empirischen Erkenntnissen über Bisexualität. Dabei konzentriere ich mich zuerst auf die Frage danach, wie viele Bisexuelle es gibt. Dabei werden Befunde zusammengefasst und für eine kritische Reflexion darüber genutzt, über wen – auch in dieser Arbeit – überhaupt gesprochen wird, wenn es um »Bisexuelle« geht. Im zweiten Abschnitt dieses Unterkapitels erörtere ich empirische Arbeiten, die sich mit Bisexualität im Lebenslauf beschäftigen. Dabei beziehe ich die internationale wissenschaftliche Diskussion mit ein, da in Bezug auf die deutsche Gesellschaft nur eine entsprechende Arbeit vorliegt. Die Darlegung dieser Arbeiten zeigt die zahlreichen Chancen, die ein biografischer Zugang zum Thema mit sich bringt.

3.3.1 Wie viele Bisexuelle gibt es?

Bevor ich auf die im Titel formulierte Frage eingehe, werde ich verschiedene empirische Zugänge, die zu einer Antwort führen, diskutieren. Die Beschäftigung mit Bisexualität zeigt nämlich, dass es keinen idealen, sondern lediglich einen reflektierten Zugang zum sozialen Bereich des Sexuellen gibt, dessen realer Vielfalt weder die binäre Einteilung in Homo- und Heterosexualität noch die einfache Erweiterung um die Kategorie Bisexualität gerecht werden kann (vgl. Savin-Williams, 2009). Das haben schon Alfred Kinsey und seine Kolleg_innen gewusst, die jede Form der Gruppierung von Menschen aufgrund ihres sexuellen Verhaltens als problematisch betrachteten (vgl. Kinsey et al., 1948, S. 469 und Kap. 3.1.2). Ihnen war bewusst, dass Sexualität Bestandteil des gesamten Lebenslaufs ist. Um überhaupt von Homo-, Hetero- Bi- oder Asexualität sprechen zu können, hielten sie es für notwendig, die gesamte sexuelle Geschichte eines Menschen zu erheben (vgl. Kinsey et al., 1948, S. 662). Allerdings wurde die sechs- bzw. siebenstufige (inkl. Asexualität) Kinsey-Skala in der Regel ihrer temporalen und damit biografischen Dimension beraubt (vgl. dazu auch Gooß, 1995, S. 79).

Durch seine Beschäftigung mit Bisexualität – offensichtlich eine Quelle der Kreativität – entwickelte auch Fritz Klein eine Möglichkeit, sich empirisch differenziert mit Sexualität zu beschäftigen (Klein, 1993). Statt der eindimensionalen Kinsey-Skala schlägt er ein Gitter vor, um Sexualität in ihrer Vielfalt abbildbar zu machen. Im Gegensatz zu Kinsey wollte er bewusst mit der Kategorie der sexuellen Orientierung – die sich heute alltagssprachlich durchgesetzt hat – arbeiten, sie aber der Komplexität der Realität anpassen. Für ihn hat sexuelle Orientierung sieben Ebenen: sexuelle Anziehung, sexuelles Verhalten, sexuelle Fantasien, emotionale Präferenzen, soziale Präferenzen, heterosexueller/homosexueller Lebensstil und Selbstidentifikation (vgl. ebd., S. 16). Zudem müsse diesen Ebenen immer ein zeitlicher Horizont gegeben werden: Vergangenheit, Gegenwart und gewünschte oder vorgestellte Zukunft.

Gagnon und seine Kolleg_innen schlagen dagegen vor, gar nicht erst empirisch mit dem Begriff der Bisexualität zu arbeiten (vgl. Gagnon et al., 1994; Kemler et al., 2012). Er fasse sexuelle Praktiken zu einer Einheit zusammen, die sozial völlig unterschiedlich organisiert seien. Aber die von ihnen vorgeschlagene Auflösung von Bisexualität in die Vielfalt ihrer Praktiken lässt meines Erachtens wichtige soziale Organisationsformen des Sexuellen außer Acht und reduziert sie auf ihre interpersonalen Skripte (vgl. Kap. 2.2.4).

Die Kategorie Bisexualität macht – wie oben ausgeführt – nur unter der Bedingung Sinn, dass die gesellschaftliche Organisation von Sexualität auf dem Prinzip der Zweigeschlechtlichkeit beruht und das eigene Geschlecht sowie das Geschlecht der begehrten Menschen die Sexualität eines Menschen lebenslang definieren soll. Werden diese – auf sozialer Übereinkunft beruhenden – Voraussetzungen hingenommen: Wie viele Bisexuelle gibt es? Eine Antwort auf diese Frage zu geben ist aus zwei Gründen nicht einfach: Erstens liegen für die Menschen in Deutschland wenige valide Daten vor und zweitens hängt die Antwort – wie oben ausgeführt – davon ab, wie Sexualität und Bisexualität definiert und gemessen werden (vgl. zu diesem Punkt auch Savin-Williams, 2009). Die beiden repräsentativen Wiederholungsstudien zur Jugendsexualität (vgl. Bode & Heßling, 2015), die seit 1980 durch die Bundeszentrale für gesundheitliche Aufklärung durchgeführt wird, und die Studie zur Studierendensexualität (vgl. Dekker & Matthiesen, 2015), die seit 1966 durchgeführt wird, geben einige interessante Hinweise.

Insgesamt fünf Prozent der befragten Mädchen bzw. Frauen und zwei Prozent der befragten Jungen bzw. Männer zwischen 16 und 25 Jahren geben an, sich sexuell zu beiden Geschlechtern hingezogen zu fühlen (vgl. Bode & Heßling, 2015, S. 8). Ob sich diese Jugendlichen als bisexuell bezeichnen, wurde nicht erfragt. Das entspricht – in einem umgekehrten

Verhältnis – etwa der Anzahl der Jugendlichen und jungen Erwachsenen, die angeben, sich nur zum eigenen Geschlecht hingezogen zu fühlen (vier Prozent der Männer und zwei Prozent der Frauen). Erfreulich ist, dass die Kategorie Bisexualität in der Studie eigenständig erhoben wird. Das ist keineswegs selbstverständlich. Häufig ist es üblich, Bisexualität gar nicht einzubeziehen oder mit der Gruppe der Homosexuellen zu kumulieren. Darüber hinaus betonen die Autorinnen der Studie die Eigenständigkeit und Stabilität von Bisexualität als Begehrensform. Sie sei kein »Ausdruck von Unentschlossenheit« (ebd., S. 118) oder eine jugendliche Experimentierphase. Anhand der Daten zeigt sich dies an einem Vergleich der Altersgruppen der 21- bis 25-Jährigen mit den Jüngeren: Der Anteil der Männer, die sich von beiden Geschlechtern angezogen fühlen, steigt auf zwei Prozent und bei Frauen auf sechs Prozent. Es ist folglich nicht der Fall, dass sich junge Erwachsene in ihrem sexuellen Begehren mit dem Eintritt in das Erwachsenenalter zunehmend auf eine Geschlechterkategorie festlegen.

Die Studien zur Studierendensexualität sind besonders interessant, da sich langfristige Trends ablesen lassen. Sie wurde in den Jahren 1966, 1981, 1996 und 2012 durchgeführt. Die Kategorien »bisexuell« und »vorwiegend homo- oder heterosexuell« werden seit dem Jahr 1981 erhoben (vgl. Dekker & Matthiesen, 2015, S. 33). Dabei zeigt sich seit 1981 keine relevante Veränderung bei den Einstufungen hinsichtlich der sexuellen Orientierung: Im Jahr 2012 stuften sich ein Prozent der männlichen Studierenden und drei Prozent der Frauen als bisexuell ein. In die Kategorien »vorwiegend heterosexuell« und »vorwiegend homosexuell« – eine Zuordnung, die eine Offenheit für sexuelle Erfahrungen mit beiden Geschlechtern nahelegt – ordnen sich zusammengenommen 14 Prozent der Männer und 30 Prozent der Frauen ein (vgl. ebd., S. 33). Auffallend ist an dieser Stelle die deutliche Geschlechterdifferenz. Ein Grund für die Zurückhaltung der Männer, sich als nicht eindeutig heterosexuell einzuordnen, kann die enge gesellschaftliche Verknüpfung der Inszenierung von Heterosexualität mit der Herstellung hegemonialer Männlichkeit sein (vgl. Connell, 2015). Die Autor_innen betonen, dass es insbesondere bei den Männern einen starken Einbruch hinsichtlich der gleichgeschlechtlichen Erfahrungen während der Adoleszenz gegeben hat. Bis Ende der 1970er Jahre machten diese noch 20 Prozent der Männer, während die Zahl sich danach auf lediglich fünf Prozent reduzierte – ein Prozess, der sich in geringerem Umfang auch bei den befragten Frauen nachweisen lässt (vgl. Dekker & Matthiesen, 2015, S. 34). Als Erklärungsansatz verweisen die

Autor_innen auf Gunter Schmidts Thesen zu dieser Entwicklung (vgl. auch Kap. 3.2.2): Es handele sich um ein Ergebnis der Einteilung der Menschen in Homo- und Heterosexuelle, was vor allem bei Männern zu einer Vermeidung gleichgeschlechtlicher Handlungen führe, um nicht als schwul zu gelten. Darüber hinaus hätten sich homosoziale Strukturen, die gleichgeschlechtliche sexuelle Kontakte begünstigten, aufgelöst. Zudem habe Heterosexualität in den Medien, die Jugendliche nutzen, eine hegemoniale Stellung inne. Ebenso wie die Autor_innen verstehe ich die Zahlen so, dass – auf der Ebene des Verhaltens – keine Lockerung der monosexuellen Ordnung abzusehen ist, eher im Gegenteil (vgl. Dekker & Matthiesen, 2015, S. 36). Die sich in den letzten Jahrzehnten durchsetzende liberalere Haltung gegenüber Homosexuellen scheint mit strikteren Gruppeneinteilungen und Verhaltensanforderungen einherzugehen. Allerdings verändert sich das Bild etwas, wenn der Blick allein auf die Anziehung gerichtet wird und nicht auf das Verhalten: Über die Hälfte der studierenden Frauen (55 Prozent) und ein Fünftel der Männer (22 Prozent) fühlten sich laut den Ergebnissen aus dem Jahr 2012 manchmal zu ihrem eigenen Geschlecht hingezogen und 35 Prozent der Frauen und 14 Prozent der Männer konnten sich ein gleichgeschlechtliches sexuelles Erlebnis vorstellen (vgl. ebd., S. 36).

Diese Zahlen zeigen, dass sich ein völlig anderes Bild ergibt, je nach dem, ob nach der Anziehung, dem Verhalten oder der Selbstbeschreibung gefragt wird. Als bisexuell bezeichnen sich nur wenige Menschen. Wird Bisexualität als eine sexuelle Anziehung zum eigenen und zum anderen Geschlecht definiert, die mehr als einmal auftritt (vgl. z. B. Yoshino, 2000, S. 377), lassen sich 55 Prozent der studierenden Frauen und 22 Prozent der Männer als bisexuell bezeichnen. Zu Recht lassen sich Bedenken gegen eine dermaßen breite Definition von Bisexualität anführen, da sie Gefahr läuft, die spezifischen Erfahrungen von Bisexuellen, die diese in Beziehungen und ihrer Sexualität aktiv ausleben, aus dem Blick zu verlieren (vgl. Gooß, 1995, S. 76).

In unserer Studie haben wir als Forschungsteam einen Zugang zum Feld über die Selbstbezeichnung als bisexuell gewählt. Diese bewusste Entscheidung ermöglicht es – wie in der Forschungsfrage intendiert – diesen Aspekt vertieft zu analysieren. Das geschieht in einem Bewusstsein darüber, dass aufgrund dieses Zuganges soziale Wirklichkeiten jenseits der Selbstetikettierung als bisexuell strukturell ausgeklammert bleiben (vgl. Kap. 4.3.1).

3.3.2 Bisexualität im Lebenslauf

Dieses Kapitel abschließend bespreche ich Arbeiten, die Bisexualität im Lebenslauf untersuchen oder zumindest einen temporalen Ansatz vertreten. Dabei fällt auf, dass in Bezug auf die deutsche Gesellschaft nur eine einzige entsprechende Studie vorliegt, und erst der Blick auf die internationale Forschungslandschaft zeigt, wie produktiv ein solcher Zugang zum Thema ist.

Kerstin Münder hat anhand der Analyse von Lebensgeschichten bisexueller Frauen herausarbeiten können, dass die Entwicklung einer geschlechterübergreifenden sexuellen Ausrichtung nicht notwendigerweise mit einer lebensgeschichtlichen Krise verbunden ist (vgl. Münder, 2004, S. 173). Vielmehr berichten die von ihr interviewten Frauen von vielen positiven Aspekten ihrer geschlechterübergreifenden Sexualität. Münder plädiert daher dafür, defizitäre Bilder von Bisexualität zu ersetzen und stattdessen die Vielfalt bisexueller Erfahrungswelten sichtbar zu machen.

Weitere Arbeiten mit einem temporalen oder biografischen Ansatz finden sich in der internationalen Forschungslandschaft. Philip Blumstein und Pepper Schwartz warnen vor einem unkritischen empirischen Umgang mit den Kategorien Geschlecht, sexuelle Orientierung und sexuelle Identität (vgl. Blumstein & Schwartz, 1976; Schwartz & Blumstein, 1994). Die Frage, die stattdessen gestellt werden sollte, ist: Wie werden verschiedene Informationen arrangiert, damit einer Person ein sexuelles Wesen zugeschrieben wird oder diese Person ihre Sexualität als essenziellen Teil ihrer selbst erlebt (vgl. Schwartz & Blumstein, 1994)? Ihre Studie basiert auf Interviews mit 156 Menschen, die mehr als nur zufällige sexuelle Erfahrungen mit Männern und mit Frauen im Erwachsenenalter gemacht haben und sich sowohl als bisexuell, heterosexuell, homosexuell oder gar nicht kategorisieren. Die Ergebnisse machen deutlich, dass die sexuelle Biografie und die sexuelle Selbstidentifikation keineswegs zusammenhängen müssen (vgl. auch Blumstein & Schwartz, 1976, S. 172). Wenn Bisexualität als eine Selbstidentifikation angenommen wird, dann in den meisten Fällen des Samples später im Leben als die Kategorie Homosexualität. Zudem zeigt sich eine Differenz zwischen den Männern und den Frauen, die an der Studie teilgenommen haben: Letztere beginnen früher mit der Ausbildung einer sexuellen Identität, ohne sich auf konkrete sexuelle Erfahrungen zu beziehen. Als ein weiteres Ergebnis zeigt sich, dass Liebe und Liebesbeziehungen einen bestimmenden Faktor für die sexuelle Identifikation darstellen und nicht allein sexuelles Handeln. Und auch in Bezug auf diesen Punkt tendieren die teilnehmenden Frauen dazu, ihre sexuelle Identifikation aus dem Geschlecht der Person abzuleiten, mit der sie eine romantische Beziehung führen. Darüber hinaus zeigte sich, dass die Legitimierung der jeweiligen sexuellen Identifikation der Studienteilnehmenden in einem hohen Maße auf Geschlechterstereotypen beruhte – ein weiterer Hinweis darauf, dass es wenig sinnvoll ist, das oft formulierte Ideal von Bisexualität als eine Sexualität, die ohne Bezug auf Geschlecht auskommt, zu reproduzieren (vgl. Münder, 2004 und kritisch dazu Fritzsche, 2007). Dass sexuelle Selbstidentifikation sich im Lebensverlauf immer wieder verändern kann, keineswegs an sexuelles Handeln geknüpft sein muss, auch auf andere soziale Beziehungen verweist und von Geschlechterdifferenzen durchzogen ist, sind wichtige Ergebnisse, die ich bei der Analyse der biografischen Konstruktionen von Bisexualität in den 2010er Jahren in Deutschland einbeziehe.

Die biografische Organisation von Bisexualität untersuchten auch Weinberg und seine Kolleg_innen in der Auswertung ihrer lebensgeschichtlichen Folgestudie einer Gruppe von 93 Bisexuellen, die ursprünglich Teil einer bisexuellen Organisation in San Francisco waren. Die Erhebungen wurden in den Jahren 1983, 1988 und 1996 durchgeführt (vgl. Weinberg et al., 2001, 1994, 1995). Die Forschenden betrachten das bisexuelle Potenzial eines Menschen als Ergebnis eines Prozesses sozialen Lernens im Lebensverlauf. Grundlage dafür sei das Erlernen von Geschlechterkategorien (Weinberg et al., 1995, S. 288). Wichtig für die sexuelle Entwicklung seien vor allem die ersten sexuellen Erfahrungen in der Adoleszenz. Bisexualität ist für sie also vor allem Ergebnis des Erlernens und der Stabilisierung eines offenen Gender-Schemas im sexuellen Handeln. Stabilisiere sich dieses Schema, verhindere dies eine Identifikation mit den beiden gesellschaftlich verfügbaren Kategorien sexueller Identität: Homo- und Heterosexualität. Dieser Mangel an Identifikation führe, ähnlich wie bei Homosexuellen, zu einem Gefühl der Verunsicherung (vgl. Weinberg et al., 1994, S. 211). Das Label Bisexualität, aber vor allem eine mit diesem Label verbundene Gruppenzugehörigkeit ermögliche es, einen Umgang mit dieser Unsicherheit zu finden und das erlernte offene Geschlechterschema im sexuellen Handeln weiter zu stabilisieren und zu kultivieren (vgl. ebd., 1995, S. 290). Dafür bedürfe es aber einer schon vorhandenen sozialen Welt der sexuellen Möglichkeiten. Da diese Bedingung aufgrund der wenig ausgeprägten bisexuellen Subkultur und der fehlenden Rollenmodelle oft nicht erfüllt sei, ergebe sich für viele Bisexuelle in ihrem Leben die Situation einer permanenten Unsicherheit in ihrer sexuellen Identifikation (vgl. ebd., 1994, S. 211). Das unterscheide sie von Heterosexuellen – deren Selbstverständnis nicht infrage stehe – und Homosexuellen, deren Identität sich in der Regel stabilisieren könne. In ihren Folgestudien ergänzen die Autor_innen ihr Modell: Erstens beziehen sie die Erfahrungen der AIDS-Krise ein, die erheblichen Einfluss auf die bisexuelle Szene hatte. Sie erlitt schmerzliche Verluste. Auch die Bedeutung von Sexualität in der untersuchten Szene änderte sich: Stand zuvor vor allem Sexualität als ein für alle Beteiligten lustvolles Handeln im Mittelpunkt, wurde sie in der Folge der AIDS-Krise zu etwas, das zuallererst möglichst sicher vollzogen werden musste (vgl. ebd., 1995, S. 295). Zweitens stellen sie in ihrer Folgestudie von 1996 fest, dass die bisexuelle Selbstidentifikation sich – trotz des Drucks der permanenten Unsicherheit – keineswegs im Lebensverlauf auflöst. Sie werde – selbst bei fehlender sozialer Anbindung an eine bisexuelle Gemeinschaft oder fehlender sexueller Aktivität – eher sicherer und positiver. Vor allem Erinnerungen und der eigene Körper ermöglichten eine unerwartete Kohärenz und Stabilität der sexuellen Identifikation als bisexuell (vgl. ebd., 2001, S. 205; Monro, 2015, S. 52). »Thus, contrary to postmodern thought, the respondents did not experience themselves as fragmented or incoherent but rather as being grounded in one body that exists over time« (vgl. Weinberg et al., 2001, S. 205).

Aus zwei Gründen verwundert mich diese Erkenntnis nicht: Über unterschiedlichste Erlebnisse und Erfahrungen hinweg einen Körper zu haben, ein Leib zu sein und diesen als mehr oder weniger stabilen Teil einer Biografie zu erleben, sind wichtige Modi der Herstellung einer Kontinuität und Kohärenz in der spätmodernen Gesellschaft (vgl. Fischer-Rosenthal, 1999; 2000). Zudem reproduziert das Ergebnis – mehr als dass es darüber aufklärt – die Erkenntnis, dass der Körper und die Lebensgeschichte in den westlichen Industriegesellschaften eine wichtige Grundlage eines stabilen sexuellen Selbst bilden. Wieso sollte das nicht auch für Bisexuelle gelten?

Auch Paula Rodríguez Rust verwirft die Vorstellung, Bisexuelle seien per se wandelbarer als Menschen mit anderen sexuellen Vorlieben: »The bisexual is not more essentially or socially mutuable than the lesbian or the heterosexual; the appearance of greater change is a product of the socially constructed context within which the bisexual is beheld« (vgl. Rodríguez Rust, 2000, S. 531). Ihr Hinweis, dass Bisexualität von Bisexuellen keineswegs als etwas besonders Wandelbares oder Fragmentiertes erlebt werden muss, ist wichtig. Allerdings halte ich die von ihr aufgemachte Trennung zwischen sozialem Kontext und »the bisexual« für nicht haltbar. Rodríguez Rust beschäftigt sich vor allem mit dem biografischen Imperativ des Coming-outs, das für viele Menschen jenseits der heterosexuellen Norm in westlichen Industriestaaten gültig sei (vgl. ebd., S. 435). Sie stellt sich die Frage, wie sich dieser Imperativ auf Bisexuelle auswirkt und wie sich ein Coming-out für sie darstellen könnte. Dabei unterstreicht Rodríguez Rust, dass die Vorstellung, eine private und öffentliche sexuelle Identität auf der Basis einer Sexualbiografie zu besitzen, nicht nur ein historisches, sondern ein kulturspezifisches Konstrukt ist. Dieses Konstrukt lasse sich zum Beispiel nicht einfach auf asiatisch-amerikanische Communities (mit einer häufig viel schärferen Linie zwischen Privatem und Öffentlichem) – oder manche afroamerikanische Community (mit einer breiteren Akzeptanz bisexuellen Verhaltens) übertragen. Rodríguez Rust geht es darum, das von einer weißen und westlichen Kultur geprägte lineare Entwicklungsparadigma eines Coming-outs grundsätzlich infrage zu stellen (vgl. ebd., S. 514; 2009; vgl. auch Collins, 2000). Die verbreitete Behauptung, menschliche sexuelle Entwicklung verlaufe eindeutig und linear, lasse sich empirisch nicht belegen. Vielmehr seien lebensgeschichtlicher Wandel und sexuelle Vielfalt die Normalität (vgl. Rodríguez Rust, 2000, S. 526; vgl. dazu auch Diamond, 2008).

Zu ähnlichen Ergebnissen kommt McLean in Bezug auf die australische Gesellschaft. Als nicht heterosexueller Mensch ein umfassendes Comingout zu haben, werde gegenwärtig als einzig legitime Grundlage verstanden, ein ehrliches und gesundes Leben führen zu können (vgl. McLean, 2007). Coming-out werde als unabdingbarer, eindeutiger und linearer Prozess konstruiert, was die Erfahrungen von Bisexuellen nicht abbilde. Sich nicht zu outen, werde als unehrlich stigmatisiert. Für Bisexuelle sei ein Comingout schwieriger umzusetzen. Bisexualität sei mit vielfältigen, auch stigmatisierenden, gesellschaftlichen Bedeutungen verknüpft. Es zeige sich daher, dass die Coming-out-Strategien von Bisexuellen komplexer seien als die von Homosexuellen und sich weniger Bisexuelle outen. McLean plädiert dafür, Coming-out nicht als etwas zu begreifen, das nach einem simplen Entweder-oder-Schema funktioniere: Auf der einen Seite ein vermeintlich immer problematisches Verschweigen und auf der anderen eine angeblich grundsätzlich positive Offenheit. Insbesondere das Coming-out von Bisexuellen müsse als ein komplexes Management in unterschiedlichen sozialen Bezügen analysiert werden (vgl. ebd., S. 163).

Solche weiterführenden und differenzierten Erkenntnisse zum Thema, die sich mit Blick auf die internationale Forschungsdiskussion darbieten, vergrößern das Erstaunen darüber, dass in Bezug auf Deutschland nur eine Arbeit mit einem entsprechenden Zugang vorliegt. Meine Studie leistet einen Beitrag dazu diese Forschungslücke zu schließen, indem bei der Perspektive des alltäglichen Erlebens beginnend die sozialen Aushandlungsprozesse beleuchtet werden, die in den untersuchten Lebensgeschichten Bedeutungen von Bisexualität hervorbringen, festigen oder verschieben. Von welchen methodologischen Grundannahmen ich dabei ausgegangen bin und in welchen Arbeitsschritten ich die Studie durchgeführt habe, führe ich im nächsten Kapitel aus.

4 Methodologischer und methodischer Zugang

In diesem Kapitel geht es mir darum, die methodologischen und methodischen Grundlagen meiner Arbeit deutlich zu machen. Ich werde dabei Antworten auf drei Fragen geben: Was verstehe ich unter einer Biografie? Wie lässt sich das diskutierte Verständnis der biografischen Strukturierung sexuellen Handelns (Kap. 2) mit diesem Verständnis von Biografie verbinden? Wie bin ich in der Erhebung und Auswertung der Interviews und der teilnehmenden Beobachtung konkret vorgegangen?

4.1 Eine biografische Analyse von Bisexualität

In meiner Arbeit beschäftige ich mich mit den Lebensgeschichten Bisexueller. Diese Entscheidung liegt nicht nur darin begründet, dass mich Lebensgeschichten besonders interessieren. Einerseits halte ich einen biografischen Zugang für die Analyse von Sexualität für gewinnbringend, da – wie ich schon ausgeführt habe (vgl. Kap. 2) – alltägliches sexuelles Handeln grundsätzlich biografisch strukturiert ist. Zudem erweist sich ein biografischer Ansatz als besonders geeignet, um auf der Grundlage der Schütz'schen Postulate der subjektiven Interpretation, der logischen Kohärenz und der Adäquanz Bisexualität als Teil alltäglicher Praktiken, Wissensbestände und Narrative zu analysieren.

Biografische Ansätze als Teil interpretativer Verfahren in der Sozialforschung etablierten sich in Westdeutschland seit den 1970er Jahren (vgl. Rosenthal, 2008, S. 162) und waren mit der Hoffnung verbunden, ein methodologisch und methodisch fundiertes Vorgehen im Sinne der verstehenden Soziologie entwickeln zu können. Es ging darum, »Subjektivität« und gesellschaftliche Objektivität in ihrer Wechselbeziehung zu rekonstruieren (vgl. Kohli, 1978, S. 24). Biografie betrachte ich in meiner Arbeit in dieser Tradition nicht als ein linear angeordnetes individuelles Verarbeitungsmuster einer Abfolge von Ereignissen, sondern als ein subjektives und zugleich »soziales Konstrukt« (Fischer & Kohli, 1987, S. 26; vgl. auch Rosenthal, 2008, S. 168).

Diese Haltung ruft häufig Irritation hervor, da Lebensgeschichten in der Regel als Ausdruck des Individuellen verstanden werden. Gesellschaftliche Strukturen seien eine Art Rahmen, in dem wir unser Leben entwerfen können. In meiner Arbeit vertrete ich eine andere Sichtweise: Mit Gabriele Rosenthal (vgl. Rosenthal, 1995) betrachte ich Biografien als eine Schnittstelle zwischen Individuum und Gesellschaft. Die Biografie ist »eine nach sozialen Regeln konstituierte Antwort der Autobiographin auf die soziale Konstellation, in der sie lebt« (ebd., S. 113). Dieser Ansatz verfolgt die These: Was Menschen erleben, wie sie diese Erlebnisse erinnern und wie sie darüber sprechen oder schweigen, ist nie nur Ausdruck eines spezifischen Einzelfalls, sondern Teil eines gesellschaftlichen Konstruktionsprozesses. Diesen Konstruktionsprozessen nachzugehen gibt bei einem entsprechenden methodischen Vorgehen Aufschluss über gesellschaftliche Strukturen in ihrer Entstehungsgeschichte (vgl. Oevermann, 1981, S. 35; Rosenthal, 2008, S. 165). Damit werden theoretische Verallgemeinerungen möglich, die nicht numerisch arbeiten, sondern in der Lage sind, gesellschaftliche Strukturen im Prozess ihrer Entstehung, Beharrung und Veränderung zu rekonstruieren (vgl. Oevermann, 1981, S. 7; Rosenthal, 2008, S. 169). Durch den Begriff der Bildungsgeschichte möchte ich mein Verständnis von Biografie als etwas, das eine temporal organisierte Institution und zugleich subjektiv gestaltet und gestaltbar ist, beschreiben (vgl. Dausien, 2000, S. 101f.).

Institutionen sind »dauerhaft in Routinen reproduzierte Gebilde« (Löw, 2000, S. 163), die durch Legitimationen abgesichert werden und dadurch objektiven Charakter haben (vgl. Berger & Luckmann, 2004, S. 58; Dausien, 2000, S. 101) und den Menschen als äußerlich und zwingend gegenübertreten (vgl. Berger & Luckmann, 2004, S. 101). Beispiele für biografische Institutionen sind festgelegte Ablaufschemata wie das Bildungssystem und »sozial typisierte Statuspassagen« (Rosenthal, 1995, S. 141) wie Schule, Ausbildung bzw. Studium, erster Beruf, Rente, Auszug, Ehe, Geburt, Beziehung, Tod und Krankheit. Die westliche Moderne erfordert eine Biografisierung des Selbst nach einer klaren chronologischen Ordnung auf der Basis kalendarischer Daten. Ein Wissen über die individuelle Lebensgeschichte zu besitzen und dieses, zum Beispiel in Bewerbungsverfahren, vor Gericht oder bei Erkrankungen oder in den Unterstützungssystemen der sozialen Arbeit, chronologisch wiedergeben zu können, ist gesellschaftlich fest verankert. Dabei handelt es sich um eine spezifische Ordnung der westlichen Moderne (vgl. Fischer-Rosenthal, 2000). Die Kompetenz, Geschichten zu erzählen und ihre Lebensgeschichte an konkrete Daten zu knüpfen, wird Kindern in unserem Kulturkreis in Familie und Schule von klein auf beigebracht.

Verschränkt, aber nicht identisch mit der Biografie als sozialer Institution, ist die Biografie als eine »reflexive Strukturierung von Erfahrung« (Dausien, 2000, S. 102). Sie beschreibt die Fähigkeit von Menschen, über lange Zeiträume und persönliche und gesellschaftliche Umbrüche hinweg beständig Erlebnisse, Erinnerungen und Narrative in einer Weise zu strukturieren, die ein stabiles Selbstverständnis ermöglicht (vgl. ebd., S. 103). Mit diesem Prozess hat sich Gabriele Rosenthal beschäftigt (vgl. Rosenthal, 1995), auf deren Konzeption von Biografie ich mein Forschungsdesign aufbaue. Im Mittelpunkt von Rosenthals Modell von Biografie steht die These, dass Biografien gestalthaft organisiert sind und sich durch ein spezifisches Verhältnis von Ereignis, Erlebnis und Erzählung herausbilden:

> »Die erzählte Lebensgeschichte konstituiert sich wechselseitig aus dem sich dem Bewußtsein in der Erlebenssituation Darbietenden (Wahrnehmungsnoema) und dem Akt der Wahrnehmung (Noesis), aus den aus dem Gedächtnis vorstellig werdenden und gestalthaft sedimentierten Erlebnissen (Erinnerungsnoemata) und dem Akt der Zuwendung in der Gegenwart des Erzählens. Erlebte und erzählte Lebensgeschichte stehen in einem sich wechselseitig konstituierenden Verhältnis« (Rosenthal, 1995, S. 20).

In Bezug auf die von Husserl geprägten Begriffe von Noema und Noesis[27] und einen gestalttheoretischen Ansatz entwirft Rosenthal ein sozialkonstruktivistisches Modell von Biografie, das über die vermeintlichen Gegensätze von faktischen Ereignissen und subjektiven Erlebnissen hinausweist. Sie entwickelt ein Verständnis von Biografie, das diese weder auf eine fixierte Ereignisabfolge in der Vergangenheit reduziert, die passiv erlitten wird, noch auf ein beliebig gestaltbares Narrativ in der Gegenwart. Wenn

---

[27] Noema ist in Husserls Theorie der Begriff für das sich dem Bewusstsein Darbietende. Dem stellt er den Akt der Zuwendung zu dem, was sich darbietet, gegenüber. Dieser Akt wird von ihm als Noesis beschrieben (vgl. Rosenthalt 2008, S. 166).

ich von Biografie als einer sozialen Konstruktion spreche, beziehe ich mich dabei auf Rosenthal und verstehe darunter einen zweiseitigen Vorgang: erstens den Akt der Zuwendung zur Erinnerung – die Noesis – und zweitens die Ereignisse selbst, die jedoch nie unmittelbar erfahren werden, sondern immer nur »im Wie ihrer Darbietung« (Rosenthal, 2008, S. 168), sich also in einem Erinnerungsnoema manifestieren. Noemata sind in diesem Modell etwas Drittes, ein Bindeglied, das sich im Verhältnis von Ereignis und der Zuwendung zu diesem Ereignis bildet. Nach Rosenthal besteht die Möglichkeit, die Erinnerungsnoemata im Akt der Zuwendung zu ihnen in einer bestimmten Art und Weise in ein Verhältnis zu setzen, also ein noematisches System zu bilden. Noesis bedeutet in diesem Modell also nicht nur die Auswahl bestimmter Erinnerungen aus einer fixierten Anzahl von Erinnerungsstücken, die uns zur Verfügung stehen. In der Noesis kann sich eine qualitative Veränderung, also eine andere Konstruktion der Biografie, vollziehen. Die Coming-out-Beschreibung meiner Interviewpartnerin Susanne Albers ist ein Idealtyp einer solchen Bildungsgeschichte:

> »Es fiel mir echt so wie Schuppen von den Augen und total es war auf einmal alles sonnenklar [...] und dann hat so was ähm gestartet wie bisexuelles Coming-out <<Mhm>> Ich bin dann zu dieser Bi-Gruppe hingegangen und hab die Leute kennengelernt« (SuA, 17/9–12).

Durch die Zuwendung zu ihrer Lebensgeschichte unter dem Gesichtspunkt der Bisexualität stellt sich diese in einem neuen Zusammenhang dar.

Die Erinnerungsnoemata als Teil des noematischen Systems verweisen immer auf die erlebten Ereignisse. Wenn zum Beispiel mein Interviewpartner Torsten Nowak (vgl. Kap. 5.1) berichtet, er habe sich mit seiner schwer erkrankten Mutter kurz vor ihrem Tod, was seine Bisexualität betrifft, versöhnt und der Abschied von ihr sei damit alles in allem »rund« (TN, 10/5), muss dieses Fazit des Biografen, mit den im Text nachweisbaren Spuren des damaligen Erlebens der Kränkung durch die mangelnde Anerkennung, seiner Bisexualität gegenübergestellt werden. In diesem Fall zeigt sich ein Kontrast zwischen den Spuren einer fortbestehenden Kränkung des Biografen und dem von ihm eingeführten Narrativ der Versöhnung mit der Mutter – oder in den Worten Rosenthals ausgedrückt: Das Erinnerungsnoema in Form der Kränkung hat in diesem Fall eine Beharrungskraft gegenüber dem Akt der Noesis, der narrativen Konstruktion einer Geschichte der Versöhnung.

Dieser »Prozess des Konstruierens« (Dausien, 2000, S. 102) der eigenen Lebensgeschichte kann als »biografische Arbeit« (ebd.) bezeichnet werden. Im genannten Beispiel ist es der Versuch, der erzählten Lebensgeschichte eine andere Gestalt (die Darstellung eines versöhnlichen Abschieds von der Mutter) zu geben als dem dazugehörigen noematischen System der Erinnerung (die Erinnerung einer Kränkung durch die Mutter). Durch diese biografische Arbeit stellen, wie ich oben angedeutet habe, »Subjekte beiläufig oder ausdrücklich Kontinuität und Kohärenz her, die in dem Grundgefühl zum Ausdruck kommen, durch alle Veränderungen hindurch – und u. U. gerade in dramatischen Krisen – noch ›dieselbe‹ oder ›derselbe‹ zu sein (was in Grenzfällen auch mißlingen kann)« (Dausien, 2000, S. 102f.; vgl. auch Rosenthal, 1995, S. 133).

Biografien sind damit nicht allein – wie ich es bislang dargestellt habe – ein gestaltetes Verhältnis von Ereignis, Erleben, Erinnern, Erzählen und der Interaktionssituation, in der die Erzählung sich vollzieht, sondern – zumindest in der späten Moderne – ein Modus der Konstruktion eines kontinuierlichen und kohärenten Selbst.

4.2 Sexuelles Skripting in biografischer Gestalt

Wie lässt sich dieses von Rosenthal vorgeschlagene Verständnis von Biografie mit den zu Beginn der Arbeit angestellten Überlegungen zur biografischen Struktur alltäglichen sexuellen Handelns (vgl. Kap. 2) verbinden? Um diese Frage zu beantworten, rekapituliere ich zunächst meine Ausführungen zur biografischen Struktur alltäglichen sexuellen Handelns, um dann zu erörtern, wie sich die beiden Ansätze ergänzen.

Auf Grundlage der Arbeiten von William Simon und John Gagnon (vgl. Gagnon & Simon, 1973, 2000) habe ich dargelegt, wie sich ausgehend von in der Kindheit und Jugend durchlaufenen Lernvorgängen sexuelles Handeln in einem dynamischen sozialen Prozess über die gesamte Lebensgeschichte hinweg entwickelt. Der Rückgriff auf die von Simon und Gagnon unterschiedenen Ebenen kultureller Szenarien, interpersoneller und intrapsychischer Skripte hat es ermöglicht, diesen Prozess und seine Dynamik genauer zu fassen. Kulturelle Szenarien wurden als institutionelle Arrangements beschrieben, in denen alltägliches sexuelles Handeln im biografischen Verlauf entworfen wird. Obwohl kulturelle Szenarien nicht ohne Weiteres veränderbar sind, können diese innerhalb der Biografie eine Dynamik entfalten, etwa wenn innerhalb des biografischen Verlaufs zwischen kulturellen Szenarien gewechselt wird oder sich – etwa aufgrund des Durchlaufens biografischer Statuspassagen – neue kulturelle Szenarien entwickeln. Interpersonale Skripte lassen sich als biografisch erworbene Wissensbestände beschreiben, die als Rezeptwissen fungieren, um sexuelles Handeln zu ermöglichen. In ihrer Funktion als Übersetzerinnen zwischen Wissen und Handeln wurden interpersonale Skripte als etwas dargestellt, das gezielt beeinflusst werden kann und damit Gestaltungsspielräume in der Biografie eröffnet. Ob diese Beeinflussung in der Übersetzung von Wissen in Interaktion tatsächlich gelingt, ist dabei nicht gesichert. Das intrapsychische Skripting wurde als eine in der Lebensgeschichte entwickelte Instanz der Vermittlung beschrieben, welche die Einbindung körperlichen Erlebens in soziale Sinnzusammenhänge zu organisieren hilft. Die Ebene des intrapsychischen Skriptings macht es möglich zu verstehen, wie sich biografischer Wandel als ein Prozess der Vermittlung zwischen körperlichen Abläufen und deren sozialer Einbindung entwickeln kann, ohne dass dieser Prozess durch die mit ihm verbundenen körperlichen Vorgänge oder den sozialen Kontext, in dem er stattfindet, determiniert wird. Mit der Unterscheidung dieser Ebenen wurde es möglich, die Dynamik zu beschreiben, welche die biografische Struktur alltäglichen sexuellen Handelns über die gesamte Lebensgeschichte entfaltet. Diese Dynamik entwickelt sich dabei sowohl innerhalb der jeweiligen Ebenen als auch im Verhältnis zwischen kulturellen Szenarien, interpersonalen und intrapsychischen Skripten untereinander.

Ausgehend von Rosenthals Modell von Biografie lassen sich in Bezug auf die hier zusammengefassten Überlegungen offene Fragen zur temporalen Struktur klären und eine methodologische Einbettung vornehmen. Demgegenüber ergänzt ein Verständnis sexuellen Skriptings Rosenthals biografietheoretisches Modell um eine handlungstheoretische Komponente.

Im vorgestellten Modell sexuellen Skriptings wurde dargelegt, dass die sexuellen Lernprozesse in Kindheit und Jugend den sich in der gesamten Lebensgeschichte entfaltenden Prozess sexuellen Skriptings nicht determinieren. Die beiden Ebenen können nicht als gänzlich entkoppelt betrachtet werden. Die Frage, wie sich dieses nicht deterministische Verhältnis darstellt, konnte bislang nicht geklärt werden. Mit Rosenthals Modell von Biografie wird es möglich, dieses Verhältnis als eine Verschränkung von Ereignis, Erleben und Erinnerung zu beschreiben. Dabei bildet sich keine kausale Beziehung der unterschiedlichen Ebenen heraus, sondern bestimmend für die Gestalt ist die Beziehung zwischen ihnen. Um diesen Gedanken greifbar

4.2 Sexuelles Skripting in biografischer Gestalt

zu machen, möchte ich noch einmal auf die Lebensgeschichte von Torsten Nowak (Kap. 5.1) zurückkommen. Oben habe ich dargelegt, wie das Erlebnis der Kränkung durch die mangelnde Akzeptanz seiner Mutter sich mit dem Versuch verbindet, dieser Kränkung in der Gegenwartsperspektive nicht zu viel Raum zu geben. Dieses Fallbeispiel lässt sich um die Information ergänzen, dass das Erleben mangelnder Akzeptanz durch die Mutter in einen breiteren gesellschaftlichen Kontext einzuordnen ist. Torsten Nowak ist in einer Zeit aufgewachsen, als § 175 StGB noch gültig war. Er erlebte bewusst, wie einem seiner Partner strafrechtliche Verfolgung drohte. Dieses kulturelle Szenario, in das das Erlebnis mangelnder Akzeptanz seitens seiner Mutter eingebettet ist, hat sich in der Gegenwart grundsätzlich gewandelt. § 175 StGB ist schon länger entfallen und seit dem Jahr 2017 wurde dieser, in seiner Anwendung nach dem Jahr 1945, für unrechtmäßig erklärt. Seine Opfer wurden damit rehabilitiert und es wurde ihnen ein Recht auf Entschädigung eingeräumt (vgl. Gesetz zur strafrechtlichen Rehabilitierung der nach dem 8. Mai 1945 wegen einvernehmlicher homosexueller Handlungen verurteilten Personen [StrRehaHomG]). Dieses veränderte kulturelle Szenario könnte die Form der Auseinandersetzung Torsten Nowaks mit dem Erleben mangelnder Akzeptanz durch die Eltern verändern, da dieses Erleben nun in der breiten Gesellschaft als ein Teil eines Unrechts aufgefasst wird. Dieses Beispiel zeigt eine Möglichkeit auf, differenziert zwischen Erlebnissen in Kindheit und Jugend und der Gegenwartsperspektive zu unterscheiden und ihr Verhältnis zu analysieren, was allein auf der Grundlage eines Modells sexuellen Skriptings nicht ohne Weiteres möglich wäre.

Das Modell von Rosenthal ist darüber hinaus in methodologischer Hinsicht unerlässlich, da es vor der verkürzten Vorstellung schützt, biografische Narrative ermöglichten eine unmittelbare Analyse sexueller Lernprozesse und Skripte, die einem biografischen Verlauf zugrunde liegen. Rosenthal eröffnet den Blick auf die Differenz zwischen Erlebnissen, Erinnerungsvorgängen und der in einer spezifischen Interaktion entstehenden biografischen Erzählung. Diese Differenziertheit gestattet eine kritische Analyse des jeweiligen Verhältnisses, das diese unterschiedlichen Dimensionen in der sozialen Konstruktion Biografie eingehen.

Umgekehrt gewinnt Rosenthals biografietheoretisches Modell durch die Verbindung mit dem handlungstheoretischen Modell sexuellen Skriptings an Tiefe. Ich erläutere dies anhand eines Zitates aus dem Interview mit Birgit Müller, in dem sie davon berichtet, wie sie sich – mit Mitte dreißig – zum ersten Mal in eine Frau verliebt:

95

> »also, war ich eben lichterloh verliebt <<hmhm, ja>> gäh, ich kann das nur so sagen, oder, einfach ah diese Sehnsucht äh, nach Zärtlichkeit, also ner weiblichen Zärtlichkeit (3) und gleichzeitig äh, hat mich des also, mh, also s hoat mich zum einen, also hoat mich halt (natürlich) beglückt das das <<hmhm>> diese Besuche und dieser Kontakt (16) mir war halt gleichzeitig klar, dass sich das also so, mit dem Wunsch zur Treue, äh, überhaupt also, völlig ausschließt <<hmhm, ja>> (2)« (BM, 4/37–43).

In diesem Interviewausschnitt steht das Gefühl »lichterloh verliebt« zu sein mit den zur Verfügung stehenden kulturellen Szenarien in Konflikt. In dem Modell von Rosenthal läge es nahe, Sequenzen wie diese vor allem auf die im Text vorhandenen Spuren des Erlebens im Verhältnis zur Präsentationsweise im Narrativ zu analysieren. Wird ein Modell sexuellen Skriptings hinzugezogen, erweitern sich die Analysemöglichkeiten durch die konsequente Berücksichtigung des Verhältnisses der situativ verfügbaren sexuellen Skripte und kulturellen Szenarien, die die möglichen Handlungsweisen strukturieren. In dieser Weise ergänzen sich beide Zugänge und bereichern die rekonstruktive Analyse (vgl. zu diesem Thema Jackson & Scott, 2010, S. 124; Plummer, 1975, S. 57; Scheuermann, 2002, S. 205).

Zum Abschluss dieses Kapitels gehe ich nun auf das methodische Vorgehen in der Durchführung der Studie und der Auswertung des Datenmaterials ein.

4.3 Methodisches Vorgehen

In der methodischen Umsetzung meiner Teilstudie habe ich mich an dem von Rosenthal vorgeschlagenen und weiterentwickelten Verfahren orientiert (vgl. Rosenthal, 1995, S. 186ff.; 2008, S. 85, 173ff.) und werde nun die einzelnen Erhebungs- und Auswertungsschritte erläutern, die ich durchgeführt habe. Dabei werde ich immer wieder auf Interviews und ihre Auswertung verweisen, um mein Vorgehen zu illustrieren.

4.3.1 Kontaktaufnahme

Der Zugang zum Feld erfolgte vor allem über Vereine der bisexuellen Selbstorganisation, deren Mailverteiler und die Verbreitung der Interviewanfrage über Internetforen, in denen Bisexuelle aktiv sind. Dieses Vorgehen erwies sich als äußerst erfolgreich. Bereits Ende Dezember 2010 hatten sich 34 Personen bereit erklärt, ein Interview zu führen, woraufhin 31 Interviews tatsächlich zustande kamen. Die Interviewanfrage hatten wir im Rahmen des Projektes folgendermaßen formuliert:

> »Im Rahmen eines von der Deutschen Forschungsgemeinschaft geförderten Forschungsprojektes suchen wir bisexuelle Personen, die bereit sind, uns ein ausführliches Interview zu geben. Im Mittelpunkt unseres Interesses steht die individuelle Familien- und Lebensgeschichte der InterviewpartnerInnen. Daher wird der Ablauf der Interviews durch die selbstgestalteten Erzählungen der InterviewpartnerInnen bestimmt und von uns weder inhaltlich noch zeitlich vorstrukturiert.«

Aus der Anfrage ergibt sich, dass wir Personen angefragt haben, die sich selbst als bisexuell bezeichnen. Das heißt, wir haben uns nach einigen Diskussionen für eine bewusste Eingrenzung des Feldes entschieden. Es wären viele andere denkbare Varianten möglich gewesen: ein Fokus auf sexuelle Praktiken oder romantische Anziehung, die Einbeziehung anderer an Bisexualität anschließender Selbstbezeichnungen wie »pansexuell«, »queer« usf. (vgl. auch Yoshino, 2000, S. 371f.). Wir wollten aber mehr über Menschen erfahren, die sich als bisexuell bezeichnen. Diese Eingrenzung der Gruppe muss bei der Bewertung der Erkenntnisse der Studie mitgedacht werden und entspricht dem Prinzip der Bildung einer theoretischen Stichprobe, die sich nicht an einer repräsentativen Abbildung quantitativer Verhältnisse orientiert (vgl. Rosenthal, 2008, S. 85ff.).

Die Interviews haben meine Kollegin und ich im Dezember 2010 begonnen und sie waren – bis auf wenige Ausnahmen und einige Folgetermine – im April 2011 abgeschlossen. Zu Beginn der Akquisition erhielten wir mehr Feedback von Männern als von Frauen. Dieses Ungleichgewicht konnte durch eine gezielte Bewerbung des Projektes innerhalb bestehender bisexueller Zusammenhänge von Frauen für Frauen ausgeglichen werden. Eine generelle Unterrepräsentation von Frauen oder ihre hierarchische Unterordnung innerhalb bisexueller Zusammenhänge konnten wir im Rahmen unserer Feldaufenthalte nicht feststellen. Wir stießen auf eine große Bereitschaft am Forschungsprojekt teilzunehmen, die uns begegnete. Wir waren aufgrund des Themas Sexualität bzw. Bisexualität sowie dem Wunsch, die gesamte Lebensgeschichte erzählt zu bekommen, von einem schwierigeren Zugang ausgegangen. In der Reflexion dieser Erfahrung kamen wir zu dem Ergebnis, dass sich in der großen Bereitschaft zum Gespräch sowohl eine spezifische bisexuelle Erfahrung der Unsichtbarkeit als auch eine Besonderheit des Zusammenhangs, aus dem die Interviewpartner_innen vorwiegend kamen, zeigte. Viele Gesprächspartner_innen begründeten ihre Teilnahme mit der ihrer Meinung nach viel zu geringen Sichtbarkeit von Bisexualität, auch in homosexuellen Zusammenhängen. Dies verweist auf das Problem, dass Bisexualität – im Gegensatz zur Hetero- und Homosexualität – kaum wahrgenommen wird. Neben diesem allgemeinen Problem zeigte sich an den Reaktionen auf die gestellte Anfrage, dass wir uns in eine bis zu einem gewissen Maß politisierte bisexuelle Szene begeben hatten, in der die Interviews und das Projekt als Ganzes als Chance begriffen wurden, Bisexualität gesamtgesellschaftlich zu einer größeren Sichtbarkeit zu verhelfen. Trotz dieser Einengung des Samples trafen wir die Entscheidung, keine Versuche zu unternehmen, Interviewpartner_innen aus anderen Netzwerken zu gewinnen. Der Grund dafür war die umfangreiche Menge an Material, die wir durch den Zugang zur Verfügung hatten und die für den Anspruch einer explorativen Studie völlig ausreichend war. Zudem dauerten die Interviews wesentlich länger als vorausgesehen. Die reine Interviewzeit betrug in der Regel ca. fünf Stunden pro Interview, manche Interviews dauerten bis zu acht Stunden und fanden an mehreren Terminen statt. Dazu kam ein Feldaufenthalt bei einem offenen Treffen Bisexueller, das vom Verein Bisexuelles Netzwerk e.V. organisiert wurde. Der Feldaufenthalt fand Anfang der 2010er Jahre über vier Tage statt. Die Organisator_innen hatten meine Teilnahme gestattet und ich wurde bei der Auftaktversammlung als Sozialforscherin vorgestellt. Vor Ort wurden Interviews und Gruppendiskussionen geführt sowie mit Interessierten ein Workshop zum Forschungsthema durchgeführt und dokumentiert. Dieser Feldaufenthalt hatte das Ziel, die bisexuellen Zusammenhänge, in denen viele der Interviewpartner_innen aktiv waren, detailliert zu rekonstruieren und zu verstehen. Zudem ergab sich die Möglichkeit, das Forschungsprojekt im Rahmen des Treffens zu diskutieren.

4.3.2 Erstes Sample

Wir führten in den ersten Monaten des Projektes Interviews mit 15 Frauen, mit zwei sich in manchen Kontexten als transgender bezeichnenden Personen und mit 14 Männern. Ein Großteil der Interviewpartner_innen lebte zum Zeitpunkt der Interviews in Großstädten. Etwas mehr als die Hälfte (16) verfügt über eine akademische Ausbildung. Teil des Samples waren nur Personen, die vor dem Jahr 1980 geboren wurden. Zwölf Personen sind zwischen den Jahren 1969 und 1979 geboren, zwölf Personen zwischen den Jahren 1958 und 1968 und sieben Personen zwischen den Jahren 1949 und 1957. Das Ziel, Frauen und Männer in etwa gleicher Fallzahl einzubeziehen und unterschiedliche Altersgruppen und Milieus abzudecken, wurde daher erreicht. Trotz dieser Breite des Samples musste aus forschungsstrategischen Gründen in Kauf genommen werden, dass der Feldzugang über bisexuelle Organisationen und die Arbeit mit der Kategorie »bisexuell« den Personenkreis auf eine Gruppe von Personen einengte, die sich selbst als bisexuell bezeichnen. Personen, die bisexuelle Praktiken ausüben, sich jedoch nicht als bisexuell betrachten, werden von der Anfrage nicht oder nur unzureichend erreicht. Beispielhaft nennen lässt sich die nicht zu vernachlässigende Gruppe von Männern, die Sexualität mit Männern leben – etwa im Rahmen einer sexuellen Saunakultur –, jedoch in ihrem Alltag ausschließlich heterosexuell lebt und sich nicht als bisexuell bezeichnen würde. Von den Interviews habe ich 16 geführt und 15 meine Kollegin. Transkribiert wurden nur die Fälle der zweiten Stichprobe (vgl. dazu Kap. 5).

4.3.3 Durchführung der Interviews

Ich habe die Interviews auf der Grundlage der von Fritz Schütze entwickelten und durch Rosenthal weiterentwickelten Methode des biografisch-narrativen Interviews geführt (vgl. Rosenthal, 1995; Schütze, 1977, 1983). Das biografische-narrative Interview hat das Ziel, die oben ausgeführten Prinzipien der Kommunikation und Offenheit umzusetzen und nicht den Forschungsgegenstand zu fokussieren, sondern diesen im Kontext der gesamten Lebensgeschichte zu verstehen. Die Interviews waren in drei Phasen unterteilt: die offene Einstiegsphase, der interne Nachfrageteil und der externe Nachfrageteil. Beispielhaft möchte ich eine transkribierte Einstiegsfrage, die ich gestellt habe, dokumentieren:

> »Okay gut, dann würde ich sie bitten dass sie mir ihre Familien und Lebensgeschichte erzählen <<hmhm>> und dafür könn sie sich so viel Zeit

> nehmen wie sie brauchen <<hmhm>> also sie brauchen da, ja sich keinen Zeitdruck machen <<hmhm>> und ich werd sie dabei auch erst mal nicht unterbrechen <<hmhm>> sondern erst mal nur zuhören und, mir nebenher so=n paar Notizen machen <<ja>> und wenn sie denken, das war, also die Sache ist rund, das ist das Ende dann würd ich auf die Notizen noch mal zurückkommen <<hmhm>> und da n paar Nachfragen stellen <<hmhm>>«
> (BM, 1/11–17).

Ein solcher offen gestalteter Einstieg ermöglicht es den Interviewten erstens die Eingangspräsentation aus ihrer subjektiven Perspektive zu gestalten, was eine Voraussetzung für eine Analyse im Sinne einer Konstruktion »zweiten Grades« (Schütz, 2004, S. 159), also einer Rekonstruktion, darstellt. Der Grund für die Erhebung der gesamten Biografie ist zweitens das Ziel der Einbeziehung der »biografischen Gesamtsicht« (Rosenthal, 1995, S. 13) der Interviewten. So zeigte sich zum Beispiel im Ergebnis der Rekonstruktion im Fall von Susanne Albers (vgl. Kap. 5.5) eine Polarisierung zwischen Alltagswelt und »andere[r] Welt« (SuA, 2/26), die schon seit ihrer Kindheit eine große Bedeutung hatte und für die fallspezifische Konstruktion von Bisexualität konstitutiv ist. Diese Polarisierung in ihrem biografischen Zusammenhang zu verstehen, wäre nicht ohne Weiteres möglich gewesen, hätte ich nur nach Erzählungen zum Thema Bisexualität gefragt. Ein dritter Grund für die offene Eingangsfrage ist, Erzählungen zu ermöglichen, die sich besonders gut dafür eignen, Rückschlüsse über das konkrete Erleben zu ziehen (vgl. Rosenthal, 2008, S. 139; vgl. zu diesem Thema auch Oevermann, 1981, S. 48f.).

Nach dem Ende der Eingangserzählung, die in unseren Interviews zwischen ein paar Minuten und mehreren Stunden dauerte, bin ich zum internen Nachfrageteil übergegangen und habe anhand meiner Stichpunkte erzählgenerierende Nachfragen in den Formulierungen und der Chronologie der Interviewten gestellt. Im externen Nachfrageteil habe ich Fragen formuliert, die für mich noch offen geblieben sind und – falls nicht schon geschehen – noch einmal nach der Bedeutung von Bisexualität in der Lebensgeschichte und dem Erleben von Bisexuellenfeindlichkeit gestellt. Abschluss des Interviews bildeten Fragen nach der schwierigsten und der schönsten Phase des Lebens, möglicherweise noch fehlenden Aspekten und dem Erleben des Gespräches. Wenn es möglich war, habe ich bei einem weiteren Termin mit den Interviewten ein Genogramm der Familiengeschichte angefertigt (vgl. Rosenthal, 2008, S. 198).

4.3.4 Auswertung der Interviews

Die Interviews wurden transkribiert, wobei der Versuch unternommen wurde, die Interaktion, also auch Nebengeräusche und Parasprachliches, im Transkriptionstext abzubilden, um möglichst viel Nähe zur Interaktionssituation zu bewahren (siehe die Transkriptionsregeln im Anhang). Diese Texte wurden nach dem von Rosenthal, aufbauend auf Fritz Schütze, Ulrich Oevermann und Aron Gurwitsch, entwickelten Prinzip der biografischen Fallrekonstruktion analysiert (vgl. Rosenthal, 1995, S. 208ff. Oevermann, 1981, 1983; Schütze, 1983; Gurwitsch, 1975). Für die Auswertung haben wir zu jedem Interview Memos erstellt, in denen die Kontaktaufnahme, die Interaktion vor, während und nach den Interviews sowie die biografischen Daten, eine kurze Inhaltsangabe des Interviews aus unserer Erinnerung und erste Überlegungen zum Fall festgehalten wurden. Die Erfahrungen bei den Interviews und die Memos bildeten dann die Grundlage für die Bildung meiner zweiten Stichprobe, die aus den Fällen besteht, die ich für eine Fallrekonstruktion ausgewählt habe. Im Sinne der »Grounded Theory« (Glaser & Strauss, 1993) handelt es sich bei diesem Vorgang um ein theoretisches Sampling, bei dem die Phase der Erhebung und der Auswertung nicht getrennt sind und die Kriterien für das Sampling nicht nach quantitativen, sondern nach inhaltlichen Kriterien gebildet werden (vgl. auch Rosenthal, 2008, S. 85ff.). Die jeweils zugrunde gelegten Kriterien der Auswahl werde ich in der Darstellung der jeweiligen Fälle erläutern.

Die Fälle, die ich in meine zweite Stichprobe übernommen habe, wurden nach den Prinzipien einer biografischen Fallrekonstruktion (vgl. Rosenthal, 1995, S. 208ff.) analysiert. Ziel dabei ist es, wie ich oben schon ausgeführt habe, die Entstehung, Aufrechterhaltung oder Veränderung sozialer Phänomene vor dem Horizont des biografischen Gesamtzusammenhangs zu verstehen. Dies erfordert, wie ich methodologisch oben schon begründet habe, auch methodisch die Einbeziehung des sozialen Kontextes der Lebensgeschichte, eine Hypothesenbildung und Überprüfung zum Erleben in der Vergangenheit und ihre narrative Präsentation in der Gegenwart in ihrer Verschränkung.

Den Prinzipien der Offenheit folgend wurden die Interviews nicht nach vorgefertigten Kategorien ausgewertet. Die Hypothesenbildung erfolgte stattdessen nach den Prinzipien der Abduktion (vgl. Reichertz, 1993; Rosenthal, 1995, S. 211) und der Sequenzialität (vgl. Oevermann, 1981, S. 44, 1983, S. 174; Rosenthal, 1995, S. 209). Eine abduktive Vorgehensweise hilft subsumtionslogische Schlüsse zu vermeiden (vgl. Oevermann, 1983, S. 236), die keinen Erkenntnisgewinn über gesellschaftliche Zusammenhänge versprechen, und soll es ermöglichen, der Fallstruktur in ihrer Bildungsgeschichte auf die Spur zu kommen. Es geht zudem darum, gezielt Bedingungen für eine »Logik der Entdeckung« (Reichertz, 1993, S. 262) – im Gegensatz zu einer reinen Überprüfung von Hypothesen, wie positivistische Ansätze sie vorschlagen – zu schaffen. Dies geschieht, indem zu jedem Datum möglichst alle logisch denkbaren Hypothesen zu einem Phänomen und seiner Entwicklung gebildet werden – am besten nicht allein, sondern in einem Team, das Auswertungsschritte gemeinsam durchführt und somit mehr Perspektiven einfließen lassen kann. Zu dem auftretenden Phänomen, zum Beispiel dem biografischen Datum einer Erkrankung, werden Folgehypothesen gebildet, wie der Ablauf sinnvoll weitergehen könnte. Diese Hypothesen werden dann in der Folge falsifiziert oder verifiziert.

Realisiert werden kann dieses Verfahren lediglich in einem sequenziellen Vorgehen, in dem jede Sequenz Schritt für Schritt ausgewertet und eventuell vorhandenes Wissen um die Weiterentwicklung eingeklammert wird. Die nach diesen Prinzipien durchgeführte biografische Fallrekonstruktion gliedert sich in fünf Schritte, die sich dadurch auszeichnen, dass die Forschungsfragen zunächst ausgeklammert werden. Die Ebenen der erlebten und erzählten Lebensgeschichte werden zudem getrennt betrachtet, um sie dann am Ende der Analyse wieder zusammenzuführen.

Analyse der biografischen Daten
Die Analyse der biografischen Daten (vgl. Rosenthal, 2008, S. 176) erfolgt in der sequenziellen und abduktiven Auswertung der bekannten faktischen Daten der Lebensgeschichte: Familienhintergrund, Geburt, Erkrankung, Geburt eines Kindes, Tod eines Familienmitgliedes, Beruf und Ähnliches unter Einbeziehung des gesellschaftlichen Kontextes. Die individuellen Interpretationen der Interviewten werden dabei bewusst ausgeklammert. Um diesen Auswertungsschritt zu vollziehen, bedarf es eines möglichst umfassenden Wissens über die Familiengeschichte, den sozialen Kontext sowie einer quellenkritischen Überprüfung und Ergänzung von Daten, etwa über Archivanfragen oder Akteneinsicht. Dieser erste Analyseschritt ermöglicht einerseits die institutionellen Rahmenbedingungen der Biografie detailliert zu erfassen, andererseits erlaubt er die sequenzielle – also schrittweise – Analyse, welche Entwicklung der biografische Verlauf unter diesen Bedingungen genommen hat und welche Alternativen zur Verfügung stan-

den. Am Ende dieses Schrittes stehen daher erste Hypothesen über die biografische Verlaufsstruktur.

Text- und thematische Feldanalyse
Die Text- und thematische Feldanalyse beschäftigt sich im Gegensatz zum ersten Schritt mit der Präsentation der Interviewten. Die selbst gestaltete Eingangserzählung wird in Sequenzen unterteilt, die sich an den Kategorien Themenwechsel, Sprechendenwechsel, Textsortenwechsel (Erzählung, Argumentation etc.) orientieren. Es geht darum zu erfahren, welche Themen ausgebaut und welche ausgelassen werden. Darauf aufbauend werden Überlegungen darüber angestellt, welche Regeln die Auswahl und Gestaltung der Themen bestimmen könnten – oder, um es als gestalttheoretisch inspirierte Fragen im Sinne Rosenthals zu formulieren: Was sind die Themen? Was ist der thematische Rand und was lässt sich vor diesem Hintergrund über das thematische Feld aussagen (vgl. Rosenthal, 2008, S. 184)? Das thematische Feld ist das Regelwerk, nach dem das biografische Narrativ gestaltet wird, und mit Rosenthal gehe ich davon aus, dass sich dieses Narrativ in der Regel nach einem Prinzip geordnet darstellt. Im Fall von Torsten Nowak war dies zum Beispiel der Wunsch, sich als einen entspannten und offenen Menschen darzustellen und die Darstellung seines Lebens als »Leidensgeschichte« zu vermeiden.

Rekonstruktion der Fallgeschichte
Die Analyse der biografischen Daten und die Text- und thematische Feldanalyse bilden die Grundlage für den Schritt der Rekonstruktion der Fallgeschichte, in der Überlegungen zum Erleben der Biograf_innen in den jeweiligen Lebensphasen im Mittelpunkt stehen (vgl. Rosenthal, 1995, S. 189). Dieser Bearbeitungsschritt erfolgt in der Auslegung von Interviewsequenzen, möglichst Erzählungen, idealerweise zu jedem relevanten Lebensdatum in chronologischer Reihenfolge. Dabei werden die Hypothesen zu den biografischen Daten mit den Sequenzen verglichen und, falls möglich, verifiziert oder falsifiziert. Die Text- und thematische Feldanalyse ermöglicht es zugleich zu überprüfen, in welchen Zusammenhang erzählte Lebensgeschichte, also der Akt der Noesis, Erinnerungsnoemata und mögliche Wahrnehmungsnoemata stehen könnten. Im schon zitierten Fall von Torsten Nowak wurde dabei deutlich, dass im Kontrast zur eher entspannten und distanzierten Selbstpräsentation das erlebte Leben eher als ein Ringen um Anerkennung durch die Mutter und religiöse Gemeinschaften geprägt ist.

Aus forschungspragmatischen Gründen habe ich zwei der Fälle meines theoretischen Samples *globalanalytisch* untersucht. Sie sind in den Einleitungen entsprechend gekennzeichnet. Bei einer *Globalanalyse* handelt es sich um ein abgewandeltes Auswertungsverfahren, in dem die Schritte der Analyse der biografischen Daten sowie der text- und thematischen Feldanalyse wie oben dargestellt ausgeführt wurden. Die daran anschließende sequenzielle und abduktive Analyse von Sequenzen aus den Interviews zu jedem biografischen Datum wird dagegen auf ausgewählte Interviewsequenzen beschränkt.

Feinanalysen

Zu jedem Zeitpunkt der Auswertung erfolgen Feinanalysen von ausgewählten kleinen Sequenzen des Interviews, möglichst von Erzählungen. Diese Feinanalysen werden unter Ausklammerung des Wissens um den Fall ausgeführt und kleinschrittig, abduktiv und sequenziell vollzogen. Das Vorgehen orientiert sich damit an den von Ulrich Oevermann vorgeschlagenen Prinzipien der »objektiven Hermeneutik« (vgl. Oevermann, 1981; 1983):

> »Denn erst eine den inneren Zusammenhang einer unscheinbaren Stelle, deren strukturelle Motivierung lückenlos rekonstruierenden und deshalb mikrologisch notwendig ›überdramatisierende‹ und für den Alltagsverstand ›verfremdende‹ Strukturanalyse deckt beweiskräftig etwas auf« (Oevermann, 1983, S. 269f.).

Typenbildung, kontrastiver Vergleich und theoretische Verallgemeinerungen

Erst nach der abgeschlossenen Fallrekonstruktion werden die Ergebnisse entlang der Forschungsfragen diskutiert (vgl. Rosenthal, 2008, S. 194). Die Forschungsfragen erst in einem zweiten Schritt auf die rekonstruktiv gewonnenen Forschungsergebnisse zu beziehen, ermöglicht es, Konstruktionen zweiten Grades zu bilden, die, nach dem Prinzip der subjektiven Interpretation, Logik und der Adäquanz, eng an die Struktur der alltagsweltlichen Konstruktion erster Ordnung der Interviewten gebunden bleiben (vgl. Kap. 4.1). Anhand eines kontrastiven Vergleichs der Fallstrukturen mithilfe der Forschungsfragen wird es dann in einem zweiten Schritt möglich, eine Typenbildung vorzunehmen. Den Prozess der Typenbildung beschreiben Hans-Georg Soeffner und Ronald Hitzler folgendermaßen:

»Ein dergestalt objektivierter Typus ist ein ›Idealtypus‹, da er mit dem Zweck konstruiert wird, einerseits gegenüber der Empirie insofern systematisch unrecht zu haben, als er das Besondere im Einzelfall nur unzulänglich wiedergibt, andererseits aber gerade dadurch dem Einzelfall zu seinem Recht zu verhelfen, daß er das historisch Besondere vor dem Hintergrund struktureller Allgemeinheit sichtbar abhebt« (Soeffner & Hitzler, 1994, S. 39).

Diese Form der Typenbildung führt in der Darstellung der Ergebnisse der Studie zu einer unterschiedlichen Gewichtung zwischen Besonderem und Allgemeinem. In der Darstellung der Ergebnisse der Fallrekonstruktionen stehen die Besonderheiten des jeweiligen Falles im Vordergrund, ohne dass dabei das gesellschaftlich Allgemeine aus den Augen verloren wird. In der jeweils anschließenden Typenbildung rücke ich dagegen die fallspezifischen Besonderheiten in den Hintergrund (vgl. Kap. 4.4.6).

4.3.5 Teilnehmende Beobachtung und Triangulation

Neben der Durchführung von biografischen Fallrekonstruktionen habe ich an einem viertägigen Treffen Bisexueller teilgenommen. Die Teilnahme war mit den Organisator_innen abgestimmt und ich wurde in einer Vorstellungsrunde als Sozialforscherin vorgestellt. Ich habe mich nach dem Prinzip der »teilnehmenden Beobachtung« (vgl. Honer, 1993; Rosenthal, 2008, S. 106) aktiv an diesem Treffen beteiligt, an Workshops, Gesprächen und einer Party teilgenommen und dabei bewusst keine Rolle als passive Beobachterin eingenommen. Sich auf das Geschehen einzulassen, bedeutet, die wissenschaftliche Distanz aufzugeben und dabei Teil der Interaktionsprozesse zu werden, die mich in diesem Moment interessierten. Dieses Vorgehen kann unter bestimmten Voraussetzungen eine gute Grundlage für einen »verstehenden Zugang« (Rosenthal, 2008, S. 107) zu den vollzogenen Handlungen sein. Über meine Teilnahme hinaus habe ich Interviews geführt und aufgenommen sowie einen Workshop zu meiner Forschungsarbeit angeboten und erste Ergebnisse mit den Teilnehmenden diskutiert. Ich bin aktiv in meiner Rolle als Forscherin aufgetreten. Die Diskussionen auf den Workshops habe ich zum Teil aufgenommen. Im Anschluss an das Treffen habe ich ein Memo verfasst, in dem ich alle faktischen erhobenen Daten (Datum, Ort, Teilnehmer_innen, Ablaufplan etc.), meinen Zugang zum Feld und den Gesamtablauf festgehalten habe. Dabei dokumentierte ich detailliert meine Erlebnisse und Gefühle während meiner Teilnahme und stellte – getrennt davon – erste Überlegungen zu diesen Erlebnissen an (vgl. Rosenthal, 2008, S. 115).

Aufgrund der Menge des Materials habe ich nicht alle Daten zur Auswertung herangezogen. Im Mittelpunkt stand eine abduktive und sequenzielle Analyse des Ablaufplans des Treffens und von zwei ausgewählten Szenen aus meinem Teilnahmeprotokoll. Aus diesem Grund kann mein Vorgehen als »ethnografische Globalanalyse« bezeichnet werden. Die Fallebene, für die ich mich in dieser Auswertung interessierte, war die Gruppe Bisexueller und ihre Vergemeinschaftungspraxen an diesem Wochenende. Die Ergebnisse der Auswertung habe ich dann im Kontext soziologischer Theorien der Vergemeinschaftung diskutiert (vgl. Kap. 5.6).

Methodologisch betrachtet ist eine unmittelbare Triangulation der Ergebnisse der biografischen Fallrekonstruktion und der teilnehmenden Beobachtung nicht ohne Weiteres möglich (vgl. Köttig, 2005). Schließlich handelt es sich um eine andere Fallebene als die der Biografie (vgl. Oevermann, 1981, S. 44), nämlich die der Gruppe, die auf diesem Treffen zusammengekommen ist. Daher habe ich, entsprechend der Empfehlung von Michaela Köttig, zunächst allein die Fallstrukturen des Treffens rekonstruiert, ohne auf die Fallebene der Biografien einzugehen (vgl. Kap. 5.6), um dann in einem zweiten Schritt eine Triangulation vorzunehmen (vgl. Kap. 6.3), indem ich die Ergebnisse der Analysen auf den unterschiedlichen Fallebenen miteinander verglichen habe (vgl. Köttig, 2005, S. 81).

4.3.6 Darstellung der Ergebnisse

Die in der Auswertung durchgeführten Schritte spiegeln sich in der Darstellung der Ergebnisse wider. Als Erstes stelle ich die Ergebnisse der biografischen Fallrekonstruktionen und der teilnehmenden Beobachtung dar (vgl. Kap. 5). Um eine bessere Übersicht zu ermöglichen, sind die biografischen Fälle entlang der Verlaufstypologie geordnet, mit der ich die Forschungsfrage nach der Annahme von Bisexualität als ein Etikett der Selbstbeschreibung im biografischen Verlauf beantworten werde. Am Anfang der Darstellung des jeweiligen Falles nenne ich die Kriterien für seine Aufnahme in das theoretische Sample und benenne den zugeordneten Verlaufstypus. Am Ende der Falldarstellung erfolgt die Bildung eines Typus. Ich konzentriere mich in meiner Typologie auf die erste Forschungsfrage nach dem Prozess der Annahme von Bisexualität als ein soziales Etikett der Selbstbeschreibung im biografischen Verlauf. Ich stelle die den Typus kennzeichnenden Prozesse der Annahme ausführlich dar und gehe dabei ebenfalls der Frage nach, welche Handlungsmöglichkeiten und Handlungsbeschränkungen aus der Annahme des Etiketts folgen. Auf diese Erörterung der typischen Aspekte folgt eine kurze Zusammenfassung der Fälle, die den jeweiligen Typus repräsentieren. Ich verzichte dabei auf eine Skizze und Zuordnung aller 26 erhobenen Biografien, die nicht zum theoretischen Sample gehören. Dies wäre weder der Übersichtlichkeit der Arbeit zuträglich, noch hätten Aussagen über die Verteilung der Typen im Sample eine signifikante Aussagekraft. Methodologisch gesehen können empirisch stichhaltige Thesen über die genetisch-strukturale Gestalt einer Biografie – die in dieser Studie im Mittelpunkt des Interesses steht – erst nach erfolgter Rekonstruktion gemacht werden, sodass Aussagen, die auf Basis von Memos gewonnen wurden, unter Vorbehalt betrachtet werden müssen.

Eine fall- und typenübergreifende Diskussion der Ergebnisse anhand der Forschungsfragen nach der Annahme von Bisexualität als ein Etikett im biografischen Verlauf, der Rolle von Anerkennungskonflikten in den Biografien und der Bedeutung von bundesweiten bisexuellen Zusammenhängen für den biografischen Verlauf erfolgt in einem gesonderten Kapitel (vgl. Kap. 6).

5 Falldarstellungen und Typenbildung

Alle Namen, Orte, Jahreszahlen und Berufsbezeichnungen wurden in den folgenden Falldarstellungen anonymisiert sowie weitere Merkmale verfremdet.

Dem Prinzip der Offenheit folgend habe ich erst während der Durchführung der Interviews und der Umsetzung erster Auswertungsschritte begonnen, Kriterien für die Auswahl der Fälle zu bilden, die ich in das theoretische Sample aufnehme. Diese Kriterien orientieren sich eng an den von mir im Forschungsprozess entwickelten Fragen. Drei Aspekte waren daher bei der Auswahl relevant: Welche sexuelle und partnerschaftliche Praxis lebten die Interviewten, bevor sie Bisexualität als ein Etikett der Selbstbeschreibung annahmen? Wie gestaltet sich der Prozess der Annahme des Etiketts dem ersten Augenschein nach? Wie wird die Bedeutung des Engagements in bisexuellen Zusammenhängen beschrieben? Die Frage nach der Rolle von Anerkennungskonflikten stellte ich hingegen bei der Auswahl zurück, um nicht zu viele konkurrierende Kriterien auf einmal zu verwenden. Ebenso ignorierte ich weitere Kriterien, so fanden zum Beispiel zufällig mehr Menschen, die katholisch sozialisiert wurden, Eingang in das theoretische Sample, ohne dass dies den Anteil der Konfessionen des gesamten Samples repräsentiert. Ziel des theoretischen Samplings ist es nicht, ein repräsentatives Sample zusammenzustellen (vgl. Kap. 4), sondern zwischen den Fällen maximale und minimale Kontraste zu bilden, um zu einer theoretischen Sättigung zu gelangen (vgl. Rosenthal, 2008, S. 85, 96f.).

5.1 Falldarstellung – Torsten Nowak

> »für mich war das nie so ne (3) Größe, dieser Begriff oder irgendei- irgendwas womit ich irgendwas groß jetzt verbunden hätte oder, das irgendwie mit mir in Verbindung gebracht hätte, aber irgendwie als ich diese Anzeige las, hab ich dann auf einmal plötzlich das halt schon, mit mir in Verbindung gebracht« (TN, 48/11–15).

Den Fall von Torsten Nowak wählte ich aus, da er erzählt, seit seiner Jugend Sexualität und Beziehungen geschlechterübergreifend zu leben. Zudem zeichnete sich in seinem Fall eine relativ konfliktfreie Aufnahme einer bisexuellen Praxis sowie Annahme von Bisexualität als ein Etikett der Selbstbeschreibung ab, was im einleitend aufgeführten Zitat schon anklingt. Seinem Engagement in bisexuellen Zusammenhängen schreibt er für eine gewisse Zeit eine größere Bedeutung zu, während diese Bedeutung in der Lebensphase, in der er das Interview gibt, abnimmt. Auf der Grundlage dieser Fallrekonstruktion bildete ich den biografischen Verlaufstypus der *Übernahme* von Bisexualität als soziales Etikett der Selbstbeschreibung, den ich anschließend an die Falldarstellung erörtern werde.

5.1.1 Interviewkontext und Interaktionsverlauf

Zum Zeitpunkt des Interviews – im Frühjahr 2011 – ist Torsten Nowak Mitte vierzig und lebt in einer Großstadt. Er ist als Verwaltungsangestellter tätig. Zuvor hat er eine Ausbildung im Bereich Verwaltung gemacht und war eine Zeit lang in diesem Bereich tätig. Nach seiner Ausbildung hatte er mehrere Jahre evangelische Theologie studiert, dieses Studium jedoch ohne Abschluss beendet. Er ist – wie er selbst sagt – seit mehreren Jahren »Single« (TN, 2/77). Das Interview findet in seiner Wohnung statt und dauerte knapp sechs Stunden.

In unserem telefonischen Vorgespräch präsentiert sich Torsten Nowak als aufgeschlossen und unkompliziert. Er hat nicht viele Fragen an mich und sagt, er wolle einfach alles auf sich zukommen lassen. Diese Selbstdarstellung ist für sein gesamtes Interview prägend: Er präsentiert sich als einen entspannten Menschen.

Zufällig treffe ich ihn schon vor unserem Gespräch bei einer Veranstaltung, die sich mit dem Thema Bisexualität beschäftigt. Während der Diskussion äußert er sich kritisch darüber, dass es keine »Bisexuellen-Bewegung« gebe, diese jedoch nötig sei. Er macht damit den Eindruck eines politisch engagierten Menschen, der sich aktiv für die Belange Bisexueller einsetzen möchte. Es zeigt sich aber auch eine Unzufriedenheit mit dem seiner Meinung nach zu geringen politischen Engagement Bisexueller. Im Interview spricht er an, dass er sich als Bisexueller gerne stärker in gesellschaftliche Debatten einbringen wolle, aber es an anderen Bisexuellen fehle, die dies gemeinsam mit ihm tun würden.

An dieses Thema knüpft der Biograf nach dem Interview noch einmal an. Er berichtet davon, dass es zunehmend weniger öffentliche Treffpunkte für Schwule, Lesben und Bisexuelle gebe. Dementsprechend würden ihm heute manchmal Orte, vor allem jenseits der kommerziellen Schwulenszene, fehlen.

5.1.2 Das thematische Feld der erzählten Lebensgeschichte

In seiner Eingangserzählung stellt Torsten Nowak sein Leben als unproblematisch und selbstbestimmt dar. Er selbst präsentiert sich – wie oben erwähnt – vor allem als entspannten und offenen Menschen. Sein Narrativ ist keine Leidens- oder Problemgeschichte. Wenn Probleme thematisiert werden, haben sie vor allem die anderen und nicht der Biograf. Zugespitzt lässt sich das Präsentationsinteresse Torsten Nowaks folgendermaßen formulieren: »Ich bin ein entspannter und offener Mensch und habe mein Leben immer aktiv gestaltet, Probleme mit mir hatten die anderen, vor allem meine Eltern.«

Beim Blick auf das thematische Feld, das die Eingangserzählung strukturiert, zeigen sich Brüche in diesem Präsentationsinteresse. Im Aufbau der Themen kommt die fortdauernde Kränkung zum Vorschein, die er aufgrund des Verhaltens seiner Eltern in Bezug auf seine Beziehungen mit Männern und seine bisexuelle Lebensweise empfindet. Dies lässt sich durch einen genaueren Blick auf die inhaltliche Struktur der Eingangserzählung verdeutlichen.

Die Eingangserzählung des Biografen lässt sich in vier thematische Bereiche einteilen, die in der Erzählung durch kurze Pausen von jeweils neun Sekunden unterteilt werden:

1. Geburt, Wohnort und Berufsbiografie
2. Bisexualität als unproblematisches Thema der Lebensgeschichte und das Engagement in einer bisexuellen Gruppe
3. die Eltern bzw. Großeltern und das gegenwärtige Leben als Single
4. das unproblematische schwule Coming-out und der problematische Umgang meiner Eltern mit der »schwule[n] Thematik« (TN, 5/23)

An dieser narrativen Anordnung fällt als Erstes die Trennung unterschiedlicher Lebensbereiche auf. Torsten Nowak entscheidet sich – trotz seines Wissens um meine Forschungsfrage – zunächst gegen einen Schwerpunkt auf das Thema Bisexualität und erzählt somit seine Lebensgeschichte nicht als Geschichte seiner Bisexualität. Ohne besonders hervorgehoben zu werden, stellt sie eine relativ abgeschlossene thematische Einheit unter vielen dar. Dabei verfährt er zunächst nach dem Prinzip knapper Berichte. Er beginnt seine Lebenserzählung mit seiner Geburt, erwähnt aber gleich darauf seinen kommenden Geburtstag in der Gegenwart. Ähnlich verfährt er mit seiner Berufsbiografie, die er in einem schnellen Bericht abhakt, der mit der Gegenwartsperspektive endet. Die Wechsel in seiner Berufsbiografie – wie sein Studienabbruch – werden nur knapp angesprochen und immer als aktive und unproblematische Entscheidungen präsentiert. Dieselbe Form wählt er für sein bisexuelles Coming-out, das er als undramatische Aneignung des Begriffes und Engagement in einer bisexuellen Gruppe beschreibt, das heute aber nicht mehr so stark und bedeutend sei. Er thematisiert zunächst keinerlei Konflikte, die mit dem Thema Bisexualität zusammenhängen. In einer ähnlichen Form behandelt er seine Beziehungsbiografie, in der er betont, dass er nie das Gefühl hatte, sich in Bezug auf das Geschlecht seiner Beziehungspartner_innen »grundsätzlich für eine Seite entscheiden« (TN, 2/26) zu müssen. Offensichtlich möchte er seine Lebenserzählung einem gesellschaftlichen Vorurteil entgegenstellen, das Bisexuellen unterstellt, Schwierigkeiten zu haben, sich hinsichtlich des Geschlechts ihrer Beziehungspartner_innen zu entscheiden (vgl. Kap. 3.2.2). Das Interview ermöglicht ihm also, einen Gegendiskurs zu formulieren, der sich folgendermaßen zuspitzen lässt: Ein Leben als Bisexueller ist unproblematisch und ermöglicht Handlungsfreiheit, anstatt Probleme und Entscheidungsschwierigkeiten nach sich zu ziehen.

Es ist offensichtlich, dass er den Bericht über sein in seiner Jugend aufkommendes sexuelles Interesse an Männern und die Reaktionen seiner Eltern darauf gerne in einer ähnlichen Form darstellen möchte. Dies gelingt ihm in seiner Präsentation seines ersten sexuellen Kontakts mit einem Mann im Alter von 16 Jahren, allerdings nicht mehr im Bericht über die Reaktion seiner Eltern. Zwar vermeidet er weiter, Themen anzusprechen, die Fremdbestimmung und Hilflosigkeit nahelegen könnten, aber die Präsentation seiner Versöhnung mit der Mutter kurz vor ihrem Tod oder sein Auszug aus dem Elternhaus tragen die Spuren von Verletzungen durch die Eltern. Er gerät in eine thematische Schleife, da er die Erzählung zur Versöhnung mit der Mutter kurz vor ihrem Tod als eigentlich »rund« (TN, 5/18) abschließt und sich dann weiter in Erzählungen über die Unzulänglichkeiten der Eltern verstrickt. Er verlässt dabei zunehmend einen chronologischen Ablauf und hält damit die vorher gegebene klare thematische Struktur der Erzählung nicht mehr aufrecht. Prägend für das entstehende thematische Feld ist der Abschluss der Eingangserzählung. Torsten Nowak beendet seine Lebenserzählung nicht mit der Gegenwartsperspektive, sondern mit dem Bericht über ein halbwegs geglücktes erstes Essen mit seinem damaligen Freund bei seinen Eltern, als er etwa 20 Jahre alt war. Im Gegensatz zur formalen Struktur zuvor, in der er immer in der Gegenwart ankommt, verbleibt er thematisch bei einer Begebenheit, die sich vor etwa 25 Jahren zugetragen hat, und beendet dann dennoch seine Eingangserzählung. Dies geschieht zögerlich und erst nach einer sehr langen Pause: »(20) 'das ist glaub ich jetzt erst mal so der erste' <<hm>> Schwung <<ja>> ((lacht))« (TN, 6/7–8). Das thematische Feld der Lebensgeschichte Torsten Nowaks bildet sich somit im Kontrast zwischen seinem Wunsch, ein entspanntes und unproblematisches Leben zu erzählen und der fortdauernden Verletzung aufgrund des Erlebens mangelnder Anerkennung durch seine Eltern.

5.1.3 Lebensgeschichte

Als einziges Kind der Familie wird der Biograf Mitte der 1960er Jahre in eine katholische Familie geboren, die sich erfolgreich in einem städtischen Raum in einer Schicht zwischen Arbeiter_innen-Klasse und Kleinbürgertum etabliert hat. Zum Zeitpunkt der Geburt Torsten Nowaks sind beide Elternteile berufstätig. Mit seiner Geburt beendet die Mutter ihre Berufstätigkeit. Der Biograf berichtet, sein Vater sei »tendenziell eher der, äh, der klassischere ähm abwesende Vater« (TN, 6/29–30) gewesen, während er dagegen »n sehr intensives« (TN, 6/41–42) Verhältnis zu seiner Mutter gehabt habe. Entsprechend seinem Präsentationsinteresse der Darstellung eines Lebens ohne Probleme evaluiert er seine Kindheit als »einfach ganz normal« (TN, 6/26) und spricht auch auf Nachfrage nur wenig über diese Lebensphase.

Im Alter von drei Jahren beginnt Torsten Nowak den Kindergarten zu besuchen, die Mutter nimmt ihre Teilzeitbeschäftigung wieder auf. In ihrer Abwesenheit wird er häufig von den Großeltern väterlicherseits betreut. Zu dieser Familienseite mit ihren Milieukonflikten hat er damit seit frühester Kindheit einen intensiven Kontakt.

Das Messopfer

Nach seiner Einschulung Anfang der 1970er Jahre nimmt Torsten Nowak an Aktivitäten der katholischen Gemeinde teil:

> »ich bin ähm (2) ursprünglich, ähm, katholisch <<hmhm>> (3) das heißt also meine ganze Familie ist katholisch (4) ähm, ich hab da auch so die ganz normale, katholische Sozialisation, durchlaufen <<ja>> das heißt ich bin mit zehn äh zur Kommunion gegangen <<hm>> ähm, hab dann im Anschluss war ich, ähm, für ein zwei Jahre glaube ich in einer Kindergruppe <<ja>> in der Gemeinde und äh, bin auch mit, zehn oder elf glaub ich äh dann ein Mal im Sommer ins Zeltlager gefahren <<hm>> aber da mir das nicht so gut gefiel, äh ist es bei dem einen Mal dann geblieben <<ja>> (4)« (TN, 8/19-25).

Der Biograf betont das »ganz Normale« seines Aufwachsens als Katholik. Das zeigt die Form der Zugehörigkeit der Familie zum Katholizismus, die er als selbstverständlichen Teil seines Alltages erlebt. Dies lässt die Hypothese zu, dass die katholische Religion in der Familie weniger ein Grund politischer Spaltung war, sondern eine Möglichkeit einen Zusammenhalt herzustellen, der Unterschiede zwischen gesellschaftlichen Milieus zu überbrücken half.

Die Bedeutung der katholischen Kirche für seine Eltern beschreibt Torsten Nowak als zwiegespalten:

> »meine Eltern waren, nicht allzu kirchlich <<hmhm>> oder gar nicht eigentlich, ähm, die hatten schon, ich glaub schon bevor ich geboren wurde irgendwann entschieden dass sie nicht mehr regelmäßig zur Kirche gehen <<ja>> weil, also meine Mutter das vor allem irgendwann mal so, begründet, dass sie noch so aufgewachsen ist dass ähm, sie gelernt hat, dass man ähm,

katholischen, Messopfer nur teilnehmen, darf, wenn man vorher bei der Beichte war <<hmhm>> und ähm, es auch klar war dass Sexualität, eigentlich ja nur im Rahmen der Kinderzeugung <<ja>> äh akzeptiert ist, sodass sie eigentlich, da sie nicht also, nicht einfach irgendwie äh oder da sie eigentlich entschieden hatten jetzt zum Beispiel auch nur **mich** erst mal zu bekommen <<hm>> ähm, also höchstens ein oder zwei Kinder zu haben, dass eigentlich, die komplette andere Sexualität die meine Eltern durchaus auch so, äh hatten <<hmhm>> ähm dass sie, die wäre eigentlich halt was gewesen was sie eigentlich hätte beichten müssen <<ja>>, was sie aber überhaupt nicht als beichtenswert empfand <<hm>> und deswegen für sich auch dann mit meinem Vater, äh entschieden hatte okay, das werden sie nicht beichten <<ja>> also sie werden halt nicht beichten gehen, da aber irgendwie diese Erziehung so stark wirkte dass das dann aber nicht geht dass man trotzdem am Messopfer teilnimmt« (TN, 28/18–32).

Die Haltung der Eltern gegenüber der katholischen Kirche kann als ambivalent bezeichnet werden. Sie wissen um die Regeln ihrer Religion und dass sie sich durch die Praxis der Verhütung nicht an diese halten. Da sie ihr Handeln moralisch nicht verwerflich finden, also anders als die Kirche bewerten, wollen sie dieses nicht beichten. Dabei kann es auch eine Rolle spielen, dass es den Eltern unangenehm ist, mit dem Pastor über ihre Sexualität zu sprechen. Trotz dieser distanzierten Haltung gegenüber den moralischen Anforderungen der Kirche halten sich die Eltern an ihre Regeln, indem sie nicht am zentralen katholischen Ritus des Messopfers teilnehmen. Sie lehnen die Regeln der katholischen Kirche ab und halten sich dennoch an sie. Dieses relativ komplexe Abwägen von Handlungen legt nahe, dass die Kirche für die Eltern durchaus eine Bedeutung hatte.

Kaum erfüllbare moralische Anforderungen an ihre Mitglieder zu stellen, kann als eine kirchenpolitische Strategie der Bindung betrachtet werden (vgl. Lautmann, 1977b, S. 298). Gerade das Wissen, die Grundsätze der Kirche tagtäglich zu verfehlen, um dann dafür Abbitte zu leisten, kann eine enge Bindung herstellen. Ein solcher Effekt zeigt sich in der dargestellten Verstrickung der Eltern in der Auseinandersetzung mit der Sexualmoral der katholischen Kirche. In seiner Sozialisation erlernt der Biograf damit, dass die Anforderungen der katholischen Kirche keinen Anspruch auf unbedingte Umsetzung haben, ein Abweichen von der kirchlichen Moral aber Konsequenzen hat, etwa nicht mehr unhinterfragt an zentralen Riten – wie dem Messopfer – teilnehmen zu dürfen.

Die Hausaufgaben

Ende der 1970er Jahre beginnt der Biograf das Gymnasium zu besuchen. Diese Schulform wird von Torsten Nowak nicht weiter kommentiert. Mit Blick auf die Familiengeschichte ist dieser Bildungsweg jedoch nicht selbstverständlich. Seit der Generation seiner Urgroßeltern ist er wahrscheinlich der Erste in der Familie, der das Abitur anstrebt.

Der Biograf berichtet jedoch von Situationen, in denen zum Ausdruck kommt, dass die Eltern großen Wert auf seine schulische Ausbildung legen und ihn unter Leistungsdruck setzen, auch mit körperlicher Gewalt:

> »das war irgendwie am, am Schreibtisch ähm, bei irgendwelchen ich meine bei irgendwelchen Hausaufgaben oder wo ähm, meine äh, Mutter mir dann auch irgendwas, äh, irgendwas von mir wollte oder irgendwie was dann da erklärt hat oder irgendwie wollte dass ich jetzt irgendwas da anders mache, und ähm (2) und dann einfach, mal ähm, ihr irgendwie so die Hutschnur geplatzt ist <<ja>> äh weil äh, es da eben oft, auch Situationen gab wo sie da son bisschen an mir (mir) verzweifelte an meiner fehlenden, äh, Motivation oder äh, ähm (3) fehlenden Fähigkeit mich da irgendwie zu konzentrieren und ähm, ja, und da ist sie dann irgendwann mal dann so, ist dann auf einmal das irgendwann zu viel geworden <<hm>> und äh, ja, und wusste sie scheinbar irgendwie ((amüsiert)) /mit ihrer angestauten\ Aggression irgendwie dann, nicht mehr wohin und hat halt irgendwie angefangen irgendwie so auf mich, mich so einzu- äh irgendwie schlagen so also so leicht und dann irgendwie so oder nee hat dann mich auch versucht irgendwie so vom Stuhl irgendwie so, und wollte mich übers Knie legen aber das passte dann irgendwie nicht mehr weil wir hatten dann irgendwie nur noch bei meinem Zimmer in meinem Zimmer auf einmal beide aufm Boden gelegen und als sie dann irgendwann aufgegeben hat haben wir dann da beide irgendwie, weiß nicht ob wir dann wirklich ob wir dann gelacht haben aber es war halt irgendwie schon so dass irgendwie schon n bisschen verrückt da noch war und sie war dann ((amüsiert)) /irgendwie außer Atem und\ ähm, ja <<hmhm>>, und danach kam das dann nicht mehr vor <<ja>> (13)« (TN, 16–17/41–14).

Die Sequenz ist vor allem dadurch geprägt, dass der Biograf das Verhalten der Mutter verharmlost und rechtfertigt: Bei Formulierungen wie ihr sei »die Hutschnur geplatzt«, sie »verzweifelte« oder sie wusste mit ihrer »Aggression irgendwie dann nicht mehr wohin«, handelt es sich um eine

Umkehr des Verhältnisses von Täterin und Opfer. Der Biograf bemüht sich rückblickend, nach Gründen zu suchen, weshalb die Mutter gar nicht anders konnte, als ihn zu schlagen. Er trägt in dieser Darstellung die Verantwortung für das Verhalten der Mutter. Damit entlastet er die Mutter. Aber diese Übernahme von Verantwortung kann zusätzlich die Funktion für den Biografen haben, sich selbst weiter in der Rolle desjenigen sehen zu können, der die Situation kontrolliert hat. In seiner Darstellung hat er die Situation handelnd herbeigeführt, indem er die Mutter provozierte. Er hätte sie damit ebenfalls verhindern können, wenn er das gewollt hätte. Neben der Übernahme von Schuld zugunsten der Mutter kann die Präsentationsweise des Biografen damit in Muster von Männlichkeitskonstruktionen eingeordnet werden, in denen Männer keine Opfer sein dürfen, schon gar nicht von Frauen. Die Darstellung des Biografen hat den Preis, dass mögliche Gefühle der Ohnmacht oder Wut gegenüber der Mutter, die mit diesem Erlebnis verbunden sein können, in seiner Erzählung keinen Raum bekommen. Der Wunsch Torsten Nowaks, die Situation als möglichst harmlos darzustellen und Spuren der sich von dieser Gegenwartsperspektive unterscheidenden Erinnerungen zu tilgen, zeigt sich, wenn der Biograf sagt: »so auf mich, mich so einzu- äh irgendwie schlagen so also so leicht«. Es liegt nahe, dass er sagen wollte, dass die Mutter begann auf ihn »einzuschlagen«, er korrigiert sich hin zu einem »so leicht«.

Der Umstand, dass die Mutter und der Biograf auf dem Boden liegen, legt nahe, dass die Auseinandersetzung heftiger war, als er dies darstellt und dass er sich vermutlich gegen die Mutter zur Wehr gesetzt hat. Dieses Landen auf dem Boden beschreibt der Biograf als Folge des gescheiterten Versuchs der Mutter, ihn »übers Knie« zu legen. Ihn also in eine typische Position zu bringen, in der Eltern ihre Kinder unterwerfen und schlagen. Insofern entwirft der Biograf auch eine Erzählung darüber, wie er den Schlägen der Mutter entwächst und daher später keine Angriffe mehr erdulden muss. Das führt jedoch – bis heute – nicht dazu, dass der Biograf das Verhalten der Mutter als ungerechtfertigt und falsch bezeichnen würde.

Die Pornoheftseite
Auf meine Nachfrage hin schildert der Biograf weitere Situationen, in denen er körperliche Gewalt durch einen Elternteil erlebt. Eine dieser Situationen trägt sich zu, als er schon auf einer weiterführenden Schule ist, ohne sie zeitlich genau einordnen zu können, in einer Altersspanne zwischen elf und fünfzehn Jahren, also Ende der 1970er Jahre:

»Also es gab ei- also die die ich besten erinnere <<hmhm>> ist eine Situation gewesen wo ich, auf der Straße, von einem, ähm, Nachbarsjungen, eine Seite äh, eine Seite aus einem Pornoheft (2) gezeigt bekommen hatte <<hm>> (3) die er gefunden hatte irgendwo auf der Straße <<ja>>, und ähm, die er mir dann geschenkt hat (4) und (3) ich habe die, ich weiß nicht ob ich das noch richtig bekomme aber ich meine, ich hab die zu Hause sogar (3) das ist die gleiche Naivität wie mit sechzehn mit diesem Freund den ich ((amüsiert)) /kennenlernte\ <<hm>> ich hab glaub ich ich weiß nicht ob sie meinen, ob ich sie meiner Mutter gezeigt habe oder ob auf jeden Fall es irgendwie klar war ich hatte die <<hmhm>> und irgendwie dass es dann klar war irgendwie äh, also irgendwie hat meine Mutter das mitbekommen, ähm, entweder am Rande oder aber irgendwie weil ich auch da jetzt nicht so, allzu befangen war dass sie das mitbekam, ähm, und (4) ich glaube dass dann da schon, der Hinweis kam dass ich die wegschmeißen sollte <<hmhm ja>>, und ich hatte an dem gleichen, ich glaub an dem gleichen Tag oder am nächsten Tag hatte ich noch äh, nachmittags, eine Veranstaltung in äh, in der Schule aufm Gymnasium, und bin dann mittags, nachmittags dann noch mal in die Stadt gefahren, und weil das natürlich so spannend war hab ich das, hab ich diese Seite mitgenommen <<hmhm>> und hab die dann auch noch in der Schule irgendwelchen anderen Jungs gezeigt (2) und ähm (5) ja, oder ich hab, ich hab auch noch dann glaub ich vorgehabt die am nächsten Tag mit in die Schule zu nehmen <<hmhm>>, und hatte sie dann irgendwie schon in meine, in meinen Tornister gesteckt <<ja>>, und ähm (3) dann hab ich im Bett gelegen, abends, und mein Vater kam dann auch erst wieder später nach Hause vielleicht sagen wir um neun oder so, und äh dann hat meine Mutter ihm wohl von der Situation erzählt, und, dann kam mein Vater glaub ich in mein Zimmer, äh, in mein Schlafzimmer <<hm>> und hat mich gefragt wo denn diese Seite wäre <<ja>> und dann hab ich, weil ich dann auch so überrascht von der Situation halt war gesagt ich hätte die weggeworfen <<ja>> wohin denn und dann hab ich gesagt in den Abfalleimer, <<hm>>, und dann war mein Vater wieder weg, und dann wars so dass die wohl in der Küche den Mülleimer durchforscht haben <<hmhm>> und sind äh, das nicht gefunden haben, und dann halt, äh, ich weiß nicht genau ob sie die dann auch noch in meinem Tornister gefunden haben, na ja und dann kam mein Vater irgendwie so und hat dann wegen dieser Lüge dann irgendwie mich aus dem Bett geholt und <<hmhm>> ähm, ja, und ähm (4) und die anderen Situationen, ich kann mich nur an eine Situation erinnern wo irgendwie, ich mal im, im, im Badezimmer oder so mal irgendwann mal ne Tracht Prügel bekam, da weiß ich aber gar nicht mehr genau worums ging« (TN, 15/11–43).

Es ist auffallend, dass der Biograf die Situation, in der er geschlagen wird, nicht erzählt, sondern abbricht und auf eine andere Situation verweist, die er nicht ausführt. Er möchte oder kann nicht auf die konkrete Situation eingehen.

Auch in dieser Sequenz bringt der Biograf zum Ausdruck, dass er sein Verhalten als Auslöser für die Gewalt des Vaters betrachtet: »dann kam mein Vater irgendwie so und hat dann wegen dieser Lüge dann irgendwie mich aus dem Bett geholt«. Er übernimmt damit die Deutung der Eltern, um sich deren Verhalten zu erklären. In das Schlafzimmer des Biografen zu gehen und ihn aus dem Bett zu holen, betrachte ich als zusätzliche Form der Grenzüberschreitung des Vaters.

Die Eltern haben eine Situation eskaliert, in der der Biograf sich mit einer unbefangenen Offenheit und Neugier dem Thema Sexualität nähert und dabei zunächst gar nicht vorhat, etwas zu verheimlichen. Er wollte die für ihn neuen und spannenden sexuellen Bilder sowohl mit seinen Eltern als auch mit Gleichaltrigen teilen. Der Versuch einer orientierenden Kommunikation mit den Eltern – wie sie in Bezug auf andere soziale Bereiche üblich ist – ist in diesem Fall jedoch unmöglich (vgl. Kap. 2.2.3). Torsten Nowak bezeichnet sein Verhalten rückblickend als »naiv«. Damit verdeutlicht er, dass er gelernt hat, Sexualität seinen Eltern gegenüber besser nicht unbefangen zu thematisieren.

In der damaligen Situation reagiert er damit, dass er nun sein weiteres Vorgehen – also seinen Plan, das Pornoheft zu behalten und Anderen zu zeigen – verheimlicht, um die Chance zu haben, seine spannende neue Entdeckung dennoch mit Gleichaltrigen zu teilen. Diese Strategie der Heimlichkeit wird vom Auftritt des Vaters infrage gestellt, der deutlich macht, dass die Eltern nicht nur Diskretion erwarten, sondern Wahrhaftigkeit und Selbstverleugnung. Der Biograf versucht daher zunächst seine Interessen durch eine Lüge zu wahren – wobei die Frage ist, ob er in dieser Situation – in der er sich schon der Anordnung der Mutter widersetzte und die Pornoseite einsteckte – nicht in jedem Fall bestraft worden wäre. Es entsteht damit für den Biografen eine paradoxe Ausgangssituation. Als Torsten Nowak relativ offen mit der Pornoheftseite umgeht, wird ihm von der Mutter deutlich gemacht, dass es sich um etwas Schmutziges handelt, das in den Müll gehört. Als ihn dies dazu führt, die Seite zu verbergen, wird er für seine »Lüge« hart bestraft. Diese Praxis der Eltern erinnert an Praktiken aus der katholischen Kirche, in der Fehlverhalten gebeichtet werden muss. Dabei wurde in der Sequenz oben schon deutlich, dass die Eltern selbst die Regeln der katholischen Kirche brechen und auf eine Beichte verzichten, zugleich jedoch den daraus resultierenden Ausschluss vom Messopfer akzeptieren. Mit seiner anfänglichen Offenheit weigert sich der Biograf, die Strategie der Eltern zu übernehmen.

Das Narrativ des Biografen ist von einer Verharmlosung der Schläge der Eltern geprägt. Unter Einbeziehung der Dimension des Erlebens als Kind und Jugendlicher ist dies als eine Bewältigungsstrategie zu verstehen, durch die er sich zu seinem Selbstschutz mit seinen in diesen Situationen gewalttätigen Eltern identifiziert. Beim Versuch sich seinen Erinnerungen in dieser Weise zuzuwenden, stößt er selbst auf Widersprüche:

> »äh das zum Beispiel hat ganz im Gegensatz dazu wie mein Vater das halt in seiner Kindheit erlebt hat weil mein Großvater schon auch äh wohl ihn relativ häufig irgendwie verprügelt hat <<ja>> irgendwie auch mit, Gürtel oder irgend wie so was halt dann ne und ähm, ja und wo mein Vater glaub ich schon, schon auch aufgrund dieser Erfahrung, ähm, zumindest kam das zwischendurch mal in irgendwelchen Bemerkungen so raus, ähm, wo er ziemlich bewusst auch, das nicht als Mittel der Erziehung irgendwie einsetzen wollte oder so <<ja>> und äh das waren dann eher so, so äh Übersprungshandlungen dann <<hmhm>> und ähm, ja (3) wobei das zum Beispiel schon auch so war, vielleicht aber auch aufgrund dessen was er selbst an Erfahrungen gemacht hat, ähm, ich hab zum Beispiel diese ein zwei oder drei Situationen wo ich da ne Tracht Prügel bekommen hab, zum Beispiel dann nicht so bekommen dass er einfach so auf mich eingeprügelt hat <<ja>> sondern das musste dann sogar noch auf den nackten Hintern passieren <<hmhm ja>> irgendwie so weil dann einfach weher tut wahrscheinlich keine Ahnung« (TN, 16/3–15).

Erneut versucht der Biograf die elterliche Gewalt zu relativieren. Ihm gehe es besser als seinem Vater als Kind, da er nicht mit dem Gürtel und nicht im Affekt geschlagen worden sei. Im Erzählen fällt Torsten Nowak selbst die Widersprüchlichkeit in seiner Erklärung für das Verhalten des Vaters auf. Schließlich stellt die kontrollierte Form des Schlagens »auf den nackten Hintern« die kurz zuvor getroffene Behauptung infrage, es handele sich um »Übersprungshandlungen« des Vaters. Stattdessen kann von einem überlegten Handeln des Vaters gesprochen werden. Die Schläge auf den nackten Hintern erhöhen nicht nur den Schmerz – wie Torsten

Nowak überlegt –, sondern können auch als ein Mittel der Machtdemonstration verstanden werden, die durch die erzwungene Entblößung und die damit einhergehende Beschämung verstärkt wird. Durch diese Form kann dieser Bestrafung auch eine sexualisierte Komponente zugesprochen werden.[28]

Dem zunächst eher unbefangenen und neugierigen Umgang mit Sexualität Torsten Nowaks wird in dieser Situation vonseiten der Eltern mit Strategien der Repression, Gewalt und Beschämung begegnet. Diese familiale Auseinandersetzung kann auch als Auseinandersetzung zwischen Generationen betrachtet werden. Während die Eltern ihre Jugend in den 1950er Jahren verbracht haben und mit einer katholischen Sexualmoral groß geworden sind, wächst Torsten Nowak unter den veränderten gesellschaftlichen Bedingungen der sich seit den 1960er Jahren durchsetzenden sexuellen Liberalisierung auf. Es handelt sich um eine Zeit, in der sich die Bedeutung von Sexualität gesellschaftlich grundsätzlich gewandelt hat (vgl. Schmidt, 2005, S. 159 und Kap. 2.1): Mittel und Wissen um Verhütung haben sich umfassend verbreitet, Frauen- und homosexuelle soziale Bewegungen kämpfen für eine neue Form der sexuellen Selbstbestimmung und der sich wandelnde Kapitalismus bedarf keiner sexuellen Moral des Verzichts mehr. Pornografie, die der Biograf entdeckt, stellt Ende der 1970er Jahre ein weitverbreitetes und relativ gut zugängliches Konsumgut dar, wenn auch nicht für Jugendliche. In Hinblick auf die verfügbaren interpersonalen Skripte des Sexuellen können die späten 1970er Jahre daher als heterosexuell »overscripted« (Schmidt, 2005, S. 117 und Kap. 2.2.3, 2.2.4) beschrieben werden, wohingegen die 1950er Jahre – in denen die Eltern des Biografen aufgewachsen sind – von einer sexuellen Moral des Verbots und einem eklatanten Mangel an Alltagswissen über Sexualität geprägt waren. Für das Verhalten der Eltern spielen damit vermutlich ihre eigenen Erfahrungen einer katholisch geprägten Adoleszenz in den 1950er Jahren eine Rolle, in der Sexualität als etwas Schmutziges galt – eine Assoziation, die die Aufforderung, die Seite aus dem Pornoheft in den Müll zu werfen, nahelegt. Der Einblick in diesen familialen Konflikt ermöglicht, modernisierungstheoretische Hypothesen der Sexualwissenschaft zu hinterfragen, in denen allzu schnell vom strukturellen Formwandel des Sexuellen hin

---

28 Es ist auffallend, dass der Biograf in diesem Zusammenhang drei Situationen aufzählt und danach von einem möglichen »dritten Mal« spricht. Geschlagen wurde er daher sehr wahrscheinlich öfter als von ihm angegeben.

zu einer »modellierbaren Sexualität« (Giddens, 1993), einer »postmodernen Sexualität« (Simon, 1996) oder einem »designten Verlangen« (Schmidt, 2005, S. 55) gesprochen wird. Von einem biografietheoretischen Standpunkt aus lässt sich anhand solcher intergenerationeller Konflikte der soziale Wandel des Sexuellen als ein Prozess voller Widersprüche nachzeichnen (vgl. Kap. 2.1). In der diskutierten Sequenz wird deutlich, dass der Biograf in einer gesellschaftlichen Phase sexueller Liberalisierung keine Ansprechpartner_innen in der Elterngeneration findet, die Unterstützung bei der Orientierung im sich pluralisierenden sozialen Bereich des Sexuellen bieten. Das Gebot der Mutter, die Seite des Pornoheftes in den Müll zu werfen, folgt einer Logik des Sexuellen, die den kulturellen Szenarien, in denen der Biograf aufwächst, nicht gerecht wird.

Im Freibad
Der von Repression und Beschämung geprägte Umgang der Eltern mit Sexualität ändert nichts an der Neugier des Biografen:

> »es gab eine Situation mal, da war ich, ich vermute mal irgendwie so zwölf oder so im Schwimmbad wo ich mitbekam, da war ich mit meinen Eltern im Freibad <<hmhm>> wo ich mitbekam dass mich ein älterer Mann, beobachtete <<hmhm ja>> und ähm, den ich dann im zweiten Anlauf, in, äh, in so ein Kabinentrakt gefolgt bin <<ja>> beim ersten Mal hab ich mich noch nicht richtig getraut irgendwie so <<hmhm>> äh bin dann nur irgendwie so gucken gegangen was da wo der da hingeht, und beim zweiten Mal, hab ich dann, hat mich dann äh, hab ich dann doch genug Mut gehabt irgendwie dann da mal hinterher zu gehen und zu gucken, wobei ich, nicht mehr genau weiß was da also da ist nicht groß irgendwas passiert <<ja>> ich bin dann auch irgendwie nach kurzer Zeit auch wieder gegangen, aber ich hab zumindest mit dem zusammen in dieser, in dieser Umkleidekabine gestanden <<hmhm ja>> und ich weiß nicht ob er dann irgendwie nur ähm, seine Badehose runtergezogen hat oder ausgezogen hat oder, ich auch, ich weiß es nicht genau <<ja>> aber ich vermute aber ich noch nicht mal oder <<hm>> so keine Ahnung, und auf jeden Fall bin ich dann irgendwie relativ schnell auch wieder weggewesen <<ja>> das waren so die ersten ähm <<hmhm>> Begegnungen« (TN, 64/23–38).

Auffallend sind die Anwesenheit der Eltern des Biografen in dieser Situation und die Unbefangenheit, mit der er die Geschehnisse schildert. Die

Anwesenheit der Eltern und das aktive Nachgehen deute ich als Hinweise auf eine Erprobung einer neuen Autonomie im Handeln, in der der Biograf seiner Neugier folgt. Dabei nimmt er durchaus ein Risiko in Kauf, da er dem Mann in der Umkleidekabine mit seinen zwölf Jahren körperlich unterlegen ist. Es lässt sich die Hypothese aufstellen, dass der Biograf die Situation nicht aufgrund der eher belanglosen Interaktion in der Kabine nicht gut erinnert, sondern weil er sie als belastend erlebt hat. Ich sehe keine weiteren Belege in der Sequenz für diese Lesart, da der Biograf sich in jedem Moment als Akteur darstellt. Insofern deute ich die Situation zwar als Erlebnis eines sexuell grenzüberschreitenden Verhaltens durch einen erwachsenen Mann, das der Biograf eher interessiert registrieren kann, da er den Beginn und das Ende der Interaktion relativ gut kontrollieren kann. Ähnlich wie in der berichteten Szene mit dem Pornoheft beschreibt der Biograf, wie er mit einer eher kindlich wirkenden Neugier beginnt, sich den sozialen Bereich des Sexuellen zu erschließen und sich dieses als ein von Erwachsenen hochstrukturiertes Feld erweist (vgl. Kap. 2.2.3). In diesem Fall bedeutet dies, dass ein Erwachsener seine Neugier nicht abstraft, sondern zu seinen Zwecken ausnutzt.

Schulzeit
Ähnlich wie seine Kindheit beschreibt der Biograf seine Schulzeit als »normal«, macht dabei aber zugleich deutlich, dass er Erfahrungen von Homosexuellenfeindlichkeit und Ausgrenzung macht:

> »wie das heute eben auch noch teilweise vielleicht eher noch gang und gäbe ist, äh dass irgendwelche Sprüche mit schwul oder sonst was dann ähm, vereinzeln halt schon mal irgendwie so kamen, von irgendwelchen die dann, ähm, sich meinten irgendwie dann halt so hervortun zu müssen und ähm, ja, wobei das jetzt nie das war jetzt nie irgendwie so allzu gravierend aber es gab das schon einzeln, in Einzelfällen so ((klopft auf den Tisch)) <<ja>> und ähm, was ich natürlich auch nicht so toll <<hm>> so toll fand, aber das war dann eben auch ich meine als ich dann in die in die äh, in die Tanzschule ging, das war eben auch jetzt nicht so dass das irgendwie alle machten oder irgendwie allzu viele <<ja>> und ähm (2) ja, das waren so verschiedene Bereiche wo dann einfach so, man so sonder, son Sonderfall irgendwie dann war und äh ((klopft auf den Tisch)) (6) und weil ich mich da eben auch nicht so nach irgendwelchen, ja nach irgendwelchen anderen, Gruppen, da irgendwie dann gerichtet hab oder mich da nicht so angepasst habe und äh,

> ja, deswegen ist es (im) Großen ähm, also es find ich war die Schulzeit jetzt, keine, keine schlechte Zeit <<ja>> also ich hab irgendwie nicht, nicht gelitten ich bin da irgendwie einigermaßen so, normal durchgekommen, ich hatte, ähm, ich war so (4) ich war nicht allzu, ehrgeizig <<hm>> (3) ähm, ich hab immer (3) relativ glaub ich versucht, oder ich hab mit relativ wenig, äh, Einsatz oder Ehrgeiz immer versucht so noch das halbwegs Beste irgendwie so rauszuholen (TN, 26–27/47–16).

In seiner Schule wird Torsten Nowak zu einem »Sonderfall« erklärt und bisweilen als »schwul« bezeichnet. Sein Bericht gibt keinen Hinweis darauf, dass er in dieser Situation von Erwachsenen oder Gleichaltrigen Unterstützung erfährt. Wird die sich durch das gesamte biografische Narrativ ziehende Normalisierung des Biografen ausgeklammert, zeigen sich in der Sequenz deutliche Spuren des Erlebens von Ausschluss und Stigmatisierung. Die distanzierte und bewusst undramatische Darstellung verweist weniger auf die geringen Auswirkungen dieser Erfahrung, als auf die Strategien des Umgangs mit diesen Erfahrungen. Dieser ist davon geprägt, den Status des »Sonderfalls« bewusst anzunehmen und sich einer Gruppenzugehörigkeit zu verweigern. Torsten Nowak wird es in dieser Weise möglich – zumindest rückblickend – eine handlungsfähige Position einzunehmen. Ähnliches zeigt sich bei seiner Einschätzung der schulischen Probleme, die er an einer anderen Stelle erwähnt. Diese erklärt er durch seinen mangelnden Ehrgeiz. Mangelnder Ehrgeiz ist dabei eine zwiespältige Argumentationsstrategie. Sie stellt den Aspekt der Selbstbestimmung in den Vordergrund, da mangelnder Ehrgeiz eine bewusste Entscheidung gegen die Leistungsansprüche der Schule bedeutet. Zugleich weist der Biograf damit die Verantwortung für die Situation allein sich selbst zu und dethematisiert andere mögliche Gründe. Die Herausforderungen, die dem Biografen durch seine zeitweiligen Ausgrenzungserfahrungen oder aufgrund seiner sozialen Herkunft begegnen, bleiben von ihm unerwähnt.

Das erste Mal
Anfang der 1980er Jahre ist Torsten Nowak mit Freund_innen im Freibad und bemerkt, wie ein Schwimmbadmitarbeiter auf ihn aufmerksam wird:

> »und am nächsten Tag (3) ä:h (2) war dann eigentlich gar kein Badewetter <<hm>> weil es irgendwie so bed-, bewölkt war, und ähm, aber irgend-

wie war halt jetzt diese Neugierde von dem Tag davor irgendwie so groß, dass ich dann wieder mit meinem Fahrrad bis zu diesem Freibad gefahren bin <<hmhm>> und dann draußen vor dem Freibad so rumgefahren bin <<ja>> und geguckt habe ob ich den irgendwie vielleicht noch mal sehe <<hmhm>> (2) war aber erst nicht so und dann auf einmal kam er dann, ((klopft auf den Tisch)) raus, aus dem äh Eingang, und äh, draußen war son ((klopft auf den Tisch)) Eisstand <<ja>> und äh, er ho- wollte dann da für sich oder für irgendwie seine Kollegen da Eis holen und hat mich dann da rumfahren sehen mit dem Fahrrad, und ist dann (3) äh zu seinem Auto gegangen, und hat dann irgendwas im Kofferraum gekramt, und ich bin dann mit dem Fahrrad immer um das ((amüsiert)) /um das Auto drumrum gekurvt\ ((beide lachen)) und äh, ja und dann hat er mich irgendwann angesprochen <<hmhm>> und fragte mich ob ich, äh, Interesse hätte ne, äh, so ne, Zehnerkarte für das Freibad äh zu äh, zu haben <<ja>> ähm, weil er würde da ja arbeiten und würde die deswegen irgendwie so bekommen und ähm, hm dann hab ich gesagt ja, und ähm, dann haben wir uns unterhalten, es hat sind dann auch Jahre später herausgestellt dass das gelogen war ((lachend)) /dass er die Karte extra dafür gekauft hatte aber äh das hab ich damals natürlich nicht, bemerkt\ <<hmhm>> und ähm, ja, und ähm, dann haben wir uns halt so unterhalten, und, und dann kam von ihm irgendwie der Vorschlag er hat mir dann irgendwie seine, er war halt dann dreiundzwanzig zu dem Zeitpunkt hatte dann irgendwie ne Ausbildung als [Beruf] in [Stadt] und hatte deswegen irgendwie Visitenkarten auch von sich, hat mir dann ne Visitenkarte, gegeben und hat gemeint ich könnte mich ja mal melden wenn ich wollte <<hmhm>> und ähm, ja (3) und, für mich war das einfach irgendwie, spannend <<ja>> (2) aufregend und ähm, es war auch das erste Mal dass (3) ein (2) anderer Mann, fast gleichal- also ich mein jetzt zumindest äh nicht jetzt wer weiß wie alt <<ja>> ähm, sich für mich, interessierte« (TN, 65/1–27).

Erneut spielt sich die Situation im Sommer im Schwimmbad ab und wieder folgt Torsten Nowak seiner Neugier. Er schafft die Bedingungen für das Kennenlernen, wohingegen der Andere einen Schritt auf ihn zu macht. Der öffentliche Ort des Schwimmbads, der Sommer wirken wie ein starker Gegensatz zu der – auch moralischen – Enge seines Elternhauses. Trotz des großen Altersunterschiedes und seiner katholischen Sozialisation ist der Biograf nicht irritiert vom Interesse des älteren Mannes oder von seinem eigenen Interesse für diesen:

»also das war für mich irgendwie nichts was mich jetzt, in irgend ner Form verunsichert hätte <<hm>> oder, also ich war, es war sehr spannend <<ja>>, ich war auch, so, begeistert und so unbefangen, dass ich, meiner Mutter davon erzählt hab dass ich diesen jungen Mann kennengelernt hab, also ich war wie gesagt äh fast sechszehn <<ja>> und der äh andere war dreiundzwanzig, und ähm, ich hab nicht damit gerechnet dass meine Mutter dann fragt was will denn n Dreiundzwanzigjähriger von dir ((lächelt)) <<ja>> weil für mich das zwar klar war dass das nicht, vollkommen harmlos jetzt in irgend ner Form war oder vollkommen jetzt irgendwie nur rein ähm, ja, rein freundschaftlich <<hmhm>> aber ähm, es war für mich jetzt auch nicht klar irgendwie was anderes und ähm, deswegen hab ich mit dieser Frage überhaupt gar nicht gerechnet <<hmhm ja>> und hab dann versucht das auch, argumentativ irgendwie auszuhebeln oder irgendwie zu sagen warum oder wieso das ist doch äh gar kein Problem« (TN, 2/28–40).

Ein weiteres Mal ist der Biograf seiner Mutter gegenüber offen. Er teilt mit ihr seine Begeisterung aufgrund der Begegnung und verheimlicht nichts. Trotz der Reaktion der Eltern auf den Fund der Pornoheftseite hält er sich nicht an die ihm vermittelte soziale Konvention der Geheimhaltung. Anstatt zwei getrennte Welten zu kreieren – die unbefangene »Schwimmbad-Welt« und das katholisch geprägte elterliche Haus –, verbindet er die beiden Bereiche durch seinen Bericht an die Mutter. Er verweigert sich damit erneut der in seinem Elternhaus und sozialen Milieu verbreiteten Doppelmoral des stillschweigenden Bruchs der katholischen Sexualmoral bei gleichzeitiger Akzeptanz ihrer Regeln, wie etwa dem Ausschluss vom Messopfer. Zugleich erscheint die Frage der Mutter durchaus berechtigt. Tatsächlich ist es unklar, was die Interessen des Mannes sind. Der Altersunterschied zwischen ihrem jugendlichen Sohn und dem jungen Mann begründen eine Machtungleichheit in der Beziehung, worauf ich weiter unten noch eingehe. Diese Hierarchie in der Beziehung nimmt der Biograf bedenkenlos in Kauf. Damit stellt sich die Frage, ob der Biograf in diesem Alter die Folgen seines Handelns absehen kann und an wichtige Vorsichtsmaßnahmen denkt. Die Sequenz legt aber nicht nahe, dass es in der angedeuteten Auseinandersetzung mit der Mutter um die Frage geht, wie er in dem Kontakt – der ihn begeistert – seine Wünsche verwirklichen und dabei seine Grenzen wahren kann. Die Frage der Mutter spricht dem Biografen stattdessen eine Autonomie im Kontakt ab. Der Biograf findet damit in der Mutter erneut kein Gegenüber für eine differenzierte Auseinandersetzung. Ihm bleibt nur die Option, den Kontakt aufzugeben oder ihn heimlich fortzusetzen und allein zu sehen, wie er die Beziehung gestalten will.

Der Biograf entscheidet sich für Letzteres, ruft den jungen Mann an und trifft sich mit ihm:

> »und ähm, ich hab dann n paar Tage später hab ich dann, dann äh, ihn angerufen, und hab mich dann eben, auch dann mit ihm getroffen bin dann zu ihm nach Hause gefahren, und wir haben dann, äh, ne ganze Zeit lang geredet haben im Wohnzimmer gesessen aufm Sofa, und ähm, und irgendwann war es dann mal so dass ich glaube ich aufm Sofa saß und er dann irgendwie sich unten vors Sofa setzte und er dann irgendwie angefangen hat mich, mich anzufassen <<hmhm>> oder so und zu streicheln oder so und ähm, als ich das dann so, n Stück weit erwidert hab, ähm, ist es dann irgendwann so gewesen dass er dann mal, ab irgendeinem Zeitpunkt dann mal vorgeschlagen hat ob wir irgendwie rüber ins Schlafzimmer irgendwie gehen <<hmhm>> und dann haben wir da, auf der Matratze irgendwie aufm Boden irgendwie gelegen glaub ich und dann (3) ist das immer noch son Stück weiter ich weiß ga- gegangen ich weiß gar nicht genau, ob wir vorher schon (2) 'im Wohnzimmer schon irgendwie ausgezogen haben oder' auf jeden Fall hinterher im Schlafzimmer haben wir dann irgendwann dann mal da, ausgezogen gelegen <<hmhm>> und ähm, ja, und dann ist aber halt über (3) zig irgendwie anfassen und über wichsen oder dass er irgendwie, mich angefasst hat irgendwie dann auch nicht hinausgegangen <<hmhm>>, weil es ja auch irgendwie so dann auch vollkommen neu irgendwie dann für mich <<ja>> so war und ähm (2) ja, und das war dann so ganz, das war schon ganz, ja irgendwie ganz interessant oder ganz spannend, ähm, jo, das war dann so die Situation« (TN, 65–66/39–7).

Wie schon beim Kennenlernen führt zwar der Biograf die Begegnung herbei, überlässt aber dem Anderen die Initiative darüber, welche Richtung der Kontakt nimmt. Innerhalb der Interaktion sind damit die Rollen zwischen dem vermutlich schon sexuell erfahrenen erwachsenen Mann und dem Biografen, der sich das Feld sexuellen Handelns erst erschließt, klar verteilt. Der Biograf folgt den Angeboten, wie die Interaktion weitergehen könnte. Dabei beschreibt er das Tempo und die Abstufungen in der Anbahnung der sexuellen Interaktion in einer Weise, die nahelegt, dass er trotz seiner relativen Unerfahrenheit seines jungen Alters wesentliche

Entwicklungsschritte des Geschehens mitgestalten kann. Die Anbahnung einer sexuellen Interaktion erfolgt erst, als der Biograf das Streicheln »n Stück weit erwidert« hat und er gefragt wird, ob sie im Schlafzimmer weitermachen wollen. Ich würde nicht behaupten, dass dieses Vorgehen das Machtverhältnis zwischen den Interaktionspartnern aufhebt, aber es zeigt doch, dass der Biograf nicht nur den Rahmen der Begegnung hergestellt hat, sondern die Interaktion mitgestalten kann. Dabei fällt wieder eine gewisse Distanz auf, die das Narrativ des Biografen strukturiert, die in der Evaluation »ja irgendwie ganz interessant oder ganz spannend« auf den Punkt gebracht wird. Darin beschreibt er eher einen Prozess des vorsichtigen Kennenlernens neuer interpersonaler Skripte des Sexuellen (vgl. Kap. 2.2.4).

Diese Offenheit und in gewissem Maße auch notwendige Unklarheit des Biografen in der neuartigen Interaktion vollzieht sich in einem gesellschaftlichen Szenario, das dieses Handeln eindeutig definiert und kaum »Graustufen« zulässt. Das vermitteln die Eltern ihm eindeutig, als sie entdecken, dass der Biograf den Kontakt trotz ihrer Ablehnung aufrechterhalten hat.

> »ja, und ähm, meine Eltern haben dann noch mal einen Brief von mir gefunden den ich dann paar Wochen später, an diesem Freund aus dem Urlaub aus dem gemeinsamen Urlaub mit meinen Eltern geschrieben hab, vermutlich weil sie nach irgendwelchen Indizien gesucht haben wie das jetzt so äh weitergeht <<ja>> und ähm, haben mich dann noch mal zur Rede gestellt und äh, ja ab dem Zeitpunkt war dann klar dass das alles sehr schwierig war weil meine Eltern äh da ziemlich Probleme mit hatten <<hmhm>> mit dem Umstand <<ja>> und ich hab dann erst mal diesen Kontakt, äh abgebrochen weil mir das zu kompliziert war oder zu schwierig war und auch die Befürchtung hatte dass meine Eltern irgendwann vielleicht, überreagieren könnten und äh, damals noch unter der, äh unter den Umständen dass äh, das auch noch ähm, strafrechtlich ja für den anderen n Problem hätte werden können, war mir dann lieber ähm erst mal den Kontakt abzubrechen« (TN, 2–3/40–1).

Der Biograf selbst erwähnt die Möglichkeit, seinen Freund strafrechtlich zu belangen. Wie oben schon ausgeführt werden sein Handeln und seine Beziehung, ohne dass sie sich in ihrer Bedeutung für ihn geklärt hat, kriminalisiert.

Aus der Perspektive des heutigen Sexualstrafrechts wäre § 182 StGB relevant, der sexuelle Handlungen von über 21-Jährigen mit unter 16-Jährigen (aber über 14-Jährigen) für strafbar erklärt, insofern diese die »fehlende Fähigkeit des Opfers zur sexuellen Selbstbestimmung« ausnutzen. Allerdings legt die Beschreibung des Biografen eine Anwendbarkeit dieses Paragrafen nicht nahe. Darüber hinaus gab es Anfang der 1980er Jahre dieses Gesetz nicht in dieser Form und es wäre damit nicht anwendbar gewesen: § 182 StGB in der Fassung vom 28. November 1973 galt nur im Falle der »Verführung« eines »Mädchens« unter 16 Jahren zum »Beischlaf«. Dabei wurde das Gesetz mit dem Zusatz versehen, dass von einer Strafverfolgung abzusehen sei, wenn der Täter die »Verführte« heiraten würde. Jungen wurden im Gesetz gar nicht erwähnt. Dieser Gesetzestext gibt einen Einblick in die Sexualordnung dieser Zeit: Frauen verwirkten ihr Recht auf sexuelle Selbstbestimmung in der Ehe und im Rahmen heterosexueller Handlungen waren Jungen als Betroffene sexueller Gewalt undenkbar.

§ 175 StGB war hingegen zu dieser Zeit in seiner am 28. November 1973 reformierten Fassung gültig[29] und kriminalisierte das Handeln des Freundes eindeutig:

> »Ein Mann über achtzehn Jahre, der sexuelle Handlungen an einem Mann unter achtzehn Jahren vornimmt oder von einem Mann unter achtzehn Jahren an sich vornehmen läßt, wird mit Freiheitsstrafe bis zu fünf Jahren oder mit Geldstrafe bestraft« (§ 175 StGB in der Fassung vom 28.11.1973).

Diese Ungleichbehandlung heterosexueller und homosexueller Handlungen von Männern war eine gezielt antihomosexuelle Gesetzgebung, die auf der »Verführungstheorie« beruhte (vgl. Dworek, 2012, S. 50). Dieser Theorie nach wurden homosexuelle Männer als Bedrohung für die Entwicklung von Jugendlichen betrachtet, da sie diese zur Homosexualität »verführen« könnten. Männliche Homosexualität wurde damit juristisch als gesellschaftlich »schädlich« definiert und sollte durch eine solche »gesonderte Jugendschutznorm« (ebd.) eingeschränkt werden. Die Frage nach der sexuellen Selbstbestimmung von Jugendlichen, die Männer begehren, spielte dabei keine Rolle. Zugleich ermöglichte der Paragraf polizeiliche Überwachungsmaßnahmen der schwulen Szene.

---

29 Der Paragraf war danach in dieser Form noch zwölf Jahre in Kraft.

In Anbetracht der Tatsache, dass der Biograf sich in einem katholischen Milieu bewegt, muss neben der rechtlichen Diskriminierung die Bewertung von Beziehungen und sexuellen Handlungen zwischen Männern nach der katholischen Morallehre einbezogen werden. Noch bis zum Jahr 1983 sah das katholische kirchliche Gesetzbuch eine Bestrafung für homosexuelle Akte vor. Gültige Lehre war die »Erklärung zur Kongregation für die Glaubenslehre zu einigen Fragen der Sexualethik« vom 29.12.1975, die Homosexualität als eine sittliche Verfehlung und Sünde stigmatisierte wie auch vorehelichen Geschlechtsverkehr und Masturbation (vgl. Gründel, 1993, S. 58f.; Lautmann, 1977b, S. 287).

Der Biograf spricht von »Indizien« (TN, 2/43), nach denen die Eltern suchen, und von den Konsequenzen einer möglichen Überreaktion der Eltern. Diese aus Gerichtsverhandlungen entlehnte Formulierung gibt einen Hinweis auf die Rolle der Eltern in der Situation. Sie erscheinen weniger als sich sorgende Eltern denn als Ermittler_in und Ankläger_in und bilden damit eine Allianz mit dem juristischen und moralischen Common Sense dieser Zeit. Torsten Nowak ist damit in einer Situation, in der die Machtverhältnisse eindeutig zu seinen Ungunsten verteilt sind. Schon weiter oben habe ich dabei die Vermutung geäußert, dass es gerade die Offenheit ist, mit welcher der Biograf den gesellschaftlichen Common Sense verletzt, die sein Umfeld gegen ihn aufbringt. Er wendet sich gegen die von den Eltern bevorzugte Strategie der Verheimlichung und droht damit, das Bild der Familie in ein negatives Licht zu rücken.

Vor diesem Hintergrund ist es erstaunlich, mit welcher Souveränität der Biograf vorgeht. Er beendet zwar den Kontakt und passt sich damit an die gesellschaftlichen Bedingungen an. Er übernimmt dabei aber nicht die gesellschaftliche Stigmatisierung seines Handelns, die damals Teil des juristischen, katholischen und familialen Diskurses war. Der Biograf muss – bevor er sich über seine Wünsche in Bezug auf Sexualität und Beziehungen klar werden kann – schon früh lernen, sehr vorsichtig und überlegt zu handeln, ohne dabei Vertraute zu haben, die ihn unterstützen. Die eher distanzierte Form der Geschichte seines ersten sexuellen Erlebnisses und der vorsichtigen Schritte in Richtung einer ersten Beziehung stehen dabei im Kontrast zur Begeisterung und Unbefangenheit, die der Biograf zu Beginn des Kennenlernens beschreibt. Diesen Kontrast betrachte ich als Ergebnis der Strategien des Handelns, die er sich in einem stigmatisierenden Umfeld aneignen musste.

Im Kaufhaus
Anstatt die Gefahr einzugehen, dass sein Freund von den Eltern verklagt wird, entdeckt der Biograf andere Möglichkeiten, sexuelle Kontakte mit Männern einzugehen:

> »es gab dann irgendwie, st- äh ansonsten, aber, ähm, so, sexuelle Kontakte, an irgendwelchen öffentlichen Orten <<hmhm>> weil ich irgendwann mal (2) bei einem äh (2) bei einem mal als ich mit meiner Mutter in der Stadt <<hm>> im Kaufhaus festgestellt habe als ich zur Toilette ging, dass da Männer sich auf diesem Klo aufhielten <<hmhm>> ohne offensichtlich da irgendwie, zu pinkeln oder irgendwie so die standen da einfach so rum, was irgendwie schon relativ komisch irgendwie war, ähm (2) hab ich auch in der, Massivität dann hinterher auch nie wieder glaub ich ((lachend)) /noch mal irgendwo so erlebt\ irgendwie dass die da so einfach so wirklich wa- wie wartend rumstanden <<hm>> und äh es waren auch alle Pissoirs fast besetzt ich stand dann irgendwie an einem dann dazwischen, und irgendwie war das, ich hab nich wirk- ich hab nicht wirklich sofort verstanden was da jetzt passiert <<hmhm>> aber äh dass es irgendwie komisch war war auf jeden Fall offensichtlich, und ähm, und dem bin ich dann halt irgendwie dann, Tage oder Wochen später halt dann noch mal wieder nachgegangen als ich dann auch mal alleine in der Stadt war <<hmhm>> ich hab dann irgendwann mitbekommen dass, ähm, äh eine Etage tiefer im Erdgeschoss irgendwie am Zeitschriftenstand, äh, Leute standen und in irgendwelchen Zeitungen blätterten aber immer wider sich zwischendurch irgendwie nach links und rechts irgendwie umguckten, und ähm, und offensichtlich dann zwischendurch wenn sie dann irgendwie äh scheinbar Blickkontakt hatten, dann auf einmal irgendwie durchs, ins Treppenhaus gingen und dann eine Etage höher auf die äh, Toiletten da im Kaufhaus, und dieses Spiel hab ich dann irgendwann halt mal so mitbekommen und verstanden, uns ähm und dann hab ich mich halt auch irgendwann mal das erste Mal dann getraut irgendwie dann da hoch zu gehen und irgendwie jemandem der dann da hoch ging und dann, oben in einer so ner Toiletten- äh Kabine dann verschwand, dem mal zu folgen, und da mit reinzugehen und dann so zu gucken was passiert jetzt <<hmhm>> und ähm, ja, und das war dann irgendwie o- (3) spannend oder aufregend genug dass ich das dann immer mal wieder auch <<hmhm>> so äh gemacht hab und äh, und dann auch so an anderen Stellen auch mal dann, äh mitgekriegt hab dass das halt nicht nur da so passierte sondern auch so an anderen Orten und ähm, ja (5) und dann war irgendwann das so dass ich

dann auch mitkriegte dass irgendwie in, in nem Park [Name des Parks] äh sich dann da auch abends oder nachts irgendwie Leute dann trafen wo ich dann auch mal irgendwann hingefahren bin« (TN, 66/11–41).

Der Biograf entdeckt mit einem sicheren Gespür für die sich bietenden Möglichkeiten im städtischen Raum die geschichtsträchtige Kultur der Klappensexualität (vgl. Humphreys, 1974; Hark, 2001; Kelly & Muñoz-Laboy, 2005; Rosenkranz & Lorenz, 2012, S. 79f.), in der vor allem Männer öffentliche Orte – häufig Toiletten – umnutzen, um sich dort zum Sex zu treffen. Toiletten eignen sich dazu besonders gut, da sie einen Rückzugsort innerhalb der Öffentlichkeit darstellen, der zugleich eine gewisse Intimität und Schutz vor Entdeckung bot. Klappen waren dabei Orte im Spannungsfeld staatlicher Repression und eigensinniger Aneignung öffentlicher Orte in homosexuellenfeindlichen Gesellschaften. In Hamburg – um ein Beispiel zu nennen – waren Klappen bis in die 1980er Jahre hinein – also die Zeit, in der der Biograf die Kaufhaustoilette für sich entdeckt – Ziel von Polizeiaktionen. Sie wurden unter anderem durch einseitig durchsichtige Spiegel heimlich durch die Polizei überwacht.[30]

Das Aufsuchen einer Klappe hat in der Situation, in der sich der Biograf zu diesem Zeitpunkt befindet, viele Vorteile. Er lebt noch in seinem Elternhaus und dort wird sein Interesse für Männer nicht geduldet und er muss es verheimlichen. Wenn er Sex mit Männern haben will, ist ein Ort außerhalb des Elternhauses nötig. Zudem handeln Männer, mit denen er Sex hat, kriminell, solange er noch nicht achtzehn Jahre alt ist, was eine gewisse Anonymität nötig macht. Zusätzlich bedarf es für den Biografen eines Ortes, der für ihn als Jugendlichen tagsüber gut zugänglich ist und wo er sich, ohne Verdacht zu schöpfen, aufhalten kann. Die sich nach dem Ende der Kriminalisierung immer offener etablierenden Bars sind für ihn noch nicht geeignet und Klappen sind ein Ort, an dem der Biograf nicht – wie zuvor – eher zufällig an ihm interessierte Männer findet, sondern solche mit großer Wahrscheinlichkeit treffen kann.

In dieser Weise findet der Biograf tagsüber an einem öffentlichen Ort des Konsums eine Möglichkeit, der elterlichen und gesellschaftlichen Kontrolle zu entgehen. Dabei stellt er erneut kein Motiv eines gezielten Be-

---

30 Als Akt des Widerstandes gegen solche Maßnahmen staatlicher Kontrolle zerschlug der Aktivist Corny Littmann mit einem Hammer einen dieser Spiegel am Bahnhof Jungfernstieg in Hamburg (vgl. Rosenkranz & Lorenz, 2012, S. 165).

gehrens für Männer in den Mittelpunkt seines Narrativs, sondern wieder Neugier. Scheinbar ohne größere Erwartungen folgt er den Männern in die Kabine, um »so zu gucken was passiert jetzt«. Die Sequenz legt nahe, dass es für den Biografen nicht das Interessanteste ist, was in den Kabinen oder im Park an sexuellen Interaktionen passiert, sondern er eher das gesamte »Spiel« genießt, zu dem das Entdecken und Entdecktwerden gehören, wie auch bestimmte Regeln, die er sich Stück für Stück erschließt.

Die erste Freundin
Torsten Nowak besucht weiterhin die Tanzschule. Dort lernt er im Alter von 18 Jahren seine erste Freundin kennen:

> »dann waren wir, zwei Jahre zusammen und als wir, auseinander waren hatten wir dann noch ne Zeit lang so, sporadisch Kontakt, und (5) ähm (2) wir haben uns danach dann noch mal gesehen, irgendwie n paar Wochen später (3) und da ist es dann, passiert dass wir, da erst, das erste Mal miteinander geschlafen haben <<hmhm>> wirklich, vorher ist das irgendwie über Petting nicht hinausgegangen <<ja>>, und ähm, vielleicht weil wir da auch immer beide irgendwie so, locker oder so befreit waren weil es jetzt ja irgendwie nicht mehr im Rahmen dieser Beziehung irgendwie so <<ja>> war, und äh wie ich hinterher auch dann, oder ich weiß ob ich das hinterher erst gehört hab oder vorher dass es bei ihr auch so (3) so ne Zurückhaltung oder Vorbehalte oder ne Grenze irgendwie gab <<hmhm>> weil sie äh, wohl auch irgendwelche Missbrauchserfahrungen hatte <<hmhm ja>> und ähm, und deswegen da vorsichtig war, und, die Vorsicht war dann auf einmal halt jetzt irgendwie so weg und da war das dann halt, für uns beide irgendwie so das erste Mal und äh, ich bin dann so die nächsten drei Tage wie so auf Wolken ((lächelnd)) /gegangen\ ((beide lächeln)) weil irgendwie das Gefühl da war ähm, ja, jetzt ((lachend)) /hab ichs <<ja>> jetzt hab ichs auch gemacht <<hmhm>> wovon alle Welt halt immer spricht\ <<hmhm>> und auch wenn es da genauso klassisch wie bei vielen Leuten jetzt, an sich jetzt nicht so: überragend war wobei es auch nicht das Gegenteil war <<ja>> es war jetzt auch nicht, nicht schlecht oder unangenehm oder äh, äh, negativ aber es war jetzt nicht so überragend dass man jetzt hätte irgendwie deswegen <<hmhm>> irgendwie ((amüsiert)) /drei Tage auf Wolken gehen müssen\ aber, es war schon so ziemlich, erhebendes Gefühl <<ja>> und ähm, ja, was ich eben zum Beispiel nicht hatte, als ich ähm, da mit, mit sechzehn oder so dieses mit diesem ersten Mann, halt auch irgendwann zu, ähm, dazu

gekommen dass wir äh uns dann irgendwie angefasst haben und <<hm>> miteinander, ähm, oder er (3) 'mich dann gewichst hat oder irgendwie so' <<hmhm>> ja, also, aber, das war irgendwie eher so was so einfach irgendwie so spielerisches oder so <<hmhm ja>> und das andere war wirklich mehr so wie son Ini-, tiationsritus <<hmhm>> oder wie das war so ein so ((amüsiert)) /aufgenommen zu sein in die Welt der Erwachsenen <<ja>> oder irgendwie so was, son bisschen ne\« (TN, 34/21–49).

Ähnlich wie Susanne Albers (vgl. Kap. 5.4.2) berichtet der Biograf von keinerlei Irritationen darüber, nach seinen sexuellen Kontakten mit Männern nun mit einer Frau eine Beziehung zu führen und mit ihr nach dem Ende dieser Beziehung zu schlafen. Dennoch beschreibt er eine zentrale Differenz zwischen seinen ersten sexuellen Erlebnissen mit Männern und seinem ersten Mal mit seiner ehemaligen Partnerin. Die wichtigste Differenz besteht für Torsten Nowak weniger im sexuellen Handeln selbst als in dessen Rahmung. Den Sex mit einem Mann erlebt er als etwas »Spielerisches«. Sein erstes Mal mit einer Frau erlebt er dagegen als »Initiationsritus«, mit dem er in die Erwachsenenwelt aufgenommen wird und dem eine Geltung zukommt, die weit über das konkrete Erlebnis hinausgeht. Das Spiel – als das er die Sexualität mit Männern erlebt – gewinnt dagegen seine Bedeutung in den meisten Fällen aus dem Genuss am Handlungsablauf selbst. Torsten Nowak bildet anhand seines Erlebens von Sexualität mit Männern und mit Frauen ein Gegensatzpaar. Für ihn besteht dieser Gegensatz aber nicht in der gesellschaftlichen Definition der einen sexuellen Handlungsweise als legitimer – schließlich ist auch vorehelicher heterosexueller Geschlechtsverkehr kein legitimes Handeln im Sinne des katholischen Moralkodexes – und der anderen als illegitim, sondern er hebt auf die jeweiligen positiven Eigenarten der verschiedenen Formen des Sexuellen ab, die er kennenlernt: Ein von den Institutionen der Alltagswelt getrennter Bereich des Spiels und ein Handeln, das ihm eine Statuspassage in die Welt der Erwachsenen ermöglicht, was von ihm als »erhebend« erlebt wird.

Eine neue Welt
Nach diesem ersten Mal mit einer Frau wendet sich der Biograf wieder Kontakten mit Männern zu.

»(6) aber darüber hinaus ist dann da halt auch nicht mehr äh jetzt mehr draus geworden, <<ja>>, vielleicht weil ich da auch irgendwie schon, zu klar mich so von, von abgenabelt hatte und ähm, da auch schon äh (2) kurze Zeit vorher schon, ähm, so wieder die aufna- die Wiederaufnahme der ähm, dieser Kontakte ((klopft auf den Tisch)) zu diesem ersten Freund angefangen hatte <<ja>> und son bisschen die Neugierde denk ich da auch da war so jetzt irgendwie da so ne neue Welt auch zu entdecken, und ähm, das konnte ich mir, das hab ich irgendwie vorher, nur ne kurze Zeit äh, heimlich quasi dann so äh, gemacht ohne dass ich da halt mit ihr drüber gesprochen hätte <<ja>> äh, aber das wollte ich dann halt nicht mehr heimlich irgendwie zweigleisig machen <<ja>> und deswegen ähm, hab ich da, hab ich mich dann auch jetzt nicht mehr bemüht oder so und ähm, sondern weil das andere dann einfach jetzt auch erst mal interessanter oder stärker« (TN, 34–35/50–10).

Offensichtlich hat der Biograf während seiner Beziehung weiterhin ab und zu Kontakte mit Männern gehabt, ohne das seiner Partnerin mitzuteilen. Entgegen der in seiner Jugend prägenden großen Offenheit hat er diese Kontakte verheimlicht – eine Praxis, der er nun nicht mehr folgen möchte. Indem er diese heimliche Parallelität für sich ausschließt, etabliert er ein serielles Prinzip in seiner Biografie, in der die Welt der Homosexualität und die Welt der Heterosexualität zwar Teil seines Lebens sind, aber nicht gleichzeitig im Mittelpunkt seines Interesses stehen.

Die Kontaktaufnahme mit seiner alten Bekanntschaft aus dem Freibad hat einen pragmatischen Zug: Er ist nun 18 Jahre alt und der Kontakt fällt damit nicht mehr unter § 175 StGB. Wie schon in Bezug auf den Vergleich zwischen »Initiationsritus« und »Spiel« macht er deutlich, dass es nicht nur um die Wahl zwischen Beziehungspartner_innen geht, sondern um das Entdecken einer »neuen Welt«, das ihn interessiert. Gleichgeschlechtliche und Gegengeschlechtliche Kontakte konstituieren für ihn unterschiedliche Welten. Dies führt für ihn nicht dazu, sich einer dieser Welten als uneingeschränkt zugehörig erklären zu müssen. Es geht für ihn eher darum, welche der Welten in einer spezifischen biografischen Situation eine stärkere Anziehungskraft entfaltet. Die Richtung seines Interesses hat dabei keine Konsequenzen für die Bewertung seiner Interessen in der Vergangenheit oder der Zukunft. Damit akzeptiert er die monosexuelle Ordnung der Gesellschaft nach den Prinzipien Homo- und Heterosexualität, erlebt diese aber in seiner Biografie nicht als belastenden Entscheidungsdruck, sondern eher als Multiplikation der Möglichkeit, interessante Erfahrungen zu machen.

Schwule Szene
Sein Interesse führt ihn zu seinem ersten männlichen Sexualpartner und in schwule Zusammenhänge.

> »und ähm, hab dann den Kontakt erst wieder so mit fast achtzehn oder so dann äh mal wieder zu ihm aufgenommen, und ähm, hab dann auch über ihn und eine gemeinsame F- also oder eine Freundin von ihm, äh dann, ähm die ersten Erfahrungen gemacht in Richtung äh, schwuler Szene <<hmhm>> weil diese Freundin mir dann angeboten hat, äh sie vermutete dass ich ja bestimmt irgendwie neugierig wäre mal irgendwie so ähm, Kneipen äh oder Partys oder so was kennenzulernen und mir angeboten hat weil sie ja schon ähm, einige Erfahrungen mit hatte äh mich da mal mitzunehmen <<hmhm>> und äh mir halt Sachen angucken zu können, das war dadurch sehr schön weil ähm, ich, äh die Möglichkeit hatte so beschützt in Anführungsstrichen <<hm>> ähm, alles kennenzulernen« (TN, 3/3–12).

Im Alter von 18 Jahren lernt Torsten Nowak eine neue Form der sozialen Organisation von Homosexualität kennen. Bei seinen Ausflügen in Toiletten und Parks ging es vor allem um die Möglichkeit, unverbindliche sexuelle Kontakte herzustellen. Das hat den Vorteil, dass diese Kontakte sehr gut parallel zu den Institutionen der Alltagswelt ausgelebt werden können. Sie ziehen nach der Interaktion keine weiteren sozialen Verpflichtungen nach sich. Das ist ein Grund dafür, dass »Klappensexualität« sich besonders großer Beliebtheit in Gesellschaften erfreut, die Homosexualität kriminalisieren. Sie ermöglicht die gewünschten sexuellen Begegnungen, ohne einen gesellschaftlich legitimierten Lebensentwurf aufgeben zu müssen.

Die Kneipen- und Partyszene entdeckt Torsten Nowak über eine Freundin und nicht mehr allein. Dabei fällt auf, dass der Biograf erst hier den Begriff schwul verwendet, der in den Begegnungen mit Männern zuvor keine Rolle spielte. Ein Grund dafür kann sein, dass eine sich entwickelnde Beziehung und der Besuch von Kneipen und Partys der schwul-lesbischen Szene dem Biografen ermöglichen, bestimmte Kategorien kennenzulernen und anzuwenden. Zugleich kann sich durch die umfassendere soziale Organisation seiner Sexualität aber ein Druck zu einer eindeutigen Zuordnung zu den vorhandenen Kategorien aufbauen. Schließlich bedeutet das gemeinsame Feiern die Herstellung einer zeitweiligen Gemeinschaft unter dem Label einer gemeinsamen Neigung. Der Biograf genießt vor allem das Eintauchen in eine lebendige urbane homosexuelle Szene unter dem Schutz seiner erfahrenen Freundin.

Im Alter von 18 Jahren – Mitte der 1980er Jahre – haben sich im Leben des Biografen Bereiche herausgebildet, die durch unterschiedliche Praktiken und moralische Codes bestimmt sind: eine heterosexuelle Liebesbeziehung, ein verbindlicher homosexueller Kontakt, die fortbestehende Bindung an katholische Zusammenhänge und das Kennenlernen einer homosexuellen Kneipen- und Partykultur. Alle diese Felder haben das verbindende Moment der Vergemeinschaftung, aber bilden auf ihren jeweiligen Ebenen – dem gesellschaftlichen Diskurs nach – entgegengesetzte Pole: heterosexuelle Beziehung vs. homosexuelle Beziehung, katholische Gemeinschaft vs. schwule Szene. Er selbst erlebt diese Bereiche seines Lebens keineswegs als konflikthaft oder sich ausschließend, sondern ihm gelingt bislang ein integrierendes Modell seiner Lebensbereiche, in dem alle Bereiche einen Platz haben. Die Existenz von paralleler Zugehörigkeit zu Gruppen oder Milieus, die sich gegenseitig ausschließen, verweist auf ähnliche Konstellationen in der Familiengeschichte. Insofern ist es möglich, dass der Biograf an dieser Stelle auf intergenerationell tradierte Kompetenzen zurückgreift, wie ein solch integrativer Selbstentwurf gelingen kann. Ein solcher Selbstentwurf ist in Hinblick auf die homosexuelle Bewegung seit den 1970er Jahren in Deutschland keineswegs verbreitet. Diese zeichnete sich eher durch die Herstellung einer »separierten Identität« (Lautmann, 1977a, S. 256), in der das gleichgeschlechtliche Begehren den Selbstentwurf monopolisiert und andere Formen der Zugehörigkeit eher an den Rand drängt. Die Lebensgeschichte von Torsten Nowak legt bis zu diesem Punkt eher die Entwicklung einer »integrierten Identität« (ebd.) nahe, in der gleichgeschlechtliche Liebe nur ein Selbstanteil neben vielen anderen wichtigen Anteilen des Selbst darstellt. Ein solcher Entwurf des Selbst lässt mehr Platz für einen bisexuellen Lebensentwurf, da er ohne einen Anspruch auf Ausschließlichkeit auskommt.

Die Selbsthilfegruppe

Torsten Nowak begegnet den Konflikten mit seinen Eltern aktiv, indem er beginnt, an einer von einem evangelischen Pfarrer geleiteten »Elternselbsthilfegruppe« für Eltern gleichgeschlechtlich liebender Kinder teilzunehmen.

> »ich hab dann da äh bin dann da irgendwann zum ersten Mal äh mitgegangen zu dieser Gruppe <<ja>> und hab mich da sehr sehr wohl gefühlt

> in dieser äh, ((klopft auf den Tisch)) unter diesen Eltern und den anderen, äh, Söhnen und Töchtern die so mit dabei waren, und das war son bisschen, ja Elternersatz dann oder so <<hmhm>> beziehu- al- zumindest halt was diese Thematik dann anbelangte <<ja>> und ähm, ich hab über längere Zeit versucht meine Eltern vor allem meine Mutter, äh, dazu zu motivieren da mal mit hinzukommen <<hm>> aber ähm, sie hat sich da halt, geweigert ähm, weil sie der Auffassung war dass da natürlich nur Leute säßen die dafür, für das Thema sprechen würden und nicht die sie weiter darin bestätigen würden, in ihrem Dagegensein oder in ihren Vorurteilen oder in ihrem, in ihren Vorbehalten« (TN, 4/9–18).

Die Strategie des Biografen ist aufschlussreich, da er gezielt in eine »Elternselbsthilfegruppe« geht und nicht in eine Gruppe, die sich allein aus queeren Menschen zusammensetzt. Er rückt damit gezielt den von ihm als zentral erlebten Konflikt in den Mittelpunkt: die mangelnde Anerkennung seitens der Eltern. In der Selbsthilfegruppe findet er einerseits »Ersatzeltern«, die ihm eine gewisse Erleichterung verschaffen; andererseits hat er auch die Hoffnung, seine Mutter überzeugen zu können, an den Treffen der Gruppe teilzunehmen und ihm die Anerkennung zu erweisen, die ihm fehlt – eine Strategie, mit der er sich zugleich in eine Abhängigkeit von dem Verhalten der Mutter begibt, das er nicht kontrollieren kann.

Ich betrachte die Teilnahme an der Selbsthilfegruppe als einen weiteren Versuch des Biografen einen integrativen Selbstentwurf herzustellen. In der Selbsthilfegruppe überschneiden sich drei wichtige Bereiche seines Lebens, die zuvor unverbunden waren: seine Zugehörigkeit zur katholischen Kirche, sein Begehren von Männern und Frauen und sein Elternhaus. Er entscheidet sich damit gegen eine Strategie der Abgrenzung von den Eltern und ihrem unter anderem religiös geprägten Ressentiment gegen seine »homosexuelle Seite«. Stattdessen strebt er nach Versöhnung – sowohl mit den Eltern als auch mit der Kirche.

Möglich wird dieser neue Bezug auf kirchliche Zusammenhänge durch Veränderungen in der Haltung mancher Teile der evangelischen Kirche zu gleichgeschlechtlicher Sexualität und gleichgeschlechtlichen Beziehungen. Aufgrund des zunehmenden Engagements des Biografen in der evangelisch-lutherischen – und weniger der katholischen – Kirche gebe ich einen exemplarischen Einblick in die zeitgenössischen Positionen. Gegen Ende der 1980er Jahre drücken offizielle Verlautbarungen der evangelischen Kirche eine eindeutige Ablehnung gegenüber gleichgeschlechtlichen und nicht monogamen Lebensentwürfe aus: »Die Grundlage der sexuellen Beziehung sieht die evangelische Ethik in der Ehe als einer monogamen partnerschaftlichen Beziehung« (vgl. Rat der Evangelischen Kirche in Deutschland, 1988, S. 14).

Dass die evangelisch-lutherische Kirche sich überhaupt zu diesem Bereich äußern muss, zeigt, dass die Zeiten heteronormativer Selbstverständlichkeit in der Kirche vorbei sind – eine Entwicklung, die auch auf Druck von Aktivist_innen innerhalb der Kirche zurückgeht. Die Kirche reagierte mit solchen Stellungnahmen auch auf Fragen hinsichtlich der kirchlichen Seelsorge angesichts der AIDS-Krise in dieser Zeit (vgl. Jarchow, 2003, S. 95). Wie von mir an anderer Stelle ausgeführt gelangten Bisexuelle in dieser Phase zu einer neuen negativen gesellschaftlichen Sichtbarkeit (vgl. Kap. 3.1.3), was sich in den offiziellen Texten der evangelisch-lutherischen Kirche widerspiegelte:

> »Verantwortlichkeit im Blick auf das eigenen Sexualverhalten gilt vor allem auch für die große Gruppe der Bisexuellen. Die Entdeckung einer AIDS-Infektion bei sich selbst oder dem Ehepartner führt vielfach erst zu einem Aufdecken ihrer Bisexualität und nicht selten zu einer tiefen Krise der ganzen Familie« (Rat der Evangelischen Kirche in Deutschland, 1988, S. 7).

Es ist überraschend, dass in diesem kirchlichen Text aus dem Jahr 1988 Bisexuelle als eine große gesellschaftliche Gruppe benannt und anerkannt werden. Dies kann aber dem Umstand geschuldet sein, dass diese Relevanz aus der vermeintlichen Gefährlichkeit dieser Gruppe für die von der christlichen Ethik bevorzugte heterosexuelle Ehe abgeleitet wird. Indem allein Bisexuelle zur »Verantwortlichkeit« aufgerufen werden, entwirft das Papier ein Bild des nicht geouteten und promisken Bisexuellen, der die Krankheit erst in die vermeintlich gesunden Familien trägt und diese dann materiell und ideell in eine Krise stürzt. Damit spricht der Rat der evangelischen Kirchen zwar eine reale Herausforderung angesichts des HI-Virus an, reduziert diese aber auf einen einseitigen Appell an die individuelle »Verantwortlichkeit« – eine Formel, die die Assoziation eines Aufrufs zur sexuellen Enthaltsamkeit außerhalb der Ehe bedeuten soll. Anstatt auf eine Verantwortlichkeit aller zu setzen und die gesellschaftliche Stellung bisexueller Menschen zu stärken, um die Notwendigkeiten der Heimlichkeit abzubauen, setzt die evangelische Kirche auf die Strategie der zusätzlichen Stigmatisierung Bisexueller. Trotz dieser negativen Thematisierung muss festgehalten werden, dass Bisexualität als Begriff und als Lebensweise in dieser Zeit in offizielle kirchliche Texte Einzug findet.

Deutliche Veränderungen der evangelisch-lutherischen Sexualpolitik lassen sich in Mitte der 1990er Jahren veröffentlichten Verlautbarungen zum Thema der gleichgeschlechtlichen Liebe erkennen. In einer »Orientierungshilfe« des Rats der evangelischen Kirchen für seine Gemeinden geht es zum Beispiel um die Frage der Segnung gleichgeschlechtlicher Lebensgemeinschaften:

> »Diese Segnung im Rahmen eines Gottesdienstes vorzunehmen, kann wegen der Gefahr von Mißverständnissen nicht befürwortet werden. In jedem Fall muß für alle Beteiligten erkennbar sein: Gesegnet wird nicht die gleichgeschlechtliche Lebensgemeinschaft als Form des Zusammenlebens, sondern gesegnet werden Menschen, und zwar in diesem Falle homosexuell geprägte Menschen, die allein oder in einer gleichgeschlechtlichen Lebensgemeinschaft ethisch verantwortlich leben« (Rat der Evangelischen Kirche in Deutschland, 1996, o. S.).

In diesen Aussagen finden sich Versatzstücke von Argumentationen, derer sich auch die katholische Kirche bedient. Diese akzeptiert den Homosexuellen als Sünder, verachtet aber die nach katholischen Moralvorstellungen sündige Praxis der gleichgeschlechtlichen Sexualität (vgl. Lautmann, 1977b). In eine solche Richtung lese ich die Ausführung im Text oben, dass nur der einzelne Mensch eine Segnung empfangen könne, nicht aber eine gleichgeschlechtliche Partnerschaft. Zudem wird deutlich gemacht, dass diese Segnung nicht im Rahmen des Gottesdienstes erfolgen kann. Damit wertet der Rat gleichgeschlechtliche Partnerschaften gegenüber der Ehe eindeutig ab und bezeichnet sie als keiner kirchlichen Segnung würdig. Dennoch spiegelt sich in der Empfehlung der Segnung ein Richtungswechsel in der evangelisch-lutherischen Kirchenpolitik. Denn diese eröffnet die Möglichkeit einer partiellen Integration von Homosexualität in die Rituale der Kirche, die zuvor nicht möglich war – allerdings nur unter der Voraussetzung, dass die zu segnenden Einzelpersonen »ethisch verantwortlich« leben. Der Text lässt offen, was das bedeuten soll, aber die Formulierung ruft die Vorstellung einer monogamen, langfristigen und möglichst eheähnlichen Beziehung hervor. Es stellt sich die Frage, ob die Anforderung einer solchen ethisch verantwortlichen Lebensweise auch an heterosexuelle Paare gestellt würde oder ob eine solche schon automatisch durch den Ehe-schein belegt ist. Gegenüber der heterosexuellen Ehe abgewertet und unter der Voraussetzung sich dennoch an eine heterosexuelle Ehe anzu-passen, bekommen gleichgeschlechtliche Paare damit das Angebot einer gewissen Etablierung in evangelischen Gemeinden. Ohne dies offen an-zusprechen, sind nicht monogam lebende Homo- und Bisexuelle (und vermutlich auch Heterosexuelle) von dieser Integration ausgeschlossen. Die Texte des evangelischen Rates sind damit Mitte der 1990er Jahre noch von einer Politik geprägt, die als »kompensatorische Programme zum Stigma-Management« (Schmidt, 1977, S. 286) bezeichnet werden können. Kirchliche Politiken der Abwertung und Stigmatisierung von Homo- und Bisexualität werden im Prozess der Integration nicht abge-löst, sondern auf einer neuen Ebene fortgeführt.

Diese Politik des Rats der evangelischen Kirche bis in die 1990er Jahre hinein darf nicht direkt auf die Praxis der jeweiligen Gemeinden über-tragen werden. Durch die dezentrale Struktur der evangelischen Kirchen haben die Gemeinden einen relativ großen Handlungsspielraum und manche nutzten diesen in der Sexualpolitik. In diesen sich vergrößernden Nischen bewegt sich Torsten Nowak in den späten 1980er Jahren und findet damit sowohl Anerkennung durch kirchliche Vertreter, repräsentiert durch den engagierten Pastor, der die Elternselbsthilfe leitet, und die an-wesenden »Ersatzeltern« der »Elternselbsthilfegruppe«. Dagegen bleibt ihm eine solche Anerkennung vonseiten katholischer Geistlicher und seiner leiblichen Eltern versagt.

Ende der 1980er Jahre tritt der Biograf aus der katholischen Kirche aus.

> »und dann wars irgendwann [Altersangabe Anfang zwanzig] so, dass mal wieder irgendwas aus Rom, gekommen ist zum Thema, ich glaub auch zum Thema Homosexualität <<hmhm>> (3) und wo dann klar war nach dem was davor schon immer irgendwie verlautbart wurde, ähm, dass sich an der Haltung der Kirche da, nichts ändern wird sondern es wirkte auch eher wieder wie noch n größerer Rückschritt, und zu dem Zeitpunkt hab ich dann ja auch schon gearbeitet und hab dann gedacht also ich sehe es irgendwie nicht ein dass, mit meinen Kirchensteuermitteln auch noch dieses System weiter zu unterstützen <<hm>> was da permanent gegen mich oder Teile von mir irgendwie arbeitet <<ja>> und weil ich da keinerlei Aussicht auf Änderungen sah, äh, bin ich dann hab ich dann die Entscheidung getrof-fen aus der Kirche auszutreten <<hm>>« (TN, 30–31/50–9).

Annäherung und Distanzierung sind damit im Leben von Torsten Nowak gleichzeitige Bewegungen. Als er von zu Hause auszieht, nähert er sich »Ersatzeltern« in der Elternselbsthilfe an, und während er aus der katholischen Kirche austritt, nähert er sich evangelisch-lutherischen Zusammenhängen an. Mit seinem Austritt geht er auf Distanz zu einer Organisation und einem Milieu, das familiengeschichtlich eine der wichtigsten und beständigsten Bezugspunkte war und in seiner Kindheit und Jugend eine wichtige Rolle spielte. Auch wenn der Biograf seinen Schritt im Interview eher beiläufig erwähnt, erscheint er angesichts dieser familiengeschichtlichen und biografischen Rolle des Katholizismus als generationenübergreifender Bestandteil der Alltagswelt und – so meine These – zentrale Klammer der Zugehörigkeit bedeutsam. Die homo- und bisexuellenfeindlichen Positionen der katholischen Kirche empfindet er in diesem Moment seines Lebens endgültig als ein ausschließendes Kriterium: Die Zugehörigkeit zur katholischen Kirche und seine Liebe zu Männern lassen sich für ihn unter diesen Bedingungen nicht mehr miteinander vereinbaren. Wenn der Biograf im Interview erwähnt, dass er nie das Gefühl hatte, er müsse sich in der Liebe oder im Begehren für Männer oder Frauen entscheiden, muss er diese Entscheidung in Bezug auf seine Religionszugehörigkeit treffen. Im Sinne der Stabilisierung seines Selbstentwurfes entscheidet er sich damit für die Aufgabe der Zugehörigkeit zur Kirche, während er zu einem früheren Zeitpunkt seines Lebens durchaus darüber nachdachte, Mönch zu werden – eine Rolle, die einen Wandel seines Selbstentwurfs bei engerer Bindung an die Kirche nach sich gezogen hätte. Mit dem Austritt zeigt sich, dass die ursprüngliche nicht verhandelbare Zugehörigkeit zum katholischen Milieu in der Generation Torsten Nowaks eine Frage der Entscheidung im Lebenslauf geworden ist. Sein biografischer Verlauf kann damit als Teil einer allgemeinen gesellschaftlichen Tendenz beschrieben werden, in der sich die westdeutschen katholischen Milieus auflösen. Diese bestimmten zuvor als selbstverständlicher Teil der Alltagswelt wesentlichen Bereiche des Lebens (vgl. Knoblauch, 2012, S. 201). Angesichts dieser Entwicklung möchte ich an die oben besprochene Sequenz erinnern, in der der Biograf berichtet, dass die Eltern entgegen der katholischen Kirchenmoral beim Sex verhüteten, dies nicht beichteten und damit nicht am Messopfer teilnehmen konnten. In dieser Situation stellt sich den Eltern weder die Frage aus der Kirche auszutreten noch aus der kirchlichen Zugehörigkeit heraus die katholische Sexualmoral infrage zu stellen. Die Zugehörigkeit zum katholischen Milieu und die Vermittlung dieser Zugehörigkeit an die Kinder ist in dieser Generation noch keine Frage der Entscheidung, sondern selbstverständlich, während sich das in der nächsten Generation gewandelt hat.

Die Entscheidung fügt sich in eine Reihe von Veränderungen in dieser Phase des Lebens des Biografen ein: Er zieht aus, nimmt seine erste Arbeit als Verwaltungsangestellter auf und geht bald darauf seine erste feste und längerfristige Beziehung zu einem Mann ein. Der Austritt aus der katholischen Kirche ist Teil einer gewissen räumlichen, sozialen und moralischen Unabhängigkeit, die er sich von seinem Herkunftsmilieu schafft, und eine wichtige Voraussetzung dafür ist, nach seinen Wünschen Leben zu können. Damit zeichnet sich in dieser Phase erneut ab, dass der Biograf aufgrund des heteronormativen und monosexuellen Ausschlusses aus seinem sozialen und familialen Herkunftsmilieu immer wieder vor die Frage gestellt wird, wie es ihm möglich wird, dennoch Anerkennung und Zugehörigkeit zu erfahren.

Karfreitag
Nach dem Auszug Torsten Nowaks steht in seiner Familie das traditionell gemeinsam begangene Essen am Karfreitag an:

»und dann kam, Anfang der Karwoche dann die Frage meiner Eltern ob ich denn zum klassischen Karfreitagsfischessen <<hmhm>> äh nach Hause kommen würde <<ja>> und ich hab dann gesagt also das ginge sehr wahrscheinlich nicht weil ich Besuch bekommen würde ab Gründonnerstag, und ähm, ich hätte zwar kein Problem eigentlich damit äh denjenigen mitzubringen zum Essen aber ich wüsste ja dass das nicht äh gehen würde dass sie das nicht wollten und deswegen müsste ich jetzt abwarten ob das wirklich bei diesem Wochenende bleibt <<hm>> ähm und wenn es so wäre dann könnte ich halt nicht kommen ansonsten würde ich halt zum Essen kommen <<ja>> und äh, dann war irgendwann in der Mitte der Woche da war dann klar ähm, dass ähm (2) ich dann Besuch hätte <<hm>> und äh, hab ihnen das dann mitgeteilt und dann hieß es auch ja, äh der Fisch würde sowieso nicht reichen und ähm, ja und dann kam der Karfreitag, äh, der Freund war dann ab donnerstags schon da und karfreitags morgens ging das Telefon und äh meine Mutter rief an, und sagte dann sie hätten jetzt den Fisch äh aufgetaut und es würde wohl doch reichen <<hmhm>> ((lächelt)) und so kam es dann zum ersten ähm, zur ersten Situation wo dann

> ein, ähm Freund von mir weil äh, daraus hat sich dann halt ne vierjährige Beziehung auch entwickelt <<ja>> ähm, dass zum ersten Mal dann mein Freund ähm mit bei meinen Eltern am Mittagstisch saß <<ja>> das war dann für alle Beteiligten ne sehr, komische Situation alle haben sich redlich Mühe gegeben, und ähm, mein Freund hat dann hinterher noch bei meiner Mutter dann noch abgespült und ähm, ja, es hat halt so ganz gut geklappt« (TN, 5-6/43-13).

Die Situation trägt sich im Rahmen der wichtigsten christlichen Feiertage zu, an denen es darum geht, dem Tod Jesus, Gottes Sohn auf Erden, zu gedenken und seine Auferstehung von den Toten zu feiern. Solche christlichen Rituale erweisen sich als fester Bestandteil des Alltags der Familie. Ich halte es nicht für zufällig, dass der Biograf diesen symbolisch bedeutsamen christlichen Feiertag nutzt, um erneut die Frage der umfassenden Anerkennung seiner Lebensform und seiner Liebespartner durch die Eltern aufzuwerfen. Er möchte seinen Partner nicht vor den Eltern verleugnen oder sich gänzlich von den Eltern distanzieren. Dabei gibt er den Eltern die Möglichkeit, ihre Haltung entweder zu ändern oder ganz auf eine Teilnahme ihres Sohnes zu verzichten, also eine weitere Distanzierung in Kauf zu nehmen. Zunächst entscheidet sich die Mutter für eine deutliche Ablehnung des Gesuchs des Sohnes, die sich in ihrer Behauptung, »der Fisch würde sowieso nicht reichen«, ausdrückt. Eine Form, die die Abweisung sicher nicht weniger kränkend macht. Zudem lässt sich auf sie schwieriger reagieren, da sie nicht direkt ausgesprochen wird, sondern auf vermeintlich äußere Umstände geschoben wird. Diese indirekte Kommunikation ist es dann auch, welche die Mutter nutzt, um Torsten Nowak mitzuteilen, dass sie ihre Meinung geändert hat und eine Einladung für ihn und seinen Besuch ausspricht. Der Biograf erlebt damit das erste Mal, dass seine Liebe zu Männern Teil des gemeinsamen Familienlebens sein darf – allerdings erst nachdem er seine Eltern direkt dazu aufforderte. Trotz der deutlichen Veränderung, die sich in der Einladung zeigt, bleibt dabei die Frage offen, inwiefern der Biograf eine uneingeschränkte Anerkennung durch die Eltern erlebt und ob sich eine solche durch ihn erzwingen lässt.

Mit Mitte zwanzig ist der Biograf als Verwaltungsangestellter tätig und hält nach seinem Austritt aus der katholischen Kirche sein Engagement in der Elternselbsthilfegruppe aufrecht. Eine Freundin der Familie versucht, seine Mutter zu überzeugen ihn einmal zu dieser Gruppe zu begleiten. Nach einigem Zögern tut die Mutter dies auch:

»und dann wars halt nach, weiß nicht sehr vielen Jahren zumindest ähm wars dann so dass ich dann zum ersten Mal an einem Samstagabend äh mit meiner Mutter dann zusammen in diesem Kreis saß <<ja>> und ähm, das war schon ein sehr sehr komisches Gefühl, äh, dass da auf einmal jetzt ne Situation war die ich vorher schon ganz ganz häufig in diesem Kreis angesprochen hatte wie ich mir die halt wünschen würde oder ähm, und jetzt auf einmal tatsächlich da zu sitzen und das war dann so, und zum Glück wars dann so dass ich, bei der Vorstellungsrunde als erster drankam <<hmhm>> sodass ich erst mal irgendwie so alles erzählen konnte und meine Mutter dann hinterher nur noch Stück weit ergänzen <<ja>> brauchte, und ähm, ja, es hat sich dann dadurch ein, bisschen verbessert aber es war jetzt keine, keine Initialzündung <<hm>> oder dass war jetzt nicht so dass meine bei meiner Mutter jetzt die große Veränderung dadurch entstanden wäre sie ist glaub ich dann noch, vielleicht noch ein zwei Mal oder drei Mal irgendwie mal mit da gewesen aber ähm, ja, es kam jetzt nicht der große Umschwung <<ja>> wie ich das bei einigen anderen Eltern da in dem Kreis auch immer mal wieder erlebt hab die am Anfang irgendwie sehr verstört irgendwie da die Male saßen <<hmhm>> und dann hinterher im Laufe der, der Treffen immer mehr aufgeblüht sind äh sich verändert haben <<ja>> und teilweise hinterher zu, äh, zu rechten Streitern für die Sache irgendwie geworden sind, ähm« (TN, 4–5/43–10).

Die Enttäuschung des Biografen, dass »der große Umschwung« bei seiner Mutter ausbleibt, wird durch das wiederholte Aufgreifen dieses Themas in der Sequenz sehr deutlich. Die eher kleinschrittigen Veränderungen, die sich durch das gemeinsame Karfreitagsessen mit dem Partner und der Teilnahme der Mutter an der Gruppe abzeichnen, sind nicht ausreichend, um das Bedürfnis nach fragloser Anerkennung des Biografen zu erfüllen. In dieser Situation bleiben Mutter und Sohn in ihrer – vermutlich auf Gegenseitigkeit beruhenden – Enttäuschung verbunden. Die Rollenverteilung, die der Biograf in der Beschreibung der Szene anspricht, deutet auf einige Schwierigkeiten in der Situation hin. Während der Biograf seit Jahren die Gruppe besucht und vermutlich schon öfter seine Geschichte erzählt hat, bekommt er zuerst das Wort und erzählt »alles«, während die Mutter nur noch »ergänzen« muss. Dies bietet dem Biografen zwar die Chance, seiner Mutter vor der Gruppe sein Erleben darzulegen, was ihm sicher ein großes Anliegen ist, die Mutter aber hat in diesem Kontext kaum die Möglichkeit, ihre Perspektive einzubringen, was eine Voraussetzung dafür wäre, dass sie ihre Haltung in einem gemeinsamen Prozess mit der

Gruppe überdenken könnte. Damit möchte ich nicht nahelegen, dass die Mutter nicht verantwortlich für ihre zurückweisende Haltung ist, sondern lediglich eine Hypothese aufstellen, warum der vom Biografen erwünschte »Umschwung« nicht gelingt, obwohl die Bedingungen günstig erscheinen. Schließlich handelt es sich um einen christlichen Kontext, in dem andere Eltern mit ähnlichen Erfahrungen zusammenkommen, woraus sich einige Anknüpfungspunkte für die Mutter bieten könnten.

Der erste Protestant
Etwa ein Jahr nach dem gemeinsamen Besuch mit der Mutter bei der Elternselbsthilfegruppe konvertiert der Biograf und tritt der evangelisch-lutherischen Kirche bei. Die Idee zu konvertieren entwickelt sich im Zusammenhang mit Überlegungen zu seiner beruflichen Zukunft. Er denkt darüber nach, seine Stelle aufzugeben und zu studieren – ein Plan, dem die Eltern eher ablehnend gegenüberstehen, die ihn stattdessen ermutigen, seine bisherige berufliche Tätigkeit beizubehalten. Auf einem Kirchentag trifft er dann Konvertiten, die von der katholischen in die evangelische Kirche gewechselt sind, schwul leben und vorher im gleichen Beruf tätig waren wie er. Damit findet er Vorbilder, die ihm helfen, seine Unsicherheit zu überwinden. Nachdem die Eltern auf seine nun konkreter werdenden Pläne offener reagieren, entschließt er sich, zu konvertieren und ein Studium der evangelischen Theologie aufzunehmen, mit dem Ziel Pfarrer zu werden. Bei dem Einführungsgottesdienst anlässlich der Konversion sind seine Eltern anwesend.

> »und dann hab ich das halt, äh, dann angefangen bin anlässlich des Studiums dann in die evangelische Kirche eingetreten <<ja>> und ähm (3) obwohl meine Eltern gar nicht ja diesen starken Bezug jetzt zur Kirche oder auch zur katholischen Kirche äh haben, war es so dass, äh bei dem Einführungsgottesdienst den ich dann, bei dem ich dann in die evangelische Kirche aufgenommen wurde bei nem befreundeten Pfarrer, <<hm>>, da saßen dann meine Eltern hinter mir in der Bank, und da hab ich mein Vater äh, das war eins der wenigen Male in meinem Leben wo ich mein Vater irgendwie schluchzen <<hm>> hörte <<ja>> weil das für ihn irgendwie schon ziemlich bewegend so war und ähm, ja und damit war ich dann der erste äh Protestant bei uns in der Familie« (TN, 31–34–41).

Der Biograf ist damit der erste Protestant und der Erste in seiner Familie, der ein Studium aufnimmt. Dabei erzählt er seine Lebensgeschichte nicht als Bildungskarriere und auch nicht als Konversionsgeschichte. Letztere ist ihrer Typik nach klar in eine Phase vor der Konversion und eine Phase nach der Konversion getrennt, während der Wendepunkt selbst im Mittelpunkt der Erzählung steht (Wohlrab-Sahr, 2014, S. 47f.). In dieser Hinsicht ähneln solche Geschichten klassischen Formen der Coming-out-Narrative. Wie ich oben schon ausführte, fügt sich der Prozess der Ablösung des Biografen von der katholischen Kirche in die Tendenz der Auflösung der Bindungskraft katholischer Milieus (vgl. Knoblauch, 2012, S. 201). Die Frage der Zugehörigkeit zu diesem wird zu einer Frage der Entscheidung im Lebenslauf. Dabei ist es interessant zu sehen, dass der Biograf sich nicht allein von der katholischen Kirche abwendet, sondern zugleich einer anderen Kirche zuwendet. In der beschriebenen Szene wird deutlich, dass die Konversion des Sohnes für die Eltern eine emotionale Angelegenheit ist; es bleibt unklar, welche Bedeutung sie ihr zuschreiben. Auch der Biograf ist sich darüber nicht im Klaren, was deutlich wird, als ich ihn noch einmal nach dem Schluchzen des Vaters frage:

> »Ich kann ich weiß eigentlich bis heute nicht genau ähm, was jetzt die (5) der Grund war oder die Motivation war weil ähm (4) ja weil er eigentlich selbst auch jetzt zu (5) zur Kirche, keinen so großen Bezug hat <<hmhm>> ich hab ihn aber auch nie nach gefragt <<ja>> ähm (3) müsste ich ihn eigentlich mal fragen <<hmhm>> ähm (6) ich hab halt (5) ich habs halt damals eher so ein bisschen interpretiert (3) als ob er es irgendwie, schade, fand, <<hmhm>> dass ich irgendwie jetzt so aus irgendwelchen Gründen die Kirche wechseln, musste und da jetzt äh, da meinen Weg mache« (TN, 32–33/46–7).

Erneut schätzt der Biograf in dieser Sequenz die Bedeutung der Religion für den Vater als gering ein und unterschätzt sie meiner These nach. Die Interpretation des Biografen der Trauer um den Kirchenwechsel kann zutreffen. Schließlich hatten die Eltern sich explizit zum Ziel gesetzt, ihren Sohn katholisch zu erziehen, was er nun nicht mehr ist. In dieser Interpretation bleibt – auch für den Biografen – ungeklärt, ob der Vater sich selbst bemitleidet, dass sein Sohn mit seiner Religion nicht konform geht, oder ob er möglicherweise darum trauert, dass sein Sohn aufgrund ihrer Homo- und Bisexuellenfeindlichkeit keinen Platz in der katholischen Kirche findet. Eine weitere Möglichkeit wäre die Freude darüber, dass der Sohn kein Atheist bleibt, sondern sich wieder aktiv an eine christliche Gemeinde bindet. Dass über diese Fragen kein familiärer Dialog stattfindet, ist Ausdruck der Distanz und Unsicherheit, mit der sich Vater und Sohn begegnen.

Unabhängig von den möglichen Gründen des Vaters kann die Konversion Torsten Nowaks – wie die meisten Konversionen – in ein spezifisches Spannungsfeld der sozialen Bestimmung von Normalität und Abweichung eingeordnet werden (vgl. Wohlrab-Sahr, 2014, S. 29). Aus einer Erfahrung der Definition als »Abweichler« in der katholischen Kirche wendet er sich in einem Akt des Nonkonformismus einer anderen großen christlichen Gemeinschaft zu, in der er nicht im selben Ausmaß als Abweichler definiert wird. Er erlangt damit wiederum einen Status größerer Konformität.

Dass es dem Biografen – trotz der Form der Darstellung – um mehr geht als eine für den Moment gedachte Inszenierung der Ablösung und Zuwendung, zeigt sich an der Verknüpfung der Konversion mit einem Studium der Theologie mit dem Ziel, Pfarrer zu werden. Darin zeigt sich durchaus ein Wunsch des Biografen, seinem Leben auf der Basis christlicher Religion eine neue Richtung zu geben, welche die Möglichkeit einer neuen Rolle als Pfarrer einschließt. Dabei sucht er sich gezielt einen Bereich, in dem er als Bisexueller Handlungsspielräume hat und nicht vollständig ausgeschlossen wird wie in der katholischen Kirche.

Die Kleinanzeige
Zwei Jahre nach seiner Konversion und dem Beginn seines Studiums fällt Torsten Nowak eine Kleinanzeige in der Zeitung auf:

> »da hab ich in den Kleinanzeigen, diese, Anzeige von der Bi-Gruppe, gelesen wo sie, äh (2) interessierte, Bisexuelle suchten <<hmhm>> für diesen Gesprächs- oder einfach für diesen Gesprächskreis also angekündigt haben dass es diesen Gesprächskreis halt gibt <<ja>> ein Mal im Monat (2) und die sich treffen und ähm, ja (2) und ich weiß gar nicht genau wie diese, Anzeige genau lautete, ähm (3) also wie viel Information da eigentlich drin steckte <<hm>> aber, ich vermute dass da schon mehr, als jetzt nur irgendwie Bi-Gruppe <<hmhm>> erster im Monat drin stehen äh, drin gestanden hat, weil, ich jetzt vermute dass das allein unter Umständen noch gar nicht jetzt vielleicht ausgereicht hätte kann aber auch schon sein dass ich schon auf einmal irgendwie Bisexualität da gelesen hab <<hmhm>> und das schon n Begriff war, den ich halt wie fast jeder irgendwie zwar kannte <<ja>> und irgendwelche Sprüche n bisschen bi schadet nie oder irgendwie so was na-

türlich auch schon mal irgendwie wo gefallen waren <<hmhm>> aber, für mich war das nie so ne (3) Größe, dieser Begriff oder irgendei- irgendwas womit ich irgendwas groß jetzt verbunden hätte oder, das irgendwie mit mir in Verbindung gebracht hätte, aber irgendwie als ich diese Anzeige las, hab ich dann auf einmal plötzlich das halt schon, mit mir in Verbindung gebracht« (TN, 47–48/46–15).

Es ist Mitte der 1990er Jahre und Torsten Nowak ist Ende zwanzig. In den 1990er Jahren lässt sich eine zunehmende Selbstorganisation Bisexueller in deutschen Großstädten beobachten (vgl. Kap. 3.1.3), die sich in vermehrten regelmäßigen Treffen, Veranstaltungen, Partys, Vereins- und Gruppengründungen unter dem Label »Bisexualität« ausdrückt. Damit wird der Begriff von einer häufig eher abwertenden Fremdbeschreibung, wie sie in den Sprüchen, die der Biograf kennt, zum Ausdruck kommen, zu einem eigenständigen konstitutiven Symbol (vgl. Wohlrab-Sahr, 2014, S. 50) einer selbstorganisierten Kultur. Dieser Formwandel des Begriffes, der sich in der Kleinanzeige ausdrückt, ermöglicht es dem Biografen, diesen nun mit seiner eigenen Erfahrung »in Verbindung« zu bringen. Diese »Verbindung« könnte als Prozess des »Commitment« (ebd., S. 51) bezeichnet werden, also eine Form von Bindung, die weit über eine reine Benennung bestimmter sexueller Erfahrungen in der Vergangenheit, Praktiken in der Gegenwart oder Wünschen für die Zukunft hinausgeht. Es ist ein Prozess, in dem das kulturelle Symbol Bisexualität den biografischen Erfahrungen Torsten Nowaks eine neue Bedeutung verleiht. Die Möglichkeit dieser Verbindung ist dabei gegeben, weil es dem Biografen möglich wird seine Erfahrung zu teilen und dadurch neue Möglichkeiten der Artikulation von Erfahrungen, die er gemacht hat, entstehen.

Die Entdeckung der Anzeige hätte das Potenzial zu einer Coming-out-Geschichte entwickelt zu werden, indem Torsten Nowak diesen Moment als zentralen Wendepunkt seines Lebens darstellt. Er tut dies nicht, sondern ordnet sie auf einer alltäglicheren, aber dadurch nicht weniger bedeutsamen, Ebene ein:

> »so ähnlich weiß ich nicht vielleicht wie wenn ich mich jetzt wenn ich jetzt irgendwie mit ner, speziellen Art von Briefmarken beschäftigen <<hmhm>> würden und noch nie gehört hätte dass es Leute gibt die auch alle dieses Phänomen irgendwie sammeln oder <<hmhm>> oder irgendwie suchen oder so ähm, und deswegen mich nie jetzt für andere Briefmarkenfreunde

vielleicht interessiert hab oder so ähm, vielleicht son bisschen so, also dass <<ja>> äh klar war dass ist immer schon was was mir so, äh vertraut ist, dass es da irgendwie, dass da irgendwie so, verschiedene Seiten in mir, sind, und für mich auch nie wichtig war wie jetzt welche Seite <<hmhm>> ähm (2) und dass da auf einmal jetzt dann dieses Erlebnis da gibts andere denen das scheinbar auch so geht <<hmhm ja>> und, und jetzt hab ich da auch immer n Angebot wo ich, solche Leute treffen kann <<hmhm>> und ähm, ja, und da bin ich dann da hin und äh, war halt dann so, sehr begeistert <<hmhm>> (2) ähm, weil ich die Atmosphäre sehr (3) sehr (2) sehr locker, empfand ähm (3) das Gefühl hatte es, braucht sich da irgendwie keiner erklären so am Anfang auch ne Vorstellungsrunde <<hm>> aber ähm, es gibt so überhaupt gar keinen Zwang zu irgendeiner Art von Erklärung zu irgendeiner Art von, Klassifizierung ähm, es gibt, bei den Reaktionen der anderen überhaupt nicht irgendwie das Gefühl (2) ner Fremdklassifizierung <<ja>> oder Definition oder so, ähm, sondern ein, Ernst-genommen-Werden mit dem was man da erzählt <<hmhm>>« (TN, 48/29–46).

Ähnlich wie in der Lebensgeschichte von Susanne Albers bedeutet für Torsten Nowak das Kennenlernen anderer »Briefmarkenfreunde« vor allem die Möglichkeit einer neuen sozialen Organisation seiner sexuellen und romantischen Interessen. Dass der Biograf hier ein Hobby zum Vergleich heranzieht, gibt einen Hinweis auf die Bedeutung, die er seiner Sexualität in seinem Leben zuweisen möchte. Sein Engagement in der bisexuellen Szene beschreibt er nicht im Spannungsfeld gesellschaftlicher Ver- und Gebote, kultureller Definitionen von Moral und Unmoral oder medizinischer Definitionen von krank und gesund. Ihm geht es vielmehr um die Möglichkeit, sein Interesse an Männern und Frauen nicht mehr als Privatvergnügen organisieren zu müssen, sondern als eine »kleine Lebenswelt« (Luckmann, 1978 und Kap. 5.5.2) unter anderen zu etablieren. Mit Blick auf die erzählte Lebensgeschichte lässt sich ein solches Narrativ mit der Hypothese verbinden, dass sich im Westeuropa der 1990er Jahre ein Ende des »Narrativ[s] von der transformativen Macht des Sexes« (Schmidt, 2000, S. 278) abzeichnet.[31] Zu dieser Entwicklung gehört es, dass sich gängige soziale Muster der Coming-out-Erzählung verändern, wie Plummer dies in den 1990er Jahren

---

31 Ob sich diese Entwicklung tatsächlich überregional, transkulturell und über unterschiedliche gesellschaftliche Gruppen hinweg vollzieht, halte ich für eine empirisch zu klärende Frage.

in Großbritannien und den USA feststellt (vgl. Plummer, 1994, S. 131). Dieser berichtet von Erzählungen, die nicht mehr durch einen Wendepunkt strukturiert werden, der die Biografie in ein Davor und ein Danach unterteilt. Auch wenn die Erzählform Torsten Nowaks hier einzuordnen ist, kann sie in Hinblick auf meine Rekonstruktion der Lebensgeschichten Bisexueller nicht generalisiert werden. Die anderen Lebensgeschichten in meinem theoretischen Sample ähneln stärker der bisexuellen Variante einer Coming-out-Geschichte (vgl. Kap. 5.2–5.4). Eine weitere Einschränkung, die ich hinsichtlich der vorliegenden Rekonstruktion machen würde, ist, dass die offensichtliche »Entdramatisierung« im biografischen Narrativ nicht zu verwechseln ist mit einer durchaus mühevollen und schmerzlichen Auseinandersetzung mit Diskriminierung, der Suche nach Anerkennung und fragloser Zugehörigkeit auf der Ebene des erlebten Lebens.

Zudem lässt die Erzählung des Biografen die Frage aufwerfen, inwiefern der ambivalente Typ der homosexuellen Coming-out-Geschichte als eine erzwungene Form der Aneignung einer gesellschaftlichen Definition von Abweichung ohne Weiteres auf ein bisexuelles biografisches Narrativ übertragbar ist. Der Biograf hebt schließlich hervor, dass im Mittelpunkt der Erfahrung in der Begegnung mit anderen Bisexuellen keine neue Klassifizierung steht, sondern die Erfahrung der Abwesenheit von »Fremdklassifizierung« und dem »Zwang«, sich überhaupt über die erlebte, gelebte oder erwünschte Sexualität klassifizieren zu müssen. Es geht also eher um die Möglichkeit einer Akzeptanz von sexueller Ambivalenz als selbstverständlicher Teil des Selbst und des biografischen Entwurfes – eine Möglichkeit, die der Biograf in schwulen Zusammenhängen seltener erlebt:

> »es ist nicht alles akzeptiert <<hmhm>> oder äh es gibt ist nicht alles gleich <<ja>> äh wertig oder gleich stark <<hm>> oder so, sondern, sondern teilweise ganz klare Wertungen äh wie manches Verhalten zu beurteilen ist <<ja>> oder so ne, die, verkappten, Schwulen oder irgendwie so was die es sich nur nicht eingestehen können die aner ansonsten irgendwie, mit Frau und Familie irgendwie so leben oder so was <<hm>> die gabs halt immer mal wieder irgendwie so als Thema oder ähm, ja, wie, wie Männer Frauen oder sonst wie wahrgenommen werden da hab ich schon relativ, nicht jetzt, nicht häufig aber schon einfach immer mal wieder, äh so ne, nicht immer durchgängige Toleranz allen gegenüber <<hmhm ja>> wahrgenommen und äh und das fand ich da (4) schon ganz anders <<hmhm>> und das ist mir danach auch in fast allen, äh Gruppen oder Zusammenhängen wo

ich dann irgendwas mit bi erlebt erlebt habe immer wieder so gegangen« (TN, 49/1–12).

Der Biograf beschreibt die Herstellung einer bisexuellen Community in relativ klarer Abgrenzung zu seinen Erfahrungen in vielen schwulen Zusammenhängen. Dies stützt die vor allem im Kontext der USA formulierte These, dass sich viele bisexuelle Zusammenhänge weniger in Abgrenzung zur heterosexuellen Hegemonie, sondern zu den monosexuellen Ausschlussmechanismen homosexueller Communities herausbilden (vgl. Callis, 2009). Das biografische Narrativ Torsten Nowaks fügt sich damit in das Bild einer kulturellen Pluralisierung sexueller Szenen in gegenseitiger Abgrenzung zueinander. Dabei benennt er durchaus die Sorge von Zurückweisung in Begegnung außerhalb schwuler Zusammenhänge:

> »was hinzukommt ist auch noch dass ich, es auch für mich als schwierig oder unangenehm empfinde, dass ich, meiner Meinung nach zunächst mal auch eher (5) äh nicht offen sein, könnte <<hmhm>> in, wenn ich, ne Frau kennenlerne, also besser nicht von vornherein irgendwie mein Leben in aller <<ja>> Offenheit offenbare, weil dann (3) fünfundneunzig Prozent der Frauen, in meiner Vorstellung <<hmhm>> schreiend davonlaufen würden, ähm (4) deswegen kommts zu den Situationen nicht« (TN, 67/26–32).

Im Kontext einer monosexuellen Ordnung und einer engen Verschränkung der gesellschaftlichen Konstruktion hegemonialer Männlichkeit mit Heterosexualität (vgl. Connell, 2015) steht Torsten Nowak als Bisexueller vor spezifischen Schwierigkeiten, wenn er jenseits bisexueller Zusammenhänge Frauen kennenlernen will. Daher bedeute die zunehmende Selbstorganisation Bisexueller, neue Möglichkeiten Sexual- und Beziehungspartner_innen kennenzulernen, ohne Sorge haben zu müssen, aufgrund der eigenen Beziehungsgeschichte abgelehnt zu werden, etwas verschweigen oder ausführlich erklären zu müssen. Die Möglichkeit, geeignete Beziehungspartner_innen kennenzulernen, stellt nur einen Teilaspekt der Bedeutung der neu entdeckten bisexuellen Gruppen für Torsten Nowak dar. Er empfindet dort ein Gefühl von Vertraut- und Geborgenheit, das ihm neu ist: »da hab ich mich so (3) auf einmal so, zu Hause gefühlt <<hmhm>>« (TN, 24/44).[32] Meine These ist, dass dieses Gefühl daraus

---

32 Damit entwirft er ein ähnliches Narrativ wie »Manfred Schäfer« (vgl. Kap. 5.3).

resultiert, dass er in diesen Zusammenhängen einen Kontext findet, der ihm die fraglose Anerkennung ermöglicht, die ihm in seinem Elternhaus verwehrt wurde und in anderen Bereichen, die er sich aktiv erschlossen hat, bislang nicht finden konnte. Der Begriff »zu Hause« legt nahe, dass es um die gemeinsame Herstellung einer eher überschaubaren Realität geht, die von Selbstverständlichkeit und Fraglosigkeit geprägt ist. Er legt einen eher intimen Rückzugsraum nahe, der relativ klar von einem als Außenwelt definierten Bereich getrennt bleibt. Insofern lassen sich an diesen Begriff verschiedene Fragen stellen, die ich innerhalb der biografischen Fallrekonstruktion zunächst nur aufwerfen und nicht beantworten will: Was sind die Regeln, die in diesem »Zuhause« gelten? Was wird als nicht zugehörig ausgeschlossen? In welchem Verhältnis stehen »zu Hause« und »Außenwelt«? Ist dieser – der Beschreibung nach – gerade durch seine Überschaubarkeit und Intimität gekennzeichnete Bereich ausreichend, um in die Außenwelt hinein wirksam zu werden? Und entwickelt er genügend Kraft, um die Erlebnisse von Missachtung, die Torsten Nowak gemacht hat, zu kompensieren?

Umzug
Auf das Engagement des Biografen in bisexuellen Zusammenhängen folgend zeichnen sich zahlreiche Veränderungen im biografischen Verlauf ab. Torsten Nowak beginnt, regelmäßig eine kirchliche Beratungsstelle zu besuchen, woraufhin ein Kontaktabbruch zu den Eltern über mehrere Monate erfolgt. Er benennt im Interview Erfahrungen der mangelnden Zuwendung und Anerkennung seiner Eltern als Grund für diesen Schritt. Meine These ist, dass es vor allem die neue Erfahrung umfassender Anerkennung in bisexuellen Zusammenhängen ist, die für ihn wichtige Voraussetzungen für diesen Schritt schaffen.

Im Jahr darauf wechselt der Biograf den Studienort und zieht in eine andere Großstadt. Hier beginnt er, sich intensiver in bisexuellen Zusammenhängen zu engagieren. Darin zeigt sich eine zusätzliche räumliche Distanzierung von den Eltern bei gleichzeitiger Zuwendung zu bisexuellen Zusammenhängen.

Eine weitere Veränderung, die sich in diesem Zeitraum abspielt, ist das Ende der Beziehung zu seinem Partner, was der Biograf nur am Rande erwähnt. Seine Beziehungsbiografie steht nicht im Fokus der Erzählung. Er erzählt, wie er im Jahr darauf mit einer guten Freundin zusammenkommt:

»ich fands trotzdem immer spannend, den Gedanken, oder so die, die Vorstellung was mir noch irgendwie so widerfahren wird <<ja>> und deswegen war ich, zwar, in dem Moment als es dann, passierte das auf einmal mit meiner, ähm, damaligen guten Freundin auf einmal da **mehr** draus wurde war ich zwar in dem Moment als es plötzlich passierte schon ein Stück weit überrascht <<ja>> aber nicht grundsätzlich halt oder war das eben nicht was was ich jetzt irgendwie vorher ausgeschlossen hatte <<hm>> oder so äh für mich kam das dann dat war dann schon, plötzlich weil ich da überhaupt gar nicht mit, gerechnet hatte weil ich eben auch die wenigsten Dinge in meinem Leben irgendwie mit ner bestimmten Absicht irgendwie so tue <<ja>> das heißt ich hab dann damals diese Freundin [Name] irgendwie mal für ne Woche besucht, und (2) weil sie da noch anderen Besuch hatte an dem ersten Wochenende als ich ankam, und **der** das war n befreundetes Pärchen von ihr **die** dann das äh Klappsofa <<hmhm>> in Beschlag genommen hatten <<ja>> musste ich dann mit ihr halt auf dem ähm, Hochbett <<hm>> schlafen, ja und, daraus ist dann halt äh daraus geworden dass ich dann auch in den restlichen Tagen ((lächelnd)) /das Hochbett nicht mehr, verlassen musste\ <<((lächelt))>> und ähm, ja und ich dann hinterher immer behauptet habe, dass das für uns beide total überraschend <<hm>> äh gekommen wäre, weil ichs eben auch so n Stück weit empfunden hatte <<ja>> und dann Jahre später mir meine Freundin mal sagte also für sie wäre das gar nicht so ((lachend)) /überraschend <<okay>> gekommen\ ((lacht))« (TN, 25/16–35).

In der Sequenz verdeutlicht der Biograf, dass er in Bezug auf sein Beziehungsleben seine Haltung der Offenheit weiter kultiviert. Offenheit bedeutet für ihn dabei, dass er nicht aktiv auf eine neue Beziehung hinarbeitet oder sich von einem bestimmten Wunsch oder Begehren in Hinblick auf die Zukunft leiten lässt. Sein Entwurf von Offenheit geht also weit über die Frage des Geschlechts möglicher zukünftiger Beziehungspartner_innen hinaus. Dabei übernimmt er – zumindest seinen Erzählungen nach – keine wirklich aktive Rolle, eine Beziehung zu beginnen. Der Biograf hat zwar eine sehr genaue Wahrnehmung dafür, wenn sich jemand für ihn interessiert und gestaltet den Rahmen für eine Begegnung; innerhalb dieses Rahmens überlässt er dem_der anderen aber die Initiative. Auch in diesem Fall ist er offen für die Begegnung mit seiner Freundin und die Veränderung ihres Beziehungsstatus, aber sie ist es, die – wie sie ihm später mitteilt – eher einen Plan verfolgt.

Der Biograf macht an anderer Stelle deutlich, dass er bei der Anbahnung einer sexuellen Begegnung klar zwischen Männern und Frauen als Gegenüber unterscheidet:

> »ich hab auch da keine Erfahrungen gemacht jetzt in a- irgendw- auf Partys oder in der Disco, Frauen, kennenzulernen, ähm (5) jetzt so spontan und mit dem, Ziel gemeinsam im Bett zu landen <<ja>>, ähm (5) und ich hab, halt auch dann äh gemerkt dass ich, mit Frauen auch (3) anders umgehe als mit Männern <<hmhm>> also dass ich bei, Frauen wesentlich (3) weiter im Voraus denke <<hm>> und immer schon damit rechne die wollen sowieso Beziehung <<hmhm>> und ähm, und wenn ich das selbst nicht klar habe und nicht weiß, dann eher lieber schon den- lieber nicht den ersten äh nicht den ersten mache <<hmhm ja>> weil ich den zweiten oder dritten ja noch gar nicht irgendwie im Blick habe, äh und bei Männern bin ich da wesentlich, unkomplizierter <<hmhm>> äh, erwarte das, erwarte die Erwartung auf der anderen Seite <<ja>> erst gar nicht, äh was nicht immer richtig ist aber äh was eben, sicherlich auch zu nem höheren Prozentsatz schon auch, meistens so oder häufig so ist, ähm aber deswegen ähm, bin ich da wesentlich zurückhaltender« (TN, 67/13–25).

Für den Biografen sind Begegnungen mit Frauen, die eine sexuelle Interaktion nach sich ziehen könnten, an ein umfassenderes »Beziehungsskript« gekoppelt. Durch dieses vergeschlechtlichte Erwartungsmanagement des Biografen bekommen Begegnungen mit Männern und Frauen einen unterschiedlichen Grad an sozialer Komplexität, was dazu führt, dass er bei Letzteren vorsichtiger vorgeht. Dies erinnert an die Umschreibung des Biografen an anderer Stelle, in der er seinen ersten sexuellen Kontakt mit einem Mann als »Spiel« (TN, 66/30) bezeichnet und sein erstes Mal mit einer Frau als »Initiationsritus« (TN, 34/47). Sex mit Frauen ist für den Biografen an deutlich mehr Institutionen des Alltags geknüpft, die nicht sexuell sind, wie Erwachsensein oder Paarbindung. Demgegenüber fällt es ihm viel leichter, Sexualität mit Männern als weitgehend abgekoppeltes Sexualskript zu entwerfen, was ihm den Kontakt erleichtert.

Die vom Biografen häufig hervorgehobene »Offenheit« kann vor dem Hintergrund dieser Beschreibung differenzierter eingeordnet werden. Eine aktive Offenheit, die der Biograf Männern gegenüber hat, resultiert aus seinem Entwurf eines relativ klar abgegrenzten Skripts an Handlungen, die er beiden Interaktionspartnern zuschreibt. Dagegen resultiert die eher passive Offenheit Frauen gegenüber aus einer Zuschreibung der Kopplung sexueller Skripte an andere Institutionen wie etwa die Paarbeziehung. Dieses Erwartungsmanagement des Biografen hat etwas von einem sich selbst erfüllenden Prinzip. Denn er geht den Kontexten, in denen ein unverbindlicher sexueller Kontakt mit Frauen möglich wäre, eher aus dem Weg, weswegen sich dieser nicht ergibt.

Auch in diesem Fall überlässt der Biograf seiner Freundin die Initiative – und es folgt eine etwa dreijährige Beziehung. Innerhalb dieser Zeit entwickeln die beiden gemeinsame Zukunftsentwürfe, etwa nach Studienabschluss gemeinsam in einer evangelischen Gemeinde zu arbeiten. Der Biograf erwähnt dabei den Umstand nicht, dass solche Pläne einer gemeinsamen Arbeit als heterosexuelles Paar wesentlich konfliktfreier zu verwirklichen sind, als dies mit einem Mann der Fall wäre. Auf solche Differenzen in der Lebensplanung mit einem Mann oder einer Frau als Partner_in geht Torsten Nowak in seinem Interview nicht ein.

Tod der Mutter
Ende der 1990er Jahre – der Biograf ist Anfang dreißig – erkrankt seine Mutter schwer und es ist abzusehen, dass sie bald sterben wird:

> »es gab in der Zeit eine Situation wo wir mal alleine äh im Krankenhaus in ihrem Zimmer waren und wo sie dann sagte ähm, dass sie wüsste dass sie mir in einigen Jahren keine große Hilfe gewesen wäre <<ja>> und ähm das war halt n sehr schöner Moment also ähm, weil dadurch irgendwie das so, so rund wurde dann <<ja>> ne oder so (3) ja (5) ja, das ist so, das ist so das ähm, als ich ähm, meine äh, letzte Exfreundin ähm als da auf einmal mehr draus wurde nachdem wir schon ein zwei Jahre befreundet waren <<hmhm>> (3) und ähm, das war zu dem Zeitpunkt als meine Mutter auch noch lebte, ähm, da wars natürlich so dass bei meiner Mutter die Hoffnung wieder aufkeimte jetzt wird alles gut ((lächelt)) und ähm, sie wusste vorher auch schon äh von meinen Aktivitäten innerhalb der Bi-Gruppe <<ja>> und als ich dann irgendwann mal ihr davon erzählte äh als ich dann mit meiner Freundin schon zusammen war, dass ich ihr von irgendeiner Situation oder von irgendeiner, irgendwas so erzählte wo es um irgendwas innerhalb der Bi-Gruppe ging, äh da kam immer die Frage äh=äh wie gehst du denn da immer noch hin ((lächelt)) und äh ((lacht)) ja da hab ich dann gemerkt okay ähm, sie dachte jetzt eigentlich das wär jetzt ausgestanden das Thema <<ja>> und ich hab ihr dann halt gesagt ja, äh, was sie denn denken

würde das auf einmal jetzt alles andere von vorher jetzt weg wäre« (TN, 5/15–31).

In dieser Sequenz bildet sich einer der zentralen Konflikte in der Biografie von Torsten Nowak ab. Er berichtet, er habe sich mit seiner schwer erkrankten Mutter kurz vor ihrem Tod versöhnt und damit sei der Abschied von ihr »rund«, also abgeschlossen. Diesem Narrativ müssen die deutlichen Spuren der erlebten Kränkung durch die mangelnde Anerkennung seitens der Mutter gegenübergestellt werden. Denn er schließt das Thema nicht ab und beendet es, sondern nach einem »oder so (3) ja (5) ja, das ist so«, setzt er eine Erzählung an, die seiner zuvor getroffenen Behauptung entgegensteht, nämlich die von einer fortdauernden Kränkung durch die Mutter bis in sein Erwachsenenalter hinein. Indem die Mutter an seine aktuelle Beziehung zu einer Frau die Hoffnung knüpft, sein Engagement in der Bi-Gruppe möge damit enden, vermittelt sie ihm, dass weder seine Beziehungen mit Männern in der Vergangenheit noch sein Aktivismus in der Gegenwart oder seine Offenheit für Beziehungsentwürfe in der Zukunft, von ihr anerkannt werden. Insofern macht der Biograf an dieser Stelle eine für einen bisexuellen Lebensentwurf spezifische Erfahrung der doppelten Diskriminierung (vgl. Ochs, 1996). Während die Mutter zugleich seine vergangene Beziehung zu seinem Partner, sein gegenwärtiges Engagement in bisexuellen Zusammenhängen und mögliche zukünftige Beziehungen zu Männern abwertet, wird seine aktuelle Beziehung vor allem auf ihre Konformität hinsichtlich der mütterlichen Erwartung reduziert. Dieses Erlebnis erinnert an die an anderer Stelle besprochene Sequenz aus der Biografie von Manfred Schäfer (vgl. Kap. 3.2.2 und 5.3), als ihn seine Eltern mit einer Frau beim Sex überraschen und der Vater daraufhin Hoffnungen hat, sein Sohn sei nun wieder heterosexuell. In beiden Fällen ist das Eingehen einer heterosexuellen Beziehung oder eines heterosexuellen sexuellen Kontaktes kein Garant dafür, weniger Erfahrungen von Zurückweisung zu machen, sondern es werden Erfahrungen von Zurückweisung aktualisiert und damit über den biografischen Verlauf hinweg verstetigt. In Hinblick auf den gesamten biografischen Verlauf Torsten Nowaks hat damit die monosexuelle Struktur der Gesellschaft und der mit ihr verbundenen institutionalisierten Heterosexualität das Potenzial, immer wieder zu tief greifenden Konflikten mit signifikanten Anderen zu führen – und das nicht nur bei der Wahl gleichgeschlechtlicher Partner_innen, sondern – wie in diesem

Fall – auch bei der Wahl gegengeschlechtlicher Partner_innen. Als Bisexueller erlebt Torsten Nowak eine solche Verstetigung dieses Anerkennungskonfliktes, der sich in diesem Fall in einem Kontrast zwischen dem Narrativ der Versöhnung und der Erinnerung an das Erleben wiederholter Kränkungen zeigt (vgl. dazu auch Scherrer et al., 2015, S. 683; Ritter, 2019 und Kap. 6.2).

Abbruch des Studiums
Einige Zeit nachdem seine Mutter verstorben ist, beendet Torsten Nowak sein Studium ohne Abschluss. Er legt unterschiedliche Gründe für seinen Entschluss dar:

> »okay, wenn ich gar nicht mehr genau weiß ob ich hinterher dann <<hm>> in dem Beruf noch arbeiten will, dann ist mir, die Zeit bis dahin, und auch das Geld was ich bis dahin noch, verpulvere quasi dann, ähm, ist mir dann zu viel <<ja>> und dann besser jetzt, n, Ende noch nicht mal mit Schrecken sondern aber jetzt ein, Ende jetzt, und nicht erst irgendwann dann danach ist, find ich für mich persönlich die richtigere Entscheidung <<hmhm>> auch wenn (3) ich wenn ich unter dreißig zu dem Zeitpunkt gewesen wäre als ich die Entscheidung treffen musste, vielleicht gesagt okay, es ist immer besser das, so was dann abzuschließen <<hm>> oder so, aber ich hab danach nie das Gefühl gehabt ich hab jetzt irgendwas, nicht abgeschlossenes hinter mir oder so <<ja>> sondern, für mich war das rund so« (TN, 46/27–36).

Da der Biograf in Bezug auf das Ende seines Studiums vor allem argumentiert und nicht erzählt, ist eine Rekonstruktion der damaligen Umstände schwierig. Er hebt vor allem finanzielle Erwägungen hervor. Seine Förderung nach dem Bundesausbildungsförderungsgesetz (BAföG) läuft aus und er wäre vermutlich gezwungen, neue Schulden aufzunehmen, die er zusätzlich zu den BAföG-Schulden später begleichen müsste. Zudem wäre es ihm – wie er an anderer Stelle ausführt – kaum möglich, neben dem Abschluss zu arbeiten, was die finanzielle Last noch vergrößern würde. Sein Vater kann ihn in dieser Hinsicht nicht unterstützen. Auch wenn der Biograf den Abbruch vor allem als eine Entscheidung aus Zweifeln begründet, wirklich noch Pfarrer werden zu wollen, können diese finanziellen Gründe als schwerwiegende Einschränkung einer von ihm als »frei« getroffenen Entscheidung beschrieben werden. Als Kind aus einer Arbeiter_innen- und Angestelltenfamilie hat er an dieser Stelle größere

Herausforderungen zu bewältigen als Kinder aus einer finanziell bessergestellten Familie.

Sein Argument bezüglich des Lebensalters wirft dagegen Fragen auf. Es ließe sich entgegnen, dass unterhalb des 30. Lebensjahres tendenziell mehr Zeit zur Verfügung stünde, etwas anderes zu tun, oder zumindest ein Wechsel der beruflichen Orientierung eine größere gesellschaftliche Legitimität hätte als zu einem späteren Zeitpunkt.

Im Mittelpunkt seiner Überlegungen stehen jedoch vor allem die Zweifel an seinem Berufswunsch. Ihn beschäftigt die Frage, ob er bereit wäre, an einem nicht selbst bestimmten Einsatzort für eine Gemeinde und ihre Bedürfnisse präsent zu sein. Erschwerend kommt dabei hinzu, dass er zu diesem Zeitpunkt keine Partnerin und keinen Partner hat, mit der bzw. dem er diesen Neuanfang gemeinsam begehen könnte. Er wäre dabei auf sich allein gestellt. Dies mag ein weiterer Grund dafür sein, dass er sich beruflich umorientiert und, statt Pfarrer zu werden, eine ihm angebotene Position als Verwaltungsangestellter in einem Unternehmen antritt.

Der Biograf bringt das Ende seines Studiums nicht in Zusammenhang mit dem Tod seiner Mutter. Die zeitliche Nähe und das bislang prägende Muster des biografischen Verlaufs legen einen Zusammenhang nahe. Standen zuvor das Bemühen um Anerkennung durch die Mutter, die Etablierung in kirchlichen Zusammenhängen und das Engagement in bisexuellen Zusammenhängen im Vordergrund, sind mit dem Tod der Mutter und dem Ende des Studiums zwei bestimmende Achsen dieses Spannungsfeldes nicht mehr Bestandteil der Gegenwart des Biografen.

Geringeres Engagement in bisexuellen Zusammenhängen
Torsten Nowak verringert Stück für Stück sein Engagement in bisexuellen Zusammenhängen, was sich stimmig in die oben skizzierte biografische Entwicklung einfügt. Er gibt unterschiedliche Gründe dafür an:

> »aber dann war irgendwann klar, dass das Thema für mich, im Moment auch so weit, bearbeitet ist oder, durch ist und ich das von so vielen äh, Seiten aus betrachtet habe und mich engagiert habe, ähm, dass einfach mal wieder andere Dinge äh wichtig <<hm>> äh werden sollten oder ich mich mit anderen Dingen beschäftigen wollte, und äh ich dann das Gefühl hatte ich äh hab jetzt kein Interesse mehr dran an diesen, regelmäßigen Treffen <<ja>> teilzunehmen und ähm, ja, ich bin dann auch nicht mehr zu irgendwelchen

bundesweiten Treffen gefahren, weil ich da auch für mich so merkte dass mich das jetzt nicht wirklich so, weiterbringt oder ich da jetzt kein Interesse da an dem Austausch hatte« (TN, 50/25–33).

Einer der Gründe ist sein Empfinden, dass er das Thema abschließend »bearbeitet« hat und er mehr Zeit für andere Dinge haben möchte. Doch an anderer Stelle erwähnt er weitere Gründe:

»ich hätte mir auch vorstellen noch mehr auch politisch zu machen <<ja>> ähm, es gab zum Beispiel [Bezeichnung der Neuregelung], ne Neu-, regelung der Sexualkunderichtlinien <<hmhm>> (3) äh wo ich damals das schon ganz interessant gefunden hätte äh wenn wir uns da stärker eingebracht hätten <<ja>> aber ich hatte da- äh (3) ich habs nicht für möglich gehalten dass jetzt alleine <<hmhm>> äh zu machen, und ich sah damals irgendwie jetzt nicht genügend Leute die da mitgearbeitet hätten <<hmhm>> aber das wäre zum Beispiel schon was was ich durchaus interessant gefunden hätte <<ja>> und für wichtig gehalten hätte weil ich irgendwie das Gefühl hatte das wird halt darauf hinauslaufen dass inzwischen, zwar, ähm, Schwulsein und Lesbischsein irgendwie ähm klar ist dass das ins solche Richtlinien mit da- äh reingehört und auch inzwischen mit gelehrt wird <<ja>> aber äh dass es eben auch noch was anderes als diese Schwarzweißmuster gibt <<hm>> ähm, das denk ich ist halt noch nicht so stark im Blickfeld <<hm>> und äh oder wird nicht so stark thematisiert, und äh das hätte ich schon für ganz gut gehalten ne so <<ja>> (2) hmhm« (TN, 50/51/48–7).

Diese Beschreibung des Biografen stützt die Hypothese, dass sich die bisexuelle Selbstorganisation in Deutschland seit den 2000er Jahren weniger professionalisiert und institutionalisiert hat, als dies in manchen anderen europäischen Ländern der Fall ist. So stellen bisexuelle Gruppen in Großbritannien zum Beispiel einen aktiven und selbstverständlichen Teil der politischen Selbstorganisation der queeren Community (vgl. Monro, 2015, S. 178). In Deutschland existiert dagegen eine in großstädtischen Räumen regional verankerte Struktur, die vor allem in Stammtischen und Selbsthilfegruppen besteht. Die überregionalen Strukturen bisexueller Selbstorganisation in Deutschland haben ihre Stärke den Erkenntnissen meiner Arbeit nach (vgl. Kap. 5.6) eher darin, einer überschaubaren Gruppe von Menschen eine Auszeit von den Zumutungen der von institutionalisierter Monosexualität geprägten Alltagswelt zu ermöglichen. Dagegen wünscht sich der Biograf ein gemeinsames und gezieltes Wirken auf Veränderungen innerhalb dieser Alltagswelt, wie sein Beispiel der Frage nach Repräsentation bisexueller Lebensweisen in Schulbüchern zeigt (vgl. dazu auch Kap. 6.3).

In dieser Ausgangssituation bleibt der Biograf mit seinem Interesse, in andere gesellschaftliche Felder hineinzuwirken, relativ allein. Damit fehlt ihm die Grundlage, sein bisexuelles Engagement – jenseits der biografischen Aufarbeitung und Selbsthilfearbeit – in anderen Bereichen weiterzuführen.

Im biografischen Verlauf verringert sich damit – nach dem Tod der Mutter und dem Ende des Studiums – die Bedeutung des Engagements in bisexuellen Zusammenhängen. Das lässt die Hypothese zu, dass der Biograf nun in seinen Vierzigern, Mitte der 2000er Jahre, die mühevolle Bearbeitung dieser zentralen Themen seines Lebens abgeschlossen hat und sich damit anderen Bereichen zuwenden kann. Dem steht die Erkenntnis gegenüber, dass er – wie ich anhand der narrativen Struktur seiner Lebensgeschichte dargestellt habe – sowohl familial als auch gesellschaftlich weiterhin mit dem Thema der mangelnden Anerkennung seines Lebensentwurfes beschäftigt ist, aber weniger Zusammenhänge vorfindet bzw. herstellt, in denen er diese bearbeiten kann.

Zukunftswünsche
In Bezug auf seine Zukunft wünscht sich Torsten Nowak sowohl eine Partnerschaft als auch – unabhängig von einer Liebesbeziehung – das Leben in einer größeren Gemeinschaft.

> »also ich hab kein (2) keine Furcht oder kein Problem damit, äh mir vorzustellen ich bleibe mein Leben lang Single <<hmhm>> (2) das ist jetzt nicht ein irgendwie kein Horrorszenario <<ja>> oder so, ähm, ich fände es wünschenswert wenns anders wäre, weil ich denke dass=ich da- ä- das- dass ichs schöner fände <<ja>> aber wenn es so sein sollte aus welchen Gründen auch immer ähm, dann hab ich von jetzt aus betrachtet so kein, Problem damit das so hinzunehmen <<hmhm>> oder zu akzeptieren, ähm (3) es ist so dass ich eher (4) den Gedanken nicht so toll finde jetzt, ähm (4) den Rest meines Lebens alleine zu leben <<ja>> ähm da ist es so dass ich da merke dass ich mich da in der Zukunft mehr mit beschäftigen möchte, mit anderen zusammen was zu machen <<hmhm>> mit anderen zusammen zu leben <<ja>> ähm, aber das ist für mich dann auch eher was, egal ob jetzt

es ne Beziehung gäbe oder nicht, eher was was in nem größeren Rahmen noch ist äh und es wär jetzt auch nicht so dass wenn auf einmal jetzt da ne Beziehung wäre, das für mich jetzt das Ausreichende wäre um zu sagen und damit werd ich jetzt alt, <<hmhm>> sondern selbst dann fände ich es wünschenswert in nem anderen größeren Verbund, <<ja>> ob ich das wirklich irgendwann umsetze oder irgendwann in so etwas lande ähm, weiß ich nicht kann auch anders sein aber äh, wünschenswert fände ich dass irgendwann ne ne, n Zusammenhang oder Zusammenschluss zu finden wo ich es schön fände <<hmhm>> ähm zusammen zu leben oder so« (TN, 63/8–25).

Liebesbeziehungen stehen nicht im Mittelpunkt der Lebenserzählung Torsten Nowaks. Die von ihm beschriebene Trennung zwischen dem Wunsch, eine Liebesbeziehung einzugehen und dem Wunsch, gemeinsam mit anderen zu leben, lässt sich stimmig in diese eher nachrangige Bedeutung von Liebesbeziehungen einfügen.

In Bezug auf eine Liebesbeziehung setzt Torsten Nowak auf seine Haltung der Offenheit, in der er zwar Rahmenbedingungen schafft, die eine Beziehung ermöglichen, aber nicht aktiv auf eine Beziehung hinarbeitet. Er findet eine Beziehung zwar wünschenswert, hält sie aber nicht für notwendig für ein zufriedenes Leben. Seine Offenheit umfasst daher nicht nur die Frage, welchen Geschlechts mögliche zukünftige Beziehungspartner_innen sein könnten, sondern diese macht es für ihn auch denkbar, gar keine Beziehung einzugehen. Damit bewahrt er sich eine große Bandbreite an Anpassungsmöglichkeiten an zukünftige Lebensumstände. Dieser Haltung entsprechend wäre er in einer gemeinsamen Beziehung aber auch bereit zu einem grundsätzlichen Wandel seiner Lebensumstände, wie er anhand eines Beispiels beschreibt: »wenn jetzt die andere Seite gesagt hätte okay und (3) in zwei Wochen, ziehen wir nach Australien, dann hätte ich vielleicht da gesagt okay <<hmhm>> äh das RISIKO GEHE ICH EIN« (TN, 62/39–41). In diesem hypothetischen Entwurf unterstreicht er das zwiespältige Potenzial seines Lebensentwurfes in dieser Phase seines Lebens. Da er weder beruflich noch familiär oder zivilgesellschaftlich existenziell engagiert ist – wie er es zuvor zum Teil war –, wahrt er sich eine Vielzahl an Möglichkeiten, seinen weiteren Lebenslauf situationsabhängig zu gestalten. Zu diesem Potenzial gehört das Risiko, dass sich in der Zukunft die erwünschte Beziehung nicht ergibt, was im Falle des Biografen ein gewisses Risiko der Verunsicherung in der Gegenwart und Vereinzelung in der Zukunft nach sich zieht.

Der Biograf ist sich dieses Risikos bewusst, weshalb er der Gefahr, einsam zu werden, begegnet, indem er sich mit möglichen Vergemeinschaftungsformen jenseits der romantischen Zweierbeziehung beschäftigt. Er bewirbt sich in einer Wohngemeinschaft und sucht zeitweilig mit Freund_innen nach einer WG-geeigneten Wohnung, wird aber nicht fündig. Die Herausforderungen, die ihm begegnen, resultieren damit ebenfalls aus einer mangelnden Institutionalisierung von Vergemeinschaftungsformen jenseits von Paarbeziehung und Familie – was sich unter anderem darin ausdrückt, dass sich in Großstädten nur wenig geeigneter und bezahlbarer Wohnraum für andere Lebensentwürfe finden lässt. Die große Freiheit des Biografen in seinen Zukunftsentwürfen stellt sich in dieser Lebensphase als eine Herausforderung dar, da er angesichts der Gestaltung der Vielzahl an Möglichkeiten hinsichtlich seiner Zukunft auf sich allein gestellt ist und sich nicht alles, was in einer pluralen Gesellschaft prinzipiell möglich ist, als tatsächlich realisierbar erweist.

5.1.4 Biografischer Verlaufstypus: Selbstetikettierung als Übernahme

Nach dieser Falldarstellung komme ich zum Typus, den ich auf Grundlage dieser Rekonstruktion gebildet habe. Dabei handelt es sich um den biografischen Verlauf einer *Übernahme* von Bisexualität als ein soziales Etikett der Selbstbeschreibung. Ich werde an dieser Stelle zunächst auf allgemeine Merkmale dieses Verlaufs eingehen, ihn hinsichtlich der Handlungsmöglichkeiten und -beschränkungen beleuchten, die sich infolge der Übernahme ergeben, und abschließend den dargestellten Fall als einen den Typus repräsentierenden Verlauf zusammenfassen. Eine vergleichende Diskussion des Typus mit anderen Verläufen erfolgt an anderer Stelle (vgl. Kap. 6.1).

Biografische Verläufe, in denen Bisexualität als ein soziales Etikett der Selbstbeschreibung übernommen wird, zeichnen sich dadurch aus, dass geschlechterübergreifende Sexualität und Beziehungen schon in der Adoleszenz einen selbstverständlichen Teil des Lebens darstellen. Diese Selbstverständlichkeit kann sich dabei sowohl auf eine gelebte Praxis als auch auf nicht ausgelebte Fantasien beziehen. Dabei ist es wichtig hervorzuheben, dass die Repräsentant_innen durchaus Erfahrungen von Missachtung machen, etwa in der Familie, der Schule oder durch rechtliche Beschränkungen. Diese Erfahrungen führen jedoch höchstens zu einer strategischen

Beschränkung des sexuellen und partnerschaftlichen Handelns, aber nicht zu einem Erleben der eigenen sexuellen und partnerschaftlichen Wünsche als grundsätzlich problematisch.

Bisexualität wird in diesen Verläufen auch narrativ als etwas entworfen, was schon immer Teil des Lebens war. Dazu gehört sowohl die Naturalisierung von Bisexualität als Teil des Körpers, repräsentiert durch einen Fall aus dem gesamten Sample, *Helene Peters*, die sagt: »das [Bisexualität] is nen Teil von mir selbst das gehört zu mir, wie meine Augenfarbe und auch die kann ich nich verändern« (HP, 7/26–27). Eine solche Naturalisierung stellt keineswegs die einzige Variante der narrativen Einbindung von Bisexualität in diesen Verläufen dar. Sie kann ebenso zum Bestandteil einer Einstellung zum Leben erklärt werden, repräsentiert durch das Narrativ, das *Torsten Nowak* entwirft:

> »Ich hab halt das Gefühl (4) dass die Bisexualität nicht der Ursprung ist <<hmhm>> sondern dass die halt resultiert aus ner äh bestimmten Art von Offenheit <<hmhm>> äh, vielem oder allem gegenüber« (TN, 71/8–12).

Aufgrund des schon vorhandenen positiven Bezugs auf bisexuelles Handeln führt das anfängliche Fehlen von Bisexualität als ein Etikett der Selbstbeschreibung in Fällen dieses Typus nicht zu Konflikten, da das erwünschte Handeln schon praktiziert wird und eine entsprechende Legitimierung schon vorhanden ist.

Die Übernahme von Bisexualität als ein soziales Etikett der Selbstbeschreibung wird unter diesen Bedingungen nicht als einschneidender Moment in der Biografie erlebt. Es handelt sich um die Annahme eines stimmigen Begriffs für die schon bestehenden partnerschaftlichen und sexuellen Handlungsweisen oder entsprechende Wünsche. Dementsprechend ändert die Übernahme in diesen Verläufen wenig an der Deutung der Vergangenheit, an den Praktiken in der Gegenwart oder den Entwürfen für die Zukunft. Es fällt dabei auf, dass die Übernahme – trotz ihres relativ konfliktlosen Verlaufs – auch in Fällen dieses Typus erst relativ spät – nach der Adoleszenz – erfolgt. Ein Grund hierfür ist ein Mangel an verfügbaren sozialen Etiketten von Bisexualität, die sich zur Übernahme eignen (vgl. Hüsers & König, 1995, S. 97; Kap. 3.2.2 und 6.1). Ein anderer Grund für die späte Übernahme ist, dass kein dringender Bedarf nach einem solchen Etikett besteht, da sowohl Handlungspraxis als auch deren Legitimation schon zuvor gegeben sind.

Eine wichtige Voraussetzung für die Übernahme von Bisexualität als ein Etikett der Selbstbeschreibung stellt, in den Fällen dieses Typus, das Wissen oder das Erleben dar, dass andere Menschen Bisexualität als ein Etikett der Selbstbeschreibung in einer positiven Weise verwenden.

Handlungsmöglichkeiten
Obwohl die Übernahme des Etiketts in den Fällen des diskutierten Typus zu keiner Veränderung der Deutung der Vergangenheit, der Gestaltung der Gegenwart oder der Entwürfe für die Zukunft führt, ergeben sich durch sie eine Reihe an neuen Handlungsmöglichkeiten. Sie ermöglicht eine stimmige Form der Beschreibung und Kommunizierbarkeit des eigenen sexuellen und partnerschaftlichen Handelns. Bei Bedarf erlaubt sie den Kontakt zu anderen Menschen, die sich als bisexuell bezeichnen, und macht die – vor allem in Großstädten – seit den 1990er Jahren vorhandenen kulturellen Angebote von Bisexuellen für Bisexuelle nutzbar. Es ergibt sich ein Zugang zu den wenigen Orten, an denen bisexuellem Handeln fraglose Anerkennung zukommt, was weder in heterosexuellen noch in homosexuellen Zusammenhängen eine Selbstverständlichkeit darstellt (vgl. Kap. 3.2.2). Ferner besteht die Gelegenheit, die Selbstbezeichnung zum Ausgangspunkt gemeinsamen Handelns zu machen, etwa um kulturelle Angebote zu gestalten oder Interessengemeinschaften zu bilden.

Handlungsbeschränkungen
Trotz des kontinuierlichen Erlebens der eigenen Sexualität und Gestaltung von Beziehungen als stimmig und selbstverständlich, ergeben sich in den Fällen dieses Typs, auch nachdem sie Bisexualität als ein Etikett der Selbstbeschreibung übernommen haben, Handlungsbeschränkungen. Das ist ein Hinweis auf den Grad der Institutionalisierung von Monosexualität in der Alltagswelt. Denn es zeigt sich, dass auch ein positiver Bezug auf das eigenen sexuelle und partnerschaftliche Handeln seit der Adoleszenz, die Übernahme von Bisexualität als ein positives Etikett der Selbstbeschreibung sowie der mögliche Kontakt zu anderen Bisexuellen die Verwicklung in Anerkennungskonflikte nicht verhindern können. Die relativ konfliktfreie Übernahme von Bisexualität als soziales Etikett der Selbstbeschreibung schließt daher nicht aus, dass Anerkennungskonflikte vorkommen oder sogar die ganze Lebensgeschichte prägen können (vgl. Kap. 6.2). Der Grad an Anerkennung, der im Rahmen von selbstorganisierten bisexuellen Zusammenhängen erreicht werden kann, bleibt auf diesen Rahmen

beschränkt und das Ausmaß der Selbstorganisation von Menschen unter Bezugnahme auf das Etikett der Bisexualität erweist sich als zu gering, um wirkungsvoll einen Wandel in bestehenden gesellschaftlichen Anerkennungsverhältnissen herbeizuführen.

Zusammenfassung der den Typus repräsentierenden Verläufe
An dieser Stelle fasse ich den rekonstruierten Fall hinsichtlich seiner typischen Eigenschaften zusammen (vgl. Kap. 4.4.6). *Torsten Nowak* repräsentiert den Typ der Übernahme von Bisexualität als Etikett der Selbstbeschreibung. Torsten Nowak entwickelt schon in der Adoleszenz eine große Neugier in Hinblick auf sexuelle Kontakte und Beziehungen zu Männern, ohne auf Sexualität und Beziehungen mit Frauen zu verzichten. Er genießt dabei die vergeschlechtlichten Unterschiede zwischen den sexuellen Kontakten mit Männern und solchen mit Frauen. Während er die sexuellen Interaktionen mit Männern als spielerischer und eher auf Sexualität beschränkt wahrnimmt, erlebt er seinen ersten Sex mit einer Frau als einen institutionalisierten Übergangsritus, in dessen Folge er sich als Teil der Erwachsenenwelt erlebt. Bisexualität bedeutet in seinem Fall also keine Sexualität, die von den gesellschaftlichen Differenzen zwischen den Geschlechtern absieht. An der Entwicklung des biografischen Verlaufes von Torsten Nowak fällt auf, dass er durch seine Eltern, durch das katholische Milieu, in dem er aufwächst, und die während seines Aufwachsens in den 1980er Jahren in Westdeutschland herrschende Rechtsprechung eine Missachtung seiner Sexualität erfährt (vgl. Kap. 6.2). Die Konflikte mit seinen Eltern können dabei als ein Generationenkonflikt zwischen einer auf einer Moral der Akte beruhenden sexuellen Ordnung und einer sich herausbildenden »Verhandlungsmoral« (Schmidt 2005, S. 10) des Sexuellen gedeutet werden. Die Rekonstruktion seines Falles zeigt dabei, dass dieser Konflikt sich zugunsten des Biografen löst: Er lässt sich nicht in seiner sexuellen Handlungsfähigkeit einschränken. Allerdings geschieht dies um den Preis eines bis ins fortgeschrittene Lebensalter andauernden Versuchs, die ihm versagt bleibende Anerkennung herzustellen. In Hinblick auf den biografischen Verlauf von Torsten Nowak lässt sich festhalten, dass eine konfliktfreie Übernahme von Bisexualität als Etikett und tief greifende Anerkennungskonflikte, welche die Biografie nachhaltig prägen, sich nicht ausschließen. Die Übernahme von Bisexualität als ein soziales Etikett der Selbstbeschreibung stellt sich in seiner Lebensgeschichte nicht als grundlegender biografischer Wandel dar. Vermittelt wird diese Übernahme – wie in den meisten Fällen – durch die Wahrnehmung einer Selbstorganisa-

tion Bisexueller. Dieser Zusammenhang bietet dem Biografen einen Kontext der Vertrautheit und unhinterfragten Anerkennung. Allerdings vermag diese temporäre Entlastung nicht die Erfahrung auszugleichen, dass Bisexualität keinen sozialen Status als eine gleichberechtigte und selbstverständliche Sexualität in seiner Familie und in einem breiteren gesellschaftlichen Kontext innehat.

Der biografische Verlauf von *Helene Peters* repräsentiert ebenso diesen Typus.[33] Sie wurde Anfang der 1970er Jahre geboren, also etwa ein Jahrzehnt später als Torsten Nowak. Wie dieser kommt sie aus einer Arbeiter_innen- und Angestelltenfamilie. Angesichts zahlreicher lebensgeschichtlicher Herausforderungen, die sich ihr stellen, und den psychosomatischen Folgen, die daraus resultieren, wie einer Essstörung, erweist sich für die Biografin Sexualität als ein wichtiger Bereich unbelasteter körperlicher Praxis. Diesen Bereich entlang der Kategorie Geschlecht zu beschränken, hat für die Biografin keinen Nutzen. Die Übernahme von Bisexualität als Etikett der Selbstbeschreibung erfolgt, ähnlich wie im Fall von Torsten Nowak, in Bezug auf Gruppen bisexueller Selbstorganisation. Dabei stellt sie als wichtigsten Aspekt die Kultur des Feierns in den Vordergrund, die sie hier erlebt. Ein Erleben von Bisexualität als fraglos anerkannt ergibt sich in ihrem Fall ebenso wenig wie im Fall von Torsten Nowak, allerdings mit geringeren lebensgeschichtlichen Auswirkungen. Die Biografin hebt dabei insbesondere Erfahrungen von Diskriminierung in lesbischen Zusammenhängen hervor.

Nach dieser Konstruktion des ersten biografischen Verlaufstypus folgt nun die Falldarstellung »Tanja Weber«, die auf einer globalanalytischen Auswertung beruht (vgl. Kap. 4.3.4).

5.2 Falldarstellung – Tanja Weber

»oh nee dachte ich jetzt echt nicht schon wieder« (TW, 32/28).

Den Fall von Tanja Weber habe ich ausgewählt, da sie ihre Sexualität und ihre Beziehungen zunächst gegengeschlechtlich-monosexuell und dann

---

[33] Dieser Fall wurde ausführlicher in anderen Veröffentlichungen im Rahmen des zugrunde liegenden Forschungsprojektes dargestellt (vgl. Kemler, Löw & Ritter, 2012) und in einer weiteren Veröffentlichung erwähnt (vgl. Ritter, 2014).

gleichgeschlechtlich-monosexuell organisiert. In ihrer Erzählung zeichnet sich ab, dass die Einbettung von Bisexualität als Praxis und Selbstbezeichnung in ihrem Alltag sich nicht bruchlos vollzieht, was sich im oben eingefügten Zitat widerspiegelt. Zudem spielt in ihrer Lebensgeschichte ein Engagement in bisexuellen Zusammenhängen nur eine untergeordnete Rolle. Hinsichtlich dieser Kriterien bildet dieser Fall damit einen maximalen Kontrast zu dem zuvor dargestellten Fall von Torsten Nowak (vgl. Kap. 5.1). Anhand der Ergebnisse dieser biografischen Fallrekonstruktion wurde der biografische Verlaufstypus der Annahme von Bisexualität als soziales Etikett als *Anpassung* konstruiert.

5.2.1 Interviewkontext und Interaktionsverlauf

Mit Tanja Weber führe ich Anfang des Jahres 2011 ein Interview in ihrer Wohnung. Sie lebt in einer deutschen Großstadt. Unser Gespräch dauert etwa dreieinhalb Stunden. Sie ist zum Zeitpunkt des Treffens Ende dreißig und in leitender Funktion eines Unternehmens tätig.

Die Interviewanfrage erreichte Tanja Weber über einen Mailverteiler für Bisexuelle. Sie schreibt uns eine E-Mail, um ihre Bereitschaft für ein Interview mitzuteilen, bittet aber, zunächst mehr über das Forschungsvorhaben und den Ablauf des Interviews zu erfahren. Sie macht in diesem ersten Kontakt auf mich den Eindruck einer sehr gut organisierten Person, die gerne eine gewisse Kontrolle über die Situation behält.

Das Gespräch findet an einem sonnigen Samstagmorgen in der Wohnung der Interviewpartnerin statt. Tanja Weber begrüßt mich an der Tür freundlich. Sie führt mich dann in die Küche, wo sie für uns ein Frühstück hergerichtet hat. Deshalb frühstücken wir gemeinsam, bevor wir mit dem Interview anfangen und kommen dabei ins Gespräch. Während des Gespräches erzählt sie, dass sie sich vor einem Jahr von ihrem Partner getrennt hat, mit dem sie mehrere Jahre zusammen war. Sie wünsche sich wieder eine Beziehung und sei offen für eine Beziehung mit einem Mann oder mit einer Frau. Dabei halte sie, aufgrund ihres vorwiegend lesbisch geprägten sozialen Umfelds, eine Frau als nächste Beziehungspartnerin für wahrscheinlicher. Mein Eindruck aus den E-Mails festigt sich durch diese Begegnung, in der Tanja Weber mir einen freundlichen Empfang bereitet, dabei die Situation unserer Begegnung klar strukturiert und die Möglichkeit schafft, mir vor dem Beginn des Interviews einige Fragen zu den Gesprächen zu stellen, die ich schon geführt habe. Als ich von den Interviews und meiner Begegnung mit unterschiedlichen gut organisierten bisexuellen Vereinen und Stammtischen erzähle, erwähnt sie, dass sie nicht viel mit explizit bisexuellen Zusammenhängen zu tun habe, sondern lediglich entsprechende Foren und Mailverteiler nutze, über die sie auch unsere Anfrage erreichte. Auf meine Frage, weshalb dies so sei, argumentiert sie, dass sie die Dominanz von Mehrfachbeziehungskonzepten in manchen bisexuellen Gruppen anstrengend finde. Daraufhin schlage ich ihr vor, sie könne einen Stammtisch für monogame Bisexuelle gründen, worauf sie halb lachend und halb ernsthaft überlegend reagiert. In unserer Interaktion wird deutlich, dass die Biografin sich als »Monogame« in manchen bisexuellen Zusammenhängen marginalisiert fühlt. Zugleich lässt sich aus den Aussagen Tanja Webers ein gewisses Abgrenzungsbedürfnis herauslesen, mit dem sie ihren monogamen Lebensentwurf von nicht monogamen Lebensweisen abgrenzt. Damit entwirft sie noch vor unserem Gespräch ein Spektrum von Bisexualität, in dem es auf der einen Seite – auf der Tanja Weber steht – die bisexuellen Monogamen gibt und auf der anderen Seite die bisexuellen Nicht-Monogamen. In dieser Positionierung der Biografin kommen Differenzen und Konflikte zwischen bisexuellen Lebensentwürfen zum Ausdruck. Zugleich lässt sie sich als eine Antwort der Biografin auf einen gesellschaftlichen Diskurs betrachten – den ich womöglich in diesem Moment als Interviewerin repräsentiere –, in dem Bisexualität als eine notwendig nicht-monogame Lebensweise imaginiert wird (vgl. Kap. 3.2.2). Auch das kann ein Grund sein, weshalb es Tanja Weber wichtig ist, deutlich zu machen, dass sie monogame Beziehungen führt.

In diesem Zusammenhang muss einbezogen werden, dass Tanja Weber einen vorwiegend lesbischen Freundeskreis hat. Im Gegensatz zu vielen anderen unserer Interviewpartner_innen grenzt sie sich nicht von Lesben ab. Damit gehört sie zu der Minderheit der Interviewpartner_innen, die sich nur am Rande bisexueller Zusammenhänge verortet und nicht in die verbreitete Kritik von Ausgrenzung bisexueller Frauen durch Lesben einstimmt.

Im Interview erzählt Tanja Weber wenig und bevorzugt stattdessen relativ knappe Berichte. Meine These für den Grund dieses Erzählstils ist einerseits eine gewisse Skepsis der Biografin hinsichtlich der Methode eines offenen biografischen Interviews und andererseits der Wunsch, die eigene Lebenserzählung in einer reflektierten Distanz zu präsentieren – ein

Wunsch, der im Kontext des Erlebens eines gewissen Kontrollverlustes in der Biografie Tanja Webers eingeordnet werden kann. Sie erlebte sowohl das entstehende Interesse für Frauen als Sex- und Beziehungspartnerinnen als auch ihr Jahre später wieder aufkommendes Begehren von Männern als überraschende »Wirrungen« – ein Erleben, dem sie womöglich mit einer kontrollierten und stringenten Darstellung ihrer Lebensgeschichte begegnet. Diese These kann anhand der Darstellung der Ergebnisse der Text- und thematischen Feldanalyse ausführlicher diskutiert werden.

5.2.2 Das thematische Feld der erzählten Lebensgeschichte

Die Biografin stellt explizit ihr Beziehungsleben in den Mittelpunkt ihrer Eingangserzählung. Ich betrachte diesen thematischen Schwerpunkt als ein Einlassen Tanja Webers auf unser Forschungsinteresse. Dieser Schwerpunkt ist damit eher Produkt unserer Interaktion, als dies in der später dargestellten Biografie von Birgit Müller der Fall ist (vgl. Kap. 5.4.1). In ihrem Fall ist die von ihr dargestellte »Wende« auch unabhängig von unserer Interaktion das bestimmende Moment der Gestalt ihrer erzählten Lebensgeschichte. Wenn dagegen Tanja Weber davon spricht, dass sie ihre Erzählung zunächst auf »Beziehungen begrenze« (TW, 1/14–15), nimmt sie – wie ich oben schon angesprochen habe – eine eher distanzierte Haltung zu ihrer eigenen Lebensgeschichte ein. »Beziehungen« – ein Bereich ihres Lebens, mit dem sie Bisexualität vor allem verknüpft – stellen nur ein Thema unter vielen dar. Gerade deshalb ist die Biografin in der Lage, dieses Thema gezielt abzugrenzen und davon zu erzählen.

Auch wenn Bisexualität das erzählte Leben der Biografin nicht im selben Ausmaß strukturiert wie im Fall von Birgit Müller, lässt sich ihre Präsentationsweise als ein Umgang mit ihrem Erleben von Bisexualität als einer doppelten Irritation in ihrem biografischen Verlauf beschreiben.

Tanja Weber erzählt ihre Geschichte von Anfang an in einem Spannungsfeld von Normalität und Irritation. So berichtet sie etwa, ihre Beziehungsbiografie habe »erstmal so ganz **normal** angefangen« (TW, 1/16), womit sie Beziehungen mit Männern meint. Dabei betont sie zudem, dass die Beziehungen immer »so zwei Jahre« gedauert hätten. Meine These ist, dass die Biografin dabei erneut hervorheben möchte, dass sie die »Normalität« gegengeschlechtlicher Beziehungen erfüllt hat. Zudem kann sie in dieser Weise einführen, dass sie nach dem in weiten Teilen der Gesellschaft anerkannten Prinzip der seriellen Monogamie gelebt hat und ihre Beziehung in der Regel auf eine gewisse Dauer angelegt waren. Wie in unserem Gespräch vor dem Interview kann dieser Einstieg in ihre Erzählung als eine Reaktion auf eine verbreitete Unterstellung gelesen werden, Bisexuelle lebten grundsätzlich nicht monogam.

Vor dem Hintergrund der in dieser Weise entworfenen »Normalität« am Anfang ihres Lebens beschreibt sie einen grundlegenden »Wechsel« (TW, 1/22): einen Umzug aus ihrem Geburtsort und den nach diesem Umzug aufkommenden Gedanken, dass sie Frauen als Beziehungspartnerinnen bevorzuge. Im Gegensatz zur später dargestellten Erzählweise von Birgit Müller beschreibt Tanja Weber diesen »Wechsel« eher als eine Irritation in der Biografie als einen alle Lebensbereiche erschütternden Einschnitt. Dazu trägt bei, dass sie zunächst von einem »Gedanke[n]« (TW, 1/25) spricht, also von etwas, das abgewogen, angenommen oder verworfen werden kann. Sie erzählt, wie sie diese Gedanken zunächst als »albern« (TW 1/29) empfindet: »nach dem Motto nur weil du gerade unglücklich mit nem Mann bist musst du nicht gleich mit den Frauen anfangen« (TW, 1/26–28). Sie beschreibt, wie sie sich zunächst mit einer Haltung begegnete, die lesbischem Begehren abwertend als etwas gegenübersteht, das nicht ernst zu nehmend oder Folge enttäuschter Heterosexualität sei (vgl. dazu auch Wolf, 2004). Dies ist ein wichtiger Hinweis darauf, wie sich die Biografin in ihrer Lebenserzählung mit einer Spielart der gesellschaftlichen Thematisierung lesbischen Begehrens auseinandersetzen muss, die dieses als nicht ernst zu nehmen, lächerlich oder übertrieben abwertet. Neben der Auseinandersetzung mit der Abwertung nicht monogamer Lebensweisen zeigen sich damit auch an dieser Stelle ihres Narrativs Spuren der Auseinandersetzung mit institutionalisierter Hetero- und Monosexualität (vgl. Kap. 3.2.2).

Dabei präsentiert sich die Biografin durchgängig als eine Person, die trotz der »Gedanken« und dem sich an diese anschließenden »Wechsel« hin zu Frauenbeziehungen ihr Leben im Griff hat. Dies gelingt ihr, indem sie ihren Bericht über den »Wechsel« zügig beendet, ohne die zugehörigen Themen auszuführen oder gar als herausfordernd einzuführen. Der »Wechsel« ist in ihrem Narrativ damit eine abgeschlossene Episode, an die sich eine andere Form der Normalität anschließt. In Tanja Webers Erzählung drückt sich dies darin aus, dass sie nun wieder beginnt, über ihre Beziehungsgeschichte zu berichten, in der sie längere Beziehungen führte. Dann führt sie eine zweite Irritation ein: als sie während ihrer dritten Partnerschaft beginnt, von Sex mit Männern zu träumen und wieder die Aufmerksamkeit von Männern registriert. Ähnlich wie in Bezug auf ihr lesbisches Coming-out beschreibt sie diesen Wandel weder als Einschnitt noch als etwas, das sie handelnd herbeiführt. Es ist eher eine Irritation, die durch unvermittelt auftretende Gedanken, Wünsche oder Wahrnehmungen ausgelöst wird.

In ihrer Erzählung wählt die Biografin – wie bei der Thematisierung ihres lesbischen Coming-outs – die Form der Evaluation dieser Lebensphase, mit der sie sich dem Erlebten in einer eher sarkastischen Distanz zuwendet: »Gott jetzt dachte ich ich hätts irgendwie, irgendwie klar und jetzt irgendwie diese Nummer wieder« (TW, 1/42–43). Interessant ist dabei, dass sie die Situation als Wiederholung bezeichnet. Sie beschreibt den Gedanken, Frauen als Beziehungspartnerinnen zu wählen, und den sich einige Jahre später einstellenden Gedanken, wieder für Männer offen zu sein, als in ähnlicher Weise irritierend. Dabei handelt es sich um eine spezifische Erfahrung Bisexueller, die nicht allein den Bruch mit der institutionalisierten Heterosexualität, sondern mit der Institution der Monosexualität als biografische Irritation erleben. Damit kann nicht nur der »Wechsel« hin zu einer gleichgeschlechtlichen Beziehung, sondern auch die daraufhin folgende erneute Zuwendung zu einem gegengeschlechtlichen Sex- oder Beziehungspartner die Notwendigkeit einer Reorganisation des lebensgeschichtlichen Zusammenhangs nach sich ziehen. Auch die »Wirrungen« (TW, 1/45) dieser Lebensphase führt Tanja Weber nicht weiter aus. Ihrem Muster des Erzählens folgend fügt sie stattdessen einen Bericht darüber an, wie sie daraufhin eine mehrjährige Partnerschaft mit einem Mann geführt habe. Daran anschließend erfolgt ein Bruch in ihrer Erzählung. Die Biografin führt das erste Mal ausführlicher das Thema Freundschaft ein und spricht darüber, dass sie aufgrund dieser Beziehung keinen Anlass sah, ihren vorwiegend lesbischen Freundeskreis zu wechseln, und ihre Freund_innen sich nicht von ihr abgewendet hätten. In diesem thematischen Bruch in der Erzählung zeigen sich die Unsicherheiten, zu denen ihre Beziehung mit einem Mann geführt hat und die das Muster ihrer vor allem an ihrer Beziehungsbiografie orientierten Erzählweise beeinflussen. Abschließend knüpft die Biografin wieder an dieser an und berichtet, dass sie aktuell keine Partnerin bzw. keinen Partner habe und sie sich nun das erste Mal in ihrem Leben in einer Situation befände, in der »beides im Moment auch möglich, wäre« (TW, 2/13).

Das thematische Feld der Lebensgeschichte Tanja Webers ist damit ihre Beziehungsbiografie, in die sie Bisexualität als ein Thema unter anderen einbezieht. Dabei begegnet sie den »Wirrungen« (TW, 1/45) – als sie ihr lesbisches und bisexuelles Coming-out beschreibt – mit einer ironisch-distanzierten Haltung. Das ermöglicht es ihr, diesen Themen nur einen sehr begrenzten Raum in ihrer Erzählung zuzuweisen und sie zügig abzuschließen. Wie diese Erzählweise mit der Dimension des erlebten Lebens in Beziehung steht, führe ich im Folgenden aus.

5.2.3 Lebensgeschichte

Die Biografin wird Anfang der 1970er Jahre in eine Arbeiter_innen- und Angestellten-Familie geboren, die in einer Großstadt lebt.[34] Die Großeltern Tanja Webers mütterlicherseits waren katholisch. Die Mutter der Biografin kommt noch vor dem Zweiten Weltkrieg zur Welt und erlebt diesen als Baby und Kleinkind. Nach dem Ende des Krieges verliert die Mutter der Biografin einen Elternteil:

> »ihre Mutter starb, als meine Mutter **meine** Mutter [Altersangabe, sie ist Jugendliche] war <<ja>> so dass sie dann, von der Schule gehen musste und ihre Geschwister, versorgen musste (2) das war eigentlich ihr großer (3) ((lächelt)) das waren über mehrere Jahre so ihre Aufgabe, bis sie dann wirklich auch ne Ausbildung, beginnen konnte <<ja>> und, ja danach irgendwann meinen Vater kennenlernte und dann eben auch aus dieser, EIGENEN FAMILIE raus kam und eben mit meinem Vater dann ne neue Familie gegründet hat« (TW, 38/1–7).

Die Mutter der Biografin erlebt einen einschneidenden Verlust und ist gezwungen, schon früh Verantwortung zu übernehmen. Der Familienerzählung nach leidet darunter ihre schulische Ausbildung. Dennoch macht die Mutter Tanja Webers eine Ausbildung in einem kaufmännischen Beruf. Unter den gegebenen Bedingungen des unmittelbaren Wechsels der Mutter von der Rolle der versorgenden Tochter zur Rolle der versorgenden Ehefrau und Mutter hätte durchaus die Möglichkeit

---

[34] Alle Daten sind dem biografischen Interview entnommen. Eine Überprüfung durch Archivmaterial fand in diesem Fall nicht statt.

bestanden, dass die Mutter der Biografin keinen Berufsabschluss erwerben kann.

Der Großvater der Biografin väterlicherseits ist evangelisch aufgewachsen und die Großmutter katholischer Konfession. Bei der Heirat verpflichten sie sich – den Angaben der Biografin nach – ihre Kinder katholisch aufzuziehen. Die Zugehörigkeit zur katholischen Kirche, die im Leben von Tanja Weber eine wichtige Rolle spielt, taucht damit schon bei ihrer Großelterngeneration auf. Der Vater der Biografin kommt Mitte der 1930er Jahre, also vor Kriegsbeginn, zur Welt. Der einzige Hinweis zum Aufwachsen des Vaters betrifft seine Berufsbiografie:

> »er, er hätte gerne studiert <<hm>> (3) **durfte** nicht **konnte** nicht da gehen die Meinungen ein bisschen auseinander auf jeden Fall ist **das** so der große Lebensfrust, meines Vaters gewesen dass ein kein, kein Studium machen konnte« (TW, 38/18–20).

Statt des gewünschten Studiums macht der Vater der Biografin eine Ausbildung in einem handwerklichen Beruf. Die Eltern der Biografin heiraten Mitte der 1960er Jahre. Einige Jahre nach der Eheschließung kommt ein Bruder der Biografin zur Welt. Über die gesamte Familiengeschichte spricht die Biografin über die oben zitierten Angaben hinaus, auch auf Nachfrage hin, wenig. Dies resultiert meiner These nach aus dem oben ausgeführten Schwerpunkt auf ihre Beziehungsgeschichte und weniger aus einem gezielten Verschweigen bestimmter Aspekte. Diese Bereiche erscheinen der Biografin – trotz meiner Nachfragen – als irrelevant für den Teil ihrer Lebensgeschichte, den sie mir präsentieren möchte. Trotz der relativ spärlichen Informationen lässt sich festhalten, dass die Biografin in eine Familie geboren wird, in der auf der väterlichen Seite die Zugehörigkeit zur katholischen Religion eine Rolle spielt. Beide Elternteile erlebten den Zweiten Weltkrieg als Kind und die materielle Not der Nachkriegszeit als Jugendliche. Zudem standen Mutter und Vater in ihrer beruflichen Entwicklung Hindernissen gegenüber. Die Mutter wurde dabei vor allem durch Strukturen der vergeschlechtlichten Arbeitsteilung beeinträchtigt, da sie Arbeit in ihrer Herkunftsfamilie verrichten musste, statt einer Ausbildung nachgehen zu können. Dagegen legt die Beschreibung des Werdegangs des Vaters nahe, dass hier vor allem Klassenverhältnisse als Karrierehindernis im Mittelpunkt standen und ihm den Zugang zu einer Hochschule oder Universität unmöglich machten.

»mit allen Weihen«

Die Biografin kommt Anfang der 1970er Jahre zur Welt. Ein prägender Aspekt ihrer Kindheit war die Rolle der katholischen Kirche in der Familie.

> »also ich bin. gut katholisch, aufgewachsen mit, mit ((amüsiert)) /mit allen Weihen die man\ haben kann <<ja>> aber in einer sehr, äh, offenen, Kirche« (TW, 3/11–13).

Die Amüsiertheit, mit der die Biografin die kirchlichen »Weihen« einführt, lässt sich als eine ironische Distanzierung gegenüber ihrer katholischen Sozialisation lesen. Diese Haltung sehe ich in Verbindung mit der Gegenwartsperspektive der Biografin, die sich zwar noch als gläubig bezeichnet, aber mittlerweile aus der katholischen Kirche ausgetreten ist. Sie gibt an, dass sie die homosexuellenfeindlichen Positionen der katholischen Kirche nicht mehr finanziell fördern wolle. Ihre Erzählungen zeigen, wie wichtig die katholische Gemeinde in ihrer Kindheit und Jugend war.

> »ganz lange war ich Messdienerin <<ja>> also auch bis (3) noch im Studium, war ich noch Messdienerin <<hm>> weil der, der Pastor netterweise, auch wirklich jeden Sonntag in die Kirche, <<ja>> gegangen das gehörte einfach auch dazu, und der der Pastor war, sehr, da auch sehr **bemüht** seine **alten** Messdiener zu halten weil es das auch immer toll fand und dann, ähm, war irgendwie klar wenn geh ich in diese eine Messe und wenn dann wird ich auch immer nur zu dieser einen Messe eingeteilt dadurch hab ich das wirklich noch **Jahre** länger gemacht, als so jetzt eigentlich die diese eigentlichen Messdienergruppen so existierten (3) und da gehörte auch viel dazu dass einfach ne, ich da ja auch meinen Freundeskreis <<ja>> traf, also da, nach Weihnachten, ne Weihnachtsmette Ostermette, traf man sich danach und, und blieb am Feuer stehen und verteilte Geschenke und, also mein, wirklich mein, mein **Lebens-, schwerpunkt** zu der Zeit, war wirklich in dieser Gemeinde <<ja>> (3)« (TW, 4/6–18).

In dieser Sequenz wird deutlich, dass die katholische Gemeinde über einen langen Zeitraum einen wichtigen Bezugspunkt für die Biografin darstellte. Die in der weiter oben zitierten Interviewsequenz zum Ausdruck kommende Distanz der Biografin zur katholischen Kirche kann vor dem Hintergrund des zentralen Stellenwertes derselben im Leben der Biografin als ein Umgang mit der Ausgrenzung und Ungerechtigkeit beschrieben werden, die aus den homosexuellenfeindlichen Positionen der katholischen Kirche resultiert. Diese betreffen sie in einer späteren Phase ihres Lebens unmittelbar, provozieren einen Bruch mit der Kirche und beeinflussen die Form der Zuwendung zu ihren positiven Erinnerungen an ihre Gemeinde.

»superschlechte Stimmung«
Neben ihrer katholischen Gemeinde spielen die Konflikte, die Tanja Weber in der Zeit ihres Aufwachsens zwischen ihren Eltern erlebt, eine wichtige Rolle:

> »Ich bin immer stiften gegangen <<hm>> also nicht, ich hab nicht so die, die Streits selber mitbekommen aber diese Stimmung <<ja>> wir hatten unsere Kinderzimmer oben unterm Dach und mussten dann durchs Treppenhaus, und die elterliche Wohnung war im Erdgeschoss <<hm>> und ganz oft kam ich vom=vom Spielen wieder in die Wohnung der Eltern zurück und merkte oh, superschlechte Stimmung die haben sich grad wieder unheimlich gezofft und dann hab ich mich nur rumgedreht und bin wieder in mein Zimmer zurück und hab dann da alleine, gespielt <<ja>> (2) also eher so was jetzt nicht, ähm, der Konflikt selber wurde nicht vor unseren Augen ausgetragen also der, der war **spürbar, permanent** spürbar aber der w- n- ich hab jetzt nicht so Szenen, äh in Erinnerung dass die vor uns gestanden hätten und sich angeschrien hätten <<hm>> die haben sich garantiert angeschrieen aber wenn wir dann reinkamen (2) waren sie still ((lächelt)) oder es war vielleicht grad vorbei oder so <<hmhm>>, da (3) aber mehr, m- klarere Erinnerungen hab ich nicht als=als diese **Stimmung** <<hmhm>> die einfach permanent da war <<ja>> (2)« (TW, 10/21–34).

Die Biografin verdeutlicht, dass der Streit zwischen den Eltern in dieser Zeit nicht nur zeitweilig präsent, sondern »**permanent** spürbar« ist – und das, obwohl sie die Konflikte in dieser Zeit nicht unmittelbar hört oder sieht, sondern die Eltern ihren Streit vor ihren Kindern verbergen. Diese Strategie zum vermeintlichen Schutz des Kindes hat nicht den erwünschten Effekt. Tanja Weber beschreibt, wie sie stattdessen ein feines Gespür für die Stimmung zwischen den Elternteilen entwickelt und beginnt, ihren kindlichen Alltag danach zu organisieren. Dass sie den Streit nicht unmittelbar erlebt, sondern ihn nur spüren kann, führt also nicht zu einer Beruhigung der Biografin, sondern eher zu einem andauernden Stresszustand. Die Biografin reagiert auf diesen Stress durch die Missstimmung im Elternhaus mit einem Rückzug in ihr Zimmer und der Konzentration auf ihr Spiel. Dabei spricht sie in der Sequenz vom »Kinderzimmer« oben – in das sie sich zurückzieht – und der »Wohnung der Eltern« unten. Die Beschreibung dieses räumlichen Arrangements spricht für eine sehr klare Trennung zwischen dem Bereich der Kinder und dem der Eltern. Die »Wohnung der Eltern« erscheint dabei nicht als gemeinsamer Bereich der Familie, sondern als von diesem abgetrennt – bzw. lässt sich umgekehrt fragen, wo der Platz für die Familie im Haus war. Die Bezeichnung »Wohnung der Eltern« kann eine Folge der Strategie der Abgrenzung von der schlechten Stimmung sein, die Tanja Weber in diesem Bereich des Hauses häufig erlebt. Diese Abgrenzung wäre dann eine Möglichkeit für sie, sich die Stimmung der Eltern »vom Leib« zu halten und in ihrem Kinderzimmer unbelastet zu spielen, allerdings zum Preis einer Distanzierung von den Eltern. Auch die Beziehung der Geschwister leidet unter den Konflikten der Eltern:

> »aus der Kinderzeit kann man eigentlich sagen dass dieser Stress, der eben zu Hause herrschte, **ihn** auch ganz schön getroffen hat (4) ((amüsiert)) /darunter hab ich gelitten\ ((lächelt)) sein Frust hat er dann auch gerne wirklich an mir ausgelassen, und ich, konnte körperlich da ihm auch nichts entgegensetzen <<hm>> also Junge und [Angabe einer Zeitspanne von mehreren Jahren] älter da hatte ich irgendwie keine Chance, also ich bin ziemlich oft verprügelt worden <<hm>> von ihm, obwohl ich auch denke jetzt das, ja irgendwie sein Frust, der Frust musste irgendwo raus und, jo na, dann hab ichs dann abbekommen <<hmhm>> (3)« (TW, 11/26–33).

Erneut wählt die Biografin an dieser Stelle eine ironisch distanzierte Form der Präsentation. Sie lässt sich als ein durchgängiges Muster beschreiben, in dem Tanja Weber schmerzliche, schwierige oder herausfordernde Erinnerungen anspricht. Ein Vorteil dieser Strategie kann es sein, Schmerzliches nicht unmittelbar erinnern und präsentieren zu müssen. Zugleich wendet sich die Biografin – zumindest in der Situation des Interviews – in dieser Erzählform mit nur wenig Empathie ihrer damaligen Situation zu, in der mit der Gewalt des Bruders, zusätzlich zu den häufigen Streitigkeiten der Eltern, eine weitere Belastung tritt. Eine alternative Form der Zuwendung zu diesen Ereignissen wäre die Empörung über das Verhalten ihres größeren Bruders oder Traurigkeit über die Einsamkeit, die in der Situation zum Ausdruck kommt. Stattdessen rechtfertigt die Biografin das damalige Verhalten ihres Bruders. Dabei erscheint es wenig nachvollziehbar, dass dieser seinen Stress abbauen muss, indem er seine Schwester schlägt. Zahlreiche andere Strategien wären denkbar: Er könnte sich mit gleichaltrigen schlagen, er könnte Gegenstände zerschlagen, er könnte seine Wut gegen die Eltern richten oder eine ganz andere Strategie wählen und sich mit seiner Schwester verbünden. Die Rechtfertigungen Tanja Webers erscheinen damit eher der Notwendigkeit in der Situation geschuldet, die Brutalität des Bruders erklärlich zu machen, um ein weiteres Zusammenleben zu gewährleisten und eine weitere Eskalation zu vermeiden. Eine solche Strategie ist umso mehr vonnöten, da offensichtlich kein Schutz oder eine Intervention durch einen Elternteil zu erwarten ist. Die Eltern werden in dieser Sequenz gar nicht erwähnt.

Nach dem Kindergarten – über den sie nicht spricht – besucht Tanja Weber seit dem Ende der 1970er Jahre eine Gesamtschule. Sie berichtet, dass die Eltern sich sehr bewusst damit auseinandergesetzt haben, wo und in welcher Form ihre Tochter ausgebildet werden soll. Die Erfahrung der Mutter, die Schule abbrechen zu müssen, und die des Vaters, seinen Wunsch nach einem Studium nicht verwirklichen zu können, könnten ein Grund für diese bewusste Auseinandersetzung mit dem Thema der Bildung der Kinder sein. Anfang der 1980er Jahre trennen sich die Eltern der Biografin.

> »und, dann eigentlich **endlich**, [Jahreszahl] hat meine Mutter den Mut gehabt, dann wirklich sich, sich zu trennen und ne eigene Wohnung, zu beziehen, und danach, muss man schon sagen ist unser Leben erst wieder ruhiger <<hmhm ja>> geworden, sehr, sehr arm ((lächelt)) also die, meine Mutter hat dann halbtags, gearbeitet und, natürlich auch [Jahreszahl] was Unterhalt von meinem Vater <<hm>> bekommen aber das war nicht allzu viel <<hm>>, aber das, also das war **finanziell** ne, ne ganz, schwierige Zeit aber so vom, vom **Familien**empfinden, da waren wir dann so zu **dritt** Familie, meine Mutter mein Bruder und ich, war das eigentlich ne sehr gute, Zeit weil wir sehr, sehr eng zusammengerückt sind <<ja>> (4) jo ((lächelt)) so« (TW, 9/14–22).

Tanja Weber erlebt den gemeinsamen Auszug als Befreiung. In dieser Beschreibung der Scheidung als einen befreienden Schritt folgt sie einem sich etablierenden gesellschaftlichen Trend in dieser Zeit der Bundesrepublik, in der eine Scheidung zunehmend nicht mehr als scheitern, sondern als eine legitime Entscheidung betrachtet wurde (vgl. Burkart, 2018, S. 173). In der Sequenz beschreibt sie, wie sie nach der Trennung »so zu **dritt** Familie« waren. Im Gegensatz zu den oben zitierten Sequenzen, in denen sie sich in der Familie als weitestgehend isoliert beschreibt, entwirft sie an dieser Stelle wieder das Bild einer zusammenhängenden Kernfamilie. Es besteht die Möglichkeit, dass diese vor allem positive Beschreibung der Trennung der Bildung von Koalitionen in der Familie geschuldet ist, in der die Biografin vor allem das Trennungsnarrativ der Mutter teilt. Angesichts der in der weiter oben zitierten Sequenz zum Ausdruck kommenden Belastung und Isolation Tanja Webers vor der Trennung spricht jedoch mehr dafür, dass die Biografin die Trennung selbst als positiv erlebt.

Die Scheidung der Eltern findet in einer Zeit statt, in der die Scheidungsraten in Westdeutschland steigen, was vor allem aus den erleichterten Möglichkeiten – vor allem für Frauen – resultiert, sich scheiden zu lassen (vgl. Burkart, 2018, S. 189). Das gilt sowohl für das Scheidungsrecht als auch für die zunehmende soziale Legitimierung der Scheidung, die verringerte Bedeutung der katholischen Sozialmilieus mit ihren moralischen Grundsätzen und den vergrößerten ökonomischen Möglichkeiten für Frauen, sich und etwaige Kinder unabhängig von einem Mann zu finanzieren. In der Beschreibung der Biografin zeigt sich, dass diese ökonomischen Hindernisse für eine Scheidung sich zwar verringert haben mögen, aber gerade für die Mutter der Biografin, die nur wenig Lohn erhält, dennoch beträchtlich sind. Auf der Basis der Beschreibung der schwierigen ökonomischen Situation der Familie nach der Scheidung lässt sich die von der Biografin aufgestellte Behauptung infrage stellen, die Mutter habe sich allein wegen der Kinder nicht früher getrennt. Falls dies zutrifft, werden finanzielle Erwägungen für die Mutter eine Rolle gespielt haben.

Nach der Trennung der Eltern verbringen die Geschwister regelmäßig Zeit mit dem Vater:

> »und dann gab dann relativ bald die Absprache dass wir einen Nachmittag in der Woche bei meinem Vater sind <<hm>> und das lief wirklich über Jahre <<ja>> so ab, dass wir nach dem Mittagessen, das noch bei meiner Mutter war <<ja>> zu ihm fuhren, er hat da, ne Kanne Kaffee gekocht er hatte ein paar **Teilchen** von **Aldi** mitgebracht die wurden auf den Tisch gestellt wir haben da zu dritt gesessen <<hmhm>> er hat von den schrecklichen Theateraufführungen berichtet die er wieder gesehen hat <<hmhm>> oder sich mit meinem Bruder über Technik, unterhalten und dann ich

heilfroh als endlich der Chor anfing und wir dann wieder gehen konnten <<ja>> also, m- m- meins was=was mir irgendwie widerfahren war, das hat ihn, das hat ihn nicht interessiert damals <<ja>> (2)« (TW, 8/23–31).

In dieser Phase erlebt die Biografin den Vater als wenig zugewandt und kaum engagiert, die Beziehung zu den Kindern zu gestalten. Der von ihr beschriebene wiederkehrende Ablauf wirkt eher wie ein pflichtgemäßes und formelles Ritual, das sich kaum auf mögliche Interessen von Kindern oder Jugendlichen bezieht. Ein solches formelles Festhalten des Vaters an seinen Kindern, das sich wenig an ihren tatsächlichen Bedürfnissen orientiert, zeigt sich in einer anderen Begebenheit, die die Biografin aus dieser Zeit berichtet:

» mein Vater, war nicht bereit mein, die Möbel aus meinem Kinderzimmer, herzugeben <<ja>> (2) aus irgendeinem bekloppten ein Idee, glaubte er wir würden wiederkommen <<hm>> (2) und dann sollte dann das Zimmer, da auf uns **warten** bis wir dann wieder einziehen, also völlig, völlig schwachsinnig <<ja>> so dass ich, ich bin am Ende auch mit dem, mit dem Fahrrad, umgezogen <<hm>> jedes mal wenn ich da war hab ich irgendwie n paar Sachen, eingepackt, äh sie zu meiner Mutter gebracht also es nie nen **Umzug** richtig gegeben an dem irgendwie diese, diese Entscheidung ich wohne ab jetzt nur noch bei meiner Mutter, zumal das auch so öffentlich gewesen wäre auch mit Unterstützung, sondern ich hab irgendwie immerm- immer mal wieder n Spiel und n Buch und irgendwas eingepackt und n Teppich und hab das mit=m Fahrrad <<hm>> dann zu meiner Mutter <<ja>> gebracht und wenns dann drum ging, ja Kleidung zu kaufen, n neues Bett neuen Schrank zu kaufen, da mussten wir einfach sehr=sehr rechnen <<hm>> das, war klar dass ich da jetzt nicht groß irgendwie was, äh was bekommen kann <<hm>> weil das immer nur so, so **grade** reichte um, irgendwie zu überleben <<ja>> (4)« (TW, 10–11/39–7).

Ähnlich wie das wöchentliche Zusammentreffen wirkt das in der Sequenz dargestellte Festhalten des Vaters an den Gegenständen der Tochter in keiner Weise an die Bedürfnisse seiner Tochter geknüpft, die an ihrem gewählten Wohnort ein eingerichtetes Zimmer braucht. Fragwürdig wirkt, dass die Mutter in dieser Situation nicht interveniert. Ähnlich wie im beschriebenen wiederkehrenden Rückzug der Biografin in ihr Zimmer, wenn die Eltern streiten, oder bei den Schlägen durch ihren Bruder muss sie sich auch in dieser Situation ohne die Hilfe von Erwachsenen zurechtfinden.

Sie steht damit in der Verantwortung, was die Entscheidung über ihren Lebensmittelpunkt betrifft, ohne dabei Entlastung zu erfahren. Stattdessen muss sie im Alter von zwölf Jahren selbst ihren Umzug organisieren. Dieses eigenverantwortliche kreative Handeln spricht für die ausgezeichneten Bewältigungsstrategien der Biografin in dieser herausfordernden Situation. Dennoch stößt sie dabei notwendigerweise an ihre Grenzen. Wie sie selbst sagt: Ein Bett und einen Schrank kann sie nicht mit dem Fahrrad transportieren, dafür braucht sie Hilfe.

»wunderbare Tage«
Das Verhältnis zu ihrer Mutter, vor allem seit der Trennung vom Vater, beschreibt die Biografin als sehr gut. Der wichtigste Bezugspunkt der Biografin außerhalb ihrer Familie ist – wie schon oben angesprochen – die katholische Gemeinde, wo sie Ende der 1980er Jahre beginnt, Jugendgruppen zu leiten:

> »im Nachhinein denke ich das ist erstaunlich wie viel wir uns auch zugetraut haben also wir Teamer wir waren, zwischen fünfzehn sechzehn und maximal Mitte zwanzig <<hm ja>> und auch die Eltern haben uns das zugetraut wir sind mit nem ganzen Bus Kinder vierzig Kinder, mit **alles** selber organisiert den Bus besorgt die Zelte besorgt eingekauft <<ja>> alle Spiele vorbereitet, sind wir ab in [Ort], da war nur ne Wiese, und son Klohäuschen mehr gabs da nicht <<ja>> wir haben alles aufgebaut und wir haben, **wunderbare** Tage <<hm>> da verbracht also es war, es war immer n Heidenspaß für alle weil es, ich glaub weil wir auch so er- altersmäßig einfach auch so nahe waren <<ja>> also wir waren gerade alt genug um die Verantwortung zu übernehmen, aber, ja wir waren jetzt nicht sonderlich ernsthaft, wir haben irgendwelche wilden Nachtwanderungen gemacht und äh mit den=den ähm, Isomatten oder den=den Luftmatratzen [Fluss] <<hmhm>> irgendwie ge-, so geflößt und all solche Dinge gemacht also das fanden die Kinder glaub ich super spannend <<ja>> weil sie mit uns Dinge machen konnten die, ihre Eltern ihnen immer ((lächelnd)) /verboten hätten\ und wir fandens einfach total nett weil die Ki- weil wir auch son Spaß **mit**einander hatten wir waren wirklich auch in ner großen Gruppe, wir hatten immer wir haben das sehr intensiv vorbereitet mit vielen zusammen, und dann auch (2) äh, ja dann=dann war irgendwie die Verantwortung so für jeden Einzelnen nicht so schwer, weil wir=weil wir einfach so viele waren die das, die das begleiten, konnten« (TW, 3/24–41).

Innerhalb der verdichteten Beschreibung wird deutlich, dass die Biografin Spaß daran hat, in einer Gruppe Verantwortung zu übernehmen. Damit baut sie auf Kompetenzen auf, die sie in ihrem Elternhaus erzwungenermaßen sehr früh entwickeln musste, nutzt sie im Kontext der Jugendarbeit jedoch in einer Form, die sie nicht überfordert. Wie sie dies selbst beschreibt, hilft dabei vor allem das Teilen der Verantwortung in einer größeren Gruppe. Diese intensive Form der Vergemeinschaftung steht im Kontrast zu manchen der Situationen, die Tanja Weber in ihrem Elternhaus erlebte, in denen sie auf sich allein gestellt war.

Im Rahmen der katholischen Gemeinde macht sie ebenfalls die ersten Erfahrungen mit dem Thema Liebe und romantische Beziehungen:

> »es gab, ein Frauenpaar die da auch mit aktiv waren <<ja>> als, als Teamerinnen, und nach dem deren Beziehung, vorbei war (2) wa- hab d- s- im Nachhinein hab ichs erst verstanden hat sich die eine von den beiden auch in **mich** verliebt <<hmhm ja>> aber das war für mich da noch überhaupt kein Thema <<ja>> (2) also ich hab das schon, glaub ich irgendwie, verstanden dass sie mehr sucht als nur ne Freundschaft <<hmhm ja>> aber das war zu dem Zeitpunkt für mich **so** weit weg (2) also das ha- hab ich nicht fand ich nicht, nicht ablehnend, das war nur einfach <<hm>> ja aber das bin ich ja nicht <<ja>> also, es ist ja nicht schlimm dass sie das von mir will aber ich hab da irgendwie gar keinen Bezug zu <<ja>> was sie glaub ich sehr frustriert <<hm>> hat weil es irgendwie nie, zu ner offenen Klärung mal gekommen ist sie hat **nie** ganz deutlich mal gesagt also mich auch sozusagen mich zur Rede gestellt <<ja>> so was ist den jetzt (3) ich habs irgendwie so laufen lassen und so getan als hätt ichs nicht verstanden obwohl ichs schon, schon **eigentlich** verstanden hatte <<hmhm>> nur auch gar nicht reagiert habe <<ja>> und ich hab sie behandelt als wär sie einfach ne gute Freundin und, mehr auch nicht <<ja>>, und das hab ich im Nachhinein so gedacht wie <<hm>> (2) wie wenig, ich da eigentlich noch reagiert ha- habe <<ja>>, ähm hab mich dann schon gefragt ob was, wie wäre vielleicht doch mein Leben, äh, gelaufen wenn ich mich vielleicht drauf eingelassen hätte, das hätt schon ganz, ganz anders auch <<hm>> auch laufen können« (TW, 2/25-43).

Es ist auffallend, dass innerhalb einer katholischen Gemeinde Ende der 1980er Jahre, zumindest in der Jugendarbeit, ein gleichgeschlechtliches Paar relativ offen auftreten kann und – zumindest der Beschreibung der

Biografin nach – keine besonders große Aufmerksamkeit erregt oder Ausgrenzungen ausgesetzt ist. Dies kann für eine liberale Gemeinde sprechen. Es wäre aber ebenfalls möglich, dass die gleichgeschlechtliche Beziehung für in der Gemeinde verantwortliche Personen nicht sichtbar war (zum Thema lesbischer Sichtbarkeit vgl. Wolf, 2004). Für die Biografin ist aus ihrer Gegenwartsperspektive bedeutsam, dass sie in dieser Lebensphase überhaupt keine Reaktion auf das offensichtliche Interesse ihrer damaligen Freundin an mehr als einer Freundschaft zeigt. Dieses fehlende Interesse beruht den Ausführungen in der Sequenz nach nicht auf einem Unwissen über die Möglichkeit von Liebe und Begehren zwischen Frauen oder einer – etwa durch die katholische Sexualmoral vermittelte – Ablehnung lesbischen Begehrens. Für Tanja Weber ist diese Möglichkeit zu diesem Zeitpunkt ihres Lebens kein Teil ihres Selbstkonzeptes, was sie zum Ausdruck bringt, indem sie sagt: »aber das bin ich ja nicht«. Sie macht damit deutlich, dass sie ohne größere Erfahrungsgrundlage schon ein klares Konzept romantischen und sexuellen Handelns entworfen hat, das sie als Teil ihres Selbst erlebt. Alle alternativen Möglichkeiten sind dabei unhinterfragt ausgeschlossen, ohne dass die Biografin darüber nachdenken müsste. Das heißt, einerseits ist dieses Selbstkonzept mit nur geringer Erfahrungsgrundlage wirksam und andererseits würden andere Erfahrungen es – dieser Logik nach – nötig machen, jemand anders zu werden. Die Möglichkeit geschlechterübergreifend Liebe und Sexualität zu leben ist an diesem Punkt ihres Lebens keine Option. Das erinnert an den von Yoshino geprägten Begriff einer Löschung der bisexuellen Option aus dem wissenschaftlichen Wissensbestand (vgl. Yoshino, 2000 und Kap. 3.2.2). In diesem Fall zeigt sich, dass Bisexualität im alltäglichen Wissensbestand der Biografin nicht existiert.

In dieser Erzählung entwirft die Biografin keine Geschichte eines verdrängten Begehrens, das sie an einem bestimmten Punkt in ihrer Biografie befreien müsste. Sie erlebt den Ausschluss der Möglichkeit in der damaligen Situation nicht als Mangel, sondern als Selbstverständlichkeit. In der rückblickenden Zuwendung zu dieser Begebenheit wirft diese Selbstverständlichkeit für die Biografin jedoch Fragen dazu auf, was möglich gewesen wäre, wenn sie damals alternative Handlungsmöglichkeiten gesehen hätte.

Ihren ersten Freund lernt Tanja Weber im Kontext der katholischen Jugendarbeit kennen. Sie ist sechzehn und ihr Partner achtzehn Jahre alt. Der Altersunterschied spielte für sie keine Rolle, was ich im Interview noch einmal explizit erfrage. Wird dieser Umstand mit dem ersten Interesse von Torsten Nowak (vgl. Kap. 5.1) für einen älteren Mann verglichen, zeigen sich in einer ähnlichen Konstellation deutliche Unterschiede in der gesellschaftlichen Situation der Biograf_innen. Torsten Nowak musste sich mit § 175 in der Fassung vom 28.11.1973 auseinandersetzen und sieht von einer Partnerschaft und weiterem Kontakt ab, da er befürchtet, sein älterer Freund könnte von den Eltern angezeigt werden. Solche Sorgen muss sich Tanja Weber in dieser Situation nicht machen, da ihre Beziehung nicht strafrechtlich relevant ist. Sie kann daher unbefangener in diese erste Beziehung gehen und erlebt diese als sehr positiv:

> »wir haben ne unglaublich **schöne** Zeit, gehabt <<ja>> miteinander, also einfach weil er unglaublich lustiger, Mensch ist mit dem man ganz viel unternehmen kann« (TW, 5/24–26).

Sie ist mit ihrem ersten Partner etwa zwei Jahre zusammen, wobei sich schon bald eine Fernbeziehung entwickelt, da dieser in einer anderen Stadt eine Ausbildung beginnt. Tanja Weber erzählt, dass die Fernbeziehung einer der Gründe dafür ist, dass sich das Paar Anfang der 1990er Jahre trennt.

»also jetzt ist er schon wirklich sehr stolz«
Ebenfalls Anfang der 1990er Jahre macht die Biografin das Abitur und nimmt ein Studium im naturwissenschaftlichen Bereich auf. Dieser Schritt wird von den Elternteilen zunächst nicht gleichermaßen unterstützt:

> »Hm, es war meinen Eltern schon nen Anl-, na vor allen Dingen von meiner Mutter, <<ja>> n Anliegen, ne möglichst gute Ausbildung zu haben (3) mein Vater hat sich da erst mal schwerer mit getan also dem war, der Sohn der studiert wichtiger als die Tochter ((lachend)) /die studiert\ <<ja>> ähm, das hat sich dann aber schon auch, ähm, gewandelt, also als ich dann wirklich im Studium war hat er mich dann auch mal besucht und <<hm>> war dann schon der stolze Vater <<ja>> als er da mit mir durch diese, Gänge lief und, da hatte ich, für so ne Hiwi-Stelle son kurzes Vorstellungsgespräch wo er zufällig gerade da war und dann kam er mit und, ((ahmt flüsternd stolze Stimme nach)) /'meint er so ja, meine Tochter, hm' die studiert und die hat jetzt hier die Stelle bekommen\ also jetzt ist er schon wirklich sehr stolz <<ja>> dadrauf ähm, am Anfang (3) hat, hat er das glaub ich als nicht so nötig, angesehen also nicht, nicht weil ers mir nicht zugetraut

hätte sondern eher na ja, die heiratet doch eh und dann reicht das doch ne gute Ausbildung zu haben, dann braucht die na die braucht doch kein Studium <<hm>> ich glaub so war eher seine Lebenseinstellung <<ja>> (4)« (TW, 40/17–30).

Der Vater Tanja Webers betrachtet die berufliche Entwicklungsmöglichkeit entlang eines biografischen Entwurfs, der durch institutionalisierte Heterosexualität und Geschlechterhierarchien strukturiert ist. Nachdem in der Schulbildung noch beide Kinder gefördert werden sollten, ergibt sich hinsichtlich der weiteren Ausbildung eine deutliche Geschlechterdifferenz. Zudem nimmt er mit seiner Haltung in Kauf, dass er seine eigene Erfahrung – sich den Wunsch eines Studiums nicht verwirklichen zu können – an die nächste Generation weitergibt. Dabei kann es eine Rolle spielen, dass der Vater die Vorstellung, dass seine Tochter eine höhere Qualifikation erwirbt als er, als Bedrohung seines Entwurfs von Männlichkeit betrachtet. Finanzielle Erwägungen könnten diese durch vergeschlechtlichte Machtverhältnisse in der Gesellschaft legitimierte Haltung bestärken.

Die Mutter hat eine andere Haltung und setzt sich mit dieser durch. Dabei besteht die Möglichkeit, dass ihre eigene Erfahrung, unbezahlt und auf Kosten ihrer Ausbildung Pflege-, Sorge- und Hausarbeit für ihre Geschwister zu verrichten, eine Rolle für ihre Haltung spielt und sie sich für ihre Tochter etwas anderes wünscht. Damit ermöglicht sie dem Vater der Biografin, seine Haltung zu überdenken, seine Tochter zu unterstützen und in einer späteren Phase seinen Stolz über ihr Studium zum Ausdruck zu bringen. Dabei kann die Scheidung der Eltern förderlich für diese Entwicklung gewesen sein, gibt sie der Mutter doch größere Flexibilität, eine andere Haltung einzunehmen als ihr damaliger Ehemann.

Aufgrund der finanziellen Belastung durch zwei studierende Kinder bittet die Mutter Tanja Weber, zunächst weiter bei ihr zu wohnen. Nach zwei Jahren ist dann die Finanzierung einer eigenen Wohnung möglich. An ihrem Studienort verliebt sich die Biografin in einen Mann:

»der hatte aber noch ne Freundin, dann wir n bisschen so ne, heimliche Affäre <<hm>> er kriegte dann aber, verständlich auch n furchtbar schlechtes Gewissen hats dann wieder beendet <<hm>> (2) ich kam aber irgendwie auch nicht richtig los <<hm>> von ihm <<ja>> (2) ähm (5) ich habs son bisschen dann geschafft mich zu distanzieren hab dann ne Beziehung mit nem anderen den ich da auch vom Studium kannte <<hm>> begonnen

> ((pustet)) (5) den hab ich aber einfach glaub ich nicht geliebt ((lächelt)) <<hm ja>> also das war so gut um mal so wegzukommen aber nichts um (3) ja, das hat irgendwie mein Herz bewegt <<ja>> (3) dann hab ichs dann auch wieder beendet <<hm>> es ist dann noch mal zu ner Beziehung zu diesem Mann gekommen in den ich so furchtbar verliebt war, er hatte sich dann auch mittlerweile von seiner Freundin getrennt <<hm>< (3) aber dann iss=er, er mir irgendwann total aufn Keks gegangen ((lacht herzhaft)) ((lachend)) /tja, dumm gelaufen\ ((lacht))« (TW, 14/11–23).

Nach ihrer ersten längeren Beziehung geht die Biografin damit erneut eine Partnerschaft ein, die zunächst von einer grundlegenden Distanz geprägt ist. In der ersten Beziehung war es eine Fernbeziehung, die diese Distanz herstellte, in dieser Beziehung ist es die weitere Freundin ihres Partners, die diese aufrechterhält. In der Sequenz macht die Biografin deutlich, dass die Attraktivität ihres Partners für sie sehr bald abnimmt, als die Gründe für die Distanz wegfallen. Das sehr erfüllende Sexleben ist es, was sie dennoch länger an diesem Partner festhalten lässt:

> »ja es war einfach sehr befriedigend <<hm>> und das hatte ich vorher in den Beziehungen so nicht erlebt <<hm ja>> also es hat schon auch immer Sex gegeben mit den Männern aber **nie** so dass ich (2) ja (2) um=ums ganz klar zu sagen auch wirklich regelmäßig n Orgasmus hatte <<hmhm ja>> und mich total aufgehoben und=und **genommen** gefühlt, hätte <ja>> das, ging, war mit den anderen, Männern nicht so also es war dann so, wo ich immer n bisschen dachte ja was habt ihr denn immer mit dem Sex ja gut irgendwie, VERKEHRT ist das jetzt nicht aber, ich hatte nie das Gefühl das ist so was wahnsinnig Tolles <<ja>> und mit ihm merkte ich dann zum ersten Mal, **ach**, so, **so** kann sich das anfühlen auch für **mich** so, so kann sich das anfühlen, also so, so sehr kann ich erregt werden von jemandem oh ((lächelt)) oh, da, **da** bin ich auch ganz schon hinterhergelaufen« (TW, 15/32–42).

In der Folge – sie ist nun Anfang zwanzig – wechselt Tanja Weber noch ein weiteres Mal den Studienort, wo sie »so RICHTIG VOLLE PULLE Uni studiert« (TW, 16/31–32). Dieser Ortswechsel entfernt sie weiter von der Stadt, in der sie aufgewachsen ist, und damit trennt sie sich zunehmend von der katholischen Gemeinde, was sich unter anderem darin ausdrückt, dass sie aufhört, Messdienerin zu sein.

»irgendwas gärte in mir«
Anfang der 1990er Jahre nimmt sie dann eine Veränderung an sich wahr:

> »ja (3) also es gab so diese, intellektuelle, könnte ich es mir mit einer Frau vorstellen <<ja>> ähm (3) aber es war auch ganz viel (3) o- ohne Gedanken <<hmhm ja>> also ich, ich war einfach so ganz (2) mir gefiel nichts, ich gefiel mir n:icht ich wusste gar nicht wer ich bin <<hm>> (3) weil es glaub ich auch, weil es ja nicht ausgelöst war durch ne konkrete Frau <<ja>> so dass ich so nen, ne reale Person vor Augen hätte, war eher son, merkwürdiges, Gefühl ja, da ist irgendwas irgendwas gärte in mir <<ja>> ich konnte es aber gar nicht so benennen ich wusste schon das hat irgendwas, mit diesen Frauen zu tun aber, ja so intellektuell fand ich das so albern, ich meine mein Gott ich hab jetzt mein Leben lang irgendwie Männerbeziehungen gehabt also, was iss=n das hier ist doch irgendwie, ne, ist doch quatsch« (TW, 20/8–17).

Die Biografin führt in dem Abschnitt des Interviews aus, dass »irgendwas gärte«. Damit beschreibt sie einen Vorgang, den sie nicht als handelnd gestaltbar wahrnimmt und der zu diesem Zeitpunkt keine klare Richtung für sie hat. Für die Biografin erzeugt dies eine Situation, in der sie sich selbst fremd wird und sie in eine Lage kommt, in der sie nicht mehr genau weiß, wer sie ist. Ähnlich wie in der Beschreibung des Interesses ihrer Freundin aus der katholischen Gemeinde an ihr spielt ihr Selbstverhältnis in dieser Situation eine wichtige Rolle. Aber während damals für sie die Klarheit im Wissen darüber, wer sie sei, bei ihr nicht einmal den Gedanken aufkommen lässt, sich auf das Interesse der Freundin einzulassen, schwindet diese Klarheit nun – und damit die Sicherheit ihres Selbstbildes. Zunächst wendet sich die Biografin aktiv gegen diese Entwicklung, indem sie die von ihr nicht intendierten Veränderungen als »albern« (TW, 1/29) abwertet und damit zugleich auf ein gängiges Motiv der Abwertung lesbischer Beziehungen und Sexualität – als etwas, das nicht ernst zu nehmen sei – zurückgreift (vgl. Wolf, 2004, S. 74). Die Beschreibung dieses Prozesses erinnert an das Narrativ von Birgit Müller (vgl. Kap. 6.4.1), die sich mit Mitte dreißig in eine Frau verliebt – ein Fall, auf den ich an anderer Stelle noch eingehen werde. Es handelt sich um das Erleben einer Irritation, die eine biografische Phase des Wandels anstößt, ohne dass dieser Wandel der Handlungskontrolle der Biografin unterliegt. Ein wesentlicher Unterschied zur Biografie von Birgit Müller ist, dass Tanja Weber sich nicht in eine bestimmte Frau verliebt. Das diffuse Gefühl, etwas stimme nicht und ihre Überlegungen hinsichtlich eines Interesses für Frauen sind zunächst nur lose gekoppelt. Zudem befindet sich Tanja Weber in einer anderen Lebensphase als Birgit Müller, die sich in eine Frau verliebt, als sie seit mehreren Jahre verheiratet ist und Kinder hat. Tanja Weber ist Anfang zwanzig, studiert und ist gerade nicht fest liiert. Damit hat sie mehr Möglichkeiten, ihren Lebensentwurf infrage zu stellen oder zu verändern, ohne dass dies notwendig mit Konflikten verbunden sein muss. Alternative Lebensentwürfe zu erproben, kann als eine typische Phase in manchen akademischen Milieus beschrieben werden, die häufig lediglich einen biografischen Aufschub des Eintritts in heterosexuelle Institutionen bedeutet (Burkart, 2018, S. 98f.). Dabei muss bedacht werden, dass Tanja Weber nicht aus einem akademischen Elternhaus kommt, sondern erst beginnt, sich in einem akademischen Milieu zu etablieren.

Unabhängig von diesen Überlegungen bleibt festzuhalten, dass sich Tanja Weber mitten in einer biografischen Statuspassage befindet, in der auf vielen Ebenen ein Wandel stattfindet. Sie lebt in einer neuen Stadt, das erste Mal in einer eigenen Wohnung, beginnt eine akademische Ausbildung – die familiär nicht tradiert ist – und ihr langjähriges Engagement in ihrer katholischen Gemeinde ist beendet. Wesentliche soziale Bezüge haben sich damit verändert oder sind verschwunden, was notwendig zu einem modifizierten Selbstentwurf führen muss. Gerade eine solche Statuspassage ist prädestiniert für eine Verunsicherung des Selbstentwurfs, für die Entwicklung einer anderen Sicht auf die eigene Lebensgeschichte oder neue Zukunftsentwürfe.

Tanja Weber beginnt, aufmerksam auf soziale Zusammenhänge zu werden, die zu ihren sie irritierenden Gefühlen passen könnten:

> »ja es war son Reiz irgendwie immer wieder, dann doch noch mal in diese Terminpläne zu gucken und dann fand ich heraus, wo find ich die <<hmhm>> in welchen Zeitschriften, und dann immer wieder zu schauen ha es gibt hier wieder ne Party oder da gibts irgendwie diese Frauenkneipe und, ja trau- pfh gehe ich da **hin**, ach **nee** ich trau mich nicht dann hab ich sie wieder weggelegt ist doch alles quatsch <<ja>> das war so ne ganz lange Phase <<hm>> bis ich von diesem, ersten, **könnte** das denn sein, mal wirklich n aktiven Schritt gemacht habe und mal wirklich zu dieser [Name einer Gruppe für junge Lesben] wirklich **hin**gegangen bin also den=den Termin

> genommen hab und gesagt hab so und ich setz mich jetzt **wirklich** aufs Fahrrad und=und **treff** geh da jetzt einfach in diesen **Raum** rein <<ja>> und guck mal was mich da so, was mir da so begegnet <<hmhm ja>> (2) das war ne Phase von bestimmt nem **Jahr** <<hmhm ja>> in dem ich da so rumgeeiert bin <<ja>> (4)« (TW, 20/22–33).

Tanja Webers erster Schritt ist es, in eine lesbische Coming-out-Gruppe zu gehen. Sie wählt damit die ihr vertraute Form der Vergemeinschaftung, um einen Zugang zum sozialen Bereich ihres Interesses und eine Klärung ihrer Irritationen zu erreichen. Schließlich war sie lange in Gruppenzusammenhängen ihrer katholischen Gemeinde aktiv und hat sich dort aufgehoben gefühlt. Trotz der homosexuellenfeindlichen Sexualmoral der katholischen Kirche kann daher die konkrete Erfahrung der Biografin in ihrer Gemeinde als ein unterstützender Faktor verstanden werden. Die Erfahrung bestärkt sie, die Irritation, sich für Frauen zu interessieren, gemeinsam mit anderen einzuordnen. Die Biografin beschreibt diese Phase ihres Lebens als eine zweite Adoleszenz, mit allen Anstrengungen, die mit dieser Zeit verbunden sind:

> »also dieser Ansatz das n Coming-out wie so ne Pubertät ist hab ich **voll** empfunden <<ja>> hab gedacht mein Gott das hatt ich doch schon mit fünfzehn schon mal <<hm>> so fragte wie sprech ich denn die jetzt an oh Gott ((beide lachen)) also ganz, ganz schüchtern auf einmal wieder, ähm, was ich von mir jetzt auch=auch aus meinen Männerbeziehungen nicht kannte auf einmal wurd das ganz, ganz **schwierig** <<ja>> da so den ersten Ansatz zu finden« (TW, 18/2–7).

In dieser Sequenz macht die Biografin die weitreichende Bedeutung von »Coming-out« als sozial organisierter und dauerhafter Prozess deutlich. Erstens ist der Biografin zunächst keineswegs klar, was sie beschäftigt. Es geht also weniger um ein vermeintliches Eingestehen, Akzeptieren und Veröffentlichen ihrer Empfindungen, sondern um das Finden einer stimmigen Form der sozialen Organisation derselben. Um mit den Begriffen von Simon und Gagnon (vgl. Kap. 2.2.4) zu sprechen: Es bedarf eines stimmigen kulturellen Szenarios, um ihre Irritationen im Prozess des intrapsychischen Skriptings zu bearbeiten.

Bald findet die Biografin eine Partnerin und ist daraufhin mit einer neuen Dimension ihres Outings konfrontiert:

>»natürlich, waren ja bei mir in der Zeit ja auch dies- dieses Outing <<hm>> also ich hatte zwar schon in=ner in=ner Familie und in den Freunden schon vorher davon erzählt dass mich das bewegt, aber das war ja auch für mein für mich und mein Umfeld das erste Mal dass da ne reale Frau, war <<ja>> wenn ich irgendwie von der Familie zum Geburtstag eingeladen wurde dass ich dann wirklich ne Frau mitbrachte <<ja>> und nicht nen Freund <<hm>>, also da war ich ja selber noch voller, Unsicherheit wie <<ja>> wie reagieren da jetzt so alle drauf (3) wie reagiert (2) ja, so=ne Stadt, dadrauf <<hm>> wenn ich irgendwie händchenhaltend mit ner Frau über die Straßen gehe, all das, musste ich ja erst mal auch für mich ausprobieren und war da auch vollauf mit=mit beschäftigt das irgendwie für mich zu sortieren <<hmhm ja>>, das waren irgendwie zu viele Baustellen gleichzeitig ((lächelt))« (TW, 23/16–26).

Für die Biografin stellt sich das Coming-out als Lesbe – als solche definiert sie sich von diesem Zeitpunkt an – als eine wichtige und anstrengende Episode ihres Lebens dar, es bleibt jedoch ein wichtiger Interpretationspunkt unter vielen. Das lässt sich zumindest daraus schließen, dass – wie schon in der text- und thematischen Feldanalyse herausgearbeitet – bald wieder das Thema Partnerschaft im Mittelpunkt steht. Erneut steht dabei das Thema Nähe und Distanz im Mittelpunkt der Beziehungsgestaltung.

Die Biografin schließt ihr Studium erfolgreich ab, beginnt ihre erste Stelle und geht in dieser Zeit eine Beziehung mit einer Beamtin ein:

»ja sie hat sich sehr schwergetan sich selber zu outen <<hmhm>> das war immer ne n-, immer nen Problem so im Hintergrund <<ja>>, ihre Eltern wussten zwar von mir, mochten mich aber auch nicht akzeptieren <<hmhm>> als, die Beziehung ihrer Tochter <<ja>> ja als [Berufsbezeichnung] (3) wollte sie sich dann [Arbeitsstelle] auch nicht outen <<hm>>, nun sind jetzt die [Ortsangabe] Dörfer jetzt auch nun klein also wenn ich dann zu ihr kam, gabs eben immer son Außenleben <<hm>> ne ich war dann die gute Freundin mit der, die sie dann halt besucht hat, und, mit der sie spazieren ging, und äh, was dann in der Wohnung war, war dann so, unsere Beziehung <<ja>>, so Vorhänge zu und dann, waren da waren dann ein Paar und sobald die Wohnungstür aufging, waren wir nur gute Freundinnen <<hm ja>> also das war nen schwieriger Hintergrund <<hmhm>> hinter dem Ganzen <<ja>> und eben diese Aussichtslosigkeit, dass wir da nicht mehr, zusammen, also, eigentlich war wirklich der Wunsch auch mal, mal zusammenzuziehen und dis, dis funktionierte irgendwie, alles nicht weil eben dieses [Behörde], da auch sie festgehalten hat <<ja>> das ist halt das blöde an Beamten da haben die ja doch relativ viel Einfluss, wann s-, wo sie einen hinsetzen« (TW, 35/16–31).

In dieser Sequenz zeigt sich, wie sich das wiederkehrende Motiv von Nähe und Distanz in Liebesbeziehungen mit den Auseinandersetzungen mit homosexuellenfeindlichen Strukturen der Gesellschaft verbindet. Es existiert sowohl eine räumliche Distanz zwischen dem Paar als auch die Schwierigkeit, zum Teil nicht öffentlich als Paar auftreten zu können. Die Biografin erzählt an anderer Stelle, dass sie zu diesem Zeitpunkt eine längerfristige Perspektive mit dieser Partnerin sucht und das Paar über ein gemeinsames Kind spricht. Die dahingehenden Überlegungen hätten sie aufgrund rechtlicher Bedenken nicht weiter verfolgt. Tanja Webers Sorgen wegen möglicher Rechtsansprüche eines biologischen Vaters und ihres fehlenden Sorgerechts für ein leibliches Kind ihrer Partnerin überwiegen.[35] Sie selbst möchte nicht schwanger werden. In dieser Lebensphase zeigt sich, wie die Biografie Tanja Webers durch die Folgen von Homophobie, Diskriminierung am Arbeitsplatz, der fehlenden rechtlichen Sicherheit für nicht heterosexuelle Lebensgemeinschaften und durch Besonderheiten der Familienplanung in einer gleichgeschlechtlichen Partnerschaft geprägt wird. Ihre Beziehung kann sie nur eingeschränkt öffentlich machen und sie muss Diskriminierung im Beruf und im Alltag befürchten. Sie erlebt direkte Zurückweisung durch die Eltern ihrer Partnerin. An ihrer Arbeitsstelle entscheidet sie sich, wie ihre Partnerin, gegen ein Coming-out, da sie Sorge hat, dort Nachteile zu erleiden und Anfeindungen zu erleben (zum Thema Coming-out am Arbeitsplatz vgl. Marrs & Staton, 2016, S. 42). Das hat zur Folge, dass sie in diesem Kontext nie offen über ihre Wochenendbeziehung – und die damit zusammenhängenden Schwierigkeiten – sprechen kann. Es existiert kein rechtlicher Status für ihre Partnerschaft und für sie als mögliche Mutter eines leiblichen Kindes ihrer Partnerin. Als unverheiratetes und lesbisches Paar ist zudem ihr Zugang zu Möglichkeiten der Reproduktionsmedizin erschwert oder versperrt. Die Krankenkasse zahlt viele Formen der Behandlung nur für verheiratete Paare,

---

35 Zu dieser Zeit gab es weder einen Rechtsstatus für gleichgeschlechtliche Paare noch die Möglichkeit einer gemeinsamen Adoption durch unverheiratete Paare. Die Möglichkeit einer eingetragenen Lebenspartnerschaft wird erst im Jahr 2001 geschaffen, die Möglichkeit, das leibliche Kind einer Lebenspartnerin oder eines Lebenspartners zu adoptieren, ist erst seit 2005 gegeben (vgl. Berning, 2011, S. 283).

die Beschaffung von Sperma ist schwierig und die gynäkologische Unterstützung bei einer Insemination ohne eine vorhandene Ehe standesrechtlich untersagt, wenn auch nicht gesetzlich verboten (vgl. Wapler, 2010, S. 117f.). Neben diesen zahlreichen gesellschaftlichen und rechtlichen Ungerechtigkeiten und Unsicherheiten, mit denen Tanja Weber einen Umgang finden muss, ist es für sie notwendig, einen Kinderwunsch umfassender zu planen. In ihrer Partnerschaft kann eine Schwangerschaft nicht durch das Unterlassen von Verhütung beim Sex wahrscheinlich gemacht werden. Ihre Herbeiführung bedarf einer direkten Entscheidung und genauer Planung. Die Überlegungen des Paares, eine Familie zu gründen, und ihre Beziehungsgestaltung werden damit durch gesellschaftliche Bedingungen strukturiert, die von Ungerechtigkeit geprägt sind und verunsichernd wirken. Dass nach einiger Zeit die Trennung des Paares erfolgt, kann nicht als Folge dieser Strukturiertheit bezeichnet werden, aber die Wahrscheinlichkeit einer Trennung erscheint unter diesen Bedingungen deutlich erhöht.

»oh nee dachte ich jetzt echt nicht schon wieder«
Um den Jahrtausendwechsel – Tanja Weber ist etwa dreißig Jahre alt – zieht sie aus beruflichen Gründen in eine andere Großstadt. In dieser Zeit gerät sie in eine Phase, die sie wie eine erneute Adoleszenz erlebt:

> »ich hatte echt das Gefühl jetzt hab ich zum dritten Mal ne Pubertät <<ja>> ((lachend)) /oh nee dachte ich jetzt echt nicht schon wieder\ <<ja>> also, es waren, irgendwie wieder dieses ja, wer bin ich denn eigentlich was will ich denn <<hm>> wer wird mich denn wollen, mit meiner Geschichte, also diesen blöden Spruch besser bi als nie hatte ich natürlich auch sofort im Kopf <<ja>> und dachte äh, ja pfh (5) kann ich mich jetzt auch auf einen Menschen einlassen die Frage, stellte ich mir natürlich auch <<ja>> oder (3) hm, weil ich es ja bis da auch nur kannte ich bin in ner Frauenbeziehung und merke ich genieße das und was mich, Männer in meinem Arm zu haben, wo ich mich schon gefragt hab ja, ist es das dass ich jetzt wirklich zwei Beziehungen habe auch wenn ich mir das irgendwie nicht vorstellen konnte aber so wie, wie krieg ich das denn zusammen <<ja>> diese (2) diese Zweigeschlechtlichkeit wie kann ich die denn irgendwie leben« (TW, 32/27–38).

Eine relativ kleine Veränderung – die Erfahrung, Männer wieder anziehend zu finden – erlebt die Biografin als eine umfassende Verunsicherung. Indem Tanja Weber von einer dritten »Pubertät« spricht, unterstreicht sie das Ausmaß dieser Erfahrung, die keineswegs auf die Gestaltung ihres Beziehungslebens beschränkt bleibt. Sie ist gezwungen, eine erneute Statuspassage zu bewältigen. In der Sequenz wird deutlich, dass eine Strategie der Biografin im Umgang mit dieser Passage – zumindest im Prozess des Erinnerns – der Humor ist, mit dem sie sich dieser Zeit zuwendet.

Die Fragen, die Tanja Weber als Teil dieser Lebensphase beschreibt, lassen sich als typisch für die Auseinandersetzung mit potenziellen Anerkennungskonflikten in einem homosexuellen Coming-out-Prozess beschreiben (vgl. Plummer, 1994, S. 88) und sie sind Tanja Weber damit schon vertraut. In einer Erweiterung der These einer doppelten Diskriminierung von Bisexuellen (vgl. Ochs, 1996 und Kap. 3.2.2) kann in Hinblick auf die Lebensgeschichte von Tanja Weber von der Notwendigkeit einer doppelten Auseinandersetzung mit potenziellen Anerkennungskonflikten im biografischen Verlauf gesprochen werden. Der Umstand, dass die Biografin sich von Männern angezogen fühlt und damit ein Aspekt in ihr Leben tritt, der in der zeitgenössischen und regionalen sozialen Ordnung des Sexuellen in der Regel nicht von Stigmatisierung betroffen ist, ist in ihrem Fall gerade der Auslöser für diese Auseinandersetzung.

Dabei wirft die Biografin die Frage auf: »wer wird mich denn wollen, mit meiner Geschichte«? Sie beginnt, ihre Beziehungsbiografie damit als einen diskreditierbaren Teil ihrer Lebensgeschichte wahrzunehmen. Dabei bestärken sie die Stereotype über Bisexualität, die ihr vertraut sind. Der vermeintlich größeren Auswahl an Beziehungspartner_innen – die auch im von der Biografin zitierten Spruch »besser bi als nie« aufgegriffen wird – steht damit die Befürchtung der Biografin entgegen, keine geeigneten Beziehungspartner_innen finden zu können. Neben dieser Sorge beschäftigt sie die Frage, ob sie selbst nun an ihrem bisherigen Beziehungsentwurf festhalten könne. Denn sie erlebt Bisexualität nicht als ein Begehren unabhängig vom Geschlecht, wie es zum Teil entworfen wird, sondern für sie gründet sie in der Struktur der Zweigeschlechtlichkeit, in der sie eine Beziehung zu einem Mann oder einer Frau als grundlegend unterschiedlich erlebt.

Nicht nur die Folgen für ihre Beziehungsgestaltung beschäftigen Tanja Weber, sondern auch mögliche Auswirkungen auf ihr weiteres soziales Umfeld:

> »ganz viel Sorge vor Ausgrenzung auf allen Seiten <<ja>> ähm, wie wird mein Freundeskreis ((amüsiert)) /Freundinnenkreis\ reagieren, die irgendwie fast alle lesbisch sind <<ja>> was, was sagen die, wenn ich auf einmal

> ähm, da jetzt mit nem Mann ankommen würde, verlier ich die jetzt alle, deswegen, so wie viel Toleranz <<hm>> haben sie denn in=in der Richtung <<ja>> (4) ((lachend)) /ja ganz schlimm\ (3) die (2) Eltern tendieren ja schon auch zu so, zu so Sätzen wie ja das ist nur ne Phase das äh, das wächst sich wieder raus <<ja>> nicht bös gemeint aber so die eigene Hoffnung ne dann hats das Kind wieder einfacher, wo ich so denke na toll ((lacht)) dann hatten die auch noch recht ((lacht)) das ja jetzt echt das Letzte ((lacht)) hab ich jetzt irgendwie jahrelang gesagt quatsch ihr müsst mich jetzt so akzeptieren ich bin lesbisch das ist jetzt so, und auf einmal komm ich an ähhh vielleicht doch n Mann ((lacht)) ohh nee ((lacht)) das geht ja gar nicht ((lacht))« (TW, 32–33/38–1).

In der Sequenz wird deutlich, dass die immer noch verbreiteten linearen Vorstellungen eines Coming-out-Prozesses (vgl. dazu auch Marrs & Staton, 2016, S. 41 und Kap. 3.3.2) nicht mit dem biografischen Verlauf Tanja Webers in Einklang zu bringen sind – ein Umstand, der sie selbst irritiert. Die klassischen Modelle entwerfen Coming-out als einen Prozess, der mit einer anfänglichen Verwirrung beginnt und sich typischerweise hin zu einer zunehmenden Akzeptanz und Stabilisierung der Identität entwickelt, wobei ein wesentlicher Bestandteil der Aufbau von sozialen Beziehungen zu Menschen ist, die ähnliche Erfahrungen gemacht haben. Tanja Weber hat in ihrem lesbischen Coming-out schon fast idealtypisch diese Phasen durchlaufen. Als Bisexuelle macht sie nun die Erfahrung, dass sie gerade aufgrund des sie zuvor stärkenden Freundinnenkreises verunsichert wird und besorgt ist, Ausgrenzung erleben zu müssen. Die Sorge, alle ihre Freundinnen zu verlieren, zeigt das ganze Ausmaß dieser Verunsicherung, die der Verunsicherung, die mit einem homosexuellen Coming-out einhergeht, in nichts nachsteht. Dabei drängt sich in ihrer Situation angesichts des geringeren sozialen Organisationsgrades Bisexueller zusätzlich die Frage auf: Was könnten die Bezüge sein, an die Tanja Weber im Falle eines Verlustes ihres Freundeskreises anknüpfen könnte?

Eine weitere Ebene des Prozesses ist die Auseinandersetzung Tanja Webers mit ihren Eltern. Sie beschäftigt sich damit, dass ihre Eltern im Falle einer Beziehung mit einem Mann, ihr Lesbischsein als Phase abwerten und damit der Status der Anerkennung, die sie durch ihre Eltern erreicht hat, verloren ist. Eine mögliche Beziehung zu einem Mann löst damit eine Aktualisierung von Erfahrungen der Abwertung ihres lesbischen Selbstentwurfes aus. Weder ein lesbisches noch ein bisexuelles Selbstverständnis erweisen sich als in solcher Weise institutionalisiert, dass sie über eine Beziehungsphase mit einem Mann hinweg stabil bleiben könnten. Biografisch stellt Bisexualität dabei lediglich eine Vergangenheit dar oder einen Zukunftsentwurf. Als Teil der Gegenwart droht sie in der Biografie von Tanja Weber auf den Moment des Übergangs hin zu einer der sozial anerkannten monosexuellen Lebensweisen reduziert zu werden (vgl. Scherrer et al., 2015, S. 682 und Kap. 3.2.2). In dieser Situation hat die Biografin die berechtigte Sorge, ihre bisherige lesbische Identität aberkannt zu bekommen, ohne in der Lage zu sein, einen Selbstentwurf zu entwickeln, der ihrer bisherigen Beziehungsbiografie und ihren möglichen Beziehungswünschen gerecht wird (vgl. zu diesem Thema auch Scherrer et al., 2015, S. 683, 692).

Tanja Weber reagiert auf diese Herausforderungen mit im Prozess ihres lesbischen Coming-outs erprobten Strategien: Sie nimmt mit Bisexuellen über entsprechende Mailverteiler und Foren Kontakt auf:

> »und, da hatte ich einen Mailkontakt zu nem Mann aus [Stadt] <<hmhm>> und das hat mir unglaublich gutgetan <<ja>> also wir haben, wir haben uns nie unsere echten Namen genannt, er hat mir mal irgendwann n Foto geschickt da konnte man ihn aber überhaupt nicht drauf erkennen <<hm>> und irgendwie durch diese Anonymität die wir hatten, waren wir beide sehr sehr ehrlich <<hm ja>> und er war, schon deutlich weiter, er, lebte schon länger, so diesen Wechsel von Frauen und Männerbeziehungen und erzählte auch wie seine Freunde damit umgehen wie er damit umgeht (2) und da konnte ich ihm auch so meine Sorgen, berichten aber, ich glaub vor allen Dingen so sein, sein Beispiel <<hm ja>> wie=wie kann er leben, das hat mir unglaublich gutgetan <<ja>>« (TW, 33/17–25).

Obwohl die Suche nach Kontakt zu Menschen, die ähnliche Erfahrungen gemacht haben wie sie, an den Umgang mit den ersten Schritten während ihres lesbischen Coming-outs erinnern, gibt es einige Unterschiede. Anstatt eine Coming-out-Gruppe und damit eine Face-to-Face-Situation zu suchen, ist der Kontakt diesmal vermittelter. Dabei erzählt Tanja Weber, dass die Vermittlung und die Möglichkeit der Anonymität ihr in dieser Situation helfen, da sie ehrlich sein kann, sich also nicht den Beschränkungen aussetzen muss, die durch eine engere soziale Bindung entstehen. Der Kontakt erfüllt damit eine andere Funktion als ihr Besuch einer Coming-out-Gruppe. In dieser suchte sie – neben dem Austausch – Zugang zu lesbischen Zusammenhängen, Freundschaften, Beziehungen und Orten. Nun sucht sie allein den Austausch und ein Beispiel, wie ein bisexueller Lebensentwurf aussehen könnte. Das verdeutlicht einerseits, wie sehr es Tanja Weber – obwohl sie sich nun schon eine lange Zeit in einem lesbischen Freundeskreis bewegt – an konkreten Vorbildern eines Lebens jenseits der Monosexualität mangelt. Dabei ist es nicht auszuschließen, dass einige ihrer Bekannten sich insgeheim selbst als bisexuell bezeichnen, Beziehungen oder Sexualität mit Männern und Frauen gelebt haben, leben oder darüber nachdenken. Die Situation in ihrem Freundeskreis, die Tanja Weber beschreibt, lässt die Vermutung zu, dass dort ein gewisser sozialer Druck zur Konformität herrscht, der dazu führt, dass dieses Thema nicht ohne Notwendigkeit angesprochen wird. Gerade in sozialen Gemeinschaften, die sich auf der Basis von gesellschaftlicher Ausgrenzung bilden, kann ein hoher Druck herrschen, die gruppeninternen Regeln nicht zu überschreiten. Andererseits zeigt sich die Komplexität der sozialen Situation, in der sich Tanja Weber befindet, nicht lediglich hinsichtlich des Umgangs mit ihren Freundinnen, sondern in der Herausforderung der Neuordnung beinahe aller ihrer privaten Bezüge. Ohne die Herausforderungen, die mit einem lesbischen Coming-out-Prozess verbunden sind, infrage stellen zu wollen, existieren in diesem Fall – auch aufgrund der Erfolge der Frauen- und Lesbenbewegung – verfügbare und eindeutige soziale Skripts des Handelns, an denen sich Tanja Weber in dieser Phase orientieren konnte. Mit Blick auf ihren biografischen Verlauf hat sie ihren grundlegenden Lebensentwurf in dieser Zeit nicht modifiziert: Sie hat sich seit ihrer Adoleszenz immer in größeren sozialen Gruppen bewegt, die bestimmte Werte und Normen teilten, sie hat Wert auf ihre Bildungs- und Berufskarriere gelegt, in der Regel längere seriell monogame Beziehungen geführt, die meist in der Auseinandersetzung mit Nähe und Distanz ein Ende fanden. In ihren Beziehungen mit Frauen musste sie sich dabei mit den Strukturen institutionalisierter Heterosexualität auseinandersetzen und wurde in ihrer biografischen Gestaltungsmöglichkeit von diesen beeinflusst, was jedoch nichts an den zentralen Koordinaten der Organisation ihres Lebens änderte. Mit der Tatsache des Begehrens eines Mannes stehen diese Koordinaten – vor allem was ihr Beziehungs- und Freundschaftsleben betrifft – für die Biografin zur Disposition.

Mitte der 2000er Jahre geht Tanja Weber eine Beziehung zu einem Mann ein, nachdem sie über zehn Jahre nur Beziehungen mit Frauen geführt hat. Sie ist zu diesem Zeitpunkt Mitte dreißig:

>»da muss ich sagen fand ichs, unglaublich angenehm, dass irgendwie von Anfang an, auch meine Situation, klar war <<hm ja>> weil es, nicht ne Si-

tuation danach, nach dem ersten zweiten oder fünften Treffen gab <<hm>> ( ) ach du übrigens ich muss dir noch was erzählen ((lacht)) <<ja>> sondern das, das war einfach klar, <<ja>> so, er wusste wo ich stehe und im Groben wie mein, mein Lebenslauf war und ich wusste wo er steht eben mit dieser, gerade erst vollzogenen Trennung von seiner Frau und der Tochter, es war von beiden Seiten irgendwie n sehr fairer Start <<ja>> (5) da, das war ja sozusagen das erste Mal dass ich so was, irgendwie machen musste und da hab ich aber auch gleich gemerkt das ist, das ist so mein Weg <<ja>> also da (3) wo ich immer noch denke wenn, ich kann ja verstehen wenn es für jemanden zu kompliziert ist, sich auf nen Bimenschen einzulassen aber dann ((lächelt)) soll es auch er oder sie es auch gleich von Anfang an wissen <<ja>>, und sich dann entscheiden können <<hmhm ja>> also dann kann keiner nachher sagen so, ach du bist ja ganz anders als ich dachte <<hm>> und Überraschung Überraschung, nee (3) dann solln se halt, von wenn die wenn die Vorurteile oder die eigenen Sorgen zu groß sind dann solln se auch gleich, dann solln se gleich Abstand halten <<ja>> (5)« (TW, 35–36/41–6).

Tanja Weber erlebt es als erleichternd, dass ihr Partner schon vor der Aufnahme ihrer Beziehung weiß, dass sie bisexuell ist. Im anderen Fall hätte das für sie einen komplexen Abwägungsprozess nach sich gezogen, vor allem hinsichtlich der Wahl des geeigneten Zeitpunktes. Damit macht sie deutlich, dass für sie in dieser Situation ihre Vergangenheit und vor allem ihre Beziehungsbiografie eine neue Relevanz bekommt. Weder in ihren anfänglichen Beziehungen mit Männern noch in ihren dann folgenden Anbahnungen von Partnerschaften mit Frauen sah sie sich gezwungen, in diesem Ausmaß über ihre Vergangenheit aufzuklären: Heterosexualität und Homosexualität stellen – wenn auch in unterschiedlichen Formen – Institutionen dar, die die Präferenz eines Geschlechts bei der Partner_innenwahl in Vergangenheit und Zukunft als Selbstverständlichkeit setzen. Da Tanja Webers Vergangenheit nun mit dieser Selbstverständlichkeit bricht, sieht sie die Notwendigkeit sich zu erklären. Die Erfahrung der Offenheit, die in ihrer Beziehung besteht, in diesem Fall ohne sich explizit erklären zu müssen, bestärkt die Biografin, Offenheit als Teil eines festen Ablaufplanes bei der Anbahnung von Beziehungen zu etablieren. Mit diesem Vorgehen entlastet sie sich von Entscheidungs- und Differenzierungsdruck. Sie muss nicht mehr grundsätzlich darüber nachdenken, ob und was sie gegenüber einem potenziellen Beziehungspartner oder einer Beziehungspartnerin preisgibt. Lediglich wann und wie sie das Thema einbringt, bleibt eine Frage, mit der sie sich beschäftigen muss. Mit diesem Vorgehen möchte sie gezielt einer Überraschung, aber vermutlich auch einer Enttäuschung, vorbeugen. Sie selbst betrachtet es folglich als Form der Täuschung, mögliche Beziehungspartner_innen nicht über ihre Beziehungsbiografie zu informieren. Der Umgang Tanja Webers mit der institutionalisierten Monosexualität ist damit die Akzeptanz ihrer Relevanz und die soziale Markierung ihrer Biografie und ihrer Selbst als anders. Sie entwirft »Bimenschen«, zu denen sie gehört, als einen eigenständigen Typus. Damit gelingt ihr eine Positionierung und der Entwurf eines idealen Handlungsmodells in Bezug auf ihre Beziehungen, wobei sie gleichzeitig die sozial verankerten Vorbehalte gegen Bisexuelle (vgl. Kap. 3.2.2) bis zu einem gewissen Grad akzeptiert. Das zeigt sich unter anderem daran, dass sie eine Ablehnung von Bisexuellen als vermeintlich »komplizierte« Beziehungspartner_innen als akzeptabel betrachtet. Dabei lässt sich die Frage aufwerfen, weshalb das wechselnde Geschlecht bei den Beziehungspartner_innen größere Unsicherheit hervorrufen sollte als zum Beispiel das Prinzip der seriellen Monogamie. Schließlich haben Menschen, die seriell monogam leben, in der Regel ebenfalls schon unterschiedliche Beziehungen geführt und die Annahme einer Dauerhaftigkeit der aktuellen Beziehung beruht auf einer »Unendlichkeitsfiktion« (Burkart, 2018, S. 28), ohne dass dieses Beziehungsarrangement zu einer ähnlichen Verunsicherung führen würde. Dagegen scheint eine bisexuelle Beziehungsbiografie eine verunsichernde Endlichkeitsfiktion der Paarbindung auslösen zu können. Jenseits der Frage nach der logischen Begründbarkeit der durch eine bisexuelle Beziehungsgeschichte ausgelösten Verunsicherung zeigt sich, dass Tanja Weber sich mit dieser beschäftigen muss und dass sie dabei auf eine Strategie der Anerkennung durch ein Bekenntnis zu einem Status der Differenz aufbaut.

Neben den zahlreichen Gedanken, die sich die Biografin hinsichtlich der Anbahnung einer Beziehung macht, stellen sich in ihrer neuen Partnerschaft fast vergessene Selbstverständlichkeiten ein:

> »als ich jetzt dann nach vielen Jahren Frauenbeziehungen meinen ersten Freund hatte <<hm>> fiel mir erst mal wieder auf <<hm>> wie sehr man doch immer auffällt <<ja>> also, wenn ich ihn in der Straßenbahn küsste, reagiert überhaupt niemand <<hm>> und da hab ich erst mal den Unterschied gemerkt, wie, wie wenig Reaktion man in ner Heterobeziehung bekommt im Vergleich dazu wie viel an Irritation an Blicken an, irgendwie Re-

aktionen man eben als Frauenpaar <<hm>> doch immer bekommt <<ja>> wenn jetzt kein, keine blöden Sprüche oder so fliegen aber es fällt, man fällt sofort auf, immer <<ja>> ich hatte das lange Zeit auch einfach weg-, einfach ausgeblendet <<hm>> und gedacht na=ja, guckt ihr halt <<ja>> und wirklich erst mit dem Mann fiel mir auf das, ich muss ja gar nix mehr ausblenden weil es ((lachend)) /guckt wirklich keiner mehr\ ((lacht herzhaft)) ganz ungewohnt« (TW, 24/4–14).

Während sie sich in Hinblick auf ihre Beziehungsbiografie nun als »anders« empfindet, erlebt die Biografin in ihrem Beziehungsalltag die Entlastung von der beständigen Auseinandersetzung mit der heteronormativen Strukturiertheit der Alltagswelt, vor allem des öffentlichen Raums. Sie ist überrascht über den Perspektivwechsel, der sich einstellt. Die situationsabhängig mehr oder weniger erfolgreiche Praxis des »Ausblendens« der Reaktionen von Menschen auf zwei Frauen, die als Liebespaar auftreten, erweist sich für sie nun als unnötig. Dabei wird ihr der Aufwand bewusst, den dieses »Ausblenden« und die zahlreichen Abwägungen und Entscheidungen, die damit verbunden sind, auslöst. Durch Kenntnis des Engagements in diesen alltäglichen Situationen und der nun eintretenden Distanzierung erlangt Tanja Weber ein multiperspektivisches Bild dieser Alltagsszenen (zum Thema Erkenntnis, Engagement und Distanzierung vgl. Elias, 1983). Sie ist in der Lage, das Ausmaß der Freiheit zu erkennen, die sie im Rahmen einer gegengeschlechtlichen Beziehung hat, da sie um die Abwägungen weiß, die als gleichgeschlechtlich gelesene Paare vollziehen müssen, während sie die gleichen Handlungen ausführen. In der Auseinandersetzung mit der Kluft zwischen diesen beiden Perspektiven kommt der Biografin erneut ihr Humor zugute, durch den sie einen Umgang mit der von ihr beobachteten Ungleichheit und Ungerechtigkeit findet. Zugleich deute ich ihr Lachen als Ausdruck der Faszination davon, nun plötzlich »unsichtbar« zu sein und damit eine alte Rolle neu kennenzulernen.

Neben dieser ungewohnten Unsichtbarkeit in ihrer alltäglichen Beziehungspraxis erlebt Tanja Weber, dass ihre Befürchtungen hinsichtlich des Verlusts von Freundinnen nicht eintreten:

> »also ich, hab nicht, also **keiner** von meinen engeren Freunden hat sich deswegen von mir abgewendet <<hmhm ja>> und das finde ich n, ne super Ausbeute das hätte ich nicht=nicht geglaubt dass das so, so sein wird (4)« (TW, 39/32–35).

Damit erweist sich das von ihr geknüpfte soziale Netz als stabiler, als sie es befürchtet hatte. Im Interview unterstreicht sie noch einmal, wie wichtig für sie ihre lesbischen Freundinnen sind, mit denen sie gerne tanzen geht, gerade während sie sich in einer Beziehung mit einem Mann befindet:

> »das hat mir sehr, sehr g-, gutgetan, weil das so nen, weil das so n guter Gegenpol war <<hm>> nämlich ich hatte immer noch regelmäßig ne, ne Frau im Arm, was ich sehr genossen habe aber auf auch ne (4) auf ne Art und Weise die auch für alle Seiten völlig akzeptabel, war also es war auch nicht dass ich jetzt dachte ich will jetzt unbedingt **mehr** irgendwie von ihr oder ich äh, ich will ihr körperlich besonders nahe sein aber ich hatte eben diesen, diesen Körperkontakt <<hm>> zu ner Frau <<ja>> noch=noch regelmäßig (3) <<hm ja>> und das, ähm, hab ich sehr, **sehr** genossen, dass das war, und auch die, der Umgang miteinander der auch so war also in [Ort, um zu tanzen], sind eigentlich alle lesbisch mehr oder weniger, und im Freundeskreis eben auch also dieses so- dieser soziale Anteil am Lesbischsein der ging ja genauso weiter <<ja>> noch, auch gerade dadurch weils ja ne Fernbeziehung war, war das ja überhaupt kein Problem also ich war dann einfach oft auch alleine, mit=mit den Frauen dann unterwegs, und das war dann n bisschen so als wär ich Single <<ja>> halt ne, ne Singlefrau unter, unter anderen Frauen« (TW, 36/14–27).

Die Sequenz wirft ein anderes Licht auf lesbische Bezüge, die von vielen unserer Interviewpartnerinnen vor allem als abweisend gegenüber bisexuellen Frauen beschrieben werden. Ähnliche Befürchtungen der Biografin erfüllen sich nicht – ein Hinweis darauf, dass die Ausgrenzung von bisexuellen Frauen durch Lesben keineswegs durchgängig verbreitet ist. Nichtsdestotrotz weisen die Unsicherheiten und Ängste der Biografin auf die Möglichkeit eines nun prekären Status hin, in dem durchaus das Potenzial zur Ausgrenzung vorhanden bleibt. Zudem trägt sicher die langjährige Bekanntschaft mit ihren Freundinnen zur Stabilität der Freundschaften bei. Aber es bleibt eine offene Frage, ob eine bisexuelle Frau auch als Neuankömmling willkommen wäre.

Ein weiterer Punkt, den Tanja Weber zum Ausdruck bringt, ist die große Bedeutung, die ihre Freundinnen für ihren bisexuellen Lebensentwurf haben. Auch mit einem Mann als Beziehungspartner bewegt sich die Biografin im Kern lesbischer Bezüge und genießt die Vertrautheit ihrer Freundschaften und die körperliche Nähe ihrer Tanzpartnerinnen. Anstatt sich bei der Verwirklichung ihrer Wünsche nach Nähe zu Frauen zu beschränken, bewegt sie sich auf dem »lesbischen Kontinuum« (Rich, 1989), das jenseits der Paarbeziehung existiert.

Die Fernbeziehung der Biografin trägt – wie Tanja Weber anmerkt – sicher dazu bei, dass wenig Konflikte zwischen ihren Freundschaften und ihrer Liebesbeziehung entstehen und sie weiter in der Lage ist, ohne jede Einschränkung an den Aktivitäten der Gruppe teilzunehmen. Vielleicht war für die Biografin – obwohl sie dies nicht anspricht – gerade das erneute Eingehen einer Fernbeziehung attraktiv, da eine solche Organisation ihren Alltag erleichtert.

Nach einigen Jahren endet die Beziehung. Tanja Weber erzählt, sie habe die Fernbeziehung beenden wollen und schon eine Zusage für eine Arbeitsstelle am Wohnort ihres Partners erhalten. Ihr Partner habe die Fernbeziehung aufrechterhalten wollen, woraufhin sie die Beziehung beendet habe. Dass sie in dieser Situation bereit war wegzuziehen und damit ihren lesbischen Freundeskreis zu verlassen, erscheint ein großer Schritt angesichts der Bedeutung, die sie diesem Freundeskreis zuspricht. Im Kontext dieser Phase spricht sie das erste Mal davon, wie sie wichtige Entscheidungen in ihrem Leben aufgrund einer Liebesbeziehung trifft und nicht aus beruflichen Gründen. Auch in diesem Fall bleibt dabei die Paarbiografie Tanja Webers vom Thema Nähe und Distanz geprägt.

Mit Ende dreißig ist die Biografin damit wieder »solo« (TW, 24/25) und denkt erneut häufig über das Thema Bisexualität nach:

> »es bringt schon auch ne, ne **Haltlosigkeit** <<ja>> (3) die ich wenn ich so ab und zu, irgendwie so Heterofamilien sehe <<hm>> jo (3) schon so denke Mensch ihr habts irgendwie auch **einfacher**, gehabt <<ja>>, ne ihr habt irgendwann den Mann die Frau fürs Leben gefunden ne Familie gegründet n Haus gekauft und seid jetzt irgendwie glückliche kleine Familie <<hm>>, ohne jetzt irgendwie größere Aufregung <<ja>>, also da ist sch- ist so ne Mischung aus n bisschen **Neid** und, nee, also pfh hätt ich jetzt auch nicht gewollt <<hm>> (6) und ich mein, gut gerade, wahrscheinlich weil ich jetzt auch solo bin, sind natürlich so diese Fragen wer, wer kann mit meiner Lebensgeschichte umgehen <<hm>> noch mal, noch mal wieder aktueller <<ja>> ich denke **in ner Beziehung**, wenn man jemand gefunden hat der, der das okay findet <<hm>> stellen sich die Fragen weniger im Moment sind sie wieder drängender <<ja>> ja wie viel, lassen sich vielleicht auch nicht auf mich ein obwohl ich sie jetzt äh attraktiv fände **wegen** meiner Lebensgeschichte <<hmhm>> (3) also schon, oah ((lacht kurz)) <<hm>>

man **kann** auch einfacher leben als ich es tue <<ja>> (3) auch wenn ich nicht=nicht s- nicht **unglücklich** damit bin« (TW, 44/17–33).

In der Evaluation ihrer Lebenssituation zum Zeitpunkt unseres Gespräches stellt Tanja Weber das Gefühl einer gewissen »Haltlosigkeit« in den Mittelpunkt, die sie als Resultat ihrer bisexuellen Lebensgeschichte und ihres bisexuellen Zukunftsentwurfs sieht. Sie trauert um den Verlust der institutionalisierten Abläufe einer heterosexuellen Paarbiografie, die sie als »einfacher« betrachtet. Zugleich grenzt sie sich von diesen Abläufen ab, indem sie verdeutlicht, dass sie diesen nicht folgen wollte. Das heißt, in dieser Abgrenzung gelingt es ihr, sich als Gestalterin ihrer eigenen alternativen Beziehungsbiografie zu präsentieren. Dabei lässt sich die Frage aufwerfen, inwiefern es sich dabei um eine hilfreiche Fiktion der größeren Gestaltbarkeit und Individualität ihrer Lebensgeschichte handelt. Schließlich waren in beiden Situationen, in denen sie wünschte, ihrer Beziehung einen neuen Status zu geben, ihre Handlungsmöglichkeiten begrenzt. In einem Fall zusätzlich durch die gesellschaftliche Benachteiligung gleichgeschlechtlicher Paarbeziehung und in beiden Fällen durch die Entscheidung der Beziehungspartner_innen gegen eine Fortsetzung der Beziehung in der von Tanja Weber gewünschten Form.

Die Sequenz drückt, meiner These nach, den Versuch aus, einen Umgang mit dem erlebten Verlust von monosexueller Selbstverständlichkeit zu finden. Dabei macht Tanja Weber deutlich, dass es gerade die Phasen sind, in denen sie »solo« (TW, 24/25) ist, die sie beschäftigen, da in diesen Phasen die Unwägbarkeiten, welche die Phasen der seriellen Monogamie ohne Partnerin prägen, von den Unwägbarkeiten hinsichtlich der Reaktionen potenzieller Partner_innen auf ihren bisexuellen Lebensentwurf verstärkt werden. Dabei kann die Frage aufgeworfen werden, inwiefern »Heterofamilien« – die zwar zweifellos gegenüber nicht heterosexuellen Lebensgemeinschaften bevorteilt werden – es notwendigerweise »einfacher« haben, wie sie sagt. Dass dies nicht unbedingt der Fall ist, erlebte die Biografin in ihrer eigenen Herkunftsfamilie.

5.2.4 Biografischer Verlaufstypus: Selbstetikettierung als Anpassung

Ich komme an dieser Stelle zur Bildung des biografischen Verlaufstypus, die ich auf Grundlage des dargestellten Falles vorgenommen habe. Im Anschluss daran fasse ich den erörterten und einen weiteren Fall aus dem gesamten Sample als Repräsentanten dieses Typus zusammen.

Verläufe, in denen die Annahme von Bisexualität als ein soziales Etikett eine Anpassung darstellt, sind durch das Erleben einer Irritation im biografischen Verlauf gekennzeichnet. Sie stehen damit im Gegensatz zu Verläufen der *Übernahme*, denn geschlechterübergreifendes sexuelles und partnerschaftliches Handeln ist in Verläufen der Anpassung nichts, was schon in der Adoleszenz ein selbstverständlicher Teil der Biografie war. Der Begriff der *Anpassung* verdeutlicht, dass die Annahme von Bisexualität als Etikett der Selbstbeschreibung ein gewisses Maß an biografischer Arbeit nach sich zieht. Der Phase der Anpassung kann dadurch eine wichtige Bedeutung im Lebenslauf zukommen, sie ist dabei anderen Erlebnissen ebenbürtig und erweist sich nicht als Prinzip der Organisation der Lebensgeschichte.

Ausgangspunkt der Entwicklung ist im Typus Anpassung eine monosexuelle Gestaltung von Sexualität und Beziehungen, was gleichgeschlechtliche oder gegengeschlechtliche Beziehungen einschließt. Zu diesem Typ gehören damit auch Biografien, in denen ein homosexuelles Coming-out stattgefunden hat. Dabei lässt sich festhalten, dass ein schon erfolgtes homosexuelles Coming-out keineswegs die Irritation mildert, die die Anpassung der Selbstetikettierung notwendig macht. Ein Grund dafür ist, dass die Erfahrung eines homosexuellen Coming-outs die vorhergehenden gegengeschlechtlichen Beziehungen zu einem Teil der Vergangenheit deklariert, der nichts mehr mit der Gegenwart zu tun hat. Angesichts des gleichgeschlechtlichen Begehrens in der Gegenwart, wird die Möglichkeit, in der Zukunft erneut gegengeschlechtlich zu begehren, ausgeklammert. Hier zeigen sich die Folgen einer monosexuellen Organisation von Sexualität, die dazu führt, dass Homosexuelle und Heterosexuelle als zwei klar voneinander zu unterscheidende Gruppen konzipiert werden. Dieses Konzept beeinflusst – wie dieser Typus zeigt – sowohl die Fremd- als auch die Selbstwahrnehmung. Ein gleichgeschlechtliches Begehren bedeutet, in diesem kulturellen Kontext eine neue Gruppenzugehörigkeit zu erlangen. Zu diesem Prozess gehört ein »Coming-out«, das heißt ein dauerhafter Prozess des Abwägens, ob und wann ein gleichgeschlechtliches Begehren öffentlich gemacht wird. Im Falle eines Öffentlichmachens wird einer gleichgeschlechtlichen Beziehung in den meisten sozialen Kontexten die Bedeutung unterlegt, dass dies einem »Versprechen« in Hinblick auf die Zukunft gleichkommt. Die Zumutungen und Chancen eines homosexuellen Coming-outs dienen damit einer Reduktion von Unsicherheit und Unwissenheit in Bezug auf die Zukunft, sowohl für die Person, die sich outet, als auch für die Menschen, die Adressat_innen der Information sind. Darüber hinaus geht ein gleichgeschlechtliches Coming-out oft mit der Bindung an homosexuelle Zusammenhänge einher. Sie ermöglichen den Aufbau eines neuen Selbstverständnisses, den Zugang zu neuen Freundschaften, mit Menschen ähnliche Erfahrung zu teilen und das Kennenlernen von möglichen Sex- und Beziehungspartner_innen sowie einen gewissen Schutz vor Diskriminierungserfahrungen. Mit Blick auf einen biografischen Verlauf der Anpassung kann sich die Bindung an eine solche Community jedoch im Falle eines geschlechterübergreifenden Begehrens als zweischneidig erweisen. Die klaren Gruppengrenzen bieten Schutz und Zugehörigkeit, erzeugen aber zugleich einen Druck zur Konformität und die Gefahr des Ausschlusses bei abweichendem Verhalten.

Ein Blick auf das gesamte Sample zeigt, wie ich anhand eines Beispieles skizzieren werde, dass auch eine monosexuell-gegengeschlechtliche Organisation von Beziehungen und Sexualität Ausgangspunkt eines biografischen Verlaufs der *Anpassung* sein kann. In diesem Fall wird der Druck zur Konformität jedoch aufgrund heteronormativer Rollenerwartungen erzeugt.

Wie in Verläufen der *Übernahme* erfolgt in solchen der *Anpassung* die Annahme des Etiketts eher spät im Lebensverlauf. Auslöser für die Anpassung ist dabei entweder die schon erfolgte Abweichung oder das Bedürfnis nach Abweichung von monosexuellen Handlungsmustern. Dabei fehlt es zunächst an sinnvollen und in verschiedenen sozialen Kontexten als legitim erachteten Etiketten, um diese Abweichung zu kommunizieren.

Vor allem das Erlebnis, sich – im Falle eines schon durchlaufenen homosexuellen Coming-outs – mehrmals im Leben anpassen und mit einem neuen sozialen Status arrangieren zu müssen, hinterlässt Spuren in der Form der Präsentation der Lebensgeschichten dieses Typus. Die Präsentation ist gekennzeichnet durch eine eher distanzierte, knappe und sarkastische Erzählweise. Dies zeigt sich im Narrativ des oben dargestellten Falles von Tanja Weber. Sie kommentiert aufkommende Träume von Sex mit Männern, nachdem sie Jahre zuvor ein lesbisches Coming-out hatte und lange Zeit allein mit Frauen Partnerschaften eingegangen war, mit den Worten: »ich hatte echt das Gefühl jetzt hab ich zum dritten Mal ne Pubertät <<ja>> ((lachend)) /oh nee dachte ich jetzt echt nicht schon wieder« (TW, 32/27–28).

Die nötige Anpassung erweist sich als kritische Statuspassage und komplexe soziale Situation, da sowohl das eigene Selbstverständnis und die entwickelten Handlungsroutinen als auch die Fremdwahrnehmung durch signifikante Andere, wie Familie, Freund_innen und Beziehungspartner_innen, neu verhandelt werden müssen. Drängender als in der Verlaufsform der Übernahme stellt sich daher in diesem Verlauf die Frage nach der Verfügbarkeit von sozialen Etiketten von Bisexualität, die ein stimmiges Verhältnis von Selbst- und Fremdwahrnehmung herzustellen vermögen.

Handlungsmöglichkeiten
Die Annahme von Bisexualität als Etikett im Verlauf der Anpassung ermöglicht die veränderte sexuelle und partnerschaftliche Praxis in die eigene Sexual- und Beziehungsbiografie und das soziale Umfeld einbetten zu können. Sich selbst als bisexuell zu bezeichnen, bietet eine Chance sich einer normativ monosexuellen Deutung der Biografie zu widersetzen, in der das Geschlecht der gegenwärtigen Beziehung auf das Geschlecht der vergangenen Beziehungen verweist und dieses zum präferierten Geschlecht zukünftiger Beziehungen erklärt wird. Es wird möglich, signifikanten Anderen zu vermitteln, etwa elterlichen Bezugspersonen, Freund_innen oder (potenziellen) Beziehungspartner_innen, dass sie ihre bisherige Beziehungsbiografie anerkennen sollten – und das ganz abgesehen davon, welchen Geschlechts die Beziehung der Gegenwart ist. Und es wird möglich, sich selbst und das soziale Umfeld in der Kompetenz zu schulen, auf die Gewissheit über das Geschlecht zukünftiger Partner_innen zu verzichten.

Zudem hilft die Anpassung, sexuelle und partnerschaftliche Routinen zu überarbeiten. Das soziale Etikett der Bisexualität ermöglicht dabei den Zugang zu anderen Bisexuellen, um Wissen darüber zu erlangen, wie neue Routinen aussehen könnten.

Handlungsbeschränkungen
Die passende Annahme von Bisexualität als soziales Etikett bedeutet Handlungsbeschränkungen, da das Etikett der Bisexualität nicht auf eine etablierte Statusordnung einer allgemein anerkannten und gleichberechtigten sexuellen Ausrichtung aufbauen kann. Die Form der Handlungsbeschränkung besteht daher vor allem im Sinne einer Handlungsverunsicherung und der Erfahrung von zum Teil unüberbrückbaren Missverhältnissen zwischen der Selbst- und Fremddeutung. So kann eine bestehende unhinterfragte Zugehörigkeit zu homosexuellen Zusammenhängen infrage gestellt

werden, die Selbstetikettierung als bisexuell vonseiten der Eltern nicht akzeptiert werden oder es können sich Schwierigkeiten der Kommunizierbarkeit der Beziehungsbiografie und Gestaltung gegenüber potenziellen Beziehungspartner_innen ergeben (vgl. Kap. 6.2).

Zusammenfassung der den Typus repräsentierenden Verläufe
Die Biografie *Tanja Webers* repräsentiert den Typus der Annahme von Bisexualität als Etikett der Selbstbeschreibung als Anpassung. Tanja Weber wächst in den 1970er Jahren auf und lebt, bis sie Mitte zwanzig ist, ausschließlich gegengeschlechtliche Sexualität und Beziehungen. Bis zu diesem Zeitpunkt ihres Lebens war sie in dieser Hinsicht zufrieden, bemerkt aber, dass sie sich zunehmend von Frauen und lesbischen Zusammenhängen angezogen fühlt. Sie durchläuft ein Coming-out und lebt mehrere Jahre nur in festen Beziehungen mit Frauen, bis sie im Alter von Anfang dreißig beginnt, sich wieder Sex und Beziehungen mit Männern zu wünschen. Dies führt zu einem Prozess der Anpassung, in dessen Folge sie beginnt, sich als bisexuell zu beschreiben. Dieser Prozess ist von zahlreichen Unsicherheiten begleitet. Sie fragt sich, wie sie ihre zukünftigen Beziehungen gestalten soll, hat Sorgen, ihren lesbischen Freundinnenkreis zu verlieren und die erlangte Anerkennung in der Familie als Lesbe wieder einzubüßen. Viele dieser Unsicherheiten und Sorgen lassen sich klären, so verliert sie keine ihrer Freund_innen. Ihr Status in ihrer Familie als Bisexuelle stellt, wie sie befürchtet hat, die erlangte Anerkennung als Lesbe wieder infrage. Lebensphasen der Suche nach Beziehungspartner_innen und Zukunftsentwürfe sind infolge der Anpassung von einer für Bisexualität spezifischen Unsicherheit geprägt.

Nachdem ich die Typen der *Übernahme* und *Anpassung* konstruiert habe, stelle ich nun den Fall von Manfred Schäfer dar.

5.3 Falldarstellung – Manfred Schäfer

> »ich weiß nur dass ich eigentlich erst so mit fuffzich so richtig das Gefühl hatte endlich angekommen zu sein <<mhm>> endlich irgendwo zuzugehören« (MS, 88/37–38).

Die Biografie von Manfred Schäfer habe ich in das theoretische Sample aufgenommen, da dieser schon als junger Erwachsener geschlechterübergreifend Sexualität lebt.[36] Auch ein Engagement in bisexuellen Zusammenhängen spielt eine große Rolle. In Bezug auf diese Aspekte bildet dieser Fall damit einen maximalen Kontrast zum Fall von *Tanja Weber* (vgl. Kap. 5.2) und einen minimalen Kontrast zum Fall von Torsten Nowak (vgl. Kap. 5.1). Allerdings beschreibt sich der Biograf lange als homosexuell und die Annahme von Bisexualität als Etikett der Selbstbeschreibung ist mit Konflikten verbunden, worin dieser Fall dem von Tanja Weber ähnelt. Dieser Aspekt kommt auch in dem einleitend aufgeführten Zitat zum Ausdruck. In der Auswertung des Interviews zeichnete sich bald ab, dass sich in diesem Fall der Prozess der Annahme von Bisexualität als Etikett der Selbstbeschreibung anders gestaltet als im Typus der *Übernahme* oder *Anpassung*. Die im Folgenden dargestellte Fallrekonstruktion nahm ich daher zum Ausgangspunkt, um den biografischen Verlaufstyp der *Aneignung* von Bisexualität als soziales Etikett zu bilden.

5.3.1 Interviewkontext und Interaktionsverlauf

Zum Zeitpunkt des Interviews – im Jahr 2011 – ist Manfred Schäfer Anfang sechzig und lebt gemeinsam mit seinem Mann in einer deutschen Großstadt. Die beiden sind seit etwa drei Jahrzehnten ein Paar. Seit mehreren Jahren führt er darüber hinaus eine Fernbeziehung zu einer Frau. Sein Partner ist über die Beziehung informiert und bei Besuchen der weiteren Partnerin, leben sie zu dritt in der gemeinsamen Wohnung. Beruflich ist der Biograf im sozialen Bereich tätig, mittlerweile in Altersteilzeit.

Der Kontakt zu Manfred Schäfer entsteht über einen Mailverteiler für bisexuelle Menschen. Gleich in der ersten E-Mail schickt die Partnerin des Biografen uns Telefonnummer und Geburtsdaten von ihr und ihrem Partner und gibt über ihren Beziehungsstatus Auskunft. Damit präsentieren sich die beiden als Menschen, die offen mit ihrer bisexuellen und nicht monogamen Lebensweise umgehen. Die gesamte Kommunikation bis zum Interview übernimmt die Partnerin des Biografen, die sich mit ihm gemeinsam interviewen lassen möchte. Durch den über Sie vermittelten Wunsch, das Interview auch gemeinsam zu führen, entsteht der Eindruck

---

[36] Diesen Fall habe ich schon einmal im Rahmen eines Sammelbandbeitrages angesprochen (vgl. Ritter, 2014).

einer starken Einheit der beiden. Meine Kollegin und ich machen daraufhin telefonisch den Vorschlag, zu zweit zu kommen und die Interviews in getrennten Räumen zu führen, aber eine Aufnahme zur Verfügung zu stellen. Dieser Vorschlag wird von den beiden angenommen. Im späteren Verlauf führt dieser Rahmen zu weiteren Inszenierungen tiefer Bindung und umfassenden Wissens voneinander: Als der Interviewpartner und ich nach etwa zwei Stunden Interviewzeit eine Pause machen, um mit den anderen zu Mittag zu essen, erzählt der Biograf seiner Partnerin, dass er nichts erzählt habe, was sie nicht schon von ihm wisse. Nach abgeschlossener Rekonstruktion lässt sich diese Form der Inszenierung der Liebesbeziehung stimmig in die biografische Phase einordnen, der Manfred Schäfer diese Beziehung zuordnet: Es ist die Lebensphase, in der er endlich das Gefühl hat, ein »Zuhause gefunden zu haben« (MS, 29/28), und in der er mit einer Partnerin zusammen ist, mit der er »eine Sprache« (MS, 82/19) spreche. Die besondere Nähe und Bedeutung dieser Beziehung wird offensichtlich auch durch eine alltägliche Praxis des Bekenntnisses zu einer umfassenden Offenheit erzeugt.

Dieses Bekenntnis kann von unterschiedlichen Perspektiven aus betrachtet werden: zunächst als ein Gegendiskurs zu hegemonialen Entwürfen monogamer und monosexueller Beziehungen, in denen Sexualität und Beziehungen mit anderen Menschen nur im Rahmen eines heimlichen Seitensprungs oder einer heimlichen Affäre gedacht werden. Dagegen setzt das Paar das Prinzip der Offenheit, das inszeniert wirkt, da es zunächst ungewöhnlich ist. Die Darstellung der Nähe resultiert in dieser Lesart aus den gemeinsamen Vorstellungen der bisexuellen und nicht monogamen Beziehungs- und Lebensgestaltung, die sich von hegemonialen Mustern monogamer und monosexueller Beziehungsgestaltung unterscheidet. Zugleich drückt sich – so meine zweite Perspektive – in der Inszenierung, alles voneinander zu wissen, auch eine Norm der Beziehungsgestaltung aus, die keinen Platz für Geheimnisse lässt und den Beziehungspartner_innen auferlegt, immer alles miteinander teilen zu müssen; oder – so eine dritte Deutungsweise – eine Inszenierung einer besonders großen Offenheit kann gerade dazu dienen, etwas zu verdecken und dafür zu sorgen, dass etwas nicht offengelegt wird, da es in der Beziehung ja per Definition keine Geheimnisse geben kann.

Das Interview findet in der Wohnung der Partnerin des Biografen statt. Diese bewohnt die Partnerin des Biografen mit einer Mitbewohnerin, die sie als Lebensgefährtin bezeichnet, zu der sie jedoch keinen sexuellen

Kontakt habe. Bevor wir mit dem Interview beginnen, gehen wir zunächst gemeinsam in die Küche und trinken Tee und Kaffee, den die Partnerin des Biografen zubereitet. Entgegen der in den Interviews betonten Umkehrung der Geschlechterrollen – im Interview berichtet der Biograf von seiner Mutter als Mädchen und seine Partnerin von ihrem Vater als Junge aufgezogen worden zu sein – erscheint die Arbeitsteilung des Paares entlang traditioneller Geschlechterrollen zu verlaufen, da allein sie die Versorgung und die Kommunikation mit uns übernimmt.

Wir sprechen kurz über das Interview und erläutern, dass wir an der gesamten Lebensgeschichte interessiert sind. Daraufhin antwortet der Biograf, dass er dieses Verfahren sehr schlüssig finde. Die Geschichte seiner Sexualität sei zum Beispiel nicht ohne das schwierige Verhältnis zu seiner Mutter zu verstehen, die ihn wie ein Mädchen erzogen habe. Damit beginnt Manfred Schäfer schon während unseres gemeinsamen Vorgespräches einige Details aus seiner Lebensgeschichte preiszugeben und nimmt auch den biografischen Grundkonflikt, den er präsentiert, vorweg. Dagegen hält sich seine Partnerin zunächst zurück.

Für das Interview gehen wir in das Wohnzimmer, wo wir ungestört sind. Während des Gesprächs ist Manfred Schäfer zum Teil emotional, weint und spricht an manchen Stellen laut. Er ist dadurch für seine Partnerin und meine Kollegin – die in der Küche miteinander sprechen – gut hörbar. In seiner Emotionalität und trotz der zum Teil schwierigen Themen mache ich mir zu keinem Zeitpunkt Sorgen um den Interviewpartner. Seine Emotionalität wirkt eher als Ausdruck schon stattgefundener Bearbeitung der jeweiligen Themen. Diese Darstellung als emotional, aber reflektiert, ist Teil seines Präsentationsinteresses.

5.3.2 Das thematische Feld der erzählten Lebensgeschichte

Manfred Schäfer knüpft an mein Forschungsinteresse an und erzählt mir im Interview zunächst die Geschichte seiner Bisexualität. Eine Überschrift für die Eingangserzählung könnte folgendermaßen lauten: »Heute bin ich ein glücklicher bisexueller Mann, aber es liegt ein langer und schwieriger Weg hinter mir.« Etwas präziser formuliert geht es in der Eingangserzählung vor allem um die Geschichte der Emanzipation von seiner Mutter und der anschließenden Versöhnung mit ihr. Wird dieser Aspekt einbezogen, lässt sich die Überschrift der Eingangserzählung erweitern: »Heute bin ich ein glücklicher bisexueller Mann, aber es liegt ein langer und schwieriger Weg hinter mir, auf dem ich mich von meiner Mutter emanzipieren musste.« Die Präsentation folgt dabei einer klaren Dramaturgie mit eindeutig definierten Höhen und Tiefen sowie einem versöhnlichen Ende. Dadurch entsteht die Form einer abgeschlossenen Geschichte, in der der Biograf eine Balance zwischen Emotionalität und Reflexion hält. Er fügt an zahlreichen Stellen kürzere Erzählungen ein, verliert dabei jedoch nie den roten Faden. Er gibt seiner Erzählung durch die Abfolge der Themen einen klaren Aufbau, was wiederum den Eindruck der umfassenden Reflexion vermittelt.

Der thematische Ablauf der Eingangserzählung lässt sich wie folgt zusammenfassen. Nach einer sehr knappen Klärung der familialen Verhältnisse führt er sich als krankes und schwaches Kind ein. Er sei dabei schon früh den Versuchen der Mutter ausgesetzt gewesen, ihn als Mädchen zu erziehen und ihn in einer inzestuösen Form an sich zu binden, worunter er sehr gelitten habe. Diese Konstellation sei der Ausgangspunkt dafür, dass er sich später nur Männern zugewendet habe und Sexualität und Beziehungen mit Frauen ein Tabu darstellten. Dieses Tabu habe ihn sein gesamtes Leben begleitet, bis er endlich in der Lage gewesen sei, es zu überwinden. Durch diese Überwindung habe sich für ihn im Alter von 50 Jahren ein sexueller Wendepunkt abgespielt. Nach diesem Wendepunkt habe er sich mit seiner Mutter auf dem Sterbebett versöhnt. Dieser Abschnitt des Interviews fungierte als dramatischer und emotionaler Höhepunkt der Eingangserzählung. Das »Fade-out« der Präsentation bildet dann das Thema der geglückten Integration des bisexuellen Begehrens in sein Beziehungsleben, für das vor allem die glückliche Beziehung mit seiner Partnerin und seinem Partner steht.

Auch wenn der Fokus der Erzählung eindeutig ist, wäre diese Darstellung ohne zwei weitere Aspekte des thematischen Feldes der Eingangserzählung inkomplett. Der berufliche Werdegang stellt den stabilen thematischen Rand der Erzählung dar. Er wird immer wieder in Form eines knappen Berichts eingeführt und damit als unproblematisches biografisches Kontinuum erzählt. Die dritte Komponente der Eingangserzählung ist eine Episode, in der der Biograf von einem positiven Test auf den Humanen Immundefizienz-Virus (HIV) erzählt, der sich später als falsches Testergebnis herausstellen sollte. Diese Episode besteht als abgeschlossene Geschichte innerhalb der Eingangserzählung. Sie ist thematisch eingekapselt. Nach dem Abschluss der Präsentation dieser belastenden Zeit erfolgt –

indem der Biograf in seiner Erzählung etwa zehn Jahre seines Lebens überspringt – die Beschreibung seiner Öffnung für Sexualität und Beziehungen mit Frauen. Dadurch entsteht in der Präsentation ein Kontrast zwischen den belastenden mit HIV verbundenen Themen und einem »Feuerwerk« (MS, 81/30) lustvoller Sexualität. Ihm gelingt es dadurch, die damaligen schwer belastenden Erlebnisse thematisch abzuschließen und zu positiven Erlebnissen überzuleiten.

Auffallend ist darüber hinaus, dass Erfahrungen von Homophobie gar nicht thematisiert werden. Gleichgeschlechtliche Sexualität und Beziehungen zu leben, erscheint in seiner Darstellung als völlig unproblematisch. Thematisiert wird allein die monosexuelle Beschränkung, die für den Biografen mit diesem Leben verbunden war.

Im Nachfrageteil löst sich die relativ klare Struktur der Eingangserzählung weitgehend auf und die Familiengeschichte sowie die Erlebnisse im Zusammenhang mit der HIV/AIDS-Krise rücken in den Fokus. Bestimmende Themen sind dabei das Unwissen über die Tätigkeit des Vaters in einem Rüstungskonzern während des Nationalsozialismus und die andauernde Trauer um durch HIV/AIDS verlorene Freunde. Diese Themen lassen sich anhand der Darstellung der Ergebnisse der Rekonstruktion der Familien- und Lebensgeschichte genauer beleuchten.

5.3.3 Lebensgeschichte

Der Biograf wird Ende der 1940er Jahre geboren. Er gehört damit zur Generation der Nachkriegskinder (vgl. Rosenthal, 1997b, S. 70), deren frühe Kindheit von den schwierigen Lebensbedingungen der Nachkriegszeit geprägt ist, wovon auch Manfred Schäfer berichtet:

> »die ersten zwei drei Jahre nach'm Krieg waren ja nun wirklich **ganz** grauenhaft, <<mhm>> weil da gab's ja nun gar nix, <<ja>> und da hatte meine Mutter wirklich andere Sorgen also erstmal nur äh wo krieg ich was zu Fressen für die F- <<mhm>> für uns hin nich« (MS, 24/2–6).

Dabei macht er auch deutlich, dass diese materielle Not mit seiner Geburt endet. Als Nachkriegskind symbolisiert Manfred Schäfer damit auch einen Neuanfang und die damit einhergehenden Erwartungshaltungen, was einer weiteren Typik dieser Generation entspricht (vgl. Rosenthal, 1997b, S. 70).

Der doppelseitige Bruch

Die Erzählung zu seiner Geburt verbindet der Biograf mit dem Thema Krankheiten:

> »ich kann mich erinnern also selber erinnern dass ich als Kind **sehr** sehr oft krank war ich war, <<mhm>> bereits bis zum dritten Lebensjahr zweimal mehrere Wochen inner Klinik gewesen also, ich hatte äh- bin mit'm doppelseitigen Leistenbruch zum Beispiel auf die Welt gekommen <<ja>> der dann operiert wurde, also ich w-war sehr sehr oft im Krankenhaus und zwar bis zum siebten Lebensjahr <<ja>> (5) ich war sehr **klein** (2) **unter**gewichtig (3)« (MS, 1/27–32).

Ein Leistenbruch bei der Geburt ist ein recht häufiger und – in der Regel – kein schwerwiegender Befund (vgl. Schumpelick, 2000, S. 130). Allerdings fügt sich diese Erzählung über den »doppelseitigen Leistenbruch« sowohl in das Erleben des Biografen ein, als Kind häufig krank gewesen zu sein, als auch in sein Narrativ seiner bisexuellen Lebensgeschichte, in der er darstellt, wie er sowohl mit einer heterosexuellen als auch mit einer homosexuellen Lebensform »bricht«. Somit wird in der Sequenz – die der Biograf gleich zu Beginn des Interviews anführt – ein zentrales Element der Selbstdarstellung des Biografen ersichtlich. Indem er deutlich macht, dass er krank, klein und untergewichtig war, findet er einen geeigneten Ausgangspunkt für die Geschichte seiner Emanzipation von der Mutter. Die Erwähnung des doppelten Leistenbruches – einer nicht zwingend biografisch relevanten Begebenheit – ist vor dem Hintergrund des Ergebnisses der Rekonstruktion zugleich ein Hinweis auf den biografischen Verlauf, der dieser Präsentation zugrunde liegt: Das biografische Handlungsmuster von Manfred Schäfer ist geprägt vom Bruch mit familiengeschichtlichen und gesellschaftlichen Konventionen und der Suche nach alternativen Formen der Zugehörigkeit.

»der iss überhaupt nich von mir«

Als »kränklicher« und kleiner Junge kann der Biograf die familiengeschichtlich tradierten Muster von Männlichkeit, die mit schwerer körperlicher Arbeit verknüpft sind, nicht erfüllen. Die Frage nach der Herstellung von Männlichkeit und familialer Zugehörigkeit wird damit für ihn schon früh relevant, was sich auch in seiner Beziehung zu seinem Vater ausdrückt:

> »ich hab von meinem Vater zum Beispiel mal den Spruch gehört, auf einer **ganz** großen Familienfeier ich weiß es nich ob das Ostern war oder oder Pfingsten jedenfalls waren **alle** äh äh also rie- die ganze gesamte Familie war da, im äh u- im Haus meiner Großeltern, <<ja>> und äh wie mein Vater zu mehreren, äh äh, ähm, äh Onkeln von mir sagte dann, na ja, so unpraktisch wie **der** iss, der iss überhaupt nich von mir <<mhm ja>>, und das hat mich echt **so** getroffen (2) also das war so de- ich wurde **WACH** ich hatte da geschlafen und dann hörte ich wie mein Vater das sagte, und das hat mich echt damals **unglaublich** getroffen das hat mich so wütend gemacht also <<mhm>> (5)« (MS, 26/14–23).

In dieser Situation stellt der Vater öffentlich seine biologische Vaterschaft infrage, indem er die Fertigkeiten seines Sohnes als »unpraktisch« abwertet. Im Kern seiner Behauptung steht damit eine Anforderung, die unmittelbar mit der Konstruktion von Männlichkeit verbunden ist. Im Wissen, dass sein Sohn ihn hören könnte, beschämt er diesen im Rahmen der ganzen Familie und stellt zugleich die Beziehung zu ihm infrage. Die schon innerhalb der Familiengeschichte präsente Frage nach familialer Zugehörigkeit wird damit in der Lebensgeschichte des Biografen auf schmerzhafte Weise aktualisiert. Er wird mit für ihn nicht erfüllbaren Geschlechterkonstruktionen konfrontiert, die an die familiale Zugehörigkeit geknüpft werden.

Das in der Eingangspräsentation dominante Thema des Biografen – das Leiden unter der Erziehung der Mutter – gewinnt in dieser Situation an Brisanz. Sie macht dem Biografen früh deutlich, dass sie sich als drittes Kind eine Tochter gewünscht hätte: »und meine Mutter immer na das iss so **schade**, und wär doch so **schön** gewesen und ich hab mir das **so** sehr gewünscht, auch ne **Tochter** zu haben« (MS, 48/1–3). Dementsprechend ist sie stolz, als der Biograf in seiner Kindheit von anderen manchmal für ein Mädchen gehalten wird:

> »ich kann mich an 'n paar Begebenheiten zum Beispiel erinnern, dass wir mal auf der Straße angesprochen wurden von einer Frau, da war ich vielleicht so vier fünf Jahre alt, und die sachte dann zu meiner, Mutter, äh >ich wusste gar nich dass Sie auch noch ne **Tochter** haben< und meine Mutter war dann immer, total stolz und mir war das **super** peinlich <<ja>> also ich hab mich richtig geschämt, <<mhm>> äh und meine Mutter hat das dann zwar richtiggestellt aber irgendwie fand ich das ganz scheußlich und das iss

> mehrmals passiert ich kann mich erinnern dass auch im Winter mal beim Kohlenhändler passiert iss da hatt' ich ne Kapuze auf, also man konnte das nich sehen dass ich eigentlich ganz kurze Haare hab <<ja>> und der Kohlenhändler sachte dann auch zu meiner Mutter da war ich glaub ich schon sechs oder sieben Jahre alt, also äh >ich wusste gar nich dass Sie ne Tochter haben< und, und äh und ich fand das alles eigentlich ganz schrecklich, <<ja>> und äh (5) die stolz-« (MS, 1–2/39–1).

In dieser Sequenz verdeutlicht der Biograf, wie er schon von früher Kindheit an innerhalb und außerhalb der Familie mit vergeschlechtlichten Stereotypen konfrontiert wird, die strikt entlang einer hierarchischen Zweigeschlechtlichkeit verlaufen. Anstatt Zeit zu bekommen, sich zu entwickeln und auszuprobieren, gerät er innerhalb der Familie früh in eine paradoxe Position. Während der Vater ihm die Zuwendung entzieht, weil er familialen Männlichkeitsidealen nicht entspricht, macht die Mutter deutlich, dass sie statt ihrem Sohn lieber eine Tochter hätte, und fordert eine Inszenierung von Weiblichkeit, die nicht den Bedürfnissen des Biografen entspricht. Beide Elternteile stellen damit unerfüllbare Bedingungen an den Sohn, um Liebe von den Eltern und unhinterfragte Zugehörigkeit zum Familienzusammenhang zu erlangen.

Der Biograf berichtet von unerklärlichen Krankheitserscheinungen in dieser Lebensphase. Bis zu seinem sechsten Lebensjahr hat er demnach unerklärliche Bauchschmerzen, die zum Teil so stark sind, dass er das Bewusstsein verliert. Trotz eingehender medizinischer Untersuchungen findet sich keine körperliche Erkrankung. Bauchschmerzen sind jedoch auch ein typisches psychosomatisches Symptom, das durch Angst, Stress und Erfahrungen von Gewalt ausgelöst werden kann.

»so etwas wie ne inzestuöse Beziehung«
Ein möglicher weiterer Grund für die starken Bauchschmerzen und die Fälle von Ohnmacht zeichnet sich ab, als der Biograf seine Adoleszenz beschreibt:

> »ja also ich meine in der Pubertät hat man ja schon ohne ((lacht)) Schwierigkeiten, <<mhm>> aber das war bei mir dann wirklich ganz ganz ganz extrem schwierig also ich kann mich erinnern dass ich mir am liebsten die **Scham**haare ausgerissen hab als- äh hätte und und und äh in der in der Schulklasse die Jungens waren alle ganz stolz darauf und ich uuuäh und will

ich nich <<mhm>> und als der Bart anfing zu sprießen <<ja>> fand ich auch alles ganz grauenhaft ((atmet tief ein)) und äh- aber ich konnte das eigentlich nich wirklich richtig einordnen was da eigentlich äh äh äh, äh äh äh abläuft ((schmatzt)), und, dazu muss ich noch sagen, dass vom zwölften Lebensjahr an meine Mutter, ich sage jetzt mal **ganz** vorsichtig ausgedrückt so etwas wie ne inzestuöse Beziehung, mit mir begonnen hatte <<ja>> sie hat mich dann von da an jede Nacht zu sich in ihr Bett geholt, <<mhm>> da iss es zwar nicht wirklich zu echten sexuellen Handlungen gekommen, aber doch so tendenziell, also, meine Mutter hat mich auch immer ganz oft versucht zu küssen, und da hab ich aber immer alles massiv abgewehrt, <<ja>> ((trinkt was)) aber (2) ich hab **sehr** früh gespürt, dass ich (2) also allerspätestens ab dem 16. Lebensjahr dass andere Frauen für mich wie so'n Tabu <<mhm>> darstellten, also ich hatte das Gefühl ich kann mich nur meiner Mutter nähern, <<ja>> das iss jetzt äh äh der Fokus, was Frauen anbelangt aber, äh äh andere Frauen sind für mich völlig tabu <<ja>> (2) ((schmatzt)) und ich glaub das war so der Hauptgrund warum ich mich sexuell gesehen dann erstmal nur Männern zugewendet habe <<ja>> also so sehe **ich** das zumindesten« (MS, 2/22–44).

Die tiefe Krise, als die der Biograf seine Adoleszenz erlebt, betrachte ich vor dem Hintergrund der Kränkung durch seinen Vater und der sexuellen Gewalt und emotionalen Ausbeutung durch seine Mutter. In der Adoleszenz erlebt er an seinem Körper und durch die Reaktionen anderer eine neue Dimension der Vergeschlechtlichung und Sexualisierung. In seiner Familie hat er jedoch erlebt, wie der Vater seine Bindung zu ihm mittels Stereotypen von Männlichkeit verneint, die Mutter sich ihn vor allem als Tochter wünscht und sein Recht auf sexuelle Selbstbestimmung missachtet. Dabei ist zu beachten, dass die Beschreibung der Ablehnung der körperlichen Entwicklungen in der Adoleszenz im Zusammenhang mit den sexualisierten Übergriffen der Mutter gelesen werden können. Es besteht aber auch die Möglichkeit eines transgeschlechtlichen Erlebens (vgl. Baltes-Löhr, 2014, S. 29), für das eine solche Ablehnung typisch ist – eine Überlegung, die der Biograf, worauf ich später noch eingehen werde, an anderer Stelle selbst anstellt.

Das Verhalten der Mutter gegenüber ihrem Sohn bewerte ich als eine Form der sexuellen Gewalt und Ausbeutung. Seine Mutter ist die wichtigste erwachsene Bindungsperson, die ihm zur Verfügung steht, und nutzt diese existenzielle Abhängigkeit gezielt aus. Sexuelle Gewalt durch einen (sozialen) Elternteil kann aufgrund des frühen Alters, der Angewiesenheit auf die Eltern und der großen Vertrautheit mit der Täterin oder dem Täter besonders schwerwiegende Folgen haben (vgl. Bange, 2007, S. 71; Kindler, 2015, S. 246). Insofern ist Zwang zur Durchsetzung der Interessen der Mutter gegenüber ihrem Sohn gar nicht nötig. Trotz der (vermutlichen) Abwesenheit von handgreiflichem Zwang, kann das Handeln der Mutter als sexuelle Gewalt bezeichnet werden. Aufgrund des strukturell ungleichen Machtverhältnisses zwischen Mutter und Sohn innerhalb der Institution Familie ist Letzterer zu keinem Zeitpunkt ein gleichberechtigter Partner, der freiwillig einem körperlichen Kontakt zustimmen könnte. Sexuelle Kontakte mit Fürsorgepersonen, in die angeblich eingewilligt wurde, können genauso belastend und traumatisch für das Kind oder den Jugendlichen sein wie solche, die erzwungen werden (vgl. Neuner, 2012, S. 41). Dabei muss einbezogen werden, dass auch die Bindung zum Vater belastet ist und er bei diesem keinen Schutz vor den Übergriffen der Mutter findet. Zudem ist der Vater aufgrund seiner beruflichen Tätigkeit häufig unterwegs und übernachtet nicht zu Hause. Ferner beschreibt der Biograf an anderer Stelle, dass dieser von den Übergriffen der Mutter wusste und nicht eingriff. Damit macht der Biograf die Erfahrung körperlicher Übergriffe von einem Elternteil und das Ausbleiben von Schutz durch den anderen Elternteil.

Die Übergriffe der Mutter finden regelmäßig und – soweit Manfred Schäfer es erinnert – über Jahre hinweg statt. Das drückt sich in dem Satz »sie hat mich dann von da an jede Nacht zu sich in ihr Bett geholt« aus. Was genau in diesen Nächten stattfand, erzählt der Biograf nicht. Er spricht von »da iss es zwar nicht wirklich zu echten sexuellen Handlungen gekommen, aber doch so tendenziell«. Das Wort »tendenziell« lässt unterschiedliche Hypothesen zu, die aufgrund fehlender Erzählungen dazu, was in diesen Nächten genau geschah, jedoch nicht überprüft werden können. Es ist möglich, dass die Mutter ihre Handlungen tatsächlich gezielt in Grenzbereichen des Sexuellen angesiedelt hat, um sich durch ihre Doppeldeutigkeit schützen und legitimieren zu können. Das würde es ihr ermöglichen, dem Sohn, anderen oder sich selbst gegenüber die Behauptung aufzustellen, bei der Interpretation dieser Situationen als sexuelle Übergriffe handele es sich um ein Missverständnis. Trifft diese Hypothese zu, macht sie die sexuelle Gewalt selbst keineswegs weniger schwerwiegend, sondern nur für den Sohn oder andere schwieriger zu entschlüsseln. Mit zwölf Jahren – sollten die Übergriffe der Mutter tatsächlich erst dann angefangen haben – ist er kaum in der Lage, genau zwischen sexuellen Handlungen und nicht sexuellen, erwünschten und unerwünschten Berührungen durch seine Mutter zu unterscheiden und entsprechende Grenzen durchzusetzen. Der Biograf beschreibt in der Sequenz, er habe »immer alles massiv abgewehrt«. Dieser Selbstentwurf kann als Selbstschutz und Bestandteil der Bewältigungsstrategie des Biografen betrachtet werden, indem er ein Bild von sich kreiert, in dem er stark genug ist, zu jedem Zeitpunkt seine Grenzen gegenüber der Mutter wahren zu können. Meiner Auslegung nach ist der Biograf auf dieses Selbstbild angewiesen, da er das Gegenteil erlebt, nämlich wie seine Mutter ihn über Jahre in ihr Bett holt und seine Grenzen verletzt, ohne dass er ihr etwas entgegensetzen könnte. Dieses Selbstbild des Biografen als stark und nicht verletzlich muss im Kontext eines gesellschaftlichen Geschlechterdiskurses betrachtet werden, in dem es nicht erwünscht ist, dass Jungen sich als hilflos und verletzlich zeigen. Dieser Diskurs stellt eine geschlechtsspezifische Barriere gegen eine Thematisierung von sexueller Gewalt gegen Jungen dar (vgl. Lenz 2013). Verstärkend kann sich dabei auswirken, dass in diesem Fall eine Frau die Täterin ist.[37] Neben der erklärlichen Relativierung der Gewalterfahrung lässt sich als ein wichtiges Moment hervorheben, dass der Biograf in der Lage ist, das Erlebte als einen Teil seiner Lebensgeschichte zu thematisieren und – an anderer Stelle noch deutlicher als hier – als Unrecht zu benennen, das er durch seine Mutter erlitten hat. Damit hat diese Erfahrung – zumindest in Teilen – einen festen Platz in seinem biografischen Gedächtnis, was gegen eine traumatische Struktur des Erinnerns spricht.[38]

---

[37] Weibliche Familienmitglieder als Ausübende sexueller Gewalt sind bislang selten ein Forschungsthema (vgl. Kindler, 2015, S. 247). Ein Grund dafür ist, dass deutlich mehr Männer sexuelle Gewalt ausüben. Als ein weiterer Grund für die geringere Thematisierung von Frauen als Täterinnen kann aber auch der hier thematisierte Geschlechterdiskurs angeführt werden, in dem Männern nicht verletzlich und damit keine Opfer sein sollen, wohingegen Frauen grundsätzlich Verletzlichkeit und damit eine Opferrolle zugeschrieben wird.

[38] Die Besonderheit eines traumatischen Erinnerns besteht darin, dass die zu einem kritischen Lebensereignis gehörigen Sinneseindrücke, Emotionen und körperlichen Empfindungen zwar gespeichert werden, sie jedoch kein fester Bestandteil des biografischen Gedächtnisses werden, das die Ereignisse in einen zeitlichen und räumlichen Zusammenhang einordnen könnte (vgl. Neuner, 2012, S. 39). Da die Ereignisse weder zeitlich noch räumlich eingeordnet werden können, haben traumatische Erlebnisse die Eigenschaft, keinen datier- oder kartierbaren Anfang und Endpunkt zu besitzen. Sie können als eine dauerhafte Gegenwart erlebt werden, ohne dass sie zugeordnet werden können. Diese Struktur ist ein Grund dafür, dass ein traumatisches Erlebnis Menschen in ihrem Lebenslauf wesentlich hartnäckiger begleiten kann als andere belastende Erleb-

Manfred Schäfer selbst deutet das Verhalten der Mutter als Auslöser eines Kernkonflikts seiner Biografie. Ihr Verhalten habe andere Frauen mit einem »Tabu« belegt und sie daher als Beziehungs- und Sexualpartnerinnen ausgeschlossen. Indem er von einem Tabu spricht, gibt er einen Hinweis auf seine damalige Bewältigung der Gewalt durch die Mutter. Er scheint diese als Teil einer exklusiven Liebesbeziehung zu deuten, die weitere Sexualpartnerinnen nicht duldet. Die gesellschaftliche Bewertung eines Begehrens von Männern als grundsätzlich anders als das Begehren von Frauen ermöglicht ihm eine kreative Anpassungsleistung. Diese gestattet ihm, Sexualität und Beziehungen unabhängig von der Mutter aufzubauen. Ein weiterer Grund, warum er sich allein Männern zuwendet, könnte auch sein, dass die Beziehungen und die Sexualität mit Männern weniger mit belastenden Erinnerungen an die sexualisierten Übergriffe und die emotionale Ausbeutung durch die Mutter verbunden sind. Während der gesellschaftliche Diskurs zu dieser Zeit – es handelt sich um die Mitte der 1960er Jahre in einer eher ländlich geprägten Gegend Westdeutschlands – die Liebe zu Männern als problembehaftet definiert, ist sie in der lebensgeschichtlichen Konstellation des Biografen eine vorübergehende Lösung eines familialen Problems (vgl. dazu auch Bange, 2007, S. 110). Diese biografische Funktion führt dazu, dass – zumindest auf der Ebene der Präsentation – das Erleben von Homophobie und gesellschaftlicher Stigmatisierung nicht im Mittelpunkt steht. Homosexualität erscheint in der Präsentation und im Erleben lediglich problematisch, weil sie Folge des mütterlichen Tabus ist. Die Möglichkeit, geschlechterübergreifende oder eine gegengeschlechtliche Sexualität zu leben, ist dabei sowohl durch seine Erfahrungen sexualisierter Übergriffe durch die Mutter als auch durch die mangelnde Institutionalisierung einer bisexuellen Lebensweise eingeschränkt.

»weder als Mann noch als Frau«
Ähnliches lässt sich im Hinblick auf die Möglichkeiten der Entwicklung einer Geschlechtlichkeit sagen. Dass er seine Adoleszenz als »extrem schwierig« erlebt, deutet der Biograf weniger im Zusammenhang mit der

---

nisse. Ute Zillig weist darauf hin, dass die Möglichkeiten, traumatisch abgespeicherte Erinnerungen wieder in das biografische Gedächtnis und in ein biografisches Narrativ zu integrieren, an gesellschaftliche Rahmenbedingungen gebunden sind (vgl. Zillig, 2016, S. 308).

Gewalt seiner Mutter, sondern als einen Konflikt mit den möglichen Geschlechterkategorien:

> »Weil ich mich weder als Mann noch als Frau gefühlt hab <<ja>> also heute würde man sagen transgender aber diesen Begriff- das das gab's ja nich mal ansatzweise irgendetwas, dafür, also ich stand einfach da und wusste gar nich was ich bin, <<ja>> also ich hab mich nich als Mann gefühlt ich hab mich nich als Frau gefühlt, und äh äh (3) also ich ich wusste mit mir selbst nich w- wohin, <<ja>> also das war- das- also, also anders ich kann's gar nich anders beschreiben also das war- **das** war das Kernproblem, meiner Pubertät dass ich mich einfach, äh plötzlich mit **keinem** Geschlecht mehr identifizieren konnte <<ja>>, ich hab mich immer gefühlt wie wie irgendwas dazwischen aber, äh, ff aber auch nicht wirklich 'n **Zwitter**, also **gar** nichts ich, ich ich wusste überhaupt nich w- w- was da überhaupt äh los iss nich <<ja>> (5) also ich merkte nur dass ich mich sexuell eben, für Männer interessiere ich meine dann, äh für Frauen das war für mich also das war mir da nich natürlich nich bewusst das war einfach völlig belegt von meiner Mutter« (MS, 57–58/39–5).

In dieser Sequenz macht der Biograf deutlich, dass er sich in seiner Adoleszenz nicht einer der beiden vorgegebenen Geschlechtskategorien zuordnen kann. Er weiß »nich w- wohin«, findet also auch außerhalb seiner Familie keinen Platz für sein Erleben von Geschlechtlichkeit. Der Biograf selbst beschreibt sich aus seiner Gegenwartsperspektive als »transgender«. Dieser Begriff hat in den letzten Jahren den missverständlichen Begriff der Transsexualität abgelöst (vgl. Baltes-Löhr, 2014, S. 29). Er beschreibt, dass das Erleben des eigenen Geschlechts nicht – oder nur zum Teil – mit dem bei der Geburt zugeschriebenen Geschlecht übereinstimmt (vgl. Gronenberg, 2014, S. 74). Ein solches Erleben wurde lange als Form einer psychischen Krankheit diagnostiziert und stigmatisiert. Heute setzt sich auch in der Psychiatrie zunehmend die Erkenntnis durch, dass »Transgender« oder »Transgeschlechtlichkeit« eine der vielen Varianten von Geschlechtlichkeit darstellt (vgl. Rauchfleisch, 2012, S. 24). Krank machen können jedoch die Konflikte, die aus den Anforderungen der Zweigeschlechterordnung entstehen, die eines der zentralen Organisationsprinzipien der westlichen Industriestaaten darstellt.

Die Konfliktfelder, in denen sich der Biograf bewegt, sind also sowohl durch die Zurückweisungen und die Gewalt beeinflusst, die er in der Familie erlebt, als auch durch die monosexuelle Zweigeschlechterordnung der Gesellschaft. Damit fehlt ihm ein familialer und sozialer Kontext, in dem er seinen Entwurf von Sexualität und Geschlechtlichkeit entwickeln und erproben kann. Als besonders unterstützend und hilfreich für die Möglichkeiten einer sexuellen Selbstverwirklichung gelten dabei das Recht auf ein differenziertes Verhältnis von Nähe und Distanz, ein kreativer Bezug auf Sexualität, das Kennenlernen von vielen Dimensionen sexuellen Handelns und die Möglichkeit, ein differenziertes und liebevolles Sprechen über Sexualität lernen zu können (vgl. Kirchner, 2012, S. 223). Diese Bedingungen sind im biografischen Verlauf Manfred Schäfers nicht gegeben.

Schule und Ausbildung
Parallel zu diesen familiären Auseinandersetzungen handelt der Biograf in den Bereichen Schule und Ausbildung gradlinig und konsequent. Er beginnt mit 16 Jahren eine Lehre in einem Berufsfeld, das ihn nicht interessiert, um die Zeit zu überbrücken, bis er die erwünschte Ausbildung im sozialen Bereich antreten kann. Er schließt diese Lehre erfolgreich ab und beginnt im Alter von 18 Jahren – es handelt sich um die Zeit Ende der 1960er Jahre – eine Ausbildung im erwünschten Tätigkeitsfeld. Das sich hier abzeichnende biografische Handlungsmuster spiegelt sich auch auf der Ebene des erzählten Lebens wider, in der die Thematisierung der Berufsbiografie einen stabilen Rahmen der Erzählung bildet. Mit seiner Berufswahl im sozialen Bereich schließt der Biograf – zumindest der Familienerzählung nach – an einen Berufswunsch der Mutter an, dem nachzugehen ihr selbst von ihrer Familie nicht gestattet worden war.

Coming-out
Die Herstellung von Handlungsfähigkeit in einer prekären Position zeigt sich auch auf weiteren Ebenen der Biografie. Der Biograf nutzt zu Beginn seiner Ausbildung die Möglichkeit einer gewissen Distanzierung von seinen Eltern. Er zieht in ein katholisches Wohnheim in die nächste größere Stadt, die sich etwa 50 Kilometer entfernt befindet. Die Wahl der Ausbildung und der Ausbildungsstätte in einer katholischen Organisation legt zunächst eine Orientierung an katholischen Werten nahe, die auch in der Familiengeschichte verankert ist. Allerdings markiert sein umfassendes Coming-out als homosexuell Ende der 1960er Jahre – er ist zu diesem Zeitpunkt 19 Jahre alt – einen grundlegenden Bruch mit katholischen Moralvorstellungen, ohne gleichzeitig einen Bruch mit katholischen Organisationen darzustellen:

»zu meinem Coming-out, äh zu kommen also ich, habe das dann (4) dort meinen Kolleginnen, also ich war der einzige männliche äh Teilnehmer in dem Ausbildungsjahr, denen hab ich das gesagt also so etwa zeitgleich mit, meiner äh, mit meinen Eltern, und das hat auch nich ganz lange gedauert ich glaube zwei oder drei Tage später musste ich zu meiner leitenden Schulschwester kommen, <<ja>> und die, hat mir dann gesagt ja da iss mir was zu Ohren gekommen und, äh ich hab ihr dann gleich das Wort abgeschnitten und hab gesagt ja das iss mir klar ich hab das und das und so ist es auch, na ja und dann äh, hat sie äh (2) dann versucht, so nach dem Motto das iss doch alles ganz **schrecklich** und das iss doch alles ganz fur- und da hab ich ihr nur gesagt wissen Sie Schwester [Name], darf ich mal ganz kurz unterbrechen, ich habe **nirgend**wo, in meiner bisherigen Jugend **so** viele schwule Männer kennengelernt, wie unter katholischen Geistlichen, <<ja>> ich sach und da, glauben Sie mal, das wissen Sie wie ich das weiß, also erzählen Sie mir nichts da wurde die **puterrot**, <<mhm, ja>> sachte **kein** Worte mehr und meinte na dann können wir das Gespräch ja hier beenden, äh aber ich möchte nicht dass Sie da ständig mit hausieren gehen ich sach das muss ich auch nich das weiß jetzt jeder und ansonsten muss ich das nich ständig vor mich hertragen also das iss- ich wollte nur dass das wirklich auch bekannt ist, und nich dass da hinter meinem Rücken ständig irgendwie getuschelt wird sondern den Leuten möchte ich den Wind aus den Segeln nehmen <<ja>> mehr nicht ((schmatzt)) dann musste ich noch zur äh, äh zur Oberin kommen also das iss dann so die sogenannte Äbtissin, also nich die wirklich Äbtissin die saß ja ganz woanders die saß nich in [Großstadt] aber die Oberin des Hauses, <<ja>> das war ja auch äh ne Ordensschwester da ging das ganz ähnlich ab, also der hab ich das dann auch gleich gesagt also äh dass sie mich da bloß nich irgendwie äh äh, äh äh für dumm verkaufen kann, <<mhm>> und dann war das genauso schnell dieses Gespräch beendet und dann am- damit war mein Coming-out in der Örtlichkeit durch« (MS, 35–36/43–21).

Wie offensiv und erfolgreich der Biograf sein schwules Coming-out umsetzt, ist bemerkenswert. § 175 StGB war zu diesem Zeitpunkt noch in seiner nationalsozialistischen Fassung in Kraft (vgl. Dworek, 2012), sodass es sich bei gleichgeschlechtlichen sexuellen Handlungen zwischen Männern um strafbare Handlungen handelte, die mit einer Gefängnisstrafe geahndet werden konnten. Allerdings muss dabei berücksichtigt werden, dass sein Coming-out in eine Phase gesellschaftlichen Wandels fällt, die neue Handlungsspielräume eröffnet (vgl. Schmidt 2005, S. 158 und Kap. 2.1). Dieser Wandel spiegelt sich in der im Jahr 1969 stattfindenden Reform von § 175 StGB wider. Allerdings bleibt es fraglich, in welchem Umfang diese gesellschaftlichen Veränderungen das katholische Umfeld erreichten, in dem der Biograf sich bewegte. Das katholische Internat hätte die Möglichkeit gehabt, ihn zu verweisen und das Ausbildungsverhältnis zu kündigen. Es handelt sich damit in jedem Fall um ein Vorgehen, mit dem er in Kauf nimmt, seine Ausbildung zu verlieren und innerhalb des katholischen Umfelds eine Außenseiterposition einzunehmen. Wird seine prekäre Position, die er durch sein Outing erhielt, auf die Familiengeschichte bezogen, zeigt sich, dass seine Mutter sich ebenfalls in einer prekären Position befand. Aufgrund ihres Status als uneheliches Kind war auch sie eine Außenseiterin in Bezug auf die katholischen Moralvorstellungen und hat – den Aussagen Manfred Schäfers nach – daher die katholische Kirche gehasst. Beide Konstellationen verweisen auf eine sozial als illegitim erklärte sexuelle Praxis. Im Unterschied zur Mutter, die nicht handelnd Einfluss auf ihre Lage nehmen konnte, wählt der Biograf eine aktive und offensive Strategie der Positionierung. Eine Grundlage für die Möglichkeit dieser Handlungsstrategie ist die unterstützende Reaktion der Eltern auf sein Coming-out, das kurz vor dem Outing bei seiner Ausbildungsstelle stattfindet:

> »und da hab ich dann ja wie gesagt mit 19 das erste Mal 'n sexuellen Kontakt mit'm Mann gehabt und hab dann sofort mein Coming-out, <<ja>> gehabt, ((schmatzt)) und äh, hab das dann auch sofort meinen Eltern gesagt, und äh, die haben also wirklich da super reagiert also das hätt ich äh- also gerade für Menschen aus der Generation die ja noch ganz wahnsinnig viel Vorurteile hatten, <<ja>> und so aber da war gar nichts also pfff (3) fanden das toll dass ich das gesacht hab dass ich so ehrlich war und und, und äh, und sie bestanden am ersten Abend gleich darauf, dass wenn ich 'n Freund hab dass ich den bitte auch mitbringe sie wollen unbedingt meinen Umgang kontrollieren, <<mhm>> dass ich auch nich auf die schiefe Bahn komme also sie wollen äh, immer die Männer kennenlernen und das war auch tatsächlich so, also ich hab jeden Freund ganz ganz schnell äh äh äh da mit nach Hause gebracht und die durften auch mit dort bei uns zu Hause schlafen, <<ja>> als das war das war wirklich ganz ganz ganz liberal an dem <<ja>> Punkt« (MS, 31/32–45–10).

Indem er seiner Familie eröffnet, dass er homosexuell ist, bricht er erneut mit hegemonialen Männlichkeitsidealen und gerät in eine Position unterdrückter Männlichkeit (vgl. Connell, 2015). Allerdings reagieren seine Eltern eher unterstützend und positiv auf diese Neuigkeit. Durch seine offensive Handlungsstrategie begegnet der Biograf erfolgreich der Gefahr von Stigmatisierung und juristischer Verfolgung. Sein neuer sozialer Status als homosexueller Mann führt nicht zu einem Bruch mit dem Elternhaus oder der katholischen Ausbildungsstätte. Auch er selbst vollzieht diesen Bruch nicht.

»du bist bisexuell«

Seine ersten sexuellen Kontakte und festen Beziehungen hat der Biograf mit Männern, definiert sich selbst jedoch schon bald als bisexuell:

> »meinen ersten sexuellen Kontakt überhaupt in meinem Leben hatt ich mit **19** <<ja>> und das mit nem Mann dann, <<mhm>> ((schmatzt)) (2) und hatte dann in diesen ersten Jahren immer nur ganz ganz sporadisch äh mal sexuelle Kontakte, mit Männern (3) habe dann für ne **ganz** kurze Zeit so ungefähr vier Monate mal ne Beziehung mit nem Mann gehabt <<mhm>> aber der war damals äh äh schon so um die vierzig <<ja>> (2) das iss aber ganz schnell auseinander gegangen, und **dann** hab ich einen verheirateten Mann kennengelernt der bisexuell war <<ja>>, und der **mich** dann gefragt hat ob ich mir vorstellen könnte, äh mit ihm und seiner Frau gleichzeitig was zu haben da war ich 23, muss einflechten hatte zu der Zeit meinen **ersten** äh Freund der dann äh äh fast gleichaltrig war also ich war da 23 der [Name] war 21, <<ja>> diese Beziehung hat achteinhalb Jahre angehalten, und äh hab also wie gesacht innerhalb dieser Beziehung dann diesen Kontakt zu diesem Ehepaar dann aufgenommen, <<ja>> ((schmatzt, holt tief Luft)) (2) die waren beide deutlich älter also ich war 23, sie war 28 und er war 32 <<mhm>> zu dem Zeitpunkt <<ja>> (2) und diese Beziehung hat ungefähr sieben Jahre gehalten, <<mhm>> das war allerdings immer ne rein sexuelle Beziehung <<ja>> das war sporadisch, aber was für **mich** ganz klar wurde als ich das erste Mal also jetzt mit [Name der Frau] Sex hatte <<ja>>, war einfach klar, ja, du bist bisexuell also das iss äh das das läuft für dich eigentlich genauso gut wie mit Männern auch und der Wunsch wurde dadurch also noch **deutlich** verstärkt <<ja>>, nach dem ersten sexuellen Kontakt <<ja>> und von da an wusste ich eigentlich ich bin bisexuell habe mich aber nach **außen** hin **immer** als schwul definiert <<ja>>« (MS, 3/8–30).

Der Biograf entwickelt damit eine klare Trennung zwischen einer Definition als »schwul« nach »außen« und seiner Selbstdefinition als bisexuell.

Damit fügt er sich den von ihm wahrgenommenen Anforderungen sich zu einem dauerhaften Begehren für eine der beiden verfügbaren Geschlechtskategorien zu bekennen. Seine insgeheime Selbstbezeichnung und sexuelle Praxis weicht von dieser Außendarstellung ab. Diese Differenzierung zwischen insgeheimer Selbstbeschreibung als bisexuell, der sexuellen Praxis und eines öffentlichen Status als schwuler Mann, zeigt eine Variante im Umgang mit einem kulturellen Szenario, das von institutionalisierter Monosexualität geprägt ist. Zumeist wird eine solche Differenzierung allein entlang der Linien einer gleichgeschlechtlichen sexuellen oder romantischen Praxis gegenüber eines öffentlichen Bildes als heterosexuell gedacht. Diese Denkweise erweist sich – wie der Fall von Manfred Schäfer zeigt – als verkürzt, da sie nicht einbezieht, dass auch ein öffentliches homosexuelles Selbst ein für die gelebten (sexuellen) Beziehungen unzureichendes Etikett sein kann.

Einige Jahre später kommt es zu einem ungewollten bisexuellen Coming-out gegenüber den Eltern, als diese ihn in seiner Wohnung spontan besuchen und – offensichtlich mit einem Schlüssel ausgestattet – ihn mit einer Freundin beim Sex überraschen:

> »[B:] **Dich** mit ner **FRAU** im Bett anzutreffen, und dann noch in dieser Situation, das **kann** doch nich wahr sein, ich denke du bist schwul? \ ich sag na ja es hat sich 'n bisschen in den letzten Jahren getan (2) nein sacht se, sacht se zu meinem Vater [Name] **kannst** du mir sagen, von **wem** der **das** hat?, du **bist** doch **Ferkel**! ((lacht))
> I: ((lacht))
> B: Was musst du Männer **und** Frauen haben dann kannst du dich doch auch für irgendwas entscheiden ich sach genau das iss es, das kann ich nicht <<mhm, ja>> (2) nich also das das war auch sone Situation aber, da wurde dann danach da nich mehr drüber gesprochen und mein **Vater**, der war total happy der hat **genau** ge- ent- entgegen- entgegen gesetzt, hat er hat er mich gefragt sag mal hast du dann auch mal vor irgendwie ne Frau zu heiraten oder so ich sag na ja du wenn sich das mal ergibt dann ja« (MS, 33/31–46).

Die Mutter bezeichnet den Sohn als Ferkel, schreibt ihm also »schmutziges« Verhalten zu, stellt ein solches Verhalten in einen klaren Gegensatz zu den familialen Normen und fordert ihn auf, sich zu entscheiden. In der Bemerkung der Mutter kommt eine Verknüpfung von Bisexualität mit Maß- und Zügellosigkeit zum Ausdruck – als Gegenbild zur vermeintlichen maßvollen Monosexualität. Dagegen betrachtet der Vater die Szene als ein Anzeichen dafür, dass der Sohn möglicherweise wieder heterosexuell leben könnte. Der Vater wertet damit implizit die Option eines gleichgeschlechtlichen Lebensentwurfs ab, während er die Möglichkeit einer geschlechterübergreifenden sexuellen und romantischen Praxis gar nicht erst berücksichtigt. Es zeigt sich daher in der Sequenz zugleich eine Abwertung einer geschlechterübergreifenden Sexualität, die Abwertung einer gleichgeschlechtlichen Lebensweise und das Unsichtbarmachen eines bisexuellen Lebensentwurfs. Sie können als typische Erlebnisse von Abwertung und Marginalisierung beschrieben werden, die Bisexuelle in einer monosexuell organisierten Gesellschaft machen (vgl. Kap. 3.2.2 und Kap. 6.2).

Im Hinblick auf die Lebensgeschichte des Biografen hat die Bemerkung der Mutter eine weitere Komponente. Es war ein Bestandteil der sexualisierten Übergriffe gegenüber ihrem Sohn, ihn als einen vermeintlichen Beziehungspartner zu adressieren und damit emotional und sexuell für sich zu beanspruchen. Dieses Vorgehen der Mutter ist auch für den Biografen die Erklärung dafür, dass er sich lange auf Sexualität und Beziehungen mit Männern beschränkte. Indem Manfred Schäfer nun mit Frauen schläft, bricht er mit dem Besitzanspruch der Mutter, die daraufhin mit bisexuellenfeindlichen Bemerkungen reagiert und ihren Sohn zu disziplinieren versucht.

Berufliche und partnerschaftliche Kontinuität

Im weiteren Verlauf der Biografie ist der berufliche Bereich des Biografen durch Konsequenz, Kontinuität und einen Statusgewinn im Rahmen der Möglichkeiten seines Berufsfeldes geprägt: Er bildet sich fachlich fort und übernimmt bald eine leitende Funktion. Mit seinem Partner bleibt er acht Jahre zusammen. Die Beziehungen zu Männern repräsentieren damit eher Kontinuität und Alltag, die Affären und Beziehungen zu Paaren und Frauen – die er zusätzlich zu seiner Partnerschaft hat – sind bis zu diesem Lebensabschnitt weniger verbindlich und damit außeralltäglicher.

Es ist eine Krankheit, die einen biografischen Umbruch einleitet. Mit Anfang dreißig setzt bei Manfred Schäfer eine Depression ein. Sie wird durch seinen Vorgesetzten bei der Arbeit erkannt, der ihm zu einer sofortigen Behandlung rät. Der Biograf lässt sich daraufhin längerfristig krankschreiben, nimmt eine Therapie auf und beginnt Antidepressiva einzunehmen.

»jetzt lebst du nur noch rein schwul«

Dem Durchlaufen eines therapeutischen Prozesses folgen größere Veränderungen in seinem Leben: die Trennung vom Partner und – vermutlich mit Abschluss der Therapie – ein Umzug in eine andere Großstadt.

> »da war ich (2) war ich [Alter Anfang dreißig] genau und da hab ich meine erste Therapie gemacht, <<mhm>> und ähm, bin **dann** (2) als die beendet war, **ganz** schnell nach [Großstadt] gezogen <<ja>> da war ich [Altersangabe, einige Jahre später] Jahre alt <<mhm>> (3) und da hab ich dann f- also für mich eigentlich ((belustigter Tonfall)) / die **dümmste** Entscheidung gefällt die man sich nur für- \ die man sich nur vorstellen kann, also ich bin nach [Großstadt] gekommen stand am Bahnhof mit meinen Koffern und der erste Gedanke war so ab jetzt lebst du nur noch rein schwul <<ja>> (2) also du gehst irgendwie diesen diesen Zwistigkeiten mit diesen schwulen Männern und so ausm Wege und äh das muss ja alles nich sein, und äh hab dann tatsächlich äh mehrere Jahre rein schwul gelebt <<mhm ja>>« (MS, 3–4/46–5).

Der Umzug von einer mittelgroßen Stadt in eine Großstadt Anfang der 1980er Jahre bedeutet eine grundsätzliche Veränderung. Es erfolgt eine Distanzierung zum Elternhaus. Diese Distanzierung geht mit der Übernahme eines Wunsches einher, den der Biograf seiner Mutter zuschreibt: ein »rein« schwules Leben zu leben. Mit dieser Entscheidung macht sich Manfred Schäfer nicht nur einen mütterlichen Wunsch zu eigen, sondern setzt auch die gesellschaftliche Anforderung nach einem dauerhaften, eindeutigen und unveränderlichen Begehren um. Diese Anforderung wird ihm nicht nur durch Heterosexuelle vermittelt, sondern auch durch schwule Männer, was deutlich wird, wenn er den Wunsch äußert, durch ein »rein« schwules Leben »Zwistigkeiten mit diesen schwulen Männern« vermeiden zu können. Interessant ist in diesem Zusammenhang die Verwendung des Wortes »rein« und die vom Biografen vor allem schwulen Männern zugeschriebene Rolle, darauf zu achten, dass eine klare Grenze zwischen Hetero- und Homosexualität gewahrt bleibt. Das Wort »rein« ruft die Assoziation des Gegenteils »unrein« hervor und damit die Vorstellung Bisexualität sei im Gegensatz zu Hetero- und Homosexualität etwas »Unreines«. Diese Wortwahl erinnert an die Formulierung der Mutter des Biografen, die ihn als »Ferkel« bezeichnete und damit als ein Tier, das mit Schmutzigkeit in Verbindung gebracht wird. Die Zuschreibung »unrein« ist auch Teil homosexuellenfeindlicher – und dabei vor allem schwulenfeindlicher – Zuschreibungen. Im Fall von Manfred Schäfer stellt Homosexualität die »reine« Alternative dar und es sind die vom Biografen vermuteten Reaktionen von schwulen Männern, die ihn zu einer eindeutigen Wahl hinsichtlich des Geschlechts seiner Sexual- und Beziehungspartner_innen bringen. Die Sequenz ist daher erstens ein Beleg für Situationen, in denen Bisexuelle eine doppelte Diskriminierung erleben (vgl. Ochs, 1996), indem sie Homosexuellenfeindlichkeit durch die Mehrheitsgesellschaft erleben und zudem Bisexuellenfeindlichkeit, in diesem Fall durch schwule Männer (vgl. Kap. 3.2.2); zweitens ist sie ein Hinweis darauf, dass sich die Interessen der hegemonialen Gruppe der Heterosexuellen und der marginalisierten Gruppe der Homosexuellen durchaus verbinden können, wenn es um das Anliegen der klaren Grenzziehung zwischen den beiden Gruppen und der Regulierung des Grenzübertritts geht (vgl. Yoshino, 2000; Ochs, 1996 und Kap. 3.2.2).

Während der Biograf seinen Wohnort ändert und damit einhergehend nicht nur eine schwule Selbstbeschreibung, sondern auch eine monosexuell-gleichgeschlechtliche sexuelle Praxis annimmt, setzt er weiter auf berufliche Kontinuität und zieht erst um, als er eine geeignete neue Arbeitsstelle gefunden hat. Bald nach seiner Ankunft begibt er sich in schwule Zusammenhänge, in denen er Sexpartner, neue Freunde und bald einen neuen Partner findet. Diesem Partner erzählt er davon, dass er sich auch Sex mit Frauen wünsche. In seiner alltäglichen sexuellen Praxis spielt dies – aufgrund seines getroffenen Entschlusses schwul zu leben – jedoch keine Rolle.

Das Erleben von HIV und AIDS
Relativ kurz nach dem Umzug erhält Manfred Schäfer eine positive Diagnose auf HIV:

> »und am [Datum Mitte der 1980er Jahre] ging ich morgens an den Postkasten ich hatte an dem Tach ab 14 Uhr Dienst <<ja>>, und fand einen Brief vom Robert-Koch-Institut vor und, konnte da erst gar nix so mit anfangen Robert-Koch-Institut was wollen die denn von dir, <<ja>> ja ((schmatzt)) öffne diesen Brief und dann, lese ich nur, Ihre Blutprobe vom mmm mmm dem und dem, Datum wurde auf HIV getestet setzen Sie sich bitte sofort mit Ihrem Hausarzt [Name] in Verbindung, <<mhm>> in Ihrer Blutprobe wurden Antikörper des damals hieß es noch äh äh HTLV3 heute heißt es ja HI-Virus, <<ja>> und äh äh damals hieß es wie gesagt HTLV3-Virus und

dann sind Antikörper- also Sie müssen davon ausgehen dass Sie äh sich mit Aids infiziert haben, <<ja>> und mir fiel natürlich-, ich also ich hab- also da brach <<ja>> irgendwie die ganze Welt zusammen« (MS, 4/38–49).

Medizinisch dokumentiert wurden die ersten Fälle der Infizierung mit dem HI-Virus – der erst 1988 diesen Namen bekam – und damit zusammenhängende Erkrankungen im Jahr 1981 in den USA, also fünf Jahre bevor der Biograf das Testergebnis erhält (vgl. Hartl, 2003, S. 73). Die Zeit zwischen den Jahren 1981 und 1986 kann sowohl gesellschaftlich als auch gesundheitspolitisch als Ausnahmezustand beschrieben werden (vgl. Rosenbrock & Scheffer, 2003, S. 10). Es gibt zu dieser Zeit lediglich rudimentäre Behandlungsmöglichkeiten des HI-Virus und eine möglicherweise durch den Virus ausgelöste Erkrankung an AIDS verläuft in den meisten Fällen tödlich.

Der Biograf gibt an, dass der HIV-Test – ein Test, der erst kurz zuvor entwickelt worden war – ohne sein Wissen durchgeführt wurde. Er hatte einige Zeit zuvor einen Test auf Hepatitis machen lassen, da er sich entsprechend impfen lassen wollte. Dieser ungewollte Test auf HIV kann in die Gesundheitspolitik dieser historischen Phase eingeordnet werden. Der Biograf wurde Opfer einer gesundheitspolitischen Strategie der Kontrolle und Eindämmung (vgl. Rosenbrock, 1993, S. 11). Die Träger des HI-Virus sollten über den neu entwickelten Test identifiziert und isoliert werden. Es wurden zudem seuchenpolizeiliche Maßnahmen diskutiert und zum Teil angewendet, wie die Meldepflicht für HIV-Positive, die Untersuchungspflicht für sogenannte Risikogruppen, die Kennzeichnung und Internierung erkrankter Menschen und die Zerschlagung homosexueller Gemeinschaften als vermeintliche Ausgangspunkte der Ansteckung (vgl. Wießner, 2003, S. 47). Insbesondere homo- und bisexuelle Männer wurden durch diese Politik stigmatisiert und ausgegrenzt (vgl. ebd., S. 20).

In der Mehrheitsgesellschaft erreichte die Debatte um AIDS Mitte der 1980er Jahre einen Höhepunkt, was sich daran zeigt, dass »AIDS« zwischen 1983 und 1997 zwanzigmal Grundlage einer Titelgeschichte des Magazins *Der Spiegel* war (vgl. ebd., S. 19f.) und im Jahr 1987 zum »Wort des Jahres« gewählt wurde (vgl. ebd., S. 56). Von Anfang an waren HIV und AIDS dabei eine Projektionsfläche der heterosexuellen Mehrheitsgesellschaft (vgl. ebd., S. 30). Es entstand ein Mythos der Krankheit, der eine klare Grenze schuf zwischen einer vermeintlich sicheren, gesunden und monogamen heterosexuellen Welt und einer angeblich bedrohlichen, kranken und promisken Welt homosexueller Männer (vgl. ebd., S. 56). Implizit und auch offen betrachtete man die Krankheit bisweilen als gerechte Strafe für einen nicht heterosexuellen und nicht monogamen Lebensstil und entmenschlichte die Opfer der Krankheit (vgl. ebd., S. 43). Bisexuelle und homosexuelle Männer, die erkrankten, wurden als Täter in der Übertragung der Krankheit imaginiert, während man Frauen, Bluter und Kinder als deren Opfer betrachtete (vgl. ebd., S. 51 und Kap. 3.1.3 und 3.2.2).

Zu dieser Zeit bedeutet die Diagnose für den Biografen folglich, sich mit einer Erkrankung auseinanderzusetzen, die unzureichend behandelt werden kann, in den meisten Fällen zu einer tödlichen Erkrankung führt und mit der Gefahr gesellschaftlicher Stigmatisierung und Ausgrenzung verbunden ist. Obwohl für Manfred Schäfer in dieser Situation »die ganze Welt« zusammenbricht, erleidet er keinen psychischen Zusammenbruch. Stattdessen greift er auf erprobte Handlungsstrategien zurück und profitiert von seiner Zugehörigkeit zur schwulen Szene und seinen beruflichen Netzwerken. Er gründet mit anderen eine Selbsthilfegruppe und verortet sich damit innerhalb einer Gemeinschaft, anstatt sich allein mit seiner Krankheit auseinanderzusetzen. Er ist damit Teil einer gesellschafts- und gesundheitspolitischen Bewegung, die einen alternativen Umgang mit der AIDS-Krise durchsetzen möchte und sich gegen eine Politik der Stigmatisierung, Kontrolle und Zerstörung bestehender Gemeinschaften wehrt. Teil dieser Bewegung waren Menschen aus unterschiedlichen Zusammenhängen, darunter auch sexuelle Minderheiten, Drogenabhängige und Sexarbeiterinnen, die besonders von HIV und der mit dem Virus verbundenen gesellschaftlichen Stigmatisierung betroffen waren. Mit diesen sich gründenden Gruppen kooperierten zunehmend auch staatliche Akteure, die nicht auf eine Strategie der Kontrolle und Eindämmung setzten, sondern eine gegenläufige Strategie der »inclusion and cooperation« (Rosenbrock, 1993, S. 11) anstrebten.

Der Biograf schafft sich damit in einer Situation, in der er von Krankheit und Stigmatisierung bedroht ist, Orte der Zugehörigkeit, die ihm gleichzeitig einen Rahmen für aktive Handlungsstrategien ermöglichen. Er verleugnet die Krankheit nicht, sondern geht – auch an seinem Arbeitsplatz – offen mit ihr um und verfolgt damit einen ähnlich offensiven Umgang wie mit seinem Coming-out als schwul. In einer marginalisierten und potenziell verletzlichen Situation erlangt er dadurch dennoch Zugang zu Handlungsmöglichkeiten und sozialen Netzwerken.

Auch drei Jahre nach seiner Diagnose verschlechtert sich der Immunstatus des Biografen nicht. Dies macht ihn misstrauisch und er lässt – neben den zahlreichen Tests, die er im Rahmen einer medizinischen Studie gemacht hat – sich in einem anderen Labor erneut auf HIV testen, zur Sicherheit gleich zweimal:

> »mittags um 13 Uhr, kam der Anruf, und die Laborantin die das jetzt **nicht** wusste, sachte dann nur zu mir Herr Schäfer, es iss denk ich wie Sie's erwartet haben der Test iss negativ (4) also mir iss der **Hörer** fast aus der Hand gefallen, und mein erster Gedanke war nur ((den Tränen nah)) / was **haben** die all die Jahre mit dir gemacht« (MS, 6/4–8).

Dass der Biograf drei Jahre nach seiner Diagnose ein negatives Testergebnis erhält, stellt zwar einerseits eine große Erleichterung dar, andererseits ist das Ausmaß des Eingriffes in seine Lebensgestaltung durch einen ungewollten und falschen Test massiv. Trotz dieses negativen Testergebnisses engagiert er sich weiter in den sozialen Netzwerken, die er sich aufgebaut hat. Er engagiert sich weiterhin vor allem für die Verbesserung der gesundheitlichen Versorgung von an HIV und AIDS erkrankten Menschen.

In der Pflege von an AIDS erkrankten Menschen begegnen Manfred Schäfer immer wieder bisexuelle Männer, die nicht geoutet sind:

> »das sind so Sachen das hab ich halt ganz ganz oft dort erlebt <<ja>> also, dass wirklich diese ganzen **Lügen**gebäude also das war bei Schwulen weniger weil die hatten fast immer 'n Coming-out, <<ja>> aber- äh bis auf wenige Ausnahmen, wo dann Eltern kamen und dann völlig äh, äh hysterisch reagiert haben weil sie gar nich geahnt haben dass die Söhne schwul sind, aber das war eher die Ausnahme aber bei bisexuellen Männern hab ich das des Öfteren erlebt und das fand ich immer **ganz** schrecklich, also da hab ich auch immer gesacht also so möchte ich **nie nie** leben, <<ja>> dass ich das irgendwem einfach nicht sage, <<ja>> also vor allen Dingen Menschen wo das ganz wichtig ist nich, also, ich kann mir überhaupt keine Paarbeziehung vorstellen, wo ich etwas so Wichtiges aus meiner Persönlichkeit völlig verschweige« (MS, 42/ 31–41).

Der Biograf beschreibt an dieser Stelle eine spezifische Dimension der Auseinandersetzung mit HIV und AIDS, die vor allem bisexuelle Männer und ihre Ehepartnerinnen erleben. Belastend sind nicht nur die Erkrankung und die Auseinandersetzung mit Tod und Trauer, sondern hinzu kommt die Offenlegung geheim gehaltener Sexualkontakte oder auch sexueller

Identitäten. Zudem – wenn auch an dieser Stelle nicht vom Biografen thematisiert – stellt sich die Frage nach einer ungewollten Übertragung des Virus auf die Partner_innen. Diese Ausgangslage belastet – wie der Biograf erzählt – die Erkrankten, Sterbenden und Angehörigen in einer kritischen Situation zusätzlich.

Die von ihm beschriebene Situation lässt sich nicht nur als Folge eines innerfamiliären Geheimnismanagements der Erkrankten betrachten, sondern auch als Ausdruck der prekären Position von Bisexualität in einer monosexuellen Gesellschaft, die sich angesichts der AIDS-Krise verschärft. Männer, die Sex mit Männern haben, werden in einer institutionell heterosexuellen und monosexuellen Gesellschaftsordnung konsequent entmutigt, offen mit ihrem Wunsch, mit Männern zu schlafen, umzugehen. Ein Offenlegen eines solchen Wunsches wird in der Regel als Eingeständnis des »Fremdgehens« und eines homosexuellen Outings verstanden. Angesichts des Fehlens von institutionalisierten bisexuellen Lebensentwürfen erscheint ein Geheimnismanagement als die bessere Wahl, wenn die Erhaltung der Beziehung gewünscht ist. Ein solches Geheimnismanagement verhindert Kommunikation, zum Beispiel über das Thema von Safer-Sex-Praktiken, und ist damit auch ein Risikofaktor.

Verschärft wird diese Situation durch eine – zum damaligen Zeitpunkt bestehende – Polarisierung zwischen einer vermeintlich heterosexuellen, gesunden und monogamen Welt und einer vermeintlich kranken, promisken und homosexuellen Welt. Diese Polarisierung führt zu einer zusätzlichen Stigmatisierung von Menschen, die mit Männern und Frauen schlafen, da sie als bedrohliche Überträger imaginiert werden, die HIV in die Mehrheitsgesellschaft bringen (vgl. Kap. 3.1.3 und 3.2.2). Eine solche Stigmatisierung kann als Teil der – oben behandelten – gesellschaftlichen und gesundheitspolitischen Strategie der »Eindämmung und Kontrolle« betrachtet werden, die versucht, die »Verursacher« dingfest zu machen und unter Heterosexuellen ein Gefühl der Sicherheit herzustellen. Neben dem Effekt der Stigmatisierung, der die Tendenz zur Geheimhaltung verstärkt, verhindert eine solche Polarisierung eine gruppenübergreifenden Verallgemeinerung der Auseinandersetzung mit Möglichkeiten des Safer Sex. Gerade Hetero- und Bisexuelle fallen in dieser Weise durch das Raster der Safer-Sex-Aufklärung und ihnen fehlt notwendiges Wissen, um sich vor sexuell übertragbaren Krankheiten zu schützen.

Diese Lebensphase des Biografen ist von Pflege- und Unterstützungsarbeit und Sterbebegleitung geprägt. Ein an AIDS erkrankter ehemaliger Partner zieht bei ihm und seinem aktuellen Partner ein. Das zeigt, wie innerhalb schwuler Zusammenhänge in dieser Zeit Fürsorge jenseits der Institution der Familie und der staatlichen Gesundheitsversorgung organisiert wurde. Zwei enge Freunde des Biografen sterben Mitte der 1990er Jahre an AIDS:

> **B:** tss ja, dann kam diese Scheißerkrankung und da war er weg <<ja>> (3) ((weint)) / das'n Mensch der mir heute noch fehlt <<mhm>> (3) zwei Freunde die fehlen mir heute noch, man sagt immer die Zeit heilt alle Wunden und, Menschen sind alle ersetzbar aber \ irgendwo stimmt das nich wirklich (9)
> **I:** Das heißt bis heute trauern Sie um die?
> **B:** Ja, um die beiden [Namen] ((weint)) trauer ich bis heute (19) die Zeit also diese ganzen (2) achtziger Jahre also ich sag jetzt mal so von 1984 bis (2) etwa 1994 so knapp zehn Jahre, das waren für mich eigentlich die schlimmsten zehn Jahre die ich in meinem Leben überhaupt erlebt hab ich hab ja- ich sag das ja auch heute noch das war wie Krieg« (MS, 40–41/49–10).

Die Trauer um die verlorenen Menschen belastet den Biografen bis heute. Er erwähnt, dass er erst heute in der Lage sei, zu beginnen, das Erlebte zu bearbeiten, und darüber nachdenke, ein Buch darüber zu schreiben. Angesichts dieser fortdauernden Trauer müssen auch die gesellschaftlichen Rahmenbedingungen dieses Trauerprozesses berücksichtigt werden. Diese beeinflussten nicht nur die – oft unzureichende – Versorgung der Erkrankten und Sterbenden, sondern auch die Bedingungen des Trauerns und des Weiterlebens der Hinterbliebenen. Judith Butler weist darauf hin, dass in den Vereinigten Staaten an HIV und AIDS Erkrankte nicht nur völlig unzureichend medizinisch versorgt wurden, sondern im Falle ihres Todes von der gesellschaftlichen Mehrheit nicht betrauert wurden (vgl. Butler, 1992). Dieses Phänomen lässt sich auch auf Westdeutschland übertragen (vgl. Wießner, 2003). Ein Grund für diese Unfähigkeit vieler Menschen, homo- und bisexuelle Männer, aber auch Sexarbeiter_innen und Drogenabhängige, die an der Krankheit starben, zu betrauern, war eine Zuweisung von Schuld an der Erkrankung. Gegen diese Kultur der Beschämung der Opfer entwickelten Angehörige und AIDS-Aktivist_innen sowie manche Kirchengemeinden alternative Formen der Trauerkultur, die offen mit der Erkrankung, dem Sterben und der Trauer der Überlebenden umging (vgl.

Jarchow, 2003, S. 93). Dass die Trauerarbeit des Biografen bis heute andauert, lässt sich nicht allein als Ausdruck des schweren Verlustes betrachten, sondern muss im Kontext der erschwerten gesellschaftlichen Bedingungen des Trauerns gesehen werden, in dem den an AIDS verstorbenen Menschen innerhalb des kollektiven Gedächtnisses der Mehrheitsgesellschaft nur wenig Platz eingeräumt wird. Angesichts dieses Befundes lässt sich die Frage aufwerfen, ob das ganze Ausmaß der AIDS-Krise der 1980er und 1990er Jahre und ihre bis heute reichenden Auswirkungen in einer angemessenen Form im akademischen und gesellschaftlichen Diskurs präsent sind.

Der Tod des Vaters
In dieser Phase seines Lebens erlebt Manfred Schäfer nicht nur den Tod von Freunden und Bekannten, sondern Anfang der 1990er verstirbt auch sein Vater. Dieser ist schon zuvor dement geworden und wird zeitweise vom Biografen gepflegt:

»in der Zeit hab ich ihn mal vier Wochen so gepflegt, und ich habe jedes mal wenn ich vor allen Dingen morgens dann an sein Bett kam und hab ihn dann gewaschen und so, war das für **mich**, als wenn ich 'n fremden Patienten waschen würde, und hab dann wirklich für mich auch so gespürt wie stark ich mich emotional immer von meinem Vater entfernt hab, <<ja>> was ich (2) vom **Kopf** her, so ganz furchtbar fand aber es war auch da nur ganz kopfig, <<ja>> so (3) also es w- es war'n ganz starkes Fremdheitsgefühl, meinem Vater gegenüber sehr oft, im Leben und das hat sich in der Zeit dann eben ganz ganz doll verstärkt (2) also ich hab dann natürlich auch meinen Vater noch mir angeschaut als er dann tot war, er starb dann ganz plötzlich da war ich aber nich anwesend, und äh ((schmatzt)) wurde dann am Arbeitsplatz von meinem Bruder informiert, und einen Tach bevor er beerdigt wurde bin ich dann nach [Stadt] gefahren, und hab ihn mir dann noch angeschaut und da war das aber auch genauso <<ja>> also ich sah ihn im Sarg liegen und dachte, das iss, das iss wie ne wildfremde Person die ich überhaupt nich kenne <<ja>>, ich konnte auch- am Grab hab ich gestanden und äh, hab das äh, erlebt, als wenn ich selber nich dabei wäre sondern als wenn da 'n Film ablaufen würde <<ja>> (2) da muss ich allerdings sagen dass das bei meiner Mutter genauso war, also da sch- scheine ich ganz stark zu zu neigen wenn so ganz gravierende- äh ich hab das auch auf Beerdigungen meiner Freunde erlebt <<ja>> also ich bin auf ganz vielen Beerdigungen gewesen als wenn ich mich da völlig abspalten würde <<mhm>>, äh äh um irgendwie so'ne (2) ja Fassade aufrecht also zu erhalten also hier kann ich heulen, <<mhm>> aber ich hab noch nie an nem Grab geweint <<ja>>, das kenn ich überhaupt nich da bin ich irgendwie, als wenn ich, nur körperlich da wäre aber mental mich völlig weggebeamt hätte <<mhm ja>> (7) ja« (MS, 13/7–33).

Der Umgang mit dem Tod des Vaters, den der Biograf beschreibt, erinnert an bestimmte Formen der Dissoziation (vgl. Priebe et al., 2014, S. 10). Mit Blick auf die Erlebnisse in seiner Kindheit und auch die schwerwiegenden Verluste durch AIDS liegt es nahe, dass er möglicherweise die Fähigkeit entwickelt hat, sich von einer Situation im Hier und Jetzt und den damit zusammenhängenden leiblichen Empfindungen zu lösen. Das würde bedeuten, dass der Biograf die Distanz und Fremdheit, die er empfindet, durch seine Fähigkeit zur Dissoziation erst herstellt. Dabei besteht sowohl die Möglichkeit, dass diese Distanz auf einen spezifischen Aspekt der Beziehungsgeschichte zu seinem Vater hinweist, als auch, dass es sich um einen Umgang mit Tod handelt, der sich durch die vielen Verluste, die der Biograf erlitten hat, verallgemeinert hat.

Das Gefühl der Fremdheit gegenüber dem Vater, das der Biograf beschreibt, fügt sich stimmig in die Beziehungsgeschichte zwischen Vater und Sohn. Schließlich hat der Vater, anstatt Vertrautheit und Fürsorge herzustellen, Distanz in die Beziehung gebracht, den Sohn nicht vor den Übergriffen durch die Mutter in Schutz genommen und war räumlich häufig abwesend. Die Fremdheit zwischen Vater und Sohn drückt damit eine zentrale Qualität der Beziehung der beiden aus. Verstärkend kommt hinzu, dass der Biograf dem Vater nun in der Rolle des Pflegers gegenübergetreten ist, was eine gewisse Rollenumkehr nach sich zieht. Aufgrund der mangelnden Vertrautheit zwischen den beiden fehlen Bindungsqualitäten, die helfen könnten, eine solche Rollenumkehr zu bewältigen.

Bisexuelles Coming-out

Im Anschluss an die Phase der AIDS-Krise und den Tod des Vaters zeigt sich zwischen den Jahren 1992 und 1999 eine größere Lücke in den biografischen Daten, aber auch in den Erzählungen. Die Lücke lässt den Eindruck entstehen, dass in diesen Jahren kaum etwas im Leben des Biografen geschieht. Ich gehe von einem spezifischen Zusammenspiel von Präsentation und Erleben aus. Sicherlich benötigt der Biograf einige

Jahre, um sich von seinem Verlust, der Pflege und der Sterbebegleitung zu erholen. Zudem spielt sich in diesem Zeitraum eine rasante Verbesserung der Möglichkeiten einer medikamentösen Behandlung von an HIV/AIDS Erkrankten ab und es vollzieht sich eine gewisse Normalisierung der Krankheit (vgl. Rosenbrock & Scheffer, 2003). Dies führt zu einer grundlegenden Verbesserung der Situation der Erkrankten und die Diagnose HIV ist nicht mehr im selben Maße lebensbedrohlich. Wie in Kapitel zum thematischen Feld ausgeführt, handelt es sich bei dieser Lücke aber ebenso um eine narrative Strategie des Biografen. Durch diese gelingt es ihm, sich von den Erzählungen über seine Erlebnisse im Zusammenhang mit HIV/AIDS zu lösen und zum Thema der lustvollen Wiederentdeckung einer geschlechterübergreifenden sexuellen Praxis überzuleiten. Diese beginnt mit einer Reise im Jahr 1999 und den Anschluss an die dortige Swingerclub-Szene. Er ist zu diesem Zeitpunkt Anfang fünfzig. Dort hat er seit langer Zeit das erste Mal wieder Sex mit einer Frau:

> »und dann hab ich, das, paar Monate später im Urlaub, durch Zufall, aber nun ich sach ja immer irgendwie gibt's Zufälle irgendwie vielleicht auch nich, bin jedenfalls in sone Swingerclubclique reingeraten <<ja>> [Ort], ((holt tief Luft)) und hab dann dort auch meine ersten sexuellen Kontakte wieder mit Frauen gehabt und also gleich beim ersten sexuellen Kontakt das war wirklich wie (2) wie so'n wie so'n **Feuerwerk**, äh, wo ich wirklich dachte ey was **hast** du da mit dir selber gemacht, <<ja>> du bist **so BESCHEUERT** gewesen ne <<mhm>> also und da war's mir dann einfach auch klar« (MS, 7–8/49–1).

Für den Biografen ist ein eher zufällig entstandener sexueller Kontakt mit einer Frau – nach fast 20 Jahren, in denen er nur Sex mit Männern hatte – Initialgeber für eine Reihe von Veränderungen. Dabei ist es interessant, dass er weniger eine bestehende sexuelle Anziehung als ausschlaggebend beschreibt, sondern das »Feuerwerk«, das erst aus der sexuellen Praxis heraus entsteht. Dass es sich um einen Urlaub handelt, den er weit entfernt von seinem Wohnort und ohne seinen Partner verbringt, schafft vorteilhafte Bedingungen für eine solche »zufällige« Begegnung. Diese Entfernung ermöglicht ihm, Abstand von den alltäglichen partnerschaftlichen und szenetypischen Handlungsroutinen zu gewinnen. Es bietet sich vor Ort ein anderes kulturelles Szenario, in dem – auch wenn er dies im

Interview nicht ausführt – vermutlich seine sexuellen Routinen nicht ohne Weiteres anwendbar sind. Der »Zufall« wird ebenfalls durch seine Einbindung in eine »Swingerclubclique« erleichtert, in der sexuelle Interaktionen explizit eingeschlossen sind und sicher auch eine größere Offenheit herrscht, unterschiedliche Konstellationen zwischen den Mitgliedern der Gruppe zu erproben. An anderer Stelle berichtet Manfred Schäfer, dass er sich in der Folge in eine Frau aus der Gruppe verliebt. Durch seine sexuelle Erfahrung wird eine romantische Zuneigung geweckt, die bislang in Bezug auf Frauen für ihn gar keine Rolle gespielt hatte. Seine Erfahrungen mit der »Swingerclubclique« werden für Manfred Schäfer zu einem Katalysator für einen lebensgeschichtlichen Umbruch, der weit über eine Urlaubserfahrung hinausgeht:

»**B:** und dann hab ich dann auch wirklich mit äh [Anfang fünfzig] dann äh bei uns [Arbeitsstelle] dann noch mein bisexuelles Coming-out gehabt <<ja>> (2) und da hat dann wirklich reingehauen wie ne Bombe ((lacht))
I: ((lacht))
B: Weil ich war natürlich- es war einfach für alle klar ich war da ja schon so viele Jahre, dass ich schwul bin und ich hab damals in ner ganz kleinen Einheit <<mhm>> mit nur einer Kollegin gearbeitet <<ja>> und wir haben immer gesacht, wir sind- wir beiden sind mehr zusammen als wir mit unseren Partnern, <<ja>> ((schmatzt)) Maria [Name der Kollegin anonymisiert] und ich wir waren auch fast gleichaltrig, und haben uns super gut verstanden und ich kam dann ausm Urlaub ((trinkt was)) das war der Urlaub, wo ich mich dann in [Name] verliebt hatte, <<ja>> und, und, also sie- wir kannten uns gegenseitig so gut wir ham die kleinsten Kleinigkeiten sofort bemerkt ich kam morgens und wir kamen immer beide ganz früh dass wir noch ne, gute dreiviertel Stunde so'n bisschen miteinander quatschen konnten, dann sachte sie zu mir, also Manfred, du hast ja grade gesacht dein Urlaub war so toll, aber irgendwas stimmt nicht <<mhm, ja>> du machst'n **Eindruck** als wenn **irgendwas** passiert wäre sacht se ich kann's nich einordnen aber da iss irgendwas in deinem Urlaub passiert <<mhm>>, hab ich gesagt ja Maria stimmt es iss es iss auch was passiert, und dann kam noch unsere Sekretärin (2) ((schmatzt)) die also- dies- wir waren immer das Dreigestirn [Arbeitsstelle] <<mhm>> und dann sachte die auch sofort, sacht se ((energisch)) Manfred irgendwas **stimmt** doch mit dir nich da hab ich gesagt okay, ich hab mich verliebt, da sagt [Name] toll aber was sacht dein Freund denn dazu dass

5.3 Falldarstellung – Manfred Schäfer

> du dich jetzt in einen anderen noch verliebt hast, sag ich das iss ja das Problem es iss kein Mann, das iss ne Frau, **WAS**?
> **I:**   ((lacht))
> **B:**   du hast dich inne **FRAU** verliebt? NEIN das gibt's doch gar nich ((lacht)) na ja, und dann hab ich ihr das erzählt ich sach Maria und ich **muss** dir jetzt- ums- um jetz **alles** aufn Tisch zu bringen, ich sach muss ich dir sagen, eigentlich war ich immer bisexuell, <<mhm>> ich hab das nur nie gesagt <<ja>>, nich, da sacht se jetzt bin ich- ich bin **fassungs**los, ((belustigt)) / du bist doch immer wieder für Überraschungen gut \« (MS, 8–9/29–14).

In der Sequenz wird deutlich, wie klar Manfred Schäfer bis zu diesem Zeitpunkt in seinem Leben zwischen seinem öffentlichen Auftreten als schwuler Mann und seinem Selbstempfinden als bisexuell getrennt hat. An anderer Stelle berichtet der Biograf, er habe seinem Partner bei der Aufnahme der Beziehung von seinem sexuellen Interesse für Frauen erzählt. Offensichtlich hat er diese Information darüber hinaus mit niemandem geteilt. Die enge Verbindung mit seinen Kolleginnen ermöglicht es ihm, die im Urlaub gemachte Erfahrung in seinen Alltag zu übertragen und ihr damit eine neue Bedeutung zu verleihen. Er wird damit das erste Mal von ihm nahestehenden Menschen als bisexueller Mann wahrgenommen. Die freundschaftliche und enge Verbindung mit seinen Kolleginnen, deren Anerkennung er sich unabhängig von seiner sexuellen Selbstbezeichnung sicher sein kann, ermöglichen ihm einen vertrauten Kontext der Erprobung seiner neuen Rolle.

An sein Handeln in früheren Lebenssituationen anschließend sucht er im weiteren biografischen Verlauf den Kontakt zu anderen bisexuellen Menschen. Hier zeigt sich ein Muster des Umgangs des Biografen mit lebensgeschichtlichen Umbrüchen: Nach seinem schwulen Coming-out mit Mitte zwanzig sucht er den Kontakt zu homosexuellen Zusammenhängen, nach seiner – sich später als falsch herausstellenden – positiven HIV-Diagnose mit Mitte dreißig organisiert er sich in der AIDS-Hilfe und nun beginnt er, sich mit Anfang fünfzig in bisexuellen Gruppen zu bewegen. Den Austausch in diesen Gruppen erlebt er als sehr bereichernd:

> »Äh, also es war immer besonders stark wenn mir andere Bisexuelle so was, also gerade so am Anfang aus ihrem eigenen Lebens- äh -konzept was erzählt haben oder was sie selber auch erlebt haben schon <<ja>>, also dann hatte

> ich so das Gefühl ((atmet auf)) **ach**, is ja doch ganz gut dass das nich nur dir so gegangen iss sondern dass da auch- dass es anderen ähnlich gegangen iss, und dann zu erleben ja die sind da auch mit klargekommen und die gehen so und so mit diesen Dingen um, und äh, ja das ähäh war für mich so dieses Gefühl irgendwie so'n **Zuhause** gefunden zu haben im übertragenen Sinn, ne« (MS, 89/17–25).

Manfred Schäfer verwendet bei der Beschreibung seiner Gefühle in bisexuellen Zusammenhängen die gleichen Worte wie Torsten Nowak (vgl. Kap. 5.1): Er hat in diesen das Gefühl, ein Zuhause gefunden zu haben. Damit zeigt sich auch in diesem Fall die biografische Bedeutung dieser Zusammenhänge. Sie ermöglichen ein Gefühl der Vertraut- und Geborgenheit, das in anderen gesellschaftlichen Bereichen – und dazu gehören auch homosexuelle Zusammenhänge – nicht ohne Weiteres erlebt werden kann. Dabei hebt Manfred Schäfer in der Interviewsequenz vor allem den Aspekt spezifischer lebensgeschichtlicher Erlebnisse hervor, die er im bisexuellen Kontext als geteilte Erlebnisse erfahren kann. Ein Gefühl der Fremdheit, da offensichtlich niemand die eigenen Erfahrungen teilt, wird damit in ein Gefühl der Vertrautheit verwandelt. Die Erleichterung über diese Erfahrung drückt sich im Interview auch dadurch aus, dass der Biograf laut aufatmet.

Er engagiert sich im Folgenden kontinuierlich in bisexuellen Zusammenhängen und geht erste Beziehungen mit Frauen ein, was sein Partner akzeptiert. In einer Psychotherapie, die er in dieser Zeit durchläuft, hat er in Bezug auf seine gewünschte Beziehungsgestaltung Auseinandersetzungen mit seinem Therapeuten:

> »mein Therapeut hat mich **so** gewarnt, nehmen Sie keine bisexuelle Frau nehmen Sie eine heterosexuelle Frau ich sage das iss- überlassen Se mal gefälligst mir selbst aber das das äh konnte er nich verstehen <<ja>> also er hat ja immer zu mir gesagt ich bin nicht äh bisexuell er hat immer zu mir gesagt das iss alles nur durch Ihre Mutter entstanden Sie sind heterosexuell und das äh sollten Sie endlich auch ankucken <<mhm>>, das fand ich überhaupt nicht <<ja>>, also da fand ich da hat er sich völlig geirrt, und das wäre ja nicht der erste Analytiker oder der erste Therapeut der da irrt« (MS, 82/21–29).

Es ist auffallend, wie der Therapeut entlang einer monosexuellen Ordnung argumentiert und dementsprechend die gewünschte Beziehungsgestaltung des Biografen bewertet. Die sich entwickelnde sexuelle und romantische Zuwendung zu Frauen ist für den Therapeuten offensichtlich nur akzeptabel, wenn sie auf das Ziel einer mono- und heterosexuellen Lebensform hinausläuft. Es ist möglich, dass in dieser Bewertung des Psychologen der schon bei Sigmund Freud angelegte Entwurf sexueller Entwicklung eine Rolle spielt, in dem eine erwachsene Sexualität zu erlangen bedeutet, sich dauerhaft auf ein sexuell begehrtes Geschlecht festzulegen. In diesem Entwurf wird auch eine homosexuelle Objektwahl als eine erwachsene Sexualität akzeptiert. Ein bisexuelles Begehren wird dagegen lediglich kindlichen Stadien der sexuellen Entwicklung zugeschrieben (vgl. Freud, 1977, S. 22; Kap. 2.2.2 und 3.1.1). Ganz im Sinne Freuds lässt sich ebenfalls die deterministische Argumentation des Therapeuten beschreiben, in der er die sexualisierten Übergriffe der Mutter als alles bestimmende Koordinaten in Manfred Schäfers Lebensgeschichte auffasst, während alles, was danach passiert ist, als irrelevant erscheint. In dieser Erfahrung, die der Biograf mit seinem Therapeuten macht, spiegelt sich ein sich in der Lebensgeschichte wiederholendes Erleben Manfred Schäfers wider: Durch seine Mutter, seinen Vater, in schwulen Zusammenhängen und nun durch seinen Therapeuten wird die Anforderung der Erfüllung eines monosexuellen Ideals an ihn herangetragen. Das Recht auf sexuelle Selbstbestimmung des Biografen spielt für diese signifikanten Anderen dagegen keine Rolle. Damit findet der Biograf – außerhalb bisexueller Zusammenhänge – nur wenig Raum, um – jenseits normativer Erwartungen – über seine sexuellen und romantischen Wünsche zu reflektieren und zu sprechen. Stattdessen muss er seine Energie darauf verwenden, die an ihn herangetragenen Erwartungen abzuwehren.

Der Tod der Mutter
Mitte der 2000er Jahre – etwa fünf Jahre nach dem bisexuellen Coming-out des Biografen – liegt die Mutter Manfred Schäfers im Sterben. Am Abend vor ihrem Tod spricht er noch einmal mit ihr:

> »und hab das dann auch wirklich **alles** erzählt <<ja>>, wie schrecklich ich das fand und äh äh wie sehr mich das einfach in meiner Entwicklung also auch in meiner sexuellen Entwicklung Frauen gegenüber behindert hat, <<ja>> und äh äh wie viel Schmerz und wie viel Leid da für mich auch entstanden ist, und (2) ((schmatzt)) hab ihr dann aber zum Schluss gesagt dass das- dass ich ihr das einfach auch total verzeihe und mein letzter Satz

> war einfach ((weint)) / du bist die Frau die mir mein Leben geschenkt hat, <<mhm>> du bist die Frau die für immer und alle Zeiten einen festen Platz in meinem Herzen hat <<ja>> (2) und (2) du sollst wissen, ich vergesse dich nie (2) und ne Viertelstunde später war sie tot, es liefen ihr noch'n paar Tränen aus'n Augen raus, und dann starb sie ne Viertelstunde später (2) und, ich hatte in den Jahren, vorher wirklich ich hab- ich hab das immer meinem Analytiker so bildlich ich kann's auch gar nich anders erklären wie so'n Waffenarsenal gegen meine Mutter gesammelt <<ja>> \ (2) wissen Se wie, wie 'ne Kaserne die bis zur Decke voller Waffen iss so eine Wut hatte ich, und in dem Moment, wo ich diesen Satz diesen letzten gesach- Satz gesacht hab das das hab ich wie wie'n Bild vor meinen Augen regelrecht gesehen als wenn sich die Erde auftun würde und diese Kaserne würde da drin versinken, <<mhm>> und, alles wäre weg« (MS, 11/24–42).

In der nicht durch meine Fragen unterbrochenen biografischen Eingangserzählung Manfred Schäfers bildet diese Szene den dramaturgischen Höhepunkt. Mit Blick auf die Abfolge des erlebten Lebens zeigt sich, dass dieses Verzeihen gegenüber dem Handeln der Mutter erst nach dem bisexuellen Coming-out des Biografen stattfindet. Es ist anzunehmen, dass das bisexuelle Coming-out und die Etablierung einer geschlechterübergreifenden sexuellen und romantischen Praxis sowie einer öffentlichen bisexuellen Selbstbezeichnung die Voraussetzung für diese Form des Abschiednehmens von der Mutter darstellen. Schließlich hat der Biograf damit – nach vielen Jahren – eine Variante gefunden, seine eigenen sexuellen und romantischen Bedürfnisse in den Vordergrund zu stellen und seinen, durch seine Erlebnisse mit der Mutter initiierten und durch bestehende gesellschaftliche Strukturen verstärkten, gleichgeschlechtlich-monosexuellen Lebensentwurf zu verändern. Das macht es ihm möglich, von der »Wut« gegenüber der Mutter abzulassen, die ihn in Kindheit und Jugend durch das Erleben sexualisierter Übergriffe weiter emotional an sie gebunden hat.

»endlich angekommen«
Einige Zeit nach dem Tod seiner Mutter beginnt der Biograf eine Beziehung zu Sabine, mit der er bis zum Zeitpunkt des Interviews – mehre Jahre später – zusammen ist. Er erzählt davon, wie sie sich arrangieren, wenn Sabine in der gemeinsamen Wohnung von ihm und seinem Partner Klaus zu Besuch ist:

»ja wir wohnen jetzt in einer, relativ großen Wohnung zusammen [genaue
Beschreibung der Wohnung] so dass wir uns wenn wir wollen sehr gut sepa-
rieren können <<mhm>>, nich wenn Sabine dann Sabine kommt ja auch
regelmäßig zu uns nach [Ort], <<ja>> dann sind wir immer im hinteren
Teil der Wohnung, weil wir haben im Wohnzimmer ne doppelte Schlaf-
couch, <<mhm>> wo man sehr sehr gut zu zweit drauf schlafen kann und
da schlaf ich dann mit Sabine, <<ja>> in der Zeit steht dann mein richtiges
Bett im Schlafzimmer dann, äh leer, <<mhm>> (5) am Anfang war ich natürlich auch son bisschen skeptisch, weil [Name einer ehemaligen Partne-
rin] die wohnte ja auch in [Wohnort] <<ja>> da war das ja nie so, die kam
höchstens mal aufn Kaffee bei uns <<ja>> vorbei nich aber, am Anfang war
das dann schon so dass ich dann auch so dachte oh je wenn jetzt, äh Sabine
Tage- mehrere Tage da iss na wie wird das <<ja>> aber es iss irgendwie dann
doch, letztendlich, ganz gut gelaufen also <<mhm>> (4) jaja (4) von daher
bin ich da sehr froh dass ich Klaus äh, dass ich in Klaus 'n Menschen gefunden hab der das alles so mitmacht auch ne« (MS, 72/25–42).

Das von Manfred Schäfer beschriebene Arrangement macht es möglich,
darüber nachzudenken, inwiefern die Präsentation des Biografen, er habe
sich von Handlungsmustern, die an Erlebnisse mit seiner Mutter gebunden
waren, gelöst, mit seiner in dieser Textstelle beschriebenen Alltagspraxis
übereinstimmt. Wird einbezogen, dass Klaus in dem beschriebenen klein-
räumigen Besuchsarrangement möglicherweise hört, wie Manfred Schäfer
und seine Partnerin miteinander Sex haben, lassen sich Verbindungslinien
zu der Situation ziehen, in welcher der Biograf sexualisierte Übergriffe
durch seine Mutter erlitten hat. Schließlich gab es in dieser Situation
ebenfalls einen Zeugen, der »das alles so mitmacht«, den Vater Manfred
Schäfers. Es lässt sich daher die Frage aufwerfen, ob der Biograf ein solches Setting gestaltet, um sich den Sex und die Beziehung zu einer Frau zu
gestatten und ob dieses Setting von ihm, seinem Partner – der »das alles
so mitmacht« – und seiner Partnerin tatsächlich in der Weise konfliktfrei
erlebt wird, wie es vom Biografen dargestellt wird.

Solche Konflikte spielen im Narrativ Manfred Schäfers in Bezug auf
seine gegenwärtige Lebensphase keine Rolle. Er evaluiert diese folgendermaßen:

»also äh ich **weiß** es nicht ich ich, ich- aber ich überleg da auch nich mehr
sehr viel, <<ja>> drüber äh ich weiß nur dass ich eigentlich erst so mit fuff-

zich so richtig das Gefühl hatte endlich angekommen zu sein <<mhm>> endlich irgendwo zuzugehören <<ja>>« (MS, 88/36–39).

Es gibt Hinweise darauf, dass – trotz dieser positiven Evaluation des Biografen – die Erlebnisse in seiner Kindheit eine größere Rolle für seine Gegenwart spielen, als er es im Interview darstellt. Das wäre nicht verwunderlich, schließlich sind solche langfristigen Folgen des Erlebens sexualisierter Gewalt durch einen Elternteil ein häufiges Phänomen (vgl. Bange, 2007, S. 71; Kindler, 2015, S. 246). Diese Folgen zeigen sich ganz unabhängig von der sexuellen Ausrichtung der betroffenen Menschen, weswegen es wenig sinnvoll erscheint, an dieser Stelle – wie es etwa der Therapeut des Biografen tat – das Thema der Bisexualität des Biografen in den Mittelpunkt zu stellen. Es geht darum, wie er diesen bisexuellen Lebensentwurf gestaltet. Das Besondere im Fall von Manfred Schäfer ist dabei, dass in seinem biografischen Narrativ von Bisexualität wenig Raum bleibt, Konfliktbehaftetes zu thematisieren, da es darauf angelegt ist, seine neue Lebensphase als ideal darzustellen. Die Erlebnisse von Manfred Schäfer mit seinem Therapeuten einbeziehend kann dabei von zwei Narrativen von Bisexualität gesprochen werden, die sich gegenüberstehen: einmal das eines notwendig problembehafteten Lebensentwurfs, den es zu überwinden gelte. Dieser Darstellung steht – vertreten von Manfred Schäfer – eine Erzählung von Bisexualität als ein idealer und konfliktfreier Lebensentwurf gegenüber, den es in schwierigen Ausgangsbedingungen zu verteidigen gilt. Zwischen diesen beiden Polen des Diskurses bleibt wenig Raum, Bisexualität als einen alltäglichen und dauerhaften Lebensentwurf zu thematisieren, der weder notwendig problembehaftet noch notwendig frei von Konflikten ist.

5.3.4 Biografischer Verlaufstypus: Selbstetikettierung als Aneignung

Ich verlasse an dieser Stelle erneut die Ebene der biografischen Fallrekonstruktion und komme zur Bildung eines weiteren biografischen Verlaufstypus.

Biografische Verläufe der *Aneignung* von Bisexualität als ein soziales Etikett der Selbstbeschreibung sind – im Gegensatz zu Verläufen der *Übernahme* (vgl. Kap. 5.1.5) und *Anpassung* (vgl. Kap. 5.2.4) – dadurch geprägt, dass Bisexualität zwar schon früh Teil des sexuellen Handlungsrepertoires ist, dieses Handeln jedoch als verboten, unerwünscht oder konflikthaft erlebt wird. Die Repräsentant_innen dieser Fälle erleben eine Beschränkung ihres sexuellen Handelns, die umfassender ist als das Fehlen eines stimmigen Etiketts. Sowohl in Bezug auf Sexualität als auch auf die Geschlechtsidentität und den gesamten Körper können sich in manchen Phasen der Lebensgeschichte Konflikte ergeben. Während für eine Selbstetikettierung als bisexuell im Typus Übernahme keine zusätzliche biografische Arbeit nötig ist und sich diese in den Fällen der Anpassung auf eine beschränkte Phase des Lebens konzentriert, gestaltet sich der Verlauf der Aneignung als ein lang andauernder Vorgang, der einen großen Teil der Biografie umfasst und diese dadurch wesentlich beeinflusst.

Es ist dabei hervorzuheben, dass sowohl eine gleichgeschlechtliche als auch eine gegengeschlechtliche sexuelle Praxis als konflikthaft besetzt empfunden werden kann. Institutionalisierte Monosexualität und Heterosexualität erweisen sich in den Verläufen der Aneignung in dieser Hinsicht als gleichermaßen wirksam. Es lassen sich auf Basis des erhobenen Falles soziale Bedingungen konstruieren, in denen es zu einer Beschränkung des Zugangs zu einer lustvollen gegengeschlechtlichen Sexualität und auch Beziehungspraxis kommt. Diese Beschränkung kann dabei sowohl durch familiale Machtstrukturen gefördert werden als auch durch die vorwiegend monosexuelle Organisation der gesamten Gesellschaft verstärkt werden. Ein Beispiel für Letzteres ist die Forderung nach konformem Verhalten in vielen homosexuellen Zusammenhängen. Dabei geht es vor allem um die Beschränkung auf gleichgeschlechtliches sexuelles und partnerschaftliches Handeln. Abweichungen von dieser Anforderung werden bisweilen mit Ächtung und Ausschluss sanktioniert, wie dies schon hinsichtlich typischer Verläufe der Anpassung deutlich wurde.

Unter diesen Bedingungen erweist sich die Aneignung von Bisexualität als Etikett der Selbstbeschreibung als herausfordernd und langwierig. Dabei muss der Umstand berücksichtigt werden, dass die Verfügbarkeit von Bisexualität sich als soziales Etikett der Selbstbeschreibung im Alltagswissen als beschränkt erweist. Eine umfassende Aneignung des Etikettes kann daher bisweilen erst im fortgeschrittenen Lebensalter erfolgen. Diesen Umstand bringt der Repräsentant dieses Typus *Manfred Schäfer* in einer Interviewsequenz auf den Punkt:

»also äh ich weiß es nicht ich ich, ich- aber ich überleg da auch nich mehr sehr viel, <<ja>> drüber äh ich weiß nur dass ich eigentlich erst so mit fuffzich so richtig das Gefühl hatte endlich angekommen zu sein <<mhm>> endlich irgendwo zuzugehören <<ja>>« (MS, 88/36-39).

Die *Aneignung* des Etiketts wird – wie in den anderen typischen Verläufen auch – durch einen Zugang zu explizit bisexuellen Zusammenhängen erleichtert. Dagegen kann die enge Bindung an homosexuelle Zusammenhänge, aufgrund des schon erwähnten Konformitätsdruckes, hinderlich sein. Im Mittelpunkt der Bindung an bisexuelle Zusammenhänge steht dabei ein – im Zitat erwähntes – Gefühl der Vertrautheit und Zugehörigkeit, das den Repräsentant_innen bislang versagt blieb. Die Annahme des Etiketts führt zu einem grundlegenden Wandel der Deutung der Vergangenheit als von nicht selbst gewählten Beschränkungen besetzt, der Gegenwart, die voller neuer Möglichkeiten erlebt wird, und Zukunftsentwürfen, die nun mehr Handlungsspielräume versprechen.

Handlungsmöglichkeiten
Der Zugang zu bisexuellen Zusammenhängen erweist sich als eine zentrale Ressource zur Erweiterung der Handlungsmöglichkeiten. Die sexuellen und partnerschaftlichen Wünsche erfahren hier neue Legitimität, werden als von anderen Menschen geteilte erlebt. Es entsteht die Möglichkeit, sich auszutauschen und einen sozialen Zusammenhang zu erfahren, der vor den lange empfundenen Zumutungen institutionalisierter Monosexualität geschützt ist. Die Übernahme des Etikettes ermöglicht geschlechterübergreifendes sexuelles und partnerschaftliches Handeln, das zuvor negativ besetzt war, nun lustvoller zu genießen und als legitim zu erleben. Es eröffnen sich zudem neue Möglichkeiten der Gestaltung von Sexualität, Beziehungen und eine Flexibilisierung von Geschlechterrollen.

Handlungsbeschränkungen
Auf der Ebene der Präsentation neigen die Repräsentant_innen dieses Typus dazu, die *Aneignung* des Etiketts zu idealisieren. Das ist angesichts der Entlastung und Handlungserweiterungen, die durch die Aneignung erreicht werden, nachvollziehbar. Auf der Ebene des biografischen Verlaufs wird deutlich, dass diese Idealisierung die Tendenz zeigt, mögliche ungelöste Konflikte zu überdecken und damit der Aufmerksamkeit und Bearbeitung zu entziehen.

Als beschränkend erweist sich darüber hinaus die mangelnde gesellschaftliche Etablierung von Bisexualität als soziales Etikett und gleichberechtigtem Lebensentwurf. In den Fällen der Aneignung wird dies besonders deutlich, da die Frage aufkommt, wie langfristige und über schwierige Phasen hinweg geführte Beziehungen auch nach der *Aneignung* des Etiketts weitergeführt werden können. Etablierte Beziehungsmuster der seriellen Monogamie erweisen sich in dieser Situation möglicherweise als unbrauchbar. Mögliche Alternativen, wie die Gestaltung von Mehrfachbeziehungen, werden marginalisiert und sind in ihren Möglichkeiten der rechtlichen Absicherung beschränkt. Mit Blick auf die Verläufe dieses Typus halten die rechtliche Situation und die gesellschaftliche Debatte um Mehrfachbeziehungen mit der gesellschaftlichen Entwicklung nicht Schritt.

Zusammenfassung der den Typus repräsentierenden Verläufe
Der Verlauf der Lebensgeschichte von *Manfred Schäfer* (Kap. 5.2) repräsentiert diesen Typus. Im biografischen Verlauf von Manfred Schäfer ist es die sexuelle Gewalt, die er durch seine Mutter erlebt, die seinem Wunsch nicht nur mit Männern zu schlafen, sondern auch mit Frauen, entgegensteht. Die monosexuelle Ordnung der Gesellschaft bestärkt ihn in seinem daraus resultierenden Versuch, allein mit Männern als Liebes- und Sexualpartnern glücklich zu werden. Zwar hat Manfred Schäfer im Laufe seines Lebens immer wieder Affären mit Frauen, aber eine Selbstbezeichnung als bisexuell und eine feste Beziehung mit einer Frau – neben seiner langjährigen Partnerschaft zu einem Mann – realisiert er erst im Alter von Anfang fünfzig. Bestärkt wird er dabei durch ein Engagement in bisexuellen Zusammenhängen. Der biografische Verlauf von Manfred Schäfer kann als Beispiel dafür gelten, dass Verläufe der Anpassung auch die Gefahr der Idealisierung und Verdeckung von Konflikten im biografischen Narrativ beinhalten. So zeigen sich in seinem Fall in der von ihm idealisierten bisexuellen und polygamen Beziehungsgestaltung Muster, die auf die Situation der Übergriffe verweisen, die der Biograf in Kindheit und Jugend durch seine Mutter erlebt hat. Das wirft zumindest Fragen auf, ob die von ihm als ideal beschriebene Beziehungsform nicht konfliktbehaftet ist.

Im Folgenden stelle ich zwei weitere Fälle dar, welche die Grundlage eines vierten Verlaufstypus bilden.

5.4 Falldarstellungen Birgit Müller und Susanne Albers

Die Falldarstellungen *Birgit Müller* und *Susanne Albers* fasse ich in einem Kapitel zusammen, da ich sie beide einem biografischen Verlaufstypus zugeordnet habe. Die Darstellung des Falles von Birgit Müller (vgl. Kap. 5.4.1) basiert auf einer globalanalytischen Auswertung (vgl. Kap. 4.3.4).

5.4.1 Birgit Müller

> »mh also es is wirklich und das war ah ganz, große Zäsur also wirklich mit vorher und nachher« (BM, 1/21–23).

Birgit Müller[39] lebt, bis sie Mitte dreißig ist, gegengeschlechtlich-monosexuell. Die Übernahme von Bisexualität als ein Etikett der Selbstbeschreibung erlebt sie – wie sie es in dem oben stehenden Zitat selbst beschreibt – als eine »Zäsur« in ihrem Leben. Ein Engagement in bisexuellen Zusammenhängen spielt nur eine untergeordnete Rolle. In dieser Hinsicht bildet der Fall einen minimalen Kontrast zum Fall von Tanja Weber (vgl. Kap. 5.2). Allerdings zeigte sich in der Rekonstruktion bald, dass ihr biografischer Verlauf sich anders gestaltete. Er bildete die Grundlage für die Konstruktion des biografischen Verlaufstyps der Annahme von Bisexualität als Etikett als *Überbrückung*.

5.4.1.1 Interviewkontext und Interaktionsverlauf

Zum Zeitpunkt des Interviews – das etwa zwei Stunden dauert – ist Birgit Müller Anfang fünfzig, arbeitet im sozialen Bereich und lebt mit ihrem Mann und mehreren leiblichen Kindern zusammen. Die Kinder sind zum Zeitpunkt des Interviews alle im jugendlichen oder jungen Erwachsenenalter. Seit mehreren Jahren führt Birgit Müller eine Beziehung mit einer Frau, die ebenfalls verheiratet ist und mit ihrem Partner und Kindern zusammenlebt. Ihr Mann weiß von der Beziehung, möchte jedoch, dass sie diese vor den Kindern und dem sozialen Umfeld geheim hält. Die Biografin kommt diesem Wunsch ihres Mannes nach, sagt aber, dass sie ihre zweite Beziehung gegenüber ihren Kindern und dem familiären Umfeld lieber offen thematisieren würde.

Der Kontakt zu Birgit Müller entsteht über ihre Beziehungspartnerin, mit der ich mich zuvor zu einem Gespräch treffe. Bei diesem Interview er-

---

39 Dieser Fall wurde von mir auch im Rahmen eines Beitrages für einen Sammelband angesprochen (vgl. Ritter, 2014, S. 209).

zählt sie mir von dem Interesse ihrer Partnerin, ebenso ein Interview zu geben. Der gesamte weitere Kontakt, um einen Gesprächstermin auszumachen, erfolgt über die Partnerin von Birgit Müller. Ich erhalte zu diesem Zeitpunkt weder eine Mailadresse noch eine Telefonnummer, um sie zu erreichen. Ich gehe davon aus, dass dies an der Geheimhaltung gegenüber ihren Kindern liegt, die sie ihrem Mann zuliebe wahren möchte. Zu diesem Zeitpunkt denke ich darüber nach, ob es nicht vor allem die Partnerin von Birgit Müller ist, die sie zu einem Interview überreden möchte.

Bei einem Telefonat sagt mir die Partnerin von Birgit Müller, dass diese mir immer noch gerne ein Interview geben würde, sich aber Sorgen mache, frei über ihre Lebensgeschichte zu berichten. Ich erkläre, dass das Interview eher dazu angelegt sei, zu erzählen, aber selbstverständlich nur das, was von den Interviewten erwünscht sei. An diesen Aussagen wird deutlich, wie groß die Bedenken Birgit Müllers sind, ein Interview zu geben. Es zeigt auch noch einmal, wie hochschwellig der von uns gewählte Zugang ist, womit wir notwendigerweise einen Ausschluss von Menschen vollziehen, die Sorge haben, zu viele Informationen preiszugeben.

Die Partnerin der Biografin schlägt zunächst vor, dass wir einen Termin ausmachen, an dem wir über ihre und die Lebensgeschichte ihrer Partnerin sprechen. Ich bitte darum, die geplanten Interviews besser auf zwei Tage hintereinander zu verteilen, da mir die Durchführung von einem Folgeinterview und einem anschließenden ersten Interview als zu umfangreich für einen Termin erscheint. Auf dieses Vorgehen einigen wir uns. Eine Woche vor unserem Gespräch rufe ich die Partnerin von Birgit Müller noch einmal an, um auf den anstehenden Termin einzugehen. Diesmal frage ich auch nach einer Kontaktmöglichkeit zu Birgit Müller, woraufhin ich die Zusage erhalte, dass Birgit Müller mich zurückrufen werde. Einen Kontakt bekomme ich weiterhin nicht. Birgit Müller ruft mich am selben Tag zurück. Als wir über den Ablauf des anstehenden Interviews sprechen, bittet sie mich, ihr die Fragen, die ich habe, schon vor dem Gespräch mitzuteilen, damit sie sich vorbereiten könne. Daraufhin erläutere ich ihr, dass ich sie zu ihrer gesamten Familien- und Lebensgeschichte befragen werde und dabei die Auswahl der Themen bei ihr liege und ich ihr nichts vorgeben möchte.

Das Interview findet in der Wohnung der Partnerin von Birgit Müller statt. Wir sind allein, da diese und ihr Mann arbeiten und deren Kinder in der Schule sind. Birgit Müller ist sichtlich aufgeregt. Sie hat mehrere Papiere dabei. In der Vorbereitung des Interviews habe sie dort ihre Lebensgeschichte notiert, wie sie mir gleich zu Beginn mitteilt. Das unterstreicht noch einmal, wie wichtig ihr unser Gespräch ist und wie intensiv sie sich darauf vorbereitet hat. Ihre Notizen hat sie – wie sie später erzählt – in der Nacht vor unserem Interview erstellt und daher kaum geschlafen. Während wir sprechen, blickt sie immer wieder in ihre Notizen, als wolle sie sich an diesen festhalten. Von Anfang an ist sie im Interview emotional, insbesondere wenn es um das Thema Bisexualität geht. Auf meine Nachfragen im internen Teil reagiert sie überfordert und merkt immer wieder an, dass sie Zeit zum Nachdenken brauche, sie könne nicht spontan antworten. Ich versuche, sie im Gespräch immer wieder zu beruhigen und erkläre ihr, dass sie sich für die Beantwortung der Fragen so viel Zeit nehmen könne, wie sie bräuchte. Zudem äußert die Biografin in einer Pause den Wunsch, noch mehr Menschen kennenzulernen, die wie sie leben, und fragt mich, ob es solche gebe. Ich versichere ihr, dass wir noch mehr Menschen interviewt hätten, die eine ähnliche Geschichte und Lebensentwurf hätten, und dass sie mit ihrem Lebensentwurf nicht allein sei.

Das gesamte Interview fällt Birgit Müller sichtlich schwer. Sie bittet bei für sie schwierigen Passagen immer wieder um Pausen und verlässt den Raum, um sich zu sammeln, und zudem wird ihr schwindelig. Schließlich bekommt sie Kreislaufprobleme und muss sich auf einem Sofa hinlegen. Ich bringe ihr ein Glas Wasser und sie fragt mich, ob ich sie einen Moment alleinlassen könne. Ich komme ihrem Wunsch nach, bitte sie jedoch, mir Bescheid zu sagen, wenn es ihr schlechter gehe. Zu diesem Zeitpunkt bin ich zunehmend besorgt und überfordert mit der Situation. Nach etwa zehn Minuten geht es Birgit Müller besser und sie möchte – obwohl ich Bedenken anmelde – das Interview gerne fortsetzen. Nach einiger Zeit muss sie sich aufgrund von Kreislaufproblemen erneut hinlegen. Ich entscheide nun, das Interview an dieser Stelle zunächst zu beenden, da ich den Zustand der Biografin und den Grad der Belastung durch das Gespräch nicht einschätzen kann. Den Vorschlag der Biografin, sie könne im Liegen weitersprechen, nehme ich daher nicht an. Stattdessen rufe ich – nach Rücksprache mit der Biografin – ihre Partnerin an und erzähle dieser, dass das Interview für Birgit Müller anstrengend war und es ihr nicht so gut gehe. Ihre Partnerin ist davon nicht überrascht und teilt mir mit, dass sie nun mit ihrem Sohn nach Hause komme. Aufgrund der instabilen Verfassung der Biografin warte ich, bis Birgit Müllers Partnerin nach Hause kommt. So lange bleibe ich im Flur sitzen und erkundige mich in regelmäßigen Abständen nach dem Befinden der Biografin, die sich weiter auf dem Sofa ausruht. Als die Partnerin der Biografin mit ihrem Sohn nach Hause kommt, begrüßt sie mich herzlich, dann geht sie zu Birgit Müller und schließt sie fest in die Arme. Die Vertrautheit und Nähe der Geste berührt mich. Ihre Partnerin bietet Birgit Müller dann an, bei ihr zu übernachten, was diese ausschlägt, da sie zurück zu ihrer Familie müsse. In dieser Interaktion kommt für mich einerseits die große Nähe des Paares zum Ausdruck, die sie auch vor dem anwesenden Sohn der Partnerin nicht verbergen. Auf der anderen Seite zeigen sich auch die Herausforderungen in der Organisation der Beziehung der beiden verheirateten Frauen, in der eine Übernachtung nichts Selbstverständliches darstellt, sondern immer einen gewissen Grad an Aushandlungen und organisatorischem Aufwand bedeutet.

Auf meinem Weg in mein Hotel bin ich beruhigt, da die Biografin zunächst in Obhut ihrer Partnerin ist. Ich bin froh, dass wir das Gespräch an keinem anderen Ort geführt haben. Zugleich mache ich mir Sorgen, ob ein lebensgeschichtliches Interview – in der gegenwärtigen Lebenssituation der Biografin – eine zu große Intervention darstellt. Am nächsten Tag treffe ich mich noch einmal mit der Partnerin von Birgit Müller, die mir versichert, dass es dieser schon viel besser gehe.

Als Kontakt habe ich von Birgit Müller während des Interviews eine E-Mail-Adresse erhalten. Kurz nach unserem Interview schreibe ich ihr und frage, wie es ihr gehe. Ich biete ihr zudem ein weiteres Treffen an, bitte sie, was dies betrifft, ihre Grenzen zu wahren, da eine Erzählung der Lebensgeschichte in manchen Lebensphasen eine große Anstrengung sein könne. Sie antwortet mir auf meine Mail:

> »Liebe Kim Ritter, ganz herzlichen Dank für die lieben Zeilen und die Frage nach meinem Befinden! Eigentlich hätte ich ihnen gleich eine Rückmeldung schicken wollen, doch bei dem, was sich danach getan hat, ist es vorerst in den Hintergrund gerückt. Auch wenn es anstrengend war, hat mir das Gespräch sehr gut getan. Es hat mir noch einmal klar gemacht, dass ich von meiner Seite aus alles versucht habe, um meinen Leben in den früheren Bahnen weiterlaufen zu lassen und dass es so, wie es jetzt ist, ganz genau mein Weg ist, mit allen Konsequenzen. Letztlich hat mich diese Zusammenschau mit Ihnen als Gegenüber sehr bestärkt« (BM, E-Mail, 1/1–8).

Die Mail legt nahe, dass – trotz der sichtlichen körperlichen Anstrengung während des Interviews – die Möglichkeit, ihre gesamte Lebensgeschichte zu erzählen, eine für sie positive Wirkung hatte (vgl. zu diesem Thema Rosenthal, 2002). Zu dieser Wirkung beigetragen hat – wie auch der E-Mail zu entnehmen ist – die Möglichkeit für Birgit Müller, eine Zuhörerin zu haben, der sie ihre gesamte Lebensgeschichte mitteilen kann – eine Möglichkeit, die im Alltag sonst selten gegeben ist. In unserer Begegnung handelt es sich jedoch nicht um ein therapeutisches Setting, für das ich nicht ausgebildet bin. Ich halte vielmehr gerade meine Rolle als Sozialforscherin für einen Grund der positiven Wirkung des Interviews. Schließlich hat Birgit Müller an verschiedenen Stellen unseres Gespräches die Frage aufgeworfen, ob es noch andere Menschen gebe, die eine ähnliche Geschichte und einen ähnlichen Lebensentwurf wie sie haben. Durch unseren Kontakt konnte sie sich der Existenz ähnlicher Lebensweisen vergewissern und ihre Lebensgeschichte – die sie in wichtigen sozialen Bereichen ihres Lebens, wie ihrer Familie, nicht erzählen kann – als Teil einer gesellschaftlich relevanten und legitimen Erfahrung artikulieren. Zu diesem Aspekt lässt sich hinzufügen, dass die Biografin ihre Zuneigung zu Frauen als einen plötzlichen und schmerzlichen Bruch mit ihrem vorherigen Leben erlebt hat. Sie konnte das Interview daher auch dazu nutzen, zusammenhängend, im Rahmen ihres Relevanzsystems, über diesen Bruch zu sprechen. Sie nutzt das Interview als eine Chance, die schwierige, aber für sie bestärkende Arbeit anzugehen, angesichts des Erlebens eines biografischen Bruches eine erzählerische Kontinuität in Bezug auf ihre gesamte Lebensgeschichte herzustellen.

Die Biografin schlägt vor, ein zweites Gespräch über einen Video-Chat durchzuführen, was wir dann auch einige Wochen später machen. Zu diesem zweiten Gespräch bittet sie mich, ihr meine Fragen vorab zu mailen, wobei ich dieser Bitte nachkomme. In diesem zweiten Gespräch wirkt Birgit Müller gut gelaunt und viel ruhiger als bei unserer ersten Begegnung. Aufgrund der entfernten Gesprächssituation und des letzten Gespräches beschränke ich meine Fragen etwas und führe kein Genogrammgespräch[40] durch. Das führte dazu, dass die Datengrundlage dieses Interviews geringer ist als bei den meisten anderen Interviews.

5.4.1.2 Das Thematische Feld der erzählten Lebensgeschichte

Birgit Müller beginnt die Erzählung ihrer Lebensgeschichte, indem sie einen entscheidenden Wendepunkt ihres Lebens einführt:

---

[40] In der Regel habe ich mit den Interviewten einen Familienstammbaum erstellt und sie zu den jeweiligen Angehörigen befragt.

5.4 Falldarstellungen Birgit Müller und Susanne Albers

> »ich hätt mir dis vor fünfzehn Jahren, eigentlich nicht vorstellen können <<hmhm>> dass, mein Leben mal diese Wendung nimmt <<ja>> ich bin((lacht)) <<ja>> (3) mh also es is wirklich und das war ah ganz, große Zäsur also wirklich mit vorher und nachher« (BM, 1/20–23).

Indem sie mit diesen Worten ihre Eingangserzählung beginnt, entwirft sie eine beinahe idealtypische Form der Erzählung, die von einem »Interpretationspunkt« (Rosenthal, 1995, S. 143) ausgeht, der die Gestalt der gesamten Lebenserzählung erfasst und sie temporal strukturiert. Die Biografin unterscheidet eindeutig zwei Lebensphasen voneinander, die für sie kaum vergleichbar sind.

Nachdem sie kurz die »Wendung« als einen zentralen Moment ihres Lebens einführt, geht sie nicht darauf ein, was damals vor fünfzehn Jahren passiert ist. Stattdessen kontrastiert sie ihre Gegenwartsperspektive mit dem, was in der Zeit vor dem Wendepunkt im Mittelpunkt ihres Lebens stand:

> »i hab mei Perspektive war eigentlich immer, äh ja an Mann lieben und heiraten und Kinder kriegen <<hmhm, ja>> und die großziehen, auch in Treue so also wie=s, meine Eltern ham mir das auch vorgelebt« (BM, 1/23–25).

Die Bildung dieses Kontrastes gibt einen Hinweis auf das thematische Feld, das die Eingangserzählung Birgit Müllers strukturiert: Es geht ihr um den Versuch der Eingliederung der Geschehnisse der letzten fünfzehn Jahre ihres Lebens in den Zusammenhang ihres Lebens zuvor und in ihren Wertehorizont. Sie befindet sich im Prozess der Herstellung einer neuen kohärenten Lebenserzählung, die in der Lage ist, die erlebte »Wendung« zu integrieren. Das ist kein leichtes Unterfangen, insbesondere da die Biografin verdeutlicht, dass ihre ursprüngliche »Perspektive« keinerlei Raum für einen bisexuellen Lebensentwurf vorsah. Im Mittelpunkt stand für sie zuvor die Rolle der treuen Ehefrau und Mutter. Dabei handelt es sich um Rollenentwürfe, in denen sie für andere da ist und in denen wenige Spielräume vorgesehen sind, eigene Interessen und Bedürfnisse zu verfolgen.

An diesen Einstieg in die Erzählung anschließend beschreibt Birgit Müller das Aufwachsen auf dem Hof der Eltern, in dörflichem Umfeld. Dabei finden sich deutliche Hinweise, dass der damalige Lebensentwurf der Biografin weniger heteronormativ war, als sie dies aus der Gegenwartsperspektive heraus darstellt. In diesem Abschnitt der Erzählung steht die Selbstdarstellung als einsames Kind und Außenseiterin im Vordergrund. Gegenüber diesen dominanten Themen verblassen andere Themenfelder, wie der Hinweis der Biografin, dass sie lieber auf dem Hof geholfen habe, als im Haushalt zu arbeiten oder dass sie davon träumte, Tierärztin zu werden, da sie die Tiere des Hofes liebte und sich ihnen nahe fühlte. Sie spricht auch wenig darüber, wie sie – trotz des Status als Einzelgängerin und Außenseiterin – erfolgreich eine schulische Ausbildung abschließt oder aktiv in einem Verein tätig ist. Diese Aspekte der Lebensgeschichte würden es möglich machen, ein anderes lebensgeschichtliches Narrativ zu entwerfen. Sie werden jedoch an den Rand verwiesen. Diese Marginalisierung vollzieht sich durch das thematische Feld der Lebenserzählung Birgit Müllers, das darin besteht, das ursprüngliche Selbstbild als treue Ehefrau und Mutter mit der von diesem Selbstbild abweichenden Gegenwart zu kontrastieren. Diese Erzählweise kann als eine Möglichkeit der Legitimierung eines bisexuellen Lebensentwurfes gelesen werden. Birgit Müller verdeutlicht dadurch, wie sie alles unternommen habe, die mono- und heterosexuellen Rollenvorgaben des sozialen Umfelds zu erfüllen, anstatt Erinnerungen auszubauen, die eine andere Deutung ermöglichen würden.

Dementsprechend spricht sie auch über die Aufnahme ihres Studiums eher als eine Form der Anpassung. Gerade ihr erfolgreich abgeschlossenes Studium baut sie in ihrer Erzählung kaum aus, sondern unterbricht ihre Eingangserzählung an dieser Stelle und fährt – nachdem ich anmerke, sie könne einfach erzählen, wie es damals weiterging – mit dem Kennenlernen ihres Mannes fort. Sie entwirft dabei ein Narrativ, in dem sich die »Ablösung« (BM, 2/32) aus dem Elternhaus, ein Erlangen eines – wie sie sagt – »vom Körperlichen her, hin auf=n Normalmaß wieder« (BM, 3/10) und das Kennenlernen ihres zukünftigen Ehemannes im Alter von achtzehn Jahren nahtlos ineinanderfügen.

Dann erfolgt in ihrer Erzählung ein thematischer Bruch und sie fügt an, ein »bissel« (BM, 3/18) über Sexualität sprechen zu wollen. Hier beschreibt sie ein »zwiespältiges« (BM, 32/19) Verhältnis ihrer Mutter zur Sexualität, die sich Offenheit gewünscht, diese aber nicht vorgelebt habe, und wie sie selbst in ihrer Kindheit und Jugend wenig über Sexualität gelernt habe: »äh so Jungs und Männer das war scho bisschen das unbekannt- äh, bisschen unbekanntes Wesen« (BM, 3/28–29). Vor allem habe ihr Mann – dem Sexualität sehr wichtig sei und der in diesem Bereich »unverkrampfter« (BM, 3/31) als sie gewesen sei – ihr geholfen, »offener«

(BM, 3/34) zu werden. Auch wenn es sich um einen thematisch neuen Einschub handelt, folgt die Biografin dabei dem Muster, sich selbst selten als handelnde Person einzuführen. Ihr wäre es schließlich auch möglich gewesen zu beschreiben, wie sie sich trotz ihrer geringen Erfahrenheit einen Mann suchte, der offen ist und wie sie sich mit diesem eine gemeinsame und lustvolle Sexualität erschließt. An diese Beschreibung schließt sie eine Argumentation an, in der sie deutlich macht, dass es in der Bibel nicht die kirchliche »Abwertung der Sexualität« (BM, 3/38) gebe, sondern auch »total erotische Stellen« (BM, 3/38), die ihr in diesem Bereich als »Richtschnur« (BM, 3/40) dienen würden. Damit verweist sie auf eine Strategie der Emanzipation von der kirchlichen Sexualmoral, mit der sie aufgewachsen ist, und ihrer Aneignung einer religiösen Sexualmoral, die sie sich erst als Erwachsene angeeignet hat und die ihr neue sexuelle Handlungsspielräume eröffnete. Im Gegensatz zum Beschreiben ihres Aufwachsens zeigt sich die Biografin in ihrer Argumentation als keineswegs zurückhaltende Kritikerin der kirchlichen Sexualmoral, wobei sie darauf bedacht ist, ihrer Kritik eine religiöse Grundlage zu geben.

Nach diesem kurzen Einschub berichtet sie sehr kurz über ihre Heirat und den Abschluss ihres Studiums mit einem Anerkennungsjahr, das ihr den Berufseinstieg ermöglicht habe. Interessanterweise erzählt sie diese Geschichte des Einstiegs in das Berufsleben eher als eine Geschichte des Scheiterns, da sie betont, sie habe sich in einer beruflichen »Sackgasse« (BM, 4/8) befunden. Sie beschreibt, wie sie in der Folge mehrere Kinder bekam und Krisen in ihrer Ehe immer bewältigen konnte. Damit wird das Muster einer heterosexuellen Normalbiografie präsentiert, in der sie die Rollenanforderung an eine Mutter und Ehefrau immer erfüllte.

Dann thematisiert sie, wie sie sich »Hals über Kopf« (BM, 4/21) in eine Bekannte verliebte. Auf diese Beschreibung folgt eine Pause von sechzehn Sekunden. Damit erhält der erlebte Bruch auch die Gestalt einer Unterbrechung in der Erzählung, in der die Biografin zunächst keine Worte mehr findet. Sie setzt nach dieser Pause zu einer Argumentation an, dass sie ihrem Wunsch nach einer »weiblichen Zärtlichkeit« (BM, 4/39) damals aufgrund ihres Wunsches treu zu sein nicht nachkommen konnte und daher den Kontakt zu ihrer Freundin abbrach. Dann bittet die Biografin um eine Pause und es erfolgt der erste Abbruch der Aufnahme. Dieser Ablauf zeigt die Mühen der Biografin, den Bereich ihrer Lebensgeschichte vor der Wende gemeinsam mit dem Wendepunkt selbst und seinen Folgen in einer zusammenhängenden Geschichte zu erzählen. Wie ich oben beschrieben habe, hat die Biografin nicht die Intention, das Interview an dieser Stelle abzubrechen, sondern es trotz der sich einstellenden Kreislaufprobleme weiterzuführen. Das Interview gestaltet sich damit als eine anspruchsvolle Form der biografischen Arbeit, in der Birgit Müller ihrer Lebensgeschichte eine neue Kohärenz verleihen möchte, die zuvor verloren gegangen ist.

In Bezug auf die gesamte Erzählung ist auffallend, dass Beschreibungen, Argumentationen und Evaluationen alle Ausführungen des »nachher« (BM, 1/23) – also der Zeit nach dem Wendepunkt – bestimmen. Sie berichtet weder von konkreten Ereignissen noch aus anderen Lebensbereichen, wie ihrem Beruf im sozialen Bereich, den sie nun ausübt, oder über ihre Kinder. Stattdessen beendet sie ihre Eingangserzählung relativ plötzlich mit der Anmerkung, es falle ihr nun nichts mehr ein. Als ich noch einmal frage, was denn nach dem Kennenlernen ihrer Partnerin passiert sei, wünscht sie erneut eine Pause der Aufnahme. Als wir wieder beginnen, setzt sie zu einer Evaluation in Bezug auf ihre gegenwärtige Mehrfachbeziehung an.

Dieses Thema bleibt damit dominant gegenüber allen Lebensbereichen und lässt sich an diesem Punkt ihres Lebens noch nicht als eine Geschichte mit einem Anfang und einem Ende in ihre Erzählung einfügen. Das Interview ist damit Teil eines Prozesses der Integration des neuen Lebensentwurfs der Biografin in ihre Lebensgeschichte, der noch nicht abgeschlossen ist.

Nach dieser Analyse der biografischen Erzählweise gehe ich im Folgenden genauer auf den biografischen Verlauf ein, der dieser Präsentation zugrunde liegt.

5.4.1.3 Lebensgeschichte

Die Biografin wird in eine Familie geboren, die auf dem Dorf lebt und in Familienbetrieb einen Hof führt.

Eine »Sonderstellung im Dorf«
Die Eltern hatten sich in einem katholischen Verein kennengelernt und waren in den Geburtsort der Biografin gezogen:

> »ja die hatten ne Sonderstellung im Dorf weil die eben da net ansässig warn sondern, praktisch einen verkrachten Hof übernommen haben und <<hmhm>> und den wieder aufgebaut <<ja>> also was sicher auch Neid

her- äh hervorgerufen hat oder jedenfalls <<ja>> also war, mir warn einfach so schon Randstellung oder Außenstellung« (BM, 1/33–37).

Die Biografin wird damit in eine Situation hineingeboren, in der die Zugehörigkeit zur dörflichen Gemeinschaft nicht als selbstverständlich betrachtet wird und der – nach einiger Zeit erfolgreich wirtschaftende – Betrieb Neid im Dorf hervorruft. Schließlich führt die Familie einen Hof zum Erfolg, der zuvor von einer – vermutlich ansässigen Familie – aufgegeben werden musste. Im Interview beschreibt die Biografin einen weiteren Ausdruck dieser Sonderstellung im Dorf darin, dass ihre Mutter zunächst keine Freundinnen im Dorf hatte.

Typisch für eine Bauernfamilie spielt Arbeit eine wichtige Rolle innerhalb der Familie, was die Biografin anhand eines Beispiels illustriert:

> »um das anschaulich zu machen ist, äh dass zwar, eine Hausbank gab so zum sich hinsetzen <<ja>> dass sich aber nie jemand drauf hingesetzt hat <<hmhm>> weil sich äh irgendwie so beim Müßiggang oder beim Faulsein äh, sehen zu lassen <<hmhm>> des war ((lacht)) ( ) eher noch über die andern gelästert oder wenn welche wirklich äh, Nachbarn die jetzt keinen Hof hatten, wenn die auch mal im Liegestuhl im Garten lagen, ähm mer hat die vielleicht insgeheim beneidet <<ja>> ja aber dann doch eher abfällig darüber gesprochen« (BM, 32–33/41–1).

Damit beschreibt Birgit Müller ein Aufwachsen in einer Bauernfamilie mit einer für diese Familienform typischen Arbeitsethik, der das Konzept der Freizeit fremd ist. Freizeit als ein legitimer und selbstverständlicher Teil der Alltagswelt beginnt sich erst mit dem Strukturwandel der ländlichen Gesellschaft – der sich im Zeitraum der Geburt der Biografin Anfang der 1960er Jahre beschleunigt – auch in landwirtschaftlichen Familienbetrieben zu etablieren (vgl. Hildenbrand, 2005, S. 122).

Die Sequenz legt nahe, dass die Familie auf ihren Status als Zugezogene mit Anpassung reagiert. Sie legt sowohl nach innen als auch nach außen großen Wert darauf, sich als eine fleißige und hart arbeitende Familie zu präsentieren, weshalb die Nutzung der Bank vor dem Haus tabu ist. Zudem weist Birgit Müller in der Sequenz auf eine naheliegende Möglichkeit hin, sich gemeinsam von Familien abzugrenzen, die sich in ihren Gärten aufhalten, ohne tätig zu sein. Diese gemeinsame Abgrenzung kann auch als eine Möglichkeit verstanden werden, als Zugezogene Anerkennung und womöglich sogar Zugehörigkeit zur bäuerlichen Gemeinschaft im Dorf zu erlangen. Dabei muss der oben erwähnte Strukturwandel der ländlichen Gesellschaft berücksichtigt werden, der sich in der zweiten Hälfte des 20. Jahrhunderts vollzieht. Dieser zeichnet sich durch eine verstärkte Rolle von nicht landwirtschaftlichen Arbeitsformen in abhängiger Beschäftigung, eine Urbanisierung ländlicher Familien, die Reduzierung der Familiengröße auf die Kernfamilie und erhöhte Individualisierung aus – in der sich die Familienmitglieder zunehmend nicht mehr allein über ihre Funktion für die Familie definieren (vgl. Hildenbrand, 2005, S. 122f.). Allerdings erfassen die traditionelle Bauernfamilie, die im Familienbetrieb arbeitet, diese Veränderungen nicht im gleichen Ausmaß (vgl. ebd., S. 123). Die Beschreibung der Biografin, wie »abfällig« über Dorfbewohner_innen gesprochen wurde, könnte daher auch Ausdruck des Zusammenschlusses der bäuerlichen Familien angesichts grundlegender Veränderungen in der ländlichen Gesellschaft sein.

Dabei muss bedacht werden, dass aus einem verschuldeten Betrieb eine erfolgreiche Landwirtschaft zu machen, der Familie sicher ein großes Arbeitspensum auferlegt hat – ganz unabhängig von einem Präsentationsinteresse der Familie gegenüber dem Dorf.

»lieber im Stall«
Die Biografin wird Anfang der 1960er Jahre als erstes Kind in die Familie geboren und es folgen in kurzer Abfolge mehrere Schwestern und dann ein Bruder. Dass die Eltern nach der Geburt des jüngsten Sohnes keine Kinder mehr bekommen, kann ein Hinweis darauf sein, dass es eine wichtige Rolle spielte, einen männlichen Nachkommen zu haben. Im Interview finden sich zahlreiche Hinweise darauf, dass – trotz der Arbeit der Mutter in Familie und Betrieb – der Hof als Besitz des Vaters betrachtet wurde und formaljuristisch ihm gehörte. Der patriarchalen Tradition entsprechend bedurfte es eines Sohnes in der Familie, um die Erbfolge vom Vater zum Sohn aufrechtzuerhalten. Patrilineare Erbfolge und patriarchale Familienstrukturen prägten – und prägen zum Teil bis heute – viele Bauernfamilien, wobei sich Frauen in diesen Strukturen Handlungsspielräume erarbeitet haben (vgl. Schmitt, 2005, S. 213). In ihrer Familie erlebt die Biografin, wie sie, obwohl sie die Erstgeborene ist, nicht als mögliche Erbin des Hofes in Betracht gezogen wird. Trotzdem kommt ihr die Aufgabe zu, im Betrieb und Haushalt mitzuarbeiten. Dabei evaluiert die Biografin in unserem zweiten Gespräch per Skype, dass sie – im Gegensatz zu der dominieren-

den Beschreibung im ersten Gespräch – ihre Kindheit als nicht besonders schwierig erlebt habe:

> »also das Schöne ist wirklich dass wir als Kinder willkommen und erwünscht warn <<ja, ja>> und äh, wir a schöne oder äh, eine wenig kontrollierte Kindheit hatten <<hmhm>> also mit viel Freiraum, und ah so mit mehreren Geschwistern, doch Einiges, ja, dass das zum Eigenleben beigetragen hat <<ja>> hmhm, genau« (BM, 33/8–11).

In dieser Sequenz beschreibt sie das Gefühl, in ihrer Familie willkommen zu sein, und dass sie dabei nicht von den Eltern zu spüren bekommen habe, dass sie kein männlicher Nachkomme sei. Im ersten Interview hob sie dagegen die Erfahrung von Einsamkeit trotz einer großen Familie hervor:

> »äh, dass dass ich als Kind, als Kind so allein war des, is vielleicht bissel untergegangen, es warn immer viele Leute am Hof <<ja>> mh, also Lehrlinge Hauswirtschaftslehrlinge die mei Mutter ausgebildet hat <<ja>> und noch Großeltern und unverheiratete Geschwister von meinem Vater, un mei Vorliebe war dann eigentlich immer so, äh, ja draußen zu sein <<hmhm>> das war immer, hab immer lieber im Stall mit geholfen <<ja>> und auf'n Feld, und so im Haus mitzuhelfen das hab ich so meiner nächsten Schwester überlassen <<hmhm>> die is so nur elf Monate jünger als ich (und des passt der) und es war dann gleichzeitig auch so a Möglichkeit meinem Vater bissel äh, ja bissel näher zu sein <<ja>> weil dadurch dass er einfach beruflich so eingespannt war, ja schon irgendwie, oft weit weg war« (BM, 1–2/39–5).

Birgit Müller fühlt sich allein und findet wenig Anschluss in der Familie, obwohl sie einen Haushalt und Betrieb beschreibt, der voller Menschen ist. Die Sequenz legt die Lesart nahe, dass sie sich gerade wegen der vielen Menschen allein gefühlt hat, da Mutter und Vater sich vor allem auf ihre häusliche und außerhäusliche Arbeit konzentrieren. Während die Biografin sich vor allem als alleingelassen beschreibt, besteht auch die Möglichkeit einer alternativen Lesart. In dieser wird die Biografin nicht nur alleingelassen, sondern sie sucht Distanz zu den Frauen der Familie – vor allem zur Mutter und der Schwester –, die im Haus Tätigkeiten ausführen müssen, die Birgit Müller nicht interessieren. Anders als ihr Präsentationsinteresse es nahelegt, lässt sich dies als eine aktive Strategie betrachten, sich der vergeschlechtlichten Arbeitsteilung in ihrer Familie zu entziehen.

Diese Strategie beinhaltet die Suche nach Nähe zum Vater, der diese Zuwendung ihrer Erzählung nach kaum erwidert. Diese Distanz des Vaters kann auch in den Kontext der patriarchalen Form der Organisation des Betriebes gesetzt werden, in der seine älteste Tochter keine angemessene Arbeiterin außer Haus und keine potenzielle Erbin sein kann. Die Einsamkeit der Biografin resultiert damit aus ihrem Bruch mit der Form der vergeschlechtlichten Arbeitsteilung in ihrer Familie, in der sie sich eher außerhalb des Haushaltes sieht und zum Vater hingezogen fühlt. Ihr Engagement wird nicht gefördert und ihre Zuwendung findet keine Erwiderung; deshalb sucht sich die Biografin an anderen Orten die gewünschte Nähe:

> »also bisschen für das Alleinsein so ä Ersatz warn die Tiere <<hmhm>> also so sowohl vom Hof und ich hab dann a im Grundschulalter eigene Tiere gehabt, Meerschweinchen <<hmhm>> oder Enten <<ja>> und das hat dann wohl auch den Wunsch dann genährt, dass ich Tierärztin, ich wollt dann Tierärztin werden weil irgendwie klar war <<ja>> dass mein Bruder wohl mal den Hof übernehmen würde« (BM, 2/5–10).

Indem sie die Gesellschaft der Tiere sucht, verbindet sie den Wunsch danach, außerhalb des Hauses zu sein, mit dem, Nähe zu empfinden, die ihr in ihrer Familie fehlt. In der Sequenz wird die Selbstverständlichkeit deutlich, mit der in ihrer Familie die patrilineare Erbfolge eingehalten wird – eine Praxis, die bis heute, etwa vierzig Jahre später, in Familienbetrieben die Regel ist (vgl. Schmitt, 2005, S. 213). Es wird ihr in dieser Zeit »irgendwie« (BM, 2/9) klar, dass der Bruder den Hof erben wird und nicht sie, trotz ihres Interesses für die Arbeit auf dem Hof. Ihre Idee, den Beruf der Tierärztin zu ergreifen, ist ein Hinweis darauf, dass sie durchaus engagiert darüber nachdenkt, was ihre Alternativen sein könnten.

Adoleszenz
Mit dem Einsetzen der Adoleszenz nimmt die Biografin an Gewicht zu:

> »mit neun zehn Jahren, also ich bin sehr früh in die Pubertät gekommen <<ja>> weil das mit zehn Jahren schon mal das erste mal meine Tage kriegt, mh, ich wurde immer runder, äh, also Essen hat bei uns scho ä Rolle gespielt sich irgendwas Gutes zu tun <<ja>> gleichzeitig hat sich mei Mutter auch geschämt für mich, also <<hmhm>> die äh mh, hat scho versucht an mich hinzureden dann weniger zu essen oder, so eine Sache war das, warn=mer,

war=mer mal in der Kreisstadt unterwegs, und sie hat gesagt äh, siehst gar nicht wie die andern hinter dem Rücken über dich lachen <<hmhm>> ( ) so ungefähr <<ja>> also sie hat sich da, wohl auch unwohl gefühlt (3) ja, also mein klar, als dickes Kind äh dass mer, also s hoat, es hat schon ne zentrale Rolle gespielt <<hmhm>> also äh, so für mein Selbstbild san irgendwie andre ((Räuspern)) andre Dinge einfach ah dann, äh hinten runter gefallen« (BM, 18–19/33–4).

Es liegt nahe, dass Essen in der Familie ein wichtiger Ausgleich für hohe Arbeitsbelastung und Stress darstellt. In der Situation der Biografin, die sich nur unzureichend mit ihren Eltern und Geschwistern verbunden fühlt, kann Essen möglicherweise auch die Funktion einer emotionalen Versorgung erfüllen. Sie versucht, einen Mangel zu kompensieren, der aus ihrem Erleben rührt, Außenseiterin in der Familie zu sein. Indem die Mutter ihre Tochter beim Besuch in der Kreisstadt aufgrund ihres Gewichtes beschämt, verstärkt sie eine negative Dynamik, indem sie das Körpergewicht der Tochter – das auch eine Folge der mangelnden Anerkennung darstellt – zu einem weiteren Anlass für Zurückweisungen der Tochter nimmt. In der Form der Beschämung der Tochter spielt erneut eine große Rolle, was »die andern« denken könnten, also was für ein Bild die Familie nach außen hin zeigen soll. Vermutlich betrachtet die Mutter das Dicksein als unvereinbar mit dem Bild der arbeitsamen Bauernfamilie, das sie vermitteln möchte, und will ihre Tochter auch aus diesem Grund disziplinieren.

Während sie in der Familie vor allem negative Erfahrungen sammelt, ist die Biografin in der Schule sehr erfolgreich. Die Eltern fördern die Tochter darin, die Hochschulreife anzustreben, einen Abschluss, den sie selbst nicht haben. Die Möglichkeit, ihren Wunsch Tierärztin zu werden zu verwirklichen, hätte die Biografin unter diesen Voraussetzungen. Dabei entwirft sie kein Narrativ, in dem sie ihre schulischen Erfolge hervorhebt, sondern verknüpft diese mit Ausgrenzungserfahrungen:

»also Situationen warn halt dadurch dass ich immer die Beste war, also dass i halt wenn ((lacht)) mer war in der Schule zusammen, also ich musste da teilweise Aufsicht führen wenn ((lachend)) /da\, wenn der Lehrer da nich da war, mein was nicht, unbedingt jetzt meine Stellung da <<ja>> ((lachend)) /gefördert hat\ <<hmhm, das glaub ich>> ja, ja umgekehrt wurde dann ah moal ge- gehänselt oder so, also äh mei, wenn mer, dass ich von, andern Kindern Kakao drübergeschüttet gekriegt habe <<hmhm>> oder, äh (2) ja oder

> schlicht und einfach das Bild, (glaub beginnt) in der zweiten Klasse, also ich sitz halt einfach alleine in der Bank <<ja>> (14) na=ja oder ((Räuspern)) meins gab ( ) Situationen, wenn de Nacht dann raus bin zu meinen Tieren oder so <<hmhm, ja>> (12) hmhm, ja da weiß noch ah ((Räuspern)) so Bilder ( ) das sei ah Fotos so vom achten Geburtstag, äh ((Räuspern)) also do hoat mei Mutter scho versucht immer so kleine Geburtstagsfeier zu organisieren also sitzen auch da so, also, man es war einfach ah in mei Mädch-, in meim meinem, Alter ah kein Mädchen da« (BM, 15/10–22).

In der Schule erfolgreich zu sein, aber keine Freundschaften schließen zu können, erinnert vom Muster her an die Stellung der Familie im Dorf. Auch diese ist erfolgreich, aber nicht fest in der Dorfgemeinschaft etabliert. Der Ausschluss der Biografin, der ihren Andeutungen zufolge in der Schule zum Teil Mobbingstrukturen annimmt, kann durch die Sonderstellung der Familie im Dorf verstärkt worden sein. Damit erlebt auch die nächste Generation in der Familie einen Ausschluss aus der Dorfgemeinschaft. Die Mutter zeigt sich dabei durchaus bemüht um die Tochter. Als die Schwierigkeiten auch auf einer weiterführenden Schule fortbestehen, sucht sie mit der Tochter eine Erziehungsberaterin auf. Diese rät Birgit Müller, aktiver auf Menschen zuzugehen. Die Biografin erläutert dies: »konnt ich nicht, äh weil ich ja nicht wusste ((Räuspern)) des was jetzt zurückkam <<ja>> ob des ähm, ehrlich war« (BM, 15/31–32). Die von der Erziehungsberaterin ausgemachte vermeintliche Passivität erscheint der Erzählung Birgit Müllers nach weniger die entscheidende Schwierigkeit gewesen zu sein, sondern die wiederholte Erfahrung von Zurückweisung durch Gleichaltrige und ein daraus resultierender Vertrauensverlust.

In ihrer beginnenden Adoleszenz beschäftigt sich die Biografin auch zunehmend mit dem Thema Sexualität. Der Erzählung nach bestimmen Erfahrungen mit der Mutter die erste Beschäftigung mit dem Thema Sexualität, ihre Schwestern spielen in der Erzählung keine Rolle:

> »von der Mutter her wars eben sehr zwiespältig <<hmhm>> also na, sie hat immer so geäußert dass, das eigentlich was Natürliches ist <<hmhm>> ähm, aber etwas anderes ausgestrahlt, äh eine Situation weiß ich noch, ah da war ich, war ich noch nicht so alt, vielleicht elf oder <<ja>> zwölf, wo ich eben entdeckt habe, äh so in der Badewanne, wenn ich da den Brauseschlauch auf meine Scheide richte dass das einfach angenehme Gefühle gibt <<ja>> also überhaupt sich da anzufassen s war überhaupt gar kein Gedanke

<<ja>> aber meine Mutter ist da eben grade reingekommen <hmhm>> und hat nur gesagt äh, Birgit, du machst mir große Sorgen, also das war nur diese eine Bemerkung <<hmhm, ja>> aber das hat scho, also das hat alles gesagt <<hmhm, ja, ja>> ah gleichzei- oder später aber (3) aber andererseits ham=mer zum Beispiel schon mitbekommen oder auch, ah mal, äh, na bei meiner Mutter auch äh, so sexuelle Literatur gefunden <<hmhm>> also sie äh, sie hat ( ) selber ah ä ganz zwiespältiges Verhältnis <<ja, ja>> oder Wünsche aber, eben also so dieses, Thema was ja bei Sexualität auch wichtig ist, einfach eigene Wünsche zu äußern und dazu zu stehn äh, hat sie selber nicht gekonnt« (BM, 32/8–22).

Einerseits bezeichnet die Mutter Sexualität als etwas »Natürliches«, andererseits vermittelt sie ihrer Tochter, den Brauseschlauch auf die Vulva zu halten, weil es sich schön anfühlt, sei etwas Falsches und Besorgniserregendes. Birgit Müllers Verhalten wird dabei von der Mutter als problematisch etikettiert. Die Mutter bewertet dabei nicht lediglich das Verhalten als falsch, sondern beschreibt die ganze Entwicklung ihrer Tochter als »besorgniserregend«, weil sie masturbiert. Diese biografische Erfahrung Birgit Müllers kann als eine typische Form der Verknüpfung von einem Verhalten, das von Erwachsenen als sexuell etikettiert wird, mit Scham betrachtet werden. Diese Praxis wirkt sich in diesem Fall als eine Entmutigung aus, eine eigenständige Sexualität zu entwickeln, die nicht von den jeweiligen Sexualpartner_innen abhängt. Zu masturbieren kann als eine Möglichkeit betrachtet werden, in einer lustvollen Weise eine autonome Sexualität zu entwickeln. Dabei ist es sicher kein Zufall, dass Selbstbefriedigung ein vergeschlechtlichtes Phänomen ist, das lange deutlich mehr Männer als Frauen praktizierten. In einer Gesellschaft, die nach dem Prinzip der hierarchischen Zweigeschlechtlichkeit organisiert ist, wird Frauen eine eigenständige Sexualität abgesprochen. Sie wird vor allem als eine Sexualität in Bezug auf Männer dargestellt (vgl. Gagnon & Simon, 1973, S. 61 und Kap. 2.2.3). Dabei ist in der Bundesrepublik ein eindeutiger Wandel zu beobachten. Masturbierten in den 1950er Jahren schätzungsweise etwa 20 Prozent der Frauen, sind es in den 1990er Jahren etwa 60 Prozent (vgl. Schmidt 2005, S. 115). Dieser gesellschaftliche Wandel kann mit der intergenerationellen Spannung – die sich in der Interviewsequenz ausdrückt – in Verbindung gebracht werden, in der die Mutter eine größere sexuelle Offenheit wünscht, diese aber ihrer Tochter nicht zugesteht, während die Tochter sich dennoch eine lustvolle und eigenständige Sexualität aneignet.

In diesem Kontext lässt sich auch die Aussage lesen, in der es darum geht, sexuelle Wünsche artikulieren zu können, was der Mutter noch kaum möglich war, der Tochter aber im Laufe ihres Lebens immer besser gelingt.

Der katholische Verein
Als Jugendliche – Mitte der 1970er Jahre – beginnt Birgit Müller sich in einem katholischen Verein zu engagieren. Die Eltern unterstützen dies, da sie selbst Teil dieses Vereins waren. Insofern kann dieses Engagement als ein an den Eltern orientiertes Verhalten verstanden werden. Neben den guten Leistungen in der Schule, die von den Eltern erwartet werden, entsteht ein weiterer Bereich, in dem die Biografin sich den elterlichen Wünschen anpasst. Sie selbst betrachtet es eher als eine Möglichkeit, sich von den Eltern – vor allem der Mutter – zu lösen:

> »also ich bin dann auch in de, äh so in [katholischer Verein] äh reingewachsen <<ja>> ne Kindergruppe geleitet, hab da dann, eben so mit äh Fünfzehn Sechzehn dann doch, mehr eigene Kontakte <<hmhm>> äh gekriegt (3) es war, zum einen wars da, es war da e Möglichkeiten mich so bissel abzulösen <<ja>> a von mein äh, von meiner Mutter, und, ja die Tiere sind dann ( ) unwichtig geworden <<hmhm>> und der Wunsch ist dann so eher auch ähm ein bissel gewachsen, so ja ehm so=n kirch- einen kirchlichen Beruf zu ergreifen <<hmhm, ja>>« (BM, 2/25–31).

Die Biografin nutzt ein mit den Wünschen der Eltern konformes Engagement, um sich von diesen zu emanzipieren. Indem sie sich in dem Verein einbringt – und zunehmend auch Verantwortung und Ämter übernimmt –, erschließt sie sich einen eigenständigen Bereich jenseits von Haus, Hof und Schule, wo sie sich oft allein fühlt. Dabei nutzt sie im Verein eine Organisationsform, die eine wichtige Rolle innerhalb der ländlichen Gesellschaft spielt, die sich – wie oben angesprochen – in den 1970er Jahren mitten in einem Strukturwandel befindet. Der Anteil der bäuerlichen Familienbetriebe und Mehrgenerationenfamilien verringert sich, immer mehr Menschen sind als Arbeiter_innen und Angestellte tätig und vormals selbstverständliche nachbarschaftliche Beziehungen beginnen sich zu lockern und zu verändern (vgl. Rückert-John, 2005, S. 26). Es lässt sich zwar feststellen, dass sich das Vereinsleben im Zuge dieser Differenzierung der Gesellschaft ebenso ausdifferenziert, dennoch spielt es gerade innerhalb dieser Veränderung der sozialen Beziehungen eine wichtige Rolle für die symbolische und soziale Integration innerhalb von Dörfern und Gemeinden (vgl. Becker & Hainz, 2002, S. 110). Dies gilt insbesondere für ein kirchliches Engagement, wie es Birgit Müller ausübt (vgl. Rückert-John, 2005, S. 31). Damit wählt die Biografin eine für sie gut zugängliche Möglichkeit der Integration in soziale Bezüge jenseits ihrer Familie. Zugleich distanziert sie sich von ihren bisherigen Zukunftswünschen, indem sie darüber nachdenkt, einen kirchlichen Beruf auszuüben. Hinsichtlich der Erzählungen der Biografin, was sie in ihrer Kindheit und Jugend begeisterte, ist dieser Wunsch überraschend, da sie bislang kaum darüber gesprochen hatte, dass sie Interesse für Kirche und Glauben hatte. Diese Zuwendung wird durch das Gefühl der Zugehörigkeit erklärlich, das sie in kirchlichen Zusammenhängen erlangen kann. Dabei muss berücksichtigt werden, dass sie mit dem, was sie bisher begeisterte, kaum Anerkennung in ihrer Familie fand und keine Chance bekam, eine realistische Zukunftsperspektive zu entwickeln. Im katholischen Vereinsleben findet sie nicht nur Zugehörigkeit, sondern Zugehörigkeit in einem durch ihre Eltern und ihr soziales Umfeld anerkannten Feld, was sie in einer Berufswahl in diesem Bereich bestärken kann. Diese These lässt sich auch anhand anderer Passagen des Interviews belegen:

> »des hat auch soa Phase geben wo ich mir dann überlegt hab dann ins äh Kloster <<hmhm>> (als ob nich) ins Kloster zu gehen, (4) also e klein wenig hat da vielleicht da mitgeschwungen dass äh, ja so das Gefühl also mich mag sowieso kein Mann oder also <<hmhm, ja>> äh (6) aber das war jetzt net der Hauptgrund, also des war äh, also das war wirklich so der Wunsch jetzt irgendwie so, äh, ja weil so der Glaube war einfach was Tragendes <<hmhm>> und des irgendwas des hat irgendwie im Leben äh, umzusetzen <<ja>> oder ganz dafür einzusetzen (2) und in der Zeit, s war so, ( ) das war so das zweite, nach=em zweiten vatikanischen Konzil <<hmhm>> is=ses neu aufgekommen, dass Laien auch Theologie studieren durften <<ja>> und voll, also mit der gleichen Ausbildung wie=a Priester <<hmhm>> als Laien, en en kirchlichen Beruf ausüben und, äh, wie=i dadrauf gestoßen bin, war es dann so, ja auch äh mein, mein Ziel« (BM, 2–3/44–5).

Neben dem Aspekt der mangelnden Anerkennung durch Familie und soziales Umfeld beschäftigt Birgit Müller die Sorge, keinen Partner finden zu können. In dieser Sorge kommt auch zum Ausdruck, dass sie in dieser Phase ihres Lebens eine heterosexuelle Normalbiografie vor Augen hat, in der zwischen dem Leben als Ehefrau und einem Leben ohne Mann im Kloster, wenige alternative Entwürfe bestehen. Während einer Veranstaltung im Rahmen ihrer Vereinstätigkeit findet sie dann trotz ihrer Bedenken einen Partner:

> »also mit, mit Fünf, äh so mit Sechzehn Siebzehn <<hmhm>> is des eben mit der Ablösung mir es dann ah gelungen, also vom, vom Körperlichen her, hin auf=n Normalmaß wieder, herunterzukommen <<ja>> mir sind mit, äh ja, ( ) Nebensache (2) bei, san Persönlichkeitsseminar so in der Jugendarbeit <<hmhm>> das war dann mit Achtzehn, also Achtzehneinhalb hab=i dann mein Mann kennengelernt« (BM, 3/8–13).

Wie ich oben schon in der Analyse des thematischen Feldes ausgeführt habe, verknüpft die Biografin an dieser Stelle die Ablösung von den Eltern, ein Erfüllen der gesellschaftlichen Körpernorm und das Kennenlernen ihres ersten Partners, den sie bald heiratet. Die Ablösung Birgit Müllers von ihren Eltern ist damit auf der Ebene des biografischen Verlaufs eng an die Partnerschaft mit ihrem Mann gebunden. Zugleich entwirft sie ein Narrativ, das nahelegt, dass das Kennenlernen ihres Partners nur möglich war, da sie dünner geworden sei.

Trotz dieses Bildes einer starken Anpassung an familiale und gesellschaftliche Normen zeigt sich, dass die Biografin durchaus mit bestimmten Konventionen bricht – etwa, dass sie und ihr Mann längere Zeit ein Paar waren, ohne verheiratet zu sein, was von der Mutter kritisch kommentiert wird:

> »ah also noch eine Bemerkung von meiner Mutter war dann, ganz äh viel später, äh ich hab da e Freisemester gemacht in [Ort] <<hmhm>> und bin dann Weihnachten nicht nach Hause gekommen zum ersten Mal, sondern mein zukünftiger Mann, also es war dann schon klar dass wir im Sommer dann heiraten wenn ich zurück äh, wenn ich zurückkomme <<ja>> er hat mich besucht und meine Mutter hat hinterher nur gemeint ob jetzt die Flitterwochen vorbei sind, also so jetzt <<hmhm>> äh, vor der Ehe miteinander zu schlafen des war für sie eben auch äh, verwerflich <<hmhm, ja>> oder nicht ((kichert)) nicht moralisch <<ja>> hm, genau, obwohl für mich halt eher gezählt hat äh, also für mich jetzt net Ehe irgendwie auf n Papier, nicht zählt was auf Papier steht sondern <<hm>> so die innere Einstellung einfach zueinander« (BM, 32/26–36).

An dieser Erzählung lässt sich zeigen, dass die Biografin nicht allein auf Strategien der Anpassung setzt. Ihre Argumentation zeigt, wie sie sich in ihrer Zuwendung zu ihrem Studium der Theologie und ihrem Mann von den religiösen Werten ihrer Familie distanziert. Die Mutter bewertet das Verhalten der Tochter als moralisch falsch, während diese weniger mit Abwehr denn mit einer neuen Legitimationsstrategie reagiert. Für sie wird Sexualität damit zwar weiterhin durch eine verbindliche Partnerschaft legitimiert, dafür ist aber für sie nicht der kirchliche Segen nötig. In der Annahme dieser alternativen Legitimation erweitert sie ihre Handlungsspielräume stückweise.

Studium
Ende der 1970er Jahre beginnt die Biografin ein theologisches Studium in einer Großstadt. Damit entfernt sie sich aus dem ihr vertrauten dörflichen Umfeld, von ihrer Familie und ihrer tradierten Form der Arbeit. Obwohl sie einen Partner kennenlernt, der bald schon seinen Beruf antreten wird – über die Tätigkeit des Partners erzählt die Biografin, vermutlich aus Diskretion, nichts –, zeigt sie keinerlei Interesse daran, Hausfrau zu werden. Trotz der Tragweite dieser Entscheidung erzählt die Biografin diese Episode ihres Lebens nicht als eine Geschichte der Emanzipation und des Bildungserfolges, wie ich weiter oben schon ausführte – meiner These nach, da dies nicht zu ihrem Präsentationsinteresse der treusorgenden Ehefrau passt. Dagegen spricht der sich abzeichnende biografische Verlauf nicht dafür, dass sie in dieser Zeit allein das Ziel verfolgte, Ehefrau, Hausfrau und Mutter zu werden.

Diesem Muster folgend spricht sie wenig über ihre Studienzeit. Sie erwähnt lediglich, dass sie noch während ihres Studiums heiratet und eine Fernbeziehung mit ihrem Mann führt, der in dieser Zeit schon berufstätig ist. Nur den Abschluss ihres Studiums Mitte der 1980er Jahre thematisiert Birgit Müller ausführlicher:

> »also ich konnt mer (nich) vorstellen dass alles was ich jetzt innerlich äh, was mer das innerlich bedeutet hat, das irgendwie zu vermitteln <<ja>> und, hab aber dann trotzdem, also ich hab da zwischenzeitlich ah, scho zwei Ausbildungsplätze zur Krankenschwester <<hmhm>> angebo- oder mh, mir organisiert gehabt und dann mich aber doch entschlossen das Studium fertig zu machen, und bin dann sogar noch gefragt worden also ob ob ich noch das Anerkennungsjahr <<ja>> mache für Pastoralassistenten, ich war dann noch e Jahr in ner Gemeinde <<hmhm>> also, s war eigentlich Sack-

gasse wo gan klar war <<hmhm>> äh, dass das nicht mein Weg ist, äh ja das is ah bissel a wunder Punkt äh, <<hm>> in, also würd ich aus heutiger Sicht <<ja>> anders entscheiden« (BM, 4/1–10).

Zum Ende ihres Studiums, das sie erfolgreich abschließt, hat Birgit Müller tiefe Zweifel, ob sie im erlernten Bereich arbeiten möchte, wobei das Spektrum der möglichen Tätigkeiten sehr breit wäre. Stattdessen denkt sie darüber nach, in die Pflege zu gehen. Angesichts der Erzählung der Biografin in anderen Abschnitten des Interviews verwundert diese Überlegung. Sie versuchte schon als Jugendliche, reproduktive und häusliche Tätigkeiten zu vermeiden und an ihre Schwester zu delegieren. Es besteht die Möglichkeit, dass der Biografin in dieser Phase ihres Lebens die Ressourcen fehlen, um die Statuspassage in das Berufsleben als Akademikerin zu bewältigen. In jedem Fall muss diese Entscheidung im Licht gesellschaftlicher Klassen- und Geschlechterverhältnisse betrachtet werden, in denen Frauen aus Bauern- und Arbeiter_innenfamilien sich mit einer ungleichen Verteilung von Ressourcen und Mechanismen der Ausgrenzung und Abwertung konfrontiert sahen. Diese Mechanismen können Ängste auslösen, in akademischen Zusammenhängen nicht bestehen zu können (vgl. Morris, 2011, S. 221). Ausgrenzung und Abwertung hat Birgit Müller als Kind und Jugendliche erfahren. Diese gesellschaftlichen Voraussetzungen könnten sie entmutigt haben, einen akademischen und besser bezahlten Beruf auszuüben, während sie sich einem schlechter bezahlten und feminisierten Beruf zuwandte. Ein Beleg für diese Lesart stellt für mich die Präsentation ihres erfolgreichen Abschlusses ihrer Berufsausbildung in der Interviewsequenz dar, den sie fast schon als eine Form des Scheiterns beschreibt.

Familiengründung
Mit dem Ende ihres Studiums bringt Birgit Müller ihr erstes Kind zur Welt. Der Zeitraum legt nahe, dass es sich um ein Wunschkind handelt. Gleich im Jahr darauf bekommt sie ein weiteres Kind. Sie spricht im Interview nicht viel über diese Phase – vermutlich, weil sich in der Gegenwart eine starke Trennung zwischen ihrem Familienleben und ihrer Liebe zu ihrer Partnerin etabliert hat, die sich ebenfalls in ihrer Lebenserzählung niederschlägt. Es wird in den Interviewpassagen zu dieser Lebensphase deutlich, dass sich nach der Geburt des Kindes eine traditionelle Rollenverteilung etabliert, was das Paar ursprünglich nicht beabsichtigt habe, wie sie sagt:

> »mir ham, obwohl mir uns eigentlich äh so scho, gewünscht hätten uns ä Arbe- äh so Arbeit und Familie äh bisschen mehr aufzuteilen dadurch dass ich in mein Beruf nicht arbeiten **kon**nte, oder **woll**te, war halt so, ham=er halt wirklich ganz starke Rollenteilung gehabt, also ich war wirklich voll für die Kinder <<hmhm>> ähm, äh verantwortlich und mein Mann wenig, mit wenig Zeit für die Familie und auch für sich« (BM, 5/11–14).

Die Biografin beschreibt, wie sie gegen ihre eigentlichen Wünsche – und wohl auch gegen die Wünsche ihres Mannes – Hausfrau wird. Dabei ist es auffallend, dass sie in der Sequenz zwischen »**kon**nte, oder **woll**te« schwankt, als sie von der Möglichkeit spricht, ihren Beruf aufzunehmen. Das heißt, es bleibt unklar, inwiefern sie die Entscheidung, nicht als Pastoralassistentin tätig zu werden, als selbst- oder fremdbestimmt beschreibt. Sie erlebt diese Wendung ihres Lebens als widersprüchlich, was sicher auch daran liegt, dass diese vermeintlich freie Entscheidung durch gesellschaftliche Klassen- und Geschlechterverhältnisse strukturiert ist, die nicht durch individuelles Wünschen verändert werden können.[41] Die Biografin ist mit keiner der zu diesem Zeitpunkt möglichen Optionen zufrieden, da sie weder in ihrem Beruf arbeiten noch allein im Haushalt tätig sein möchte. Eine dritte Option scheint in dieser Phase ihres Lebens nicht realisierbar zu sein.

Die Biografin erlebt ihre Ehe, bis sie Mitte dreißig ist, als stabil, mit einigen Krisen, die sich immer klären lassen können:

> »also in der Ehe es gab scho auch mal Krisen <<hmhm, ja>> also dergestalt ( ) also zwei mal, gabs eben die Situation dass ich für=n andern Mann geschwärmt hab <<hm>> oder mich verliebt hab <<ja>> und für mich äh, war das immer, ein Alarmzeichen dass mer uns in der Nähe um unsre eigene Beziehung kümmern <<hmhm>> und, dann auch Wochenenden mitgemacht und was da da immer ah dazu geführt hat dass mer wieder näher zusammen gefunden ham <<ja>> und ah, so ganz, e ganz erfüllte Zeit gehabt haben zusammen <<hmhm>> auch sexuell gesehn« (BM, 4/13–20).

---

41 Diese Etablierung einer geschlechterhierarchischen Arbeitsteilung nach der Geburt eines Kindes in einer heterosexuellen Paarbeziehung, obwohl dies nicht den erklärten Rollenvorstellungen und Wünschen der Beziehungspartner_innen entspricht, lässt sich als ein typisches Phänomen in heterosexuellen Lebensverläufen seit den 1970er Jahren beschreiben (vgl. Krüger & Born, 2000; Wetterer, 2005 und Kap. 2.1).

Während die hierarchische Rollenverteilung in der Ehe von der Biografin nicht als konflikthaft beschrieben wird, deutet sie ihre zeitweiligen Schwärmereien und Verliebtheiten für andere Männer als Beziehungskrisen. Allerdings handelt es sich um Krisen, die sie handhaben und für die Vertiefung ihrer Ehe nutzbar machen kann. Schwärmereien sind – diesem Narrativ nach – nichts, dem die Biografin einfach nachgehen würde. Damit benennt sie zwar offen ihr zeitweiliges Schwärmen für andere Männer, unterstreicht aber gerade in dieser Offenheit ihre Treue zu ihrem Ehemann. Schwärmereien für Männer stehen in dieser Deutung nie für sich, sondern sind immer ein Anzeichen für die Qualität der Beziehung zu ihrem Mann. Dabei bleibt unklar, ob die Biografin nicht in manchen Situationen Lust gehabt hätte, einer solchen Schwärmerei zu folgen oder auch ihren Mann zu verlassen. Schließlich legt der Begriff der Krise nahe, dass sie diese Phasen als durchaus erschütternd für ihre Beziehung betrachtet hat. In ihrer rückblickenden Erzählung sieht sie ein Ende der Beziehung zu keinem Zeitpunkt als eine gewünschte Option. Die Ehe als Institution erscheint in dieser Biografie als nicht verhandelbar. In dieser Haltung bleibt die Biografin durchaus einer traditionellen christlichen Ethik verpflichtet.

»lichterloh verliebt«
Als die Biografin in ihren Dreißigern ist – es handelt sich um die Mitte der 1990er Jahre – befreundet sie sich mit einer Frau, die sich gerade von ihrem Mann trennt:

> »so, und als dann wirklich so weit war dass sie sich getrennt hatte von ihrem Mann, und sie halt dann gekommen ist zum Erzählen oder halt Herzausschütten, also äh, ja son mh, laufenden engeren Kontakt ähä (4) also, war ich eben lichterloh verliebt <<hmhm, ja>> gäh, ich kann das nur so sagen, oder, einfach ah diese Sehnsucht äh, nach Zärtlichkeit, also ner weiblichen Zärtlichkeit (3) und gleichzeitig äh, hat mich des also, mh, also s hoat mich zum einen, also hoat mich halt (natürlich) beglückt das das <<hmhm>> diese Besuche und dieser Kontakt (16) mir war halt gleichzeitig klar, dass sich das also so, mit dem Wunsch zur Treue, äh, überhaupt also, völlig ausschließt <<hmhm, ja>> (2) mh, ((kichert)), hm, na=ja die Konsequenz war für mich, äh, dass, dass ich dann also eher, mein hab=i sie der, dieser Frau schon erzählt <<hmhm>> aber dann äh, ja, einfach gewünscht dass mer den Kontakt abbricht <<ja>> (5) mh (3) aber damit war jetzt dieser Wunsch zu ner Frauenliebe oder Zärtlichkeit mit ner Frau das war damit nicht erledigt <<hmhm, ja>> (6) hm, das

war halt dann was was i in der Folgezeit ganz weit weggeschoben habe (5) i kann des irgendwie net erzählen, das i da <<ja>> ((stammelt unverständlich)) mh, ä ganz kurze Pause <<ja, machen wir ne kurze Pause>>« (4/35–49).

In dieser Sequenz zeigt sich die große Herausforderung für die Biografin, das Erlebnis dieser zwei unvereinbaren Wünsche in eine kohärente Lebenserzählung zu bringen, wie ich es oben ausführlich anhand der Darstellung der Ergebnisse der Text- und thematischen Feldanalyse ausgeführt habe. Die sehr lange Pause zwischen der Beschreibung des beglückenden Kontakts mit ihrer Freundin und der Ausführung ihres Wunsches treu zu sein und der zeitweilige Abbruch der Erzählung zeigen die Spuren des Erlebens einer schwer zu ertragenden Ambivalenz. Diese erlebt Birgit Müller grundsätzlich anders als ihre Schwärmereien für Männer, die sie immer auflösen konnte, indem sie sich auf die Beziehung zu ihrem Mann konzentrierte. Ihre Liebe zu ihrer Freundin beschreibt sie dagegen als nichts, was innerhalb ihres Lebensentwurfes zu handhaben ist, sondern als etwas, das diesen entweder sprengt oder in einem großen Kraftakt »weggeschoben« werden muss. Dieses »Wegschieben« wird vor allem nötig, da sich ihr »Wunsch zu ner Frauenliebe« in dieser Lebensphase als etwas Generelles verstetigt und nicht auf die Liebe zu ihrer Freundin beschränkt ist. Dieser Wunsch nach einer Beziehung und Sexualität mit einer Frau – beides stellt sich in der Sequenz als untrennbar verbunden dar – ist in dieser Lebensphase nicht innerhalb der Beziehung mit ihrem Mann zu verwirklichen. Die Frage der Möglichkeit von Treue und dem Festhalten an einem Eheversprechen steht dabei im Mittelpunkt der Krise der Biografin und weniger die Auseinandersetzung mit Homophobie.

Die Biografin beschreibt an anderer Stelle, dass sie nach diesem Erlebnis immer wieder in ihrer Vergangenheit zu suchen beginnt, ob sie sich davor schon einmal in eine Frau verliebt hatte oder sich wünschte, mit einer Frau zu schlafen, findet aber keine Anhaltspunkte. Es handelt sich um etwas, das ihr mit Mitte dreißig neu begegnet und zu diesem Zeitpunkt nicht kohärent in ihre Lebensgeschichte einzuordnen ist.

»es hoat mi doch immer wieder eingeholt«
Birgit Müller hält sich an den Abbruch des Kontaktes zu ihrer Freundin. Drei Jahre nach der Begegnung nimmt sie eine geringfügig entlohnte Beschäftigung als ungelernte Kraft im sozialen Bereich auf. Damit bricht sie mit ihrer langjährigen Rolle als Hausfrau und wählt zugleich eine Form

der Lohnarbeit, in der sie Pflegearbeit leisten muss und ein Gehalt erhält, mit dem sie sich nicht unabhängig von ihrem Mann finanzieren kann – geschweige denn die Kinder. Zusätzlich werden in dieser Phase ihres Lebens beide Elternteile pflegebedürftig und sie kümmert sich gemeinsam mit ihren Schwestern um diese. Innerhalb ihrer Familie, in ihrer Freizeit und in ihrem Beruf leistet die Biografin also unbezahlte oder geringfügig bezahlte Pflege- und Sorgearbeit. Diese Entwicklung zeigt eindrücklich, wie gesellschaftliche Strukturen der vergeschlechtlichten Arbeitsteilung die Biografie Birgit Müllers prägen: Sie gibt ihre Karriere zugunsten der Haus- und Sorgearbeit in der Familie auf und als – auch aufgrund des Alters der Kinder – eine Lohnarbeit wieder leichter aufzunehmen ist, ist diese schlecht bezahlt und nicht existenzsichernd. Zudem muss sie sich nun – kaum sind die Kinder weniger unterstützungsbedürftig – um die Elterngeneration kümmern. Die Biografin beschreibt, wie sie diese zahlreichen Aufgaben gezielt nutzt, um sich von ihrem Wunsch nach Liebe und Sexualität mit einer Frau abzulenken:

> »des war dann, ja ausfüllend also Kinder und die Pflege (3) mh (3) also des warn äh, ä, ja die Arbeit war scho a Möglichkeit das jetzt irgendwie auch wegzuschieben oder mich einzusetzen äh da, ähm, mich einzubringen <<ja>> aber, es hoat mi doch immer wieder eingeholt also wenn ah hm, wenn irgend=ä Gedicht oder ä Filmszene oder <<hm>> irgendwas war, (dann war i halt wieder Tage durch n Wind) und äh, also i hab schon versucht irgendwie pf, ja (5) also die Beziehung zu mein Mann intensivieren aber das war einfach, es war so schwierig weil er war, also körperlich, körperlich richtig Widerwillen empfunden hab <<hmhm, ja>> also ich mochte ihn nach wie vor aber, ähm, gleichzeitig hab ichs ihm auch nicht gezeigt, also ich hab immer was <<hm>> äh vorgespielt (4) also es hat dann in eine Depression, in eine lange Depression gemündet <<ja>> über, ja e dreiviertel Jahr (3) oder so also das war vorher scho, also diese Jahre über, mh, also ich wollt auch so nicht mehr leben <<hmhm>> also es war (10) hmhm, ja, also mei Perspektive war ((weinend)) /immer, bis die Kinder, halt groß sind\« (BM, 5/21–33).

Birgit Müller spricht von »ausfüllend« und nicht von »erfüllend«, wenn sie von der Sorge- und Pflegearbeit, die sie verrichten muss, spricht. Die Konzentration auf diese ausfüllenden Tätigkeiten können als eine Strategie der Ablenkung von ihrem Begehren für Frauen betrachtet werden, die es ihr möglich macht, sich in einer rollenkonformen Weise – als Mutter und Tochter – beständig zu beschäftigen. Dabei kann sie auf eine Arbeitsethik aufbauen, die sie aus ihrer Familie kennt, in der es wichtig war, immer geschäftig zu sein und sich nie als beschäftigungslos oder erschöpft zu zeigen.

Für Birgit Müller wird bald deutlich, dass dies keine Strategie ist, die auf lange Zeit durchzuhalten ist. Ihr Versuch – wie bei ihren Schwärmereien für Männer – die Beziehung zu ihrem Mann zu »intensivieren« wirkt auch nicht, da sie sich nicht mehr auf ihn einlassen kann. Auch wenn die Biografin dies nicht ausführlich beschreibt, legt ihre Formulierung nahe, dass ihr Mann sich in dieser Zeit sexuell grenzüberschreitend verhält. In jedem Fall macht sie deutlich, dass sie einen »körperlichen Widerwillen« empfindet, den ihr Mann offensichtlich nicht wahrnimmt oder ignoriert. Zugleich verdeutlicht die Biografin auch, dass sie sich in dieser Zeit auch nicht von ihm zurückzieht oder eine Grenze setzt, sondern neben ihrer Rolle als Mutter und Tochter auch die Rolle der Ehefrau »vorspielt«.

Ihre »Depression« – ich verwende den Begriff hier nicht in diagnostischer Absicht, sondern in einer Übernahme der Bezeichnung der Biografin selbst – wird akut, nachdem ihre Mutter verstirbt. Ich halte diesen Zusammenhang für keinen Zufall. Erstens ist der Verlust eines Elternteils für sich genommen einschneidend und kann Depressionen auslösen. Zweitens fällt in dieser Situation ein Teil der Pflegearbeit weg, welche die Biografin nutzte, um sich von ihrem Leid und ihrem sexuellen Begehren für Frauen abzulenken. Ihr bleibt damit noch die Rolle als Mutter und Ehefrau, die sie in dieser für sie kaum erträglichen Situation halten. Sie entwickelt in dieser Zeit die Absicht, sich das Leben zu nehmen:

> »also für mich is ja, äh=hä schon der Tag festgestanden wann ich aus dem Leben steig- äh scheiden will <<hm>> also wenn, der Jüngste Zwanzig wäre <<hmhm, ja>> also wie gesagt mit Datum und Uhrzeit schon fast, und äh, ja, hab dann eine medikamentöse Behandlung bekommen <<hmhm, ja>> das Medikament, ah das hat mir schon geholfen also bissel zu einem Normalzustand zurückzufinden <<ja>> also wieder auch aktiver zu werden, und, mit diesem Hintergrund eben dass ich einfach seelisch wieder stabiler bin <<hmhm>> hab ich dann auch die Kraft gefunden also dieses Thema, äh, so les- ja einfach äh, mein Wunsch nach, eine Frau zu lieben, das mehr, mich mehr damit zu befassen <<hmhm>> oder das anzugehen, und bin dann, [Jahreszahl], zu der, zu einer Sexualberatungsstelle in [Stadt] gegangen <<ja>> das warn Gespräche im Abstand von einem Monat <<ja>>

> am Anfang wars eben wie gesagt immer noch der Wunsch, äh davon wegzukommen <<hmhm>> oder einfach diese Energie, diese starke unbändige Energie die ich da immer gespürt hab, äh, etwas wieder so meinem Mann zukommen zu lassen« (BM, 27/13–26).

Mit welcher Kraft die Biografin an ihren damaligen Lebensentwurf gebunden ist, zeigt sich an ihrer Vorstellung, ihr Leben zu beenden, wenn die Kinder erwachsen sind, und für sich selbst sorgen können. Sie denkt offensichtlich nicht darüber nach, den Abschluss dieser biografischen Phase der intensiven Sorgearbeit für die Kinder zu nutzen, um dann ihre eigenen Bedürfnisse stärker in den Mittelpunkt zu stellen. Es handelt sich um einen Moment in der Biografie Birgit Müllers, in dem für sie keine denkbaren Alternativen zu ihrer Rolle als Mutter und Ehefrau existieren.

Die Medikamente helfen der Biografin, sich zu stabilisieren und sich wieder dem grundsätzlichen Konflikt zu widmen, der sie beschäftigt. Dabei hat sie weiter den Wunsch, die Situation zu lösen, indem sie lernt, ihre Liebe zu Frauen auf ihren Mann umzuleiten. Auch wenn die Biografin dies nicht erwähnt, ist es auffallend, dass in dem Jahr, in dem sie das erste Mal eine Sexualberatung in Anspruch nimmt, auch ihr Vater verstirbt. Die Phase ihrer akuten Depression ist damit durch den Tod beider Elternteile gerahmt. Es ist möglich, dass der Tod der Eltern und die damit verbundene Trauer eine entlastende Wirkung haben, sowohl die wegfallende Pflegearbeit betreffend als auch in Hinblick auf die mit den Eltern verbundenen Rollenerwartungen an sie. Damit entsteht eine Situation, in der die Biografin in die Lage kommt, sich wieder ihren eigenen Wünschen und Bedürfnissen zuzuwenden.

Die Sexualtherapeutin vermittelt ihr zunächst weitere Adressen, bei denen sie Zugang zu einem städtischen lesbischen und schwulen Leben finden kann:

> »die=äh, diese Therapeutin, hat mir dann, also die hat mir mehrere Dinge gesagt äh, zum einen hat sie mir Adressen gegeben <<hmhm>> also eben diese, Frauenbuchhandlung und, ja auch son Heft mit Kontaktadressen oder überhaupt Events für, für Schwule und Lesben <<ja>> äh, also sie hat auch gemeint, ich sollte mich von meinem Mann trennen <<hmhm>> äh was, was ich ihr, äh, na was für mich nicht richtig war <<hmhm>> und ich hab ihr später auch mal geschrieben, also wo sie sonst immer bestrebt war, so mir mir, dass ich meinen eignen, also mir selbst, mich selbst, meinen Weg finden

zu lassen <<ja>> dass sie mir da also direktiv einen Ratschlag gegeben hat, äh, ja war nicht okay« (BM, 27/29–37).

Die Biografin weist die Empfehlung, sich zu trennen, zurück. Dieser »direktiv[e] [...] Ratschlag« im Rahmen einer kurzfristig angelegten Beratung stellt eine starke Intervention dar. Meine These ist, dass dieser Ratschlag auf einer Haltung der Beraterin beruht, die eine monosexuelle und monogame Beziehungsgestaltung als ideal betrachtet und Alternativen dazu nicht bedenkt. Dieses Ideal wird dem Bedarf bisexueller Menschen – wie sich an diesem Beispiel zeigt – nicht gerecht. In der Lebenssituation der Biografin hätte die Empfehlung auch negative Folgen haben können, da gerade die vermeintliche Ausschließlichkeit der von der Biografin weiter erwünschten Ehe und ihrer Sehnsucht nach einer Beziehung mit einer Frau den sie belastenden Kernkonflikt bilden. Dieser Konflikt ist für sie nicht in einer einseitigen Entscheidung für oder gegen ihren Ehemann zu lösen. Als hilfreich stellt sich der Besuch einer von der Beraterin empfohlenen Örtlichkeit dar:

> »<<ja, ja>> aber, jedenfalls bin ich am gleichen Tag dann noch in diese, in, diese Buchhandlung <<hmhm>> das war überhaupt nicht spektakulär, es ist einfach nur so diese Bücher zu sehn mit <<hmhm>> mit diesen, so frauenspezifischen Titeln und den beiden Frauen da an der Kasse, wo ich gedacht hab die sin jetzt vielleicht auch so wie ich, <<hmhm>> gäh und, äh ja das war einfach befreiend <<hmhm>> also ((Räuspern)) mein mein Tagebuch hab ich da nur reingeschrieben also äh, äh mei es war nur so ä Notiz also so meine andere Seite darf leben <<ja>> und ich **kann** wieder leben« (BM, 27/37–44).

Dass die Biografin am selben Tag einen der empfohlenen Orte besucht, spricht für ein großes Maß an Engagement, das sie in dieser Zeit an den Tag legt. In ihrer Erzählung spricht sie nicht von einer Leistung ihrerseits. Dabei spielt meines Erachtens wieder das Präsentationsinteresse der Biografin eine Rolle, sich selbst kaum als aktive Gestalterin ihres Lebens darzustellen, sondern den Schwerpunkt des Narrativs auf ihre Leidensgeschichte zu legen. Dabei geraten zwangsläufig die Aspekte, in denen Birgit Müller ein durchaus beeindruckendes Maß an Engagement in ihrem Interesse an den Tag legt, in den Hintergrund.

Hinsichtlich ihres Gangs zum Buchladen hebt Birgit Müller das Unspektakuläre ihrer Entdeckung hervor – und gerade darin, dass sie in dieser

Alltäglichkeit des Ladens, in der sie an einem öffentlichen Ort nach Büchern stöbern kann, ohne sich rechtfertigen oder bekennen zu müssen, Frauen sieht, mit denen sie sich verbunden fühlt, und dort lesbisches Leben eine gewisse Selbstverständlichkeit hat, liegt ihrer Beschreibung nach die Qualität dieser Erfahrung. Ihrem Tagebucheintrag folgend stellt diese einen wichtigen Schritt in der Anerkennung dessen dar, was sie an dieser Stelle als ihre »andere Seite« bezeichnet. Allerdings macht sie die Erfahrung, dass die Veranstaltungen für Lesben, die sie in der Folge zu besuchen beginnt, nicht zu ihrer eigenen Lebenssituation »passen«:

> »es waren vier verheiratete Frauen da, vier oder fünf, und so die Situationen die die geschildert haben, hab ichs Gefühl gehabt die passen alle nicht auf mich, <<hmhm>> also die wollten alle ihren Mann verlassen oder, waren sie da praktisch am Überlegen <<ja>> und hab dann so meine Situation geschildert, und die Sexu- Sexual- die Sozialpädagoginnen haben mir dann eben gesagt dass auch Bisexualität gibt, auch äh Selbsthilfegruppe oder auch Internet- plattform dafür <<ja>> und bin bald auf diesen, auf diesen Bistammtisch gekommen, da war ganz schön, dass da zwei Frauen schon bissel, ich war schon bisschen eher da und die <<hmhm>> beiden andern eben auch und die ham dann eben persönlich von sich erzählt <<hmhm, ja>> das war eben ganz, das war ganz anders als bei diesem Lesbenfrühstück, also mir konnten uns wirklich austauschen« (BM, 29–30/45–10).

Für die Biografin ist es zunächst wichtig, überhaupt zu erfahren, dass Bisexualität als ein eigenständiger Lebensentwurf existiert. Dass Birgit Müller dies erst an diesem Punkt ihres Lebens erfährt, ist ein deutlicher Hinweis darauf, wie wenig Bisexualität als ein sichtbarer Lebensentwurf gesellschaftlich verankert ist. Dabei bewegt die Biografin sich in einem großstädtischen Umfeld und es handelt sich um die Mitte der 2000er Jahre. Zugleich zeigen sich die Erfolge der bisexuellen Selbstorganisation seit den frühen 1990er Jahren (vgl. Kap. 3.1.3), da die Biografin mithilfe dieses Begriffes Zugang zu existierenden Angeboten findet, die explizit für Bisexuelle angelegt sind. Erst hier findet sie mit ihren Erfahrungen, Fragen und Bedürfnissen ein stimmigeres Umfeld und die Möglichkeit zum Austausch. Ihrem Mann erzählt die Biografin nach und nach von den neuen Begegnungen und Entdeckungen, die sie macht. Er toleriert diese Schritte ihren Angaben nach. Damit entscheidet sich die Biografin bewusst für einen integrierenden Ansatz, in dem sie nicht strikt zwischen ihrer Ehe und ihrer »anderen Seite« trennt, indem sie ihre

Schritte geheim hält, sondern ihren Partner in die Entwicklung einbezieht. Damit verfolgt sie das Ziel, an der Ehe mit ihrem Mann festhalten und eine Partnerschaft mit einer Frau eingehen zu können.

»na des hat mich wirklich vom Hocker gehauen«
Birgit Müller begibt sich schon relativ bald auf die Suche nach einer festen Freundin:

> »also was ich gesucht hab das war halt nie jetzt irgendwie dann **nur** Frauenliebe sondern also ich wollt nach wie vor, ähm, ich hab ja mein Mann nach wie vor gemocht oder <<ja>> äh (2) ich wollt (en Weg wählen praktisch) mit mein Mann zusammen sein kann <<ja>> und und auch eine Frau lieben, also des beide, beide ich beides leben kann und <<ja>> und ahm, ja dann so auf der Suche, nach=er Freundin im Internet oder, es war irgendwie so völlig aussichtslos also, bei diesen Lesbenfrühstück, ((lachend)) /mei die ham\ äh, ja es war, auch keine dabei die i jetzt irgendwie sympathisch gefunden hätte <<hm>> aber auch so diese Anzeigen die ich gelesen hab, mh, entweder die Frauen suchten irgendwie ä kurzes Abenteuer <<ja>> oder, äh ä ausschließliche Beziehung, also immer No Bi« (BM, 6/26–32).

In dieser Phase ihres Lebens ist Birgit Müller zwar – nach mühevoller Arbeit – an dem Punkt, offen für eine weitere Beziehung zu sein, doch mit ihrer Vorstellung der Beziehungsgestaltung findet sie kaum passende Angebote oder diese Vorstellung wird in den Anzeigen explizit ausgeschlossen. Auf der Suche nach einer festen Freundin stellt sich ihre Ehe weniger als Privileg, sondern als Zugangshindernis dar. Das Kennenlernen von Formen der sozialen Organisation lesbischer Beziehungen und Sexualität ist für Birgit Müller ein Fortschritt, da es ihr hilft, sich in ihrer Liebe zu Frauen anzuerkennen. Bei der konkreten Suche nach einer Freundin stellen sich die hegemonialen und exklusiven Beziehungskonzepte von unverbindlicher Affäre auf der einen Seite und monogam-monosexueller Zweierbeziehung auf der anderen Seite als Problem dar. Es ist der Wunsch nach Verbindlichkeit und einer romantischen Beziehung, der die Partnerinnensuche der Biografin erschwert, da sie sich weder auf das gängige Beziehungsmuster der seriellen Monogamie noch auf die verbreitete Form einer Affäre einlassen möchte. Nach einer Suche von etwa einem Jahr entdeckt Birgit Müller die Annonce einer Frau, die sich als glücklich verheiratet bezeichnet und die Beziehung zu einer Frau sucht. Nach einigen E-Mails beginnen die beiden, sich in regelmäßigen Abständen zu treffen und eine Liebesbeziehung aufzubauen:

> »**B:** Ja, na, sie hat mich dann eben geküsst und des war, des war des was mich äh, na des hat mich wirklich vom Hocker gehauen <<hmhm, ja>> äh ((Räuspern)) mh, wie soll ich sagen weil alles, mh, bis dahin (2) ja eigentlich nur in der Vorstellung passiert ist <<ja>> und es hätt ja sein können, mh (5) äh wenns Realität is <<hmhm>> dass ich es ganz anders empfinde <<ja>> (21)
> **I:** Hmhm, kann ich mir vorstellen dass das ein sehr wichtiger Moment war für dich in deinem Leben
> **B:** Es war einfach so dass ich in dem Moment, mir ä jahrelange Sehnsucht erfüllt hat <<ja, ja>> (12) mein ich weiß dann nimmer wie ich überhaupt in die S Bahn gekommen bin <<ja ((kichert))>> ja, na aber, genau so, als mir ham uns immer vielleicht so, alle zwei drei Wochen <<hmhm>> getroffen, zunächst im [Name Parkanlage] <<ja>> weil ihr Mann zu der Zeit arbeitslos war und zu Hause, also mir hatten jetzt, äh keinen Platz wo mer uns äh, ((kichert)) innerhalb von vier Wänden <<ja>> treffen hätten können, aber es war ja Sommer und es war einfach dann immer sehr schön <<hmhm>> dass wir uns so Stück für Stück nähergekommen sind <<ja>> und war sehr beglückend« (BM, 29/3–17).

Diese Sequenz stammt aus dem zweiten Interview, das ich per Videochat mit der Biografin führte. In dem Abschnitt der Transkription zeigen sich die weiter oben schon beschriebenen deutlichen Veränderungen in der Präsentation der Biografin im Vergleich zum ersten Interview. Die Biografin ist gelöst, kichert und lässt sich auf kurze Erzählungen ein, in denen sie sich Raum nimmt, die für sie schönen Seiten der Wende in ihrem Leben zu schildern. In der Beschreibung ihres ersten Kusses mit ihrer neuen Partnerin wird deutlich, was für einen großen Schritt es für Birgit Müller bedeutet, dass nun eine »Vorstellung« – die sie fast ein Jahrzehnt begleitet hat – zur »Realität« wird.

»zwei Quellen«
Mitte der 2000er Jahre – ihr jüngstes Kind ist zu diesem Zeitpunkt im Grundschulalter – hat die Biografin damit eine Partnerin gefunden, mit der sie einen ähnlichen Lebensentwurf teilt. Aber schon die Beschrei-

bung des Kennenlernens der beiden verdeutlicht die Herausforderungen, vor die sie ihr gemeinsamer Beziehungsentwurf stellt. Sie haben zu dieser Zeit keinen privaten Ort, an dem sie sich treffen können. Mit der Zeit werden Absprachen möglich und die beiden können sich auch in der Wohnung der Partnerin treffen. Ihr Beziehungsmodell bedeutet einen hohen organisatorischen und kommunikativen Aufwand. Es lässt wenig Platz für Selbstverständlichkeiten oder Routine. Das wurde zum Beispiel in der Szene deutlich, die ich am Anfang dieses Kapitels in der Beschreibung des Interaktionsablaufes geschildert habe: Als die Partnerin von Birgit Müller diese fragt, ob sie nach dem für sie anstrengenden Interview bei ihr übernachten wolle, verneint diese aufgrund familiärer Verpflichtungen. Solche fehlenden Routinen resultieren zum Teil aus einer mangelnden Institutionalisierung von Beziehungsformen jenseits von exklusiver Zweierbeziehung und heimlicher Affäre. Mit dem beschriebenen Organisationsaufwand gelingt es der Biografin, ihre gesellschaftlich anerkannte Form der Vergemeinschaftung und Vergesellschaftung in ihrer Ehe aufrechtzuerhalten und ihre Beziehung zu ihrer Partnerin fortzusetzen. Ein interessanter Aspekt dieses Arrangements ist, dass ihr damit eine Vermittlung zwischen ihrem Wunsch nach sexueller und romantischer Selbstverwirklichung mit einer Frau und ihrem Anspruch, ihr Eheversprechen zu erfüllen, gelingt. In ihrem biografischen Verlauf entwirft sie damit eine Alternative zum hegemonialen Muster der seriellen Monogamie und stellt diesem ein Modell entgegen, das von einer größeren Verbindlichkeit geprägt ist, da es nicht darauf aufbaut, eine Liebesbeziehung aufzulösen, wenn eine andere erwünscht ist. Im Gegensatz zu manchen seriell monogamen Beziehungsformen erscheint das Modell Birgit Müllers weniger von Beliebig- und Verantwortungslosigkeit geprägt zu sein, wobei es sich um Stereotype handelt, die gerade bisexuellen und nicht-monogamen Beziehungsentwürfen häufig zugesprochen werden (vgl. Kap. 3.2.2). Neben diesen normativen Aspekten der Beziehungsgestaltung muss aber auch die Frage aufgeworfen werden, inwiefern materielle Gründe, die Ehe aufrechtzuerhalten, eine Rolle spielen. Aufgrund ihrer von Haushalts-, Erziehungs, Sorge- und Pflegearbeit geprägten Biografie und eines lediglich geringfügig entlohnten Jobs würde die Biografin im Falle einer Trennung vor finanziellen Schwierigkeiten stehen.

Im Interview betont die Biografin – die zum Zeitpunkt des Interviews über fünf Jahre mit ihrer Freundin zusammen ist –, dass sie keinerlei Bestrebungen habe, sich von ihrem Ehemann zu trennen:

> »äh, so hä, so Fantasien, also wies wär wenn ich jetzt äh mein Mann verlassen würde <<ja>> und, mit der [Name der Partnerin] zusammenleben oder, ganz allgemein mit einer Frau, ah mir würd dann auch etwas fehlen also <<hmhm, ja>> (3) also ich mag wirklich beide, so auch die Art wie mein Mann mich anberührt <<hmhm>> ( ) und ich freu mich jetzt auch auf de [Name der Partnerin] <<ja>> hmhm (4) und jetzt auch ähm, so vom, Zusammenleben od- äh, also ich würd jetzt nicht nur mit Frauen zusammenleben wollen« (BM, 11/37–42).

Birgit Müller macht in ihrem Interview deutlich, dass sie nicht allein aus Gründen der christlichen Moral, der Gewohnheit oder der Kinder wegen mit ihrem Mann zusammen bleibt. Sie schätzt die Beziehung und erzählt, dass sie, seitdem sie eine Freundin hat, auch die Sexualität mit ihrem Mann wieder genießt. In ihrem Erleben besteht damit eine fundamentale Differenz zwischen ihrer Liebe zu Frauen und zu Männern und sie braucht beide Formen dieser Liebe in ihrem Leben:

> »also, mein Bild, oder es hat immer so a inneres Bild gegeben, äh, dass, das einfach is so wie so zwei Quellen oder <<hmhm>> äh, und, wenn ich eine Seite zuschütte, oder dann schüttet=s eh oder äh, dann schüttet=s eben die andere auch zu, <<ja>> also wenn ich halt versuch des, die frauenliebende Seite zu verdrängen, äh dann, also ich hab mich ja da wirklich innerlich wie tot gefühlt <<ja>> oder in nem Garten wo halt Rosen blühen die für mein Mann sind und wenn dazwischen andere Blumen wachsen dann kann=er die net rausreißen, äh ohne dass alles äh, praktisch, dass auch die Rosen geknickt werden« (BM, 8/7–13).

In dieser Sequenz entwirft die Biografin ein legitimierendes Bild, in dem sie sich selbst und ihrem Umfeld die Lebensnotwendigkeit des gewählten Beziehungsmodells verdeutlicht. Dieses Beziehungsmodell stellt die Biografin vor zahlreiche Herausforderungen, da sie beständig zwischen eigenen Bedürfnissen und den Wünschen ihres Mannes abwägen muss. Ihr Ehemann toleriert die zweite Beziehung, fordert jedoch die Einhaltung von Regeln. So gibt es zum Beispiel die Absprache, dass am Wochenende und in den Ferien keinerlei Kontakt zur Partnerin aufgenommen werden soll. Zudem soll die Beziehung – obwohl die Biografin das anders wünscht – gegenüber den Kindern und dem gesamten Rest der Familie geheim gehalten werden. Ein Grund für diese Regeln kann der Wunsch des Mannes sein, das Bild einer intakten heterosexuellen Kleinfamilie nicht zu erschüttern. Dabei muss berücksichtigt werden, dass dieses Beziehungsarrangement auch für den Ehemann der Biografin mit zahlreichen Herausforderungen – und sicher auch Ängsten – verbunden ist, die er zu kontrollieren versucht.

Die Regeln innerhalb der Ehe zwingen die Biografin, ein Doppelleben zu führen, was die Frage aufwirft, wie dies die Beziehung zu ihren – mittlerweile im Jugendalter befindlichen – Kindern beeinflusst. Über diesen Aspekt spricht die Biografin nicht. Es ist anzunehmen, dass die Kinder ein Gespür dafür entwickelt haben, dass es ein Geheimnis in der Familie gibt. Dabei sollte dieser Aspekt des »Geheimnisses« nicht auf ein Problem des von der Biografin gewählten Beziehungsentwurfes reduziert werden – schließlich ist die »geheime Affäre« Teil vieler Familiengeschichten, ganz unabhängig von der Frage sexueller Ausrichtung. Die Anstrengung, die das gegebene Interview für die Biografin bedeutet, kann zu Teilen als eine Folge der Geheimhaltung und Trennung von zwei für sie zentralen Lebensbereichen gelesen werden, welche die Biografin über Jahre hinweg in ihrem Alltag aufrechterhalten muss. Im Interview deutet sich dahingehend eine langsame Verschiebung an, im Rahmen derer die Biografin beginnt, ihrem Wunsch nach einer größeren Offenheit bezüglich ihrer Beziehungsgestaltung nachzugeben.

Bevor ich zur Typenbildung und Zusammenfassung komme, stelle ich einen zweiten Fall dar, der einen ähnlichen Verlauf nimmt.

5.4.2 Susanne Albers

»das war irgendwie so ne sexuelle Revolution für mich« (SuA, 17/20).

Den Fall von Susanne Albers zog ich zu einer Auswertung heran, da in ihrem Fall das geschlechterübergreifende Erleben romantischer Anziehung schon früh ein selbstverständlicher Teil der Lebensgeschichte ist, eine geschlechterübergreifende sexuelle Praxis jedoch zunächst nicht. Zudem interessierte mich der Verlauf der Annahme von Bisexualität als Etikett in ihrem Fall, da Susanne Albers erzählt, wie sie sich als junge Erwachsene schon einmal als bisexuell beschreibt, diese Selbstbezeichnung aber dann zunächst wieder vergisst. Erst als sie mit Mitte zwanzig beginnt, bisexuelle Zusammenhänge kennenzulernen, übernimmt sie den Begriff wieder für sich, was sie als einen zentralen Wendepunkt ihres Lebens erlebt, den sie – wie im Zitat oben schon eingeführt – als »sexuelle Revolution« beschreibt. Die Verbindung der Annahme von Bisexualität als ein Etikett der Selbstbeschreibung mit einem zentralen biografischen Wendepunkt hat mich dazu geführt, auch diesen Fall – trotz seiner Unterschiede zu dem von *Birgit Müller* (vgl. Kap. 5.4.1) – dem biografischen Verlaufstypus der *Überbrückung* zuzuordnen.

5.4.2.1 Interviewkontext und Interaktionsverlauf

Susanne Albers[42] ist zum Zeitpunkt des Interviews Ende dreißig und in einem akademischen Beruf tätig. Ich führe drei Gespräche mit ihr, die jeweils etwa drei Stunden dauern. Auf ihrer Arbeitsstelle ist sie nicht als bisexuell geoutet. Mit ihrem Partner ist sie seit über zehn Jahren zusammen. Sie hat diesen vor einigen Jahren geheiratet und lebt mit ihm und ihren Kindern gemeinsam in einer Wohnung. Ihre Beziehung bezeichnet sie zum Zeitpunkt des Interviews als monogam. Im Alter von 19 Jahren – Ende der 1980er Jahre – hat sich die Interviewpartnerin das erste Mal in einem Brief an eine Freundin als bisexuell bezeichnet. Sie erzählt jedoch, dass sie dies zunächst wieder vergaß. Erst acht Jahre später beginnt sie sich wieder als bisexuell zu bezeichnen. Das war, nachdem sie Ende der 1990er Jahre im Rahmen einer Demonstration zum Christopher Street Day auf eine bisexuelle Gruppe getroffen ist.

Susanne Albers reagiert auf eine Interviewanfrage, die wir über einen Mailverteiler für bisexuelle Menschen versendet haben. Sie präsentiert sich im ersten Kontakt als eine Person, die ihre Bisexualität offen lebt und keinerlei Bedenken hat, mit uns über ihre Lebensgeschichte zu sprechen. In der Interaktion mit ihr zeigt sich, dass diese Offenheit in Bezug auf ihr Selbstverständnis als Bisexuelle ein wichtiges, aber zwiespältiges Thema für Susanne Albers darstellt.

Sie erzählt mir während unserer ersten Begegnung am Rande des Interviews, dass in ihrer Nachbarschaft ein lesbisches Paar lebe, das –wie sie – Kinder habe. Den Kontakt zu den beiden beschreibt sie als »nett«. Allerdings sei sie »noch nicht dazu gekommen«, sich bei den beiden als bisexuell zu outen. Als Grund dafür berichtet sie von ihrer Erfahrung, dass sich Lesben von ihr distanzieren, sobald diese von ihrer Bisexualität erführen. Zugleich sei sie unzufrieden, von den Nachbarinnen fälschli-

---

42 Dieser Fall wurde von mir auch im Rahmen eines Beitrages für einen Sammelband angesprochen (vgl. Ritter, 2014, S. 204).

cherweise als – wie sie selbst sagt – »Hetera-Frau« wahrgenommen zu werden. Susanne Albers beschreibt eine ambivalente Situation: Entweder sie akzeptiert eine falsche Zuschreibung und erhält den netten Kontakt zu ihren Nachbarinnen aufrecht oder sie korrigiert das Bild der Nachbarinnen und nimmt die Gefahr einer Distanzierung in Kauf. In ihren Bedenken zeigen sich folglich Auswirkungen der spezifischen Erfahrungen von Biphobie in lesbischen Zusammenhängen. Damit zusammenhängend wird die für sie ungelöste Frage offensichtlich, wie eine selbstverständliche Sichtbarkeit und Gruppenzugehörigkeit als Bisexuelle innerhalb einer institutionell monosexuell organisierten Sexual- und Beziehungsordnung zu erlangen ist (vgl. Kap. 3.2.2). In der Situation erlebt sie sich als Bisexuelle isoliert, da sie als solche unsichtbar und mit anderen Menschen unverbunden bleibt. Sie gehört weder zu den »Hetera-Frauen« noch zu den Lesben. In der geschilderten Situation bleibt folglich eine trennende monosexuelle Gruppenkonstruktion dominant gegenüber den Gemeinsamkeiten der Frauen, nicht die heterosexuelle Norm der Gesellschaft zu leben. Dabei muss festgehalten werden, dass Susanne Albers – trotz eines möglichen Risikos der Zurückweisung durch die Nachbarinnen aufgrund einer möglichen negativen Einstellung gegen bisexuelle Frauen – dieser Situation nicht ausgeliefert ist, sondern sich dennoch für ein Outing als bisexuell entscheiden könnte. Ihr Verharren in einer Situation, in der sie sich verkannt und unsichtbar fühlt, erweist sich – wie ich weiter unten in der Rekonstruktion belegen werde – als ein wiederkehrendes Motiv ihrer Lebensgeschichte.

Eine weitere Wendung des Themas Sichtbarkeit von Bisexualität wird in Bezug auf Susanne Albers' Kinder deutlich. Vor dem Beginn unseres ersten Interviews sagt mir die Biografin, dass wir Zeit hätten, bis ihr Kind aus dem Kindergarten komme. Bei mir entsteht der Eindruck, dass ihr Kind nichts von unserem Gespräch erfahren soll. Dass sie die Frage beschäftigt, wie offen sie gegenüber ihren Kindern mit ihrer Bisexualität umgehen soll, zeigt sich dann auch während des Interviews. Sie spricht ihr zweites Kind – ein Baby – während des Interviews immer mal wieder direkt an und sagt sinngemäß: »Hör gut zu«, und: »Wenn du älter bist, wirst du das alles nicht sofort zu hören bekommen«.

Auch am Arbeitsplatz ist sie – wie sie später im Interview berichtet – nicht geoutet. Sie sagt: »Arbeit ist Arbeit und der Rest ist die Exotik« (SuA, 30/8). In dieser Formulierung zeigt sich, dass die Sorge aufgrund ihrer Bisexualität am Arbeitsplatz benachteiligt und/oder angefeindet zu werden nur einer der Gründe für Susanne Albers ist, sich dort nicht zu outen. Ihr Vorgehen ermöglicht es für sie, ihr Leben als Bisexuelle von den profanen Zumutungen des Alltags abzugrenzen und als »exotisches« Anderes zu bewahren (zum Thema Bisexualität und Coming-out vgl. McLean, 2007 und Kap. 3.3.2).

Ich interpretiere ihre große Offenheit unserem Projekt und mir gegenüber in diesem Zusammenhang. Die Biografin hält bestimmte Bereiche ihres Lebens getrennt, hat aber zugleich das Bedürfnis diese zu verbinden und sichtbar zu machen. In der Interaktion mit uns und der Erzählung der gesamten Lebensgeschichte bietet sich ihr eine gute Möglichkeit, die unterschiedlichen Bereiche situativ in ein biografisch vermitteltes Ganzes einzufügen, die Trennung der Bereiche in ihrem Alltag unangetastet zu lassen.

5.4.2.2 Das thematische Feld der erzählten Lebensgeschichte

Susanne Albers präsentiert sich in ihrer Lebensgeschichte vor allem als Tochter einer phasenweise unter einer psychischen Erkrankung leidenden Mutter und eines abwesenden und unzulänglichen Vaters. Ausgangspunkt dieses Narrativs ist eine Schilderung, wie sie als Kind die Erfahrung existenzieller Unsicherheit in der Beziehung zu ihren Eltern macht:

> »ja mhm, ja ich zum einen ähm glaube das mich sehr geprägt hat aus dieser Zeit ähm dass meine Mutter ähm psychisch krank ist und in dieser Zeit äh lange Zeit im Krankenhaus verbracht hat <<Ja>> Ähm, als ich, äh, vier und fünf Jahre alt war war die insgesamt über nen Zeitraum von zwei Jahren eineinhalb Jahre im Krankenhaus« (SuA, 1/15–22).

Sie erwähnt zudem kurz, dass auch ihr Vater aus beruflichen Gründen kaum präsent war. Was das für das Erleben Susanne Albers' als Kind bedeutet haben könnte, führe ich weiter unten aus. An dieser Stelle geht es zunächst allein um die Gestalt der Erzählung. Die Biografin wählt gleich zu Beginn ihrer Lebenserzählung eine Situation zum Ausgangspunkt, in der sie von beiden Elternteilen verlassen wurde. Sie beendet diese Beschreibung schon nach 16 Zeilen des Transkripts, um auf die Beziehung zu ihrer langjährigen Freundin Lena einzugehen. Diese Darstellungsform ist paradigmatisch für die gesamte Eingangserzählung Susanne Albers': Die wenigen knappen Anmerkungen bezüglich ihrer Familie werden von ausführlichen Beschreibungen ihrer unterschiedlichen Beziehungen begleitet. Das thematische Feld der Lebensgeschichte besteht in dieser Lebenserzählung also darin, dass die Biografin den Themenbereichen der »Verunsicherung« (SuA, 2/2), »Einsamkeit« und »Traurigkeit« (SuA, 5/8), die sie mit ihrer Herkunftsfamilie in Zusammenhang bringt, durch andere als positiver erlebte Bindungserfahrungen einen thematischen Rahmen gibt. Dieses thematische Feld der Lebensgeschichte bestätigt sich auch im Nachfrageteil des Interviews, als Susanne Albers meine Frage nach der schwierigsten und schönsten Phase beantwortet. Als schwierigste Lebensphase benennt sie die Abwesenheit ihrer Mutter in ihrer Kindheit. In dieser fühlte sie sich »super einsam« (SuA, 8/44), »total hilflos« (SuA, 9/40) und »sprachlos« (SuA, 9/40). Diese Phase kontrastiert sie mit dem Beginn ihrer Beziehung zu ihrem Mann Michael sowie ihrer Beziehung zu ihrer großen Liebe Katharina, die sie als die schönsten Phasen ihres Lebens benennt.

Als den zentralen Moment der Überwindung von Erfahrungen, in existenziellen Beziehungen »hilflos« und »sprachlos« zu sein, beschreibt Susanne Albers die »sexuelle Revolution« (SuA, 17/21), die sie mit Mitte zwanzig erlebt, als sie bisexuelle Zusammenhänge kennenlernt und beginnt, sich selbst als bisexuell zu bezeichnen. In der Folge dieser Wende präsentiert sie ihr Leben als geprägt von vielen neuen Handlungsmöglichkeiten im Bereich der Gestaltung von Sexualität und Beziehungen. Doch bei der Analyse der Erzählung zeigt sich, dass auch in der Darstellung ihrer außerfamilialen Beziehungsgeschichte und den Beziehungen im Kontext bisexueller Zusammenhänge das Motiv der Handlungsunfähigkeit und des schmerzlichen Verlassenwerdens wieder auftaucht. Sie schildert, wie sie um Bindungen ringt, in denen sie sich aufgehoben, erfüllt und handlungsfähig fühlen kann, aber dabei an ihre Grenzen stößt. Dabei fällt auf, dass sich die Biografin in einigen Passagen des Interviews nicht als aktive Gestalterin ihrer Beziehungen darstellt, obwohl sie aktiv eine Trennung initiiert. So beendet sie zum Beispiel eine Beziehungskonstellation, die sie als ideal beschreibt, und evaluiert dieses Ende resigniert mit einem: »Ä:hm genau (6) genau hat aber dann halt leider nicht so funktioniert« (SuA, 19/26–27). Drastischer schildert sie die Situation, in der ihr heutiger Ehemann Michael sie auffordert, sich zwischen ihrer großen Liebe Katharina und ihm zu entscheiden – eine Entscheidung, die sie nicht treffen kann, woraufhin Katharina sich von ihr distanziert: »Danach hatte ich das Gefühl ich gehe mit meiner Seele in den Kühlschrank und friere erst mal alles ein und das war auch mehrere Jahre <<Ja>> das Gefühl« (SuA, 31/20–22). Auffallend ist an dieser Passage, wie die Darstellung von Lähmung und eines aktiven Gestaltens der Situation zusammenkommen, wenn Susanne Albers sagt, sie »geht« selbstständig in den »Kühlschrank« und »friert« ihre »Seele« ein.

Susanne Albers beendet ihre selbst gestaltete Eingangserzählung mit einem Bericht darüber, wie sie ihren Mann Michael heiratet, Kinder bekommt und sich aufgrund dieser für eine »monogame Phase« (SuA, 93/29) entscheidet. In dieser Entscheidung beschreibt sie sich wieder als aktiv und handlungsfähig, jedoch um den Preis, dass sie einen Teil ihrer Beziehungswünsche aufgeben muss. Allerdings bleibt das Thema der Trauer um die beendeten Beziehungen zu Lena und Katharina und des Verlustes von »Exotik« (SuA, 30/8) in ihrem Leben präsent. Dabei macht sie deutlich, dass sie diesen Lebensabschnitt als Phase versteht, und entwirft das Zukunftsbild einer bisexuellen »WG« mit Freundinnen, wenn sie 70 Jahre alt ist, die sie sich aber wiederum nur ohne ihren Mann vorstellen kann, womit deutlich wird, dass sie keinen Zukunftsentwurf entwickelt, der ihre gegengeschlechtliche Zweierbeziehung im Alltag und ihre Bisexualität verbinden kann.

Trotz der von der Biografin präsentierten Wende, in der sie sich von den kindlichen Gefühlen der Handlungsunfähigkeit in Beziehungen emanzipiert, entwirft die Biografin ihre Lebensgeschichte dennoch weiter im Spannungsfeld von Gestaltungs- und Ohnmacht.

Um besser zu verstehen, mit welchen Erlebnissen diese Form der Präsentation verbunden ist, gehe ich im Folgenden auf die Familien- und Lebensgeschichte der Biografin ein.

5.4.2.3 Lebensgeschichte

Susanne Albers wird Anfang der 1970er Jahre in einer Stadt in Westdeutschland geboren. Aufgrund der Berufstätigkeit beider Elternteile zu diesem Zeitpunkt ist von einer materiell abgesicherten Familiensituation auszugehen.

Die psychische Krankheit der Mutter
Ein halbes Jahr nach der Geburt der Biografin gibt die Mutter ihren Beruf auf. Es sind unterschiedliche Motive für diesen Schritt denkbar. Möglicherweise strebt sie eine Entlastung an, da ihr Partner in einer anderen Stadt arbeitet, sie zumindest phasenweise psychisch krank ist und die Sorge um ein Baby bzw. Kleinkind eine anstrengende Aufgabe ist. Dabei muss bedacht

werden, dass die Mutter der Biografin schon früh ihre Eltern verloren hat und ihr damit in dieser Zeit elterliche Vorbilder fehlten. Zudem kommt ein Jahr nach der Geburt der Biografin ein weiteres Kind zur Welt:

> »Ähm (6) Ich hab so ein Bild was ich sehr mit [Geburtsort] verbinde was so ähm (2) ja mit [Geburtsort] verbinde das ist so dass ich vorm Haus spiele <<Mhm>> und ähm, meine Mutter am Fenster ste:ht und ich einfach mit meinem Bruder im Sandkasten <<Mhm>> spiele und da ganz, ganz unbedarft <<Ja>> und frei und fröhlich bin irgendwie schönes Wetter und so ne nette, nette Situation <<Ja>> (12)« (SuA, 44/1–7).

Diese Sequenz skizziert das frühe Erleben einer intakten Kleinfamilie – wenn auch mit abwesendem Vater –, in der Susanne Albers unbefangen spielen kann. In ihrer Erzählung bleibt es eine der wenigen Szenen, in denen sie von einer Kindheit berichtet, die »fröhlich« und unbedarft ist. Auffallend sind in der Sequenz die zwölf Sekunden Pause am Ende, die als eine temporale Barriere interpretiert werden können, die sie zwischen dieser Beschreibung und den Berichten über Situationen einfügt, die im Kontrast dazu stehen.

> »Die [Name der Mutter] war so wechselhaft durch dieses Manisch-Depressive in der einen Situation war sie in Höchstform und hat den tollsten Kindergeburtstag der Welt organisiert und sich ganz ganz viel um uns gekümmert und gespielt und gebastelt und in ner anderen Situation das waren dann halt immer so längere Phasen äh war sie überhaupt nicht ansprechbar« (SuA, 45/21–26).

Susanne Albers erlebt ihre Mutter in ihrer Kindheit in Extremen. Phasen von großer Nähe und Zuwendung wechseln sich mit Zeiträumen völliger Abwesenheit ab. Das Verhalten ihrer Mutter ist damit für sie nicht berechenbar und verunsichernd. Dabei stehen ihr als Kind nur sehr begrenzte Mittel zur Verfügung, das Verhalten der Mutter einzuordnen und nicht auf sich zu beziehen (vgl. Lenz, 2009). Bekommt sie keine weitere Unterstützung im Umgang mit der Situation – und es gibt keine Hinweise darauf, dass eine solche Unterstützung erfolgt –, liegt es für sie nahe, das unerklärliche Verhalten ohnmächtig zu akzeptieren oder sich selbst als Auslöserin zu betrachten. Gefühle von Ohnmacht und Allmacht und das Ringen um Handlungsfähigkeiten in den engsten Beziehungen, die in der Lebensgeschichte von Susanne Albers immer wieder eine wichtige Rolle spielen, begegnen ihr also schon in ihrer Kindheit. Als Kind eines psychisch kranken Elternteils steht sie nicht allein. Schätzungen gehen heute von etwa einer halben Million Kindern in Deutschland aus, die mit einem psychisch kranken Elternteil aufwachsen (vgl. Lenz, 2009, S. 745). Allerdings handelt es sich um eine Gruppe, die gesellschaftlich und auch in der Psychiatrie lange vernachlässigt wurde und erst in den letzten Jahren mit ihren Bedürfnissen und Fragen wahrgenommen und unterstützt wird (vgl. ebd.; Zillig, 2016, S. 38). Das Erlebnis, weder von den Eltern noch von anderen Menschen mit den eigenen Bedürfnissen gesehen zu werden, macht Susanne Albers damit schon in der frühen Kindheit. Dieses frühe Erleben lässt sich mit dem in der vor dem Interview stattfindenden Eingangsinteraktion (vgl. Kap. 5.4.2.1) deutlich werdenden Ringen der Biografin um Sichtbarkeit als Bisexuelle verbinden. Mit diesem Wissen lässt sich dieses Ringen von zwei Seiten aus betrachten. Einerseits ist sie als bisexuelle Frau mit einer gesellschaftlichen Situation konfrontiert, in der sie – ähnlich wie in ihrer Erfahrung als Kind einer Mutter, die phasenweise psychisch krank ist – unsichtbar gemacht wird. Andererseits wäre sie als erwachsene Frau in der Lage diesem Umstand handelnd zu begegnen anstatt ihn zu akzeptieren.

Schon während ihrer Kindheit verschlechtert sich der Gesundheitszustand der Mutter fortschreitend und sie hält sich zu stationären Behandlungen in Kliniken auf.

Der erste stationäre Aufenthalt der Mutter in der Psychiatrie
Susanne Albers ist etwa vier Jahre alt, als sie das erste Mal erlebt, dass ihre Mutter in die Psychiatrie geht:

> »als ich so klein war ((holt tief Luft)) (2) hab ich einfach ganz wenig Erinnerungen <<Ja>> und das ist dann <<Na klar>> so das ist ähm- (16) Ich hab keine konkreten Erinnerungen dadran <<Mhm>> Ich hab auch keine konkreten Erinnerungen wie das war als sie weggegangen ist so <<Ja>> Das muss so von meiner persönlichen Rekonstruktion äh muss es äh Situationen gegeben haben <<Mhm>> die für uns ganz unangenehm waren <<Mhm>> Ob das ein Selbstmordversuch war weiß ich nicht kann sein kann ich mich nicht dran erinnern <<Ja>> Das würde nahe liegen von allem was ich mir zusammenreime aufgrund dessen sie in die Klinik gekommen ist <<Mhm>> oder einfach aufgrund von zunehmenden anhaltenden Depressionen Ich kann mich da nicht dran erinnern Ich hab so ne

vage Idee von meine Mutter sitzt auf dem Sofa und weint <<Mhm>> und ähm (3) und ne vage Situation von ganz vage dass ich meine- (1) meinen Vater frage wann denn meine Mutter endlich wieder nach Hause kommt und der das so sehr schroff einfach abwiegelt <<Ja>> oder ich, so wir son bisschen an so weinerliche Kinder dargestellt wurden zwischen ihm und der Großmutter <<Mhm>> irgendwie dass es immer hieß Nein die ist nicht da und das geht jetzt nicht und nein du kannst sie nicht sehen und jetzt stellt dich nicht so an irgendwie so <<Ja>> der Tenor <<Mhm>> mag anders gewesen sein, aber so, ne wars nicht also das ist so das Grundgefühl« (SuA, 36/15–31).

Das Erleben von Suizidversuchen und die Einweisung eines Elternteils in die Psychiatrie sind eine belastende Erfahrung für kleine Kinder und können auch als traumatisch erlebt werden, was aber keine zwingende Folge ist, sondern von den konkreten Umständen abhängt (vgl. Lenz, 2009, S. 756). Obwohl die Geschehnisse, die die Biografin berichtet, ohne Zweifel belastend sind, kann die stationäre Aufnahme der Mutter auch als ein aktiver und entlastender Umgang mit einer alle Familienmitglieder überfordernden Situation gedeutet werden. Die Eltern nehmen das medizinische Hilfesystem in Anspruch. In der Analyse der Sequenz betrachte ich – neben der eigentlichen psychischen Krise und Trennung von der Mutter – den Umgang der verbleibenden erwachsenen Bezugspersonen als besonders schwerwiegend. Die Reaktionen, die Susanne Albers beschreibt, legen nahe, dass sie wenig Zuwendung, Trost und kindgerechte Erklärungen von ihren erwachsenen Bezugspersonen erhält. Der Vater und die Großmutter sind nicht in der Lage, empathisch mit den Sorgen der Biografin umzugehen. Weder über die genauen Umstände noch über den Zeitraum der Abwesenheit der Mutter wird gesprochen. Gefühlsäußerungen werden als illegitime Störung hingestellt. In diesem Zusammenhang ist es wahrscheinlich, dass die Biografin an ihren eigenen Gefühlen zweifelt, werden sie doch von der verbleibenden primären erwachsenen Bezugsperson und ihrer Großmutter als nicht angemessen dargestellt. Ein Hinweis darauf ist auch ihre Formulierung »mag anders gewesen sein«, mit der sie ihre eigene Wahrnehmung der Reaktionen ihres Vaters und ihrer Großmutter in Zweifel zieht. Meine These ist daher, dass die lange Pause am Anfang der Sequenz und die eher lückenhaften Erinnerungen nicht unbedingt als Folge eines traumatischen Erlebens zu deuten sind, sondern als der Versuch, die damaligen Gefühle und Geschehnisse einzuordnen – etwas, wozu sie damals Hilfe gebraucht hätte und nicht bekam, weder von den erwachsenen Bezugspersonen noch von professioneller Seite. Auffallend ist auch, dass die Textstelle nahelegt, dass eine solche Einordnung oder auch Aufarbeitung mit ihren Eltern bis heute nicht geschehen ist. Schließlich hätte sie, anstatt eine »persönliche Rekonstruktion« zu unternehmen, die Eltern auch fragen können, was aus ihrer Perspektive geschehen ist. Dass die Biografin nicht einmal einen Versuch eines Gespräches erwähnt, lässt auf ein familiales Tabu schließen, das die Biografin bis heute akzeptiert, was dazu führt, dass sie bis heute auf Spekulationen angewiesen ist. Die emotionale Distanz des Vaters in der familiären Krisensituation wird durch seine häufige räumliche Abwesenheit verstärkt:

> »mein Vater ist in der Zeit dreimal die Woche oder drei Tage in der Woche weg gewesen <<Mhm>> weil der ja nach [Stadt] zu seiner Arbeit gependelt ist weil der da schon an der [Arbeitsstelle] in [Stadt] war <<Ja>> und dann ähm, wars auch so dass unsere Großeltern uns vom Kindergarten abgeholt haben <<Mhm>> ähm genau oder wir eben bei diesen Tagesmüttern irgendwie gelandet sind und so« (SuA, 54/6–11).

Auch wenn der Vater der Biografin in der schwierigen Situation keine emotionale Unterstützung bieten konnte, kann seine Abwesenheit durch das Pendeln als eine zusätzliche Belastung für die Biografin betrachtet werden. Ähnlich wie in Bezug auf die Mutter ist sie in ihrer Beziehung zum Vater einem Wechselspiel von Nähe und Distanz ausgesetzt, auf das sie keinen Einfluss hat. Von den anderen verfügbaren Bezugspersonen wird sie zu diesem Zeitpunkt offensichtlich versorgt, aber aufgehoben fühlt sie sich bei ihnen nicht.

Die beste Freundin
Auch weil Susanne Albers innerhalb ihrer Familie keine verlässlichen erwachsenen Bezugspersonen findet, beginnen Freundschaften für sie früh eine große Rolle zu spielen. Das zeigt sich in der Beschreibung des Kennenlernens ihrer Freundin Lena:

> »Mhm (2) Ja das war son Nachlaufspiel dass wir den gleichen Kindergartenweg hatten <<Ja>> und (1) ähm sie dann angefangen hat hinter mir herzulaufen <<Mhm>> und ich angefangen hab hinter ihr herzulaufen <<Ja>> und dann, bin ich glaub ich mit ihr nach Hause ((la-

chend)) /gegangen oder so\ <<Ja>> Nicht beim ersten Mal aber beim zweiten Mal war ich dann mit bei ihr so direkt weil ( ) und ich glaub ihre Mutter kam dann auf die Idee dass wir mal meine Oma anrufen ((lachend)) /könnten oder so\ <<Ja>> das war dann ((lachend)) /gar nicht so in meinem Kopf gewesen\ Ich glaub so, so ähnlich war das dann, genau <<Mhm>> (1) 'Ja' Also so hab ich sie kennengelernt damals« (SuA, 57–58/45–4).

Wie wichtig die beschriebene Freundschaft für die Biografin war, zeigt sich daran, dass sie ohne größere Pausen detailliert und lachend von dem Kennenlernen erzählt. Dieses Kennenlernen muss sich in zeitlicher Nähe zur oben geschilderten Szene abgespielt haben, in der Susanne Albers' Mutter in die Klinik kam. Bei der Schilderung macht die Biografin lange Pausen und erinnert sich nur mühsam. Als wie befreiend sie diese Begegnung erlebt hat, wird auch daran deutlich, wie sie die Zeit vergisst, als sie Lena nach Hause nachgelaufen ist. Dass sie Lena bald nach Hause folgt, ermöglicht ihr auch, Zugang zu einem weiteren Ort zu finden, an dem sie sich wohler fühlt als zu Hause. Lena wird in ihrem Leben zu ihrer langjährig wichtigsten Bezugsperson und besten Freundin. Diese Begebenheit zeigt, wie gut Susanne Albers schon im Kindergartenalter darin ist, Beziehungen, die ihr guttun, zu suchen und aktiv einzugehen. In ihrer Lebenssituation erweist sich diese Fähigkeit zusätzlich als eine hilfreiche Bewältigungsstrategie (vgl. Lenz, 2009, S. 753), die es ihr ermöglicht, Wünsche nach Beständigkeit, Nähe und Unbefangenheit zu verwirklichen. Die Familie, in die sie hineingeboren wurde, erweist sich in dieser Lebensphase als eine für sie unzureichende Vergemeinschaftungsform, während die selbst gewählte Freundschaft ihr ermöglicht, existenzielle emotionale Bedürfnisse sicher zu erfüllen.

Der Umzug

Die Freundschaft – und damit auch die von Susanne Albers entwickelte Bewältigungsstrategie – wird bald auf die Probe gestellt. Die Familie beschließt – vermutlich nach der Rückkehr der Mutter aus der Klinik – Ende der 1970er Jahre in die Stadt zu ziehen, in der der Vater arbeitet. Susanne Albers ist zu diesem Zeitpunkt sechs Jahre alt und besucht die erste Klasse:

»Das war total klar dass das gemacht wird und dass-, Fertig ist <<Mhm>> Fertig aus, Kann ich gar nicht so viel zu sagen das ist- Es gab auch jetzt nicht noch son großes Verabschiedungsritual also dass man noch son Kinderfest mit den Freunden macht oder so <<Mhm>> oder- Wir sind einfach in den Sommerferien umgezogen und- <<Ja>> (3) Das war halt so ne Mischung aus dass ich es traurig fand die Lena vor allem nicht mehr zu sehen <<Mhm>> so und da haben wir schon für uns beide schon ein ziemliches Abschiedsdrama draus gemacht <<Ja>> so also so hat sie auch ich glaub sie war einfach wirklich auch sehr traurig und ich auch aber wir haben das dann auch son bisschen, ä:h, sehr, ja schon dem auch Ausdruck verliehen dann so <<Ja>> (2) Also für mich war- Gut das kannte ich halt von früher so pffff da wird nicht viel diskutiert da hat man alles akzeptiert irgendwie ( ) großartig bei ihr war das etwas anders deshalb kam da schon eher Nein das geht nicht und ihr müsst doch hierbleiben und hat angefangen mit meinem Vater rumzudiskutieren irgendwie so ja« (SuA, 42/3–15).

Die Biografin wird in dieser Situation vor vollendete Tatsachen gestellt. Sie hat nicht nur keinerlei Einfluss auf die Entscheidung, auch ihre Gefühle und Bedürfnisse in Bezug auf diesen Vorgang haben keinen Platz, wie das im Zitat zweimal verwendete »Fertig« verdeutlicht. Die Entscheidung der Eltern umzuziehen bringt Susanne Albers in eine schwierige Situation. Ohne diese beeinflussen zu können, muss sie erleben, wie sie den Alltag mit ihrer Freundin verliert und damit auch die von ihr entwickelte Bewältigungsstrategie infrage gestellt wird. Aus der Perspektive der Resilienzforschung (vgl. Lenz, 2009, S. 750) verliert sie zunächst eine wichtige Ressource, die sie in schwierigen Phasen geschützt hat und mit der sie sich Möglichkeiten erschlossen hat, in Belastungssituationen in ihrer Familie einen besseren Umgang zu finden. Dabei fällt der Fatalismus auf, mit dem die Biografin die Entscheidung akzeptiert. Die Akzeptanz des Umzuges durch die Biografin – obwohl dieser nicht an ihren Bedürfnissen orientiert ist – kann auch in einer spezifischen Dynamik innerhalb von Familien mit einem psychisch kranken Elternteil begründet sein. Lenz spricht von einer »Atmosphäre der Rücksichtnahme und Schonung«, in der sich Kinder bemühen, jede »Kritik, Forderung oder stärkere Gefühlsäußerungen« (ebd., S. 756) zu vermeiden. In dieser Situation hat Susanne Albers daher wahrscheinlich den Wunsch, auf die Bedürfnisse des Vaters einzugehen und zum vermeintlichen Wohl der Familie zu handeln. Dass die Biografin ihrer Familie gegenüber nur wenig Gefühle zeigt, mit ihrer Freundin jedoch ein »Abschiedsdrama« inszeniert, verdeutlicht, dass ihre Freundschaft einen Raum eröffnet hat, in dem sie Gefühle zeigen kann, die sie sich innerhalb ihrer Familie nicht gestattet. Lena stellt sich im Gegensatz zu Susanne Albers aktiv gegen den Umzug, was für ein Kind von sechs Jahren nicht selbstverständlich ist, und zeigt damit eine Handlungsoption auf, die innerhalb Susanne Albers' Familie undenkbar erscheint. Allerdings findet der Umzug trotz Lenas vehementer Einsprüche statt. Es sollte dabei bedacht werden, dass aus der Perspektive der Eltern durchaus gute Gründe für einen Umzug sprechen, da er eine Entlastung bedeutet, da der Vater nicht mehr zu seinem Arbeitsort pendeln muss. Darüber hinaus verhindert ein Umzug zu diesem Zeitpunkt, dass Susanne Albers sich, nachdem sie in einer Schule eingewöhnt ist, noch einmal umstellen und neue Freund_ innen finden muss. Diese Aspekte werden Susanne Albers von den Eltern nicht kindgerecht vermittelt und – was einen Kernaspekt dieses Falles betrifft – ihr Schmerz aufgrund der Trennung wird von den Eltern nicht gesehen. Es besteht die Möglichkeit, dass diese mangelnde Zuwendung auch aus einem familialen Umgang mit der psychischen Krankheit und der Familiengeschichte der Mutter resultiert: Sie überschattet alles andere.

Der Familiendialog über Traurigkeit und Depression
In der Zeit des Umzuges ist Susanne Albers traurig und muss häufig weinen:

> »Entweder in der Zeit oder schon davor das weiß ich nicht mehr so genau weiß ich dass ich nachmittags oft geweint habe <<Mhm>> zu Hause gesessen und geweint ( ) Das war auch wieder so typisch ähm (1) hat, hat meine Mutter dann immer sofort ( ) Das Kind hat meine Depressionen geerbt <<Mhm>> hat aber gar nicht wirklich danach gefragt warum ich denn traurig bin <<Ja>> und ich weiß das muss so zweite dritte Klasse doch das war glaub ich zweite dritte Klasse da hab ich mir dann son Ort in der Straße gesucht ein paar Häuser weiter da war so ne kleine Ecke da konnte man sich son bisschen zurückziehen <<Ja>> und dann bin ich halt immer, da hin gegangen wenn ich traurig war <<Mhm>> Das war ich glaub ich ziemlich früh <<Ja>> Aber, es hat irgendwie auch nie jemand wirklich auf den Umzug bezogen oder auf ne Überforderung oder Überlastung oder weiß ich nicht was <<Ja>>« (SuA, 45/23–33).

Offensichtlich ist die Biografin unglücklich mit der neuen Situation. Ihre Traurigkeit und ihr Weinen sind nachvollziehbare Reaktionen auf die Trennung von ihrer engsten Freundin. Allerdings werden diese von ihrer Mutter sanktioniert und pathologisiert. Der Biografin wird vermittelt, dass das Zeigen von Traurigkeit nur als Ausdruck einer psychischen Krankheit zu deuten und innerhalb der Familie unerwünscht ist. Der Mutter kann damit unterstellt werden, dass sie in der Situation keine Empathie für ihr Kind entwickeln kann, sondern allein mit sich und ihrer Sorge, ihre Krankheit vererbt zu haben, beschäftigt ist. Diese Weitergabe betrachtet sie dabei allein als biologischen Vorgang – was auch eine für sie günstige Deutung ist, da diese sie von einer direkten Verantwortung für die Situation freispricht. Ich möchte an dieser Stelle nicht nahelegen, dass die Mutter Schuld daran trägt, dass ihre Tochter sich mit ähnlichen Belastungen auseinandersetzen muss wie sie. Es geht eher darum, sichtbar zu machen, wie sich eine erklärliche und »harmlose« Entscheidung wie ein Umzug erst zu einer ähnlichen Belastung entwickelt, da sich die Mutter und die anderen Familienangehörigen Susanne Albers, die in ihrer Traurigkeit gesehen werden möchte, nicht zuwenden. Die Traurigkeit der Biografin resultiert nicht aus einer biologischen Vererbung von Depression, sondern aus ihren konkreten Erlebnissen, in denen sie sich von erwachsenen Bezugspersonen unzureichend begleitet fühlt. Diese Erlebnisse ähneln dadurch den Erfahrungen der Mutter, wenn sie auch nicht gleichzusetzen sind: der Verlust der Elternteile, der Mangel an verlässlichen und unterstützenden erwachsenen Bezugspersonen und ein erzwungener Ortswechsel. Eine gewisse – von der Mutter befürchtete – »Vererbung« findet in dieser Konstellation tatsächlich statt, aber nicht auf genetischer, sondern auf familienbiografischer Ebene. Die Haltung und das Handeln der Familie sind dabei an ein Familien- und Gesellschaftssystem gebunden, zu dem auch die Psychiatrie gehört, das den Bedarf von Kindern psychisch kranker Eltern strukturell ignoriert.

Ich möchte mit dieser Erkenntnis nicht die Forschungsergebnisse negieren, welche die Möglichkeit einer genetischen Weitergabe eines erhöhten Risikos einer depressiven oder bipolaren Erkrankung belegen (vgl. Normann, 2006, S. 32). Mir geht es um den Hinweis, dass ein aus diesen Erkenntnissen abgeleiteter deterministischer Diskurs zu einer nicht primär biologischen Weitergabe psychischer Belastung an die nächste Generation beitragen kann wie im vorliegenden Fall. Das heißt, der Effekt der erhöhten Belastung ist der gleiche wie bei einer genetischen Weitergabe, aber die Struktur der Weitergabe unterscheidet sich grundsätzlich. Die Bedeutsamkeit sozialer Figurationen, in denen psychische Erkrankungen entstehen, darf folglich nicht durch einen genetisch-deterministischen Diskurs ersetzt werden, der selbst einen Risikofaktor darstellen kann.

Mit Blick auf die Erlebnisse Susanne Albers' lässt sich auf biografischer Ebene nachweisen, wie eine innerhalb der Familie verankerte fatalistische Haltung gegenüber psychischer Krankheit zu einem Risikofaktor für die Biografin wird. Sie verstärkt das Gefühl der Ohnmacht aller Familienangehörigen und verdeckt Handlungsmöglichkeiten (vgl. auch Lenz, 2009, S. 753). Dabei ist festzuhalten, dass die Mutter einer Einnahme von Medikamente und der Inanspruchnahme stationärer Behandlung offen gegenübersteht, was dafür spricht, dass ihre fatalistische Einstellung durchaus Grenzen hat.

In der Sequenz kommt auch zum Ausdruck, wie sich die Biografin gegen die Auflage der Familie wehrt, Gefühle zu unterdrücken, indem sie sich einen Ort sucht, an dem sie weinen und traurig sein darf, ohne dafür bewertet zu werden. Allerdings muss sie dazu ihr Elternhaus verlassen und ist mit ihren Gefühlen allein. Durch ihre Strategie und in ihrer Deutung in der Gegenwart des Interviews widersetzt sie sich dem fatalistischen Diskurs in ihrer Familie und entwickelt alternative Handlungsspielräume in schwierigen Lebenslagen.

Die »andere Welt«
Trotz der räumlichen Trennung, die erfolgt ist, hält Susanne Albers an ihrer Freundschaft zu Lena fest.

> »Ich hab ähm, so Grundschulzeit vielleicht ganz kurz ähm, hatte ich dann, ähm mich weiter ähm das war ja wichtig den Kontakt zu der Lena weiter aufrechterhalten so unsere Eltern haben das zum Glück soweit unterstützt dass sie uns dann auf viel drängeln auch dann ab und an mal hin und her gefahren haben so fürn Wochenende oder mal in den Ferien durften wir uns dann besuchen und das war ganz viel ähm auch schon in der Zeit dass es immer so- es gab so meine ferne beste Freundin <<Mhm ja>> so und das hatte ne ganz große Bedeutung dafür dass die einfach immer außerhalb des Alltags stand <<Ja>> dass wir äh, so ne Sehnsucht nacheinander- als Kinder hat man das vielleicht noch nicht so ausgeprägt aber schon es gab so immer dieses Ferne diese andere Welt« (SuA, 2/13–22).

Susanne Albers gibt die Beziehung zu Lena nicht auf, sondern entwickelt eine Fernbeziehung, was für ein Kind im Grundschulalter bemerkenswert ist. Die Eltern zeigen sich zumindest auf ihr Drängen unterstützend dabei, Treffen zu ermöglichen, was das bislang wenig zugewandte Bild, das die Biografin in anderen Passagen des Interviews von diesen zeichnet, etwas verändert. Susanne Albers reagiert auf die neue Situation mit einer Anpassung ihres Verständnisses ihrer Freundschaft, was einen Wandel ihrer zentralen Bewältigungsstrategie einschließt. Gezwungen, die Freundschaft in Form einer Fernbeziehung zu führen, nutzt sie diesen Umstand, um aktiv eine starke Trennung zwischen ihrem alltäglichen Leben und ihrem Zusammensein mit Lena zu etablieren. Diese Trennung von »Alltag« und »anderer Welt« ermöglicht es ihr, einen Ort zu schaffen, der jenseits der Probleme und Traurigkeit innerhalb ihrer Familie liegt und von dieser nicht betroffen ist. Die Etablierung einer »Sehnsucht« nach diesem Ort im Alltag bedeutet für sie auch ein Wissen darum, dass ihr häufig unerfreuliches Alltagsleben nicht allumfassend ist. Diese Trennung von einem alltäglichen und einem außeralltäglichen Bereich entwickelt die Biografin im weiteren biografischen Verlauf zu einer zentralen Struktur der Gestaltung ihrer Beziehungen. Damit gelingt es ihr schon früh, feste Beziehungsstrukturen zu etablieren, die über ihre Herkunftsfamilie hinausreichen.

Ausgrenzungserfahrungen in der Schule
Nach ihrer Grundschulzeit wechselt Susanne Albers Anfang der 1980er Jahre auf ein Gymnasium. Sie ist sehr gut in der Schule, macht jedoch Erfahrungen der Ausgrenzung vonseiten der Mädchen in ihrer Klasse.

> »Ä:hm (12) pfffff (1) 'Also das war' ( ) ähm das war in der (7) Grundschule fing das son bisschen an aber sehr stark erlebt hab ich es vor allem so (1) fünfte sechste siebte Klasse <<Mhm>> dass es da (1) zwei drei Mädchen in der Klasse gab die einfach (1) sowieso immer so ne sehr spitze Zunge hatten und ähm, ja: mich dann so:, entweder direkt oder so indirekt dass mans dann eben doch mitbekommt und damit gehänselt haben, dass meine Haare nicht so oft gewaschen waren oder dass die nicht so geschnitten waren dass da Spliss drin ist und ich wusste überhaupt nicht was das ist <<Mhm>> und ähm, sich über meine Klamotten irgendwie bisschen lustig gemacht haben <<Ja>> und ähm, mich auch als Streberin abgestempelt haben so was auch der Fall war« (SuA, 73/16–26).

Die Mitschülerinnen lassen Susanne Albers spüren, dass sie weder angemessene Wissensbestände noch angemessene Handlungskompetenzen besitzt, um unhinterfragt zu der Gruppe der Mädchen der Klasse dazuzugehören. Die wichtigsten Angriffspunkte sind dabei die Bereiche Körperpflege, Stil und Kleidung. Auf der anderen Seite wird der Bereich, in dem sie handlungskompetent ist, dem Streben nach guten Noten, von ihnen abgewertet. An anderer Stelle erzählt die Biografin, dass sie das, was damals passierte, heute zum Teil als Mobbing bewertet. Allerdings lässt sie sich von diesen Erlebnissen nur bedingt beeindrucken oder unter Anpassungsdruck setzen. Sie beginnt, sich aktiv von den an sie herangetragenen Normen von Weiblichkeit abzugrenzen und eignet sich die abwertend gemeinte Zuschreibung der Streberin als eine Rolle, die sie bewusst ausfüllt, an, in der sie sich – wie sie es auch an anderer Stelle ausführt – ihren Mitschülerinnen überlegen fühlt. Den großen Wert, den sie auf schulische Leistung legt, verweist auch auf ihre Familiengeschichte, in der ihre Mutter sich erfolgreich Zugang zum Bildungsbürgertum erarbeitet hat – ein Umstand, der in der erzählten Familiengeschichte von dem Umstand der Flucht der Mutter und ihrer Erkrankung überlagert wird.

Erstes Interesse für einen Jungen
Ihr erstes Interesse für einen Jungen entwickelt sich über das Motiv der Konkurrenz um die besten Noten in der Klasse:

> »Aufm Gymnasium, in der fünften sechsten Klasse gabs einen Jungen den ich sehr interessant fand der ähm, ja: mit dem es immer so ne, insgeheime Konkurrenz um=um die Streberherrschaft in der Klasse ging sag ich jetzt mal so Ich hab dann doch letztlich immer gewonnen aber das war halt schon auch was was so ne Herausforderung mit ausgemacht hat <<Ja>> so Der war interessant der fand mich nicht so interessant ist mir dann auch leider ((lachend)) /öfter so gegangen\ dass ich dann jemanden da toll fand das aber auch nie gesagt habe« (SuA, 3/8–14).

In der Beschreibung ihres Interesses für den Jungen beschreibt sich die Biografin auf der einen Seite als aktiv und überlegen. Damit begibt sie sich in eine Rolle, in der sie sich nicht entlang von Geschlechterstereotypen bewegt, in der Mädchen häufig Passivität zugeschrieben wird. Während sie die Konkurrenz und das Gewinnen genießt, ist sie in anderen Bereichen gegenüber dem Jungen unsicher. Das zeigt sich an ihrer widersprüchlichen Aussage, dass dieser sie nicht interessant gefunden habe, woran sie einen Satz anhängt, der nahelegt, dass sie ihr Interesse auch nicht gezeigt hat.
Im Laufe ihrer Adoleszenz nimmt die Biografin eine distanzierte Position gegenüber den in der heterosexuellen Kultur verbreiteten Körperpraktiken ein, die sie beginnt, in ihrem Umfeld zu beobachten: »Ich fand es

halt immer komisch wenn die anderen das gemacht haben 'da knutschend aufm Schulhof standen <<Ja>> mit 15 oder 14 15 16 so' Ähm (5)« (SuA, 54/15–15). Sie beschreibt ein Unbehagen bei der Vorstellung selbst zu küssen oder Sex zu haben:

> »Aber es war halt schon immer mit so nem Unbehagen und **ach ne und will ich eigentlich nicht** und, was passiert dann da und son Gefühl von, ich will eher wie ges- ich will keinen so nah an mich ran lassen und ich will auch nicht so-, ich will nicht diesem Klischee Frau entsprechen auch <<Mhm>>, schon auch ne Faszination davon aber oft auch so (   ) genau ich will diesem Klischee nicht entsprechen ich will auch nicht so das **Mädchen** sein sondern hab mich immer eher so als sehr verkopft oder (1) so intelligenzbetont <<Ja>> verstanden und sowieso diese religiöse Kiste spielte da ja auch noch mit rein Ist sowieso klar also, vor der Ehe sowieso keinen Sex 'und so irgendwie so etwas konservative christliche Jugend in der ich da mich aufgehalten habe' <<Ja>> Und die waren auch schon recht körperfeindlich so <<Mhm>> Also jetzt nicht so wie so ne Freikirche <<Ja>> so krass aber schon (4) 'schon so: (3) ja wie gesagt kein Sex vor der Ehe und so Sachen das war irgendwie ziemlich klar' <<Mhm>> Immer schön rein bleiben ((lachend))« (SuA, 54–55/32–10).

Susanne Albers beschreibt eine Situation, in der sie nicht offen ist für körperliche Nähe und erotische Körperpraktiken, die sie als selbstverständlichen Bestandteil von romantischen heterosexuellen Begegnungen der »anderen« in ihrem Umfeld beobachtet. Mit ihrer Frage »was passiert dann da« drückt sie sowohl ihre Unsicherheit als auch ihre Skepsis aus. Sie ist sensibel dafür, dass die romantischen oder erotischen Handlungen, die sie beobachtet, in hoch strukturierte Geschlechterverhältnisse eingebunden sind, in denen eine Rolle für sie als »Mädchen« vorgesehen ist, die sie in ihrer Kontrolle und Autonomie infrage stellt (vgl. Kap. 2.2.3). Alternativ entscheidet sie sich für eine Position, die sie als »verkopft« und »intelligenzbetont« beschreibt, was sie als ein Gegenteil ihres Bildes von »Mädchen«, die »knutschend aufm Schulhof« stehen, entwirft. In diesem Entwurf nutzt sie allerdings die gleichen Strategien der Abwertung von Mädchen, die Teil der hierarchischen Geschlechterkonstruktionen sind, die ihr Unbehagen auslösen.

Ihr Engagement in einer evangelischen Gemeinde wirkt dabei, in der Form wie sie diese beschreibt, eher als eine ihr willkommene Legitimation ihrer Skepsis als durch einen tief verankerten Glauben inspiriert. Allerdings kann sie im Interview das von ihr in dieser Zeit erlernte Verständnis von Sexualität außerhalb der Ehe als etwas vermeintlich Schmutziges und der Enthaltsamkeit als etwas, das Reinheit bedeutet, auf den Punkt wiedergeben. Auch wenn sie diese christlichen Moralvorstellungen heute kritisiert, haben sie diese als Jugendliche sicher beeinflusst. Ähnlich wie in ihrem Selbstverständnis als »verkopft« zeigt sich in der Offenheit für die klaren moralischen Grundsätze ihrer Gemeinde ein Hang zur Polarisierung: Entweder bin ich verkopft oder ein Mädchen bzw. entweder bin ich rein oder ich habe Sex vor der Ehe. Sie gewinnt damit zwar eine große Klarheit, wie sie nicht handeln will oder soll, schließt damit aber auch eine ganze Reihe an Handlungsoptionen grundsätzlich aus.

Das Unbehagen gegenüber zu großer körperlicher Nähe und der Wunsch nach Kontrolle, die Susanne Albers in der Sequenz beschreibt, ist sicher auch von den Erlebnissen beeinflusst, die sie in ihrer Herkunftsfamilie gemacht hat. Hier ist sie – wie ich oben ausgeführt habe – manchmal in Situationen gekommen, in denen sie keinen Einfluss auf Nähe und Distanz zu ihren Eltern oder in Bezug auf ihren Wohnort hatte. Sie sah sich mit Gefühlen der Ohnmacht konfrontiert. Dazu kommt, dass sie innerhalb ihrer Familie gelernt hat eine starke Körperkontrolle zu entwickeln, etwa durch die Anforderung nicht zu weinen. Diese Erfahrungen erweisen sich in der Verarbeitung der Biografin als ein Anspruch auf Kontrolle und Autonomie, nicht allein als schmerzliche Einschränkung ihrer lebensgeschichtlichen Handlungsoptionen, sondern auch als eine Kompetenz.

Erstes Verlieben in eine Mitschülerin
Wie wenig sich Susanne Albers von den moralischen Grundsätzen ihrer Kirchengemeinde einschränken lässt – die mit großer Wahrscheinlichkeit die Ablehnung gleichgeschlechtlicher Neigung einschlossen – zeigt sich in ihrer recht unbefangenen Schwärmerei für eine Mitschülerin:

> »da war ich in der zehnten ne in der neunten achten neunten Klasse muss das gewesen sein da ähm (2) ((räuspert)) (2) hatte ich wirklich ernsthaft das Gefühl dass ich mich in ne Mitschülerin verliebt habe <<Ja>> so Also ich fand die total süß und ganz toll und hab die auch so angehimmelt und die war sehr sportlich und ich war das in der Zeit überhaupt nicht und dann hab ich mich aber doch aufgeschwungen mit ihr einfach mal dann doch son

Waldlauf zu machen ((lachend)) /Das war total\ schrecklich weil ich mich so geschämt habe weil ich so unsportlich war und ihr das dann irgendwann auch aufgefallen ist Ist auch egal Und dann hatten wir irgendwann mal auf nem Schulfest das hatte unsere Klasse so nen Verkleidungsstand wo man sich fotografieren lassen konnte und ähm da hab ich mich mit ihr als äh Braut und Bräutigam verkleidet <<Ja>> Also ich war der Bräutigam und sie war die Braut und dann gibts son Foto davon und das fand ich irgendwie so insgeheim ganz toll <<Ja>> Aber ich hab das mit ihr auch nie so ((holt tief Luft)) thematisiert dass das für mich eigentlich doch auch, ja: so ne Anziehung war die vielleicht auch son Stück über das hinausgeht was, für andere so <<Ja>> mhm vielleicht das normale Maß gewesen wäre <<Ja>> Also sie hat da schon auch mit drauf reagiert und ist da auch son bisschen drauf eingestiegen aber ((zieht Luft durch die Zähne)) außer so nem Anhimmeln war da eigentlich äh in der Zeit nicht so viel« (SuA, 3–4/19–1).

Darüber, dass sie sich in eine Frau verliebt, verliert Susanne Albers in der Sequenz keine weiteren Worte. Auf der Ebene des Erzählens verdeutlicht sie damit eine geringe Relevanz des Geschlechts der Menschen, für die sie romantische Gefühle hat. Auch Sorgen vor homophoben Reaktionen aus ihrem Umfeld sind kein Thema. Lediglich die Formulierung »das normale Maß« bezieht die Verletzung der heterosexuellen Norm mit ein, könnte sich in diesem Zusammenhang aber genauso allein auf die Unterscheidung zwischen freundschaftlichen und romantischen Gefühlen beziehen. In ihren Themen ähnelt die Passage der zuvor zitierten Stelle, in der sie von ihrem Interesse für ihren Mitschüler erzählt: Sie empfindet eine Zuneigung, unternimmt aber keinen Schritt, der Person, für die sie schwärmt, diese Gefühle mitzuteilen. Relevant macht die Biografin an dieser Stelle nicht das Geschlecht des Menschen, für den sie schwärmt, sondern den Umstand, dass sie ihre Zuneigung selten ausspricht. Diese Zurückhaltung war aber nicht so groß, dass sie nichts mit ihrer Mitschülerin unternommen hätte. Das Foto als Braut und Bräutigam stellt durchaus eine spielerische Annäherung dar, die es der Biografin auch ermöglicht – zumindest in der Inszenierung für das Foto – eine alternative Geschlechterrolle einzunehmen und nicht dem von ihr abgelehnten Bild eines Mädchens zu entsprechen. Die Sequenz verdeutlicht damit auch, dass die Biografin nicht allein in einer ablehnenden Haltung verbleibt, sondern auch Situationen kreiert, in denen sie andere Möglichkeiten für sich auslotet. Dass ihr Gegenüber eine Mitschülerin ist und kein Mitschüler, ist dabei sicher eine Entlastung.

Zwar wäre auch ein Setting denkbar, in dem sie mit einem Mitschüler als Bräutigam posiert und dieser entweder als Braut oder Bräutigam fungiert, aber in dieser Konstellation würden die Mechanismen der hierarchischen Zweigeschlechtlichkeit stärker greifen und wären schwerer auszuhebeln.

Eine weitere psychische Krise der Mutter
Während Susanne Albers in der Schule mit den Gefühlen erster Verliebtheiten zu tun hat, erlebt sie zu Hause Krisensituationen:

> »Ähm das war so dass sie ähm das war vor Weihnachten wie alt war ich da, elfte Klasse war ich da (3) '16 (2) ja' (2) Genau da hatte sie [die Mutter] davor ähm in der Adventszeit schon sich sehr viel Stress gemacht und ähm hatte auch davor schon so ähm für uns etwas merkwürdige und komische Fantasien immer wieder das, das ist einfach dass sie Fantasien hatte dass es zu sehr starken Konflikten zwischen meinem Vater und zwischen meinem Bruder kommen könnte <<Mhm ja>> dass sie ähm, mmm, so: ähm (2) einmal Angst hatte als mein Vater einkaufen gefahren ist und ähm <<Ja>> (1) dass mein Cousin irgendwas bestimmtes zustoßen würde hatte sie immer die Idee dass sie das wüsste so <<Mhm>> und dann wars halt so dass sie an Weihnachten selber morgens ähm früh um vier ä:hm plötzlich bei mir im Zimmer stand und ähm (1) ich hatte geschlafen <<Mhm>> mich geweckt hat ähm und meinte sie hätte gerade ihr Bett angezündet <<Mhm>> so und wollte mir das halt sagen und dass sie ähm (1) genau (2) Und ich konnte das gar nicht glauben und ich hab versucht sie zu beruhigen <<Ja>> und ähm, hab dann aber halt gemerkt dass es so angebrannt riecht und bin dann halt doch sehr misstrau- sehr schnell sehr misstrauisch geworden und hab das dann gesehen dass, ja: also dass da einfach ein Feuer war Das war jetzt noch nicht dass das ganze Schlafzimmer verraucht war so auch noch nicht dass es irgendwie bis an die Decke oder bis in die Schränke ging sondern einfach nur dass es in diesem Bett selber so ((holt Luft)) einfach gebrannt hat so« (SuA, 48–49/29–14).

Auch wenn die Biografin relativ gelassen von diesen Geschehnissen berichtet, werden die Fantasien der Mutter bedrohlich für sie gewesen sein – insbesondere da es sich um sehr konkrete Fantasien über Familienmitglieder handelt. Die Situation, als die Mutter nachts in ihrem Zimmer steht und berichtet, dass sie das Bett angezündet hat, wird ebenso ein Schock gewesen sein. Dass die Mutter ausgerechnet ihre Tochter auswählt, um sie auf das Feuer hinzuweisen, ist sicher kein Zufall. Sie weiß, dass ihre Tochter in der Lage ist, Verantwortung für die Situation zu übernehmen – was diese auch tut, indem sie ihre Mutter beruhigt und die notwendigen nächsten Schritte einleitet. In dieser Situation kommt Susanne Albers viel Verantwortung für eine 16-Jährige zu. Obwohl das Feuer noch nicht auf das Haus übergegriffen hat, handelt es sich um eine plötzliche Notsituation mitten in der Nacht. Susanne Albers muss die Aufgabe der Erwachsenen übernehmen, wobei sich die Frage stellt, wo der Vater der Biografin in dieser Situation war. Ängsten oder Panik darf Susanne Albers in dieser Situation keinen Raum geben. An anderer Stelle spekuliert sie darüber, ob die Familie in Todesgefahr war, was sie verneint, da sie glaubt, die Familienmitglieder hätten sich zur Not aus dem Fenster des ersten Stockes, in dem sie sich aufgehalten haben, retten können.

Ähnlich wie die familiären Situationen in ihrer Kindheit wird auch diese in der Familie nicht weiter besprochen oder bearbeitet. Stattdessen bemüht sich der Vater, nachdem die Mutter in ein psychiatrisches Krankenhaus gefahren worden ist, ein möglichst »normales« Weihnachtsfest mit seinen Kindern zu feiern. Neben Trauer verspürt Susanne Albers auch Erleichterung über die stationäre Aufnahme der Mutter in der Psychiatrie, deren Verhalten sie als eine »ominöse unterschwellige Bedrohung« (SuA, 71/18) erlebt. Ambivalente Gefühle von Erleichterung, Sehnsucht und Scham infolge einer Aufnahme eines Elternteils in die Psychiatrie sind typisch für eine solche Situation (vgl. Lenz, 2009, S. 756). Susanne Albers bleibt in der Familie allein mit diesen widerstreitenden Gefühlen, da weder wirklicher Trost noch eine Aufarbeitung durch andere Erwachsene in der Familie angeboten wird.

Im Interview erzählt sie an anderer Stelle, dass sie erst, als sie Lena anruft, beginnt zu weinen. In dieser Situation zeigt sich damit erneut, wie wichtig ihre Freundschaft zu Lena ist. Sie ist nicht nur ihre einzige Ansprechpartnerin, sondern ihr gegenüber muss sie weder Verantwortung übernehmen noch Kontrolle beweisen.

Die erste Selbstbeschreibung als bisexuell

Die Beziehungen zu Männern, die Susanne Albers eingeht, führen immer wieder zu Konflikten mit Lena. Sie entspannen sich, als Lena ihr lesbisches Coming-out hat:

> »das war dann auch ne Zeit in der (1) 'ne das war ein bisschen später' also das war dann so Ende, Ende Oberstufe 13. Klasse '18 17 18 Jahre genau',

da: (2) genau hat sie [Lena] dann glaub ich auch sehr irritiert und sehr enttäuscht reagiert <<Ja>> und unabhängig davon sich aber selber auch langsam in Richtung lesbisch so orientiert ( ) so als ja Coming-out war später bisschen später noch aber ja hat das so für sich entdeckt hatte dann Kontakt zu anderen (1) mhm (1) lesbischen Frauen gesucht und gefunden und seitdem so gerade dann so Beginn des Studiums so mit 19 20 21 war dann für sie ganz wichtig immer Lesbengruppe hier und Lesbenparty da und lesbische Freundin dort und so weiter und so fort« (SuA, 10–11/30–11).

Beide Freundinnen beginnen, andere Beziehungen einzugehen, was zu Enttäuschungen auf beiden Seiten führt. Die Frage, ob sie ihre Freundschaft als exklusiv definieren scheint sich ihnen nicht zu stellen. Stattdessen beginnen beide, Beziehungen aufzubauen, die neben ihre Freundschaft treten. Dass Lena sich dabei zunehmend als lesbisch definiert, führt dabei zu keiner neuen Bewertung ihrer Beziehungsgeschichte mit Susanne Albers. In der Sequenz kommt eher zum Ausdruck, wie sich die Biografin mehr und mehr ausgeschlossen fühlt von dem Engagement und den Beziehungen, die Lena in lesbischen Zusammenhängen eingeht. Dabei spielt es sicher eine Rolle, dass die exklusive Konstruktion von Lesbischsein – die für Lena in dieser Zeit im Mittelpunkt steht – wenig Platz für Susanne Albers' Beziehung zu Lena lässt. Susanne Albers hat zu diesem Zeitpunkt eine Beziehung zu einem Mann, was ein Ausschlusskriterium für die Zugehörigkeit zu Lenas wichtigsten Zusammenhängen, Beziehungen und Freundschaften darstellt.

Ende der 1980er Jahre – nach ihrem Abitur – hat die Biografin bei einem Ferienjob eine interessante Begegnung,

»weil da eine Frau mir begegnet ist die bisexuell war <<Mhm>> und ne lesbische Frau und wir noch mit nem anderen- mit ner anderen jungen Frau zusammen waren da so son über drei vier Wochen son Vierer-Grüppchen was da zusammen [berufliche Tätigkeit] das heißt wir hatten ganz viel Zeit zu diskutieren und uns zu halten=unterhalten und auszutauschen und das fand ich ganz ganz spannend weil es zum ersten Mal war dass ich merke dass ich auch, ähm zu=Kontakt zu lesbischen in dem Fall bisexuellen Frauen hatte außerhalb von dieser Lenawelt <<Ja>> und ähm (1) ja und auch da selber jetzt mal unabhängig von der Lena gucken konnte wo stehe ich denn da so eigentlich was hab ich da für nen Standing was ist das für ne Position und diese bisexuelle Frau fand ich auch total interessant das war das erste Mal dass überhaupt jemand von mir gegenüber das so erzählt hat dass das auch beides geht Das war mir bis dahin gar nicht so klar Und ähm das fand ich super also, Ähm (2) interessanterweise hab ich das damals auch der Lena geschrieben weiß ich wir haben so die Briefe immer aufgehoben und dann irgendwann noch mal nachgeguckt da hab ich ihr da auch das geschrieben dass ich denke dass ich bisexuell bin« (SuA, 9/14–31).

Susanne Albers hebt hervor, dass es für sie besonders wichtig war, Kontakt zu lesbischen bzw. bisexuellen Frauen jenseits der »Lenawelt« zu haben. Die Trennung ihrer alltäglichen Welt von der gemeinsamen Welt mit Lena, die sie schon in ihrer Kindheit begonnen hat, erhält sie weiter aufrecht. Was in der »Lenawelt« passiert, hat keinen unmittelbaren Einfluss auf ihren Alltag und umgekehrt. Durch die Begegnung mit den bisexuellen und lesbischen Frauen taucht ein Thema aus der »Lenawelt« für sie unerwartet in ihrer alltäglichen Welt auf.

Die Rahmenbedingungen dieser Begebenheit sind wichtig. In Hinblick auf ihren biografischen Verlauf befindet sie sich mitten in einer Statuspassage: am Ende ihrer schulischen Ausbildung. Dem erfolgreichen Abschluss des Abiturs gibt die Biografin dabei den Stellenwert eines selbstverständlichen Vorgangs, den sie nicht weiter thematisiert. In der Szene, die sie beschreibt, befindet sie sich bei einer entspannten, konkreten Tätigkeit mit netten und interessanten Kolleginnen – und sie befindet sich in einem gewissen Abstand von ihren wichtigsten Beziehungen: ihrer Familie, Lena, ihrem Freund und ihrer Gemeinde. Diese biografische Situation, die von einem Übergang und einer gewissen Distanz geprägt ist, ermöglicht ihr, die Frage zu stellen, wo ihre »Position« ist. Dabei bezieht sie sowohl die »Lenawelt« als auch ihre Alltagswelt mit ein, die sie sonst kaum in ein unmittelbares Verhältnis setzt. Sie verwendet auch den Begriff »Standing«, womit naheliegt, dass es nicht nur um eine Standortbestimmung in ihren Beziehungen geht, sondern auch um den Status, den sie in diesen Beziehungen hat – eine naheliegende Überlegung, denn aus unterschiedlichen Gründen ist ihr Status in allen ihren Beziehungen prekär: In ihrer Familie spielen ihre emotionalen Bedürfnisse kaum eine Rolle, in der Beziehung zu ihrem Freund ist sie auf die Rolle seiner Retterin beschränkt und durch das lesbische Coming-out Lenas droht sie in der »Lenawelt« in eine Außenseiterposition zu geraten.

Besonders auffallend ist, wie entspannt sich die Biografin die Frage nach ihrer Position unter diesen Bedingungen stellen kann. Schließlich wäre auch die Voraussetzung für eine Identitäts- und Lebenskrise erfüllt, die sich in biografischen Übergängen einstellen kann. Susanne Albers erlebt die Situation aber als interessant und klärend, was vor allem an ihrer ersten bewussten Begegnung mit einer Frau liegt, die ihr erzählt, dass »auch beides geht«. Damit lernt Susanne Albers sowohl ein konkretes Rollenmodell als auch ein neues Deutungsmuster für ihre Beziehungsformen und Wünsche kennen. Dies löst keine Verunsicherung bei ihr aus, sondern ermöglicht ihr eine Antwort auf ihre bislang ungeklärte Frage nach ihrer Position kennenzulernen.

Ihr Brief an Lena zeigt, wie sie die neu gelernte Bezeichnung für sich übernimmt und sie mit Lena teilt. Dabei bleibt unklar, ob sie damit auch die Intention verbindet, ihre Beziehung zu Lena in ihrer Verbindlichkeit zu untermauern. Etablieren kann sich das neue Deutungsmuster »Bisexualität« in dieser biografischen Situation nicht. Denn an anderer Stelle im Interview erzählt Susanne Albers, dass sie die Begebenheit bald wieder vergaß:

> »ich hab das witzigerweise wieder vergessen dass ich mich damals schon als bisexuell bezeichnet habe weil irgendwann hielt mir Lena das noch mal unter die Nase und ich so **Bitte** kann doch gar nicht sein das war dann irgendwie wieder weg« (SuA, 10/13–16).

Die Biografin erlebt diesen Moment nicht als einen Wendepunkt in ihrer Lebensgeschichte und sie macht auch keine Anstalten, sie in dieser Form zu präsentieren. Bisexualität als Deutungsmuster erlangt nicht die Eigenschaften einer Struktur innerhalb der Lebensgeschichte in dem Sinne, dass dieses Deutungsmuster in der Lage ist, sich selbst aufrechtzuerhalten. Dementsprechend vergisst die Biografin ihre Selbstbezeichnung wieder und das damalige Erlebnis gewinnt erst von einem späteren Zeitpunkt ihres Lebens an eine neue Relevanz.

Der CSD

Susanne Albers ist Mitte zwanzig, als sie Ende der 1990er Jahre mit Lena und weiteren Freundinnen einen Christopher Street Day besucht:

> »das war irgendwie Megahype für die alle <<Ja>> und ähm waren ganz aufgeregt und haben sich dann auch irgendwie son bisschen aufgebrezelt dafür also wie Lesben sich halt ((lachend)) /aufbrezeln\« (SuA, 71/4–6).

5 Falldarstellungen und Typenbildung

Susanne Albers betrachtet den CSD nicht als ihr Event und teilt die Aufregung ihrer Freundinnen nicht, deren Vorbereitung sie mit einer amüsierten Distanz beobachtet. Diese Haltung ändert sich mit einer Entdeckung, die sie dort macht:

> »Wir haben uns zuerst die Parade angeschaut und da habe ich diese Bi-Gruppe gesehen <<Ja>> und war wirklich, völlig hin und weg dass die nen Stand hatten weil ich dachte so Boah Komischerweise hatte ich das ja auch wieder vergessen dass ich mich da irgendwie mit 19 schon mal sehr mit beschäftigt hatte, 'echt merkwürdig' aber gut Jedenfalls war das wirklich so die Erlösung mental, weil ich schon auch diese Faszination von den drei, von Lena und den beiden anderen auch son Teil teilen konnte <<Ja>> für die Frauen und alles was da ist aber ich dachte immer es ist einfach nicht meins und ich kann mich jetzt da ein bisschen mit, identifizieren und war auch ein bisschen aufgeregt aber es war einfach immer nicht meins weil die da immer ihr Lesbending draus gemacht haben so mit allem was denn dazu gehört so lesbisch anziehen und lesbisches Hackebeilchen umhängen und <<Ja>> ((holt Luft)) (2) lesbische Verhaltensweisen an den Tag legen und auf die Lesbenparty gehen und so irgendwie Und das war aber immer nicht so richtig meins aber son bisschen halt« (SuA, 71/9–20).

Drei Ausgangsbedingungen sind in diesem Erlebnis gegeben: Die Biografin lebt in einer festen und glücklichen Partnerschaft, sie ist mit ihrer langjährigen Freundin Lena unterwegs und sie trifft auf eine Gruppe von Menschen, die im öffentlichen Raum für bisexuelle Lebensweisen eintreten.

Ihre Partnerschaft mit Michael betrachte ich als eine wichtige Ausgangsbedingung, da es sich um eine alltägliche und stabile Beziehung handelt, in der Susanne Albers nicht die kraftraubende und beschränkende Position der Verantwortlichen und »Retterin« einnimmt. Hatte sie vorher relativ strikt zwischen ihrer Alltagswelt und der »anderen Welt« getrennt, erschließen sich ihr in dieser Situation neue Handlungsspielräume innerhalb dieses Arrangements – sowohl die Trennung der beiden Bereiche betreffend als auch in Bezug auf die Gestaltung von Alltag und »anderer Welt«.

Die Beziehung zu Lena stellt eine langjährige Beziehung dar, in der sie die Anstrengungen ihres Alltags hinter sich lassen konnte. Sie hat erlebt, dass die soziale Institution der heterosexuellen Kleinfamilie nicht in der Lage war, existenzielle emotionale Bedürfnisse abzudecken, und dabei erfahren, wie wichtig alternative Beziehungsformen sind. Damit überschreiten ihre Beziehungsvorstellungen immer wieder die gängigen Vergemeinschaftungsformen von Freundschaft oder romantischer Zweierbeziehung. Dies führt dazu, dass Susanne Albers sich weder mit den gängigen heterosexuellen noch mit den gängigen homosexuellen Beziehungsformen arrangieren kann und möchte. Dies bringt sie innerhalb der lesbischen Zusammenhänge, in denen sich Lena bewegt, in eine Außenseiterposition. Das wird zu Beginn der oben zitierten Sequenz deutlich: Es sind die anderen, denen die Veranstaltung »superwichtig« ist. Ihre Beziehung zu Lena hat in diesem Moment wenig Relevanz. Ihre Ambivalenz gegenüber dieser Situation drückt sich im Transkript aus, wenn sie zwischen »ein bisschen mit, identifizieren« und »es war einfach immer nicht meins weil die da immer ihr Lesbending draus gemacht haben« schwankt. Sie kann sich mit ihren Bedürfnissen in den lesbischen Zusammenhängen, die sie kennenlernt, nicht wiederfinden und bleibt eher außen vor. Dabei geht die Zurückhaltung nicht nur von ihr aus, was sich an der Szene zeigen lässt, die Susanne Albers beschreibt, in der sie Lena und ihre Freundinnen wiedertrifft, nachdem sie an einem Stand der Gruppe Bisexueller war:

> »Und bin dann glaub ich zu denen zurückgekommen in das Café und meinte dann noch mal so Ja mhm Bi-Gruppe und ich glaube ich wär bisexuell <<Mhm>> Da haben die alle son bisschen komisch geguckt« (SuA, 71/26–29).

Die Reaktion auf ihre vorsichtige Aussage »ich glaube ich wär bisexuell« ist bei ihren lesbischen Freundinnen verhalten und lässt nicht auf eine bestärkende oder freudige Reaktion schließen. Das ist auffällig in einer Gruppe, die gerade an einer Veranstaltung teilnimmt, in der es um Emanzipation und das Feiern sexueller Vielfalt geht. In diesem Rahmen wäre auch die Bekräftigung eines Zusammengehörigkeitsgefühls über die Unterschiede hinweg denkbar gewesen. Ein Grund für das Ausbleiben dieser Entwicklung kann die Ablehnung von Bisexualität sein, die sich in manchen lesbischen Zusammenhängen nachweisen lässt (vgl. Kap. 3.2.2). Auf die Erfahrung einer häufigen Ablehnung durch Lesben weist die Biografin selbst am Rande des Interviews hin (vgl. Kap. 5.4.2.1). Ob sie diese offene Ablehnung auch in der besprochenen Szene erlebt, bleibt Spekulation. Festhalten lässt sich, dass sich in dieser Sequenz wenig Verbundenheit zwischen den sich herausbildenden Gruppierungen der Lesben und der Bisexuellen abzeichnet.

Die Erfahrung, in lesbischen Bezügen eine Außenseiterin zu sein, wird zu der Begeisterung Susanne Albers beigetragen haben, als sie auf dem CSD eine Gruppe von Menschen sieht, die in der Öffentlichkeit auftritt und ihr die Möglichkeit einer unhinterfragten Zugehörigkeit aufzeigt. Voraussetzung für diese Begegnung sind die Veränderungen im sozialen Bereich des Sexuellen seit den 1960er Jahren, die sich unter dem Einfluss sexueller Liberalisierung und sexueller Selbstbestimmung in der Homosexuellen- und Frauenbewegung zunehmend durchgesetzt haben (vgl. Schmidt, 2005, S. 10 und Kap. 2.1, 3.1.3). Als Teil dieser Entwicklung etablierte sich auch eine Selbstorganisation Bisexueller (vgl. Hüsers & König, 1995, S. 138 und Kap. 3.1.3). Es handelt sich um neue Formen der Vergemeinschaftung unter dem Begriff Bisexualität, die Susanne Albers Ende der 1980er Jahre noch nicht vorfinden konnte, als sie sich das erste Mal als bisexuell bezeichnete und mit dem Thema beschäftigte. Ihre Formulierung »Jedenfalls war das wirklich so die Erlösung mental« drückt die ganze Erleichterung aus, andere Menschen zu treffen, die ihre Erlebnisse und Gefühle teilen und zum Ausgangspunkt öffentlichen Auftretens und gemeinschaftlichen Handelns machen.

Die sexuelle Revolution
Die Entdeckung der bisexuellen Gruppe auf dem CSD entwickelt sich zu einem Wendepunkt in Susanne Albers' Leben:

> »Es fiel mir echt so wie Schuppen von den Augen und total es war auf einmal alles sonnenklar und diese ganze Geschichte mit der Lena hat sich für mich noch mal geklärt und erklärt und dann hat so was ähm gestartet wie bisexuelles Coming-out« (SuA, 17/9–11).

Das Zusammentreffen mit der bisexuellen Gruppe auf dem CSD ermöglicht Susanne Albers ihrer bisherigen Lebensgeschichte und ihren Zukunftswünschen eine neue Legitimität und Kohärenz zu verleihen (vgl. zu diesem Thema Kap. 4.2.2). Von einem biografietheoretischen Standpunkt aus gesprochen etabliert sie in der Zuwendung zu ihren Erinnerungen ein verändertes noematisches System unter dem Vorzeichen Bisexualität. Ihr gelingt es, Erlebnisse in einer solchen Form anzuordnen, dass sie Teil eines konsistenten Selbstentwurfs werden können (vgl. dazu Thema Kap. 3.3.2), der für sie auch eine »sexuelle Revolution« darstellt:

»das war irgendwie so ne sexuelle Revolution für mich <<Mhm>> weil das endlich mal Leute im größeren Stil waren mit denen ich in ner Gruppe über Sexualität reden konnte auch über Ich fühl mich nicht ganz normal und nicht so ganz dazugehörig und da waren Frauen die ich total toll fand und da waren Männer die ich total toll fand und, die eben auch so (1) ja also ein bisschen dieses Schillernde habe <<Ja>> ein bisschen dieses Diffuse dieses nicht Festgelegte dieses Komm mir nicht zu nah auch dieses Ich muss dir auch nicht zu nah kommen es ist völlig ok wenn wir hier einen super romantischen Abend haben und dann gehen wir aber beide auch mal wieder auf Distanz Also irgendwie Leute die diese, die dieses Nähe Distanz, Flirtspiel sag ichs mal in ner ähnlichen Art und Weise toll fanden wie ich auch so Wo einfach vieles auch nicht direkt klar ist dass eben nicht klar ist dass wenn man sich körperlich weiß nicht über Kuscheln oder Petting näher kommt dass man dann miteinander schläft das schien mir davor immer so ne gesellschaftlich vermittelt so ne klare Abfolge von, ne von so ein Schritt folgt dem nächsten und beim einen Treffen küsst man sich beim nächsten Treffen hält man dann verliebt Händchen und beim dritten kuschelt man sich aufs Bett und beim vierten wird's intim und beim- spätestens beim fünften dann landet man in der Kiste spätestens und da war das mit denen eben nicht so Da konnte man jederzeit jeden Schritt wieder zurücknehmen und das fand ich total klasse Weil das mir so auch so ging so <<Mhm>> Und konnte auch so was einfach in der Luft stehen bleiben und das konnte auch mit mehreren Leuten in der Luft stehen bleiben dann konnte man eben zwei oder drei Leute, oder sogar vier Leute gleichzeitig toll finden ohne dass man da jetzt irgendwie direkt so die- den Vierersex draus machen musste, aber selbst das wäre gegangen <<Ja>> und das- also das war die Entdeckung und jetzt habe ich dieses Rezept für mich angenommen hab ganz viel dazu gelesen hab meinen Eltern das erzählt und allen Freunden das erzählt« (SuA, 17–18/20–9).

Die »sexuelle Revolution«, die Susanne Albers beschreibt, verweist weniger auf die Entlastung einer nachträglichen Legitimierung ihrer Form der Gestaltung von Sexualität und intimen Beziehungen, sondern es geht um das Entstehen einer neuen Handlungsbefähigung in Gegenwart und Zukunft – oder anders ausgedrückt: Bisexuelles Coming-out bedeutet in ihrer Biografie weniger eine Verschiebung hinsichtlich bislang verbotener bzw. illegitimer Handlungen hin zum Erlaubten, sondern eine Ausweitung des Feldes des Möglichen gegenüber dem Unmöglichen.

Als Erstes erwähnt sie die Möglichkeit in einer größeren Gruppe über Sexualität zu sprechen. Sexualität wird in der Gruppe, deren Teil sie wird, folglich nicht als private Angelegenheit betrachtet, die höchstens innerhalb von Liebesbeziehungen oder engen Freundschaften besprochen wird. Ich halte diesen Aspekt für wichtig, da er auf Besonderheiten im Umgang mit Sexualität in der späten Moderne verweist. Im Kapitel über Sexualität als sozialer Bereich des Lebens habe ich darauf hingewiesen, dass viele Kinder in westlichen Industrienationen kaum über Sexualität sprechen lernen. Hier unterscheidet sich Sexualität von anderen Bereichen, in denen Kinder ihrem Alter und Fähigkeiten entsprechend lernen, ihre Gefühle, ihre Handlungen und die Dinge, die sie wahrnehmen, differenziert zu benennen (vgl. Gagnon & Simon, 1973, S. 36; Plummer, 1975, S. 58 und Kap. 2.2.3). Erst in der Adoleszenz lernen viele Jugendliche, unter Gleichaltrigen und zumeist in homosozialen Gruppen über Sexualität zu sprechen, zumeist jedoch nicht in Form eines einfachen Austauschs, sondern unter dem Druck, heterosexuelle Männlichkeits- und Weiblichkeitsanforderungen zu erfüllen. Auch Susanne Albers ist als Jugendliche mit der Anforderung konfrontiert, einen Umgang mit Sexualität zu finden und entschied sich – wie ich oben beschrieben habe – für eine skeptische, distanzierte Haltung, die sie über ihren christlichen Glauben legitimierte. Die Möglichkeit, in einer Gruppe über Sexualität zu sprechen, erfüllt einen Bedarf, den sie bis zu diesem Punkt in ihrer Lebensgeschichte noch nicht abdecken konnte.

Neben dem Gespräch über Sexualität führt Susanne Albers an, dass sie nun die Möglichkeit habe, sich über die Erfahrung auszutauschen, sich nicht »so ganz« dazugehörig zu fühlen, und Männer und Frauen zu treffen, die sie »toll« findet. Damit führt sie zwei zentrale soziale Funktionen der Gruppe auf, deren Teil sie wird: erstens die individuell gemachte Erfahrung mangelnder Zugehörigkeit zu den existierenden gesellschaftlichen Gruppen als eine von anderen Menschen geteilte zu erleben und sich darüber auszutauschen; neben diesem Austausch geht es – zweitens – darum, überhaupt die Möglichkeit zu haben, potenzielle Beziehungs- und Sexpartner_innen kennenzulernen, die den eigenen Wünschen entsprechen. Zwar ließe sich argumentieren, Bisexuelle könnten sowohl heterosexuelle als auch homosexuelle »Beziehungsmärkte« nutzen, aber die Wahrscheinlichkeit dort Homo- oder Bisexuellenfeindlichkeit zu erleben ist hoch (vgl. Kap. 3.2.2).

Allerdings ist die Möglichkeit, die Geschlechtergrenzen bei der Wahl der Sexual- und Beziehungspartner_innen zu ignorieren nicht die wichtigste

Neuerung für Susanne Albers. In ihrer Erzählung ist dies nur ein Element einer alternativen Sexual- und Beziehungskultur. Im Mittelpunkt ihrer Beschreibung steht die Möglichkeit, Nähe und Distanz in Beziehungen offener und feiner zu gestalten, als sie das bislang konnte. Sie ist fasziniert von dem »Schillernden« und »Diffusen« der Menschen, die sie kennenlernt – eine Eigenschaft, die sie auch sich selbst zuschreibt. Sie entwickelt damit in der Sequenz ein Narrativ der Differenz von der monosexuellen Mehrheitsgesellschaft (vgl. Kap. 3.2.2), der sie eine bisexuelle Kultur gegenüberstellt, die besser in der Lage ist, Mehr- und Uneindeutigkeiten zuzulassen, anzuerkennen und zu fördern. Teil dieser Kultur ist auch die Möglichkeit Grenzen feiner zu ziehen, was sie in dem »Komm mir nicht zu nah« ausdrückt. Dieser Punkt ist interessant, weil Susanne Albers damit unterstreicht, dass sie sich zwar innerhalb der Gruppe in der Differenz zum monosexuellen Alltag verbunden fühlt, aber dieses Gefühl der Verbundenheit nicht automatisch zu Nähe führt. Nähe und Distanz werden immer wieder ausgehandelt – ein Vorgang, den sie als »Flirtspiel« bezeichnet. Spiele zeichnen sich meistens durch ein dynamisches Handeln eines oder mehrerer Menschen aus, das auf bestimmten Regeln beruht und seinem Zweck nach zunächst auf die Handlung selbst gerichtet ist. Das Spiel, von dem Susanne Albers berichtet, besteht zuerst darin, die alltäglichen Regeln heterosexueller romantischer und sexueller Interaktionen außer Kraft zu setzen, was sie als befreiend und faszinierend empfindet. Das betrifft dabei auch die Regel der Monogamie. Mit den Worten des oben ausgeführten Skripting-Ansatzes des Sexuellen formuliert (vgl. Kap. 2.2.4), findet Susanne Albers ein kulturelles Szenario vor, in dem sie die Eindeutigkeiten und Verbindlichkeiten des heterosexuellen Skriptings, dem sie von Anfang an skeptisch gegenüberstand, nicht mehr als Orientierung verwenden muss. Dadurch macht sie eine ihr neue Erfahrung der Befähigung des Handelns, die es ihr ermöglicht, die gewünschte Nähe und Distanz selbst festzulegen und sich dabei auch nicht in der Anzahl der Beziehungspartner_innen zu beschränken. Sie ist keinen Automatismen ausgesetzt, da sie in der Lage ist »jederzeit jeden Schritt wieder zurücknehmen«. Innerhalb des »Flirtspiels« hat Susanne Albers folglich viel mehr Möglichkeiten mit den Ambivalenzen[43] umzugehen, die sie häufig in romantischen oder sexuellen Interaktionen erlebt. Sie steht zugleich auch nicht unter Handlungsdruck, denn alles

---

[43] Der Begriff der Ambivalenz hat eine lange Geschichte in der psychoanalytischen Theoriebildung, er lässt sich aber auch soziologisch verwenden (vgl. Lüscher, 2000).

kann »in der Luft stehen bleiben«. Es gibt eine Erlaubnis zur Passivität, die weder Ablehnung noch Zustimmung bedeutet. Es stellt sich mir die Frage, ob ein neuer Umgang mit vorhandenen Ambivalenzen und die Entlastung von Handlungsdruck tatsächlich im Vordergrund stehen. In der Sequenz geht es kaum um die Beziehungen und Interaktionen selbst, sondern vielmehr um die Lust an der Ambivalenz. Dies fügt sich wiederum stimmig in die Metapher des Spiels ein, das vor allem Selbstzweck ist. Es ist ein Spiel, das darin besteht, Beziehungen in der Schwebe zwischen Nähe und Distanz zu halten und damit auch immer wieder Erfahrungen von Fremdheit zu produzieren. Es wird also eine Erfahrung hervorgebracht, intensiviert und vervielfältigt, die den gesellschaftlich institutionalisierten Abläufen nach vor allem die Anbahnung einer romantischen Beziehung dominiert und dann in der Regel gegenüber dem Gefühl der Vertrautheit zurücktritt.

Die Bedeutung dieser Erfahrung für Susanne Albers lässt sich in einen Bezug zu verschiedenen Bereichen ihrer Biografie setzen. Von klein auf haben sich Bindungen an signifikante Andere für sie als unzuverlässig erwiesen. Als verlässlicher zeigten sich für sie außerfamiliale Beziehungen wie ihre Freundschaft mit Lena. Demgegenüber war die Beziehung zu beiden Elternteilen durch ein Wechselspiel von Nähe und Distanz geprägt, auf das sie keinen Einfluss hatte. Die Möglichkeit, nun sowohl in einer festen und verlässlichen Partnerschaft zu sein, als auch mit Lena befreundet zu bleiben und ein »Flirtspiel« auszuleben, in dem sie in der Position ist, Nähe und Distanz zu kontrollieren, lässt sich in ein Verhältnis zu diesen Erfahrungen setzen.

In der Schulzeit macht Susanne Albers die Erfahrung, sich gleichermaßen in Jungen und Mädchen zu verlieben, was sie als selbstverständlich und unproblematisch erlebt. Allerdings wächst sie in einer Gesellschaftsform auf, die monosexuell organisiert ist und in der damit weder das Wissen noch Rollenmodelle vorhanden sind, um einen Lebensentwurf zu entwickeln, in dem »beides geht«. Erneut zeigt sich, dass in ihrem Leben weniger die Frage im Vordergrund steht, was erlaubt ist, als die, was überhaupt möglich ist. Neben den Bereichen Beziehung und romantische Gefühle macht sie zudem in ihrer Jugend die Erfahrung, dass die existierenden heterosexuellen Skripte für intime und sexuelle Interaktionen für sie unzumutbar sind. Sie erlebt diese als irrational und von hierarchischen Geschlechterkonstruktionen durchzogen und entscheidet sich für eine Haltung skeptischer Distanz zum sozialen Bereich des Sexuellen, die sie angesichts der neu entdeckten Möglichkeiten aufgibt.

In vielem wirkt die Beschreibung Susanne Albers' als eine Erprobung der Spielräume, die sich durch die Veränderungen der sozialen Ordnung des Sexuellen seit den 1950er Jahren in (West-)Deutschland ergeben. Grundlage hierfür waren sowohl die Durchsetzung eines weniger auf Verzicht und Geschlechterhierarchien basierten kapitalistischen Regimes als auch die Erfolge der Frauen- und Homosexuellenbewegung (vgl. Schmidt, 2005, S. 21; Schmidt et al., 2006 und Kap. 2.1 und 3.1.3). Das betrifft sowohl die größere Chance von Frauen, Beziehungen um ihrer selbst willen zu führen und nicht aus ökonomischen Gründen (vgl. Schmidt, 2005, S. 21; Schmidt et al., 2006), als auch den Bereich der Sexualität. Es ist sicher kein Zufall, dass sich im selben Jahrzehnt, in dem Susanne Albers in die bisexuelle Bewegung eintaucht, zwei bedeutende sexualpolitische Änderungen im Strafgesetzbuch vollzogen haben: die Streichung des homosexuelle Männer diskriminierenden § 175 StGB im Jahr 1994 und die Abschaffung der Straffreiheit von Vergewaltigung in der Ehe durch die Veränderungen von § 177 StGB im Jahr 1997 (vgl. Müting, 2010, S. 187). Diese Gesetzesänderungen sprechen dafür, dass sich auch auf der Ebene des Sexualstrafrechts ein Verständnis von Sexualität durchsetzt, das Gunter Schmidt als eine »Verhandlungsmoral« (Schmidt, 2005, S. 10) des Sexuellen beschrieben hat. Im Mittelpunkt steht die Frage, ob Sexualität einvernehmlich und unter gleichberechtigten Partnern ausgehandelt wurde, und nicht die moralische Bewertung dieser Handlungen. Sexuelle Gewalt ist nach diesem Verständnis auch in der Ehe nicht zu tolerieren und welchen Geschlechts die Sexualpartner_innen sind, wird für eine rechtliche Bewertung irrelevant.

Susanne Albers' »Flirtspiel« erscheint als Erprobung der neuen Möglichkeiten in den Bereichen Sexualität und Liebesbeziehungen. Dabei fällt auf, dass Susanne Albers Sexualität weiterhin innerhalb von Beziehungen organisiert und nicht allein auf sexuelle Interaktionen abzielt. In dieser Beziehungsgestaltung ergibt sich in Bezug auf die Möglichkeit, Grenzen zu setzen und Nähe und Distanz zu bestimmen, zunächst das Bild einer Entwicklung von einer Heteronomie hin zu einer größeren Autonomie. Bei einem genaueren Blick lässt sich insbesondere für die Beziehungsgestaltung besser von einem neuen Verhältnis von Heteronomie und Autonomie sprechen als von einer linearen Verschiebung. Beziehungen in der »Luft« halten zu können, bedeutet ein Mehr an Autonomie, denn es besteht immer die Möglichkeit, »jederzeit jeden Schritt wieder zurücknehmen«. Andererseits erhöht sich die Heteronomie in Beziehungen, denn schließlich gilt dies auch für die anderen Menschen. Es besteht somit eine größere Gefahr – ohne dass ein besonderer Grund vorliegen müsste – verlassen zu werden.

Susanne Albers beginnt sich in der Folge immer mehr in den sich ihr eröffnenden bisexuellen Zusammenhängen zu engagieren (vgl. Kap. 5.5). Sie verliebt sich in einen Mann und geht eine Beziehung mit ihm ein:

> »und ähm hab mich da **total** in, einen Mann verliebt, in dem Fall in einen Mann der mit seinem Freund zusammen gelebt hat <<Mhm>> und sich schon auch als bisexuell definiert hat aber eigentlich sehr schwul gelebt hat <<Ja>> und das war, super Das war total toll weil der so sehr seine Themen mit Frauen und die Berührungsängste gegenüber Frauen hatte und mit dem, war das das erste M- Mal **total** dass ich das Gefühl hatte ich kann echt in meinem Tempo gehen <<Mhm ja>> weil der da auch gen**auso** viel Berührungsängste hat wie ich oder Vorbehalte oder genauso Sachen toll findet wie ich (1) und das war so, son bisschen das Gefühl ich hab da meine Meister gefunden <<Mhm>> so <<Ja>> (1) weil der das nämlich auch hatte mit dem Ich lass mich jetzt mal ein und dann geh ich wieder zurück <<Mhm ja>> so (1) U:nd ähm ich hab den dann ein paar Mal besucht und es war mir auch relativ egal dass der Michael das nicht so toll fand <<Mhm>>« (SuA, 18/12–23).

Diese Sequenz belegt, wie wenig die Möglichkeit, intime Beziehungen mit Frauen und Männern zu haben, für Susanne Albers im Mittelpunkt steht. Das Wichtigste ist für sie, heterosexuelle und auch monosexuelle interpersonale Skripte des Sexuellen und der Beziehungsgestaltung außer Kraft setzen zu können und stattdessen ihr »Tempo« zu gehen. Bisexualität bedeutet im Lebenslauf der Biografin keine Mischung von Homo- und Heterosexualität, sondern die Etablierung einer autonomen Gestaltung ihrer Sexualität, die insbesondere ihre intimen Beziehungen zu Männern umfasst. Zumindest in der Dimension der Interaktion gelingt es ihr damit, die Institution der Heterosexualität zu ihrem Lustgewinn zeitweilig einzuklammern. Die Möglichkeit, einen Mann mit einem schwulen Lebensstil kennenzulernen, der offen für eine Affäre mit einer Frau ist, unterstreicht dabei, wie wichtig bisexuelle Zusammenhänge (vgl. Kap. 5.5), in denen sie sich immer intensiver engagiert, als Ort des Kennenlernens sind.

Dass ihr die Auswirkungen ihres Handelns auf ihren Partner Michael »relativ egal« sind, wirkt dabei als ein Teil der neuen Konzeption der Autonomie Susanne Albers'. Im Gegensatz zu Ihrer Situation in der Beziehung mit ihrem depressiven Ex-Partner ist sie nicht bereit, ihre Bedürfnisse und Wünsche für ihre Partnerschaft zurückzustellen. Die neu gewonnene Autonomie geht mit einer Konzentration auf sich selbst einher, was für die Biografin mit einer Zurückweisung von Verantwortung und Sorge für die Gefühle ihres Partners verbunden ist. Sie erprobt damit ein neues Verhältnis zwischen Autonomie und Bindung innerhalb ihrer Beziehungen. Die Dominanz des Motivs der Selbstverwirklichung in Beziehungen, das hier zum Ausdruck kommt, ist nicht auf die Lebensgeschichte Susanne Albers' beschränkt. Es ist Teil einer gesamtgesellschaftlichen Tendenz, die der Selbstverwirklichung einen hohen Wert einräumt und die es legitim macht, eine bestehende Liebesbeziehung infrage zu stellen, sollte sie dem Ziel der Selbstverwirklichung im Weg stehen (vgl. Lenz, 2009, S. 271). Susanne Albers möchte sich aber nicht trennen. Insofern ist ihr Entwurf von Bisexualität ein Regulativ, mit dem es ihr gelingt, widerstreitende Motive von Autonomie und Bindung zu vereinbaren.

Die Trennung von Lena
Etwa zwei Jahre nach Susanne Albers' bisexuellem Coming-out entwickeln sich Konflikte in ihrer Beziehung mit Lena, die sich in eine bisexuelle Frau verliebt:

> »Also wenn sie ne lesbische Freundin gehabt hätte oder Affären gehabt hätte alles egal aber wenn es eine bisexuelle Frau ist die, viel von ihrem Wesen oder von ihren Eigenschaften von der Lena mir dann auch erzählt hat so ähnlich hatte wie ich <<Mhm>> das hat mich einfach super super super verletzt 'und ähm' wir waren in dem Sommer noch mal zusammen in Urlaub wir haben ja immer so ((holt Luft)) ein zwei Mal im Jahr zusammen Urlaub gemacht, die ganze Zeit <<Ja>> so seit wir 15 waren und ähm waren da in [Urlaubsort] ((holt Luft)) und das war ganz schwierig weil das so eng war dafür dass wir- also in einem Auto sitzen in einem Zelt schlafen so dass eigentlich die Atmosphäre total geladen war <<Mhm>> weil ich so, so, das so gemein fand und so aggressiv auf sie war, mich so von ihr auch letztlich angegriffen gefühlt habe dadurch also allein dadurch dass sie saß und der ne SMS geschickt hat oder so <<Ja>> und ich eben kein Handy hatte und SMS total dämlich fand sowieso, und irgendwie dann auch daneben saß und dann hab ich gemerkt die smst der ständig und spricht dann auch nicht mit mir und, das fand ich total blöd <<Ja>> so (2) und auch da war es merkwürdig weil das so, weil das so ineinander verstrickt war Ich weiß dass ich das

Gefühl hatte Boah, damit ich diesen [Urlaub] aushalte nehme ich mental so ne Stacheldrahtrolle mich=um mich drumherum mit um mich zu schützen irgendwie in dieser ganzen Situation« (SuA, 75/9–25).

Die Beschreibung der Ohnmacht, die Susanne Albers angesichts der neuen Beziehung von Lena empfindet, steht im Kontrast zu den Erfahrungen von Autonomie, die sie zur gleichen Zeit in bisexuellen Zusammenhängen macht. In ihrem Narrativ stellt die Biografin zwischen diesen beiden Bereichen keinen Zusammenhang her. Meine These dazu ist, dass die bisexuelle Szene vor allem als ganze Gemeinschaft wichtig ist und weniger die einzelnen Beziehungen, deren Flüchtigkeit sie genießt. Dagegen hat die Freundschaft zu Lena eine signifikante Bedeutung für sie.

Um das ganze Ausmaß des Konfliktes zu verstehen, halte ich es für wichtig, ihn in den lebensgeschichtlichen Kontext einzuordnen: Lena ist seit dem Kindergarten die stabilste und wichtigste Bezugsperson im Leben von Susanne Albers. Diese hat in den letzten zwei Jahren durch ihre neuen Freundschaften, Beziehungen und ihr Coming-out als Bisexuelle auch in der Beziehung zu Lena eine neue Form der Autonomie entwickelt. Die Biografin selbst stellt ihr Gefühl der Eifersucht nicht in diesen Kontext, aber die zeitliche Nähe ist auffällig und legt für die Biografin eine entsprechende Deutung nahe: Sie probiert etwas Neues aus und daher ersetzt Lena sie. Es ist tatsächlich auffallend, dass sich Lena ausgerechnet in eine bisexuelle Frau verliebt, die Ähnlichkeiten mit ihr hat, und dass sie sich ausgerechnet während des jährlichen gemeinsamen Urlaubsrituals dieser neuen Beziehung in besonderem Maß zuwendet. Zumindest aus der Perspektive von Susanne Albers – und nur diese lässt sich über das Transkript des Interviews nachvollziehen – erscheint Eifersucht als ein der Situation angemessenes Gefühl. Sie sieht die Gefahr, ersetzt zu werden, damit eine ihrer wichtigsten Beziehungen zu verlieren, und möchte das nicht.

Auf der anderen Seite lässt sich die Situation als ein alltäglicher Konflikt beschreiben: Die beiden Freundinnen machen Urlaub, eine ist abgelenkt durch ihre neue Beziehung und die andere fühlt sich vernachlässigt. Zudem ist die Möglichkeit, mit dem Handy während des Urlaubs ständig in Kontakt mit jemand anderem zu sein, um die Jahrtausendwende relativ neu und ein Umgang mit diesen neuen Techniken zwischen den beiden vermutlich unerprobt. Es lässt sich die Frage aufwerfen, warum Lena nicht gleichzeitig eine bisexuelle beste Freundin und eine bisexuelle Partnerin haben könnte.

Die Situation böte damit das Potenzial für einen Streit, in der die gegensätzlichen Interessen und Perspektiven verhandelt werden – wozu auch Lenas nachvollziehbares Interesse gehören könnte, mit ihrer neuen Liebe Kontakt zu halten, oder ihr mögliches Gefühl, aufgrund der zahlreichen neuen Freundschaften und Affären der Biografin in den letzten zwei Jahren selbst ersetzt worden zu sein. Ein Streit erscheint für Susanne Albers in dieser Situation nicht möglich. Sie erlebt den Konflikt als tragisch und damit unausweichlich, unauflösbar und unerträglich. Das drückt sich auch im Bild des Stacheldrahtes aus, mit dem sie – imaginativ – eine Grenze setzt, die in der Lage ist, sowohl Lena als auch sie selbst zu verletzen. In dieser dreifachen Bedeutung der schützenden Grenzsetzung, der Aggression gegen Lena und der Autoaggression, lässt sich die Beschreibung der Situation als verstrickt gut nachvollziehen. Diese »Verstricktheit« lässt sich auch mit der Beziehungsgeschichte der beiden verbinden. Ihr Kennenlernen war von einer recht klaren Rollenverteilung geprägt: Lena hatte für die Biografin die Rolle der »Retterin« vor ihren Eltern.[44] Wie die Biografin Lena in der beschriebenen Situation erlebt, lässt sich nicht mit diesem grundlegenden Schema der Beziehung in Verbindung bringen und bleibt ihr vielleicht auch daher unerklärlich.

Nach dem Urlaub schreibt Susanne Albers Lena einen Brief, den sie als Endpunkt ihrer Beziehung bezeichnet:

> »da hatte ich- war ich dann in dieser anderen Situation weil ich dachte Boah (2) wenn ichs drauf- oder hab ich mir so eingebildet <<Mhm>> also in so nem Ohnmachmachtding irgendwie dass ich dachte Boah also, ich schreib, gar nicht so bewusst aber schon (2) so halb absichtlich irgendwie also bewusst schon aber nicht so total absichtlich sondern nur so halb absichtlich Dachte ich so Boah also, der Brief kann die auch umbringen <<Mhm>> Wie auch immer so und da hatte ich so ne Allmachtsfantasie <<Ja>> dadurch dass, dass ich so: sauer war, dass ich dachte Boah der zeig ichs jetzt mal so richtig <<Mhm ja>> (11) 'Blöd eigentlich'« (SuA, 76/11–19).

In der Sequenz unterstreicht Susanne Albers noch einmal ihr Ohnmachtsgefühl gegenüber Lena, dem sie mit einer aggressiven »Allmachtsfantasie«,

---

44 Diese Rollenverteilung erinnert an das in der Transaktionsanalyse diskutierte Modell des »Drama-Dreiecks« mit den Rollen »Verfolger_in«, »Verfolgte_r« und »Retter_in« zur Deutung psycho- und gruppendynamischer Prozesse (vgl. Stumm & Pritz, 2010, S. 140).

sie mithilfe ihres Briefes »umbringen« zu können, begegnet. Interessant ist ihre Vorstellung und zugleich Sorge, der Brief könnte Lena tatsächlich töten. Dies verweist auf die Form des animistischen Denkens, wozu auch die Vorstellung gehört, die eigenen Wünsche hätten einen direkten Einfluss auf die belebte und unbelebte Umwelt. Damit tritt eine Denkform in den Vordergrund, die in westeuropäischen Industriegesellschaften entwicklungsgeschichtlich im Alter zwischen zwei und sieben Jahren besonders ausgeprägt ist (vgl. Pinquart et al., 2011, S. 91). Lebensgeschichtlich fallen sowohl die frühesten Erinnerungen an die ersten psychischen Krisen ihrer Mutter als auch ihr Beginn der Beziehung zu Lena in diesen Bereich zwischen vier und fünf Jahren.

Mit diesem Verweis möchte ich nicht die These vertreten, dass Susanne Albers einem in diesem Lebensalter festgelegten kindlichen Muster entsprechend handelt. Das entspräche einem linearen und deterministischen Verständnis von Biografie, das ich nicht vertrete (vgl. Kap. 4.2). Sie agiert offensichtlich als Erwachsene, indem sie ihre Wut und den Wunsch, Lena am liebsten umzubringen, in einem Brief Ausdruck verleiht – etwas, was sie im Kindergartenalter gar nicht hätte tun können. Die Beziehung zu Lena empfindet sie als schmerzlich und da sie keinen existenziellen Status mehr für sie hat, arbeitet sie auf ihr Ende hin. Als Kindergartenkind hätte sie sich solche Gefühle und Handlungen – zum Beispiel gegenüber ihrer kranken Mutter und dem abwesenden Vater – nicht erlauben können. Insofern zeigt diese Sequenz die Inszenierung einer Tragödie durch Susanne Albers, mit der sie die Kränkung verarbeitet, dass Lena eine neue bisexuelle Partnerin hat und es ihr ermöglicht, eine für sie nicht mehr unterstützende bzw. vielleicht auch nicht mehr nützliche (Lena ist keine »Retterin« mehr) Beziehung zu beenden. Allerdings gehört zu dieser »Inszenierung«, dass Susanne Albers zwar agiert, sich dabei aber nicht als Handelnde und Gestalterin ihrer Biografie erlebt, sondern als ohnmächtig. Obwohl sie die Beziehung auf eine – vermutlich Lena kränkende Weise – beendet, erlebt sie sich als Opfer der Umstände.

Auf den Brief hin nimmt Lena keinen Kontakt mehr zur Biografin auf, die insgeheim hofft, ihre Freundin würde doch reagieren. »Halb absichtlich« hat Susanne Albers damit die Beziehung zu Lena beendet, ohne dies als eine Entscheidung zu empfinden, die sie getroffen hat. Dabei zeigt ihrer Evaluation »blöd eigentlich« – nach einer langen Pause von elf Sekunden – auf, dass sie aus ihrer Gegenwartsperspektive dem damaligen Erleben der Trennung als einer Tragödie mit einem gewissen Abstand gegenübersteht.

Mit der Trennung von Lena endet eine Beziehungskonstellation, die die Biografin als ideal für sich beschreibt:

> »Also im Prinzip war davor das Konzept super Ich hatte, meinen heterosexuellen Partner <<Ja>> den ich auch geliebt habe Ich hatte meine, schwule Affäre und ich hatte meine lesbische Freundin <<Mhm>> und das war für mich komplett Ich hatte das Gefühl so perfekt <<Ja>> so (1) Ä:hm, genau (6) genau hat aber dann halt leider nicht so funktioniert <<Ja>> (2)« (SuA, 19/23–27).

In dieser Beschreibung zeigt sich noch einmal deutlich die von Susanne Albers vorgenommene Verteilung von Bedürfnissen auf drei unterschiedliche Beziehungsformen, die parallel koexistieren: ihre romantische Partnerschaft, ihre sexuell erfüllende Affäre und ihre tiefe Freundschaft. Interessant ist, dass sie an dieser Stelle mit den Kategorien heterosexuell, schwul und lesbisch arbeitet, um ihr Beziehungsideal zu beschreiben. Sie verweist damit auf eine Differenz zwischen ihren Bedürfnissen als Bisexuelle und den Möglichkeiten, diese innerhalb der institutionalisierten monosexuellen und monogamen Beziehungsentwürfe zu verwirklichen. Ihr Umgang mit dieser Differenz ist es, sich weder anzupassen noch seriell zwischen den verschiedenen institutionalisierten Möglichkeiten hin und her zu wechseln oder eine heimliche Affäre zu pflegen. Sie favorisiert ein Mehrbeziehungssystem, in dem die jeweiligen unterschiedlichen Beziehungen gleichzeitig koexistieren können. Das Spannungsverhältnis ihrer Beziehungsbiografie entsteht damit weniger aus dem Anspruch, ein Begehren für Männer und Frauen miteinander zu vereinbaren, sondern daraus, unterschiedliche Qualitäten von Beziehungen – romantisch, erotisch und freundschaftlich – gleichzeitig ausleben zu können. Allerdings ist mit der Trennung von Lena als zentraler Figur dieses der Biografin als ideal erscheinende Beziehungssystem nicht mehr intakt. Und obwohl sie aktiv zu diesem Ende beigetragen hat, erlebt sie diese Entwicklung als fremdbestimmt, was sich in der Aussage »hat aber dann halt leider nicht so funktioniert« widerspiegelt.

Der Wunsch nach einer Beziehung zu einer Frau
Nach der Trennung von Lena verliebt sich die Biografin in eine Frau. Es entwickelt sich eine Dreierkonstellation mit ihrem Partner Michael. Damit kommt es das erste Mal dazu, dass die Biografin es zulässt, dass sich ihre alltägliche und »andere« Welt verbinden. Nach dem gescheiterten Ver-

such der klaren Trennung zwischen »heterosexuellem Partner«, »schwuler Affäre« und »lesbischer Freundin« erprobt sie andere Konstellationen. Ihre Enttäuschung ist groß, als sie bemerkt, dass die beiden anderen diesen Versuch weniger ernst nehmen als sie. Sie fühlt sich hintergangen. Ähnlich wie bei der Trennung von Lena fällt auf, dass es die Biografin trifft, wenn ihre Beziehungspartner_innen die Beziehung anders definieren als sie oder sich abwenden. Daraus lässt sich schließen, dass ihre Begeisterung für Beziehungen, in der alle Beziehungspartner_innen zu jeder Zeit die Form und die Grenzen einer Beziehung bestimmen, entweder nur für flüchtige Bekanntschaften gilt oder sich vor allem auf eine Situation bezieht, in der sie Nähe und Distanz bestimmen kann.

Die Dreierbeziehung überdauert nicht lange und Susanne Albers entwickelt den Wunsch nach einer festen Beziehung zu einer Frau:

> »aber ein Stück nach dieser Phase hatte ich immer so das Gefühl so eigentlich wünsch ich mir eine Frau und zwar eine Frau die nicht so weit weg wie die Lena und die nicht lesbisch ist sondern die das so genauso denkt wie ich, die am besten auch nen Partner hat <<Mhm>> so und die nicht zu viel und nicht zu wenig von mir will und bin ( ) zwei drei Jahre mit dieser Suche, rumgelaufen und hatte in der Zeit auf den Bitreffen ganz viel auch immer so ja einfach so nette erotische sexuelle Affären mit Männern und dachte irgendwann kommt die Frau die die Frau ist so <<Ja>> und dann hab ich sie tatsächlich auch getroffen die Katharina« (SuA, 22/4–10).

Susanne Albers hat eine klare Vorstellung davon, wie die Beziehung, die sie sich wünscht, aussehen soll: Es soll eine Frau sein, die ihr näher ist als Lena, wobei ich diese Aussage als bezogen auf eine größere Nähe in Bezug auf ihren Alltag interpretiere. Zudem geht es ihr darum, jemanden zu finden, der ihren bisexuellen Beziehungsentwurf teilt, also in einer festen Partnerschaft lebt und sich eine weitere Beziehung zu einer Frau wünscht. Die bisexuellen Zusammenhänge, in denen sich Susanne Albers bewegt, sind für sie für dieses Projekt ein idealer »Beziehungsmarkt«, der es ihr nicht nur ermöglicht, Frauen zu treffen, die Lust auf eine Beziehung mit Frauen haben, sondern auf dem die Wahrscheinlichkeit größer ist, Menschen zu treffen, die zugleich offen für Mehrfachbeziehungen sind.

Trotz dieses genauen Profils ihrer Wunschpartnerin und einer gezielten Suche nach dieser beschreibt sie die Anbahnung der Beziehung im Rahmen eines romantischen Narrativs, in dem sie passiv in der Hoffnung wartet: »irgendwann kommt die Frau die die Frau ist«. Als sie Katharina kennenlernt, stellt sich – diesem Narrativ folgend – auch sofort eine beiderseitige, intime und affektreiche Beziehung, her:

> »<<Mhm>> so und das war so merkwürdig weil das von uns beiden total, jup wie son Magneten aufeinander zu war und direkt total und ganz klar und ganz tief und, so« (SuA, 22/18–20).

Die Beschreibung des Kennenlernens von Katharina stellt sich für mich als durchaus vergleichbar zu der Trennung von Lena dar: Obwohl die Biografin offensichtlich aktiv Rahmenbedingungen für die jeweilige Beziehung herstellt, stellt sie die Geschehnisse als schicksalhaft dar. Ihr Zusammenkommen sieht sie weniger als einen Prozess, in dem die beiden sich aktiv annähern, sondern sie beschreibt die Annäherung als »magnetisch«. Damit kristallisiert sich ein zentrales Unterscheidungsmerkmal zu ihren engen Beziehungen zu Männern heraus – zumindest seit ihrer Trennung von ihrem an Depressionen erkrankten Partner: Egal ob es sich um Affären handelt oder um ihre Alltagsbeziehung, sie erlebt sich in diesen als handlungsfähig und gestaltend, während Beziehungen zu Frauen ihr widerfahren.

Während ihr Katharina als Beziehungspartnerin perfekt erscheint, erhebt ihr Partner Einspruch:

> »Ich war- also das Gefühl das ist es jetzt Ich hab so lang gesucht und jetzt passt es endlich und ((holt Luft)), das war merkwürdigerweise der Zeitpunkt zu dem ich ernsthaft Schwierigkeiten mit dem Michael bekommen habe <<Ja>> weil der gesagt hat Also bis hier hin und nicht weiter wenn das jetzt hier die neue äh Masche ist dass es eine Frau gibt die du total liebst und mit der du ganz viel Zeit zusammen sein willst und das zu ner Konkurrenz zu unserer Beziehung wird was ich so nicht gesehen habe hat er gesagt So jetzt jetzt reichts (2) Irgendwie so ne ab und- gelegentliche Männeraffäre hat er kein Problem mit oder irgendwie son netten Kreis von Frauen oder eben Lena aber ( ) bei der ich genauso wie mit ihm damals hätte vorstellen können dahin zu ziehen ( ) Schwerpunkt so habe <<Ja>> Ich hätte ihn auch nicht verlassen so für mich war klar das ist dann endlich das Dreieck was ich mir wünsche und da hat er gesagt Nä also ohne mich da musst du dich mal entscheiden, Das war dann ganz schlimm, Ganz ganz ganz ganz schlimm und ähm im Endeffekt hat ähm- (1) hat sie es für sich entschieden und gesagt Also dieses Drama mach ich nicht mehr mit <<Ja>> (5)

> Was dann auch schlimm war <<Ja>> Danach hatte ich das Gefühl ich gehe mit meiner Seele in den Kühlschrank und friere erst mal alles ein und das war auch mehrere Jahre <<Ja>> das Gefühl Ich bin aber trotzdem mit dem Michael zusammen geblieben so von dem wollt ich mich ja auch nicht trennen« (SuA, 22–23/23–5).

Dies ist eine der wenigen Situationen, in denen die Biografin ihren Partner als eine Person beschreibt, die sich äußert und Grenzen setzt. Ansonsten stellt die Beziehung in ihrem biografischen Narrativ einen thematischen Hintergrund dar. Bei der Beziehungskonstellation, die die Biografin nun etablieren will, handelt es sich um eine grundsätzlich neue. Die Beziehung zu Lena gab es schon vor dem Beginn ihrer Partnerschaft mit Michael, sie war stärker von ihrem Alltagsleben getrennt und stellte eher eine Freundschaft dar als eine gleichberechtigte Liebesbeziehung. Die neue Beziehung zu Katharina soll Teil des Alltags der Biografin werden – und vor allem will sie wichtige Entscheidungen an diese Beziehung knüpfen bzw. zumindest lässt die unsicher transkribierte Passage des Interviews sich in dieser Weise deuten. Der Einspruch Michaels scheint sich daher vor allem auf den Anspruch zu gründen, die einzige Liebesbeziehung im Alltag zu sein und allein im Rahmen ihrer Zweierbeziehung das Leben zu planen. Das Thema der sexuellen Exklusivität in der Zweierbeziehung steht in dieser Auseinandersetzung dagegen nicht im Vordergrund.

Die Aufforderung Michaels, eine Entscheidung zwischen der Beziehung mit ihm und mit Katharina zu treffen, erlebt sie als Dilemma, denn sie will weder auf ihre glückliche Alltagsbeziehung verzichten noch auf Katharina. Die Forderung Michaels basiert auf der institutionalisierten Form der Paarbeziehung als einer zentralen Form der Vergemeinschaftung (vgl. Lenz, 2009, S. 26). Auf der Ebene der intimen Beziehung etabliert diese Form der Beziehung eine klare Hierarchie in Bezug auf wichtige Lebensentscheidungen. Abgesehen von der Herkunftsfamilie und eigenen Kindern sind andere intimen Beziehungen, wie zum Beispiel Freundschaften, in dieser Figur als klar nachrangig definiert. Diese Hierarchie infrage zu stellen – wie es die Biografin tut – ist gleichbedeutend mit der Auflösung des Paars zugunsten der Selbstverwirklichung der Einzelnen oder zum Zweck der Aufnahme einer neuen Paarbindung – ein Vorgang, der für die Bundesrepublik um den Jahrtausendwechsel als ein verbreiteter biografischer Verlauf beschrieben werden kann (vgl. ebd., S. 23). Für die von der Biografin favorisierte dritte Option einer triadischen Form der Vergemeinschaftung dreier erwachsener Personen, die nicht verwandt sind, finden sich keine institutionalisierten Formen und daher gerät sie in ihrer Biografie unter den Druck, Entscheidungen zu treffen, die sie nicht treffen möchte. Die in dieser Situation entlastenden Beziehungsmodelle jenseits serieller und monosexueller Paarbindungen findet Susanne Albers innerhalb der Alltagswelt nicht vor.

Ähnlich wie in der Erzählung der Trennung von Lena entwickelt Susanne Albers an dieser Stelle ein tragisches Narrativ ihrer Biografie, in der sie in eine Situation gerät, in der sie sich ohnmächtig fühlt. Für dieses Erleben findet sie mit dem »Einfrieren« der Seele in einem »Kühlschrank« ein drastisches, aber auch interessantes und mehrdeutiges Bild. Es drückt sowohl zeitlich als auch emotional ein Erstarren aus, das an die Stelle einer gestalteten Zukunft und der Trauer über die Distanzierung von Katharina tritt. Auffallend ist, dass sie in den Kühlschrank »geht« und sie keine passive Formulierung verwendet. Dieses aktive »Einfrieren« macht ihre Beschreibung mehrdeutig. Es kann ein Verweis auf eine schützende Strategie sein, mit der sie dafür sorgt, zu Schmerzliches nicht empfinden zu müssen. Es ist anzunehmen, dass sie angesichts der psychischen Erkrankung ihrer Mutter und der unzureichenden Versorgung durch ihren Vater zahlreiche Kompetenzen in einem solchen Vorgehen entwickelt hat. Ohne das Erleben dieser Situation, das die Biografin zum Ausdruck bringt, in Abrede zu stellen, lässt sich das Gehen in den Kühlschrank nicht nur als Ausdruck von Lähmung oder Schutz vor Schmerz deuten, sondern auch als aktiver Akt der Verweigerung einer für sie unzumutbaren Entscheidung. Das Einfrieren kann schließlich auch einen Aufschub bedeuten, der es ihr ermöglichen könnte, ihre »Seele« zu einem Zeitpunkt wieder aufzutauen, in der das Dilemma sich lösen lässt oder sich zumindest als weniger schmerzlich erweist.

Die biografische Entwicklung seit dem zweiten Coming-out Susanne Albers' lässt sich in Bezug zu der empirischen Erkenntnis setzen, dass geoutete Bisexuelle – im Gegensatz zu Heterosexuellen und geouteten Homosexuellen – in den 1990er Jahren innerhalb der USA die Erfahrung einer permanenten Unsicherheit hinsichtlich ihrer Identifikation als Bisexuelle machen (vgl. Weinberg et al., 1994, S. 211 und Kap. 3.3.2). Als Grund dafür werden eine mangelnde bisexuelle Subkultur und bisexuelle Rollenmodelle genannt. Auch in der Lebensgeschichte von Susanne Albers zeichnet sich ein Verlauf ab, in der sich auf ihr Coming-out kein linearer Prozess der Stabilisierung einer bisexuellen Lebensform abzeichnet, sondern eine zunehmende Verunsicherung. Diese äußert sich vor allem hinsichtlich der Etablierung von gewünschten bisexuellen Beziehungsformen im Alltag und der Möglichkeit der Gestaltung von Zukunftsplänen.

Erneut bildet sich der Konflikt an dieser Stelle ihrer Biografie an einem Punkt, an dem sie an die Grenzen des Möglichen stößt und nicht an die Grenzen des gesellschaftlich Legitimen. In ihrer Darstellung spielt die Sorge vor einer Stigmatisierung in einer bisexuellen Mehrfachbeziehung oder auch einer homosexuellen Beziehung mit Katharina keine Rolle. Diese biografisch prägende Auseinandersetzung lässt sich mit der in der Soziologie diskutierten These in Verbindung bringen, dass die westlichen Industriegesellschaften sich seit den 1960er Jahren weniger über Verbote und Disziplinierung regulieren als über die Aufforderung zur Selbstverantwortlichkeit und Initiative. Aus diesem Grund steht laut dem französischen Soziologen Alain Ehrenberg weniger die Auseinandersetzung mit Verboten im Mittelpunkt als die Frage danach, was möglich und was unmöglich ist (vgl. Ehrenberg, 2004, S. 31). Lähmung, Müdigkeit und Hoffnungslosigkeit und damit das zeitgenössische Krankheitsbild der Depression bilden, so Ehrenberg, sich komplementär zu der beständigen Anforderung an die Menschen, Initiative zu zeigen, Kompetenzen zu entwickeln und ihre Zukunft selbst zu gestalten. Dass die Biografin in dieser Situation einen depressiven Umgang wählt, ist daher nicht nur aus einer aus ihrer Familien- und Lebensgeschichte resultierenden erhöhten Anfälligkeit für diese Erkrankung zu erklären, sondern kann zudem im Zusammenhang einer gesellschaftlichen Entwicklung gelesen werden.

Abschluss des Studiums
Die Schwierigkeiten der Entscheidungsfindung, die sich im Beziehungsleben einstellen, entwickeln sich in dieser Zeit auch zunehmend im Kontext ihrer beruflichen Ausbildung:

> »dann ist, für mich ne sehr schwirige Phase gekommen <<Mhm>> [genaue Zeitangabe], ähm, ich bin über lauter bi- Bine hier und Biparty dort und Beziehung zu dem und zu der und dort und 1000 Leute bin ich überhaupt nicht mehr so richtig äh mit meinem Studium vorangekommen <<Mhm>> und hab auch immer mehr Schwierigkeiten bekommen mich zu entscheiden und hab immer mehr Angst vor der Zukunft bekommen das ist dann so sehr umgeschlagen <<Ja>> das ähm (2) dass ich immer das

Gefühl hatte das ist doch ein Teil meiner Identität wie soll ich damit jemals irgendwo arbeiten, allem voran festgemacht an der großen Frage ( ) auch so interessant worüber in Gottes Namen schreibe ich meine Abschlussarbeit« (SuA, 20/16–24).

Auch der Statusübergang von der Ausbildung in den Beruf, der auch entwicklungspsychologisch einen biografisch wichtigen Wendepunkt darstellen kann (vgl. Rosenthal, 1995, S. 134, 141), erweist sich im Lebensverlauf von Susanne Albers als konfliktbehaftet. Dieser Konflikt zeigt sich auf verschiedenen Ebenen.

Als schwer zu vereinbaren erlebt die Biografin ihr Engagement in bisexuellen Zusammenhängen und ihre akademische Ausbildung. Sie fühlt sich sowohl von den Anforderungen überfordert, die ihre vielen Beziehungen und Aktivitäten mit sich bringen, als auch von dem Anspruch, diese zugunsten ihres Studienabschlusses einzuschränken. Die Sequenz legt nahe, dass sie eine solche Einschränkung nicht nur als zeitweiligen Verzicht auf bestimmte Begegnungen und Aktivitäten erlebt, sondern als Bedrohung ihrer Identität. Mit Blick auf die These einer dauerhaften Unsicherheit im Lebenslauf Bisexueller – die ich oben angeführt habe – lässt sich festhalten, dass sich in diesem Statusübergang ein Konflikt zwischen Vergemeinschaftung und Vergesellschaftung beschreiben lässt. Bisexualität erlebt Susanne Albers nur innerhalb der bisexuellen Szene als einen stabilen Teil ihrer Selbst, vor allem nachdem eine Integration ihrer Beziehungswünsche in den Alltag nicht gelungen ist. Diesen Lebensbereich zugunsten der Anforderung, einen akademischen Abschluss zu erwerben, einzuschränken, ist für sie gleichbedeutend mit einem Verlust eines bisexuellen Selbstverständnisses.

Trotz dieses Konfliktes gelingt es ihr, die notwendigen Leistungen zu erbringen – bis auf ihre Abschlussarbeit. In Bezug auf diese entwickelt sich eine Krise. Es geht dabei nicht so sehr um die Frage, die nötige Zeit und Energie für das Schreiben der Arbeit zu haben. Auch Zweifel an den eigenen Fähigkeiten, eine ausreichend gute Arbeit zu schreiben, stehen nicht im Vordergrund. Als Mittelpunkt des Konfliktes beschreibt Susanne Albers die Schwierigkeit, eine Entscheidung zu treffen, welches Thema die Arbeit haben soll, und die Angst davor, ihr Engagement in bisexuellen Zusammenhängen und ihren bisexuellen Lebensentwurf mit einer Arbeitsstelle zu vereinbaren. Diese Auseinandersetzung spitzt sich für sie auf die Frage zu, ob sie über ein Thema schreiben soll, das ihre bisexuelle Lebensrealität[45] betrifft, oder nicht. Ihre Lebensrealität zum Gegenstand ihrer Arbeit zu machen, deute ich als einen Wunsch, diesen wichtigen Teil ihres Selbst über das Segment der »kleinen Lebenswelt« (vgl. Luckmann, 1978 und Kap. 5.5.2) der bisexuellen Gemeinschaft hinaus zu etablieren. Gegen eine Umsetzung spricht ihre Sorge, damit Unverständnis oder auch Feindlichkeit hervorzurufen. Schließlich ist das Thema der Abschlussarbeit in der Regel im Abschlusszeugnis aufgeführt und damit für potenzielle Arbeitgeber_innen sichtbar.

In dieser Phase des Statusüberganges erlebt Susanne Albers erste Anzeichen einer psychischen Erkrankung:

> »und es ging dann wirklich ziemlich ziemlich schlecht <<Ja>> bis dahin dass ich dann angefangen hab ( ) Ausbrüche zu kriegen oder so in so manchmal in so Filme reinzurutschen <<Ja>> so (1) die ich mir- vor denen ich irgendwann Angst bekommen hab so Also Filme wie Ich bin in der Situation mit meinem Freund und bekomme plötzlich das Gefühl ich sollte sollte sofort die Situation verlassen und zu meinen Eltern fahren ( ) <<Ja>> und wusste gar nicht so recht was ich dann bei denen wollte und hatte ihnen das aber auch nicht gesagt Also so <<Ja>> aufstehen und gehen und raus hier so und das hat mir da selber so viel Angst gemacht dass ich eine Psychotherapie angefangen hab <<Ja>> und das war gut (2) und mit Hilfe von der Psychologin hab ich das- hab ich mich da sortiert und vor allem diese ( ) und Zukunftsängste und (6) in den Griff bekommen« (SuA, 21/5–14).

Die psychische Krise, die Susanne Albers beschreibt, betrachte ich in einem engen Zusammenhang mit ihrer biografischen Situation. Eine wichtige Statuspassage verbindet sich mit einer Krise des Selbstverständnisses, in der sie, ohne dafür in einer monosexuell organisierten Gesellschaft Vorbilder zu haben, Wege finden muss, ihren bisexuellen Lebensentwurf zu institutionalisieren. Eine solche Situation verursacht Stress, der psychische Erkrankungen begünstigen kann. Zudem muss bedacht werden, dass ein wesentlicher Faktor der Stabilität im Leben von Susanne Albers nicht mehr vorhanden ist: Sie kann nicht mehr auf die Freundschaft mit Lena bauen, die seit ihrer Kindheit eine der zentralen Bezugspersonen, gerade in Krisenzeiten, war.

---

45 Die genaue Themenwahl klammere ich an dieser Stelle aus Gründen der Anonymisierung aus.

Mithilfe der angesprochenen Therapie gelingt es ihr, die Situation zu meistern, für sich ein Thema zu finden und eine Berufswahl zu treffen:

> »Und das Witzige ist dass mir während meiner Diplomarbeit das aufgefallen ist dass ich wirklich gerne [Beruf] werden will weil ich auch- ich hab so ne Fragebogenaktion gemacht und auch Interviews geführt und bei dem Fragebogen war eine Frage das war son standardisierter Fragebogen was die Leute verdienen und irgendwann fiel mir auf dass die ganzen Lesben alle kein Geld haben <<Mhm ja>> so und dass die Leute die da in der höchsten Kategorie drin waren ((lachend)) /angekreuzt haben die waren alle [Beruf] und dann dachte ich (Ok) scheiß auf den pädagogischen Ethos oder sonst so was ich will ((lachend)) /auch Geld haben ( )« (SuA, 25/5–12).

Die Sequenz verdeutlicht, wie es der Biografin in der Auseinandersetzung mit ihrer Abschlussarbeit gelingt, wichtige Motive wie ihr bisexuelles Selbstverständnis und die Frage, wie viel Zeit, Geld und Sicherheit sie braucht, zu ordnen und in ein neues Verhältnis zu setzen. Diese Klärung ist ihr möglich, gerade weil sie eine der wichtigsten Komponenten für den Statusübergang mit einem Thema, das ihre bisexuelle Lebensrealität betrifft, verbindet. Dieser Wandel ist interessant, da sie von einem Zukunftsentwurf abrückt, in dem Bisexualität entweder überall oder nirgends ist (vgl. zu diesem Thema auch Garber, 1995, S. 65 und Kap. 3.2.1). Stattdessen gelingt es Susanne Albers herauszufinden, dass sie gerade wegen ihres bisexuellen Lebensentwurfs in ihrer Berufswahl andere Motive verfolgen möchte, wie das Erlangen finanzieller Sicherheit und möglichst viel freie Zeit.

Die Heirat

In einer Therapie beschäftigt sich die Biografin weiter mit dem Thema Bisexualität und den damit zusammenhängenden Lebensentscheidungen. Ähnlich wie sie den Prozess ihrer Berufswahl lange als eine Entscheidung für oder gegen eine bisexuelle Lebensweise erlebt hat, gilt dies auch für ihre Partnerschaft mit Michael. Diesen Grundsatz stellt sie nun infrage:

> »nicht zu denken ich muss mich jetzt dafür oder gegen Bisexualität entscheiden oder für oder gegen ihn sondern einfach erst mal so gucken was passiert denn wenn ich das mal, mache was ich sonst nie mache <<Ja>> wenn ich mal mehr mit Weiblichkeit mich auseinandersetze oder so Und

ähm, überraschenderweise tat mir das auch ganz gut <<Mhm>> sodass ich dann den Michael geheiratet habe« (SuA, 23/27–32).

Die Biografin beschreibt eine Öffnung hinsichtlich der Zukunft ihrer Beziehung mit Michael, um zu »gucken was passiert« – und tatsächlich ergibt sich eine Statusveränderung ihrer Beziehung, die sie als positiv erlebt. Diese Handlungsoption eröffnet sich ihr erst, nachdem sie die Frage danach ausklammert, ob diese Beziehung zu ihrem bisexuellen Lebensentwurf passt. Dieses Ausklammern kann als eine Form biografischer Arbeit (vgl. Kap. 4.1) verstanden werden, die der Biografin als Bisexuelle auferlegt wird. Sie muss die soziale Typisierung der Statuspassage Heiraten als monosexuelle Zweierbeziehung zurückweisen, die ihr als Bisexueller in Form einer »Entweder-oder-Entscheidung« in der Lebensgeschichte begegnet. Die Sequenz legt nahe, dass die biografische Arbeit darin besteht, den Anspruch aufzugeben, innerhalb einer monosexuellen Ordnung der Gesellschaft Ambivalenzen hinsichtlich ihrer Beziehungswünsche durch Grundsatzentscheidungen auflösen zu müssen.

Allerdings lehnt sich die in der Sequenz beschriebene Abfolge der Ereignisse recht bruchlos an typische Muster heterosexueller Biografien an. Dieser Eindruck verstärkt sich durch ihren Verweis auf die Auseinandersetzung mit »Weiblichkeit«, in der die Biografin eine Gleichung zwischen der Beziehung mit einem Mann, dem Eingehen der Ehe und komplementären Geschlechterrollen herstellt. Das wirft die Frage auf, inwiefern die Institution der Heterosexualität eine funktionale Gebundenheit (vgl. zur Herkunft des Begriffs Duncker, 2013) des biografischen Verlaufs herstellt, der die gewonnenen Spielräume der Biografin im Spannungsfeld der Ambivalenz wieder einschränkt.

Im Anschluss an die Heirat Mitte der 2000er Jahre – die Biografin ist in ihren Dreißigern – veranstaltet das Paar ein großes Hochzeitsfest:

»wir wollten auch ne große Feier machen mit allen Verwandten und Freunden und Bekannten mit 100 Leuten und so und <<Ja>> haben das dann aber so gelöst dass=dass wir gesagt haben wir wollen nicht dass da irgendwelche Leute anfangen zu tuscheln ( ) meine Freunde sind bi und ich habs davor bei der Hochzeit bei einer Bi-Freundin erlebt die gesagt hat Hört mal zu, wir machen hier jetzt das nicht so offen und ihr müsst nicht lügen aber bitte stellt es nicht so nach außen <<Ja>> und das fanden wir, alle, so unsere Clique ziemlich blöd <<Mhm>> und dann haben wir gesagt das machen

wir anders und dann haben wir, im Prinzip bei der Vorstellung der Leute
die da waren haben wir halt auch gesagt dass eine Gruppe mit der ich viel zu
tun hab die bisexuellen Freunde sind und fertig aus so Da gabs da auch das
Bi-Zeichen auf <<Ja>> so nem Schild« (SuA, 24/5–15).

Die Biografin möchte gerne ein großes Fest, was die Bedeutung der Hochzeit – im Sinne einer sozial und auch biografisch typisierten Statuspassage – unterstreicht. Im Rahmen der Feier möchte sie gerne allen Menschen, die ihr wichtig sind, einen angemessenen Platz einräumen. Für sie bedeutet dies, ihren bisexuellen Freund_innen und ihrer Verbundenheit zur bisexuellen Szene eine selbstverständliche Sichtbarkeit zu ermöglichen. Dafür findet sie eine kreative Lösung. Über die Benennung und das Bi-Zeichen erfolgt eine – im Wortsinn – symbolische Integration von Bisexualität als Teil ihrer wichtigsten Bezüge und ihrer Lebensgeschichte. Indem sie das Bi-Zeichen neben anderen einführt und eine offizielle Vorstellung aller anwesenden Gruppen vollzieht, gewährleistet sie diese Sichtbarkeit, ohne der Gruppe Bisexueller einen Sonderstatus zuzuweisen. Damit deutet sich auch ein Wandel der Bedeutung von Bisexualität in ihrer Lebensgeschichte an. Während diese in den letzten Statuspassagen im Vordergrund stand, tritt sie in dieser in den Hintergrund als ein wichtiger Anteil unter anderen, ohne zu verschwinden.

Während sie mit ihren Freund_innen aus der bisexuellen Szene feiern kann, folgen Lena und Katharina ihrer Einladung nicht:

»So für mich als sehr schade fand ich dass ähm, sowohl die Katharina ist nicht die Lena die ich eingeladen hatte beide nicht gekommen sind <<Ja>>, weil sie meinten das ginge für sie so nicht und ich glaub dem Michael war das auch ganz recht <<Mhm>> aber für mich war das schade <<Ja>> weil die wollt ich da nicht heiraten aber, es hätte mich so gefreut wenn sie- (6) Es hätte mich einfach gefreut wenn sie diesen für mich so wichtigen Schritt mitgegangen oder ( ) <<Ja>> 'Das fand ich-, ziemlich drunter gelitten so'« (SuA, 24/17–22).

Die beiden Frauen, mit denen Susanne Albers in der Vergangenheit die engste Beziehung hatte, lehnen eine Teilnahme an ihrem Hochzeitsfest ab. Während es ihr gelingt, ihre Beziehungen innerhalb der bisexuellen Gemeinschaft – deren Teil sie ist – in ihre Eheschließung einzubinden, funktioniert das auf der Ebene ihrer Beziehung zu Lena und Katharina nicht.

Teil des Übergangsrituals des Festes ist damit auch die Distanzierung der beiden von diesem, was die Biografin als schmerzlich empfindet. Ihre Aussage »es hätte mich einfach gefreut wenn sie diesen für mich so wichtigen Schritt mitgegangen oder ( )«, die mit einem Abbruch endet, lässt viel Spielraum für Interpretationen, was die Biografin sich gewünscht hätte und sich als nicht möglich herausgestellt hat. »Mitgegangen« meint in jedem Fall mehr als dabei zu sein. Es kann bedeuten, die Biografin hätte sich eine einfache Anerkennung ihrer Beziehung mit Michael gewünscht; oder es könnte um die enttäuschte Hoffnung gehen, die Beziehung zu den beiden neben ihrer Ehe doch weiterzuführen. Die beiden Absagen zu ihrem Hochzeitsfest zeigen, dass die beiden engsten Beziehungen zu Frauen der Vergangenheit angehören und sich nicht einfach in ihren neuen Lebensentwurf integrieren lassen.

Bisexualität auf der Arbeitsstelle

Während Susanne Albers auf ihrem Hochzeitsfest eine Strategie gewählt hat, die es ihr möglich machte, ihre Bisexualität sichtbar werden zu lassen, entscheidet sie sich, das Thema auf ihrer Arbeitsstelle auszuklammern:

> »ich=ich hab einen=einen Bekannten der aus der Biszene sich [auf der Arbeitsstelle] öffentlich geoutet hat so und dann eben mit unterschiedlichen Resonanz [genaue Beschreibung der Arbeitststelle] und das ((holt Luft)) lässt mich noch son bisschen zögern <<Mhm>> Ich bin noch nicht an der [Arbeitsstelle] an der ich mich so ganz grundsätzlich zu Hause fühle <<Mhm>> Ich weiß es einfach noch nicht so genau <<Ja>> Mit Kolleginnen hab ich keine- das ist auch immer so- Arbeit ist Arbeit und der Rest ist die, Exotik <<Mhm>> irgendwie (2) Also hab ich auch keine Kollegin zur Hochzeit eingeladen so« (SuA, 30/3–9).

In der Auseinandersetzung mit der Frage, ob sie ihre Bisexualität bei der Arbeit sichtbar machen soll, spielen für Susanne Albers viele Ebenen eine Rolle. Erstens hat sie Angst vor Diskriminierung, zweitens fühlt sie sich an ihrer Arbeitsstelle noch nicht ausreichend angekommen und drittens beschreibt sie die Vorteile der Trennung zwischen ihrem alltäglichen Berufsleben und ihrer Bisexualität. Ein bisexuelles Coming-out zeigt sich in der Auslegung dieser Sequenz als ein komplexer Abwägungsprozess (vgl. dazu auch McLean, 2007) zwischen unterschiedlichen Bedürfnissen und Ängsten. In der Präsentation der Biografin fällt dabei auf, dass sie vor allem die Angst vor Diskriminierung in den Mittelpunkt stellt, um zu begründen, weshalb sie sich nicht outet. Ihre Unsichtbarkeit als Bisexuelle bei der Arbeit ist in dieser Präsentation damit vor allem Resultat unveränderlicher negativer Umstände. Dabei drückt sich in der Sequenz ebenfalls aus, welche Vorteile mit dieser – von der Biografin herbeigeführten – Trennung zwischen Alltag und »Exotik« verbunden sind, die von der Biografin in den Hintergrund gerückt werden.

Zukunftsperspektiven
Als ich mit der Biografin die beiden Interviews führe, beschäftigt es sie sehr, dass sie ihre Arbeit – von der sie zum Zeitpunkt des Interviews pausiert – bald wieder aufnehmen muss:

> »ich hab ein ganz ganz schlechtes Gefühl dabei im Sommer wieder arbeiten zu gehen <<Mhm>> weil ich denke dann muss ich ihn [jüngstes Kind] ja ein Stück loslassen <<Ja>> was mir bei [älteres Kind] damals überhaupt nicht, ist mir auch schwer gefallen aber nicht so schwer, wo ich jetzt noch sehr im Zwiespalt bin und denke Mhm gehts dadrum [...] nicht so eng zu klammern oder gehts darum dass es für ein Kind wirklich besser ist wenn die Mama noch ein bisschen da bleibt <<Ja>> Also für mich wärs auf jeden Fall ganz gut, weil ich dann mehr Kopf frei hab so für alles was hier anliegt Andererseits pff ja wenn man den ganzen Tag zu Hause ist wenn ich den ganzen Tag zu Hause bin hab ich natürlich Angst dass es mir irgendwann wieder so geht wie meiner Mutter mit zwei kleinen Kindern zu Hause und irgendwie so« (SuA, 90/9–18).

Sie schwankt zwischen ihrem Bedürfnis nach Nähe zu ihrem Kind und dem Wunsch, es beruflich nicht ihrer Mutter gleichzutun. Es zeigt sich, dass die Erfahrung, die sie mit ihrer Mutter gemacht hat, weiterhin ein handlungsleitendes Motiv für sie ist. Neben dieser kurzfristigen Perspektive spricht sie auch einen weitergehenden Zukunftswunsch an: das Leben in einer Gemeinschaft bisexueller Frauen:

> »**B:** ja das ist ne schöne ist ne sehr schöne Zukunftsperspektive mhm (5) ((lachend)) /Ja ist\ was was ich mir für ein anderes Leben oder in einer anderen Lebenssituation mit anderen Entscheidungen auch für jetzt vorstellen könnte wenn ich mich eben nicht für, Familie entschieden hätte könnte ich mir auch so was vorstellen so einfach so mit netten Frauen

zusammen zu wohnen Was ich da in der Pubertät manchmal so als, Ok die eine Bekannte geht ins Kloster so was macht das mit mir äh so thematisiert habe hätte da so ne etwas andere Ausrichtung wie ne Gemeinschaft von Frauen die zusammen ihr Leben verbringen und leben und arbeiten oder so das hat für mich schon nen hohen, äh hohen Attraktivitätswert so <<Mhm ja>> Irgendwie son Frauengemeinschaftsprojekt ist mir wahrscheinlich dann wieder zu feministisch lesbisch aber pff so wenn da nicht so Männer ausgeschlossen sind <<Ja>> dann (1) alleine leben mag ich nicht <<Mhm>> so und da bin ich glaub ich auch zu sehr so Gemeinschaftsmensch dafür <<Ja>> ((holt Luft)) (2) Kann ich mir gut vorstellen Ich hätte glaub ich schon gerne mein eigenes Zimmer <<Mhm>> so Also nur Gemeinschaftsdings <<Mhm>> das mag ich dann nicht aber so, zusammen mal kochen oder, am besten so ne, wie in manchen Projekten oder so so jeder hat ihr Zimmer oder ihre kleine Wohnung und dann gibts aber viel Gemeinschaftsräume oder einen großen Garten oder ((holt Luft)) Fortbildungsprojekte oder irgendwas das ist bestimmt nett <<Mhm>> so Weiß ich nicht vielleicht ist es auch nur son Wunschtraum <<Ja>> 'Keine Ahnung mal gucken'

I: Mhm ich drück auf jeden Fall die Daumen dass das

B: ((lacht)) Ja die Frage was dann mit dem Michael ist <<Mhm>> weil den dann irgendwo alleine in son Altenheim abzustellen oder alleine wohnen zu lassen würde ich dann nicht <<Ja>> weil das wäre dann nur so als Alternative zu zur Situation mit ihm gedacht würde dann natürlich auch heißen dass er nicht mehr da ist was dann natürlich der Nachteil wäre pff <<Ja>> 'Genau' ((lachend)) /Müssen wir mal schauen\ in 30 Jahren ist« (SuA, 99–100/23–24).

Die Biografin polarisiert an dieser Stelle zwischen ihrem Leben in einer gegengeschlechtlichen Beziehung und der Vorstellung, in einer Lebensgemeinschaft bisexueller Frauen zu leben. Die Option, gemeinsam mit Michael in einem solchen Projekt zu leben bzw. diesen in irgendeiner anderen Form zu integrieren, erscheint ihr unvorstellbar. Vorstellbar sind für sie nur eine endgültige Trennung oder der eventuelle Tod des Partners als Voraussetzung, ihren Wunsch umzusetzen. In den Zukunftswünschen Susanne Albers' zeigt sich damit erneut eine Tendenz, ihre beiden Lebenswelten als unvereinbare Gegensätze zu konzipieren, womit sich ihre Handlungsoptionen einschränken.

5.4.3 Biografischer Verlaufstypus: Selbstetikettierung als Überbrückung

An diesem Punkt komme ich zur Bildung des biografischen Verlaufstypus auf Grundlage der beiden analysierten Fälle. Biografische Verläufe, in denen sich die Annahme von Bisexualität als ein Etikett als *Überbrückung* vollzieht, sind von einem grundlegenden Wendepunkt geprägt.[46] Die Biografie wird dabei in zwei von Grund auf verschiedene Phasen unterteilt: die Phase vor und nach dem Wendepunkt, wobei dem Prozess des Wandels eine zentrale Bedeutung zukommt. Dieser Aspekt wird von meiner Interviewpartnerin Birgit Müller auf den Punkt gebracht, wenn sie ihre Lebenserzählung mit den Worten beginnt: »mh also es is wirklich und das war ah ganz, große Zäsur also wirklich mit vorher und nachher« (BM, 1/21–23). Bisexualität als Etikett anzunehmen, stellt eine Möglichkeit dar, eine Überbrückung zwischen einem solchen »vorher« und »nachher« herzustellen.

Verläufe der Überbrückung prägt auf der Ebene der Präsentation die Betonung einer durch den Wandel ausgelösten neuen Interpretation der gesamten Lebensgeschichte, was sich anhand des Narrativs von Susanne Albers zeigen lässt:

> »Es fiel mir echt so wie Schuppen von den Augen und total es war auf einmal alles sonnenklar und diese ganze Geschichte mit der Lena hat sich für mich noch mal geklärt und erklärt und dann hat so was ähm gestartet wie bisexuelles Coming-out« (SuA, 17/9–11).

Diese neue Sicht auf die Vergangenheit, die aber auch die Gegenwart und die Zukunftsentwürfe einschließt, wird in Verläufen der Überbrückung verbunden mit der Annahme und Verallgemeinerung einer bisexuellen Rolle, die für das weitere Leben als in hohem Maße prägend erlebt wird. Der Verläufe der Überbrückung kennzeichnende Bruch im Kontinuum des Lebens wird in dieser Weise durch eine passende Lebenserzählung überspannt, was die Herstellung einer neuen Form der Kohärenz ermöglicht, die durch den Bruch nicht mehr aufrechtzuerhalten oder gefährdet war.

---

46 Die folgenden Charakteristiken finden sich auch in religiös geprägten Konversionsverläufen (vgl. Wohlrab-Sahr, 2014, S. 47f.) sowie in Coming-out-Erzählungen von Homosexuellen (vgl. Plummer 1994, S. 84).

Diese Verläufe zeichnen sich somit durch eine spezifische Form der biografischen Arbeit aus, die darauf angelegt ist, eine ausreichend kohärente und kontinuierliche Lebensgeschichte entwerfen zu können. In dieser Hinsicht unterscheidet sich dieser Typ der Biografien Bisexueller nicht von vielen modernen biografischen Narrativen homosexueller Menschen (vgl. Plummer, 1994). Dabei ist es wichtig zu betonen, dass die Notwendigkeit zu dieser Form der biografischen Arbeit keine Selbstverständlichkeit, sondern die Folge einer spezifischen Form der sozialen Ordnung des Sexuellen ist. Die soziale Spaltung zwischen Homosexualität und Heterosexualität spielt sich auch auf der Ebene der Biografie ab und stellt sich als Form einer strukturellen sozialen Ungleichheit dar: Während die einen wie von selbst die Anforderung der Kontinuität und Kohärenz erfüllen, müssen die anderen aufgrund eines sozial konstruierten biografischen Wendepunkts das Prinzip der Kontinuität aufgeben und mehr oder weniger mühsam für eine neue Kohärenz sorgen. In dem von mir gebildeten biografischen Verlaufstypus der *Überbrückung* lässt sich zeigen, dass diese neu hervorgebrachte Kohärenz nicht ohne Weiteres aufrechterhalten werden kann, worauf ich weiter unten noch ausführlicher eingehen werde.

Abgesehen von dem verbindenden Element des Erlebens eines grundlegenden Wandels in der Lebensgeschichte gehören Fälle mit unterschiedlichen Ausgangspunkten zu diesem Typus: Es ist möglich, dass geschlechterübergreifende Sexualität und Liebe schon in gewissem Maße Bestandteile des alltäglichen Erlebens waren, bevor diese etikettiert wurden. Aber es können diesem Typus ebenfalls Fälle zugeordnet werden, in denen zunächst für eine längere Zeit des Lebens keinerlei Wunsch bestand, geschlechterübergreifende Sexualität und Beziehungen zu leben. Hinsichtlich der Voraussetzungen für einen Verlauf der *Überbrückung* können in dieser Hinsicht die Untertypen A – Überbrückung als Teil eines Wandels, der als selbst gestaltet erlebt wird – und B – Überbrückung als Teil eines Wandels, der als nicht selbst gestaltet erlebt wird – gebildet werden. Was in allen Fällen eine Rolle spielt, ist, dass die verfügbaren sexuellen Skripte und kulturellen Szenarien zu einem bestimmten Zeitpunkt im Leben nicht mehr den eigenen Bedürfnissen entsprechen.

Die Phase des Wandels erfolgt im Verlauf der *Überbrückung* nicht in der Adoleszenz, sondern erst als junge Erwachsene oder Erwachsene. Erneut muss hier aber betont werden, dass dies davon abhängt, ob Bisexualität als ein soziales Etikett verfügbar ist. Gerade in Verläufen der *Überbrückung* wird dies besonders deutlich, da in diesen ein Wissen über Bisexualität als eine eigenständige und dauerhafte Lebensform zunächst nicht vorhanden ist. Dieses Wissen wird erst mit dem Kennenlernen des Etiketts umfassend vermittelt. Als besonders bedeutsam erweisen sich auch in Verläufen der *Überbrückung* das Kennenlernen anderer Menschen, die sich als bisexuell bezeichnen.

Handlungsmöglichkeiten
Die Übernahme des Etiketts von Bisexualität führt in Verläufen der Überbrückung zu einer Erweiterung der Handlungsmöglichkeiten. Sexualität und Beziehungen werden als grundlegend anders gestaltbar erlebt. Rollenentwürfe und Handlungsmuster, die zuvor als unveränderlich erlebt wurden, können hinterfragt und modifiziert werden. Es entstehen neue Zugänge zu einer Legitimierung des eigenen Lebensentwurfes. Dabei zeigt sich in Verläufen der Überbrückung zugleich, dass ein solch grundlegender Wandel im Lebenslauf sowohl zu einer Belastung für die den Wandel durchlebenden Menschen werden kann als auch eine Herausforderung für signifikante Andere – wie Eltern, Freund_innen, Partner_innen und eigene Kinder – darstellen kann. Die neuen Handlungsmöglichkeiten haben damit das Potenzial, in Überforderung umzuschlagen, auch weil gesellschaftliche anerkannte Routinen, Rituale und Abläufe für die Form des Wandels fehlen.

Handlungsbegrenzungen
Die oben genannten Aspekte erweisen sich als ausschlaggebend für die Handlungsbegrenzungen, die sich in der Folge der Annahme des Etiketts ergeben können. Trotz eines grundlegenden Wandels des Lebensentwurfs und dem großen Stellenwert, den Bisexualität für die Selbstbeschreibung einnimmt, ist eine selbstverständliche Kommunikation über Bisexualität häufig nicht möglich. Hier spielt es auch eine Rolle, dass bisexuelle Lebensentwürfe, die auf einer gegengeschlechtlichen Alltagsbeziehung beruhen, es möglich machen, das Ausmaß an Öffentlichkeit des bisexuellen Lebensentwurfes leichter zu kontrollieren. In Verläufen der Überbrückung spielt dies eine große Rolle: Zum Teil wissen weder jugendliche Kinder noch andere Familienangehörige oder auch Arbeitskolleg_innen etwas über die Bisexualität der Repräsentant_innen dieses Verlaufes. Entgegen der Erwartung, dass gerade bei Verläufen der Überbrückung eine umfassende Integration von Bisexualität in alle Lebensbereiche stattfindet, ergibt sich eher das Bild einer Segmentierung der Lebenswelt. Das

muss nicht nur Nachteile haben. Es kann angenehm sein, etwa zwischen dem außeralltäglichen bisexuellen Leben und dem Alltag der Arbeitswelt zu trennen, was bei einer gegengeschlechtlichen Alltagsbeziehung relativ leicht zu realisieren ist. Dabei handelt es sich um eine Möglichkeit, die manchmal als bisexuelles Privileg beschrieben wird. Zugleich kann die Möglichkeit einer solchen Trennung eine Belastung sein, da sie mit der Notwendigkeit des Abwägens verbunden ist, ob sie tatsächlich erwünscht ist, was dazu führt, dass ein wichtiger Teil der Lebensgestaltung kein selbstverständlicher Teil des Alltags wird. Es zeigt sich zudem, dass diese Segmentierung der Lebenswelt hinsichtlich der Kommunikation des bisexuellen Etiketts nicht immer freiwillig erfolgt, sondern als Reaktion auf drohende Erfahrungen von Missachtung.

Zusammenfassung der den Typus repräsentierenden Verläufe
In meinem Sample repräsentieren die Biografien von *Susanne Albers* und *Birgit Müller* den Verlauf der Überbrückung. Die Anfang der 1970er Jahre geborene Susanne Albers verliebt sich als Jugendliche in Frauen und Männer, ohne dass sie diese Erfahrung in dieser Phase ihres Lebens besonders beschäftigen würde. Auch ihr erstes bisexuelles Coming-out vergisst sie zunächst wieder. Bis sie Mitte zwanzig ist, lebt sie in einer gegengeschlechtlichen Paarbeziehung, während sie eine enge freundschaftliche Beziehung mit ihrer Freundin aus Kindergartentagen pflegt, die lesbisch ist. Mit Mitte zwanzig – Ende der 1990er Jahre – vollzieht sich ein grundlegender Wandel in ihrer Biografie, der durch das Kennenlernen einer Gruppe Bisexueller auf einer Christopher-Street-Day-Demonstration ausgelöst wird. In der Folge beginnt die Biografin sich in allen sozialen Bezügen als bisexuell zu bezeichnen und in bisexuellen Zusammenhängen zu engagieren. Die sich abzeichnenden Veränderungen bezeichnet die Biografin selbst als »sexuelle Revolution« (SuA, 17/21). Diese »Revolution« bedeutet für sie nicht allein, die Geschlechtergrenzen bei der Wahl der Sexual- und Beziehungspartner_innen zu ignorieren, sondern im Rahmen eines neuen kulturellen Szenarios eine alternative Sexual- und Beziehungskultur zu entwickeln. In dieser sind sexuelle Polygamie und Mehrfachbeziehungen realisierbar und Verhältnisse von Nähe und Distanz können während sexueller Handlungen und auch in romantischen Beziehungen differenziert verhandelt werden. Der biografische Verlauf von Susanne Albers entfaltet sich damit in enger Verknüpfung mit der Herausbildung bisexueller Selbstorganisationen seit den 1990er Jahren

in Deutschland und im Kontext eines umfassenderen gesellschaftlichen Wandels der Bedeutung von Sexualität (vgl. Kap. 2.1). Als Teil dieses Wandels rückt das Ziel sexueller Selbstverwirklichung stärker in den Mittelpunkt, womit neue Chancen und Herausforderungen der Lebensgestaltung verbunden sind. Das zeigt sich im biografischen Verlauf von Susanne Albers, die einerseits an ihrer gegengeschlechtlichen Beziehung festhält und eine Familie gründet, andererseits darum bemüht ist, sexuelle und emotionale Bedürfnisse, die in diesem Rahmen nicht befriedigt werden können, jenseits dieses Alltages in bisexuellen Zusammenhängen zu verwirklichen. Das Abwägen zwischen diesen beiden Bereichen führt im Leben der Repräsentantin dabei auch zu belastenden Lebenssituationen, in denen das Erleben von Gestaltungsmacht in Ohnmacht umzuschlagen droht. Zudem wird die erlangte Sichtbarkeit als bisexuelle Frau in der vollzogenen Trennung der unterschiedlichen Lebensbereiche immer wieder auf die Probe gestellt.

Im Gegensatz zu Susanne Albers nimmt die Repräsentantin Birgit Müller kein Interesse an einer Liebesbeziehung oder Sex mit Frauen wahr, bis sie Mitte dreißig ist. In diesem Alter ist sie schon viele Jahre verheiratet, hat eine Familie und verliebt sich – für sie völlig unvermittelt – in eine Freundin. Es folgt eine lange und für sie schmerzliche Phase der Verwirklichung ihres Wunsches, Beziehungen und Sexualität mit Frauen zu leben, ohne sich von ihrem Partner trennen zu müssen. Während Susanne Albers den bestimmenden Wendepunkt ihres Lebens als »Revolution« bezeichnet – also einen aktiven Umsturz beschreibt –, schildert Birgit Müller das Widerfahrnis eines Bruchs zwischen existenziellen Bedürfnissen der sexuellen Selbstverwirklichung und ihren Rollenvorstellungen als Ehefrau und Mutter. Erst das Wissen um Bisexualität als Etikett der Selbstbeschreibung ermöglicht der Biografin, einen Kompromiss zu entwickeln, ihrem Bedürfnis nach einer Beziehung mit einer Frau nachzukommen und an ihrer Partnerschaft und ihrem Familienleben festzuhalten. Ähnlich wie im Fall von Susanne Albers bezeichnet das Etikett der Bisexualität in ihrem Fall einen relativ komplexen Lebensentwurf. Die Repräsentantin geht zwar mit dem Wissen ihres Partners eine glückliche Partnerschaft mit einer Frau ein, verschweigt diese jedoch auf dessen Wunsch hin ihren gemeinsamen Kindern im Teenageralter und auch gegenüber anderen Familienangehörigen. Sie nutzt damit Bisexualität als soziales Etikett zwar für sich und in ihren Liebesbeziehungen, aber nicht in allen Bereichen ihres Lebens.

5.5 Falldarstellung – Ein bundesweites Treffen Bisexueller

Dieses Kapitel abschließend präsentiere ich die Ergebnisse meiner teilnehmenden Beobachtung auf einem bundesweiten Treffen Bisexueller. Das heißt, es folgt nun ein Wechsel der Fallebene von der Biografie hin zu der Gruppe von Menschen auf dem von mir beobachteten Treffen (vgl. Kap. 4.3.5).

Viele Personen, mit denen wir im Rahmen des Forschungsprojektes Interviews führten, kamen aus einem lose vernetzten bisexuellen Zusammenhang. Ich begann, mich für diesen Zusammenhang zu interessieren. Als besonders bedeutsam wurden von den Interviewpartner_innen immer wieder die – zweimal jährlich stattfindenden – »bundesweiten, offenen Treffen« des »Bisexuellen Netzwerkes« (BiNe) beschrieben. Um mehr darüber zu erfahren, begann ich, mich um eine Teilnahme zu bemühen. In Absprache mit den Organisator_innen des Treffens konnte ich an einem dieser Treffen partizipieren. Durch einen zuvor erstellten Informationstext, der allen Teilnehmenden zur Verfügung gestellt wurde, und meine Vorstellung zu Beginn der Veranstaltung, war meine Teilnahme und Rolle allen Anwesenden bewusst.

Schon vor meiner Teilnahme an einem Treffen stellte ich mir die Frage, welche soziologische Begrifflichkeit den Zusammenhang, mit dem ich mich beschäftigen wollte, beschreiben könnte. Handelt es sich um eine Organisation, eine Szene, ein Netzwerk? Alle Begriffe ziehen eine Reihe an theoretischen Implikationen nach sich. Im Sinne eines offenen Vorgehens beschloss ich, die Frage nicht vorab zu klären, sondern erst einmal an einem solchen Treffen teilzunehmen. Vor dieser Teilnahme war meine erste Intention, das BiNe vor allem als eine Form der politischen Selbstorganisation Bisexueller zu verstehen, die Hilfe zur Selbsthilfe anbietet, Strukturen der Vernetzung schafft und Interessen Bisexueller in der Öffentlichkeit vertritt.

Dies alles ist – mit einem Blick auf die Homepage und die Aktivitäten des Vereines – zutreffend. Was ich aber auf den offenen BiNe-Treffen erlebte, war etwas anderes: Es ging vor allem darum, sich von alltäglichen Erfahrungen loszulösen, intensive und intime Begegnungen zu ermöglichen und für ein Wochenende eine möglichst enge Gemeinschaft zu bilden. Es ging um die Kreation einer Welt, die sich entschieden von der »alltäglichen Lebenswelt« (Schütz & Luckmann, 1979, S. 25, siehe auch Kap. 4.1) abhebt.

Diese Eindrücke sammelte ich bei meiner teilnehmenden Beobachtung im Rahmen eines viertägigen offenen Treffens des bisexuellen Netzwerks, an dem etwa 50 Personen teilnahmen. Mehr Teilnehmende waren für dieses Treffen – und auch in den Jahren zuvor – nicht zugelassen. Es fand in einem relativ abgeschiedenen, alleinstehenden Gästehaus statt. Zentrale Ausgangspunkte meiner theoretischen Ausarbeitung lassen sich exemplarisch anhand einer Sequenz aus meinem Beobachtungsprotokoll darstellen:

> »Eine getragene Geigenmusik setzt ein. Wir halten uns an den Händen, bilden einen Kreis und bewegen uns nach einem bestimmten Ablauf: Für vier Takte wiegen wir uns, mehr oder weniger gleichmäßig, hin und her und dann gehen wir vier Schritte. Die Personen, die ich anschaue, nehmen den Tanz alle ernst: Manche haben die Augen geschlossen, manche sehen andere an und manche blicken zu Boden, die meisten machen ein ›andächtiges‹ Gesicht. Ich bin von der Situation einerseits bewegt, andererseits fühle ich mich auch sehr unbeholfen und stolpere ab und an bei den vier Schritten. Eine Person des Orga-Teams ist vorangegangen und öffnet den Kreis nun, was ich aber erst nach ein paar Schritten mitbekomme. Die vorderen Personen gehen nun eine 180-Grad-Kurve. Dadurch gehen die Reihen nun etwa zwei Meter voneinander entfernt her. Wir stehen uns – hin und her wiegend – gegenüber und sehen der Person, die vor uns steht, in die Augen, während wie uns im Takt vier Mal hin und her wiegen« (Prot TB, 15/12–25).

Bei der geschilderten Szene handelt es sich um einen gemeinsamen »Begrüßungstanz«, der bei jedem Treffen des Netzwerkes durchgeführt wird und der sich am Ende als »Abschlusstanz« wiederholt. Ich möchte diesen Handlungsablauf als Ritual bezeichnen. Meine These – die ich im Folgenden ausführe – ist, dass es sich um eine rituelle Trennung des Treffens von der Welt des Alltags handelt, die ihm einen gewissen sakralen Charakter verleiht (vgl. Soeffner, 2006, S. 67). Auffallend ist in diesem Zusammenhang mein Empfinden durch die Analyse dieser Sequenz etwas »Unmoralisches« zu tun und eine – gesellschaftlich schon stigmatisierte – Gruppe zusätzlich zu »entblößen«. Dieses Gefühl begründet sich einerseits in der strukturell größeren Verletzlichkeit Bisexueller in einer von institutioneller Monosexualität geprägten Gesellschaft (vgl. Kap. 3.2.2) und meinem objektivierenden Blick der Wissenschaftlerin. Andererseits – so meine These – stellt dieses Empfinden einen Effekt der rituellen Ordnung des Treffens dar, die bestimmte Ver- und Gebote schafft. Mein Gefühl, durch die Analyse und Veröffentlichung dieses Rituals einen illegitimen Tabubruch zu begehen, verweist damit auch auf die Wirksamkeit der rituellen Ordnung, die in dieser Situation hergestellt wurde und deren Teil ich war.

Praktiken mit ähnlichem Potenzial prägten das gesamte Treffen:
➤ beständige Herstellung von Intimität:
  ➤ ritualisierter Körperkontakt (z. B. morgendlicher gemeinsamer Tanz)
  ➤ Herstellung körperlicher Nähe (»Kuscheln«, »Gruppenkuscheln«)
  ➤ Sexualität hat einen etablierten und öffentlichen Platz auf dem Treffen (»Sexworkshops«, öffentlicher Raum für sexuelle Praxis).
➤ vokale und verbale Praktiken:
  ➤ therapeutisches Gespräch (Gesprächskreise)
  ➤ gemeinsames Singen
➤ Schaffung weiterer »kleiner Sinnprovinzen« innerhalb des Treffens
  ➤ Rollenspiele
  ➤ Märchen erzählen
  ➤ Verkleidung auf der Party
➤ Absicherung gegen »die Außenwelt«:
  ➤ keine zeitweise Teilnahme erwünscht
  ➤ relativ abgeschiedener Ort
  ➤ häufige Betonung des »Besonderen« der Zusammenkunft (z. B. Durchführung eines »Danke-Rituals«, in dem alle sich für etwas, das sie auf dem Treffen erlebt haben, bedanken)
  ➤ kaum Bezugnahme auf alltägliche und gesellschaftliche Probleme

Das Alltagsgeschäft des Vereins – wie die Organisation der Selbsthilfe, Vernetzung mit anderen Organisationen und Partizipation an politischen Initiativen – wurde nur am Rande besprochen. Diese Themen waren eigentlich nur beim Zusammenkommen des Vorstandes des Vereins BiNe, das während des Treffens stattfand, auf der Agenda. Damit erweitert sich der politische Charakter des Treffens. Es handelt sich schließlich um die Zusammenkunft einer strukturell von Stigmatisierung betroffenen Gruppe (vgl. Kap. 3.2.2), die einen gewissen »Schutzraum« (so die Formulierung eines der Mitorganisatoren des Treffens) bietet. Sie ermöglicht es Bisexuellen, sich zu treffen, auszutauschen, Sex zu haben und ihre sexuellen Vorlieben als legitim zu erleben und hat damit eine wichtige Funktion (vgl. zu diesem Thema auch Plummer, 1975, S. 87). Ich empfand es allerdings als auffallend, dass die Alltagswelt und damit auch die alltägliche Arbeit des Vereins auf dem Treffen strukturell ausgeklammert wurde – zugunsten der Herstellung einer temporären Form der Gemeinschaft.

Aus diesem Grund verbinde ich in diesem Kapitel die Erkenntnisse, die ich aus der teilnehmenden Beobachtung und der Auswertung der gesammelten Daten gewinnen konnte, mit theoretischen Überlegungen zum Thema Vergemeinschaftung.[47] Im Mittelpunkt steht dabei zuerst die klassische soziologische Theorie der Gemeinschaft (vgl. Tönnies, 2005) und Vergemeinschaftung (vgl. Weber, 1980, S. 21), die ich mit meinen empirischen Erkenntnissen in Verbindung setze. Anschließend gehe ich auf den seit den 2000er Jahren entwickelten Begriff der »posttraditionalen Gemeinschaft« (vgl. Hitzler et al., 2008a) ein. Dieser bezieht sich explizit auf Tönnies und Weber, aber vor allem auf Benita Luckmanns »small life worlds of modern man« (Luckmann, 1978). In der Diskussion der zentralen Elemente der Praktiken der Vergemeinschaftung, die ich beobachten konnte, zeigen sich jedoch die Lücken des Begriffs. Daher entwickelte ich auf der Basis meiner empirischen Erkenntnisse und den Arbeiten von Schütz und Maffesoli (vgl. Maffesoli, 1996; Schütz, 1971) den Begriff der emotionalen Sinnprovinz, um das von mir beobachtete bundesweite Treffen Bisexueller theoretisch zu charakterisieren.

5.5.1 Das Treffen als eine Form der Vergemeinschaftung?

Die Frage danach, was Gemeinschaft in Abgrenzung zur Gesellschaft ausmacht, ist eines der Gründungsthemen der Soziologie. Sowohl Ferdinand Tönnies als auch Max Weber haben differenzierte Begriffe in diesem Bereich entwickelt.

Das »Wesen« der Gemeinschaft
Tönnies bezeichnet Gemeinschaft und Gesellschaft als die zentralen Formen menschlicher Beziehungen (Tönnies, 2005). Gemeinschaft geht seinem Verständnis nach als eine naturhafte Beziehung der Gesellschaft

---

[47] In meinem Vorgehen habe ich theoretische Begriffe der Soziologie mit den Erkenntnissen aus meiner fokussierten Ethnografie konfrontiert (zu diesem Vorgehen vgl. auch Knoblauch, 2001).

voraus, die durch das kapitalistische Tauschverhältnis und Vertragsbeziehungen bestimmt sei. Die Kernform der Gemeinschaft sei die Familie, als »Gemeinschaft des Blutes« (ebd., S. 12) und »Einheit des Wesens«, aus der sich andere Formen, wie die »Gemeinschaft des Dorfes« (ebd.) und die »Gemeinschaft des Geistes« (ebd.) entwickeln würden. Konstituiert werde die Gemeinschaft durch die menschliche Anlage des »Wesenwillens«[48] (ebd., S. 73), in der sich die Tätigkeit des Einzelnen im Sinne des Ganzen organisiert. Wichtig ist hervorzuheben, dass Tönnies' Modell von Gemeinschaft weniger biologisch bestimmt ist, als seine Begrifflichkeiten es vermuten lassen. Zwar verankert er den Wesenwillen in der Biologie, allerdings bringt er auch die Komponente der »Gewohnheit« (ebd., S. 74) als Ergebnis alltäglicher Praxis und des »Gedächtnisses« (ebd.) als intergenerationell vermittelten Wissensbestand mit ein. Der Wesenwille ist nach Tönnies ein biologisches und soziales Potenzial jedes Menschen, ohne dass eine dieser Dimensionen die andere festlegen würde. In Hinblick auf den Wesenwillen spricht er daher von »Natur« (Biologie), »anderer Natur« (Gewohnheit) und »dritter Natur« (Gedächtnis) (ebd., S. 84).

Gesellschaft arbeitet Tönnies als einen Kontrastbegriff zur Gemeinschaft heraus. Er betrachtet diese als »ideelle und mechanische Bildung« (ebd., S. 3), als ein von Menschen gemachtes Konstrukt. In seiner – weitestgehend an Marx angelehnten – Analyse sieht er Gesellschaft als ein Produkt des Kapitalismus, in dem vertraglich geregelter Warentausch – zum Zweck der Mehrwertbildung – und (industrielle) Lohnarbeit zu den wichtigsten Formen menschlicher Beziehung werden. Diese Beziehungen strukturiert der »Kürwillen« (ebd., S. 73): Der oder die Einzelne handelt zum Zweck seines/ihres individuellen Vorteils. Demgegenüber sei das Tauschprinzip der Gemeinschaft fremd. Gemeinsamer Besitz und Konsum von Gegenständen stehen in ihrem Mittelpunkt. Mit der Figur des Kaufmanns bildet sich in der Gesellschaft eine neue Form der Freiheit heraus, die innerhalb des patriarchalen Herrschaftszusammenhangs der Gemeinschaft (vgl. ebd., S. 9) unbekannt ist: »Er [der Kaufmann] ist frei von den Banden des Gemeinschafts-Lebens, und je mehr er es ist, desto besser für ihn« (ebd., S. 49).

---

48 Tönnies betont, dass es sich bei den von ihm als exklusiv konstruierten Begriffen um »Normalbegriffe«, also theoretische Konstruktionen handelt, wogegen »kein Wesenwillen ohne Kürwillen, worin er sich ausdrückt, und kein Kürwillen ohne Wesenwillen, worauf er beruht, in der Erfahrung vorkommen kann« (Tönnies, 2005, S. 113).

Tönnies' Idealisierung gemeinschaftlicher Verhältnisse als das »echte Zusammenleben« gegenüber der Gesellschaft als »mechanisches Aggregat und Artefakt« (ebd., S. 4) droht an vielen Stellen in einen reaktionären Kulturpessimismus zu verfallen.[49] Dennoch trägt er wichtige Aspekte für die Entwicklung eines soziologischen Gemeinschaftsbegriffes bei, die für eine Analyse des von mir besuchten Treffens hilfreich sind. Gemeinschaft konstituiert sich in einem Handeln, das sich auf ein – wie auch immer zu bestimmendes – »Wesen« einer bestimmten Gruppe bezieht und in diesem Sinne »Selbstzweck« ist. Damit ist gemeinschaftliches Handeln zwar nicht der kapitalistischen Gesellschaft enthoben, funktioniert aber doch nach einer anderen Logik.

Um theoretische Kurzschlüsse zu vermeiden und das Konzept der sozialen Gegenwart anzupassen, schlagen Hitzler, Honer und Pfadenhauer (Hitzler et al., 2008a, S. 10f.) vor, mit dem Begriff der »posttraditionalen Gemeinschaft« zu arbeiten, den ich weiter unten genauer bespreche. Sie beziehen sich positiv auf Tönnies, verwerfen jedoch seine biologistische Begründung. Stattdessen ist Gemeinschaft von ihrem Standpunkt aus etwas, das sich ausschließlich durch »Zeichen, Symbole und Rituale konstituiert, stabilisiert und resituiert« (ebd., S. 10). Diese Einverleibung des Tönnies'schen Naturbegriffs in die Theorie des symbolischen Interaktionismus erscheint mir vorschnell. Denn erstens hatte auch Tönnies einen differenzierten und soziologischen Begriff von Natur – wie ich oben erwähnte – und zweitens verfehlt dieser Ansatz zu erklären, weshalb die soziale Form der Gemeinschaft den Menschen häufig als natürlich erscheint. Institutionen können den Menschen, trotz ihres auf sinnhaftem Handeln basierenden Herstellungsprozessen, als Objektivationen gegenübertreten. Als solche können sie nicht nur »vergegenständlicht« sein, sondern verdinglicht werden (vgl. Berger & Luckmann, 2004, S. 95) und den Menschen als »Naturtatsachen« gegenübertreten. In diesem Sinne halte ich es für sinnvoll, den Begriff des »Wesens« in einer konstruktivistischen Fassung aufrechtzuerhalten, ohne Tönnies' Idealisierung gemeinschaftlichen Handelns zu teilen. Die Spezifik von Affekt,

---

49 Dementsprechend entwickelt er eine reaktionäre Kapitalismuskritik. Er betrachtet Lohnarbeit als »unnatürliche Ware« (Tönnies, 2005, S. 69), Handel als eine »räuberische Tätigkeit« (ebd., S. 48) und das Kreditwesen als »Wucher« (ebd., S. 50) – alles Begriffe, die auch an ein antisemitisches Weltbild anschlussfähig sind. Trotz dieser theoretischen Anlagen kritisierte Tönnies den aufstrebenden Nationalsozialismus und verlor daher nach dessen Machtübernahme im Jahr 1933 Lehrbefugnis und Beamtenstatus (vgl. Carstens, 2005).

Tradition und Gedächtnis als Teil vergemeinschaftenden Handelns lassen sich in dieser Weise angemessen beschreiben. Wie auch Zygmunt Bauman in seiner Arbeit über Gemeinschaft verdeutlicht (vgl. Bauman, 2009), ist die Besonderheit des Gemeinschaftsbegriffs von Tönnies, dass er Gemeinschaft als ein schweigendes Verständnis beschreibt: »aber Verständnis ist ihrem Wesen nach schweigend: weil ihr Inhalt unaussprechlich, unendlich, unbegreiflich ist« (Tönnies, 2005, S. 19). Diese von Tönnies herausgearbeitete Besonderheit, die das »Konstrukt« Gemeinschaft ausmacht, lohnt es sich für eine weitere Analyse zu bewahren.

Zusammenfassend möchte ich die zentralen Gesichtspunkte für meine Analyse des besuchten Treffens hervorheben: Dieses ist vor allem der Versuch, eine Form der Zusammenkunft herzustellen, die sich von der gesellschaftlichen Realität und den dort herrschenden Regeln abhebt. Das gelang durch die Arbeit mit affektiven und emotionalen Komponenten. Aufgrund der Herstellung einer erhöhten affektiven und emotionalen Verbundenheit auf dem Treffen nahmen viele Teilnehmende sich selbst und die Begegnungen als »authentischer« wahr als in der Alltagswelt. Immer wieder äußerten Teilnehmende mir gegenüber, auf dem Treffen »bei sich« und »sie selbst« sein zu können. Die hohe Bedeutung dieses – um einen Begriff von Tönnies zu verwenden – »wesenhaften« Erlebens muss auch vor dem Hintergrund verstanden werden, dass die Existenz von Bisexualität als eine eigenständige Begehrensform Erwachsener innerhalb der Alltagswelt immer wieder in Zweifel gezogen wird (vgl. Kap. 3.2.2). Dazu lässt sich die starke Ausrichtung des Handelns nach »innen«, also auf die anwesende Gruppe hin, hervorheben: Die vorwiegende Sorge der Teilnehmenden galt der Herstellung einer eigenständigen »Sinnprovinz« in der Gegenwart und nicht der Gründung eines dauerhaften zweckrationalen »Interessenverbandes« (Weber, 1980, S. 21) zur Veränderung gesellschaftlicher Verhältnisse. Ziel war die Herstellung eines harmonischen Ganzen, in dem sich die Einzelnen in einem stillschweigenden »Verständnis« aufgehoben fühlen, wofür die Bildung eines Kreises und der sekundenlange Augenkontakt fast aller Teilnehmenden beim Eingangsritual eine wichtige Grundlage darstellte.

Vergemeinschaftung und ihre Herrschaftsformen

In expliziter Bezugnahme auf Tönnies arbeitet Max Weber Idealtypen der Vergesellschaftung und Vergemeinschaftung heraus (ebd., S. 21). Er ordnet sie seinem viergliedrigen Handlungsmodell zu (vgl. auch Knoblauch, 2008).

Beruht das soziale Handeln und der aus diesem resultierende Zusammenhang auf »gefühlter (affektueller oder traditionaler) Zusammengehörigkeit« (ebd.), handelt es sich um einen Modus der Vergemeinschaftung; steht Zweck- und Wertrationalität im Mittelpunkt, spricht Weber von Vergesellschaftung. Klassische Formen der Vergemeinschaftung sind nach Weber die Familie oder Liebesbeziehung, aber auch nationale Gemeinschaften. Dem stehen die auf Vereinbarungen beruhenden Typen der Vergesellschaftung von Markt, Zweck- und Gesinnungsverein gegenüber. Expliziter als Tönnies betont Weber die enge Verzahnung dieser beiden Modi des Sozialen: »Die große Mehrzahl sozialer Beziehungen aber hat teils den Charakter der Vergemeinschaftung, teils den der Vergesellschaftung« (ebd., S. 22). In seiner Zuweisung der Vergemeinschaftung zum affektiven und traditionalen Handeln folgt er Tönnies. Allerdings hat er nicht den Anspruch, die Begrifflichkeiten von Affekt und Tradition in einer ähnlich ausführlichen Weise auszuarbeiten wie Tönnies, der sich detaillierter mit diesen meinem Verständnis nach zentralen Aspekten gemeinschaftlichen Handelns beschäftigt.

Webers Begriff der »Vergemeinschaftung« ist wichtig, um deutlich zu machen, dass es sich bei Gemeinschaft – bei aller Institutionalisierung – um einen sich beständig vollziehenden Prozess handelt. Analog zu Tönnies betont Weber die wichtige Rolle der Harmonisierung der Beziehungen in Gemeinschaften, die »normalerweise das Gegenteil von Kampf« (ebd., S. 22) darstelle, während in der Gesellschaft offene Konkurrenz herrsche. Allerdings betont Weber die realen Gewaltverhältnisse innerhalb von Gemeinschaft, anstatt sie zu verklären (vgl. Tönnies, 2005, S. 9). In diesem Bereich liegt eine Stärke von Webers Modell, das einen differenzierten und nicht normativen Begriff von Herrschaft kennt. Insbesondere die Typen der traditionalen und charismatischen Herrschaft lassen sich produktiv anwenden, um Machtverhältnisse innerhalb von Gemeinschaften zu analysieren (Weber, 1980, S. 122ff.). Macht betrachtet Weber als Chance, eigene Interessen durchzusetzen, Herrschaft als Chance auf Befehlsgehorsam bei einer bestimmten Gruppe und Disziplin als Chance auf automatischen Gehorsam (vgl. ebd., S. 122). Für Gemeinschaften ist vor allem die Form der traditionalen Herrschaft wichtig. Sie stützt sich auf dem Alltagsglauben an die Heiligkeit einer bestimmten sozialen Ordnung. Dagegen beruht die charismatische Herrschaft »auf der außeralltäglichen Hingabe an die Heiligkeit oder die Heldenkraft oder die Vorbildlichkeit einer Person und der durch sie offenbarten oder geschaffenen Ordnungen« (ebd., S. 124). Insbesondere der Charakter der charismatischen und traditionalen Herrschaft ist für meine Analyse von Macht, Herrschaft und Disziplin im Zusammenhang des BiNe-Treffens wichtig. Durch die verschiedenen Riten, die das Treffen strukturieren, wird es dem profanen Alltagsgeschehen enthoben. Dies hat eine disziplinierende Wirkung und macht das Treffen anfällig für traditionale und charismatische Herrschaftsformen, was ich weiter unten ausführlich erörtere (vgl. Kap. 5.5.3).

5.5.2 Das Treffen als eine Form der »posttraditionalen Gemeinschaft«?

Die moderne kapitalistische Gesellschaft, wie sie Tönnies und, etwas später, Weber vorfanden, befindet sich in einem Prozess der ständigen Veränderung. Tönnies' kulturpessimistische These vom Ende der Gemeinschaft zugunsten der Gesellschaft hat sich nicht bewahrheitet (vgl. Tönnies, 2005, S. 215). Webers Einschätzungen, dass sich soziale Beziehungen weiterhin sowohl im Modus der Vergesellschaftung als auch im Modus der Vergemeinschaftung herstellen, reproduzieren und verändern, hat sich als tragfähiger erwiesen. Seit den 2000er Jahren wurde in der Soziologie die These aufgestellt, dass Prozesse der Vergemeinschaftung einen Formenwandel durchlaufen, und im Zuge dessen wurde der Begriff der posttraditionalen Gemeinschaften entwickelt (vgl. Hitzler et al., 2008a). Dieser erweist sich für die Analyse von Vergemeinschaftung im Rahmen des BiNe-Treffens als weiterführend.

Die kleinen Lebenswelten der späten Moderne
Eine der Grundlagen des Begriffs der posttraditionalen Gemeinschaft geht auf die These Benita Luckmanns zurück, dass die Lebenswelt der Menschen sich im »Spätkapitalismus« verändert (vgl. Luckmann, 1978): »In late industrial society the segment of the life-world actually ›inhabited‹ by man consists of many small worlds« (ebd., S. 276). Sie wird kleinteiliger und vielfältiger, was sie mit dem Begriff der »small life-worlds of man« (ebd., S. 280), den »kleinen Lebenswelten«, beschreibt.

Benita Luckmanns Entwurf eines vormals traditionalen Zusammenlebens – im Gegensatz zur Moderne – orientiert sich an Tönnies abzüglich seines Biologismus: Menschen wurden in Gemeinschaften geboren, die durch die Praxis der Tradition eine kohärente Lebenswelt bilden konnten und damit den Einzelnen eine gewisse Ruhe und Sicherheit gewährten. Mit der Geburt in eine bestimmte Gemeinschaft war der »Sinn« des Lebens schon gegeben. Der sich beschleunigende Prozess der Segmentierung, Spezialisierung und Rationalisierung in der Moderne erschüttert diese vom Subjekt als einheitlich wahrgenommene Lebenswelt. Die relative Einheitlichkeit der Lebenswelt des traditionellen Subjekts wird durch eine Vielfalt an »kleinen Lebenswelten« abgelöst. Diese ermöglichen – trotz der desintegrativen Momente der Moderne – dem Einzelnen das Leben in relativ autonomen Zonen, die als »comprehensible und manageable« (ebd., S. 290) erscheinen.

Diese »kleinen Lebenswelten« unterscheiden sich in zentralen Aspekten von »Gemeinschaften« im Tönnies'schen Sinne: Sie sind in der Regel freiwillig gewählt worden, klein und überschaubar, relativ austauschbar. Sie haben einen temporären Charakter und können bzw. müssen im Laufe eines Tages mehrmals gewechselt werden. Sie umfassen nicht den ganzen Menschen und auch nicht die ganze Lebensgeschichte. Daher müssen sie von den Menschen selbst in eine biografische Ordnung gebracht werden. Auch wenn das Phänomen der »kleinen Lebenswelten«, Luckmann folgend, sowohl für den privaten als auch für den institutionellen[50] Bereich gilt, ist doch die Entstehung des sogenannten Privaten ihrer Ansicht nach für diese Entwicklung besonders charakteristisch:

> »The domains of freedom interpenetrating the institutionally controlled life of modern man have come to be called his ›private sphere‹. A relatively recent dimension of the social structure and of human existence, it is located between and within the institutionally defined ›spheres of interest‹ and represents a ›no man's land‹, unclaimed by the powers that be. Within its confines man is free to choose and decide on his own what to do with his time, his home, his body and his gods« (Luckmann, 1978, S. 280).

Gerade im Umgang mit dieser Privatsphäre fungiert nach Luckmann ein reichhaltiger »Ideenmarkt« in der späten Moderne als Quelle der Konstitution kleiner Lebenswelten, sei es der Taubenzüchterverein, die Wohltätigkeitsvereinigung oder der Sportclub.

Luckmanns »kleine Lebenswelten« ermöglichen es zu verstehen, warum »Gemeinschaften« – im Gegensatz zu Tönnies' Meinung – auch in der kapitalistischen Moderne weiter existieren. Gleichzeitig zeichnet die

---

50 Sie verwendet den Begriff »institutionell«, obwohl er in dieser Fassung von »Institution«, wie sie von Peter Berger und Thomas Luckmann entwickelt wurde, abweicht (vgl. Berger & Luckmann, 2004, S. 49).

Autorin die Veränderung der sozialen Form der Gemeinschaft nach und hebt ihre existenzielle Funktion hervor. Gegenüber Weber und Tönnies hat die Konzeption von Luckmann den Vorteil, dass sie die »kleinen Lebenswelten« ins Zentrum von »Gesellschaft« rückt. Sie sind gewissermaßen der »Kitt«, der die gesellschaftliche Wirklichkeit in der Moderne zusammenhält. Sie löst damit die strikte Binarität der beiden Formen der menschlichen Beziehung auf und setzt sie in ein neues Verhältnis.

Trotz der Schlüssigkeit ihrer Argumentation bleiben für eine soziologische Analyse von spätmodernen Vergemeinschaftungsformen, wie sie sich etwa im Kontext des BiNe vollzieht, einige Fragen offen: Wie lassen sich die historischen Phasen der »Moderne« und der »späten Moderne« voneinander unterscheiden? Welche »Kräfte« halten die »kleinen Lebenswelten« zusammen, wenn es nicht die der »Tradition« sind? Wie sind die internen Strukturen der »kleinen Lebenswelten« beschaffen? Inwiefern ist ihre »subjektive Wirklichkeit« an die »objektive Wirklichkeit« (vgl. Berger & Luckmann, 2004) der Gesellschaft gebunden? Mit einigen dieser Fragen beschäftigen sich auch soziologische Arbeiten in Deutschland (vgl. Hitzler et al., 2008a; Honer, 2011).

Posttraditionale Gemeinschaften
In der Antwort auf die Frage nach den Besonderheiten von Vergemeinschaftung unter Bedingungen einer »späten Moderne« gehen Ronald Hitzler, Anne Honer und Michaela Pfadenhauer (vgl. Hitzler, et al., 2008b) nicht über Luckmanns Thesen hinaus: Sie konstatieren eine »andere Moderne« – die begrifflich diffus bleibt –, in welcher der relativ zerbrechliche Zusammenhang der posttraditionalen Gemeinschaftsformen das Bedürfnis der Gesellschaftsmitglieder nach der »Wärme« (Hitzler, 2008, S. 55) einer temporären Einbindung in eine Gemeinschaft stille.[51] Diese Gemeinschaftsformen beruhten nicht mehr auf einer geteilten sozialen Lage oder Verpflichtung, sondern auf einer freiwilligen Teilnahme. In Bezug auf das Thema »Vergemeinschaftung Bisexueller« zeichnet sich an dieser Stelle eine Differenz ab. Bisexuelle teilen eine »soziale Lage«, insofern sie in ihrem Begehren, ihrer sexuellen Praxis und/oder Selbstbezeichnung nicht in die bipolare Struktur der sexuellen Ordnung der Gesellschaft »passen«. Sie erleben Homo- und

---

51 Trotz der kritischen Intention wird in diesem Modell die problematische Gegenüberstellung einer vermeintlich »warmen« Gemeinschaft und der »kalten« Gesellschaft, die schon bei Tönnies angelegt ist, wiederholt.

Biphobie (vgl. Kap. 3.2.2). Auffallend ist, dass diese geteilte soziale Lage zwar den formalen Rahmen des Treffens bildet, aber nicht im Mittelpunkt steht. Die »Alltagswelt« wird beständig ausgeklammert – und damit auch die Erfahrungen als Bisexuelle in dieser.[52] Auch jenseits dieser Differenz lassen sich zahlreiche Überschneidungen zwischen BiNe-Treffen und den Merkmalen »posttraditionaler Gemeinschaft« hervorheben. Die »Gemeinschaft« auf dem BiNe-Treffen zeigt die von Luckmann sowie Hitzler et al. aufgezeigten Charakteristika der zeitweiligen und freiwilligen Teilnahme, der situativen Konstitution eines »Wir-Bewußtseins« sowie der Herstellung einer relativen Sicherheit und Fraglosigkeit (vgl. Hitzler et al., 2008b, S. 15f.). Vor allem trifft aber das Phänomen der strukturellen Labilität zu, die situative Ermöglichung von »(kalkulierte[n]) kollektive[n] >Ausbrüche[n]< aus der Banalität des Alltäglichen« (Hitzler et al., 2008b, S. 18) mit einschließt. Handelt es sich bei dem Treffen also um ein spätmodernes Event einer bisexuellen Szene (vgl. Hitzler, 2008; Hitzler et al., 2005)?

Ein bisexuelles Szene-Event?
Der Begriff der »Szene« hat sich im alltäglichen Sprachgebrauch etabliert, nicht zuletzt in Bezug auf Zusammenhänge jenseits des heterosexuellen Mainstreams. Insbesondere die »schwule Szene«, aber auch die »lesbische Szene« sind relativ gängige Begriffe. Auch in meinen ersten Überlegungen zu einer stimmigen Beschreibung bisexueller Zusammenhänge griff ich zunächst auf den Begriff der Szene zurück. Theoretisiert und empirisch erprobt wurde diese Begrifflichkeit, insbesondere im Rahmen der Forschungen von Hitzler und seinen Kolleg_innen (vgl. Hitzler et al., 2005). Während Hitzler gegenwärtig Szenen vor allem als von Jugendlichen geprägte Form der Gemeinschaften untersucht, beschäftigte er sich in früheren Arbeiten auch mit sexuellen Zusammenhängen wie der subkulturellen SM-Erotik (vgl. Hitzler, 1994).

Szenen sind nach Hitzler eine besondere Form der posttraditionalen Gemeinschaft und damit ein Phänomen des gegenwärtigen Übergangs zu einer »anderen Moderne« (Hitzler, 2008, S. 57). Sie stellen ein lo-

---

52 In Bezug auf die Sonderform der posttraditionalen Gemeinschaft, der Szene, spricht Hitzler von einer Tendenz der »Verszenung« »herkömmlicher Gesellungsformen« und einer »Verszenung der Gesellschaft« (Hitzler, 2008, S. 57f.). Die Tendenz der Ausklammerung der geteilten sozialen Lage der Bisexualität auf dem BiNe-Treffen, könnte Teil dieser Tendenz sein.

ckeres soziales Netzwerk dar, das sich durch eine freiwillige Teilnahme auszeichnet. Die Mitgliedschaft wird nicht durch Sozialisation oder Geburt begründet, sondern sie beruht auf einem gemeinsamen Interesse der »Szenegänger« und der geteilten Faszination für die Teilnahme an »Szene-Events«. Im Mittelpunkt stehen weniger gemeinsame Werte als eine gemeinsame Ästhetik.

Mit Blick auf diese Bestimmung der »Szene« fällt erneut auf, dass der »gemeinsame Nenner« der »Bisexualität« auf dem Treffen eine Differenz zum Modell der Szene markiert. Dennoch will ich den Gedanken des Treffens als »Szene-Event« nicht gänzlich verwerfen, da – wie oben schon angedeutet – auffällt, dass diese »gemeinsame Lage« auf dem Treffen nicht zur Bildung einer wertorientierten Gemeinschaft oder eines Interessenverbandes führt, sondern Elemente dessen, was als Szene beschrieben werden kann, aufgenommen werden: insbesondere der »Eventcharakter«, aber auch eine gewisse Form der »Ästhetik«.

Allerdings zeigt sich dabei, dass der Begriff der Ästhetik noch einer Klärung bedarf. Ästhetik ist in Hitzlers Sinne die Praxis und Verkörperung eines »Lebensstils«, der sich insbesondere durch bestimmte Konsumgüter ausdrücken lässt: Kleidung, Musik etc. Dementsprechend bestehen Szenen nach Hitzler in enger Verknüpfung mit den Marketing-Abteilungen kapitalistischer Akteure, die über das Auffinden und die Herstellung von »Szenen« Absatzmärkte schaffen wollen (vgl. ebd., S. 58f.). In diesem Zusammenhang zeigen sich erneut Differenzen zwischen dem »Szene-Modell« und dem BiNe-Treffen. Eine Identifikation der Teilnehmer_innen über Codes, die auf kapitalistischen Konsumgütern beruhen, konnte ich nicht beobachten. Die Verkleidungen auf der am Samstag stattfindenden Party sollten vor allem dem Maßstab der »Kreativität« gerecht werden. Im Vergleich scheint mir eine »mittelständische« »schwule Szene«, aber auch eine »queere« und großstädtische Szene mit ihrer Ästhetik enger in die kapitalistische Reproduktion eingebunden zu sein (vgl. Hennessy, 2000; Monro, 2015, S. 73 und Kap. 3.1.3). Dennoch spielte »Ästhetik« in einem weiteren Sinne eine große Rolle auf dem Treffen – aber nur, wenn Ästhetik als die Schaffung einer Gemeinschaft auf der Basis von geteilten Gefühlen verstanden wird (vgl. Maffesoli, 1996; Hitzler et al., 2008b). Die gemeinsame Hervorbringung geteilter Gefühle lässt sich als ein zentrales Moment des von mir besuchten Treffens beschreiben. Auch wenn das BiNe-Treffen damit nicht gänzlich als »Szene-Event« beschrieben werden kann, sind Eventcharakter, Ästhetik und Emotion wichtige Bestandteile desselben.

5.5.3 Praktiken der Vergemeinschaftung auf dem Treffen

Wie lassen sich die Erkenntnisse aus der von mir durchgeführten teilnehmenden Beobachtung und die diskutierten Begriffe von Vergemeinschaftung verbinden? Ich charakterisiere das Treffen als eine Form von Vergemeinschaftung, die darauf abzielt, eine vom Alltag abgegrenzte Sinnprovinz zu kreieren. Alfred Schütz weist darauf hin, dass die Alltagswelt nicht die einzige Wirklichkeit ist, in der wir leben (vgl. Schuetz, 1945; Schütz, 1971; Berger & Luckmann, 2004, S. 28). Allerdings hat sie durch ihre Selbstverständlichkeit und ihre Form der Objektivität einen besonderen Charakter. Sie ist »the intersubjective world which existed long before our birth, experienced and interpreted by others, our predecessors, as an organized world« (Schuetz, 1945, S. 533).

In Anlehnung an Schütz schreiben Peter Berger und Thomas Luckmann der Wirklichkeit der Alltagswelt eine Selbstverständlichkeit und zwingende Faktizität zu, die sie als hierarchisch höchste Wirklichkeit auszeichnet (vgl. Berger & Luckmann, 2004, S. 28). Ich betrachte auch den sozialen Bereich des Sexuellen und die diesem zugehörige Monosexualität als eine Institution, die ein zentraler Bestandteil dieser alltäglichen Welt ist (vgl. Kap. 3.2.2).

Diese Alltagswirklichkeit ist keineswegs die einzige Form der Wirklichkeit. Neben der Alltagswelt existieren »finite provinces of meaning« (Schuetz, 1945, S. 551) oder »begrenzte Sinnprovinzen« (Berger & Luckmann, 2004, S. 28). Beispiele für solche »Sinnprovinzen« sind Träume, theoretische Physik, das Kinderspiel, Theater oder religiöse Erfahrungen. Von der Alltagswelt heben sie sich durch einen spezifischen »kognitiven Stil« und einen besonderen »Akzent der Realität« (Schuetz, 1945, S. 551f.) ab. Meine These ist, dass das BiNe-Treffen die Herstellung einer Sinnprovinz darstellt, in der der Faktizität der Alltagswelt eine andere Wirklichkeit gegenübergestellt wird. In dieser Differenz zu den Strukturen der Alltagswelt wird es möglich, eine Form der Gemeinschaft herzustellen, die – im Tönnies'schen Sinne – als »wesenhaft« erfahren wird.

Bei der Analyse der Daten und dem Festhalten meiner Ergebnisse ist mir aufgefallen, dass ich mich beständig nach der Bedeutung von Bisexualität fragte. Ich empfand es als Manko der Analyse, die Besonderheit des Treffens als ein Treffen Bisexueller nicht ausreichend einzubeziehen. Beim Nachdenken über das Treffen als emotionale Sinnprovinz wurde mir zunehmend deutlich, dass es sich bei der Ausklammerung des Themas Bisexualität auch um einen Effekt der Struktur des Treffens handelte. Das Treffen zeichnet eine große »Innerlichkeit« aus, weshalb Bisexualität scheinbar bedeutungslos wurde. Es geht bei dem Treffen darum, für eine kurze Zeitspanne eine Wirklichkeit zu kreieren, die durch die wesenhafte Erfahrung geteilter Empfindung bestimmt ist und die Alltagswelt ausklammert. Ein wichtiger Teil ihrer Faszination liegt damit in der Macht der »Sinnprovinz«, Bestandteile »objektiver Wirklichkeit« temporär zu entkräften und ihr ein gemeinschaftlich gestaltetes Modell einer »kleinen Lebenswelt« entgegenzustellen.

Innerhalb dieser subjektiven Wirklichkeit macht es nur begrenzt »Sinn«, über Bisexualität zu sprechen. Wenn auf dem Treffen über diesen Themenbereich gesprochen wurde, hatte dies den Charakter des »Bekenntnisses«, den Giddens als typisch für die zunehmende Integration von Sexualität in das reflexive Projekt der »Identität« in der (späten) Moderne beschreibt (vgl. Giddens, 1993 und Kap. 2.1). Dies war vor allem im angeleiteten »Gesprächskreis« für neue Teilnehmer_innen – am ersten Abend des Treffens – der Fall, an dem auch ich teilnahm. In Form eines intimen Bekenntnisses hatte in dieser Runde jede Teilnehmer_in ihr »Comingout« als Bisexuelle_r. Meine Hypothese ist, dass diese Form, der für die späte Moderne typischen »Geschwätzigkeit«[53] für die neuen Teilnehmer_innen eine Brückenfunktion hatte. Sie ermöglicht es ihnen, sich selbst mit dem Wesen der Gemeinschaft zu identifizieren. Nach der Initiation muss Bisexualität dann nicht mehr »bekannt« werden, sondern kann gemeinsam beschwiegen werden. Ausgehend von dieser Erfahrung wird es möglich, temporär die Objektivität der sexuellen Ordnung der Alltagswelt infrage zu stellen und Alternativen zu erproben. Dies gelingt durch spezifische vergemeinschaftende Handlungsweisen.

Ritus und Spektakel – Kommunikationsgemeinschaft
In einer Kritik des Begriffs der posttraditionalen Gemeinschaft macht Hubert Knoblauch den Vorschlag, besser von Kommunikationsgemeinschaften zu sprechen (vgl. Knoblauch, 2008). Um diese Begrifflichkeit zu verstehen, ist es wichtig nachzuvollziehen, dass für Knoblauch Kommu-

---

53 Dabei sollte bedacht werden, dass diese »Geschwätzigkeit« in Form des Coming-outs Menschen, die sich nicht heterosexuell verorten, gesellschaftlich auferlegt wird und keinen »freiwilligen« Charakter hat, zugleich aber eine befreiende und ermächtigende Wirkung haben kann.

nikation nicht eine Form des sozialen Handelns unter vielen ist, sondern eine zentrale Funktion für die Herstellung sozialer Wirklichkeit hat. Über Kommunikation und Kommunikationsformen wird die Vermittlung von Wissen organisiert: »Kommunikatives Handeln erlaubt die Abstimmung und den Austausch von Erfahrungen, also das, was wir Wissensvermittlung nennen« (Knoblauch, 1996, S. 11). Durch dieses Wissen wird die Selbstverständlichkeit und »Normalität« der Alltagswelt gewährleistet, »die auch als ›doxa‹, als unbefragter Bestand des Alltagswissens bezeichnet werden kann« (ebd.).

Mit dem Begriff der Kommunikationsgemeinschaft wird es möglich, ein genaueres Verständnis der Binnenstruktur des BiNe-Treffens im Kontext von Formen der Vergemeinschaftung in der späten Moderne zu entwickeln. In Bezug auf Weber und Tönnies beschreibt Knoblauch Gemeinschaft als einen Zusammenhang von Menschen, der sich vor allem in affektiven und traditionellen Handlungen herausbildet. Dieses Handeln orientiert sich in seinen Zielen vorwiegend an der Gemeinschaft. Ferner beinhaltet Gemeinschaft immer auch eine Form der Abgrenzung gegen etwas, das als außenstehend definiert wird (vgl. Knoblauch, 2008, S. 77). Im Rahmen dieser Definition mache – so Knoblauchs Kritik – die Rede von einer »posttraditionalen Gemeinschaft« wenig Sinn, sei doch »Traditionalität« ihre Grundbedingung. Um dennoch die veränderten Bedingungen der Konstitution von Gemeinschaften in der späten Moderne begrifflich fassen zu können, macht Knoblauch den Vorschlag, zwischen »Wissensgemeinschaften« und »Kommunikationsgemeinschaften« (ebd., S. 84f.) zu unterscheiden. Wissensgemeinschaften seien Gemeinschaften im Tönnies'schen und Weber'schen Sinne. Sie konstituierten sich in einer Form des kommunikativen Handelns, das auf Kopräsenz[54] aufbaue und das auf geteiltem, weitestgehend unausgesprochenem, sedimentiertem, habitualisiertem und routinisiertem Wissen beruhe. Ein Modus des Handelns, das Tönnies als »Verständnis« (Tönnies, 2005, S. 17) bezeichnet hat. Im weiteren Verlauf der Modernisierung fand nach Knoblauch eine Erweiterung kommunikativen Handelns statt. Durch die Differenzierung der Gesellschaft differenziere sich auch das gesellschaftliche Wissen. Der geteilte Wissensbestand werde geringer und dies müsse durch erhöhte

---

[54] Diesen Aspekt halte ich für fragwürdig, da Weber auch von »nationalen« und religiösen Gemeinschaften spricht, deren intensive »gefühlte Gemeinschaft« keineswegs auf Kopräsenz beruht.

Kommunikation ausgeglichen werden: »Im Unterschied zu den ›impliziten Selbstverständlichkeiten‹ traditioneller Gemeinschaften versichern sich moderne Gesellschaften fortwährend ihrer Gemeinsamkeiten, sie sind, wenn man so will, ›geschwätzig‹« (Knoblauch, 2008, S. 84).

Diese »Geschwätzigkeit« sei auch wichtig in der Herstellung von Gemeinschaft unter den Bedingungen der späten Moderne. Aus »Wissensgemeinschaften« würden »Kommunikationsgemeinschaften«. In diesen wird »die Zugehörigkeit zur Gemeinschaft [...] wesentlich durch vorgängige und parallele Kommunikation geleistet – nicht durch Tradition und Wissen«[55] (ebd., S. 85).

Das von Knoblauch vorgestellte Konzept der Kommunikationsgemeinschaft lässt sich mit der Struktur des BiNe-Treffens verknüpfen. Gemeinschaft wird hier durch parallele Kommunikation hergestellt und beruft sich nicht auf ein »Traditionswissen«. Dies kann zwei Funktionen erfüllen. Erstens ermöglicht es eine Herstellung von Gemeinschaft, ohne sich auf die Wissensbestände der Alltagswelt zu stützen, die auch auf einer bipolaren sexuellen Ordnung und Heterosexualität als Institution beruhen. Zweitens ermöglicht es die Herstellung einer »wesenhaften« Erfahrung von Gemeinschaft, jenseits der Alltagswelt, durch Kommunikation. Das von Tönnies beschriebene »Schweigen« der Gemeinschaft wird kommunikativ bzw. »geschwätzig« hergestellt.

An diesem Punkt wird eine Leerstelle in Knoblauchs Konzeption von Gemeinschaft offenbar. Wenn »Geschwätzigkeit« in der späten Moderne zu einem zentralen Bestandteil von Vergesellschaftung und Vergemeinschaftung wird, stellt sich die Frage, was die Spezifika eines vergemeinschaftenden kommunikativen Handelns sind. In Bezug auf meine Teilnahme an dem Treffen ist dies die rituelle und »spektakuläre« Mobilisierung von Affekten, die es erlaubt, eine wesenhafte Erfahrung von Gemeinschaft zu machen. Rituelles Handeln ermöglicht Vergemeinschaftung, ohne auf traditionell vermittelte Objektivationen zugreifen zu müssen.[56]

---

55 Die hier von Knoblauch vorgenommene Differenzierung von Tradition und Wissen erscheint fragwürdig, da Tradition eine Form des sedimentierten und habitualisisierten Wissens darstellt. Wie er selbst ausführt basieren auch Kommunikationsgemeinschaften auf Wissen, allerdings auf Wissen um die Kommunikationsformen als Möglichkeit die Vermittlung von Wissen zu gewährleisten.

56 Auch Knoblauch weist in einem anderen Zusammenhang auf die Bedeutung von rituellem bzw. nonverbalem Handeln hin (vgl. Knoblauch, 1996, S. 21).

»Es ist eine Aktionsform des Symbols, verlangt also Tätigkeit, wo andere Symbole ihre Kraft und Wirkung aus der fixierten Zeichengestalt ziehen. Rituale repräsentieren damit Ordnungen, die im Handeln immer erst und immer wieder hergestellt werden müssen« (Soeffner, 2006, S. 67).

Zudem eröffnet rituelles Handeln die Option für einen gemeinschaftlichen Ausstieg aus dem Alltag, denn »[d]urch seinen Formalismus schafft das Ritual also einerseits Distanz zu ›spontanem‹ affektivem Verhalten. Andererseits wirkt es ebenso als *Auslöser* (symbolisch) vorgeformter Ausdruckshandlungen, die ihrerseits – gesteuert – Emotionen erzeugen« (ebd., S. 68; Hervorh. i.O.).

Ich verstehe in diesem Sinne die rituellen Handlungen auf dem BiNe-Treffen als Form kommunikativen Handelns, welche die affektive Ordnung der auf dem Treffen konstituierten Sinnprovinz und damit eine Erfahrung einer außeralltäglichen Nähe und Intimität ermöglicht. Dies zeigt sich nicht nur im Tanz als Willkommensritus, sondern auch in einem gemeinsam gesungenen Lied, das ganz am Ende jedes Treffens in einem Sitzkreis im Kanon gesungen wird: »Der Kreis ist jetzt ganz offen/doch nicht gebrochen/schönes kommen/schönes gehen/schönes wiedersehen«. Dieses gemeinsame Singen betrachte ich als ein Übergangsritual, das von der Sinnprovinz des BiNe-Treffens zurück in die Alltagswelt führt.

Neben der Dimension des Rituellen lassen sich viele Momente des Treffens als Spektakel betrachten, das als eine weitere wichtige Form der kommunikativen Herstellung von Gemeinschaft fungiert: »The nature of spectacle is to accentuate, either directly or by euphemism, tactile dimension of social existence. Being-together allows us to touch« (Maffesoli, 1996, S. 77).

Der fast obligatorische Status körperlicher Berührungen wird mir gleich am ersten Abend persönlich vermittelt, als ein Teilnehmer mich am Arm berührt, um mir zu verdeutlichen, es sei »hier einfach OK sich zu berühren« (Prot TB, 37/25). Körperliche Berührungen gehören zu den meisten Workshops, Events und der »Lobbi« (Lustorientierte Begegnungsstätte Bisexueller), die im Keller eingerichtet ist. Ritus und Spektakel ermöglichen die Mobilisierung von geteilten Affekten und Emotionen auf dem Treffen, was die Grundlage für die Bildung einer emotionalen Gemeinschaft darstellt.

Affekt und Emotion – Emotionale Gemeinschaft
Michel Maffesoli präsentiert sein Verständnis von Gemeinschaft im Rahmen einer Gesellschaftsdiagnostik. Er stellt die Behauptung auf, dass

das Soziale zunehmend durch die Form der Sozialität abgelöst wird. Das »Soziale« zeichne sich durch eine mechanische, rationale polit-ökonomische Ordnung aus, deren Grundlage durch Verträge organisierte Gruppen und Individuen seien. Sozialität habe eine organische Struktur, die durch die Dynamik zwischen »Masse«, den »Neo-Stämmen« und Personen bestimmt werde (vgl. Maffesoli, 1996, S. 6). In der Organisation in neuen »Stammesformen« sieht er die zentrale Form menschlicher Beziehung in der späten Moderne:

> »As for the metaphor of the tribe, it allows us to account for the process of disindividualisation, the saturation of the inherent *function* of the individual and the emphasis on the *role* that each person *(persona)* is called upon to play within the tribe. It is of course understood that, just as the masses are in a state of perpetual swarm, the tribes that crystallize from these masses are unstable, since the persons of which these tribes are constituted are free to move from one to the other« (Maffesoli, 1996, S. 6).

Während Tönnies – auf den sich Maffesoli nicht explizit bezieht – einen Wandel von Gemeinschaft zur Gesellschaft konstatierte, diagnostiziert Maffesoli eine erneute Wendung hin zur Form der Gemeinschaft. Allerdings ist der maffesolische »Stamm« eine »postmoderne« Form der Tönnies'schen Gemeinschaft. Stämme sind fragil, in ihrer Bedeutung begrenzt und zeichnen sich durch eine beständig wechselnde Mitgliedschaft aus.[57]

---

[57] Die Gesellschaftsdiagnostik Maffesolis ist nicht überzeugend. In seiner radikalen Trennung der Modelle von Sozialem und Sozialität entwickelt er ein binäres und eindimensionales Modell gesellschaftlicher Wirklichkeit. In seinem vermeintlich »unpolitischen« Ansatz kontrastiert er – ähnlich wie Tönnies – das »wärmende« und vermeintlich unmittelbare Nebeneinander der »neuen Stämme« mit dem angeblich allein vertraglich bestimmten Sozialen. In dieser Hinsicht erscheinen Analysen weiterführender, welche die gegenseitige Durchdringung dieser beiden Ebenen in der späten Moderne hervorheben. Dies gilt zum Beispiel für Zygmunt Baumans Darstellung der Reaktivierung von Praktiken der Vergemeinschaftung zur Erhöhung kapitalistischer Produktivität: »Die berühmte »fordistische Fabrik« zielte also, um mit Tönnies zu sprechen, auf die Umwandlung von *Kürwillen* in *Wesenwille,* auf eine »Renaturalisierung« offenkundig künstlich entstandener, rationaler Verhaltensmuster« (Bauman, 2009, S. 48) – eine Einschätzung, die auch Eva Illouz teilt (vgl. Illouz, 2007). Sie arbeitet heraus, wie genuin gesellschaftliche Strukturen zunehmend Teil gemeinschaftlichen Handelns werden, etwa in der Familie oder in Liebesbeziehungen.

Auch wenn ich Maffesolis Gesellschaftsdiagnose nicht folgen möchte, bezieht er dennoch einen Aspekt der »neuen Stämme« mit ein, der für ein Verständnis von Vergemeinschaftung auf dem BiNe-Treffen zentral ist: Affekt und Emotion als Basis posttraditionaler Gemeinschaften. Damit greift er einen Gedanken auf, der schon bei Tönnies und Weber angelegt ist (vgl. 5.5.1) und bezieht ihn konsequent in seine Analyse ein.

Der postmoderne Stamm sei eine »ästhetische Gemeinschaft«. »Ästhetik« wird in dieser Bestimmung beim Wort genommen und als geteilte Empfindung bestimmt: »I have proposed calling this the ›aesthetic paradigm‹, in the sense of fellow-feeling« (Maffesoli, 1996, S. 10). Die Dimensionen von Affekt und Emotion werden von Maffesoli ins Zentrum der Analyse gestellt, während sie in den Begriffen der posttraditionalen Gemeinschaft und der Kommunikationsgemeinschaft nicht konsequent einbezogen werden. Ich nehme Maffesolis Gedanken auf, indem ich das Treffen als eine emotionale Gemeinschaft beschreibe.

Besonders offensichtlich wurde mir die Bedeutung geteilter Empfindung als Basis der Vergemeinschaftung auf dem BiNe-Treffen im Rahmen der Abschlussrunde am Ende des Wochenendes: Fast alle der 49 Teilnehmenden der Abschlussrunde weinten oder waren den Tränen nahe. Nach Maffesoli ist eine wichtige Voraussetzung, um dieses emotionale Band zu kreieren, die Ermöglichung einer »proxemischen Erfahrung« (ebd., S. 22). Diese basiert, so banal es klingt, auf der Herstellung körperlicher Nähe, des »Zusammenseins« (»being-together«) (ebd., S. 79) und einer Selbstbezogenheit auf die Gruppe im »Hier und Jetzt«, die keinerlei instrumentellen Projektcharakter hat.[58] Dieser Prozess der gegenseitigen »Einfühlung« (ebd., S. 11, 113) überwindet die Logik einer separaten Identität zugunsten einer Identifikation miteinander. Diesen Zustand des Einzelnen in Gemeinschaft bezeichnet Maffesoli treffend als »ex-statisch« (ebd., S. 136). Die Personen als Teil der Gemeinschaft sind »außer sich«. Die Rituale und zahlreichen »Spektakel« des Treffens – seien es gemeinsame Tänze, eine Party oder ein »Sex-Workshop« – bieten alle die Grundbedingung für die Konstitution der emotionalen Gemeinschaft. Zusätzlich sorgt dafür die begrenzte Teilnehmer_innenzahl von ca. 50 Personen – eine Anzahl von Personen, die für den Anspruch eines »bundesweiten Treffens Bisexu-

---

58 Erneut kann an dieser Stelle kritisch eingewandt werden, dass es Beispiele für Gemeinschafts*gefühl* gibt, die nicht auf einer proxemischen Erfahrung basieren, wie es etwa bei einem nationalen Zusammengehörigkeitsgefühl der Fall ist.

eller« gering ist. Unter diesen Bedingungen entsteht die Möglichkeit einer beständigen Vis-à-vis-Erfahrung bzw. in den meisten Fällen des Treffens einer Peu-à-peu-Erfahrung.

Einer der wichtigsten Hinweise Maffesolis ist, dass Affekte und Emotionen Teil von Wissensbeständen sind, die konstitutiv für die Herstellung einer gemeinschaftlichen Verbindung sind und mobilisiert werden:

> »Alongside a purely intellectual knowledge, there is a knowledge *[conaissance]* which encompasses the feeling dimension, an awareness that, taken to its etymological origins, we are ›born with‹ *[›co-naissance‹]*. *This embodied knowledge is rooted in a corpus of customs deserving of analysis in its own right*« (Maffesoli, 1996, S. 25; Hervorh. u. eckige Klammern i. O.).

Schon Tönnies hat auf diese Grundlagen von Gemeinschaft hingewiesen, indem er Gewohnheit und Gedächtnis als zentrale Momente des Wesenwillens bezeichnete, wie ich oben ausgeführt habe. Die von Weber vollzogene – und von anderen Autor_innen übernommene – strikte Trennung von affektivem und traditionalem Handeln erscheint im Licht dieser Betrachtung fragwürdig. Beide Handlungsweisen beruhen auf Gewohnheit und Gedächtnis. Allerdings sind Affekt und Emotion zu einem leiblichen Wissensbestand geworden (vgl. zu diesem Aspekt Fischer-Rosenthal, 1999), was sie von anderen Wissensbeständen unterscheidet.

Trotz seines richtigen Hinweises bietet Maffesoli kaum Grundlagen für eine soziologische Analyse dieses verkörperten Wissens und des auf diesem aufbauenden kommunikativen Handelns. Zwar erwähnt er – in expliziter Erwähnung von Schütz – das »every-day life« als wichtigen Bezugspunkt für ein genaueres Verständnis, verfestigt sich jedoch darauf, dass die Form der emotionalen Gemeinschaft am ehesten durch den Begriff der Aura gefasst werden könne (vgl. Maffesoli, 1996, S. 123). Dies ist meines Erachtens der falsche Weg, der Bedeutung der Affekte in der emotionalen Gemeinschaft auf die Spur zu kommen, da es den Fokus auf die Erscheinung des entstandenen emotionalen Bandes richtet, anstatt die Praktiken seiner Herstellung rekonstruieren zu wollen. Erst Ritus und Spektakel kreieren die emotionale Gemeinschaft als temporäre soziale Wirklichkeit, die dann als »Aura« des Treffens erlebt werden kann.

Selbstverständlich existieren auch Brüche in dieser emotionalen Sinnprovinz. Ein Beispiel für ein Misslingen ihrer Herstellung ist der Versuch einer Teilnehmerin in der großen Abschlussrunde am Ende des Treffens, ein für sie außergewöhnliches sexuelles Erlebnis mit drei Männern mitzuteilen. Der Bericht führt zu einem Kichern zahlreicher Teilnehmer_innen. Offensichtlich misslingt an diesem Punkt die Übersetzung dieses intimen außeralltäglichen Erlebnisses in ein geteiltes Erleben der Gruppe. Dies spürt die Teilnehmerin und fordert – mit einer gewissen Empörung – vehement mehr Empathie für die Einzigartigkeit ihrer Erfahrung. Sie ruft zur emotionalen Disziplin auf, ihre außeralltäglichen Empfindungen zu teilen.

Die – bis auf wenige Ausnahmen – von mir beobachtete erstaunliche emotionale Disziplin der Teilnehmenden führt mich zu meiner These, dass der Charakter einer emotionalen Sinnprovinz des Treffens zu spezifischen Macht- und Herrschaftsverhältnissen führt.

Harmonie und Herrschaft – Disziplinierte Gemeinschaft

Sowohl Weber als auch Tönnies sind auf Herrschaftsverhältnisse innerhalb von Gemeinschaften eingegangen. Tönnies idealisiert die patriarchalen Herrschaftsverhältnisse in seinem Modell der Gemeinschaft als Entlastung von den konkurrierenden und vereinzelten Beziehungen der Gesellschaft. Letztere biete den Menschen (bzw. für Tönnies den Männern) durch die Ermöglichung von Individualität Freiheit. Ähnlich wie Tönnies sieht Weber Gemeinschaft als das Gegenteil von Kampf, aber als von Macht- und Herrschaftsverhältnissen durchzogen an (Weber, 1980, S. 22).

Die wissenssoziologisch-hermeneutischen Konzeptionen von Gemeinschaft in der späten Moderne bieten demgegenüber keine differenzierten Begrifflichkeiten von Herrschaftsformen und Machtverhältnissen. Es finden sich lediglich Hinweise am Rande: »Der Begriff der Geschwätzigkeit soll darauf hinweisen, daß wir, wenn wir reden, uns in festen Formen bewegen müssen, Formen, die sich durch die Vermehrung der Kommunikation auch rasant vervielfältigen« (Knoblauch, 1996, S. 20). Ich folgere aus dieser Bemerkung, dass eine Kommunikationsgemeinschaft zwar differenzierter in ihren Formen ist als eine Wissensgemeinschaft, aber keineswegs weniger durch Macht- und Herrschaftsstrukturen geprägt sein muss. Auch Soeffner zeigt den disziplinierenden Charakter rituellen Handelns auf, denn »[i]nsgesamt läßt sich feststellen, daß rituelles Handeln denen, die sich ihm ausliefern, vorgeformte Ordnungen und Affekte aufzwingt« (Soeffner, 2006, S. 69). Hitzler, Honer und Pfadenhauer belassen es bei der Bemerkung, dass posttraditionale Gemeinschaftsformen im Gegensatz zu traditionalen Gemeinschaften keinen existenziellen Charakter haben und nicht mit körperlichen Zwangsmitteln operieren (vgl. Hitzler et al.,

2008b). Das heißt umgekehrt, aus der Gemeinschaft auszusteigen, ist in der Regel für die Menschen nicht lebensbedrohlich. Dass die Autor_innen Macht- und Herrschaftsverhältnisse innerhalb dieser Gemeinschaftsformen kaum einbeziehen, lässt sich, ausgehend von den Erkenntnissen aus meinen Beobachtungen, als theoretische Leerstelle bemängeln. Die Vergemeinschaftung in der von mir untersuchten emotionalen Sinnprovinz ist von erstaunlicher Disziplin gekennzeichnet.

Die geteilte Empfindung und das damit entstehende Band der Intimität der Teilnehmenden sind die Grundlage dieser Disziplinierung der Einzelnen. Ein zu großes Maß an Kritik, Auseinandersetzung oder Differenz würde die Ordnung des Treffens stören. Das zeigt sich in der Abschlussrunde am Ende des Treffens: Über vierzig Menschen heben – zumeist sehr ausführlich – die »Besonderheit«, »Einzigartigkeit« und Bedeutsamkeit des Treffens hervor. Das geht einher mit der Darstellung hoher Emotionalität: Viele weinten, einige sagten, sei seien zu aufgewühlt, um zu sprechen, andere, dass sie keine Worte für das Erlebte fänden. Keine einzige Person sprach etwas Kritisches an. Dies verwundert nicht, da die Schwelle, eine solche Kritik zu äußern, unter diesen Bedingungen sehr hoch ist. Sie könnte schnell als ein Angriff auf die von den Anderen gepriesene Ordnung des Ganzen gelten.

In diesem Zusammenhang ist eine Szene aus der Abschlussrunde besonders aufschlussreich: Ein Mitglied des »Orga-Teams« führte in der Runde aus, dass der »Schutzraum« des Treffens bedroht gewesen sei. Er (das Mitglied des Orga-Teams) habe mit aller Kraft dafür gearbeitet, diesen dennoch aufrechtzuerhalten. Welche Form die Bedrohung von außen hatte, wurde dabei nicht geklärt. Ich vermute, es handelte sich bei dieser Störung um das Auftauchen einer Person, die früher im Umfeld des BiNe aktiv war, und sich an einem Nachmittag auf dem Vorplatz mit Mitgliedern des Orga-Teams stritt und wieder verschwand. Das bleibt aber eine Vermutung, da in der Abschlussrunde nur von »einer Bedrohung« gesprochen wurde. In der Abwehr dieser namenlosen Bedrohung inszeniert sich das Mitglied des Orga-Teams in der Abschlussrunde als Held der Geschichte: Er habe das Treffen nicht genießen können, da er damit beschäftigt gewesen sei, den Schutzraum zu gewährleisten. Dieser Umstand stelle für ihn aber keinen Verlust dar. Im Gegensatz zu vielen anderen auf dem Treffen lebe er im Alltag, was diese nur auf den Treffen erleben könnten. Mit Bezug auf Berger und Luckmann lässt sich diese Inszenierung als die Präsentation einer geglückten »Verwandlung« (Berger & Luckmann, 2004, S. 168) bezeichnen, die einer grundlegenden Veränderung subjektiver Wirklichkeit gleichkommt. Das Mitglied des Orga-Teams behauptet, dass es den temporären Charakter der emotionalen Sinnprovinz des BiNe-Treffens dauerhaft in seinen Alltag überführt habe. Durch seinen Einsatz und seine Verwandlung erfüllt er die Voraussetzungen für eine charismatische Herrschaft über die Sinnprovinz des Treffens. Denn mit Weber gesprochen, beruht die Legitimität des charismatischen Herrschers auf der »außeralltäglichen Hingabe an die Heiligkeit oder die Heldenkraft oder die Vorbildlichkeit und der durch sie offenbarten oder geschaffenen Ordnungen« (Weber, 1980, S. 124).

Die emotionale Sinnprovinz zeigt sich offen für Strukturen der charismatischen Herrschaft. Sie diszipliniert die Teilnehmenden, sich als emotional stimmigen Teil des Ganzen zu inszenieren. Kritik und nonkonformes Handeln erscheinen demgegenüber als unerwünscht. Das birgt die Gefahr, dass Störungen als Bedrohungen von außen betrachtet werden, die der Gemeinschaft selbst fremd sind und abgewehrt werden müssen.

5.5.4 Zusammenfassung:
Eine emotionale Sinnprovinz im sexuellen Alltag

Ritual, Spektakel und die damit einhergehende beständige Herstellung von Intimität waren die prägenden Erfahrungen meiner teilnehmenden Beobachtung eines offenen bundesweiten Treffens Bisexueller, organisiert von dem Verein BiNe. Diese Erfahrungen inspirierten mich zu einer Auseinandersetzung mit soziologischen Theorien von Gemeinschaft.

Zunächst habe ich eine kritische Aneignung des Tönnies'schen Begriffs des »Wesenwillens« vollzogen. Diesem Begriff wurde seine biologische Begründung entzogen und als Objektivation bestimmt. Trotz ihres Konstruktionscharakters kann Gemeinschaft – auch in der späten Moderne – die Realität einer »wesenhaften Erfahrung« annehmen. Meine Hypothese ist, dass diese Form der Erfahrung auch auf das BiNe-Treffen zutrifft – eine Erfahrung, die zwar kommunikativ hergestellt wird, aber dennoch den Charakter eines »stillschweigenden Verständnisses« annimmt. Darüber hinaus lässt sich »Wesenwillen« als Handeln für den Selbstzweck der Gemeinschaft auf das BiNe-Treffen übertragen. Handeln hat im Rahmen des Treffens kaum einen »Projektcharakter«, wie er etwa im Anspruch der Herbeiführung von Veränderungen in der Alltagswelt zum Ausdruck käme. Stattdessen richten sich die Handlungen auf dem Treffen vor allem auf das Hier und Jetzt der Vis-à-vis- Erfahrung innerhalb der temporären Gemeinschaft.

Von Weber konnte ich den prozesshaften Begriff der Vergemeinschaftung, die Hervorhebung der gegenseitigen Durchdringung der Prozesse von Vergemeinschaftung und Vergesellschaftung, aber vor allem einen auf Gemeinschaften anwendbaren Herrschaftsbegriff übernehmen.

Die Gesellschaftsdiagnose Luckmanns richtet mit ihrem Begriff der »kleinen Lebenswelten« den Blick auf die Spezifika von »Gemeinschaft« in der späten Moderne: Sie sei in der Regel freiwillig gewählt, klein und überschaubar, relativ austauschbar, habe einen temporären und »migratorischen« Charakter und umfasse nicht das ganze Individuum. Luckmann macht damit erstens deutlich, dass Gemeinschaften auch in der späten Moderne eine existenzielle Funktion zukomme, und arbeitet zweitens Spezifika dieser spätmodernen Gesellungsformen heraus, die auch mit Praktiken der Vergemeinschaftung im Kontext des BiNe verknüpft werden können.

Auf Modellen von Luckmann aufbauend hat sich in Deutschland eine lebensweltliche Ethnografie herausgebildet, die den Begriff der »posttraditionalen Gemeinschaft« in den Mittelpunkt stellt. Dieser Ansatz teilt Luckmanns Ansichten und konstatiert ein Bedürfnis der Menschen nach temporärer Aufgehobenheit (vgl. Hitzler, 2008, S. 55) in der späten Moderne, die durch die Formen posttraditionaler Gemeinschaft erfüllt werde. Es wird hervorgehoben, dass eine geteilte soziale Lage für Gemeinschaftsbildung zunehmend an Bedeutung verliere. Dies trifft auf das von mir besuchte BiNe-Treffen zwar nicht zu, aber es zeigt sich, dass die geteilte soziale Lage nur in sehr geringem Maße das Handeln der Teilnehmer_innen bestimmt. Vor allem lassen sich der für die posttraditionale Gemeinschaftsfomen konstatierte Charakter struktureller Labilität und die Möglichkeit über »Events« gezielt außeralltägliche Erfahrungen zu machen, als wichtige Elemente der Vergemeinschaftung auf dem BiNe-Treffen hervorheben.

Trotz dieser treffenden Beschreibungen ist der theoretische Gehalt des Begriffs der posttraditionalen Gemeinschaft beschränkt. Daher wird er für die Analyse des Treffens nicht übernommen. Auch der Begriff der »Szene« führt in diesem Zusammenhang nur bedingt weiter. In einer Kritik der vorschnellen Entsorgung des Begriffs der Tradition und vor allem einer Vernachlässigung des Aspekts der affektiven Seite von Vergemeinschaftung, die für das BiNe-Treffen zentral ist, habe ich daher eine alternative theoretische Verknüpfung vorgeschlagen.

Ich möchte das offene BiNe-Treffen als Sinnprovinz bezeichnen, die sich von der Alltagswelt und ihren Institutionen – eingeschlossen der Monosexualität – abhebt. Diese spezifische Binnenstruktur der Sinnprovinz ermöglicht – in der Differenz zur Alltagswelt – die situative Erfahrung einer wesenhaften Gemeinschaft.

Der Prozess der Herstellung dieses »stillschweigenden Verständnisses« (Tönnies) der Teilnehmer_innen lässt sich mit dem Begriff der »Kommunikationsgemeinschaft« (Knoblauch) genauer beschreiben, in der die zentrale Rolle der Kommunikation für die Herstellung von Gemeinschaft in der späten Moderne hervorgehoben wird. Mit Blick auf das BiNe-Treffen sind das vor allem Rituale und Spektakel als Möglichkeit, kommunikativ Gemeinschaft zu kreieren.

Die offensichtlich hohe Bedeutung von Affekt und Emotion auf dem Treffen steht einer relativ geringen Beachtung dieser Dimension in den Theorien von Gemeinschaft gegenüber. Trotz seiner fragwürdigen Gesellschaftsdiagnostik ist Maffesolis Modell der »ästhetischen Gemeinschaft« eine Ausnahme. Mit diesem Begriff rückt er die Rolle geteilter Empfindung in den Mittelpunkt, in der sich Verständnis durch die Erfahrung des Selbst als »ex-statisch« entwickelt. Grundlegend dafür ist die »proxemische Erfahrung«, die vor allem durch körperliche Nähe möglich wird – ein Charakter, der die meisten Rituale und Spektakel auf dem Treffen als Peu-à-peu-Situationen auszeichnet. Zentral ist der Hinweis Maffesolis, Affekt und Emotion seien nicht als vor-soziales Phänomen zu begreifen, sondern als gesellschaftliches Wissen, dessen Bestand sich auf leiblicher Ebene befindet. Um der Mobilisierung dieses leiblichen Wissens auf die Spur zu kommen, wird der von Maffesoli bevorzugte Begriff der »Aura« verworfen und eine rekonstruktive Analyse der Herstellung der emotionalen Sinnprovinz angestrebt.

Die emotionale Sinnprovinz zeigt sich als eine disziplinierende Form der Gemeinschaft. Das geteilte Band der Emotionalität, die das Treffen prägt, erschwert das Entstehen von Kritik. Konformes Verhalten, das das fragile Gebilde der emotionalen Sinnprovinz nicht destabilisiert, bestimmt den Charakter des Treffens. Durch diese Struktur zeigt sich die emotionale Sinnprovinz als offen für Formen der charismatischen Herrschaft.

6 Diskussion der Ergebnisse

Nachdem ich die analysierten Fälle einzeln dargestellt habe, diskutiere ich diese im Folgenden vergleichend entlang der Forschungsfragen: Wie gestaltet sich der lebensgeschichtliche Prozess der Annahme von Bisexualität als ein soziales Etikett der Selbstbeschreibung? Welche Rolle spielen in den Biografien Anerkennungskonflikte im Zusammenhang mit Bisexualität und welche Strategien entwickeln die Interviewten in diesen Konflikten? Welche Zusammenhänge bestehen zwischen den herausgearbeiteten Strukturen des bundesweiten Treffens Bisexueller und den untersuchten Biografien?

Ich beginne die Diskussion mit der Klärung der Frage, inwiefern in den von mir analysierten Biografien Bisexualität als ein soziales Etikett der Selbstbeschreibung für die Interviewten verfügbar war. Daran anschließend vergleiche ich die vier gebildeten typischen Verläufe der Annahme eines solchen Etiketts im Lebenslauf in einer zusammenfassenden Diskussion. Da sich in den Fallrekonstruktionen die Auseinandersetzung mit für Bisexualität spezifischen Erfahrungen von Missachtung und Anerkennung als fall- und typenübergreifend bedeutsam erwiesen hat, gehe ich in einem gesonderten Kapitel auf die unterschiedlichen Anerkennungskonflikte im biografischen Verlauf ein, die die Analyse ergeben hat. Auch die Einbindung in explizit bisexuelle Formen der Vergemeinschaftung hat sich im Forschungsprozess als relevant erwiesen; deshalb greife ich im dritten Abschnitt der Diskussion die Ergebnisse der teilnehmenden Beobachtung auf und verbinde diese mit der Fallebene der analysierten Biografien. Die Diskussion abschließend halte ich weitere Ergebnisse der vorliegenden Studie fest, die jenseits der Forschungsfrage gewonnen werden konnten.

6.1 Bisexualität als soziales Etikett der Selbstbeschreibung im biografischen Verlauf

Bevor ich die vier konstruierten Typen vergleichend diskutiere, halte ich fallübergreifende Ergebnisse hinsichtlich der Verfügbarkeit von Bisexualität als ein soziales Etikett fest.

6.1.1 Die Verfügbarkeit von Bisexualität als soziales Etikett

In sozialwissenschaftlichen Arbeiten wurde in der Vergangenheit ein Mangel an allgemeiner und selbstverständlicher gesellschaftlicher Sichtbarkeit von Bisexualität in der deutschen Gesellschaft beklagt: Es gebe kein allgemein verfügbares soziales Etikett für Bisexualität (vgl. Hüsers & König, 1995, S. 97 und Kap. 3.1.3 und 3.2.2). Unter einem sozialen Etikett verstehe ich in Anlehnung an den soziologischen »labelling approach« (Esser, 2002, S. 194) eine durch soziale Aushandlungsprozesse hervorgebrachte Bedeutung von Bisexualität, die im Alltagswissen verankert ist und damit auf einem geteilten Verständnis beruht. Ein Etikett ist dabei ein Ergebnis von Fremd- und Selbstzuschreibung und kann die zu etikettierende Person stigmatisieren, muss dies aber nicht. So kann die Selbstetikettierung einer Verhaltensweise hilfreich sein, denn sie ermöglicht es, Empfindungen, Gefühle und Handlungsweisen einzuordnen, zu benennen und mitzuteilen oder eine Gruppenzugehörigkeit herzustellen. Wie lässt sich die für die 1990er Jahre getroffene Behauptung des Fehlens eines sozialen Etikettes von Bisexualität vor dem Hintergrund der Auswertung von lebensgeschichtlichen Interviews mit Bisexuellen bewerten, die aus der Perspektive der 2010er Jahre sprechen?

Erkenntnisse aus dem Feldzugang
Zu ersten Erkenntnissen in Bezug auf die Frage der Verfügbarkeit von Bisexualität als ein soziales Etikett sind wir[59] in unserem Forschungsteam schon im Zugang zum Feld gekommen. Wir waren überrascht, dass uns kaum Hürden im Zugang zum Feld begegneten (vgl. dazu auch Kap. 4.3.1). Viele Menschen reagierten auf unsere Anfrage und erklärten sich sofort

---

59 Ich spreche an dieser Stelle in der Mehrzahl, da diese Phase der Forschung im Rahmen der DFG geförderten Studie »Die soziale Ordnung des Sexuellen – Die erzählte Lebensgeschichte von Bisexuellen« stattfand und damit im Forschungsteam gearbeitet wurde.

bereit, ein Interview zu geben – und das ohne mit uns ein genaueres Vorgespräch geführt zu haben und trotz unserer Bitte um eine ausführliche Erzählung der gesamten Lebensgeschichte mit dem dazugehörigen Zeitaufwand von mehreren Stunden. Wir waren aufgrund der uns interessierenden Themen – Sexualität und Bisexualität im Kontext der gesamten Lebensgeschichte – davon ausgegangen, auf größere Vorbehalte und Schwierigkeiten im Zugang zum Feld zu treffen. Stattdessen erklärten sich innerhalb weniger Wochen mehr Menschen bereit mit uns zu sprechen, als wir hätten Interviews bewältigen können. Es schien, als ob viele bisexuelle Menschen nur darauf gewartet hätten, endlich nach ihrer Lebensgeschichte gefragt zu werden. Viele begründeten ihre Teilnahme mit der zu geringen gesellschaftlichen Sichtbarkeit von Bisexualität, auch in homosexuellen Zusammenhängen. Im Zugang zum Feld wurde ein großer Bedarf von Bisexuellen deutlich, jenseits einer als privat definierten Rahmung über Bisexualität zu sprechen. Einerseits erwies sich Bisexualität damit schon im Zugang zum Feld als ein durchaus verbreitetes Etikett der Selbstbeschreibung. Andererseits formulierten die meisten Interviewpartner_innen, dass sie sich im gesellschaftlichen Diskurs als zu wenig oder falsch repräsentiert fühlen. Ihre Klage ist ein deutlicher Hinweis, dass ein Bedarf besteht, den fehlenden Narrativen oder Fremderzählungen über Bisexualität alternative Erzählungen gegenüberzustellen. Es besteht offensichtlich ein Missverhältnis zwischen der zum Teil selbstverständlichen und alltäglichen Selbstetikettierung von Bisexuellen und der Institutionalisierung eines angemessenen sozialen Etiketts von Bisexualität im Alltagswissen.

Bei diesen Überlegungen muss einschränkend einbezogen werden, dass wir durch unseren Zugang zum Feld – über explizit bisexuelle Gruppen und Mailverteiler – vor allem politisierte bisexuelle Zusammenhänge erreichten. Für viele schien dabei unser Projekt eine Chance, ihrem Verständnis von Bisexualität zu einer größeren Sichtbarkeit zu verhelfen. Zumindest was die vorliegende Studie angeht, dominiert diese Gruppe den Diskurs von Bisexuellen über Bisexualität. Die bestimmende Tendenz des sich hier abzeichnenden Diskurses ist – wie oben schon erwähnt – die Formulierung einer Klage über einen Mangel an Sichtbarkeit und Anerkennung in der Mehrheitsgesellschaft. Die zentrale Rolle dieser Klage in bisexuellen Zusammenhängen – aber auch in vielen wissenschaftlichen und nicht wissenschaftlichen Publikationen zum Thema – lässt die Überlegung zu, ob sie sich nicht allein gegen einen unerwünschten gesellschaftlichen Zustand richtet, sondern zugleich ein konstitutiver Teil des Diskurses von Bisexuellen über Bisexualität geworden ist. Das würde bedeuten, die Klage selbst hätte eine zentrale Funktion in der Praxis bisexueller Selbstetikettierung und der damit einhergehenden Abgrenzung von anders etikettierten Gruppierungen. Diese im Zugang zum Feld gewonnenen Ergebnisse lassen sich mit Blick auf die durchgeführten Fallrekonstruktionen vertiefen und in einen gesellschaftlichen Entwicklungsprozess einordnen.

Die fehlende Verfügbarkeit von Bisexualität als soziales Etikett vor den 1990er Jahren
Auf der Basis des theoretischen Samples lässt sich feststellen, dass Bisexualität als soziales Etikett der Selbstbeschreibung vor den 1990er Jahren im westdeutschen Alltagswissen nur eingeschränkt verfügbar war. Diese Situation veränderte sich seit den 1990er Jahren in der Bundesrepublik zunehmend.

Diese These habe ich an verschiedenen Stellen schon im Rahmen der jeweiligen Fallrekonstruktionen besprochen. Ich führe daher die jeweiligen biografischen Verläufe an dieser Stelle nur kurz aus. Susanne Albers erlebt schon zu Schulzeiten geschlechterübergreifende Verliebtheit, ohne diese selbst zu etikettieren oder dafür etikettiert zu werden. Zu diesem Zeitpunkt existiert für sie die Bezeichnung ihrer Gefühle oder ihres Verhaltens als bisexuell weder als Fremd- noch als Selbstzuschreibung. Erst als junge Erwachsene – Anfang der 1990er Jahre – lernt sie eine Frau kennen, die sich ihr gegenüber als bisexuell bezeichnet und damit meint, dass sie Frauen und Männer begehrt. An diesem Punkt ihrer Biografie wird Susanne Albers klar, »dass das auch beides geht« (SuA, 9/27). Zu einem konstitutiven Symbol eines biografischen Wandels und der Etablierung eines alternativen biografischen Entwurfs wird Bisexualität für die Biografin erst Ende der 1990er Jahre. Dieser biografische Wandel ist untrennbar mit dem Kennenlernen einer Gruppe von Menschen verbunden, die sich selbst als bisexuell bezeichnen und diesen Begriff zum Ausgangspunkt der sozialen Organisation einer eigenständigen Beziehungs- und Sexualkultur machen. Manfred Schäfer gibt an, sich schon Ende der 1960er Jahre als bisexuell gedacht zu haben. Von einem bisexuellen »Coming-out« – das dazu führt, dass er sich auch im Alltag als bisexuell bezeichnet – berichtet er erst im Kontext der 2000er Jahre, als er Anfang fünfzig ist und wie Susanne Albers Zugang zu explizit bisexuellen Zusammenhängen gefunden hat. Torsten Nowak hat als Jugendlicher Beziehungen und Sex mit Männern und Frauen, aber Bisexualität als eine Selbstbezeichnung übernimmt er erst Mitte der 1990er Jahre – und zwar ebenso im Zusammen-

6.1 Bisexualität als soziales Etikett der Selbstbeschreibung im biografischen Verlauf

hang mit dem Kennenlernen von sich explizit als bisexuell bezeichnenden Menschen. Birgit Müller lernt erst während ihres Coming-out-Prozesses, Mitte der 2000er Jahre, den Begriff der Bisexualität kennen und erfährt von ihrer Existenz als einer eigenständigen Lebensform neben Homo- und Heterosexualität. Tanja Weber berichtet, den Begriff der Bisexualität bis zu ihrem eigenen bisexuellen Coming-out, Anfang der 2000er Jahre, vor allem anhand von eher abwertenden Sprüchen kennengelernt zu haben. Erst als sie sich auf die Suche nach anderen bisexuellen Menschen begibt, beginnt sie, Bisexualität als einen konkreten Lebensentwurf kennenzulernen.

Die in der Literatur aufgestellte Behauptung des Mangels eines sichtbaren und allgemein verfügbaren Etiketts von Bisexualität kann auf Basis meiner Daten bestätigt und differenziert werden. Unabhängig von ihrem Geburtsjahrgang, Geschlecht oder Klassenzugehörigkeit berichtet keine der Interviewpartner_innen des theoretischen Samples und nur wenige Personen des gesamten Samples, sich vor den 1990er Jahren im Alltag als bisexuell bezeichnet zu haben, obwohl einige von ihnen (Susanne Albers, Manfred Schäfer, Torsten Nowak) geschlechterübergreifende romantische und/oder sexuelle Gefühle erlebten und zum Teil dementsprechende Beziehungen eingingen. Ihnen stand dieses Etikett in dieser Zeit – vor den 1990er Jahren – nicht zur Verfügung.[60] Dabei ist es wichtig zu bedenken, dass es sich bei einem Coming-out um einen sozialen Aushandlungsprozess handelt. Das zeigt sich zum Beispiel daran, dass sich der biografische Zeitpunkt, an dem die meisten homosexuellen Coming-outs stattfinden, sich in den westlichen Industriestaaten in den 1970er Jahren in der Regel zwischen 20 und 30 Jahren befand und sich in den folgenden Jahren immer weiter vorverlagert hat (vgl. Plummer, 1994, S. 84). Eine solche Vorverlagerung der Lebensphase, in der typischerweise ein bisexuelles Coming-out stattfindet, wäre ebenso denkbar, wenn es zu einer breiteren Verankerung eines entsprechenden Etiketts der Selbstbeschreibung käme.

---

60 Als eine Randbemerkung lässt sich an dieser Stelle einfügen, dass der Mangel eines Etikettes in manchen der genannten Fälle keineswegs als eine Beschränkung der Handlungsfähigkeit erlebt wird. Weder im Narrativ Susanne Albers' noch Torsten Nowaks finden sich Hinweise auf ein Leiden an einer fehlenden Etikettierung ihrer Gefühle und Verhaltensweisen als bisexuell. In ihren Fällen – ich beziehe mich hier ausdrücklich nur auf diese Fälle und auf ihre Jugendzeit– könnte sogar die Behauptung aufgestellt werden, eine Etikettierung hätte auch negative Effekte nach sich ziehen können, da diese immer auch das Potenzial hat, Verhaltensweisen zu stigmatisieren und zu problematisieren.

Erst als junge Erwachsene (Susanne Albers, Tanja Weber) oder Erwachsene (Manfred Schäfer, Torsten Nowak, Birgit Müller) und zum Teil weit nach den 1990er Jahren übernehmen die Biograf_innen den Begriff Bisexualität als eine Selbstbezeichnung. Im Fall von Susanne Albers, Manfred Schäfer und Torsten Nowak spielt in diesem Prozess vor allem das Engagement in bisexuellen Gruppen, die in dieser Phase präsent sind, eine wichtige Rolle. Auffallend ist, dass die Interviewten, die sich nach den 2000er Jahre beginnen, als bisexuell zu verstehen, keineswegs von einer größeren Verfügbarkeit von Etiketten berichten als diejenigen Interviewten, die sich in den 1990er Jahren beginnen, als bisexuell zu bezeichnen. Birgit Müller erfährt erst im Rahmen ihres Coming-outs von der Möglichkeit, bisexuell zu leben, und fragt sich auch noch im Interview, ob es andere Menschen wie sie gebe. Und auch Tanja Weber ist Bisexualität lediglich in Form abwertender Sprüche bekannt, aber nicht als alltäglicher und dauerhafter Lebensentwurf. Aus den Daten der vorliegenden Studie lässt sich damit kein Trend der fortschreitenden Etablierung von Bisexualität als ein im Alltagswissen verfügbares soziales Etikett im Sinne einer selbstverständlichen, dauerhaften und gleichberechtigten sexuellen Ausrichtung ablesen.

An diese Erkenntnisse hinsichtlich der Frage der Verfügbarkeit von Bisexualität als soziales Etikett anschließend diskutiere ich die herausgearbeiteten Formen der Annahme desselben im Vergleich.

6.1.2 Zusammenfassende Diskussion der biografischen Verlaufstypologie

Werden die unterschiedlichen Verläufe der Annahme von Bisexualität als ein Etikett der Selbstbeschreibung verglichen, zeigt sich, dass es im Typ der *Übernahme* – im Gegensatz zu den Verläufen der Anpassung und Überbrückung – zu keiner Überarbeitung des biografisch erprobten interpersonellen oder intrapsychischen Skriptings kommt (vgl. Kap. 2.2.4). Das Etikett fungiert als eine stimmige Zusammenfassung der bislang gelebten geschlechterübergreifenden sexuellen und partnerschaftlichen Praktiken. Die gewünschte Gestaltung von Sexualität und Beziehungen ist schon verwirklicht und eine entsprechende Legitimation für das eigene Handeln – auch ohne das erst später im Lebenslauf verfügbare Etikett – vorhanden.

Eine wichtige Voraussetzung für einen solchen Verlauf stellt ein positiver und lustvoller Bezug zur eigenen Sexualität dar. Insofern verdeutlicht dieser

6.1 Bisexualität als soziales Etikett der Selbstbeschreibung im biografischen Verlauf

Typus, dass der möglichst frühe Zugang zu einem stimmigen und nicht stigmatisierenden Etikett zur Beschreibung der eigenen Sexualität keine Voraussetzung für eine konfliktarme Einbettung geschlechterübergreifender Sexualität und Partnerschaft in die Biografie darstellt. Diese Erkenntnis der im Lebenslauf nachrangigen Bedeutung der Etikettierbarkeit des eigenen Verhaltens kann einen Beitrag zu der Debatte um sexuelle Gesundheit als »einen Zustand völligen körperlichen, seelischen und sozialen Wohlbefindens« (vgl. World Health Organisation, 2016; Hoskins & Varney, 2015) leisten (vgl. Kap. 1 und 7.1). Sie unterstreicht, dass sexuelle Gesundheit – in diesem Fall die sexuelle Gesundheit Bisexueller – vor allem von einem positiven Zugang zur eigenen Sexualität abhängt und nicht allein auf die Verfügbarkeit eines nicht stigmatisierenden Etiketts für diese reduziert werden kann.

Mit Blick auf die dem Typus zugrunde liegenden Verläufe ist es aufschlussreich, dass der positive, kreative und lustvolle Bezug, den die Repräsentant_innen zu ihrer Sexualität haben, nicht über zentrale Institutionen der Sozialisation vermittelt oder gefördert wurde, wie etwa dem Elternhaus oder Ausbildungsstätten. Umgekehrt erweisen sich diese Institutionen, auch in den Verläufen des Typs Übernahme, in dieser Hinsicht eher als hinderlich und es lassen sich Versuche nachweisen, die Sexualität der Repräsentant_innen entlang herrschender geschlechtlicher, hetero- und monosexueller Normen zu regulieren. Dieser Umstand verbindet diese biografischen Verläufe mit Verläufen, die anderen Typen zugeordnet werden können, allerdings erweisen sich die Repräsentant_innen des Typs Übernahme als besonders resilient gegenüber diesen institutionellen Versuchen, ihre Sexualität zu beschränken. Die Durchsetzung sexueller Selbstbestimmung erweist sich damit als eine individuelle in der Biografie zu bewältigende Herausforderung gegenüber institutionellen Widerständen, die in diesen Fällen besonders gut gelingt. Wichtige Bedingungen für einen biografischen Verlauf der Übernahme, der sich als relativ konfliktarm erweist, beruhen damit vor allem auf den individuellen Ressourcen der Repräsentant_innen.

Die im Vergleich zu den anderen Typen von Verläufen konfliktärmere Übernahme des Etiketts sollte nicht darüber hinwegtäuschen, dass sich dennoch tief greifende Anerkennungskonflikte in der Biografie herausbilden können (vgl. Kap. 6.2). Diese gehen aber weder von der Frage der Gestaltung der Sexualität oder des Beziehungslebens aus noch beeinträchtigen sie diese nachhaltig. Dies unterstreicht, dass eine biografische Integration einer geschlechterübergreifenden Sexualität und Beziehungspraxis für sich genommen nicht mit Konflikten verbunden sein muss, aber zu gesellschaftlichen

Anerkennungskonflikten führen kann, die jedoch nicht unmittelbar an die alltäglichen sexuellen und partnerschaftlichen Praxen gekoppelt sind.[61]

Der ermöglichte Zugang zu kulturellen Angeboten von Bisexuellen für Bisexuelle durch die Übernahme des Etiketts ist von typübergreifender Bedeutung. Aber er erweist sich – vor allem im Vergleich zu Verläufen der Aneignung und der Überbrückung – als weniger bedeutsam und von geringerer biografischer Dauer. Die entsprechenden Angebote ermöglichen den Repräsentant_innen dieses Typs den Zugang zu einem Zusammenhang, in dem sie als Bisexuelle fraglose Anerkennung erfahren und an kulturellen Events teilnehmen können.

Der Verlauf der *Anpassung* unterscheidet sich vom Verlauf der Übernahme darin, dass sich im Lebenslauf ein Konflikt zwischen dem intrapsychischen Skripting, den verfügbaren interpersonellen Skripten und den kulturellen Szenarien ergibt, in denen diese eingebettet sind. Ausgangspunkt ist die Wahrnehmung eines Missverhältnisses der eigenen Bedürfnisse mit der bisherigen monosexuellen Praxis und der monosexuellen Norm des Umfeldes. Dieser Verlauf ist auch typisch für Repräsentant_innen, die zuvor ein homosexuelles Coming-out durchlaufen haben. Ein solches Coming-out kann – selbst wenn zuvor in der Biografie zufriedenstellende gegengeschlechtliche sexuelle Kontakte und Beziehungen geführt wurden – zur Verschärfung monosexueller Normen im Lebenslauf führen. Gegengeschlechtliche Beziehungen werden als abgeschlossene Phase betrachtet und als mögliche Option in der Gegenwart oder Zukunft konsequent ausgeklammert. Erweist sich dieses Ausklammern als unmöglich oder nicht mehr gewollt, kommt es zu dem genannten Konflikt. Die Anpassung zieht im Gegensatz zum Verlauf der Übernahme eine Phase der biografischen Arbeit nach sich, die – anders als bei den Verläufen der Aneignung und der Überbrückung – zeitlich begrenzt ist und nicht die gesamte Gestalt der Lebensgeschichte prägt.

Dieser Typus hilft, die Konflikte und Anpassungsleistungen zu verstehen, die dessen Repräsentant_innen leisten müssen, die zuvor ein homosexuel-

---

[61] Diese Erkenntnis lässt sich mit der von Nancy Fraser entworfenen Definition des Begriffs von Missachtung verbinden. In dieser macht sie deutlich, dass Erfahrungen von Missachtung die betroffenen Menschen psychisch schädigen und in ihrem Handeln einschränken. Dies ist jedoch keine notwendige Folge und auch nicht der definitorische Kern ihres Begriffs von Missachtung, die sie als ein »institutionalisiertes Verhältnis der Unterordnung« bestimmt (Fraser, 2003, S. 45; explizit zum Thema Bisexualität vgl. Rodríguez Rust, 2000, S. 531).

6.1 Bisexualität als soziales Etikett der Selbstbeschreibung im biografischen Verlauf

les Coming-out durchlaufen haben. Es kommt zu einer Verunsicherung des Selbstbildes, die Routinen der sexuellen und partnerschaftlichen Praktiken stehen infrage und es bestehen Unsicherheiten darüber, wie signifikante Andere auf die Veränderung reagieren könnten. Der Wechsel von einer gleichgeschlechtlichen zu einer bisexuellen Beziehungspraxis stellt sich als eine genauso kritische Statuspassage der Biografie dar, wie ein Wechsel von einer gegengeschlechtlichen zu einer bisexuellen Praxis – ein Umstand, der in der wissenschaftlichen und gesellschaftlichen Debatte oft übersehen wird.

Im Gegensatz zur Übernahme soll im Verlauf der Anpassung die Annahme des Etiketts der Bisexualität nicht eine schon bestehende sexuelle und partnerschaftliche Praxis beschreiben, sondern eine neue Praxis erklärlich machen und einen neuen sozialen Status schaffen. Wie der Begriff der Anpassung deutlich macht, geht es dabei nicht – wie bei einem Prozess der Überbrückung – um einen grundlegenden Wandel bisheriger Praxen oder die Aufgabe bisheriger sozialer Bezüge. Es geht darum, ein Arrangement zu finden, in dem ein dauerhaftes bisexuelles Begehren in die bestehenden sozialen Bezüge eingefügt werden kann.

Aus diesem Grund ist – ähnlich wie im Verlauf der Übernahme – eine dauerhafte Nutzung von explizit bisexuellen Bezügen kein fester Bestandteil dieses Typus. Diese haben vor allem die Funktion der Vermittlung von Wissen über die dauerhafte Alltagspraxis von Bisexualität jenseits der existierenden stereotypen Zuschreibungen.

Typische Verläufe der *Aneignung* sind – im Gegensatz zu Verläufen der Übernahme und Anpassung – von einem tief greifenden Konflikt zwischen den praktizierten oder erwünschten geschlechterübergreifenden sexuellen Skripten geprägt, die nicht mit den verfügbaren kulturellen Szenarien in Einklang zu bringen sind. Dabei ist es durchaus möglich, dass die erwünschte geschlechterübergreifende Sexualität und Beziehungen schon gelebt werden, aber sie können nicht als durchweg positiv erlebt und dauerhaft etabliert werden. Insofern bildet der Typ Aneignung einen Gegenpol zur Übernahme: Er repräsentiert Verläufe, in denen die Resilienz der Repräsentant_innen nicht ausgeprägt genug ist oder die Eingriffe in die sexuelle Selbstbestimmung zu stark sind, um einen unbefangenen, positiven, kreativen und lustvollen Bezug zur eigenen Sexualität ohne Einschränkungen zu bewahren. Damit soll nicht gesagt sein, dass Repräsentant_innen dieses Typus keine lustvolle Sexualität leben, aber diese erweist sich über lange Phasen der Lebensgeschichte als belastet. Diese lang andauernde Auseinandersetzung mit mono- und heterosexuellen Normen, welche die partnerschaftliche und sexuelle

Praxis beschränken, kann dabei sowohl von einer Beschränkung von gleichgeschlechtlichen Beziehungen geprägt sein als auch von einer Beschränkung von gegengeschlechtlichen Beziehungen. Sowohl Geschlechterrollen und familiale Machtstrukturen als auch der Anpassungsdruck innerhalb homosexueller Zusammenhänge können dabei eine Rolle spielen. Im Gegensatz zum Verlauf der Anpassung mit seiner – wenn auch bisweilen intensiven – abgegrenzten Phase biografischer Arbeit prägt den Verlauf der Aneignung ein über viele Jahre dauernder Prozess, bis eine Annahme von Bisexualität als ein positives Etikett der Selbstbeschreibung möglich wird. Die Aneignung des Etiketts erfolgt daher in diesen Fällen erst relativ spät im Leben. Sie macht es möglich, bisexuelle Sexualität unbefangener zu erleben und einen auf Dauer angelegten bisexuellen Lebensstil anzunehmen. Aufgrund der langjährigen Auseinandersetzung erweist sich Bisexualität in diesen Fällen als ein das erzählte und erlebte Leben strukturierendes Thema. Das stellt einen deutlichen Unterschied zu den Verläufen der Übernahme und Anpassung dar.

Bisexuelle Zusammenhänge erweisen sich in diesen Verläufen als ein dauerhafter und wichtiger Bezugspunkt der Repräsentant_innen. Sie sind ausschlaggebend im Prozess der Aneignung des Etiketts, bilden einen wichtigen Ort der Vernetzung mit anderen bisexuellen Menschen und ermöglichen es, bisexuelle Beziehungspartner_innen kennenzulernen. Ebenso wie der biografische Typ der Überbrückung zeigt ein Verlauf der Aneignung auf der Ebene der Präsentation der eigenen Lebensgeschichte eine Tendenz zur Idealisierung von Bisexualität. Sie kann zu einer idealen Form der Gestaltung von Sexualität und Beziehung stilisiert werden, was dazu führen kann, fortbestehende lebensgeschichtliche Konflikte oder die Herausforderungen, die sich aus dem Prozess der Aneignung für die eigene Person, Angehörige und Beziehungspartner_innen ergeben können, auszublenden (vgl. dazu auch Kap. 6.3.4). In seiner engen Bindung an bisexuelle Zusammenhänge verbindet sich der biografische Diskurs, der den Verlauf der Aneignung kennzeichnet, mit einer vorherrschenden Idealisierung bisexueller Lebensweisen in manchen bisexuellen Zusammenhängen. Diese Idealisierung kann als eine Gegenbewegung zur gesellschaftlich vorherrschenden Marginalisierung und Missachtung von Bisexualität als einer eigenständigen und dauerhaften sexuellen und partnerschaftlichen Ausrichtung betrachtet werden (vgl. Kap. 3.2.2). In diesem aufgeladenen Spannungsfeld zwischen gesellschaftlicher Missachtung und szenetypischer Idealisierung ergeben sich wenige Möglichkeiten, das ganze Spektrum des alltäglichen Erlebens Bisexueller zu thematisieren.

6.1 Bisexualität als soziales Etikett der Selbstbeschreibung im biografischen Verlauf

Verläufe, in denen die Annahme von Bisexualität als Etikett als eine *Überbrückung* fungiert, teilen viele Charakteristika mit dem Verlauf der Aneignung. Allerdings ist die Gestalt des biografischen Verlaufes in diesen Fällen von einem zentralen Wendepunkt geprägt, der mithilfe des neuen Etiketts gestaltet werden soll. Dieser Wendepunkt kann sowohl als ein ohnmächtig erlittener Bruch erlebt werden als auch in Form einer aktiv herbeigeführten Wende.

Im Fall des Erlebens eines Bruches – auf das ich an dieser Stelle zuerst eingehe – entsteht ein unlösbar erscheinender Konflikt zwischen dem intrapsychischen Skripting, im Sinne eines als existenziell erlebten Bedarfs, Beziehungen und Sexualität mit einem anderen als dem verfügbaren Geschlecht zu leben, und den bestehenden Rollenanforderungen, die ein kulturelles Szenario bilden, in denen eine geschlechterübergreifende partnerschaftliche und sexuelle Praxis unmöglich erscheinen. Die Ausprägung dieses Typus ähnelt in ihrem Verlauf daher Varianten moderner homosexueller Verläufe, allerdings mit dem Unterschied, dass mit der Annahme des Etiketts der Bisexualität eine dauerhafte bisexuelle Praxis angestrebt wird statt einer monosexuellen bzw. homosexuellen Variante. Ein Grund für den spezifischen Verlauf dieses Typus ist, dass er eng mit biografischen Phasen der Familiengründung verbunden ist. In dieser kommt es zu einer Institutionalisierung von Rollenmustern, die mit Ansprüchen auf sexuelle und romantische Selbstverwirklichung in Konflikt treten können (vgl. Kap. 6.2.2). Im Unterschied dazu basieren die anderen Verläufe der anderen Typen auf Repräsentant_innen, die schon in der Adoleszenz eine selbstverständliche bisexuelle Praxis gelebt haben (Übernahme), das Etikett annehmen, ohne dass eine Familie gegründet wurde (Anpassung), oder bei denen die Selbstetikettierung als bisexuell erst im fortgeschrittenen Lebensalter erfolgte (Aneignung). In jedem Fall verweist der Typus der Überbrückung auf die enge Abhängigkeit der Verlaufsform der Annahme eines Etiketts von Bisexualität von der biografischen Phase, in der sich dieser Prozess vollzieht.

Verläufe der Überbrückung, die dagegen auf einer selbst initiierten Wende beruhen, resultieren nicht aus einem unlösbaren Konflikt, sondern aus dem Erleben einer Unstimmigkeit zwischen den eigenen sexuellen Wünschen – also dem intrapsychischen Skripting – und den verfügbaren interpersonellen Skripten und kulturellen Szenarien. Dabei wird die enge Anbindung interpersoneller Skripte an Vorgaben institutionalisierter Heterosexualität und hierarchische Geschlechterrollen infrage gestellt, worin eine Nähe zum Typus der Aneignung gegeben ist. Das Ziel ist es, in diesen

Fällen mithilfe der Schaffung neuer kultureller Szenarien, sexuelle und romantische Skripte des Handelns aus diesen Strukturen zu lösen. Beide Varianten dieses Typus – die des erlebten Bruchs und der gestalteten Wende – sind von einer starken Auseinandersetzung mit Geschlechterrollen geprägt.

Ähnlich wie der Verlauf der Aneignung können der Prozess der Überbrückung und der damit verbundene radikale Wandel herausfordernd für die ihn durchlaufenden Menschen sowie die diesen Wandel begleitenden Familienangehörigen und Partner_innen sein. Dabei ist es für einen bisexuellen Verlauf der Überbrückung spezifisch, dass wesentlich differenziertere Beziehungsmodelle ausgehandelt werden können, da – im Gegensatz zu einem Wandel hin zu einer monosexuellen Variante – eine Trennung nicht notwendig erfolgt. Dieser Vorteil der größeren Flexibilität im Wandel bedeutet zugleich eine potenzielle Belastung für die Repräsentant_innen und ihre Partner_innen und Angehörige, da sie neue Beziehungsmuster entwickeln müssen, ohne dass hierfür institutionalisierte gesellschaftliche Vorbilder bestehen würden.

Der Typus der Überbrückung repräsentiert Varianten der Reflexivität spätmoderner Organisation von Beziehung und Sexualität (vgl. Kap. 2.1). Es entstehen sowohl in der Beziehungsorganisation als auch in der Gestaltung der Sexualität neue Spielräume. Das Erleben eines gleichgeschlechtlichen Begehrens muss nicht mehr zu einem Bruch mit der bisherigen Beziehungspraxis führen. Ein radikaler Wandel in der Biografie kann selbst gestaltet und herbeigeführt werden. Sexuelle Selbstverwirklichung kann aus dem alltäglichen Familienleben ausgelagert und gelebt werden, ohne dass dies umfassend verheimlicht werden muss.

Die typübergreifende Rolle von Anerkennungskonflikten
Der Blick auf die unterschiedlichen Verläufe der Annahme eines Etiketts von Bisexualität in der Biografie macht deutlich, welches erhebliche Ausmaß an biografischer Arbeit ein solcher Wandel in der Lebensgeschichte nach sich ziehen kann, welche Unsicherheiten ihn bisweilen begleiten und mit welchen umfangreichen Aushandlungsprozessen er verbunden sein kann. Allen typischen Verlaufsformen der Annahme eines Etiketts von Bisexualität ist gemein, dass in diesen spezifische Anerkennungskonflikte eine wichtige Rolle spielen. Der fehlende soziale Status von Bisexualität als einer selbstverständlichen und gleichberechtigten sexuellen Ausrichtung verschärft die beschriebenen Handlungsunsicherheiten in den Biografien. Nach einer tabellarischen Darstellung der Charakteristika der herausgearbeiteten Verläufe diskutiere ich daher im nächsten Abschnitt

typische Anerkennungskonflikte, die sich in den analysierten Biografien nachweisen lassen.

6.1.3 Tabellarische Übersicht typischer biografischer Verläufe der Annahme von Bisexualität als soziales Etikett

In Tabelle 1 stelle ich die in diesem Kapitel herausgearbeiteten Ergebnisse zusammenfassend dar.

Tab. 1: Typische biografische Verläufe der Annahme von Bisexualität als soziales Etikett

Übernahme	Aneignung
Voraussetzungen	
➢ geschlechterübergreifende Sexualität und Beziehungen sind ein selbstverständlicher Teil des Lebens ➢ biografisches Narrativ: Bisexualität als Teil des Körpers oder Teil der Haltung zum Leben ➢ Resilienz gegenüber Versuchen der Regulation der Sexualität	➢ bestehende geschlechterübergreifende Praxis wird als verboten, unerwünscht oder konflikthaft erlebt ➢ eingeschränkte Resilienz gegenüber Versuchen der Regulation der Sexualität
Annahme	
➢ kein einschneidender Moment in der Biografie ➢ keine biografische Arbeit nötig ➢ das Etikett als stimmiger Begriff für bestehendes Handeln und bestehende Fantasien	➢ gestaltet sich als ein die gesamte Biografie prägender und lang andauernder Prozess ➢ Zugang zu bisexuellen Zusammenhängen ist hilfreich. ➢ Zugehörigkeit zu homosexuellen Zusammenhängen kann hinderlich sein.
Handlungsmöglichkeiten	
➢ bessere Kommunizierbarkeit der intimen Praxis ➢ Kontakt zu anderen Bisexuellen ➢ Erleben von Anerkennung, Selbstwirksamkeit und kulturellen Events durch Zugang zu bisexuellen Zusammenhängen	➢ lustvollere Gestaltung von Sexualität ➢ neue Beziehungsmodelle ➢ neue Flexibilität in Geschlechterrollen ➢ Zugang zu bisexuellen Zusammenhängen
Handlungsbeschränkungen	
➢ ungelöste Anerkennungskonflikte jenseits sexueller und partnerschaftlicher Praxis	➢ fehlende gesellschaftliche Etablierung von Bisexualität als Etikett und Lebensstil ➢ Tendenz zur Idealisierung

Anpassung	Überbrückung
Voraussetzungen	
➤ längere monosexuelle Gestaltung von Sexualität und Beziehungen ➤ Sowohl ein schon durchlaufenes homosexuelles Coming-out als auch eine heterosexuelle Lebensweise können Ausgangspunkt des Verlaufs sein.	➤ Geschlechterübergreifende Sexualität und Beziehungen können – ohne diese zu etikettieren – selbstverständlicher Teil des Lebens sein (A). ➤ Oder: Ein erst im Erwachsenenalter auftretendes geschlechterübergreifendes Begehren wird als Bruch erlebt, der zunächst nicht überwindbar erscheint (B).
Annahme	
➤ Irritation aufgrund eines sich im Lebenslauf entwickelnden Missverhältnisses zwischen sexuellen Wünschen bzw. sexueller Praxis und dem monosexuellen sozialen Kontext ➤ zeitlich begrenzte biografische Arbeit ➤ Schaffung eines neuen sozialen Status zur Herstellung eines stimmigen Verhältnisses von Selbst- und Fremdwahrnehmung ➤ Die Annahme bildet eine kritische biografische Statuspassage.	➤ Wandel prägt die gesamte Biografie ➤ Herstellung einer neuen biografischen Kohärenz ➤ Etikett vermittelt neue sexuelle und partnerschaftliche Praxis ➤ Die Annahme bildet eine kritische biografische Statuspassage, die lebensbedrohliche Ausmaße entwickeln kann.
Handlungsmöglichkeiten	
➤ Überarbeitung von sexuellen und partnerschaftlichen Routinen ➤ Einbettung neuer Routinen in ein bestehendes soziales Umfeld	➤ Etablierung neuer partnerschaftlicher und sexueller Handlungsweisen ➤ Flexibilisierung von Geschlechterrollen ➤ Zugang zu bisexuellen Zusammenhängen ➤ neue Legitimierung des Handelns
Handlungsbeschränkungen	
➤ fehlender sozialer Status des neuen Etiketts als gleichberechtigte sexuelle Ausrichtung in homo- wie heterosexuellen Kontexten ➤ bisweilen unüberbrückbare Missverhältnisse zwischen Selbst- und Fremdwahrnehmung	➤ Gefahr der Überforderung ➤ fehlender sozialer Status des neuen Etiketts und der neuen Praxis ➤ Tendenz zur Idealisierung

6.2 Typische Anerkennungskonflikte im biografischen Verlauf

Anerkennungskonflikte in Bezug auf Bisexualität spielen eine fall- und typenübergreifende Rolle in allen analysierten Lebensgeschichten (vgl. dazu auch Ritter, 2019). Deshalb diskutiere ich dieses Thema unabhängig von der vorgestellten Typologie. Dabei geht es mir nicht um eine erschöpfende Diskussion der Gesamtheit der zahlreichen Anerkennungskonflikte in den Biografien. Mein Ziel ist es, für Bisexualität typische Konfliktfelder herauszuarbeiten, die sich in den Rekonstruktionen nachweisen ließen.

Bevor ich auf die konkreten Konflikte eingehe, möchte ich klären, weshalb ich mit dem Begriff der Anerkennung arbeite. Ich betrachte Erfahrungen von Anerkennung und Missachtung als Teil von institutionalisierten sozialen Beziehungen (vgl. Fraser, 1997, S. 280). Sie sind damit in spezifische soziale Anerkennungsverhältnisse eingelassen. Unter Rückgriff auf Axel Honneth verstehe ich diese Anerkennungsverhältnisse als eine zentrale Form der normativen Strukturierung bürgerlich-kapitalistischer Gesellschaften (vgl. Honneth, 2003). Honneth unterscheidet dabei unterschiedliche soziale Bereiche, in denen jeweils spezifische Anerkennungsordnungen wirksam werden: Beziehungen der Zuwendung und Fürsorge im Bereich der Liebe, des Anspruches auf Gleichheit in Rechtsbeziehungen und der gesellschaftlichen Wertschätzung von Leistung in wirtschaftlichen Beziehungen (vgl. Honneth, 2003, S. 162, 186). Immer geht es um eine Verständigung darüber, welche Erwartungen Mitglieder der Gesellschaft berechtigterweise aneinander stellen können und was als Bruch mit diesen Erwartungen bewertet werden kann (ebd., S. 168f.). Ich nutze die von Honneth vorgeschlagene Unterscheidung als Möglichkeit der analytischen Trennung unterschiedlicher Anerkennungsverhältnisse, die in den Biografien in Bezug auf Bisexualität eine Rolle spielen. Praktisch sind die unterschiedlichen Analyseebenen miteinander verknüpft. So etabliert zum Beispiel die Möglichkeit der im Jahr 2017 eingeführten »Ehe für alle« (vgl. § 1353 Absatz 1 Satz 1 BGB) neue Anerkennungsverhältnisse in Rechtsbeziehungen, die für Bisexuelle relevant sind. Diese Veränderung hat zugleich unmittelbare Auswirkungen auf Beziehungen, in denen es um Fürsorge und Zuwendung geht. Gleiches gilt für die Privilegierung der Paarbindung in Rechtsbeziehungen, die andere Formen der Organisation von Zuwendung und Fürsorge, wie die von manchen bisexuellen Menschen gelebten Mehrfachbeziehungen, nicht berücksichtigt.

In der Analyse der Biografien ergeben sich in allen genannten Bereichen Konflikte in Bezug auf Bisexualität: Tanja Weber und Torsten Nowak sorgen sich vor möglicher Zurückweisung bei der Aufnahme einer neuen Beziehung, einer zentralen Institution für die Organisation von *Zuwendung und Fürsorge* in der gegebenen Gesellschaft. Die langjährige Mehrfachbeziehung von Manfred Schäfer hätte nach der geltenden Gesetzgebung keine Chance auf eine *rechtliche* Gleichbehandlung mit einer Ehe. Susanne Albers macht sich im Laufe ihres Lebens erhebliche Sorgen, aufgrund ihrer Bisexualität Diskriminierung im *Berufsleben* zu erfahren. Diese Konflikte verweisen auf gesellschaftliche Anerkennungsverhältnisse, in denen sexuelle oder partnerschaftliche Beziehungen mit Menschen unterschiedlichen Geschlechts, eine feste Mehrfachbeziehung oder ein bisexuelles Selbstverständnis Erfahrungen von Missachtung hervorrufen können.

Inwiefern solche Erfahrungen von Missachtung dazu führen, dass die zugrunde liegende Anerkennungsordnung gesellschaftlich als ungerecht bewertet wird und sich aus ihr soziale Konflikte entwickeln, ist eine Frage gesellschaftlicher Machtverhältnisse (vgl. Honneth, 2003, S. 139). Anerkennungsverhältnisse sind einem beständigen Wandel unterworfen. Das zeigt das schon oben erwähnte Beispiel der im Jahr 2017 eingeführten »Ehe für alle«. Sie konnte sich erst in einem gesellschaftlichen Kontext etablieren, in dem sich der gesellschaftliche Zuspruch zu dieser rechtlichen Gleichstellung aller Paare stetig vergrößerte. Im Jahr 2006 befürworteten schon fast zwei Drittel der Menschen in Deutschland eine solche Gleichstellung und deren Anteil stieg bis ins Jahr 2016 auf über 80 Prozent (vgl. Antidiskriminierungsstelle des Bundes, 2017, S. 3).

Mit Blick auf die empirischen Ergebnisse der vorliegenden Studie und anderer Arbeiten in diesem Bereich lässt sich festhalten, dass Menschen, die bisexuell leben, verbindet, dass sie Gefahr laufen, spezifische Erfahrungen der Missachtung zu machen (vgl. Kap. 3.2.2). Insofern können sie, mit Bezug auf einen Begriff von Nancy Fraser, als eine von Ungerechtigkeit betroffene Statusgruppe bezeichnet werden (vgl. Fraser, 2003, S. 25)[62], deren spezifische Erfahrungen von Missachtung in der öffentlichen Diskussion oft vernachlässigt werden.

In der folgenden Darstellung arbeite ich heraus, dass Bisexuelle in der gegebenen Anerkennungsordnung eine Aktualisierung, Verstärkung und Verstetigung von Anerkennungskonflikten in der Biografie erleben können. Daran anschließend konzentriere ich mich auf spezifische Anerkennungskonflikte in sozialen Beziehungen der Fürsorge und Zuwendung, des Rechts und innerhalb des Berufslebens.[63] Diesen Abschnitt der Ergebnis-

---

[62] Auch Fraser arbeitet mit dem Begriff der Anerkennung (vgl. Fraser, 1997, 2003), betont dabei aber wesentliche Differenzen zum Ansatz von Honneth (ausführlich in: Fraser & Honneth, 2003).

[63] Die Übersetzung des von Honneth vorgeschlagenen Bereichs der Leistung in die Kate-

diskussion abschließend gehe ich auf die unterschiedlichen Strategien in Anerkennungskonflikten ein, die sich in den empirischen Daten nachweisen ließen, und stelle die Ergebnisse in einer zusammenfassenden tabellarischen Übersicht dar.

6.2.1 Aktualisierung, Verstetigung und Verstärkung von Anerkennungskonflikten

In Bezug auf ein schwules oder lesbisches Coming-out hat sich die Erkenntnis durchgesetzt, dass es sich dabei um einen lebenslangen Prozess handelt, der nie ganz abgeschlossen ist (vgl. Marrs & Staton, 2016). Schließlich ergeben sich im Lebenslauf immer wieder Situationen – sei es ein neuer Arbeitsplatz, eine neue Bekanntschaft oder das Eintreten in eine neue soziale Gruppe –, in denen gleichgeschlechtlich liebende Menschen vor die Entscheidung gestellt sind, ob und in welcher Form sie über ihre Beziehung, über ihre romantische oder sexuelle Präferenz sprechen. In einer Gesellschaftsordnung, die auf institutionalisierter Heterosexualität und Zweigeschlechtlichkeit beruht (vgl. Kap. 2.1), sind gleichgeschlechtlich liebende Menschen in ihrer gesamten Lebensgeschichte immer wieder dazu gezwungen, sich diesem komplexen Entscheidungsprozess zu stellen und mögliche Vorteile und Nachteile der jeweiligen Handlungsweise abzuwägen.

Falls dieser Prozess begonnen wird, wird zumeist als Erstes das engste Umfeld einbezogen, wie etwa Freund_innen, Partner_innen, Elternteile und eigene Kinder. Dabei stellt sich die Frage der weiter bestehenden Anerkennung durch diese signifikanten Anderen und nach möglichen Anerkennungskonflikten, Beziehungsveränderungen und -abbrüchen, die folgen könnten. Die Auswertung der biografischen Interviews im Rahmen dieser Arbeit lässt die These zu, dass eine geschlechterübergreifende Beziehungspraxis dazu führen kann, dass sich solche Anerkennungskonflikte im biografischen Verlauf verstärken und verstetigen können (vgl. dazu auch Scherrer et al., 2015).

---

gorie »Berufsleben« vollziehe ich aus pragmatischen Gründen. Da Bisexuelle als Gruppe nicht durch ihre Stellung in den Produktionsverhältnissen definiert sind, also nicht als Klasse bezeichnet werden können (vgl. Fraser, 2003, S. 25; 1997), ist in diesem Fall eine einfache analytische Abgrenzung dieses Bereiches ausreichend. Eigentlich umfasst der Bereich Leistung jedoch ein umfassenderes Feld sozialer Beziehungen (vgl. Honneth, 2003, S. 166).

Dies gilt vor allem in der Auseinandersetzung mit der Herkunftsfamilie[64] und Freund_innen, aber auch mit dem erweiterten sozialen Kontext.

Ein homosexuelles Coming-out führt häufig zu einem Bruch mit den Erwartungen der Eltern und ihren Vorstellungen hinsichtlich des Lebensentwurfs für ihre Kinder. Die Reaktionen können dabei sehr unterschiedlich ausfallen. In den von mir rekonstruierten Interviews findet sich die breite Spanne einer positiven (vgl. Manfred Schäfer, Kap. 5.3), einer ablehnenden (vgl. Torsten Nowak, Kap. 5.1) oder besorgten (vgl. Tanja Weber, Kap. 5.2) Reaktion. Trotz dieser unterschiedlichen Ausgangslage ist allen diesen Fällen gemein, dass sich durch ein bisexuelles Coming-out ein Anerkennungskonflikt mit den Eltern ergab. Manfred Schäfer, den seine Eltern beim Sex mit einer Frau überraschen, wird von seiner Mutter, die seiner Homosexualität positiv gegenüberstand, als »Ferkel« (MS, 33/36) bezeichnet. Dagegen freut sich sein Vater und äußert die Hoffnung, der Biograf werde nun doch eines Tages heiraten. Ähnlichkeiten zu der Reaktion des Vaters zeigen sich im Verhalten der Mutter Torsten Nowaks. Als dieser nach einigen Jahren der Beziehungen mit Männern eine Freundin hat, fragt seine Mutter ihn verständnislos, weshalb er denn weiterhin noch eine Gruppe für Bisexuelle besuche. Tanja Webers Eltern zeigen sich – als diese nach vielen Jahren der Beziehungen mit Frauen mit einem Mann zusammenkommt – erleichtert, dass die »Phase« (TW, 32/39) ihres Kindes ein Ende hat, und hoffen, dass sie es wieder »einfacher« (TW, 32/41) habe. Das heißt, die Interviewpartner_innen machen die Erfahrung, dass ein Eingehen einer als gegengeschlechtlich wahrgenommenen Partnerschaft von Elternteilen als Anzeichen einer Rückkehr der Kinder in den Bezugsrahmen der heterosexuellen Norm gedeutet wird.

In der Lebensgeschichte von Torsten Nowak führt dies zu einer Aktualisierung der Erfahrung von Zurückweisung durch die Mutter als Jugendlicher und junger Erwachsener. Der Konflikt zwischen der Mutter, die seine gleichgeschlechtlichen Beziehungen anfänglich nicht akzeptieren wollte, und ihrem Sohn war zuvor zwar nicht gelöst, erschien aber befriedet. Eine Anerkennung des bisexuellen Lebensentwurfes des Sohnes, die seine ge-

---

[64] Die Interviewten sprechen vor allem über die Reaktion der sozialen Eltern. Auch wenn diese von großer Relevanz ist, sollte darüber hinaus auch nicht die Reaktion von anderen Verwandten vergessen werden (Geschwister, Großeltern, eigene Kinder, Tanten/Onkel etc.).

samte Beziehungsbiografie einbeziehen müsste, bleibt dabei aus. Das Eingehen einer gegengeschlechtlichen Beziehung löst eine Aktualisierung, Verstärkung und Verstetigung der Anerkennungskonflikte im biografischen Verlauf aus, der etwa die Trauerarbeit des Sohnes im Zuge des Todes der Mutter beeinflusst (vgl. Kap. 5.1). Die Verstetigung dieses Konflikts mit der Mutter zeigt sich auch in der Gestalt des erzählten Lebens, etwa wenn der Biograf sich bemüht, die »schwule Thematik« (TN, 5/23) abzuschließen und in die Gegenwart überzuleiten, ohne dass ihm dies gelingt (vgl. Kap. 5.1.2).

Auf der Grundlage dieser empirischen Ergebnisse lässt sich die in Hinblick auf wissenschaftliche Wissensbestände aufgestellte These einer »epistemic erasure« (vgl. Yoshino, 2000) von Bisexualität auf die Alltagswelt übertragen. Beim Eingehen einer gegengeschlechtlichen Beziehung besteht die Gefahr der Tilgung einer bisexuellen Beziehungsbiografie durch signifikante Andere, was gelöste oder befriedete Anerkennungskonflikte aktualisieren, verstetigen oder sogar verstärken kann. Darin zeigt sich eine besondere biografische Herausforderung für Bisexuelle in ihrer Lebensgeschichte, aber auch für deren soziale Eltern und andere enge Bezugspersonen, die sich möglicherweise beständiger mit den eigenen Vorbehalten, Sorgen oder Hoffnungen in Bezug auf ihre Kinder beschäftigen müssen.

Auch in anderen Bereichen erweisen sich die verbreiteten Vorstellungen eines Coming-out-Prozesses als linear (vgl. dazu Marrs & Staton, 2016, S. 41 und Kap. 3.3.2) als unzureichend für die Abbildung der Erfahrungen Bisexueller. Diese Modelle entwerfen Coming-out als einen Prozess, der mit einer anfänglichen Verwirrung beginnt und sich typischerweise hin zu einer zunehmenden Akzeptanz und Stabilisierung der Identität entwickelt, wobei ein wesentlicher Bestandteil der Aufbau von sozialen Beziehungen zu Menschen ist, die ähnliche Erfahrungen gemacht haben. Der biografische Verlauf Tanja Webers repräsentiert diese Phasen zunächst idealtypisch. Als Bisexuelle macht sie die Erfahrung, dass sie gerade aufgrund des sie zuvor stärkenden lesbischen Freundeskreises verunsichert wird und besorgt ist, Ausgrenzung erleben zu müssen. Die Sorge alle ihre Freundinnen zu verlieren zeigt das ganze Ausmaß dieser Verunsicherung, die der Verunsicherung, die mit einem homosexuellen Coming-out einhergeht, in nichts nachsteht. Ähnliche Erfahrungen lassen sich im biografischen Verlauf von Susanne Albers nachweisen. Entgegen der weitestgehend akzeptierenden Reaktionen, die Tanja Weber in ihrem lesbischen Kontext erlebt, zeigen sich die lesbischen Freundinnen von Susanne Albers befremdet von ihrem bisexuellen Coming-out. Während sie als vermeintlich Heterosexuelle einen eindeutigen Status als Mitläuferin hat – etwa auf einem CSD – wird ihrer neuen Selbstidentifikation als Bisexuelle eher mit Skepsis begegnet.

Das ist ein Beleg dafür, dass ein biografisches »Phasenmodell« von Bisexualität unangemessen ist. Eine bisexuelle Biografie lässt sich nicht in klar voneinander abgetrennte homo- oder heterosexuelle Phasen aufteilen, die dann allein von den jeweils für diese Phasen typischen Phänomenen geprägt sind. In den oben genannten Fällen löst gerade eine als heterosexuell gedeutete Situation oder Phase der Sexualität oder Beziehung Erfahrungen von Zurückweisung und Verunsicherung aus. Dabei handelt es sich um eine spezifische Erfahrung Bisexueller, die nicht aus dem Bruch mit institutionalisierter Heterosexualität herrührt, sondern aus einem Bruch mit der Institution der Monosexualität (vgl. Kap. 3.2.2). Damit kann nicht nur der Wechsel hin zu einer gleichgeschlechtlichen Beziehung, sondern auch die gleichzeitige oder daraufhin folgende Zuwendung zu gegengeschlechtlichen Sex- oder Beziehungspartner_innen die Notwendigkeit einer Reorganisation des lebensgeschichtlichen Zusammenhangs nach sich ziehen.

Die für andere soziale Felder formulierte Begrifflichkeit einer »doppelten Diskriminierung« (vgl. Ochs, 1996) von Bisexuellen kann damit auf die soziale Konstruktion der Biografie übertragen werden. Bisexuelle machen in ihrer Lebensgeschichte Erfahrungen mit institutionalisierter Heterosexualität und institutionalisierter Monosexualität. Ein bisexueller Lebensentwurf bildet eine eigenständige biografische Gestalt, die sich nicht auf eine Addition typischer Erfahrungen innerhalb heterosexueller oder homosexueller Lebensläufe reduzieren lässt.

6.2.2 Anerkennungskonflikte in Beziehungen der Zuwendung und Fürsorge

Schon im oben ausgeführten allgemeinen Befund der potenziellen Aktualisierung, Verstetigung und Verstärkung von Anerkennungskonflikten in den Lebensgeschichten Bisexueller bin ich auf mögliche Konflikte in sozialen Beziehungen der Zuwendung und Fürsorge eingegangen. In der Analyse der Biografien ergaben sich drei Bereiche, in denen Anerkennungskonflikte auftauchen: In Bezug auf die Beziehungsbiografie, innerhalb gegründeter Familien und in der Gesundheitsversorgung[65].

Die Diskreditierbarkeit der Beziehungsbiografie
In einer Gesellschaft, in der das Liebespaar und die serielle Monogamie ein zentrales Prinzip der Organisation von Vergemeinschaftung darstellen (vgl. Burkart, 2018, S. 101), ist die Suche nach einem Partner oder einer Partnerin ein wichtiges lebensgeschichtliches Thema. Dabei stellt die Paarbindung eine bedeutsame Möglichkeit für die Gesellschaftsmitglieder dar, menschliche Zuwendung und ein gewisses Maß an Sicherheit zu erfahren (vgl. ebd., S. 2). Eine Einschränkung im Zugang zu dieser Institution kann daher als eine nicht zu vernachlässigende Benachteiligung bewertet werden.

Es handelt sich um ein gängiges Stereotyp, Bisexuelle hätten den Vorteil einer größeren Auswahl an Beziehungspartner_innen, da sie keine Beziehungspartner_innen aufgrund ihres Geschlechts ausschließen würden – »besser bi als nie« (TW, 32/29), wie eine Interviewpartnerin einen ihr wohlvertrauten Spruch zitiert. Nun könnte ein solcher Vorteil gegeben sein. Schließlich zeichnen sich viele der dieser Arbeit zugrunde liegenden Biografien Bisexueller tatsächlich durch eine größere Bandbreite und Flexibilität in der Organisation von intimen Beziehungen aus. Entgegen dem unterstellten Mehr an Möglichkeiten beschreiben viele Interviewpartner_innen meines Samples zugleich spezifische Hürden, die Ihnen bei der Partner_innen-Suche begegnen. Manfred Schäfer erzählt, wie er sich entscheidet, »rein schwul« (MS, 4/2) zu leben, um »Zwistigkeiten« (MS, 4/3) mit schwulen Männern aus dem Weg zu gehen. Torsten Nowak berichtet von einer größeren Zurückhaltung, wenn er Frauen kennenlernt, da die meisten von ihnen, seiner Vermutung nach, »schreiend davonlaufen würden« (TN, 67/31), wenn ihnen seine Beziehungsbiografie bekannt wäre. Birgit Müller macht bei der Suche nach Frauen, mit denen sie eine Liebesbeziehung führen könnte, die Erfahrung, dass sie mit ihrem idealen Beziehungsentwurf explizit ausgeschlossen wird. »No Bi« (BM, 6/32) liest sie immer wieder in den Kontaktanzeigen, in denen sie nach einer möglichen Freundin sucht. Tanja Weber stellt sich

---

65 Der Bereich der Gesundheitsversorgung lässt sich nicht eindeutig zuordnen. Aus pragmatischen Gründen habe ich ihn der Zuwendung und Fürsorge zugeordnet, auch wenn er sich mit dem Bereich des Rechts überschneidet.

in Phasen ohne Partner_in die Frage: »wer kann mit meiner Lebensgeschichte umgehen« (TW, 44/24)? Die im Alltagswissen herrschenden Vorurteile über Bisexualität (vgl. Kap. 3.2.2) können den vermeintlichen Vorteil der größeren Flexibilität Bisexueller bei der Suche nach Beziehungspartner_innen in das Gegenteil umkehren: Eine bisexuelle Beziehungsbiografie erweist sich in vielen sozialen Kontexten als diskreditierbar. Diese Diskreditierbarkeit kommt dagegen einer monosexuellen Beziehungsbiografie seltener zu,[66] auch wenn sie – aufgrund des verbreiteten Musters der seriellen Monogamie – in den meisten Fällen ebenfalls durch einen Wechsel der Beziehungspartner_innen gekennzeichnet ist. Auf der Basis der Interviews kann nicht davon gesprochen werden, dass innerhalb homosexueller Zusammenhänge diesbezüglich eine größere Liberalität herrsche.

Biografische Phasen der Suche nach einer Liebesbeziehung können sich aus diesem Grund für Bisexuelle als prekärer erweisen als für Menschen mit einer monosexuellen Beziehungsbiografie. Unter den Bedingungen der seriellen Monogamie als ein hegemoniales Prinzip der Paarbindung stehen sie vor der Frage des Umgangs mit der Erwartung einer möglichen Ablehnung aufgrund ihrer bisherigen Beziehungen. Im biografischen Verlauf haben die Interviewten unterschiedliche Strategien des Erwartungsmanagements entwickelt. Susanne Albers hat sich gezielt einen Partner gesucht, der offen für ihre bestehende intensive Freundschaft mit einer Frau war, und hat später begonnen, sich in explizit bisexuellen Zusammenhängen zu bewegen, in denen ihre Vorstellungen von Beziehungen geteilt wurden und sie die Möglichkeit hat, Beziehungspartner_innen mit ähnlichen Erwartungen kennenzulernen. Auch Manfred Schäfer berichtet seinem Partner am Anfang der Beziehung von seinem Wunsch, in der Beziehung Sexualität und Beziehungen mit Frauen leben zu können, und findet eine Partnerin in bisexuellen Zusammenhängen. Torsten Nowak sorgt sich vor allem vor einer möglichen Zurückweisung durch Frauen und entwickelt eine generelle Zurückhaltung bei der Anbahnung von sexuellen Kontakten. Birgit Müller hat mit ihrer Suche nach einer Partnerin in lesbischen Zusammenhängen zunächst wenig Erfolg und findet eher zufällig die Kleinanzeige einer Frau, die ihren Lebensentwurf teilt. Tanja Weber sucht sich einen ersten Partner nach langjährigen Beziehungen nur mit Frauen, der ihre Geschichte kennt, und möchte in der Anbahnung

---

[66] Hier sind durchaus Fälle denkbar, die anders gelagert sind.

zukünftiger Beziehungen ihre Beziehungsbiografie immer von Anfang an offenlegen.

Die Biografien meines Samples zeigen damit, dass eine bisexuelle Beziehungsbiografie eine spezifische Dimension der Auseinandersetzung mit der Frage der Offenlegung eines Teils der Biografie nach sich zieht. Dem wechselnden Geschlecht ehemaliger Beziehungspartner_innen wird in vielen Fällen eine hohe Relevanz zugesprochen und einer ausbleibenden Thematisierung würde angesichts des Prinzips der Offenheit in der Paarbeziehung der Status eines Verschweigens zugeschrieben – ein Umstand, der wiederum eine in Anbahnung befindliche oder gerade erst begonnene Paarbeziehung nachhaltig belasten könnte. Unabhängig vom Vorgehen in der Anbahnung einer Beziehung entsteht eine obligatorische Auseinandersetzung damit, ob, wie und wann die andere Person in Kenntnis gesetzt werden soll.

Anerkennungskonflikte innerhalb gegründeter Familien
Ein weiterer Bereich, in dem sich in den untersuchten Biografien Anerkennungskonflikte nachweisen lassen, ist innerhalb gegründeter Familien. Obwohl das Vorhandensein einer eigenen Familie kein Kriterium für die Auswahl der Fälle des theoretischen Samples war und diese in der Unterzahl sind, wird anhand der Ergebnisse der Fallrekonstruktionen Susanne Albers und Birgit Müller (vgl. Kap. 5.4) deutlich, dass die Frage, wie ein bisexueller Lebensentwurf und ein bisexuelles Selbstverständnis in eine selbst gegründete Familie integriert werden können, spezifische Anerkennungskonflikte hervorbringt. Dabei sollte berücksichtigt werden, dass es deutliche empirische Hinweise darauf gibt, dass ein bisexuelles Coming-out später im Leben erfolgt als ein homosexuelles Coming-out (vgl. Scherrer et al., 2015, S. 683), womit sich die Erkenntnisse der vorliegenden Studie decken (vgl. Kap. 6.1). Damit erhöht sich die Wahrscheinlichkeit, dass ein Coming-out in der biografischen Phase der Familiengründung oder danach stattfindet.

Die Biografie von Birgit Müller repräsentiert einen Konflikt zwischen dem Anspruch, der vergeschlechtlichten Rollenvorstellung innerhalb einer Familie mit Kindern sowie in der Pflege ihrer Eltern gerecht zu werden, und ihrem unvermittelt auftretenden und nicht zu ignorierenden Wunsch, eine gleichgeschlechtliche Beziehung einzugehen. Das Ausmaß des Konfliktes resultiert aus der biografischen Phase, in der sich die Institution der Familie und die damit verbundenen Rollen als sorgende Tochter, Ehefrau und Mutter gefestigt haben. Das geht in dem diesem Anerkennungskonflikt zugrunde liegenden biografischen Verlauf so weit, dass eine mögliche Integration der Wünsche der Biografin in der Zukunft sich für diese als unvorstellbar erweist. Stattdessen erscheint der Biografin ein Suizid als einzige Option, den sie nach der Erfüllung ihrer Rolle als Mutter – wenn die Kinder erwachsen sind – plante. In diesem Ausmaß repräsentiert dieser Fall einen besonders konflikthaften Verlauf. Er verweist dennoch auf typische Konflikte, die entstehen können, wenn ein geschlechterübergreifendes Begehren erst später im Leben und in der Phase nach einer Familiengründung auftritt.

Auf der empirischen Grundlage der Auswertung des diesen Konflikt repräsentierenden biografischen Verlaufs lassen sich die Thesen einer zunehmend »modellierbaren Sexualität« (vgl. Giddens, 1993, S. 10 und Kap. 2.1) und die mit dieser einhergehende Behauptung, Heterosexualität wandele sich in der Biografie zu einer Option unter vielen anderen, differenzierter diskutieren. Einerseits stützt der gesamte biografische Verlauf die These, dass Heterosexualität innerhalb einer Lebensgeschichte keine unveränderbare Institution mehr darstellt, sondern verhandel- und gestaltbar geworden ist. Das ließe sich in diesem Fall im Übrigen genauso für Geschlechterrollen[67], die Bindung an ein religiöses Milieu oder an eine dörfliche Gemeinschaft nachweisen. Andererseits zeigt sich, dass der Begriff einer »modellierbaren Sexualität« die existenzielle Dimension der Konflikte zu verschleiern droht, die mit einem solchen Wandel einhergehen können. Angesichts der fortdauernden Existenz dieser Konflikte lässt sich die Frage aufwerfen, ob die Annahme einer zunehmend modellierbaren Sexualität Abschnitte des biografischen Verlaufes einiger akademischer Milieus überbewertet, für die es vor allem in der Phase des Studiums als typisch gelten kann, alternative Lebensentwürfe zu erproben – wobei dies eher als Beleg für einen sich herausbildenden biografischen Aufschub der Zugzwänge der Institution der Heterosexualität gelten kann als für deren Auflösung (vgl. Burkart, 2018, S. 98).

Die Biografie Susanne Albers' verläuft – wie ich oben ausführlich dargelegt habe – zunächst grundsätzlich anders als diejenige von Birgit Müller: Sich in Menschen unterschiedlichen Geschlechts zu verlieben,

---

[67] Ich spreche hier bewusst von Geschlechterrollen, da diese sich in diesem Fall als verhandelbar erweisen, während dies nicht für die Geschlechterverhältnisse gilt (vgl. zu dieser Diskussion auch Wetterer, 2005; Krüger & Born, 2000 und Kap. 2.1).

erlebt sie schon früh im Leben als eine selbstverständliche Kompetenz, die mit keinen größeren Konflikten verbunden ist. Die Zeit ihres Studiums nutzt sie – im Gegensatz zum Verlauf von Birgit Müller – um verschiedene Beziehungsmodelle und sexuelle Skripts zu erproben. Als sie eine Familie gründet, heiratet und Kinder bekommt, hat sie schon länger ein gefestigtes bisexuelles Selbstverständnis und ist in bisexuellen Zusammenhängen engagiert. Trotz dieser Vorbedingungen ergeben sich in der Biografie von Susanne Albers tief greifende Konflikte in der Bewältigung der biografischen Statuspassage der Familiengründung. Ihr bisexueller Lebensstil und ihr bisexuelles Selbstverständnis sind nicht ohne Weiteres von der einen in die andere Phase übertragbar. In diesem Fall trifft es zu, dass vor allem die Phase eines Studiums dazu geeignet erscheint, relativ konfliktfrei verschiedene Varianten der Sexualität und der Beziehungsgestaltung zu erproben. Wird der gesamte biografische Verlauf mit der Phase der Familiengründung und der Kindererziehung einbezogen, wandelt sich das Bild grundsätzlich. Auf der empirischen Basis von Biografien Bisexueller kann zwar von einer prinzipiellen Gestaltbarkeit der Sexualität im Lebenslauf gesprochen werden, aber die Spielräume der Gestaltung erweisen sich als eng an das jeweilige Milieu und die biografische Phase geknüpft.

Das Ausmaß dieser Spielräume ist mit dem sozialen Status von Bisexualität in Anerkennungsverhältnissen verknüpft. Als besonders entlastend erweist sich im Fall von Susanne Albers die Möglichkeit, Bisexualität in neue biografische Phasen, wie eine Eheschließung und Familiengründung, zu integrieren. Inwiefern Bisexualität unter den gegebenen Anerkennungsverhältnissen als eine gleichberechtigte sexuelle Ausrichtung bei Bedarf in unterschiedlichen sozialen Bereichen sichtbar gemacht werden kann, stellt sich damit als ein entscheidender Faktor für eine konfliktarme Bewältigung biografischer Statuspassagen dar.

Deutliche Grenzen der Integrierbarkeit von Bisexualität zeigen sich in Bezug auf die eigenen Kinder. Weder die Kinder von Birgit Müller noch die Kinder von Susanne Albers wissen von der Bisexualität ihrer Mutter. Im Fall von Birgit Müller wird ihre Beziehung mit einer Frau gegenüber ihren Kindern im Teenageralter verheimlicht. Bisexualität selbstverständlich in der Familie zu kommunizieren – und damit meine ich nicht das detaillierte Sprechen der Eltern über ihre Sexualität und Beziehungen, sondern eine alters- und rollengerechte Kommunikation – ist in den analysierten Fällen nicht möglich. Bisexualität wird aus der Familie ausgelagert und genießt in diesen Fällen innerhalb einer zentralen sozialen Institution der Organisation von Zuwendung und Fürsorge keinen gleichberechtigten Status.

Anerkennungskonflikte in Bezug auf HIV/AIDS

Insbesondere in der Analyse des Interviews mit Manfred Schäfer (vgl. Kap. 5.3) zeigte sich das Erleben der AIDS-Krise und ihrer Folge als ein zentraler Anerkennungskonflikt. Ich habe schon darauf verwiesen, dass vor allem Männer, die eine geschlechterübergreifende Sexualität leben, als potenzielle Überträger des HI-Virus stigmatisiert wurden und werden (vgl. Kap. 3.1.3 und 3.2.2). In der Rekonstruktion des Interviews wurde deutlich, wie dieser Diskurs in der Phase der AIDS-Krise in Westdeutschland eine repressive Gesundheitspolitik förderte und die Bedingungen der Pflege, des Sterbens, des Trauerns und des Weiterlebens erschwerte. Implizite Zuweisungen von Schuld für die Erkrankung beeinträchtigten viele Menschen darin, die Verstorbenen angemessen betrauern zu können. In der rekonstruierten Biografie zeigt sich, dass die Trauerarbeit Manfred Schäfers angesichts der erlittenen Verluste bis zum Zeitpunkt des Interviews andauert. Dieser Befund zeigt die Notwendigkeit eines ausstehenden Perspektivenwechsels im gesellschaftlichen Diskurs über HIV, AIDS und die AIDS-Krise, in dem Bisexuelle nicht länger als vermeintliche Überträger des HI-Virus diskreditiert werden, sondern als Opfer der AIDS-Krise als Menschen, die enge Bezugspersonen verloren und die ein großes Maß an Pflegearbeit geleistet haben, anerkannt werden.

Gesundheitsversorgung

Ein weiterer Bereich, in dem Anerkennungskonflikte eine Rolle spielen, der Bereich der Gesundheitsversorgung, wurde im Rahmen der vorliegenden Studie nicht strukturiert erfasst. Dennoch lässt sich als ein Ergebnis festhalten, dass in den Interviews von Erlebnissen der Missachtung in diesem wichtigen sozialen Bereich berichtet wird. Manfred Schäfer ist im Rahmen einer Psychotherapie vonseiten eines Therapeuten mit bi-spezifischen Vorurteilen konfrontiert. In ihrer sexualtherapeutischen Beratung erhält Birgit Müller den Rat, sich von ihrem Mann zu trennen, obwohl sie diese Trennung nicht wünscht. Während einer Phase der Familienplanung, in der sie mit einer Frau zusammen ist, hat Tanja Weber nicht den gleichen Zugang zur Reproduktionsmedizin wie gegengeschlechtliche Paare. Es zeigt sich, dass Bisexuelle aufgrund von Vorurteilen gegenüber

Bisexualität, Unwissen oder der Ungleichbehandlung gleichgeschlechtlicher Beziehungen Missachtung im Kontext der Gesundheitsversorgung machen.

6.2.3 Anerkennungskonflikte in Rechtsbeziehungen

Die Ergebnisse der Fallrekonstruktionen machen deutlich, dass Anerkennungsverhältnisse in Rechtsbeziehungen unmittelbare und umfassende Auswirkungen auf die Biografien bisexueller Menschen haben. In diesem Bereich zeigt sich ebenfalls, dass Bisexuelle viele Erfahrungen von Missachtung in Rechtsbeziehungen, die homosexuelle Menschen machen, teilen. Diese geteilten Unrechtserfahrungen veranschaulichen, dass die Annahme, Bisexuelle seien prinzipiell weniger von Unrechtserfahrungen betroffen als Homosexuelle, nicht haltbar ist.

Eine direkte Betroffenheit von § 175 StGB – der in Westdeutschland homosexuelle Handlungen kriminalisierte – findet sich im biografischen Verlauf von Torsten Nowak. In der biografischen Phase der Adoleszenz des Biografen war § 175 StGB in seiner im Jahr 1973 reformierten Fassung gültig und erklärte sexuelle Handlungen von Männern über 18 Jahren an Jugendlichen unter 18 Jahren für illegal. Heterosexuelle und homosexuelle Handlungen wurden ungleich behandelt. Es handelte sich um eine gezielt antihomosexuelle Gesetzgebung, die auf der »Verführungstheorie« (Dworek, 2012, S. 50) beruhte. Homosexuelle Männer wurden als Bedrohung für die heterosexuelle Entwicklung von Jugendlichen betrachtet, da sie diese zur Homosexualität »verführen« könnten. Die Frage nach der sexuellen Selbstbestimmung von Jugendlichen spielte in dieser Rechtsnorm nur eine untergeordnete Rolle.

Dieser Paragraf kriminalisierte den ersten Sexualpartner von Torsten Nowak, da dieser über 18 Jahre alt war, während der Biograf erst kurz vor seinem 16. Geburtstag stand. In der Fallrekonstruktion zu Torsten Nowak habe ich dabei deutlich gemacht, wie der Paragraf die Interaktion des Biografen mit seinen Eltern beeinflusst, denen er zunächst unbefangen vom Interesse des jungen Mannes an ihm erzählt. Die Eltern lehnen den Kontakt ab. In der Folge spricht der Biograf von »Indizien«, nach denen die Eltern suchen, ob er die Beziehung zu diesem Mann aufrechterhalte, und macht sich Sorgen hinsichtlich juristischer Konsequenzen für seinen Freund. Diese aus Gerichtsverhandlungen entlehnte Formulierung gibt einen Hinweis auf die Rolle der Eltern in der Situation. Sie erscheinen weniger als sich sorgende Eltern denn als Ermittelnde und Anklagende. Dieses Verhalten der Eltern hält den Biografen nicht davon ab, Sex mit diesem Bekannten zu haben, er geht jedoch aus Sorge vor den möglichen Folgen zunächst keine weitere Beziehung mit ihm ein.

Torsten Nowak übernimmt die gesellschaftliche Stigmatisierung seines Handelns nicht, die Teil des juristischen, katholischen und familialen Diskurses war, in dem er aufwuchs. Er muss aber schon während seiner ersten sexuellen Erfahrungen lernen, vorsichtig und überlegt zu handeln, ohne dabei Vertraute zu haben, die ihn unterstützen. Sowohl die Rechtsnorm als auch das Verhalten der Eltern isolierten den Biografen, sodass er möglichen sexuellen Übergriffen – die nicht stattfanden – schutzloser ausgesetzt gewesen wäre. Die Ergebnisse meiner Studie zeigen, dass die Unrechtserfahrungen aufgrund der Rechtsnorm § 175 StGB weit über die Fälle hinausgehen, in denen es zu Verurteilungen gekommen ist, und wie die Rechtsnorm auf innerfamiliale Dynamiken wirkte. Es ist davon auszugehen, dass die Verstetigung und Verstärkung von Anerkennungskonflikten im biografischen Verlauf – wie ich sie oben dargestellt habe (vgl. Kap. 6.2.1) – durch diese Rechtsnorm und die bis ins Jahr 2017 für rechtmäßig geltenden Urteile nach § 175 StGB nach dem Jahr 1945 entscheidend beeinflusst wurde.

Die Ergebnisse der Fallrekonstruktion zu Tanja Weber machen deutlich, dass Unrechtserfahrungen nicht allein die Biografien bisexueller Männer beeinflussen. Sie erlebt eine Verunsicherung in einer Phase der Familienplanung mit einer Partnerin. Die beiden wollten eine Familie gründen: Ihre Partnerin sollte schwanger werden und das Kind gebären. In der damaligen Zeit – vor den 2000er Jahren – hätte es jedoch für die Biografin keinen Rechtsstatus als Elternteil gegeben. Zu dieser Zeit gab es weder eine eingetragene Lebenspartnerschaft noch die Möglichkeit einer gemeinsamen Adoption durch unverheiratete Paare. Die Möglichkeit einer eingetragenen Lebenspartnerschaft wird erst 2001 geschaffen, die Möglichkeit, das leibliche Kind einer Lebenspartnerin oder eines Lebenspartners zu adoptieren, ist erst seit 2005 gegeben (vgl. Berning, 2011, S. 283). Dazu kommen die Sorgen über mögliche Rechtsansprüche eines biologischen Vaters. In dieser Lebensphase zeigt sich, wie die Biografie Tanja Webers durch die fehlenden rechtlichen Sicherheiten für nicht heterosexuelle Lebensgemeinschaften geprägt wird. Die Überlegungen des Paares eine Familie zu gründen und ihre Beziehungsgestaltung werden durch ungleiche gesellschaftliche Rechtsbeziehungen strukturiert.

Grundsätzlich fällt auf, dass diese Unrechtserfahrungen in den meisten Interviews nicht ausführlich thematisiert wurden. Auch in den bisexuellen Zusammenhängen, die ich im Rahmen meiner ethnografischen Arbeit aufsuchte, wurde kaum über Rechtsverhältnisse gesprochen und gestritten – ein Umstand, der sich auch in anderen Ländern beobachten lässt (vgl. Monro, 2015, S. 178). Dabei wird die gesellschaftliche Debatte um die Veränderung rechtlicher Anerkennungsverhältnisse vor allem entlang der Linie Homo- und Heterosexualität diskutiert. Dies gilt für die Einführung der Ehe für alle, die rechtliche Benachteiligung gleichgeschlechtlicher Paare in der Reproduktionsmedizin, die Anerkennung und Entschädigung von Menschen, die nach § 175 StGB verurteilt wurden, oder die Frage nach der Implementierung von Antidiskriminierungspolitiken. Bisexuelle werden in diesen Debatten selten als eigenständige Personengruppe benannt und berücksichtigt, obwohl sie unmittelbar betroffen sind. Dabei bleiben weitere wichtige Rechtsfragen ungeklärt, etwa die rechtliche Absicherung von Mehrfachbeziehungen als eine Alternative zur Paarbeziehung, die in einigen der durchgeführten Interviews eine wichtige Rolle spielen. Dabei handelt es sich um ein Thema, das manche – keineswegs alle – Bisexuelle, aber auch Menschen anderer sexueller Ausrichtungen, betrifft. Bezüglich der Rolle von Bisexuellen in sozialen Beziehungen des Rechts lässt sich eine Marginalisierung des Themas im Diskurs feststellen, die von Bisexuellen selbst mitgetragen wird.

6.2.4 Anerkennungskonflikte im Berufsleben

Weiter oben habe ich ausgeführt, dass ich Bisexuelle mit den Worten Nancy Frasers als eine Statusgruppe beschreibe, die aufgrund institutionalisierter Wertemuster bestimmte Unrechtserfahrungen teilt (vgl. Fraser, 2003, S. 25). Soziale Statusgruppen lassen sich von sozialen Klassen unterscheiden, in denen eine Gruppe sich durch ihre Stellung in ökonomischen Produktionsbeziehungen definiert (vgl. ebd.). Die Anerkennungskonflikte von Bisexuellen im sozialen Bereich der Leistung resultieren nicht aus ihrer spezifischen Stellung in den Produktionsverhältnissen, als Statusgruppe erleben sie in diesem Bereich dennoch strukturelle Benachteiligungen (vgl. Agentur der Europäischen Union für Grundrechte, 2014; Frohn & Meinhold, 2016). Aus pragmatischen Gründen konzentriere ich mich an dieser Stelle lediglich auf den Bereich des Berufslebens.

Der Übergang von der Ausbildung in den Beruf ist eine wichtige und oft kritische Statuspassage in der Biografie. Anhand des biografischen Verlaufs von Susanne Albers lässt sich zeigen, wie eine mangelnde gesellschaftliche Anerkennung von Bisexualität, im Sinne einer gleichberechtigten sexuellen Ausrichtung, diese Passage erschwert. Konkrete Ängste, dass ihre Lebensrealität in ihrer neuen Lebensphase keinen Platz haben könnte, binden sich im Fall von Susanne Albers an die Entscheidung für das Thema ihrer Diplomarbeit. Sie weiß nicht, ob sie sich mit einem queeren Thema beschäftigen soll, da sie Sorgen hat, was dies für ihr weiteres Berufsleben bedeutet. Schließlich ist das Thema der Abschlussarbeit in der Regel im Abschlusszeugnis aufgeführt und damit für mögliche Arbeitgeber_innen sichtbar. Das zeigt: Die fehlende gesellschaftliche Etablierung von Bisexualität als eine gleichberechtigte sexuelle Ausrichtung kann biografische Statuspassagen in den Beruf erschweren. In ihrem Fall wird dabei deutlich, dass die enge Einbindung in eine kleine Gemeinschaft Bisexueller diesen Anerkennungskonflikt nicht lösen kann. Das Maß an Anerkennung und Selbstverständlichkeit, das in diesem engen sozialen Rahmen erfahrbar ist, gleicht die fehlende Anerkennung von Bisexualität in anderen sozialen Bereichen nicht aus.

Auch im Berufsleben selbst erleben Bisexuelle Anerkennungskonflikte, die sich vor allem um die Frage der Offenlegung der sexuellen Ausrichtung drehen. Susanne Albers kann – als Frau, die in einer Ehe mit einem Mann lebt – ihre Bisexualität bei der Arbeit verschweigen. Ihre Gefühle dahingehend sind ambivalent. Einerseits genießt sie es, diesen Lebensbereich aus ihrem Alltagsleben herauszuhalten, andererseits erzählt sie, dass sie ihre bisexuelle Ausrichtung bei der Arbeit nicht ohne Sorge vor Nachteilen erwähnen könne. Diese Ambivalenz zeigt, dass die Entscheidung der Ausklammerung von Bisexualität aus dem Berufsleben durch gesellschaftliche Anerkennungsverhältnisse strukturiert und nicht allein Folge einer individuellen Entscheidung ist. Zudem erweist sich das vermeintliche Privileg mancher Bisexueller, vordergründig ein der heterosexuellen Norm entsprechendes Leben zu leben, als zwiespältig. Mit der vermeintlichen Erfüllung dieser Norm ist die potenzielle Unsichtbarkeit der eigenen Bisexualität und eine spezifische Arbeit der Abwägung verbunden, ob und wann eine Offenlegung möglich und angemessen sein könnte.

Neben dieser Variante der Frage nach Offenlegung der sexuellen Ausrichtung im Beruf erweist sich dieses Thema auch für Bisexuelle als relevant, die in einer gleichgeschlechtlichen Beziehung leben. Tanja Weber erzählt auf ihrer ersten Arbeitsstelle – zu einem Zeitpunkt, an dem sie sich noch als Lesbe definiert – nichts von ihrer Freundin. Das hat zur Folge, dass sie in der Kommunikation mit ihren Arbeitskolleg_innen stark eingeschränkt ist, da sie einen zentralen Bereich ihres Lebens aussparen muss – eine Situation, die verdeutlicht, dass sich Bisexuelle im Laufe ihres Lebens sowohl in Anerkennungskonflikten aufgrund ihres Bruchs mit der institutionalisierten Monosexualität als auch aufgrund des Bruchs mit Mustern institutionalisierter Heterosexualität befinden können.

6.2.5 Strategien in Anerkennungskonflikten

In den vorangegangenen Abschnitten habe ich vor allem typische Erfahrungen von Missachtung in den Vordergrund gestellt, die Bisexuelle im biografischen Verlauf machen. Bisexuelle sind aber nicht nur Betroffene von Missachtung, sondern Akteure in Anerkennungskonflikten. Diesen Abschnitt meiner Diskussion abschließend bespreche ich die verschiedene Strategien Bisexueller mit Missachtung umzugehen und Anerkennung zu organisieren.

Eine Strategie Bisexueller im Umgang mit Erfahrung von Missachtung oder drohender Missachtung ist die *Vermeidung des Offenlegens* des bisexuellen Selbstverständnisses bzw. der bisexuellen Praxis. Dieser Umgang beinhaltet zwar die Akzeptanz der missachtenden Anerkennungsverhältnisse und bringt häufig Einschränkungen des Handelns mit sich, aber es handelt sich dennoch um eine aktive Strategie, die Bisexuelle nutzen, um sich vor Anfeindungen zu schützen, Konflikte zu vermeiden oder Bedrohungen abzuwenden. Wie ich oben schon ausgeführt habe, stellt sich – auch für Bisexuelle – Coming-out als ein lebenslanger Prozess dar, in dem es den Grad der gewünschten Offenheit immer wieder abzuwägen gilt (vgl. dazu auch Marrs & Staton, 2016). Nachdem Torsten Nowak erfahren hat, dass er von seinen Eltern keine Unterstützung zu erwarten hat, nutzt er die Strategie der Vermeidung des Offenlegens, indem er seine ersten sexuellen Kontakte nicht innerhalb einer Beziehung macht – die sich zuerst anbahnt, aber von den Eltern unterbunden wird – sondern öffentliche Orte aufsucht, an denen er unverbindliche sexuelle Kontakte mit Männern außerhalb seines Elternhauses herstellen kann. Dieses Beispiel zeigt, dass die Vermeidung des Offenlegens hilfreich dabei sein kann, das gewünschte Verhalten aufrechtzuerhalten und Kontrollen oder Kriminalisierung zu entgehen. Es verdeutlicht, dass die Strategie mit bestimmten Risiken verbunden ist, da sie zu sozialer Isolation führen kann, denn mit der sozialen Kontrolle entfällt möglicher Rat und Schutz durch signifikante Andere. Ein weiteres Beispiel für diese Strategie findet sich im biografischen Verlauf von Birgit Müller. Sie ist in der Lage, mit dem Wissen ihres Mannes die ersehnte Beziehung zu führen, solange niemand Weiteres davon erfährt. Als drittes Beispiel lässt sich Susanne Albers' Dethematisierung von Bisexualität bei der Arbeit anführen. Diese Strategie ist einerseits eine Reaktion auf gesellschaftliche Anerkennungsverhältnisse, in denen eine beiläufige Erwähnung der bisexuellen Ausrichtung bedeuten würde, sich angreifbar zu machen. Andererseits ermöglicht sie Susanne Albers einen Teil ihres Lebens dem Alltagsleben zu entheben und damit seine Besonderheit zu bewahren.

Die gegenläufige Strategie ist die *Offenlegung* von Bisexualität. Diese Strategie ermöglicht es, die eigene bisexuelle Praxis und die entsprechende Selbstetikettierung über unterschiedliche soziale Bereiche hinweg zu integrieren. In den Interviews lassen sich zahlreiche Anwendungen dieser Strategie nachzeichnen. Susanne Albers outet sich umfassend, als sie beginnt, sich in bisexuellen Zusammenhängen zu engagieren, und macht ihre bisexuellen Bezüge auf ihrer Hochzeit sichtbar. Ihre sexuellen Beziehungen zu anderen Männern und Frauen verheimlicht sie gegenüber ihren Partner_innen nicht. Ebenso outen sich Manfred Schäfer und Torsten Nowak umfassend. Tanja Weber setzt mögliche Beziehungspartner_innen über ihre bisexuelle Beziehungsgeschichte und Ausrichtung in Kenntnis und Birgit Müller ist offen gegenüber ihrem Partner. In diesen unterschiedlichen Vorgehensweisen zeigt die Strategie der *Offenlegung* zahlreiche positive Aspekte: Sie kann das bisexuelle Selbstverständnis stärken, indem sie zu einem selbstverständlichen Bestandteil des Selbst in unterschiedlichen sozialen Kontexten wird und es bietet sich durch diese eine Entlastung von einem Geheimnismanagement. Innerhalb bestehender Beziehungen werden Handlungsspielräume eröffnet und die Offenlegung kann vor eigener Enttäuschung und der Enttäuschung signifikanter Anderer schützen.

Beim Vergleich der Strategien der Offenlegung und ihrer Vermeidung zeigt sich, dass beide Strategien über die Lebensgeschichte hinweg parallel, kontext- und phasenspezifisch angewendet werden. Es ergibt sich dabei nicht notwendig das Bild einer fortschreitenden Offenheit im biografischen Verlauf und des Erlangens eines Zustandes, in dem ein Coming-out abgeschlossen ist. Auch ein bisexuelles Coming-out stellt sich als ein lebenslanger Prozess dar, der von der wiederkehrenden Abwägung zwischen den beiden Strategien und ihrer Kombination gekennzeichnet ist. Dabei erscheint es wenig sinnvoll, die Strategie der Offenheit normativ als gelungener oder hilfreicher für die Lebensgestaltung zu bewerten als die Strategie der Vermeidung (vgl. dazu auch McLean, 2007).

Eine weitere Strategie, wenn auch bisweilen eher zufällig zustande gekommen, ist die Herstellung einer *direkten Begegnung mit anderen Bisexuellen im Alltag*. In der Biografie von Susanne Albers ist eine solche Begegnung wichtig, um für sie zu klären, dass »das auch beides geht« (SuA, 9/27). Aufgrund der mangelnden Sichtbarkeit von Bisexuellen im Alltag sind solche Begegnungen eher selten. Auch in der Biografie von Tanja Weber stellt ein direkter Kontakt mit einem bisexuellen Mann über das Internet eine wichtige Möglichkeit der Selbstversicherung in einer für sie kritischen Lebensphase dar. Dies gilt ebenfalls für den biografischen Verlauf von Birgit Müller, der deutlich macht, dass die Begegnung mit Homosexuellen den Kontakt mit anderen bisexuellen Menschen nicht ersetzen kann.

Eine andere Vorgehensweise, die sich aber nicht auf den Umgang mit Erfahrungen von Missachtung reduziert, ist die *kreative Integration von Bisexualität in andere Lebensbereiche*. Susanne Albers macht auf ihrer Hochzeit ihren bisexuellen Freundeskreis als einen unter anderen sichtbar und damit auch ihre eigene bisexuelle Geschichte. Damit gelingt ihr eine selbstverständliche Integration ihres bisexuellen Selbstverständnisses, ihrer sozialen Bezüge und ihrer Beziehungsgeschichte in einen Ritus, der diese Aspekte ihres Lebens ansonsten unsichtbar machen würde. Torsten Nowak wendet ebenfalls diese Strategie an, indem er sein kirchliches Engagement mit seinem Engagement für die Anerkennung gleichgeschlechtlicher und bisexueller Lebensweisen in der Kirche verbindet und sich kirchlich engagierte Verbündete sucht. Auch Birgit Müller integriert Bisexualität in ihren Glauben, indem sie die sexualitätspositiven Passagen der Bibel in den Mittelpunkt ihres Religionsverständnisses stellt.

Nachweisbar ist ebenfalls die Strategie der *Suche nach nicht bisexuellen Verbündeten*. Torsten Nowak nimmt Kontakt mit einer Selbsthilfegruppe für die Eltern queerer Kinder auf und lässt sich von einer Freundin in die schwul-lesbische Szene einführen. Birgit Müller nimmt eine sexualtherapeutische Beratung in Anspruch. Susanne Albers hat durch ihre Freundin Lena engen Kontakt zur lesbischen Szene. Die Erfahrungen, die bei der Suche nach Verbündeten gemacht werden, sind zwiespältig. So macht Birgit Müller die Erfahrung, dass ihr in einer Beratung zu einer Trennung von ihrem Mann geraten wird, obwohl sie das nicht wünscht. Susanne Albers erlebt skeptische Distanz vonseiten ihrer lesbischen Freundinnen und Bekannten. Auch die Sorge Tanja Webers, wie ihre Freundinnen auf einen Partner reagieren könnten, macht deutlich, dass Homosexuelle nicht notwendig als Verbündete von Bisexuellen fungieren.

Als wichtigste Instanz der Vermittlung, dass Bisexualität eine alltägliche Lebensform ist und als ein nicht stigmatisierendes Etikett der Selbstbeschreibung verwendet werden kann, erweisen sich *selbstorganisierte bisexuelle Strukturen*, seien es regionale Gruppen, die Öffentlichkeitsarbeit machen (Torsten Nowak, Manfred Schäfer, Susanne Albers), Internetforen von Bisexuellen für Bisexuelle (Tanja Weber) oder bisexuelle Stammtische (Birgit Müller). Die Bindung an diese Zusammenhänge lässt sich nicht allein als eine Strategie im Umgang mit Missachtung bezeichnen, sondern als eine soziale Organisation von Anerkennung. Typisch dafür ist der biografische Verlauf von Susanne Albers, in dem intensives Engagement in bisexuellen Zusammenhängen eine wichtige Rolle spielt; aber auch Torsten Nowak verwendet Bisexualität erst als ein soziales Etikett der Selbstbeschreibung, als er von einer selbstorganisierten Gruppe Bisexueller erfährt. Viele Interviewte berichten von einem Gefühl des Ankommens und des »Zu hause«-Fühlens (TN, 24/44) in diesen Bezügen. Sie bilden einen sozialen Kontext, in dem fraglose Anerkennung ermöglicht wird, die Bisexuelle in hetero- wie homosexuellen Zusammenhängen selten erleben. Insofern stellen selbstorganisierte Gruppen Bisexueller einen wichtigen Rückzugsort dar, innerhalb dessen Anerkennungsverhältnisse herrschen, die Bisexualität einen gleichberechtigten sozialen Status ermöglichen.

Im Zuge der ethnografischen Analyse konnte ich einen Einblick in die Gestaltung eines solchen Zusammenhanges gewinnen (vgl. Kap. 5.6). Nach der tabellarischen Zusammenfassung dieses Abschnittes verbinde ich im nächsten Unterkapitel die Erkenntnisse aus der teilnehmenden Beobachtung mit den Ergebnissen der biografischen Fallrekonstruktionen.

6.2.6 Tabellarische Übersicht typischer Anerkennungskonflikte im biografischen Verlauf

In Tabelle 2 stelle ich die in diesem Kapitel herausgearbeiteten Ergebnisse zusammenfassend dar.

Tab. 2: Typische Anerkennungskonflikte Bisexueller im biografischen Verlauf

Allgemein	➤ Coming-out stellt sich in den Lebensgeschichten Bisexueller als ein lebenslanger Prozess dar.
	➤ Unabhängig von der gegenwärtigen Beziehungspraxis kann es zu Anerkennungskonflikten bei einem bisexuellen Coming-out kommen.
	➤ Auch der Wechsel von einer gleichgeschlechtlichen zu einer gegengeschlechtlichen Beziehung kann sich als eine kritische Statuspassage darstellen.
	➤ Bisexuelle erleben sowohl Missachtung aufgrund einer Abweichung von Mustern institutionalisierter Heterosexualität als auch aufgrund der Abweichung von Mustern institutionalisierter Monosexualität.
	➤ Beispiele für spezifische Erfahrungen der Missachtung, die Bisexuelle machen, sind:
	  ➤ Abwertung und Sexualisierung geschlechterübergreifender Sexualität und Beziehungen
	  ➤ Abwertung gleichgeschlechtlicher Beziehungen bei Aufwertung gegengeschlechtlicher Beziehungen
	  ➤ Erklärung gleichgeschlechtlicher Beziehungen zu einer Phase
	➤ Es ist möglich, dass sich Anerkennungskonflikte mit signifikanten Anderen im biografischen Verlauf aktualisieren, verstetigen und verstärken.
	➤ Die lebensgeschichtlichen Erfahrungen Bisexueller bilden eine eigenständige biografische Gestalt, die sich nicht mit einer Einteilung des Lebens in homosexuelle und heterosexuelle Phasen erfassen lässt.

In Beziehungen der Fürsorge und Zuwendung	➤ Diskreditierbarkeit der Beziehungsbiografie:
	➤ Phasen der Suche nach einer Beziehung können als prekärer erlebt werden.
	➤ Manche Bisexuelle entwickeln in ihrem Leben einen spezifischen Umgang mit dieser Situation:
	  ➤ Suche nach Beziehungspartner_innen in bisexuellen Zusammenhängen
	  ➤ generelle Zurückhaltung bei der Anbahnung von Beziehungen
	  ➤ Grundsatz des generellen Coming-outs gegenüber möglichen neuen Partner_innen
	  ➤ Abwägung ob, wann und wie eine Offenlegung der Beziehungsbiografie stattfindet

6 Diskussion der Ergebnisse

	➢ Konflikte im Kontext der biografischen Phase der Familiengründung: ➢ Die Statuspassage hin zu einer Phase der Familiengründung oder einer Phase der Sorgearbeit kann sich als kritisch für die Aufrechterhaltung eines bisexuellen Selbstverständnisses und einer bisexuellen Praxis erweisen. ➢ Ein bisexuelles Coming-out in der biografischen Phase der Familiengründung kann zu starken Rollenkonflikten führen. ➢ Rollen in der Familie vs. existenzielles Bedürfnis der sexuellen Selbstverwirklichung: ➢ Eine kind- und rollengerechte Kommunikation über Bisexualität mit den eigenen Kindern ist nicht ohne Weiteres möglich. ➢ Die prinzipielle Gestaltbarkeit der eigenen Sexualität im Lebenslauf ist eng an die jeweilige biografische Phase geknüpft und muss daher im Zusammenhang der gesamten Lebensgeschichte bewertet werden. ➢ Anerkennungskonflikte in Bezug auf HIV/AIDS: ➢ Ausstehende Anerkennung von bisexuellen Menschen als Betroffene, Pflegende und Trauernde in der Folge der AIDS-Krise ➢ Anerkennungskonflikte in der Gesundheitsversorgung: ➢ unzureichende Behandlung aufgrund fehlenden Wissens über Bisexualität oder wegen Vorurteilen gegenüber Bisexuellen ➢ zum Beispiel in der sexualtherapeutischen Behandlung oder im Rahmen einer Psychotherapie ➢ Einschränkung reproduktiver Rechte in gleichgeschlechtlichen Beziehungen
In Rechtsbeziehungen	➢ Bisexuelle teilen Unrechtserfahrungen mit Homosexuellen ➢ § 175 StGB: ➢ führt ohne des Erlebens einer Anklage zu lebensgeschichtlichen Erfahrungen von Unrecht ➢ beeinflusst die Interaktion zwischen Eltern und Kind, indem sich innerhalb der Familie Rollen von Anklagenden und Angeklagten bilden ➢ verstärkt soziale Isolation ➢ prägt Strategien des sexuellen Handelns ➢ verstärkt die Verstetigung von Anerkennungskonflikten im biografischen Verlauf, auch über die Existenz des Paragrafen hinaus ➢ fehlende reproduktive Rechte gleichgeschlechtlicher Beziehungen: ➢ Vor den 2000er Jahren gab es keine Rechtssicherheit als Elternteil oder Partner_in in einer gleichgeschlechtlichen Beziehung. ➢ ruft zusätzliche Verunsicherung in Phasen der Familiengründung hervor
Im Berufsleben	➢ Mögliche Verschärfung der Statuspassage von der Ausbildung oder dem Studium in das Berufsleben ➢ fehlender Status von Bisexualität als selbstverständliche und gleichberechtigte sexuelle Ausrichtung im beruflichen Bereich ➢ Das vermeintliche Privileg der Unsichtbarkeit von Bisexualität im Falle einer gegengeschlechtlichen Beziehung erweist sich als zwiespältig.

Handlungs-strategien	➢ Sowohl in gleichgeschlechtlichen als auch in gegengeschlechtlichen Beziehungen lebende Bisexuelle müssen im Beruf eine Arbeit der Abwägung in der Frage der Offenlegung leisten.
	➢ Vermeidung der Offenlegung vs. Offenlegen:
	   ➢ sollten nicht als gegensätzliche und normativ zu bewertende Strategien diskutiert werden
	   ➢ Beide Strategien existieren parallel und werden kontext- und phasenspezifisch angewendet.
	➢ alltäglicher Kontakt zu anderen Bisexuellen
	➢ Integration von Bisexualität in andere Bereiche des Alltags
	➢ Suche nach nicht bisexuellen Verbündeten:
	   ➢ Homosexuelle erweisen sich nicht immer als geeignete Verbündete.
	➢ Nutzung von und Engagement in Gruppen von Bisexuellen für Bisexuelle
	➢ Strukturen sind nur regional begrenzt zugänglich und ehrenamtlich getragen.

6.3 Verbindung der Fallebenen Biografie und Gemeinschaft

Die Ergebnisse meiner biografischen Fallrekonstruktionen (vgl. vor allem Kap. 5.1, 5.3 und 5.4.2) und die Erkenntnisse aus der teilnehmenden Beobachtung auf einem bundesweiten Treffen Bisexueller (vgl. Kap. 5.6) lassen sich gemeinsam diskutieren, da in beiden Bereichen Bisexualität als soziales Etikett (vgl. Kap. 3.1.3 und Kap. 6.1) eine wichtige Rolle spielt und sich zahlreiche Schnittpunkte zwischen den Fallebenen nachweisen lassen (vgl. Köttig, 2005 und Kap. 4.3.5). Schließlich war meine Teilnahme Folge der Hinweise mehrerer Interviewpartner_innen, dass es sich bei diesen halbjährlich stattfindenden bundesweiten Treffen um einen bedeutenden Teil bisexueller Selbstorganisation in Deutschland handle.[68]

Es gibt einige Einschränkungen, die ich der Diskussion voranstelle: Weder alle Interviewten unseres gesamten noch des theoretischen Samples dieser Arbeit nehmen Angebote wie das von mir besuchte Treffen in Anspruch. Es handelt sich bei den Teilnehmenden um eine Minderheit derjenigen Menschen, die im Laufe ihres Lebens geschlechterübergreifende

---

[68] Es sollte nicht vergessen werden, dass es sich bei den offenen Treffen nur um einen Teil der zahlreichen Strukturen bisexueller Selbstorganisationen in Deutschland handelt. Es gibt vor allem in deutschen Großstädten zahlreiche Vereine, Stammtische, Netzwerke und Selbsthilfegruppen, die sich dem Thema widmen.

Sexualität und Beziehungen leben. Mit der freiwilligen Beschränkung auf 50 Teilnehmende stellt sich das Treffen als ein Bestandteil einer kleinen, kreativen, selbstorganisierten und nicht kommerziell ausgerichteten bisexuellen Szene dar. Es ist eine der vielen kleinen Lebenswelten der späten Moderne (vgl. Luckmann, 1978), die für eine überschaubare Gruppe und eine beschränkte Zeit Angebote bereithält, die im Alltag nicht zu finden sind.

Trotz dieser Einschränkungen ist eine Diskussion des Verhältnisses zwischen bisexuellen Formen der Vergemeinschaftung und den biografischen Verläufen wichtig: Schließlich handelt es sich – zum Zeitpunkt der Erhebung – um die einzig offene, langjährig bestehende, regelmäßige und bundesweite soziale Organisationsform unter dem Etikett der Bisexualität, ausgerichtet von dem einzigen bundesweit arbeitenden Verein Bisexueller. Dieses Alleinstellungsmerkmal verleiht dieser Struktur eine soziale Signifikanz.

Als Ergebnis meiner teilnehmenden Beobachtung habe ich das Treffen als eine emotionale Sinnprovinz definiert, die mithilfe der Praktiken des Rituals und Spektakels hergestellt wird. Dieser Charakter des Treffens ermöglicht den Teilnehmenden die Erfahrung, Teil einer überschaubaren und emotional eng verbundenen Gemeinschaft im Hier und Jetzt zu sein, die sich deutlich von der Alltagswelt abhebt. Die Bedeutung dieser Form der Vergemeinschaftung lässt sich unter der Einbeziehung der biografischen Verläufe, in denen sie sich als relevant erwiesen haben, genauer beleuchten.

6.3.1 Vergemeinschaftung und Verläufe der Überbrückung

Im Vergleich der Ergebnisse der Rekonstruktion der Lebensgeschichte von Susanne Albers (vgl. Kap. 5.4.2) und meiner teilnehmenden Beobachtung lässt sich feststellen, dass eine Trennung zwischen Alltagswelt und einer sich von dieser unterscheidenden Welt, die als bisexuell definiert wird, auf beiden Fallebenen relevant ist. Als Susanne Albers unterschiedliche Formen der Vergemeinschaftung unter dem Etikett der Bisexualität kennenlernt, erklärt sie die neue Welt, die sie sich erschließt, zunächst zum Zentrum ihres Lebens. Die Biografin durchläuft dabei einen *Prozess eines grundsätzlichen Wandels*, wobei die biografische Phase des Davor mithilfe des sozialen Etiketts der Bisexualität hin zur Phase des Danach überbrückt

6.3 Verbindung der Fallebenen Biografie und Gemeinschaft

wird (vgl. Kap. 6.1). Bisexualität wird zum Ausgangspunkt einer neuen Deutung der Vergangenheit, einer neuen Gestaltung der gegenwärtigen sexuellen, romantischen und partnerschaftlichen Handlungsweisen und eines neuen Zukunftsentwurfes. Diese biografische Neuordnung erfolgt in enger Bindung an eine Gruppe Bisexueller. Im Vergleich mit den Ergebnissen meiner teilnehmenden Beobachtung fällt auf, dass die Praktiken auf dem Treffen ein besonderes Potenzial haben, Grundlage eines biografischen Prozesses der Überbrückung zu werden. Auf dem Treffen ist es möglich, sich als Teil einer eng verbundenen Gemeinschaft Bisexueller zu fühlen. Eine solche Bindung kann lebensgeschichtlichen Erlebnissen einen neuen gemeinschaftlich geteilten Sinn geben.

Ich möchte an dieser Stelle nur zwei Aspekte aufgreifen, die in dieser Hinsicht wichtig sind. Der Prozess des Wandels, den Susanne Albers durchläuft, und die Annahme des Etiketts der Bisexualität vollzieht sich über die gemeinsame Herstellung von lebensgeschichtlichen Narrativen. Dies geschieht auf dem von mir besuchten Treffen in einer strukturierten Weise: in Form des angeleiteten Gesprächskreises am ersten Abend des Treffens, in dem alle neuen Teilnehmenden die Möglichkeit bekamen, die lebensgeschichtlichen Erlebnisse zu schildern, die sie zu dem Treffen geführt haben (vgl. dazu Kap. 5.5.3). Dieser Gesprächskreis lässt sich nicht allein als Erfahrungsaustausch im Zusammenhang mit Bisexualität deuten, sondern kann als ein Einführungsritual für Neulinge verstanden werden, deren individuelle Lebensgeschichte in diesem Rahmen zu einem geteilten Bestandteil der temporären Gemeinschaft wird. Diese Lesart des Gesprächskreises als Einführungsritual wird dadurch bestärkt, dass alltagsweltliche Themen rund um Bisexualität in einem organisierten Rahmen auf dem gesamten weiteren Treffen keine wichtige Rolle mehr spielen. In diesen Kontext stelle ich die im Rahmen der Abschlussrunde getroffene Aussage eines der Organisatoren des Treffens, dass er im Alltag praktiziere, was die meisten Teilnehmenden nur auf dem Treffen erleben könnten. Diese Inszenierung spielt einerseits auf die Trennung von Alltag und Treffen an, andererseits verweist sie auf die Verheißung, den Alltag in einer Weise verändern zu können, dass sich diese Trennung auflöst. Diese beiden Beispiele zeigen das Potenzial des Treffens, Grundlage für einen biografischen Prozess des grundsätzlichen Wandels und eines biografischen Verlaufs der Überbrückung zu werden (vgl. Kap. 6.1).

Die auf der Fallebene der Vergemeinschaftung gewonnene Erkenntnis der starken Trennung zwischen Treffen und Alltag kann vor diesem Hintergrund modifiziert werden: Gerade weil das Treffen sich von der Alltagswelt abhebt, bietet es die Möglichkeit, ein Ausgangspunkt für einen grundsätzlichen Wandel zu werden. Dabei handelt es sich aber nicht um eine einfache Verbindung der beiden Welten, sondern um einen Prozess der Verwandlung der Alltagswelt. Einen solchen Prozess repräsentiert die biografische Phase in Susanne Albers' Leben, in der sie Bisexualität zum zentralen Bezugspunkt ihres alltäglichen Lebens erklärt. Mir ist es an dieser Stelle wichtig, von einem Potenzial des Treffens zu sprechen, denn der Zusammenhang zwischen einem grundsätzlichen Wandel und dem Treffen ist keineswegs notwendig. Genauso kann das Treffen von den Teilnehmenden als ein halbjährliches Event genutzt werden, das ansonsten keine größeren Auswirkungen auf den biografischen Verlauf hat. Sowohl für den biografischen Prozess der Überbrückung, der mit einer Verwandlung der Alltagswelt einhergeht, als auch für die Nutzung des Treffens als ein außeralltägliches Event – ist der Aspekt der Trennung zwischen Alltag und Treffen eine wichtige Voraussetzung.

Angesichts der rekonstruierten biografischen Verläufe, in denen die bundesweiten Treffen eine Rolle spielen, lässt sich neben dem Treffen als Bezugspunkt für einen grundsätzlichen biografischen Wandel ein weiteres Muster herausarbeiten: die emotionale Sinnprovinz als Grundlage für einen biografischen Prozess der Distanzierung von dieser.

6.3.2 Vergemeinschaftung und biografische Distanzierung

Während das bundesweite Treffen im Fall von Susanne Albers einen wichtigen Bezugspunkt für einen Prozess des biografischen Wandels darstellt, repräsentiert die Biografie von Torsten Nowak einen Verlauf der *Distanzierung* von diesen Strukturen. Er thematisiert diese Distanzierung im Interview:

> »ja, ich bin dann auch nicht mehr zu irgendwelchen bundesweiten Treffen gefahren, weil ich da auch für mich so merkte dass mich das jetzt nicht wirklich so, weiterbringt oder ich da jetzt kein Interesse da an dem Austausch hatte« (TN, 50/30–33).

Der Biograf führt an anderer Stelle aus, dass er nicht grundsätzlich das Interesse an der Vernetzung mit anderen bisexuellen Menschen verloren habe.

Er habe jedoch zunehmend den Wunsch entwickelt, »mehr auch politisch zu machen« (TN, 50–51/48–1), aber nicht genug andere Menschen gefunden, die sich mit ihm engagieren wollten. Sein Plan war es, sich gemeinsam mit anderen Bisexuellen dafür einzusetzen, dass bisexuelle Lebensweisen in der Überarbeitung von Schulbüchern in einer selbstverständlichen Weise einbezogen werden, und damit dafür zu sorgen, dass die heterosexuelle Hegemonie in der Darstellung bei einer Überarbeitung der Materialien nicht allein um Homosexualität ergänzt würde.

Die bundesweiten Treffen boten für ihn keinen Ausgangspunkt für ein solches Unterfangen. Damit lässt sich – neben dem Bezug zu einem biografischen Prozess des Wandels – in der zunehmenden *Distanzierung* ein weiteres Muster der Verbindung von bundesweiten Treffen und biografischem Verlauf herausstellen. Die Tendenz der Selbstbezogenheit und Abgrenzung von der Alltagswelt, die sich als ein Strukturmerkmal der bundesweiten Treffen zeigt, erweist sich in diesem Fall als ein Hindernis dabei, die emotionale Sinnprovinz des Treffens als Ausgangspunkt für die Bildung einer eher alltagsweltlich orientierten Interessengemeinschaft zu nutzen. Es lässt sich damit die Frage stellen, inwiefern die Gemeinschaftsform der emotionalen Sinnprovinz die Möglichkeit bietet, von den Teilnehmenden nach den eigenen Bedürfnissen verändert zu werden. Dies wäre eine Voraussetzung der Anpassung an die jeweiligen Bedürfnisse der Teilnehmenden, die sich im biografischen Verlauf verändern können. Als eine zeitlich eng beschränkte Gemeinschaft ohne existenzsichernde Funktion für die Teilnehmenden, die den Anwesenden prinzipiell die Mitgestaltung der Inhalte des Treffens einräumt, müsste ein großes Maß an Partizipation gewährleistet sein. Meine These ist, dass der prinzipiellen Gestaltbarkeit und Veränderbarkeit der rituelle Rahmen des Treffens entgegensteht.

Diese Beharrlichkeit der Strukturen des Treffens – wie sie sich auf der Basis meiner beschränkten Daten darstellt –, während sich die lebensgeschichtlichen Relevanzen im biografischen Verlauf ändern können, spielt auch im dritten von mir herausgearbeiteten Muster der Verbindung beider Fallebenen eine Rolle.

6.3.3 Vergemeinschaftung und biografische Segmentierung

Wie ich oben ausführe, ist die Lebensgeschichte von Susanne Albers phasenweise von dem Versuch geprägt, Bisexualität umfassend in ihren

Alltag zu integrieren. Sie möchte ein festes Mehrfachbeziehungsmodell etablieren, plant, ihre universitäre Abschlussarbeit zu einem Thema zu schreiben, das lesbische, schwule und bisexuelle Lebensweisen betrifft, und denkt darüber nach, beruflich in einer Organisation tätig zu werden, die sich für die Rechte von lesbischen, schwulen oder bisexuellen Menschen einsetzt. Dabei erweist sich der Versuch, Bisexualität zu einem Kern ihres alltäglichen Beziehungs- und Berufslebens zu machen, als herausfordernd. Das zeigt sich vor allem, wenn die Biografin Statuspassagen durchläuft, wie etwa ihre Heirat, die Geburt ihrer Kinder, den Berufsabschluss oder ihren Einstieg in das Berufsleben. Der erklärte Anspruch der Biografin, Bisexualität in allen Lebensbereichen in den Mittelpunkt zu stellen, weicht zunehmend einem pragmatischen lebensweltlichen Management: Sie integriert Bisexualität auf ihrer Hochzeit symbolisch als einen wichtigen Bereich ihres Lebens unter anderen, geht aber zunächst keine weitere feste Beziehung ein und beginnt mit der Geburt ihrer Kinder eine »monogame Phase« (SuA, 93/29). Ihren Kindern oder ihren lesbischen Nachbarinnen gegenüber spricht sie zum Zeitpunkt des Interviews nicht über ihre Bisexualität. Ähnlich geht sie in ihrer beruflichen Entwicklung vor. Sie schreibt zwar ihre Abschlussarbeit zu einem queeren Thema, entscheidet sich jedoch für einen Beruf, der ihr mehr Sicherheit und Gehalt verspricht, und anstatt sich bei der Arbeit umfassend zu outen, deutet sie ihre bisexuelle Lebensweise im Berufsleben höchstens an. Es vollzieht sich ein Prozess der biografischen und lebensweltlichen *Segmentierung*. Dieses biografische und lebensweltliche Management von Bisexualität erweitert ihre Handlungsmöglichkeiten, führt für sie jedoch dazu, dass ihr Selbstverständnis als Bisexuelle in manchen Bereichen und Phasen ihres Lebens verunsichert wird und sich ihre Zukunftswünsche stark polarisieren.

Die Struktur der bundesweiten Treffen erweist sich in dieser Situation einerseits als hilfreich: Als außeralltägliches Event und temporärer Zugang zu einer ausschließlich bisexuellen Lebenswelt, zu der die Möglichkeit sexueller Begegnungen gehört, lässt sie sich gut in eine Lebensphase einbetten, in der andere Aspekte im Mittelpunkt stehen. Im Fall von Susanne Albers handelt es sich um die Sorgearbeit für ihre Kinder, den Versuch, diese mit ihrem Wiedereinstieg in das Berufsleben zu verbinden und dabei psychisch gesund zu bleiben. In dieser Hinsicht stellt das regelmäßige Treffen eine stabilisierende Struktur dar, da es zumindest ein Segment der Lebenswelt zur Verfügung stellt, in dem die Biografin ihre Bisexualität voll und ganz ausleben kann. Andererseits hat diese Auslagerung von Bisexualität aus dem Alltag zugleich den Nachteil, dass die Biografin sich in diesem Lebensbereich bei manchen Gelegenheiten infrage stellt und sie sich zu zwei Welten zugehörig erlebt, die sich in manchen Situationen unvereinbar gegenüberstehen. Auf der Grundlage meiner Daten lässt sich diese soziale Organisation von Bisexualität nicht allein aus der biografischen Genese erklären, sondern ebenso aus der Struktur der bundesweiten offenen Treffen als emotionale Sinnprovinz. Jenseits des Anspruchs die Alltagswelt zu verwandeln ist in dieser emotionale Sinnprovinz wenig Platz für einen Bezug auf das Alltagsleben. Die emotionale Sinnprovinz entwickelt damit ihre Stärke in der Herstellung eines temporären Gefühls von Gruppenzugehörigkeit und als Raum für intime Kontakte, wozu sexuelle Begegnungen gehören. Die Möglichkeiten, gemeinsam über die Institutionalisierung von Bisexualität im Alltag – etwa in den oben genannten Bereichen der Zuwendung und Fürsorge, des Rechts oder des Berufslebens – nachzudenken, steht strukturbedingt auf einem solchen Treffen nicht im Mittelpunkt.

Auf der Grundlage meiner empirischen Erkenntnisse möchte ich daher den in anderen Arbeiten hervorgehobenen Zusammenhang zwischen der Existenz einer bisexuellen Szene und der Stabilität von Bisexualität als ein Etikett der Selbstbeschreibung im biografischen Verlauf (vgl. Weinberg et al., 1995, S. 290) aufgreifen, aber differenzieren. In welcher Form sich Bisexualität als eine Selbstbeschreibung im biografischen Verlauf stabilisieren kann, hängt nicht nur von der Existenz, sondern von der konkreten Ausrichtung und Form der Gemeinschaften und Szenen ab, die sich unter Bezug auf dieses Etikett bilden. Die von mir beobachtete Form der Vergemeinschaftung auf dem bundesweiten Treffen erfüllt viele wichtige Funktionen in einer solchen Stabilisierung: Das Kennenlernen anderer Menschen, die sich als bisexuell bezeichnen, die Möglichkeit der Selbsterfahrung in den verschiedenen Angeboten, das Kennenlernen möglicher bisexueller Sex- und Beziehungspartner_innen, die Möglichkeit als Teil der temporären Gemeinschaft mit der eigenen Lebensgeschichte Anerkennung zu finden. Unter Einbeziehung der von mir rekonstruierten Lebensgeschichten lässt sich feststellen, dass viele Fragen einer alltäglichen Institutionalisierung von möglichen bisexuellen sozialen Etiketten, Rollenmodellen oder Handlungsmustern im Alltag, die sich im biografischen Verlauf stellen, in diesem Kontext kaum bearbeitet werden.

6.3.4 Die Tendenz zur Idealisierung von Bisexualität auf beiden Fallebenen

Ein weiteres von mir herausgearbeitetes Strukturmerkmal der emotionalen Sinnprovinz als Teil bisexueller Selbstorganisation ist eine Tendenz zur Disziplinierung der Mitglieder der temporären Gemeinschaft über das rituell hergestellte Band der emotionalen Verbundenheit. Dieses Gefühl der intensiven Verbundenheit erschwert nonkonformes Verhalten und kritische Äußerungen im Rahmen des Treffens, da diese als Sakrileg aufgefasst werden könnten (vgl. Kap. 5.5.3). Damit wird eine *Idealisierung* der temporären Gemeinschaft und ihres gemeinsamen Bezugspunktes der Bisexualität bestärkt und die Möglichkeiten zu einer distanzierteren Selbstreflexion werden begrenzt. Eine solche Tendenz zur Idealisierung eines bisexuellen Lebensentwurfes lässt sich ebenfalls in den biografischen Narrativen, die mit dem Verlaufstypus der *Überbrückung* und *Aneignung* verbunden sind, nachweisen (vgl. Kap. 6.1). Dabei beziehe ich mich an dieser Stelle nur auf Biografien meines theoretischen Samples, in denen Vergemeinschaftungsformen wie das offene Treffen eine Rolle spielen. Diese Tendenz repräsentieren in meinem theoretischen Sample vor allem die Narrative von Susanne Albers und Manfred Schäfer. Susanne Albers hebt das neue Maß an Freiheit hervor, das sie in der Beziehungsgestaltung erfährt, in der jedes Beziehungsarrangement zu jedem Zeitpunkt wieder neu ausgehandelt werden kann. Dabei geht sie aber nicht auf die Unsicherheiten und das Ausmaß des Aufwandes ein, den eine solche beständige Aushandlung nach sich zieht. Manfred Schäfer hebt die Offenheit und das große Verständnis hervor, das seine bisexuelle Mehrfachbeziehung auszeichnet, obwohl die von ihm beschriebene Gestaltungsform die Frage aufwirft, ob sie nicht Konflikte und Schwierigkeiten mit sich bringt, die nicht ausgesprochen werden. Dabei fällt auf, dass es sich in beiden Fällen um feste Mehrfachbeziehungsmodelle handelt. Insofern kann die Tendenz zur Idealisierung dieser Beziehungsformen als eine Kehrseite mangelnder gesellschaftlicher Anerkennung für bisexuelle und nicht monogame Beziehungsentwürfe verstanden werden. Spezifisch für die Dynamik des Diskurses über bisexuelle Mehrfachbeziehungen auf den Fallebenen der Biografie und des Treffens ist eine starke Polarisierung zwischen einer fehlenden Institutionalisierung und potenziellen Stigmatisierung in der Alltagswelt auf der einen Seite und ihrer fraglosen Idealisierung auf dem Treffen. Ein Ort des Austausches über die Herausforderungen, Möglichkeiten und Grenzen eines bisexuellen Mehrfachbeziehungsentwurfes, ohne diesen zu marginalisieren, stigmatisieren oder idealisieren, kann sich in diesem Spannungsfeld kaum herausbilden.

6.3.5 Tabellarische Übersicht der Verbindungen zwischen den Fallebenen Gemeinschaft und Biografie

In Tabelle 3 stelle ich die in diesem Kapitel herausgearbeiteten Ergebnisse zusammenfassend dar.

Tab. 3: Verbindungen zwischen den Fallebenen Gemeinschaft und Biografie

Gemeinschaft	Biografie
➤ gemeinsame Herstellung eines biografischen Narrativs des Wandels und seiner Überbrückung ➤ Herstellung einer intimen Bindung an eine Gruppe ➤ Herstellung einer außeralltäglichen sozialen Welt	Wandel und Überbrückung
➤ Selbstbezogenheit ➤ Abgrenzung von der Alltagswelt ➤ unflexibel aufgrund ritueller Rahmung	Distanzierung
➤ ermöglicht und fördert die Auslagerung von Bisexualität aus der Alltagswelt	Segmentierung
➤ Förderung von konformem Verhalten durch die rituelle Herstellung eines Bandes emotionaler Verbundenheit	Idealisierung

6.4 Weitere fallübergreifende Ergebnisse

Die Diskussion abschließend stelle ich weitere Forschungsergebnisse dar, die ich aufgrund der Fokussierung auf meine Forschungsfragen bislang nicht in den Vordergrund stellen konnte.

Die Vielfalt bisexueller Beziehungsformen
Eine Gleichsetzung von Bisexualität mit Promiskuität oder einem Modell von Mehrfachbeziehungen erweist sich als unzutreffend und sollte sowohl in der wissenschaftlichen als auch in der gesellschaftlichen Debatte um Bisexualität vermieden werden (vgl. Kap. 3.2.2). Bisexualität als soziales Etikett

gibt keine Auskunft über die sexuelle oder partnerschaftliche Praxis eines Menschen. Allein das dieser Studie zugrunde liegende Sample umfasst unterschiedlichste Formen der Gestaltung von Sexualität und Beziehung, von der seriellen Monogamie über die Anpassung der Beziehungsweisen an die jeweilige Lebensphase bis hin zur dauerhaften Mehrfachbeziehung.

Genauso wie eine solche Gleichsetzung vermieden werden sollte, ist es wichtig wahrzunehmen, dass es eine Schnittmenge von bisexuellen Lebensweisen mit polygamen und polyamoren[69] Beziehungsmodellen gibt. Diese zur Paarbindung alternativen Lebensentwürfe sollten anerkannt und als ein selbstverständlicher und gleichberechtigter Bestandteil der Vielfalt bisexueller Lebensweisen begriffen werden.

Die unterschiedlichen Formen der Ausgestaltung dieser Alternativen zur Paarbindung, die in den Fallrekonstruktionen deutlich wurden, lassen sich nicht als weniger dauerhaft beschreiben als die Modelle seriell monogamer Paarbindung. Die Mehrfachbeziehungen, die das theoretische Sample dieser Studie abdeckt, erweisen sich – zumindest bezogen auf einen Beziehungspartner – als von größerer Dauer. Manfred Schäfer, Susanne Albers und Birgit Müller sind mit ihren jeweiligen Partner_innen schon seit Jahrzehnten zusammen und diese sind sich über weitere romantische bzw. sexuelle Beziehungen ihrer Partner_innen im Klaren.

Damit erweist sich die normative Kategorie der »Treue« bzw. »Untreue« als ein fragwürdiger Maßstab der Bewertung von (bisexuellen) Mehrfachbeziehungen. Würde dieser dennoch herangezogen, zeigen sich die zitierten Beziehungsformen, zumindest hinsichtlich der Dauer der Bindung, als verbindlicher, als dies für viele seriell monogame Beziehungsbiografien gilt, in denen die romantische Bindung an einen weiteren Menschen oder eine weitere offen gelebte sexuelle Beziehung häufig einer Trennung gleichkommt.

Bisexualität und Geschlechterverhältnisse

Der gewonnene Einblick in den Alltag bisexueller Lebensweisen lässt die in manchen theoretischen und politischen Diskursen formulierte Hoffnung, Bisexualität durchkreuze die soziale Struktur der Zweigeschlechtlichkeit, als fragwürdig erscheinen (vgl. Kap. 3.2.1). Die Bedeutung von

---

[69] Polyamorie soll als Begriff die Dimension der liebevollen Bindung an mehrere Menschen in den Vordergrund rücken, die Sexualität einschließen kann, aber nicht muss (Klesse, 2016; Rust, 1996; Schroedter & Vetter, 2010).

Bisexualität in den biografischen Verläufen ist untrennbar mit der zweigeschlechtlichen Ordnung verbunden, die sich als eine alle sozialen Bereiche durchziehende Struktur der Herstellung und Hierarchisierung zweier Klassen von Geschlechtern zeigt. Diese Strukturiertheit der Gesellschaft ist umfassender als die alltagsweltliche Gestaltung von Beziehungen und Sexualität. Genauso fragwürdig wie die Vorstellung einer Dekonstruktion von Zweigeschlechtlichkeit durch Bisexualität erweist sich die in manchen queeren Zusammenhängen vorgebrachte Vorstellung diese reproduziere notwendigerweise zweigeschlechtliche Strukturen (vgl. Kap. 3.2.1).

Jenseits dieser entgegengesetzten Standpunkte lässt sich auf der Grundlage der in dieser Arbeit vorgelegten Daten eher davon sprechen, dass Bisexualität als Alltagspraxis gesellschaftliche Spielräume innerhalb der zweigeschlechtlichen Struktur nutzt und damit einige relevante Handlungsspielräume erschließt. Ich habe schon ausführlich dargelegt, wie sich Susanne Albers innerhalb bisexueller Zusammenhänge sexuelle Skripte jenseits der heterosexuellen Norm erarbeitet und damit eine lustvolle sexuelle Praxis erschließt. Ähnliches gilt für Birgit Müller. Insofern bietet Bisexualität in bestimmten sozialen Bereichen – hier dem Bereich des alltäglichen sexuellen Handelns – die Möglichkeit, vergeschlechtlichte Handlungsspielräume zu erweitern.

Im Fall von Torsten Nowak sind es nicht die verfügbaren sexuellen Skripte selbst, die es zu verändern gilt, sondern er nutzt sein bisexuelles Potenzial um eine ganze Bandbreite gleichgeschlechtlicher und gegengeschlechtlicher sexueller Erfahrungswelten zu erkunden. Dabei erlebt er Sexualität in gleichgeschlechtlichen Kontakten als spielerischer und unverbindlicher, während er gegengeschlechtliche Sexualität als stärker institutionalisiert und an die Herstellung von Beziehungen geknüpft empfindet. Hier geht es nicht um die Reproduktion oder die Dekonstruktion von Zweigeschlechtlichkeit, sondern um die sexuelle Erkundung der durch sie geschaffenen sozialen Welten der Sexualität.

Bisexualität als Projektionsfläche für die strukturelle Ambivalenz spätmoderner Beziehungsformen

Bisexuellen wird häufig eine größere Ambivalenz im sexuellen und partnerschaftlichen Handeln zugesprochen, da sie zwischen unterschiedlichen Geschlechtern wählen müssten bzw. wählen könnten (vgl. Kap. 3.2.2). Die Auseinandersetzung mit Ambivalenzen in dieser Hinsicht erweist sich tatsächlich als ein relevantes Thema in manchen der besprochenen Lebensgeschichten. Es handelt sich weder um ein in den betreffenden Fällen durchgängiges noch um ein fallübergreifend bedeutsames Motiv. Susanne Albers' bisexuelles Coming-out ist zunächst weniger von dem Wunsch geprägt, Beziehungen oder Sexualität mit einer Frau zu leben, sondern von dem, sich einer Gruppe anzuschließen, in der anders über Sexualität gesprochen und Sexualität – auch gegengeschlechtliche – anders praktiziert wird. Erst später in ihrem Leben gibt es eine begrenzte Phase, in welcher der Wunsch im Mittelpunkt steht, neben der Beziehung zu ihrem Partner eine Beziehung zu einer Frau einzugehen. Dabei gerät sie in eine Situation, die sie als ambivalent erlebt. Eine Ambivalenz in dieser Hinsicht ist in der Biografie von Manfred Schäfer nicht vorhanden. Er ist sich früh bewusst, dass er Sexualität mit Frauen genauso genießt wie die mit Männern. Angesichts der strikt monosexuellen Struktur der Gesellschaft ist eine Entscheidung für eine dauerhafte bisexuelle Lebensweise zunächst lange nicht Teil seines Handlungsrepertoires. Torsten Nowak betont in seinem Narrativ, dass Schwierigkeiten der Entscheidung für ein bestimmtes Geschlecht seiner Beziehungspartner_innen für ihn kein relevantes Thema darstellen, und es lässt sich in der Rekonstruktion nichts anderes nachweisen. Tanja Weber ist sich relativ klar, welchen Geschlechts ihre nächsten Beziehungspartner_innen sein sollen, während Birgit Müller tatsächlich eine biografische Phase der Ambivalenz erlebt, als sie sich in eine Frau verliebt.

Dabei lässt sich Ambivalenz, ganz unabhängig von einer bisexuellen Ausrichtung, als Teil der Struktur spätmoderner Beziehungsgestaltung beschreiben. Fragen der Entscheidung für oder gegen eine Beziehung sind in den letzten Jahrzehnten immer selbstverständlicher zum Bestandteil von Beziehungsbiografien geworden. Das lässt sich etwa an zunehmenden Scheidungsraten (vgl. Burkart, 2018, S. 189) ablesen und an der weitgehend durchgesetzten gesellschaftlichen Legitimität einer Scheidung aus Gründen der Selbstverwirklichung. Eine wichtige Voraussetzung für diese Entwicklung war – zumindest in Westdeutschland – die bessere ökonomische Situation von Frauen, welche die Chance erhöhte, im Falle einer Scheidung sich selbst und etwaige Kinder versorgen zu können. Es erscheint fraglich, ob sich hier tatsächlich der in der Soziologie schon lange prophezeite Trend zu einer »reinen Beziehung« (Giddens, 1993, S. 197 und Kap. 2.1) abzeichnet, also einer Beziehungsform, die nicht aus ökonomischen Gründen, sondern allein um ihrer selbst willen eingegangen wird. Angesichts des Fortbestehens ökonomischer Ungleichheit, zu der die strukturelle ökonomische Schlechterstellung von Frauen in der Gesellschaft gehört, ist eher davon auszugehen, dass ökonomische Gründe weiter eine zentrale und bisweilen existenzielle Rolle bei der Aufnahme, Aufrechterhaltung und Beendigung einer Beziehung spielen. Gleichzeitig haben sich die normativen gesellschaftlichen Grundlagen insofern geändert, dass die Beendigung und Aufnahme von Beziehungen nun auch Frauen prinzipiell freigestellt sind. Mit dieser prinzipiellen Entscheidungsmacht hat eine strukturelle Ambivalenz in die Vergemeinschaftungsform des Paares Einzug gehalten. Die Möglichkeit, sich zu entscheiden, bedeutet nicht nur den Genuss des Gefühls der Freiheit, sondern auch die Notwendigkeit, sich beständig mit der Richtigkeit der eigenen Entscheidungen zu beschäftigen und mit der Unsicherheit zu leben, dass Beziehungspartner_innen die gleiche Entscheidungsfreiheit besitzen. Angesichts der Tendenz der zunehmenden rechtlichen und gesellschaftlichen Gleichstellung gleichgeschlechtlicher und gegengeschlechtlicher Paarbindung in Deutschland erscheint Bisexualität und eine Entscheidung darüber, welches Geschlecht mögliche Partner_innen haben sollten, nur als eine Variante der Vielfalt an Entscheidungsmöglichkeiten in einer Beziehungsbiografie. Schließlich wird diese Entscheidung aufgrund mannigfaltiger anderer Kriterien – wie ökonomischer Status, sexuelle Zufriedenheit, gemeinsame Zukunftswünsche, geteilte Interessen – getroffen. Die unterschiedlichen bisexuellen Lebensweisen lassen sich daher als eine Varianz der Pluralisierung und Individualisierung der spätmodernen Lebenswelt, mit ihren Vor- und Nachteilen, beschreiben (vgl. dazu Hüsers & König, 1995, S. 90). Dennoch scheint gerade Bisexualität weiterhin dazu geeignet zu sein, als Projektionsfläche für die strukturelle Ambivalenz spätmoderner Beziehungsgestaltung zu dienen.

7 Schlussfolgerungen

Ich habe in dieser Studie auf der Basis von biografischen Selbstzeugnissen und einer teilnehmenden Beobachtung auf einem Treffen Bisexueller die alltäglichen sozialen Aushandlungsprozesse beleuchtet, in denen Bedeutungen von Bisexualität im Lebenslauf hervorgebracht, gefestigt oder verändert werden. Ziel war es dabei, einen Beitrag zu einem im Entstehen begriffenen wissenschaftlichen Dialog über die Lebenswirklichkeiten bisexueller Menschen zu leisten. Dieser Dialog konzentriert sich gegenwärtig vor allem auf das Thema der Diskriminierungserfahrungen. In meiner Studie habe ich den Vorschlag gemacht, diesen Fokus zu erweitern, indem das alltägliche Erleben und Handeln bisexueller Menschen auch jenseits von Diskriminierungserfahrungen einbezogen werden, die Komplexität menschlicher Sexualität Berücksichtigung findet und ihre Entwicklung innerhalb der ganzen Lebensgeschichte gewürdigt wird. Von diesem Ansatz ausgehend habe ich drei Forschungsfragen bearbeitet:

➢ Wie gestaltet sich der biografische Prozess der Annahme von Bisexualität als ein soziales Etikett der Selbstbeschreibung?

➢ Welche Rolle spielen für Bisexualität spezifische Anerkennungskonflikte in Hinblick auf die gesamte Lebensgeschichte und wie gestalten sich die Strategien im Umgang mit diesen?

➢ Welche Bedeutung hat das – zum Zeitpunkt der Erhebung einzige – bundesweite offene Treffen Bisexueller für die untersuchten biografischen Verläufe?

Die Ergebnisse der Bearbeitung dieser Forschungsfragen habe ich im vorangegangenen Abschnitt ausführlich besprochen (vgl. Kap. 6) und tabellarisch zusammengefasst (vgl. Tab. 1, 2, 3). Schlussfolgernd diskutiere ich an dieser Stelle die Resultate im Kontext einer gesellschaftspolitischen Debatte um ein Recht auf sexuelle Gesundheit, das die gesamte Biografie umfasst und die Ansprüche Bisexueller berücksichtigen soll. Darüber hinaus gehe ich auf die Reichweite der Studie ein und gebe einen Ausblick auf weiterführende Forschungsmöglichkeiten.

7.1 Die Ergebnisse im Kontext einer gesellschaftspolitischen Debatte um das Recht auf sexuelle Gesundheit

Ich habe in der Einleitung auf die von der Weltgesundheitsorganisation (WHO) angestoßene und international geführte Debatte zur Durchsetzung des Rechts auf sexuelle Gesundheit verwiesen und mir die Frage gestellt, welchen Beitrag meine Arbeit zu dieser Debatte leisten kann. Drei Aspekte des von der WHO eingebrachten Aktionsplans sind besonders hervorzuheben und eröffnen einen Kontext, in dem die gesellschaftspolitische Dimension meiner Ergebnisse diskutiert werden kann. Erstens vertritt die WHO ein positives Rechtsverständnis von sexueller Gesundheit, welches das Ziel verfolgt, jedem Menschen »das für ihn erreichbare Höchstmaß an Gesundheit« (vgl. World Health Organisation, 2016, S. 7) zu ermöglichen. Sexuelle Gesundheit wird dabei als »Zustand völligen körperlichen, seelischen und sozialen Wohlbefindens« (vgl. ebd.) definiert. Diese Definition stellt einen Paradigmenwechsel dar, da sie davon abkehrt, Gesundheit als individuellen Zustand der Abwesenheit von Krankheit zu bestimmen. Stattdessen wird das Wohlbefinden in den Mittelpunkt gestellt und die soziale Dimension von Gesundheit benannt. Damit ist diese Definition an soziologische Analysen von Gesundheit und Krankheit anschlussfähig, die diese nicht als individuelle Zustände eines Menschen versteht, sondern als gesellschaftliche Phänomene, die nicht von den sozialen Beziehungen, in denen sie entstehen, zu trennen sind (vgl. Hildenbrand, 1983; Thoma, 1978). Zweitens strebt die WHO an, den gesamten Lebenslauf eines Menschen einzubeziehen (vgl. World Health Organisation, 2016, S. 7). Es sollen Konzepte entwickelt werden, welche die gesamte Lebensgeschichte eines Menschen berücksichtigen und das Wissen und die Fähigkeiten einbeziehen, die in unterschiedlichen Lebensphasen nötig sind, um eine gesunde, sichere und lustvolle Sexualität leben zu können (vgl. Hoskins & Varney, 2015, S. 7). Drittens ist es das erklärte Ziel, die Ansprüche bisexueller Menschen zu gewährleisten (vgl. World Health Organisation, 2016, S. 14). Welche empirisch fundierten Hinweise lassen sich aus den erarbeiteten Ergebnissen für eine Konzeption der geforderten Maßnahmen zur Wahrung der Rechte Bisexueller auf sexuelle Gesundheit ableiten?

1. In den analysierten Biografien hat sich eine geschlechterübergreifende sexuelle Ausrichtung als ein dauerhafter Teil der Biografie dargestellt (vgl. Kap. 5.1–5.4). Diese empirische Realität, auf die alle verfügbaren Daten hinweisen (vgl. Bode & Heßling, 2015; Dekker & Matthiesen, 2015), sollte anerkannt werden. Methodologisch bedeutet dies den Verzicht auf eine Forschungsanlage, die lediglich monosexuelle Gestaltungen von Sexualität abbilden kann und geschlechterübergreifendes sexuelles Begehren und Handeln damit unsichtbar macht. In der Konzeption von geeigneten Maßnahmen zur Stärkung der Rechte auf sexuelle Gesundheit ist eine konsequente Berücksichtigung einer geschlechterübergreifenden Sexualität wünschenswert. Konsequent bedeutet in diesem Fall nicht allein eine Berücksichtigung in gezielten Aufklärungsmaterialien für sexuelle Minderheiten – wie von der WHO angedacht (vgl. World Health Organisation, 2016, S. 14) –, sondern als selbstverständlicher Bestandteil aller Maßnahmen.

2. Allein das – aufgrund des fallrekonstruktiven Vorgehens – kleine Sample der vorliegenden Studie konnte ein breites Spektrum der Gestaltung von Beziehungen und Sexualität nachweisen, das mit einer geschlechterübergreifenden Sexualität einhergeht. Das soziale Etikett der Bisexualität lässt somit keine direkten Rückschlüsse auf das tatsächliche sexuelle oder partnerschaftliche Handeln eines Menschen zu, ähnlich wie dies bei den sozialen Etiketten der Homo- oder Heterosexualität der Fall ist. Für Erhebungen, die nötig sind, um die notwendigen Maßnahmen zur Sicherung der Rechte auf sexuelle Gesundheit zu planen, eignen sich daher Ansätze, die nicht auf der Grundlage von Fremd- oder Selbstetikettierung auf sexuelle Praxis schließen, sondern sich darum bemühen, die Perspektive von Menschen nachvollziehbar zu machen, die geschlechterübergreifende Sexualität und Beziehungen leben. Ferner sollte in Konzepten zur Wissensvermittlung über Sexualität nicht nur die Realität dauerhafter geschlechterübergreifender Sexualität Berücksichtigung finden, sondern auch die Vielfalt ihrer Gestaltungsweisen von serieller Monogamie über eine polygame Sexualität bis hin zu Modellen fester Mehrfachbeziehungen.

3. Das in der Studie sichtbar gewordene breite Spektrum der Gestaltung von Sexualität und Beziehungen (vgl. Kap. 6.4) macht deutlich, dass eine geschlechterübergreifende Ausrichtung nicht notwendig den Wunsch nach

sich zieht, zu gleicher Zeit mit Menschen unterschiedlichen Geschlechts Sexualität zu leben oder eine dauerhafte Mehrfachbeziehung einzugehen. Allerdings haben sich Letztere als mögliche Varianten des bisexuellen Kontinuums der Gestaltung von Sexualität und Beziehungen herausgestellt. Diese Varianten der Gestaltung von Sexualität und Beziehung können eine Voraussetzung sein, eine Sexualität zu praktizieren, die dem »körperlichen, seelischen und sozialen Wohlbefinden« entspricht. Offene Mehrfachbeziehungsmodelle zeigen Möglichkeiten auf, soziale Beziehungen der Zuwendung und Fürsorge jenseits der seriell monogamen Paarbindung zu entwickeln. Das sich in den Fallrekonstruktionen darbietende bisexuelle Kontinuum der Gestaltung von Sexualität und Beziehung sollte bei der Thematisierung von Bisexualität, beispielsweise in der Bereitstellung von »wissenschaftlich korrekten Informationen und Aufklärungsmaterialien« (World Health Organisation, 2016, S. 10), abgebildet werden, ohne sie normativ zu werten. Zudem sollte ein gesellschaftlicher Dialog darüber begonnen werden, inwiefern Beziehungsmodelle jenseits der seriell monogamen Paarbindung gesellschaftlich anerkannt und bei Bedarf rechtlich abgesichert werden können. Biografisch erweisen sich diese Modelle als eine Möglichkeit, zwischen dem Anspruch auf sexuelle Selbstverwirklichung und der sozialen Einbindung in Beziehungen der Fürsorge und Zuwendung zu vermitteln, ohne dass es notwendig wäre, das eine für das andere aufzugeben. Bei beiden Aspekten handelt es sich um zentrale Bedingungen für die sexuelle Gesundheit eines Menschen. In den durchgeführten Rekonstruktionen wurden dabei die Chancen deutlich, den problem- und diskriminierungszentrierten Blick auf Bisexualität zu erweitern. In manchen Fällen verweisen die lebensgeschichtlichen Handlungsstrategien auf Möglichkeiten, mit den notwendigen Widersprüchen einer selbstbestimmten Gestaltung von Sexualität, die dennoch immer sozial gebunden bleibt, umzugehen. Biografische Entwürfe wie diese stellen einen interessanten Impuls für eine Debatte über sexuelle Gesundheit dar. Diese Debatte sollte geführt werden, ohne entsprechende Beziehungsmodelle abzuwerten oder zu idealisieren. Die durchgeführten Rekonstruktionen zeigen sowohl die Chancen als auch die Herausforderungen und Konflikte, die mit Mehrfachbeziehungen verbunden sein können. Allerdings sollte nicht vergessen werden, dass Paarbiografien gleichermaßen von schmerzlichen Erlebnissen und Konflikten geprägt sein können. Allerdings existieren in diesem Fall institutionalisierte Muster zur Bewältigung dieser Herausforderungen und Konflikte.

4. Die Möglichkeit, früh im Leben einen selbstbestimmten, positiven und lustvollen Zugang zur eigenen Sexualität zu entwickeln, hat sich als eine wichtige Voraussetzung für eine konfliktarme Einbettung eines bisexuellen Lebensentwurfes in die Biografie erwiesen (vgl. Kap. 6.1). Das zeigte vor allem der herausgearbeitete typische biografische Verlauf der *Übernahme* von Bisexualität als ein soziales Etikett der Selbstbeschreibung. Allerdings hat sich in der Rekonstruktion herausgestellt, dass der früh entwickelte selbstbestimmte, positive und lustvolle Bezug auf die eigene Sexualität in diesen Verläufen nicht aufgrund der Stärkung durch zentrale Institutionen der Sozialisation entwickelt wurde, sondern sich trotz widriger institutioneller Bedingungen durchsetzen konnte. Diese widrigen Bedingungen zeigten sich etwa in der Rechtslage (z. B. § 175 StGB), dem religiösen Milieu (z. B. katholische Morallehre), der Schule (z. B. Mobbing) oder dem Elternhaus (z. B. Versuche, gleichgeschlechtliche Sexualität zu unterbinden). Wenn eine Stärkung im biografischen Verlauf erfolgte, dann vor allem durch alternative Strukturen wie oppositionelle Kirchenkreise oder selbstorganisierte Gruppen, die sich für die Rechte sexueller Minderheiten einsetzen. Der relativ konfliktarme biografische Verlauf dieses Typus beruhte damit auf der individuellen Resilienz der Repräsentant_innen gegen institutionelle Widerstände und dem Zugang zu alternativen Strukturen, der vor allem im urbanen Raum gegeben ist. Diese Ergebnisse unterstreichen die Bedeutung einer von der WHO vorgeschlagene »Überprüfung der Grundsätze und des Inhalts von Sexualerziehungsprogrammen, um zu gewährleisten, dass sie evidenzbasiert und auf Menschenrechte gestützt sind, schon in frühen Lebensphasen ansetzen und möglichst dazu befähigen, mündige Entscheidungen über die sexuelle und reproduktive Gesundheit zu treffen« (World Health Organisation, 2016, S. 11).

Vor dem Hintergrund der Ergebnisse dieser Studie kann dabei das erklärte Ziel, schulische Lehrpläne, pädagogische Fachkräfte, Elternteile und religiöse Gemeinschaften miteinzubeziehen, nur unterstützt werden. Ziel sollte es sein, über den gesamten Lebenslauf hinweg institutionelle Bedingungen zu schaffen, die einen Zugang zu einer selbstbestimmten, positiven und lustvollen Sexualität stärken. Zugleich ist dabei eine Auseinandersetzung mit den Folgen institutionalisierter Monosexualität und Diskriminierung von Bisexuellen anzustreben. Schließlich gibt es deutliche Hinweise darauf, dass viele bisexuelle Menschen weiterhin aufgrund ihrer sexuellen Ausrichtung Missachtung erleben (vgl. Agentur der Europäischen Union für Grundrechte, 2014, S. 16).

5. Ich konnte feststellen, dass die für andere soziale Felder formulierte These einer »doppelten Diskriminierung« (vgl. Ochs, 1996) von Bisexuellen auf den biografischen Verlauf übertragen werden kann (vgl. Kap. 6.2). Bisexuelle erleben in ihrer Lebensgeschichte die Auswirkungen institutionalisierter Heterosexualität und Monosexualität. Dazu gehört das Erleben der Abwertung und Sexualisierung geschlechterübergreifender Sexualität, der Abwertung gleichgeschlechtlicher Beziehungen bei Aufwertung gegengeschlechtlicher Beziehungen oder umgekehrt der Aufwertung gleichgeschlechtlicher bei Abwertung gegengeschlechtlicher Beziehungen, sowie der fehlenden Anerkennung einer geschlechterübergreifenden sexuellen und romantischen Ausrichtung als einem dauerhaften und gleichberechtigten Lebensentwurf (vgl. dazu auch Frohn & Meinhold, 2016). Erlebnisse wie diese führen zu spezifischen biografischen Verläufen, die sich nicht in einer Addition typischer lebensgeschichtlicher Erfahrungen innerhalb heterosexueller und homosexueller Lebensgeschichten abbilden lassen. Wichtig ist einzubeziehen, dass Anerkennungskonflikte in der gesamten Biografie relevant werden können und auch in Bereichen jenseits intimer Beziehungen – wie dem Gesundheitssystem, Rechtsbeziehungen oder dem Berufsleben – stattfinden. Dabei lässt sich festhalten, dass sich die Bedeutung von Anerkennungskonflikten im Zusammenhang mit Bisexualität als fall- und typenübergreifend relevant erwiesen hat. Insofern hat der gegenwärtige Schwerpunkt der wissenschaftlichen Diskussion auf Diskriminierungserfahrungen seine Berechtigung. Um bisexuelle Menschen in ihrem Recht auf sexuelle Gesundheit zu stärken, sollten ihre spezifischen lebensgeschichtlichen Erfahrungen benannt und diskutiert werden.

Drei Ergebnisse meiner Studie lassen sich an dieser Stelle hervorheben. Als eine für Bisexualität spezifische biografische Erfahrung konnte ich eine mögliche Aktualisierung, Verstetigung und Verstärkung von Anerkennungskonflikten mit signifikanten Anderen herausarbeiten (vgl. Kap. 6.2.1). Wechselt das Geschlecht der Beziehungspartner_innen in der Beziehungsbiografie, kann das – zum Beispiel in der Familie – befriedete Konflikte aktualisieren, etwa durch das Begrüßen einer als gegengeschlechtlichen gelesenen Beziehung oder den Ausdruck der Enttäuschung über eine gleichgeschlechtliche Partnerschaft. Es besteht die Gefahr, dass bestehende Anerkennungskonflikte mit signifikanten Anderen über eine lange Zeit offen bleiben oder immer wieder aufkommen. Diese mögliche Verstetigung von Anerkennungskonflikten kann als eine spezifische biografische Herausforderung von Bisexuellen, aber auch ihrer engen Bezugspersonen betrachtet werden. Zu diskutierende Möglichkeiten, um an dieser Stelle eine Veränderung herbeizuführen, wären Maßnahmen zur Stärkung des sozialen Status einer dauerhaften geschlechterübergreifenden sexuellen und romantischen Ausrichtung und der Lockerung gesellschaftlicher Mechanismen zur Sicherung institutionalisierter Monosexualität. Als ein positives Beispiel wäre an dieser Stelle der erfolgte Wandel des Eherechts zu einer »Ehe für alle« zu nennen, in der das Geschlecht der Beteiligten keine Rolle mehr für die Rechtsform spielt und damit auf die Unterscheidung zwischen gleichgeschlechtlichen und gegengeschlechtlichen Beziehungen verzichtet wird (vgl. § 1353 Absatz 1 Satz 1 BGB).

Anhand des typischen biografischen Verlaufs der *Anpassung* (vgl. Kap. 6.1.2) konnte ich einen weiteren spezifischen Anerkennungskonflikt identifizieren, der in Biografien Bisexueller auftreten kann. Im Verlauf der Anpassung entwickelt sich eine geschlechterübergreifende sexuelle Ausrichtung erst später im Leben und es erfolgt aus diesem Grund eine Anpassung der Selbstetikettierung als bisexuell. Anhand der Rekonstruktion dieses Verlaufs lässt sich deutlich machen, dass der Wechsel von einer gleichgeschlechtlich und als homosexuell etikettierten hin zu einer gegengeschlechtlichen und als bisexuell etikettierten Beziehungspraxis eine kritische biografische Statuspassage darstellt. Eine solche Passage kann das bisherige Selbstverständnis, die entwickelten Handlungsroutinen und den sozialen Status in der etablierten Anerkennungsordnung erschüttern. Dies ist ein Umstand, der sowohl im akademischen als auch im gesellschaftlichen Dialog häufig übersehen wird, da ein Coming-out in der Regel nur in Verbindung mit dem Eingehen einer gleichgeschlechtlichen Beziehung oder Sexualität gedacht wird. In einer Diskussion über sexuelle Gesundheit, die den Bedarf bisexueller Menschen einbezieht, sollten solche kritischen Lebensphasen in einer bisexuellen Lebensgeschichte Berücksichtigung finden. Dazu gehört die Reflexion der ambivalenten Rolle, die die Zugehörigkeit zu einer homosexuellen Community für Bisexuelle spielen kann. Wird diese Zugehörigkeit häufig allein als Möglichkeit der Bestärkung gedacht, können sich diese Gemeinschaften – aufgrund herrschender monosexueller Normen – als ein Kontext erweisen, in dem Bisexuelle Unverständnis oder Zurückweisung erfahren (vgl. dazu auch Bachmann & Lähnemann, 2014, S. 7). Der von der WHO vertretene Anspruch, Gemeinschaften zu beteiligen, ist daher zu begrüßen (vgl. World Health Organisation, 2016, S. 8), sollte aber im Bewusstsein dessen geschehen, dass Gemeinschaften selbst Orte sozialer Ungleichheit und der Reproduktion von Ausschluss sein können.

7 Schlussfolgerungen

Die Notwendigkeit, den spezifischen Bedarf bisexueller Menschen zu berücksichtigen, zeigte sich ebenfalls anhand der Analyse von Verläufen, in denen eine bisexuelle Anziehung einen Bruch in der Lebensgeschichte herbeiführt, der mit Ohnmachtsgefühlen verbunden ist. In diesen Fällen hat sich die biografische Statuspassage hin zu einer bisexuellen Praxis und Selbstetikettierung als besonders kritisch erwiesen. Hier zeigt sich die existenzielle Bedeutung des Zugangs zu adäquatem Wissen über die Existenz und Legitimität einer dauerhaften, geschlechterübergreifenden Ausrichtung. Weder die umfassende Verbreitung dieses Wissens unter sozialpolitischen Akteuren – wie etwa sexualtherapeutischen Beratungsstellen – noch der Zugang zu diesem Wissen ist bislang ausreichend gesichert. An dieser Stelle bietet sich ein gut zu bearbeitendes Handlungsfeld.

6. Durch meine ethnografische Analyse eines bundesweiten offenen Treffens Bisexueller wird es möglich, die Rolle bisexueller Gemeinschaften in der Debatte um sexuelle Gesundheit zu diskutieren. Einerseits lässt sich hervorheben, dass diese Strukturen existieren und entsprechend dem erhobenen Anspruch der Beteiligung und Mitgestaltung in der Entwicklung und Umsetzung von Maßnahmen konsequent einbezogen werden sollten. Andererseits sollte kritisch reflektiert werden, dass solche Gemeinschaften keine repräsentative und demokratisch organisierte Interessenvertretung darstellen. Auf der Basis meines beschränkten viertägigen Einblicks hat sich die einzige offene und bundesweite Struktur, die von Bisexuellen selbst getragen wird, als ein Treffen mit Event-Charakter dargeboten, das einer überschaubaren Gruppe von ca. 50 Menschen einen zeitweiligen Ausstieg aus der Alltagswelt ermöglichte (vgl. Kap. 5.5). Ich habe das Treffen daher als eine emotionale Sinnprovinz gekennzeichnet. Diese Form der Vergemeinschaftung hat Stärken: Sie ermöglicht die Herstellung einer emotional eng verbundenen kleinen Gemeinschaft im Hier und Jetzt, die eine Auszeit vom sexuellen Alltag ermöglicht. Die Strukturierung des Treffens auf dieses Ziel hin hat jedoch Konsequenzen: Relevante Themen des Alltags werden ausgeblendet; zugunsten der Schaffung einer intimen Gemeinschaft wird die Zahl der Teilnehmenden stark beschränkt; die rituelle Rahmung des Treffens macht es unflexibel für Veränderung, erzeugt einen Druck zur Konformität und erschwert kritischen Austausch. Diese Ergebnisse weisen darauf hin, dass eine bisexuelle Gemeinschaft – wie jede andere Gemeinschaft auch – nicht als eine Instanz idealisiert werden sollte, die automatisch in der Lage wäre, die Interessen von allen Menschen, die geschlechterübergreifend lieben und begehren, in einer demokratischen

Weise zu repräsentieren. Bisexuelle Gemeinschaften sind nicht frei von Diskriminierung, Ausschlussmechanismen oder Machtverhältnissen.

Ein zentrales Ziel des Aktionsplans der WHO ist die »Befähigung aller Menschen zur mündigen Entscheidung in Bezug auf ihre sexuelle und reproduktive Gesundheit« (World Health Organisation, 2016, S. 10). Abschließend lässt sich festhalten, dass sich damit ein erstaunlicher gesellschaftlicher Wandel im Umgang mit Sexualität vollzogen hat. Noch bis ins Jahr 1990 hat die WHO Homosexualität in ihrem Diagnoseschlüssel für Krankheiten geführt (vgl. Bittner & Lotz, 2014, S. 95). Gegenwärtig vertritt sie – zumindest in Europa – ein Verständnis von Sexualität, das als kompetenzbasiert beschrieben werden kann (vgl. zum Kompetenzbegriff Pfadenhauer, 2010, S. 150). Menschen sollen mit den nötigen Rechten, dem Wissen und den Fähigkeiten ausgestattet werden, über die eigene Sexualität entscheiden zu können. Es zeichnet sich damit ein Paradigmenwechsel in der gesellschaftlichen Organisation sexuellen Lernens ab, die bislang nicht kompetenzbasiert strukturiert, sondern durch »mis- and nonlabelling« (Gagnon & Simon, 1973, S. 32 und Kap. 2.2.3) gekennzeichnet war, was sich ebenfalls in den behandelten Lebensgeschichten gezeigt hat. Es ist unbestreitbar, dass bisexuelle Menschen durch diesen Wandel Chancen erhalten, ihren sozialen Status in der gesellschaftlichen Anerkennungsordnung zu verändern. Aber der skizzierte Wandel wirft gleichzeitig Fragen auf: Was bedeutet es, wenn nicht selbstorganisierte soziale Gruppen, sondern ein Staatenbund in diesem Sinne in das soziale Feld des Sexuellen interveniert? Wie verändert sich die alltägliche Bedeutung von Sexualität durch die neue Institutionalisierung einer entlang des gesamten Lebenslaufs angelegten Vermittlung von Wissen und Fähigkeiten im Bereich der Sexualität und Reproduktion? Mit Blick auf die Ergebnisse der biografischen Fallrekonstruktionen lässt sich als eine erste Antwort auf diese Fragen festhalten, dass die Möglichkeit innerhalb des biografischen Verlaufes immer differenziertere Entscheidungen treffen zu können, nicht nur neue Freiheiten birgt, sondern zugleich mit neuen Herausforderungen, Unwägbarkeiten und Unsicherheiten verbunden ist.

7.2 Ausblick

Die Stärken des gewählten Zuganges liegen in der Möglichkeit, die soziale Struktur eines Falles – hier die Biografien bisexueller Menschen und ein

7 Schlussfolgerungen

bundesweites Treffen Bisexueller – in ihrem Entstehungsprozess nachzuvollziehen (vgl. Oevermann, 1981, S. 4 und Kap. 4). In dieser Weise wird es möglich, empirisch fundierte Aussagen über das gesellschaftlich Allgemeine, das im Einzelfall zum Ausdruck kommt, zu treffen. Es wurden zentrale Aspekte der sozialen Aushandlungsprozesse beleuchtet, die, im Verlauf der Biografie und in einer temporären Gemeinschaft Bisexueller, Bedeutungen von Bisexualität hervorbringen, festigen oder verschieben. Die Erkenntnisse meiner Studie weisen damit über die Besonderheiten, die die Fälle kennzeichnen, hinaus. In der rekonstruktiven Arbeit kann immer nur ein Ausschnitt der sozialen Welt verstehend nachvollzogen werden, basierend auf Quellen, die von mir als Forscherin ausgewählt, aus ihrem alltäglichen Zusammenhang gelöst und aufbereitet wurden. Die Reichweite meiner Arbeit ist damit notwendig begrenzt. Diese Grenzen können an zwei Aspekten deutlich gemacht werden (vgl. auch Kap. 4.3.4): Wir – das Forschungsteam – fragten in unserer Studie nach bisexuellen Interviewinteressierten. Damit wurden vor allem jene angesprochen – ein paar Ausnahmen fanden ihren Weg in das erste Sample –, die sich als bisexuell bezeichnen, während jene, die ohne eine solche Selbstbezeichnung auskommen, sich weniger angesprochen fühlten. Die soziale Wirklichkeit geschlechterübergreifender Sexualität unabhängig von einer bisexuellen Selbstbezeichnung liegt damit jenseits der Reichweite dieser Studie. Unser Zugang, der sich auf explizit bisexuelle Zusammenhänge konzentrierte, zeigt eine weitere Grenze der Reichweite auf. Der detaillierte Einblick in die Bedeutung des Engagements in bisexuellen Gruppen für die biografischen Verläufe, der durch die durchgeführte teilnehmende Beobachtung gestützt wurde, hat die Kehrseite der Reproduktion eines Diskurses derjenigen Bisexuellen, die am besten organisiert sind, und der Vernachlässigung der sozialen Wirklichkeiten, die keine Schnittmengen mit diesen Gruppen bilden. Die soziale Zusammensetzung dieser Gruppen wurde dadurch in der Studie reproduziert. Es dominieren Lebensgeschichten, die in Westdeutschland stattgefunden haben, wohingegen Menschen, die in Ostdeutschland aufgewachsen sind oder eine Migrationsgeschichte haben, eine Minderheit darstellen. Die Interviewten waren vorwiegend weiß und christlich bzw. innerhalb der zweiten Stichprobe katholisch. Auch wenn das Prinzip der Strukturgeneralisierung am Einzelfall nicht den Anspruch auf Repräsentativität erhebt, ist ein Bewusstsein darüber wichtig, dass durch diese unterschiedlichen »Filter« im Zugang zum Feld bestimmte soziale Wirklichkeiten ausgeblendet werden.

7.2 Ausblick

Die Arbeit beschließend zeige ich drei weiterführende Möglichkeiten der Forschung auf. Erstens wäre es angesichts der aufgezeigten Grenzen der Reichweite meiner Studie wichtig, andere Zugänge zum Feld zu erproben. Wie wäre es, nach dem sexuellen Handeln zu fragen und nicht nach der sexuellen Selbstbeschreibung? Was würden Anfragen ergeben, die in Tageszeitungen geschaltet würden? Es wäre möglich, Interviewpartner_innen gezielt an anderen Orten zu erreichen als im Umfeld bisexueller Gruppen. Würden Menschen auf Aushänge in Saunen oder Swingerclubs reagieren? Wie steht es mit queeren Zusammenhängen, die einer geschlechtlichen Zuordnung besonders kritisch gegenüberstehen? Würden sich die Ergebnisse verändern, wenn stärker Erfahrungen von Menschen berücksichtigt würden, die keine weiße Hautfarbe haben oder die eine Migrationsgeschichte haben?

Eine weitere Möglichkeit der weiterführenden Forschung wäre, einen Perspektivenwechsel vorzunehmen: Wie erleben Angehörige den Prozess der Veränderung der Gestaltung von Sexualität, Beziehungen und Selbstbezeichnung? Welche Erlebnisse machen sie in ihrer Beziehung mit Menschen, die aufgrund ihrer Sexualität in Anerkennungskonflikte verwickelt werden? Bislang dominiert in der Forschung der Blick auf die Menschen, die einen solchen Wandel vollziehen oder unmittelbar von Stigmatisierung betroffen sind. Signifikante Andere werden häufig auf die Rolle von Zeug_innen, Unterstützer_innen oder Störer_innen reduziert. Auch in meinem Zugang über biografische Interviews dominierte diese Perspektive. Indem die Perspektive von Kindern, Partner_innen, Elternteilen oder Freund_innen in den Mittelpunkt gestellt würde, könnte die soziale Dimension in der Auseinandersetzung mit sexuellem Wandel und Anerkennungskonflikten aus einer neuen Perspektive rekonstruiert werden. Methodisch wäre dabei ein Zugang über gemeinsame Gespräche, Einzelinterviews und Beobachtungen von Interaktionen denkbar.

Ein drittes lohnendes Forschungsvorhaben, das an die Erkenntnisse dieser Arbeit anschließt, weist über das Thema Bisexualität hinaus. Die WHO und auch andere Akteur_innen im Feld der Sexualpolitik fordern, bestehende sexualpädagogische Konzepte zu überarbeiten und neue zu entwickeln. Dabei stellt sich die Frage, was diese Entwicklung für Jugendliche und junge Erwachsene und ihre Beziehung zu Erwachsenen bedeutet. Fühlen sie sich in ihrer Autonomie gestärkt oder eher neuen sozialen Kontrollen ausgesetzt? Eine fallübergreifende Analyse, in der die entsprechenden Konzepte untersucht werden, Gruppendiskussionen und Einzelgespräche mit Schüler_innen, Lehrenden und Eltern durchgeführt und Interaktionen beobachtet werden, wäre in der Lage zu beleuchten, wie sich die geplanten institutionellen Veränderungen im Alltag auswirken.

Literatur

Agentur der Europäischen Union für Grundrechte (Hrsg.). (2014). LGBT-Erhebung in der EU. Erhebung unter Lesben, Schwulen, Bisexuellen und Transgender-Personen in der Europäischen Union. Ergebnisse auf einen Blick. Luxemburg: Amt für Veröffentlichungen der Europäischen Union. http://fra.europa.eu/sites/default/files/eu-lgbt-survey-results-at-a-glance_de.pdf (06.05.2019). https://doi.org/10.2811/37510

Alexander, J. & Anderlini-D'Onofrio, S. (Hrsg.). (2012). *Bisexuality and Queer Theory. Intersections, Connections and Challenges*. New York: Routledge. https://doi.org/10.4324/9781315878058

Alexander, J. & Yescavage, K. (2012). *Bisexuality and Transgenderism. InterSEXions of the Others*. New York und London: Routledge. https://doi.org/10.1300/j159v03n03_01

Altendorf, M. (1993). *Bisexualität. Zweigeschlechtliches Begehren und zweigeteiltes Denken*. Pfaffenweiler: Centaurus.

Angelides, S. (2001). *A History of Bisexuality*. Chicago: University of Chicago Press.

Angelides, S. (2006). Historicizing (Bi)Sexuality: A Rejoinder for Gay/Lesbian Studies, Feminism, and Queer Theory. *Journal of Homosexuality, 52*(1/2), 125–158.

Antidiskriminierungsstelle des Bundes (Hrsg.). (2017). Einstellungen gegenüber Lesben, Schwulen und Bisexuellen in Deutschland. Ergebnisse einer bevölkerungsrepräsentativen Befragung. Berlin. http://www.antidiskriminierungsstelle.de/SharedDocs/Downloads/DE/publikationen/Umfragen/Handout_Themenjahrumfrage_2017.pdf?__blob=publicationFile&v=5 (23.10.2107).

Auchincloss, E. L. & Vaughan, S. C. (2001). Psychoanalysis and Homosexuality. Do We Need a New Theory? *Journal of the American Psychoanalytic Association, 49*(4), 1157–1186.

Ault, A. (1994). Hegemonic Discourse in an Oppositional Community. Lesbian Feminists and Bisexuality. *Critical Sociology, 20*(3), 107–122. https://doi.org/10.1177/089692059402000306

Bachmann, A. & Lähnemann, L. (2014). Lebenssituationen und Diskriminierungserfahrungen schwuler und bisexueller Männer. Zusammenfassung. Berlin: Senatsverwaltung für Arbeit, Integration und Frauen, LADS. https://www.berlin.de/sen/lads/_assets/schwerpunkte/lsbti/materialien/schriftenreihe/g-32-studie-sb-diskr-bachmann_bf.pdf (06.02.2020).

Bailey, J. M. (2009). What is Sexual Orientation and Do Women Have One? In D. A. Hope (Hrsg.), *Contemporary Perspectives on Lesbian, Gay, and Bisexual Identities* (S. 43–63). New York: Springer.

Baltes-Löhr, C. (2014). Immer wieder Geschlecht. Immer wieder anders. In E. Schneider & C. Baltes-Löhr (Hrsg.), *Normierte Kinder. Effekte der Geschlechternormativität auf Kindheit und Adoleszenz* (S. 17–40). Bielefeld: transcript Verlag. https://doi.org/10.14361/transcript.9783839424179.17

Bange, D. (2007). *Sexueller Missbrauch an Jungen. Die Mauer des Schweigens.* Göttingen: Hogrefe Verlag.

Barker, M., Richards, C., Jones, R., Bowes-Catton, H., Plowman, T., Yockney, J. & Morgan, M. (2012). The Bisexuality Report. Open University. http://www.bisexualindex.org.uk/uploads/Main/TheBisexualityReport.pdf (12.03.2017).

Bauman, Z. (2009). *Gemeinschaften. Auf der Suche nach Sicherheit in einer bedrohlichen Welt.* Frankfurt a. M.: Suhrkamp Verlag.

Beauvoir, S. de (2003). *Das andere Geschlecht. Sitte und Sexus der Frau.* Reinbek bei Hamburg: Rowolth Taschenbuch Verlag.

Beck, U. & Beck-Gernsheim, E. (1990). *Das ganz normale Chaos der Liebe.* Frankfurt a. M.: Suhrkamp Verlag.

Becker, H. & Hainz, M. S. J. (2002). »Dörfer sind auch nicht mehr das was sie mal waren«. Dörfliches Sozialleben im Spiegel der Vereine. *Agrargeschichte und Agrarsoziologie, 50*(1), 106–115.

Berger, P. L. & Luckmann, T. (2004) [1966]. *Die gesellschaftliche Konstruktion der Wirklichkeit. Eine Theorie der Wissenssoziologie.* Frankfurt a. M.: S. Fischer Verlag.

Berning, S. (2011). Eingetragene Lebenspartnerschaft = Ehe? Die Entwicklung der Rechtsprechung des Bundesverfassungsgerichts zum Rechtsinstitut der eingetragenen Lebenspartnerschaft. In H. Rensen, S. Brink & S. Emmenegger (Hrsg.), *Linien der Rechtsprechung des Bundesverfassungsgerichts* (S. 167–198). Berlin: De Gruyter. https://doi.org/10.1515/9783110334630.167

Bisexuelles Netzwerk (o. J.). Der Verein. BiNe, das Bisexuelle Netzwerk. https://www.bine.net/content/der-verein (23.03.2017).

Bittner, M. & Lotz, A. (2014). Vielfalt an Schulen. Vielfalt in Schulen! Zur Sichtbarkeit von lesbischen, schwulen und bisexuellen Lebensweisen in Schule und Unterricht. In V. Eisenbraun & S. Uhl (Hrsg.), *Geschlecht und Vielfalt in Schule und Lehrerbildung* (S. 93–110). Münster: Waxmann Verlag.

Blumstein, P. W. & Schwartz, P. (1976). Bisexuality in Women. *Archives of Sexual Behavior, 5*(2), 171–181.

Bode, H. & Heßling, A. (2015). *Jugendsexualität 2015. Die Perspektive der 14- bis 25-Jährigen. Ergebnisse einer aktuellen Repräsentativen Wiederholungsbefragung.* Köln: Bundeszentrale für gesundheitliche Aufklärung.

Bower, J., Gurevich, M. & Mathieson, C. (2002). (Con)Tested Identities. Bisexual Women Reorient Sexuality. In D. Atkins (Hrsg.), *Bisexual Women in the Twenty-first Century* (S. 25–52). Philadelphia: Haworth Press.

Bührmann, A. D. & Mehlmann, S. (2008). Sexualität. Probleme, Analysen und Transformationen. In R. Becker & B. Kortendiek (Hrsg.), *Handbuch Frauen- und Geschlechterforschung. Theorie, Methoden, Empirie* (S. 608–616). Wiesbaden: VS Verlag für Sozialwissenschaften. https://doi.org/10.1007/978-3-531-91972-0_71

Burkart, G. (2018). *Soziologie der Paarbeziehung.* Wiesbaden: Springer. https://doi.org/10.1007/978-3-658-19405-5

Burrill, K. G. (2002). Queering Bisexuality. In D. Atkins (Hrsg.), *Bisexual Women in the Twenty-first Century* (S. 97–105). Philadelphia: Haworth Press.

Butler, J. (1991). *Das Unbehagen der Geschlechter*. Frankfurt a. M.: Suhrkamp Verlag.
Butler, J. (1992). Sexual Inversions. In D. C. Stanton (Hrsg.), *From Aristotle to AIDS* (S. 344–361). Ann Arbor: University of Michigan Press.
Callis, A. S. (2009). Playing with Butler and Foucault. Bisexuality and Queer Theory. *Journal of Bisexuality, 9*(3/4), 213–233. https://doi.org/10.1080/15299710903316513
Carey, B. (2005) Straight, Gay or Lying? Bisexuality Revisited. The New York Times. 05.07.2015. https://www.nytimes.com/2005/07/05/health/straight-gay-or-lying-bisexuality-revisited.html (20.12.2016).
Carstens, U. (2005). *Ferdinand Tönnies. Friese und Weltbürger. Eine Biografie*. Norderstedt: Books on Demand.
Coleman, E. (1994). Paradigmenwechsel im Verständnis der Bisexualität. In R. Gindorf & E. J. Haeberle (Hrsg.), *Bisexualitäten. Ideologie und Praxis des Sexualkontaktes mit beiden Geschlechtern*. Stuttgart u. a.: G. Fischer.
Collins, J. F. (2000). Biracial-Bisexual Individuals. Identity Coming of Age. *International Journal of Sexuality and Gender Studies, 5*(3), 221–253.
Connell, R. (2015). *Der gemachte Mann*. Wiesbaden: Springer VS. https://doi.org/10.1007/978-3-531-19973-3
Daumer, E. D. (1992). Queer Ethics. Or, The Challenge of Bisexuality to Lesbian Ethics. *Hypathia, 7*(4), 91–105.
Dausien, B. (2000). »Biografie« als rekonstruktiver Zugang zu »Geschlecht«. Perspektiven der Biografieforschung. In D. Lemmermöhle, D. Klika, A. Schlüter & D. Fischer (Hrsg.), *Lesarten des Geschlechts. Zur De-Konstruktionsdebatte in der erziehungswissenschaftlichen Geschlechterforschung* (S. 96–115). Opladen: Leske + Budrich.
Dekker, A. & Matthiesen, S. (2015). Gleichgeschlechtliche sexuelle Erfahrungen von Studierenden in vier Generationen. *Forum – Informationsdienst der Zentrale für gesundheitliche Aufklärung, 1*, 32–38.
Diamond, L. M. (2008). Female Bisexuality From Adolescence to Adulthood. Results From a 10-Year Longitudinal Study. *Developmental Psychology, 44*(1), 5–14. https://doi.org/10.1037/0012-1649.44.1.5
Du Plessis, M. (1996). Blantantly Bisexual. Or, Unthinking Queer Theory. In D. E. Hall & M. Pramaggiore (Hrsg.), *RePresenting Bisexualities. Subjects and Cultures of Fluid Desire*. New York: NYU Press.
Duncker, K. (2013). *Zur Psychologie des produktiven Denkens*. Berlin: Springer-Verlag.
Dworek, G. (2012). § 175. »weggefallen« – nach 123 Jahren. In Hirschfeld-Eddy-Stiftung (Hrsg.), *Vom Verbot zur Gleichberechtigung – Die Rechtsentwicklung zu Homosexualität und Transsexualität in Deutschland, Festschrift für Manfred Bruns* (S. 46–57). Berlin: Hirschfeld-Eddy-Stiftung.
Eadie, J. (1999). Living in the Past. Savage Nights, Bisexual Times. *International Journal of Sexuality and Gender Studies, 2*(1), 7–26.
Eady, A., C. Dobinson & L. E. Ross (2011). Bisexual People's Experiences with Mental Health Services. A Qualitative Investigation. *Community Mental Health Journal, 47*(4), 378–389. https://doi.org/10.1007/s10597-010-9329-x
Ehrenberg, A. (2004). *Das erschöpfte Selbst. Depression und Gesellschaft in der Gegenwart*. Frankfurt a. M.: Campus-Verlag.
Eisinger, P. K. (1973). The Conditions of Protest Behavior in American Cities. *American Political Science Review, 67*(1), 11–28. https://doi.org/10.2307/1958525

Elias, N. (1983). *Engagement und Distanzierung. Arbeiten zur Wissenssoziologie I.* Frankfurt a. M.: Suhrkamp Verlag.
Elias, N. (1997). *Über den Prozeß der Zivilisation. Soziogenetische und psychogenetische Untersuchungen. Erster Band. Wandlungen des Verhaltens in den westlichen Oberschichten des Abendlandes.* Frankfurt a. M.: Suhrkamp Verlag.
Ellis, H. (1912). *The Task of Social Hygiene.* London: Constable & Co.
Ellis, H. & Symonds, J. A. (1887). *Sexual Inversion.* London: Wilson and Macmillan.
Esser, H. (2002). *Soziologie. Spezielle Grundlagen. Band 6. Sinn und Kultur.* Frankfurt a. M.: Campus-Verlag.
Fahs, B. (2012). Compulsory Bisexuality? The Challenges of Modern Sexual Fluidity. In J. Alexander & S. Anderlini-D'Onofrio (Hrsg.), *Bisexuality and Queer Theory. Intersections, Connections and Challenges* (S. 239–257). New York: Routledge.
Feldhorst, A. (1993). *Bisexualitäten. Eine Dokumentation zu bisexuellen Lebensstilen und Lebenswelten.* Berlin: Deutsche AIDS-Hilfe.
Fischer, W. & Kohli, M. (1987). Biographieforschung. In W. Voges (Hrsg.), *Methoden der Biographie- und Lebenslaufforschung* (S. 25–49). Opladen: Leske + Budrich.
Fischer-Rosenthal, W. (1999). Biographie und Leiblichkeit. Zur biographischen Arbeit und Artikulation des Körpers. In P. Alheit, B. Dausien, W. Fischer-Rosenthal, A. Hanses & A. Keil (Hrsg.), *Biographie und Leib* (S. 15–43). Gießen: Psychosozial-Verlag.
Fischer-Rosenthal, W. (2000). Address Lost. How to Fix Lives. Biographical Structuring in the European Modern Age. In R. Breckner, D. Kalekin-Fishman & I. Miethe (Hrsg.), *Biographies and the Division of Europe. Experience, Action, and Change on the »Eastern side«* (S. 55–75). Opladen: Leske + Budrich.
Foucault, M. (1976). *Histoire de la sexualité. Tome 1. La Volonté de savoir.* Paris: Gallimard.
Foucault, M. (1983). *Der Wille zum Wissen. Sexualität und Wahrheit.* Frankfurt a. M.: Suhrkamp Verlag.
Fraser, N. (1997). Heterosexism, Misrecognition and Capitalism. A response to Judith Butler. *Social Text, 228*(52/53), 279–289. https://doi.org/10.2307/466745
Fraser, N. (2003). Soziale Gerechtigkeit im Zeitalter der Identitätspolitik. Umverteilung, Anerkennung und Beteiligung. In N. Fraser & A. Honneth (Hrsg.), *Umverteilung oder Anerkennung? Eine politisch-philosophische Kontroverse* (S. 14–128). Frankfurt a. M.: Suhrkamp Verlag.
Fraser, N. & Honneth, A. (2003). *Umverteilung oder Anerkennung? Eine politisch-philosophische Kontroverse.* Frankfurt a. M.: Suhrkamp Verlag.
Freud, S. (1977) [1905]. *Drei Abhandlungen zur Sexualtheorie und verwandte Schriften.* Frankfurt a. M.: Fischer Taschenbuch Verlag.
Freud, S. (2015). *Das Unbehagen in der Kultur.* Hamburg: Severus Verlag.
Fritzsche, B. (2007). Das Begehren, das nicht eins ist. Fallstricke beim Reden über Bisexualität. In J. Hartmann, C. Klesse, P. Wagenknecht, B. Fritzsche & K. Hackmann (Hrsg.), *Heteronormativität. Empirische Studien zu Geschlecht, Sexualität und Macht* (S. 115–131). Wiesbaden: VS Verlag für Sozialwissenschaften. https://doi.org/10.1007/978-3-531-90274-6_8
Frohn, D. & Meinhold, F. (2016). Spezifika der Arbeitssituation von bisexuellen Beschäftigten in Deutschland auf Grundlage von qualitativen Interviews mit bisexuellen (Alltags-)Experten_innen. Köln: Institut für Diversity- und Antidiskriminierungsforschung. https://www.diversity-institut.info/downloads/IDA_Ergebnisbericht_Qual-Teilprojekt_Bisexuelle-Beschaeftigte_170517_DF.pdf (06.02.2020).

Fuss, D. (1991). *Inside/out. Lesbian Theories, Gay Theories*. New York: Routledge.
Gagnon, J.H., Greenblat Stein, C. & Kimmel, M. (1994). Bisexualität aus soziologischer Sicht. In E.J. Haeberle, R. Gindorf & E.J. Haeberle (Hrsg.), *Bisexualitäten. Ideologie und Praxis des Sexualkontaktes mit beiden Geschlechtern* (S. 69–92). Stuttgart u.a.: G. Fischer.
Gagnon, J.H. & Simon, W. (1973). *Sexual Conduct. The Social Sources of Human Sexuality*. Chicago: Aldine Books.
Gagnon, J.H. & Simon, W. (2000). Wie funktionieren sexuelle Skripte? In C. Schmerl, S. Soine, M. Stein-Hilbers & B. Wrede (Hrsg.), *Sexuelle Szenen. Inszenierungen von Geschlecht und Sexualität in modernen Gesellschaften* (S. 70–95). Wiesbaden: VS Verlag. https://doi.org/10.1007/978-3-663-11357-7_4
Gammerl, B. (2010). Eine Regenbogengeschichte. *Aus Politik und Zeitgeschichte, 60*(15/16), 7–13.
Garber, M.B. (1995). *Vice versa. Bisexuality and the eroticism of everyday life*. New York: Simon & Schuster.
Giddens, A. (1993). *Wandel der Intimität. Sexualität, Liebe und Erotik in modernen Gesellschaften*. Frankfurt a.M.: Fischer Taschenbuch Verlag.
Gindorf, R. & Haeberle, E.J. (Hrsg.). (1994). *Bisexualitäten. Ideologie und Praxis des Sexualkontaktes mit beiden Geschlechtern*. Stuttgart u.a.: G. Fischer.
Glaser, B.M. & Strauss, A.L. (1971). *The Discovery of Grounded Theory. Strategies for Qualitative Research*. New York: Aldine.
Glaser, B.M. & A.L. Strauss (1993). Die Entdeckung gegenstandsbezogener Theorie. Eine Grundstrategie qualitativer Sozialforschung. In C. Hopf & E. Weingarten (Hrsg.), *Qualitative Sozialforschung* (S. 91–111). Stuttgart: Klett-Cotta.
Gleichstellungsbeauftrage der Universität zu Köln (Hrsg.). (2015). Überzeugendere Sprache – Leitfaden für eine geschlechtersensible und inklusive Sprache. Köln: Die Gleichstellungsbeauftrage der Universität zu Köln. https://www.tu-berlin.de/fileadmin/i31/Geschlechtergerechte_Sprache/Leitfaden_der_Universit%C3%A4t_zu_K%C3%B6ln.pdf (12.01.2018).
Gooß, U. (1995). *Sexualwissenschaftliche Konzepte der Bisexualität von Männern*. Stuttgart: Enke.
Gronenberg, M. (2014). Der Begriff menschlicher Geschlechtlichkeit in seiner epistemologischen und ethischen Relevanz. In E. Schneider & C. Baltes-Löhr (Hrsg.), *Normierte Kinder. Effekte der Geschlechternormativität auf Kindheit und Adoleszenz* (S. 67–86). Bielefeld: transcript Verlag. https://doi.org/10.14361/transcript.9783839424179.67
Gründel, J. (1993). Haben Homosexuelle Heimat in der Kirche? In M. Bruns & U. Rauchfleisch (Hrsg.), *Homosexuelle Männer in Kirche und Gesellschaft* (S. 40–64). Düsseldorf: Patmos-Verlag.
Gurevich, M., Bailey, H. & Bower, J. (2012). Querying Theory and Politics. The Epistemic (Dis)Location of Bisexuality within Queer Theory. In J. Alexander & S. Anderlini-D'Onofrio (Hrsg.), *Bisexuality and Queer Theory. Intersections, Connections and Challenges* (S. 43–65). New York: Routledge.
Gurwitsch, A. (1975). *Das Bewusstseinsfeld*. Berlin und New York: Walter de Gruyter.
Haeberle, E.J. (1994). Bisexualitäten – Geschichte und Dimensionen eines modernen wissenschaftlichen Problems. In R. Gindorf & E.J. Haeberle (Hrsg.), *Bisexualitäten. Ideologie und Praxis des Sexualkontaktes mit beiden Geschlechtern* (S. 1–39). Stuttgart u.a.: G. Fischer.

Hänsch, U. (2003). *Individuelle Freiheiten – heterosexuelle Normen in Lebensgeschichten lesbischer Frauen.* Opladen: Leske + Budrich. https://doi.org/10.1007/978-3-663-10337-0

Hark, S. (2001). Qu(e)ere Besetzungen öffentlicher Räume. Lesbisch-schwule Subkulturen. In S. Thabe (Hrsg.), *Raum und Sicherheit* (S. 92–100). Dortmund: IRPUD.

Hartl, H. (2003). Geschichte der HIV-Therapie – wichtige Stationen. In Deutsche AIDS-Hilfe (Hrsg.), *Aids-Forum DAH. AIDS im Wandel der Zeiten. Teil 1* (S. 73–79). Berlin: Dt. AIDS-Hilfe.

Hartmann, J., Klesse, C., Wagenknecht, P., Fritzsche, B. & Hackmann, K. (2007). *Heteronormativität. Empirische Studien zu Geschlecht, Sexualität und Macht.* Wiesbaden: VS Verlag für Sozialwissenschaften.

Hausen, K. (1976). Die Polarisierung der »Geschlechtscharaktere«. Eine Spiegelung der Dissoziation von Erwerbs- und Familienleben. In W. Conze (Hrsg.), *Sozialgeschichte der Familie in der Neuzeit Europas* (S. 363–394). Stuttgart: Klett.

Hemmings, C. (2002). *Bisexual Spaces. A Geography of Sexuality and Gender.* New York: Routledge.

Hennessy, R. (2000). *Profit and Pleasure. Sexual Identities in Late Capitalism.* New York: Routledge.

Herek, G. M. (2009). Sexual Stigma and Sexual Prejudice in the United States, A Conceptual Framework. In D. A. Hope (Hrsg.), *Contemporary Perspectives on Lesbian, Gay, and Bisexual Identities* (S. 65–111). https://doi.org/10.1007/978-0-387-09556-1_4

Hermann, S. (2003). Performing the Gap. Queere Gestalten und geschlechtliche Aneignung. *Arranca,* 28.11.2003, 22–26.

Herrmann, F. (2002). *Privatheit, Medien und Geschlecht. Bisexualität in Daily Talks.* Opladen: Leske + Budrich. https://doi.org/10.1007/978-3-322-99780-7

Hildenbrand, B. (1983). *Alltag und Krankheit. Ethnographie einer Familie.* Stuttgart: Klett-Cotta.

Hildenbrand, B. (2005). Landfamilien und Bauernfamilien. In S. Beetz, K. Brauer & C. Neu (Hrsg.), *Handwörterbuch zur ländlichen Gesellschaft in Deutschland* (S. 121–128). Wiesbaden: VS Verlag für Sozialwissenschaften. https://doi.org/10.1007/978-3-322-80909-4_15

Hirschfeld, M. (1899). Die objektive Diagnose der Homosexualität. In Wissenschaftlich-Humanitäres Comité (Hrsg.), *Jahrbuch für sexuelle Zwischenstufen unter besonderer Berücksichtigung der Homosexualität* (S. 4–35). Leipzig: Max Spohr.

Hitzler, R. (1994). Rituale der Ungleichheit. S/M-Erotik in Lebenswelt und Medienalltag. In I. Mürth & G. Fröhlich (Hrsg.), *Das symbolische Kapital der Lebensstile. Zur Kultursoziologie der Moderne nach Pierre Bourdieu* (S. 193–206). Frankfurt a. M.: Campus-Verlag.

Hitzler, R. (2008). Brutstätten posttraditionaler Vergemeinschaftung. Über Jugendszenen. In R. Hitzler, M. Pfadenhauer & A. Honer (Hrsg.), *Posttraditionale Gemeinschaften. Theoretische und ethnografische Erkundungen* (S. 55–72). Wiesbaden: VS Verlag für Sozialwissenschaften. https://doi.org/10.1007/978-3-531-91780-1_3

Hitzler, R., Bucher, T. & Niederbacher, A. (2005). *Leben in Szenen. Formen jugendlicher Vergemeinschaftung heute.* Wiesbaden: VS Verlag für Sozialwissenschaften.

Hitzler, R., Honer, A. & Pfadenhauer, M. (Hrsg.). (2008a). *Posttraditionale Gemeinschaften. Theoretische und ethnografische Erkundungen.* Wiesbaden: VS Verlag für Sozialwissenschaften.

Hitzler, R., Honer, A. & Pfadenhauer, M. (2008b). Zur Einleitung. »Ärgerliche« Gesellungsgebilde? In R. Hitzler, A. Honer, M. Pfadenhauer (Hrsg.). *Posttraditionale Gemeinschaften. Theoretische und ethnografische Erkundungen* (S. 9–34). Wiesbaden: VS Verlag für Sozialwissenschaften. https://doi.org/10.1007/978-3-531-91780-1_1

Honecker, M. (1995). *Grundriss der Sozialethik*. Berlin: Walter de Gruyter. https://doi.org/10.1515/9783110886030

Honer, A. (1993). Das Perspektivenproblem in der Sozialforschung. Bemerkungen zur lebensweltlichen Ethnographie. In T. Jung & S. Müller-Doohm (Hrsg.), *»Wirklichkeit« im Deutungsprozeß. Verstehen und Methoden in den Kultur- und Sozialwissenschaften* (S. 241–257). Frankfurt a. M.: Suhrkamp Verlag.

Honer, A. (2011). *Kleine Leiblichkeiten. Erkundungen in Lebenswelten*. Wiesbaden: VS Verlag für Sozialwissenschaften. https://doi.org/10.1007/978-3-531-92839-5

Honneth, A. (2003). Umverteilung als Anerkennung. Eine Erwiderung auf Nancy Fraser. In N. Fraser & A. Honneth (Hrsg.), *Umverteilung oder Anerkennung? Eine politisch-philosophische Kontroverse* (S. 129–224). Frankfurt a. M.: Suhrkamp Verlag.

Hoskins, A. & Varney, J. (2015). Taking a Life-Course Approach to Sexual and Reproductive Health. *Entre Nous – The European Magazine for Sexual and Reproductive Health, 82*, 4–7.

Humphreys, L. (1974). *Klappen-Sexualität. Homosexuelle Kontakte in der Öffentlichkeit*. Erlangen: Enke.

Hüsers, F. & König, A. (1995). *Bisexualität*. Stuttgart: Georg Thieme.

Illouz, E. (2007). *Gefühle in Zeiten des Kapitalismus*. Frankfurt a. M.: Suhrkamp Verlag.

Isgro, K. L. (2006). Troubling the Canon. Bisexuality and Queer Theory. In K. E. Lovaas, J. P. Elia & G. A. Yep (Hrsg.), *LGBT Studies and Queer Theory. New Conflicts, Collaborations, and Contested Terrain* (S. 159–184). New York: Harrington Park Press.

Jackson, S. (1999). *Heterosexuality in Question*. London: Sage. https://doi.org/10.4135/9781446217382

Jackson, S. & Scott, S. (2010). *Theorising Sexuality*. Berkshire u. a.: McGraw-Hill; Open University Press.

Jarchow, R. (2003). Sterben an AIDS. In Deutsche AIDS Hilfe (Hrsg.), *Aids-Forum DAH. AIDS im Wandel der Zeiten. Teil 1* (S. 91–98). Berlin: Dt. AIDS-Hilfe.

Kelly, B. C. & Muñoz-Laboy, M. A. (2005). Sexual Place, Spatial Change, and the Social Reorganization of Sexual Culture. *The Journal of Sex Research, 42*(4), 359–366. https://doi.org/10.1080/00224490509552292

Kemler, E., Löw, M. & K. Ritter (2012). Bisexualität als Überschuss sexueller Ordnung. Eine biografieanalytische Fallstudie zur sexuellen Selbstwerdung. *Zeitschrift für Sexualforschung, 25*(4), 314–338. https://doi.org/10.1055/s-0032-1330297

Kemler, E., Löw, M. & Ritter, K. (2015). Bisexualität als Überschuss sexueller Ordnung. Eine biografieanalytische Fallstudie zur sexuellen Selbstwerdung. In S. Lewandowski & C. Koppetsch (Hrsg.), *Sexuelle Vielfalt und die UnOrdnung der Geschlechter. Beiträge zur Soziologie der Sexualität* (S. 184–218). Bielefeld: transcript Verlag. https://doi.org/10.14361/transcript.9783839430170.185

Kessler, U. (1991). Present Tense. Biphobia as a Crisis of Meaning. In L. Hutchins & L. Kaahumanu (Hrsg.), *By any other Name. Bisexual People Speak Out* (S. 350–358). Boston: Alyson.

Kindler, H. (2015). Sexuelle Gewalt in der Familie. In W. Melzer, D. Hermann, U. Sandfuchs, M. Schäfer, W. Schubarth & P. Daschner (Hrsg.), *Handbuch Aggression, Gewalt und Kriminalität bei Kindern und Jugendlichen* (S. 244–249). Bad Heilbrunn: Julius Klinkhardt.

Kinsey, A. C., Pomeroy, W. B. & Martin, C. E. (1948). *Sexual Behavior in the Human Male.* Bloomington und Indianapolis: Indiana University Press.

Kinsey, A. C., Pomeroy, W. B., Martin, C. E. & Gebhard, P. H. (1953). *Sexual Behavior in the Human Female.* Bloomington und Indianapolis: Indiana University Press.

Kirchner, M. (2012). Sexualisierte und sexuelle Gewalt gegen Kinder in der Familie und deren Umfeld. Analysen von Sándor Ferenczi und Janusz Korczak. In S. Andresen & W. Heitmeyer (Hrsg.), *Zerstörerische Vorgänge. Missachtung und sexuelle Gewalt gegen Kinder und Jugendliche in Institutionen* (S. 216–227). Weinheim und Basel: Beltz Juventa.

Klein, F. (1993). *The Bisexual Option.* New York: Haworth Press.

Klesse, C. (2007). Weibliche bisexuelle Nicht-Monogamie, Biphobie und Promiskuitätsvorwürfe. In J. Hartmann, C. Klesse, P. Wagenknecht, B. Fritzsche & K. Hackmann (Hrsg.), *Heteronormativität. Empirische Studien zu Geschlecht, Sexualität und Macht* (S. 291–307). Wiesbaden: VS Verlag für Sozialwissenschaften. https://doi.org/10.1007/978-3-531-90274-6_19

Klesse, C. (2016). *The Spectre of Promiscuity. Gay Male and Bisexual Non-monogamies and Polyamories.* London: Taylor and Francis. https://doi.org/10.4324/9781315552538

Knoblauch, H. (1996). Einleitung. Kommunikative Lebenswelten und die Ethnographie einer »geschwätzigen Gesellschaft«. In H. Knoblauch (Hrsg.), *Kommunikative Lebenswelten. Zur Ethnographie einer geschwätzigen Gesellschaft* (S. 7–27). Konstanz: UVK.

Knoblauch, H. (2001). Fokussierte Ethnographie. Soziologie, Ethnologie und die neue Welle der Ethnographie. *Sozialer Sinn, 2*(1), 123–141.

Knoblauch, H. (2008). Kommunikationsgemeinschaften. Überlegungen zur kommunikativen Konstruktion einer Sozialform. In A. Honer, R. Hitzler & M. Pfadenhauer (Hrsg.), *Posttraditionale Gemeinschaften. Theoretische und ethnografische Erkundungen* (S. 73–88). Wiesbaden: VS Verlag für Sozialwissenschaften.

Knoblauch, H. (2012). *Religionssoziologie.* Berlin und New York: Walter de Gruyter.

Kohli, M. (1978). *Soziologie des Lebenslaufs.* Darmstadt und Neuwied: Hermann Luchterhand Verlag.

Köttig, M. (2005). Triangulation von Fallrekonstruktionen. Biographie- und Interaktionsanalysen. In B. Völter, B. Dausien, H. Lutz & G. Rosenthal (Hrsg.), *Biographieforschung im Diskurs* (S. 65–83). Wiesbaden: VS Verlag für Sozialwissenschaften. https://doi.org/10.1007/978-3-8348-9160-0_4

Krafft-Ebing, R. (1898). *Psychopathia Sexualis. Mit der besonderen Berücksichtigung der conträren Sexualempfindung.* Stuttgart: Ferdinand Enke.

Krüger, H. & Born, C. (2000). Vom patriarchalen Diktat zur Aushandlung. Facetten des Wandels der Geschlechterrollen im familialen Generationenverbund. In M. Kohli & M. Szydlik (Hrsg.), *Generationen in Familie und Gesellschaft* (S. 203–221). Opladen: Leske + Budrich. https://doi.org/10.1007/978-3-663-01318-1_11

Lautmann, R. (1977a). Diskriminierungsfeld Kirche. In R. Lautmann (Hrsg.), *Seminar. Gesellschaft und Homosexualität* (S. 249–261). Frankfurt a. M.: Suhrkamp Verlag.

Lautmann, R. (1977b). Zu einem sexualethischen Dokument des Vatikans. In R. Lautmann (Hrsg.), *Seminar. Gesellschaft und Homosexualität* (S. 287–299). Frankfurt a. M.: Suhrkamp Verlag.

Lautmann, R. (2002). *Soziologie der Sexualität. Erotischer Körper, intimes Handeln und Sexualkultur.* Weinheim: Beltz Juventa.

Lenz, A. (2009). Kinder und ihre psychisch kranken Eltern. In K. Lenz & F. Nestmann (Hrsg.), *Handbuch persönliche Beziehungen* (S. 745–765). Weinheim und München: Juventa.

Lenz, H.-J. (2013). Wenn der Domspatz weiblich wäre. Über den Zusammenhang der Verdeckung sexueller Gewalt an Jungen und kulturellen Geschlechterkonstruktionen. In P. Mosser & H.-J. Lenz (Hrsg.), *Sexualisierte Gewalt gegen Jungen. Prävention und Intervention: Ein Handbuch für die Praxis* (S. 15–38). Wiesbaden: VS Verlag für Sozialwissenschaften.

Lenz, K. (2009). *Soziologie der Zweierbeziehung. Eine Einführung.* Wiesbaden: VS, Verlag für Sozialwissenschaften. https://doi.org/10.1007/978-3-531-91439-8

Levin, E. M. , J. S. Koopman, S. O. Aral, K. K. Holmes & B. Foxman (2009). Characteristics of Men Who Have Sex With Men and Women and Women Who Have Sex With Women and Men. Results From the 2003 Seattle Sex Survey. *Sexually Transmitted Diseases, 36*(9), 541–546. https://doi.org/10.1097/olq.0b013e3181a819db

Lewandowski, S. (2004). *Sexualität in den Zeiten funktionaler Differenzierung. Eine systemtheoretische Analyse.* Bielefeld: transcript Verlag. https://doi.org/10.14361/9783839402108

Lingel, J. (2012). Adjusting the Borders. Bisexual Passing and Queer Theory. In J. Alexander & S. Anderlini-D'Onofrio (Hrsg.), *Bisexuality and Queer Theory. Intersections, Connections and Challenges* (S. 189–213). New York: Routledge.

Löw, M. (2000). *Raumsoziologie.* Frankfurt a. M.: Suhrkamp Verlag.

Löw, M. (2008). Vom Teddybär zum ersten Sex. Reflexionen zum Verhältnis von Bildung und Sexualität. In C. Grunert (Hrsg.), *Jugend und Bildung. Modernisierungsprozesse und Strukturwandel von Erziehung und Bildung am Beginn des 21. Jahrhunderts* (S. 197–212). Opladen und Farmington Hills: Barbara Budrich.

Löw, M. (2009). Sexualität. In N. Baur, H. Korte, M. Löw & M. Schroer (Hrsg.), *Handbuch Soziologie* (S. 431–444). Wiesbaden: VS Verlag für Sozialwissenschaften.

Luckmann, B. (1978). The Small Life-Worlds of Modern Man. In T. Luckmann (Hrsg.), *Phenomenology and Sociology* (S. 275–290). Harmondsworth: Penguin.

Lüscher, K. (2000). Die Ambivalenz von Generationenbeziehungen. Eine allgemeine heuritische Hypothese. In M. Kohli & M. Szydlik (Hrsg.), *Generationen in Familie und Gesellschaft* (S. 138–161). Opladen: Leske + Budrich. https://doi.org/10.1007/978-3-663-01318-1_8

Maffesoli, M. (1996). *The Time of the Tribes. The Decline of Individualism in Mass Society.* London: Sage Publ. https://doi.org/10.4135/9781446222133

Marrs, S. A. & A. R. Staton (2016). Negotiating Difficult Decisions. Coming Out versus Passing in the Workplace. *Journal of LGBT Issues in Counseling, 10*(1), 40–54. https://doi.org/10.1080/15538605.2015.1138097

Maywald, J. (2016). *Sexualpädagogik in der Kita. Kinder schützen, stärken, begleiten.* Freiburg im Breisgau: Herder.

McLean, K. (2007). Hiding in the closet? Bisexuals, Coming Out and the Disclosure Imperative. *Journal of Sociology, 43*(2), 151–166. https://doi.org/10.1177/1440783307076893

Monro, S. (2015). *Bisexuality. Identities, Politics, and Theories*. Basingstoke, u.a.: Palgrave Macmillan. https://doi.org/10.1057/9781137007315
Morris, E.W. (2011). The »Hidden Injuries« of Class and Gender among Rural Teenagers. In B. Pini & B. Leach (Hrsg.), *Reshaping Gender and Class in Rural Spaces* (S. 221–238). Farnham and Burlington: Ashgate Publishing, Ltd. https://doi.org/10.4324/9781315605630-12
Münder, K. (2004). *»Ich liebe den Menschen und nicht das Geschlecht«. Frauen mit bisexuellen Erfahrungen*. Königstein im Taunus: Helmer.
Müting, C. (2010). *Sexuelle Nötigung. Vergewaltigung (§ 177 StGB). Reformdiskussion und Gesetzgebung seit 1870*. Berlin: Walter de Gruyter. https://doi.org/10.1515/9783110247954
Nathanson, J. (2002). Pride and Politics. Revisiting the Northhampton Pride March, 1989–1993. In D. Atkins (Hrsg.), *Bisexual Women in the Twenty-first Century* (S. 145–161). Philadelphia: Haworth Press.
National Gay and Lesbian Task Force (2005). The Problems with »Straight, Gay or Lying?«. https://web.archive.org/web/20110707095224/http://www.thetaskforce.org/files/NYTBisexualityFactSheet.pdf (06.02.2020).
Neuner, F. (2012). Traumatisierung durch Gewalterfahrungen in Institutionen des Aufwachsens. In S. Andresen & W. Heitmeyer (Hrsg.), *Zerstörerische Vorgänge. Missachtung und sexuelle Gewalt gegen Kinder und Jugendliche in Institutionen* (S. 36–47). Weinheim und Basel: Beltz Juventa.
Normann, C. (2006). Zur Neurobiologie bipolarer Störungen. In J. Angst (Hrsg.), *Handbuch bipolare Störungen. Grundlagen – Diagnostik – Therapie* (S. 35–43). Stuttgart: Kohlhammer Verlag.
Ochs, R. (1996). Biphobia. It Goes More Than Two Ways. In B.A. Firestein (Hrsg.), *Bisexuality. The Psychology and Politics of an Invisible Minority* (S. 217–239). Thousand Oaks: Sage Publications.
Oevermann, U. (1981). Fallrekonstruktionen und Strukturgeneralisierung als Beitrag der objektiven Hermeneutik zur soziologisch-strukturtheoretischen Analyse. Unveröffentlicht. Frankfurt a.M. http://publikationen.ub.uni-frankfurt.de/opus4/frontdoor/deliver/index/docId/4955/file/Fallrekonstruktion-1981.pdf (06.07.2016).
Oevermann, U. (1983). Zur Sache. Die Bedeutung von Adornos methodologischem Selbstverständnis für die Begründung einer materialen soziologischen Strukturanalyse. In L. von Friedeburg & J. Habermas (Hrsg.), *Adorno-Konferenz 1983* (S. 234–289). Frankfurt a.M.: Suhrkamp Verlag.
Otto, H. (2011). *Grundkurs Strafrecht: Die einzelnen Delikte*. Berlin: Walter de Gruyter.
Pfadenhauer, M. (2010). Kompetenz als Qualität sozialen Handelns. In T. Kurtz & M. Pfadenhauer (Hrsg.), *Soziologie der Kompetenz* (S. 149–172). Wiesbaden: VS Verlag für Sozialwissenschaften. https://doi.org/10.1007/978-3-531-91951-5_9
Pinquart, M., Schwarzer, G. & Zimmermann, P. (2011). *Entwicklungspsychologie. Kindes- und Jugendalter*. Göttingen: Hogrefe Verlag.
Plummer, K. (1994). *Telling Sexual Stories. Power, Change and Social Worlds*. London und New York: Routledge.
Plummer, K. (1975). *Sexual Stigma. An Interactionist Account*. London und Boston: Routledge and Kegan Paul.
Priebe, K., Schmahl, C. & Stiglmayr, C. (2014). *Dissoziation. Theorie und Therapie*. Berlin: Springer-Verlag.

Rapoport, E. (2012). Bisexuality in Psychoanalytic Theory. Interpreting the Resistance. In J. Alexander & S. Anderlini-D'Onofrio (Hrsg.), *Bisexuality and Queer Theory. Intersections, Connections and Challenges* (S. 87–103). New York: Routledge.

Rat der Evangelischen Kirche in Deutschland (1988). AIDS – Orientierung und Wege in der Gefahr. Eine Kirchliche Stellungnahme. EKD-Text 24. Hannover: Kirchenamt der EKD. https://www.ekd.de/download/ekd_texte_24.pdf (03.10.2017).

Rat der Evangelischen Kirche in Deutschland (1996). Mit Spannungen leben. Eine Orientierungshilfe des Rates der Evangelischen Kirche in Deutschland zum Thema »Homosexualität und Kirche«. EKD-Text 57. Hannover: Kirchenamt der EKD. https://archiv.ekd.de/EKD-Texte/44736.html (06.02.2020).

Rauchfleisch, U. (2012). *Transsexualität – Transidentität. Begutachtung, Begleitung, Therapie.* Göttingen: Vandenhoeck & Ruprecht.

Reichertz, J. (1993). Abduktives Schlußfolgern und Typen(re)konstruktion. In T. Jung & S. Müller-Doohm (Hrsg.), *»Wirklichkeit« im Deutungsprozeß. Verstehen und Methoden in den Kultur- und Sozialwissenschaften* (S. 258–282). Frankfurt a.M.: Suhrkamp Verlag.

Rich, A. (1989). Zwangsheterosexualität und lesbische Existenz. In E. List & H. Studer (Hrsg.), *Denkverhältnisse. Feminismus und Kritik* (S. 244–278). Frankfurt a.M.: Suhrkamp Verlag.

Rieger, G., Chivers, M.L. & Bailey, J.M. (2005). Sexual Arousal Patterns of Bisexual Men. *Psychological Science, 16*(8), 579–584. https://doi.org/10.1111/j.1467-9280.2005.01578.x

Ritter, K. (2014). »Dieses Gefühl irgendwie so'n Zuhause gefunden zu haben.« Biografische Konstruktionen von Bisexualität im Kontext monosexueller Ordnung. In Bundesstiftung Magnus Hirschfeld (Hrsg.), *Forschung im Queerformat. Aktuelle Beiträge der LSBTI*-, Queer- und Geschlechterforschung* (S. 199–214). Bielefeld: transcript Verlag. https://doi.org/10.14361/transcript.9783839427026.199

Ritter, K. (2019). Typische Anerkennungskonflikte in den Lebensgeschichten bisexueller Menschen. In Bundesstiftung Magnus Hirschfeld (Hrsg.), *Being Bi. Bisexualität zwischen Unsichtbarkeit und Chic* (S. 37–53). Göttingen: Wallstein Verlag. https://doi.org/10.5771/9783835343238-37

Rodríguez Rust, P.C. (Hrsg.). (2000). *Bisexuality in the United States.* New York: Columbia University Press.

Rodríguez Rust, P.C. (2002). Bisexuality. The State of the Union. *Annual Review of Sex Research, 13*, 180–240.

Rodríguez Rust, P.C. (2009). Bisexuality in a House of Mirrors. Multiple Reflection, Multiple Identities. In P.L. Hammack & B.J. Cohler (Hrsg.), *The Story of Sexual Identity* (S. 107–130). Oxford: Oxford University Press. https://doi.org/10.1093/acprof:oso/9780195326789.003.0005

Rosenbrock, R. (1993). Zehn Jahre Aids-Politik in Deutschland. Bemerkungen zu Bilanz und Perspektiven. *Berliner Ärzte. Die offizielle Zeitschrift der Ärztekammer Berlin, 30*(6), 11–14.

Rosenbrock, R. & Scheffer, D. (2003). AIDS – vom Ausnahmezustand zur Normalität. In Deutsche AIDS Hilfe (Hrsg.), *Aids-Forum DAH. AIDS im Wandel der Zeiten. Teil 1* (S. 9–18). Berlin: Dt. AIDS-Hilfe.

Rosenkranz, B. & Lorenz, G. (2012). *Hamburg auf anderen Wegen. Die Geschichte des schwulen Lebens in der Hansestadt.* Hamburg: Himmelstürmer Verlag.

Rosenthal, G. (1995). *Erlebte und erzählte Lebensgeschichte. Gestalt und Struktur biographischer Selbstbeschreibungen*. Frankfurt a. M. und New York: Campus-Verlag.
Rosenthal, G. (1997a). *Der Holocaust im Leben von drei Generationen. Familien von Überlebenden der Shoah und von Nazi-Tätern*. Gießen: Psychosozial-Verlag.
Rosenthal, G. (1997b). Zur interaktionellen Konstitution von Generationen. Generationenabfolgen in Familien von 1890 bis 1970 in Deutschland. In J. Mansel, G. Rosenthal & A. Tölke (Hrsg.), *Generationen – Beziehungen, Austausch, Tradierung* (S. 57–73). Opladen: Westdeutscher Verlag.
Rosenthal, G. (2002). Biographisch-narrative Gesprächsführung. Zu den Bedingungen heilsamen Erzählens im Forschungs- und Beratungskontext. *Psychotherapie und Sozialwissenschaft, 4*(3), 204–227.
Rosenthal, G. (2008). *Interpretative Sozialforschung. Eine Einführung*. Weinheim und Basel: Juventa.
Rückert-John, J. (2005). Bürgerschaftliches Engagement. In S. Beetz, K. Brauer & C. Neu (Hrsg.), *Handwörterbuch zur ländlichen Gesellschaft in Deutschland* (S. 25–32). Wiesbaden: VS Verlag für Sozialwissenschaften. https://doi.org/10.1007/978-3-322-80909-4_4
Rust, P. C. (1996). Monogamy and Polyamory. Relationship Issues for Bisexuals. In B. A. Firestein (Hrsg.), *Bisexuality. The Psychology and Politics of an Invisible Minority* (S. 127–148). Thousand Oaks: Sage Publications.
Savin-Williams, R. C. (2009). How Many Gays Are There? It Depends. In D. A. Hope (Hrsg.), *Contemporary Perspectives on Lesbian, Gay, and Bisexual Identities* (S. 5–41). New York: Springer. https://doi.org/10.1007/978-0-387-09556-1
Scherrer, K. S., Kazyak, E. & Schmitz, R. (2015). Getting »Bi« in the Family: Bisexual People's Disclosure Experiences. *Journal of Marriage and Family, 77*(3), 680–696. https://doi.org/10.1111/jomf.12190
Scheuermann, A. (2002). Zwischen Natur und Gesellschaft. Eine biografische Fallstudie zur Konstruktion von Sexualität. In P. Ahlheit, B. Dausien, W. Fischer-Rosenthal & A. Keil (Hrsg.), *Biographie und Leib* (S. 201–222). Gießen: Psychosozial-Verlag.
Schmidt, E. (1977). Evangelische Pfarrer im Zwiespalt. In R. Lautmann (Hrsg.), *Seminar. Gesellschaft und Homosexualität* (S. 262–286). Frankfurt a. M.: Suhrkamp Verlag.
Schmidt, G. (2000). Spätmoderne Sexualverhältnisse. In C. Schmerl, S. Soine, M. Stein-Hilbers & B. Wrede (Hrsg.), *Sexuelle Szenen. Inszenierungen von Geschlecht und Sexualität in modernen Gesellschaften* (S. 268–279). Wiesbaden: VS Verlag für Sozialwissenschaften. https://doi.org/10.1007/978-3-663-11357-7_13
Schmidt, G. (2005). *Das neue Der Die Das. Über die Modernisierung des Sexuellen*. Gießen: Psychosozial-Verlag.
Schmidt, G., Matthiesen, S., Dekker, A. & Starke, K. (2006). *Spätmoderne Beziehungswelten. Report über Partnerschaft und Sexualität in drei Generationen*. Wiesbaden: VS Verlag für Sozialwissenschaften.
Schmitt, M. (2005). Rurale Frauen- und Geschlechterforschung. In S. Beetz, K. Brauer & C. Neu (Hrsg.), *Handwörterbuch zur ländlichen Gesellschaft in Deutschland* (S. 210–217). Wiesbaden: VS Verlag für Sozialwissenschaften. https://doi.org/10.1007/978-3-322-80909-4_26
Schroedter, T. & Vetter, C. (2010). *Polyamory. Eine Erinnerung*. Stuttgart: Schmetterling-Verlag.

Schuetz, A. (1945). On Multiple Realities. *Philosophy and Phenomenological Research*, 5(4), 533–575.
Schumpelick, V. (2000). *Hernien*. Stuttgart: Georg Thieme Verlag.
Schütz, A. (1971). Über die mannigfaltigen Wirklichkeiten. Bd. 1. In A. Schuetz (Hrsg.), *Gesammelte Aufsätze. Das Problem der sozialen Wirklichkeit* (S. 237–298). Den Haag: Martinius Nijhoff.
Schütz, A. (2004). Common-Sense und wissenschaftliche Interpretation menschlichen Handelns. In J. Strübing & B. Schnettler (Hrsg.), *Methodologie interpretativer Sozialforschung. Klassische Grundlagentexte* (S. 157–197). Konstanz: UTB.
Schütz, A. & Luckmann, T. (1979). *Strukturen der Lebenswelt*. Frankfurt a. M.: Suhrkamp Verlag.
Schütze, F. (1977). *Die Technik des narrativen Interviews in Interaktionsfeldstudien. Dargestellt an einem Projekt zur Erforschung von kommunalen Machtstrukturen. Arbeitsberichte und Forschungsmaterialien*. Bielefeld: Universität Bielefeld, Fakultät für Soziologie.
Schütze, F. (1983). Biographieforschung und narratives Interview. *Neue Praxis, 13*(3), 283–293.
Schwartz, P. & Blumstein, P. W. (1994). Der Erwerb sexueller Identität. Bisexualität. In R. Gindorf & E. J. Haeberle (Hrsg.), *Bisexualitäten. Ideologie und Praxis des Sexualkontaktes mit beiden Geschlechtern* (S. 214–244). Stuttgart u. a.: G. Fischer.
Sedgwick, E. K. (1990). *Epistemology of the Closet*. Berkeley: University of California Press.
Siegel, K., E. W. Schrimshaw, H.-M. Lekas & J. T. Parsons (2008). Sexual Behaviors of Non-Gay Identified Non-Disclosing Men who have Sex with Men and Women. *Archives of Sexual Behavior, 37*(5), 720–735.
Sigusch, V. (2000). Vom König Sex zum Selfsex. Über gegenwärtige Transformationen der kulturellen Geschlechts- und Sexualformen. In C. Schmerl, S. Soine, M. Stein-Hilbers & B. Wrede (Hrsg.), *Sexuelle Szenen. Inszenierungen von Geschlecht und Sexualität in modernen Gesellschaften* (S. 229–249). Wiesbaden: VS Verlag für Sozialwissenschaften. https://doi.org/10.1007/978-3-663-11357-7_11
Sigusch, V. (2005). *Neosexualitäten: Über den kulturellen Wandel von Liebe und Perversion*. Frankfurt a. M. und New York: Campus-Verlag.
Sigusch, V. (2008). *Geschichte der Sexualwissenschaft*. Frankfurt a. M. und New York: Campus-Verlag.
Sigusch, V. (2011). Gibt es Bisexuelle tatsächlich? In V. Sigusch (Hrsg.), *Auf der Suche nach der sexuellen Freiheit. Über Sexualforschung und Politik* (S. 112–115). Frankfurt a. M. und New York: Campus-Verlag.
Simon, W. (1996). *Postmodern Sexualities*. London und New York: Routledge.
Soeffner, H.-G. (2006). Wissenssoziologie und sozialwissenschaftliche Hermeneutik sozialer Sinneswelten. In D. Tänzler, H. Knoblauch & H.-G. Soeffner (Hrsg.), *Neue Perspektiven der Wissenssoziologie* (S. 51–78). Konstanz: UVK.
Soeffner, H.-G. & Hitzler, R. (1994). Hermeneutik als Haltung und Handlung. Über methodisch kontrolliertes Verstehen. In N. Schröer (Hrsg.), *Interpretative Sozialforschung. Auf dem Weg zu einer hermeneutischen Wissenssoziologie* (S. 28–54). Opladen: Westdeutscher Verlag.
Spijkerboer, T. & S. Jansen (2011). *Fleeing Homophobia. Asylum Claims Related to Sexual Orientation and Gender Identity in Europe*. Amsterdam: Vrije Universiteit Amsterdam. http://www.refworld.org/docid/4ebba7852.html (04.08.2016).

Storr, M. (1999). Postmodern Bisexuality. *Sexualities, 2*(3), 309–325. https://doi.org/10.1177/136346099002003003

Stumm, G. & Pritz, A. (Hrsg.). (2010). *Wörterbuch der Psychotherapie.* Wien: Springer-Verlag.

Thoma, P. (1978). *Psychische Erkrankung und Gesellschaft.* Frankfurt a. M.: Campus-Verlag.

Tönnies, F. (2005). *Gemeinschaft und Gesellschaft. Grundbegriffe der reinen Soziologie.* Darmstadt: Wissenschaftliche Buchgesellschaft.

Udis-Kessler, A. (1990). Bisexuality in an Essentialist World. Toward an Understanding of Biphobia. In T. Geller (Hrsg.), *Bisexuality. A Reader and Sourcebook* (S. 51–63). Ojai: Times Change Press.

Ulrichs, K. H. (1868). *Memnon. Die Geschlechtsnatur des mannliebenden Urnings.* Schleiz: C. Hübscher.

Ulrichs, K. H. (1899). Vier Briefe. In Wissenschaftlich-Humanitäres Comité (Hrsg.), *Jahrbuch für sexuelle Zwischenstufen unter besonderer Berücksichtigung der Homosexualität* (S. 36–70). Leipzig: Max Spohr.

Ulrichs, K. H. & Numantius, N. (1864). *Forschungen über das Räthsel der mannmännlichen Liebe.* Leipzig: Selbsverlag.

Voß, H.-J. (2010). *Making Sex Revisited. Dekonstruktion des Geschlechts aus biologisch-medizinischer Perspektive.* Bielefeld: transcript Verlag. https://doi.org/10.14361/9783839413296

Wapler, F. (2010). Gleichgeschlechtliche Lebensgemeinschaften mit Kindern. Verfassungsrechliche Rahmenbedingungen. In D. Funcke & P. Thorn (Hrsg.), *Die gleichgeschlechtliche Familie mit Kindern. Interdisziplinäre Beiträge zu einer neuen Lebensform* (S. 115–160). Bielefeld: transcript Verlag. https://doi.org/10.14361/9783839410738-005

Weber, M. (1973). Über einige Kategorien der verstehenden Soziologie. In J. Winckelmann (Hrsg.), *Gesammelte Aufsätze zur Wissenschaftslehre* (S. 427–474). Tübingen: Mohr.

Weber, M. (1980). *Wirtschaft und Gesellschaft. Grundrisse der verstehenden Soziologie.* Tübingen: Mohr.

Weeks, J. (1977). *Coming Out.* London und New York: Quartet Books.

Weeks, J. (1985). *Sexuality and its Discontents. Meanings, Myths & Modern Sexualities.* London: Routledge & Kegan Paul.

Weinberg, M. S., Williams, C. J. & Pryor, D. W. (1994). »Bisexuell« werden und sein. In R. Gindorf & E. J. Haeberle (Hrsg.), *Bisexualitäten. Ideologie und Praxis des Sexualkontaktes mit beiden Geschlechtern* (S. 201–214). Stuttgart u. a.: G. Fischer.

Weinberg, M. S., Williams, C. J. & Pryor, D. W. (1995). *Dual Attraction. Understanding Bisexuality.* Oxford: Oxford University Press.

Weinberg, M. S., Williams, C. J. & Pryor, D. W. (2001). Bisexuals at Midlife. Commitment, Salience, and Identity. *Journal of Contemporary Ethnography, 30*(2), 180–208. https://doi.org/10.1177/089124101030002002

Welzer-Lang, D. (2008). Speaking Out Loud About Bisexuality. Biphobia in the Gay and Lesbian Community. *Journal of Bisexuality, 8*(1/2), 81–95. https://doi.org/10.1080/15299710802142259

Westphal, C. (1869). Die conträre Sexualempfindung. Symptom eines neuropathischen (psychopathischen) Zustandes. *Archiv für Psychiatrie und Nervenkrankheiten, 2*(1), 73–108.

Wetterer, A. (2005). Rhetorische Modernisierung und institutionelle Reflexivität. Die Diskrepanz zwischen Alltagswissen und Alltagspraxis in arbeitsteiligen Geschlechterarrangements. *FZG – Freiburger Zeitschrift für Geschlechter Studien, 11*(16), 75–96.

Whitney, E. (2002). Cyborgs Among Us. Performing Liminal States of Sexuality. In D. Atkins (Hrsg.), *Bisexual Women in the Twenty-first Century* (S. 111–128). Philadelphia: Haworth Press.

Wießner, P. (2003). AIDS als moderner Mythos. In Deutsche AIDS-Hilfe (Hrsg.), *Aids-Forum DAH. AIDS im Wandel der Zeiten. Teil 1* (S. 19–72). Berlin: Dt. AIDS-Hilfe.

Wittig, M. (1992) [1976]. *The Straight Mind and other Essays*. Boston: Beacon Press books.

Wohlrab-Sahr, M. (2014). Zwischen Besonderung und Konformität. Religiöse Konversion aus soziologischer Perspektive. In P.-A. Alt & M. Schmitz-Emans (Hrsg.), *Figuren der Konversion. Friedrich Schlegels Übertritt zum Katholizismus im Kontext* (S. 25–55). Paderborn u.a.: Ferdinand Schöningh.

Wolf, G. (2004). *Erfahrungen und gesundheitliche Entwicklungen lesbischer Frauen im Coming-out-Prozess*. Herbolzheim: Centaurus Verlag https://doi.org/10.1007/978-3-86226-392-9

Wolff, C. (1979). *Bisexualität*. Frankfurt a.M.: S. Fischer Verlag.

World Health Organisation (2016). Aktionsplan zur Förderung der sexuellen und reproduktiven Gesundheit. Auf dem Weg zur Verwirklichung der Agenda 2030 für nachhaltige Entwicklung in Europa – Niemanden zurücklassen. Kopenhagen: World Health Organisation – Regionalkomitee für Europa. http://www.euro.who.int/__data/assets/pdf_file/0003/315633/66wd13g_SRHActionPlan_160524.pdf?ua=1 (15.09.2018).

Wrede, B. (2000). Was ist Sexualität? In C. Schmerl, S. Soine, M. Stein-Hilbers & B. Wrede (Hrsg.), *Sexuelle Szenen. Inszenierungen von Geschlecht und Sexualität in modernen Gesellschaften* (S. 25–43). Wiesbaden: VS Verlag für Sozialwissenschaften. https://doi.org/10.1007/978-3-663-11357-7_2

Yoshino, K. (2000). The Epistemic Contract of Bisexual Erasure. *Stanford Law Review, 52*(2), 353–461. https://doi.org/10.2307/1229482

Zillig, U. (2016). *Komplex traumatisierte Mütter. Biografische Verläufe im Spannungsfeld von Traumatherapie, Psychiatrie und Jugendhilfe*. Opladen, Berlin, Toronto: Barbara Budrich. https://doi.org/10.2307/j.ctvddzrhm

Zule, W.A., Bobashev, G.V., Wechsberg, W.M., Costenbader, E.C. & Coomes, C.M. (2009). Behaviorally Bisexual Men and their Risk Behaviors with Men and Women. *Journal of Urban Health: Bulletin of the New York Academy of Medicine, 86*(1), 48–62. https://doi.org/10.1007/s11524-009-9366-3

Anhang: Transkriptionsregeln

In der Transkription wurde versucht, möglichst genau die gehörte Aufnahme wiederzugeben. Aus diesem Grund werden an dieser Stelle die Regeln der Grammatik und der Zeichensetzung nicht wie üblich angewendet. Stattdessen wurden folgende Zeichen verwendet:

Übersicht der Transkriptionszeichen

B:	=	Biograf_innen
I:	=	Interviewende
,	=	kurzes Absetzen
(4)	=	Dauer der Pause in Sekunden
Ja:	=	Dehnung eines Vokals
((lachend))	=	Kommentar der Transkribierenden
/	=	Einsetzen des kommentierten Phänomens
\	=	Ende des kommentierten Phänomens
nein	=	betont
NEIN	=	laut
viel-	=	Abbruch eines Wortes oder einer Äußerung
'nein'	=	leise
( )	=	Inhalt der Äußerung ist unverständlich; Länge der Klammer entspricht etwa der Dauer der Äußerung
(sagte er)	=	unsichere Transkription
Ja=ja	=	schneller Anschluss
Ja so war nein ich	=	gleichzeitiges Sprechen ab »so«
<<ja>>	=	kurze Äußerung der Interviewerin bzw. der Interviewten, wenn die Interviewerin spricht
[Stadt]	=	Anonymisierung seitens der Autorin
[...]	=	Auslassung seitens der Autorin

Die Quellenangaben am Ende der Zitate geben die Initialen des Pseudonyms der interviewten Person wieder sowie die Seiten und Zeilen an, an denen sich die Textstellen in den Transkripten befinden.

Psychosozial-Verlag

Heinz-Jürgen Voß, Michaela Katzer (Hg.)
Geschlechtliche und sexuelle Selbstbestimmung durch Kunst und Medien
Neue Zugänge zur Sexuellen Bildung

2019 · 382 Seiten · Broschur
ISBN 978-3-8379-2858-7

Kunst und Medien haben einen Anteil an gesellschaftlichen Veränderungen und an Konzeptionen einer gerechten Gesellschaft, gerade im Kontext von Aktivismus. Mit dem Aufkommen des Internets und der sozialen Medien scheinen sich die (Inter-)Aktionsräume zu weiten: prozesshaft und dynamisch, demokratisch und weltweit zugänglich, international und Grenzen überwindend. Doch wie sehen die Möglichkeiten der Kunst genau aus?

Die Autor*innen widmen sich Fragen gesellschaftlicher Repräsentation und der Auseinandersetzung mit Macht und Herrschaft in künstlerischen Prozessen. Den Fokus legen sie dabei auf gesellschaftliche Aushandlungen um Geschlecht und Sexualität, wie sie aktuell insbesondere in der Bundesrepublik Deutschland stattfinden – auch in Überschneidung mit weiteren Herrschaftskategorien. Sie untersuchen, wie Fragen um Selbstbestimmung und Gewalt in künstlerischen Projekten aufgenommen werden und wie Kultur und Medien Bestandteile von Bildungsprozessen sein können. Ihren theoretischen Zugang veranschaulichen sie bildlich anhand zahlreicher künstlerischer Arbeiten in Farbe.

Walltorstr. 10 · 35390 Gießen · Tel. 0641-969978-18 · Fax 0641-969978-19
bestellung@psychosozial-verlag.de · www.psychosozial-verlag.de

Psychosozial-Verlag

Ralf Pampel
Wir reden zu wenig!
Angebote zur sexuellen Bildung Erwachsener

2019 · 121 Seiten · Broschur
ISBN 978-3-8379-2860-0

Die Sexualität erwachsener Menschen ist geprägt von Herausforderungen und Möglichkeiten. Auf der einen Seite schafft die mediale Darstellung und Dauerpräsenz von Sexualität Zwänge und Anforderungen, wie der ideale Sex und der ideale Körper aussehen sollen. Auf der anderen Seite herrschen nach wie vor eine kulturell geformte Scham und persönliche Sprachlosigkeit im Umgang mit sexuellen Themen.

Im Lauf des Lebens ändern sich sexuelle Erfahrungen und Wünsche. Dies birgt Chancen und Unsicherheiten. Ralf Pampel stellt verschiedene wissenschaftliche Zugänge und Bildungsmöglichkeiten vor. Interviews mit den Autorinnen von *Make Love* und *Frauen.Körper.Kultur* und den Workshopleiterinnen von *Other Nature* geben einen lebendigen Einblick, wie vielfältig Sexualität für Erwachsene sein kann.

Walltorstr. 10 · 35390 Gießen · Tel. 0641-969978-18 · Fax 0641-969978-19
bestellung@psychosozial-verlag.de · www.psychosozial-verlag.de